HISTOIRE
DE FRANCE

XV

Cet ouvrage
a obtenu de l'Académie des Inscriptions
et Belles-Lettres
en 1844
et de l'Académie Française
en 1856

LE GRAND PRIX GOBERT

HISTOIRE
DE FRANCE

.DEPUIS LES TEMPS LES PLUS RECULÉS JUSQU'EN 1789

PAR

HENRI MARTIN

Pulvis veterum renovabitur.

TOME XV

QUATRIÈME ÉDITION

PARIS

FURNE, LIBRAIRE-ÉDITEUR

Se réserve le droit de traduction et de reproduction
à l'Étranger.

M DCCC LIX

HISTOIRE DE FRANCE

SEPTIÈME PARTIE

DÉCADENCE DE LA MONARCHIE

LIVRE XCII

RÉGENCE.

Système de Law. — Enfance de Louis XV. — Le duc d'Orléans déclaré régent. — Réaction contre le gouvernement de Louis XIV. Essai de gouvernement par conseils. — Détresse financière. Administration du duc de Noailles. Révision de la dette et banqueroute partielle. Essais de réforme. Noailles remplacé par Law. — Exposé du Système de Law. La Banque et la Compagnie des Indes. Bienfaits du crédit, renaissance du commerce et de la marine marchande. Agiotage. *La rue Quincampoix*. Profusions du régent et rapacité des grands. Décadence du Système. Violences employées pour soutenir le papier-monnaie. L'or et l'argent prohibés. Chute de la Banque. Réforme de la Compagnie des Indes. Law quitte la France. Nouvelle banqueroute. Résultats du Système.

1715 — 1723.

Nous avons exposé, avec un large développement, l'histoire des âges glorieux de la monarchie : même après que les maximes d'État ont changé et que le monde a passé à des idées et à des lois nouvelles, l'étude approfondie d'un grand gouvernement offre toujours une abondante moisson au politique, à l'administrateur, à l'économiste, aux esprits méditatifs comme aux esprits pratiques. Les temps de décadence et de décomposition où nous entrerons avec Louis XV, ne demanderont pas tant de détails : faits et caractères, tout s'abaisse dans le monde politique ; les hautes pensées, les plans persévérants, les vues systématiques, ou disparaissent, ou sont promptement écartés par le prince, s'il est encore quelque homme d'État patriote qui essaie de les faire revivre ; les événements sont produits par les ressorts les plus misérables et l'on ne peut demander à l'historien de suivre dans tous leurs obscurs replis les caprices d'une royale courtisane ou les cabales d'intrigants sans portée et sans but, avec l'intérêt et l'attention patiente qu'il mettait à chercher, à surprendre la pensée d'un grand ministre dans le secret de son cabinet et de sa correspondance.

L'intérêt de l'histoire, durant le siècle de Louis XIV, avait été partagé entre les faits politiques et les lettres qui idéalisaient en quelque sorte ces faits. Sous Louis XV, l'intérêt passera quasi tout entier aux lettres, qui seront, non plus l'expression du présent, mais la préparation d'un mystérieux avenir et la manifestation de la lutte des idées contre les faits. La vie véritable de la France se concentre dans cette sphère; nous l'y suivrons.

Dans les trois quarts de siècle qui nous restent à parcourir, deux périodes, cependant, bien différentes, bien opposées même l'une à l'autre, ont ceci de commun, qu'elles tranchent également avec tout le reste : ce sont la première et la dernière périodes. La dernière, le règne de Louis XVI, doit montrer la philosophie s'efforçant en vain d'envahir pacifiquement le monde des faits et de prévenir des luttes immenses. Ce n'est pas le moment d'en parler. La première, la Régence, époque de corruption, mais non de torpeur gouvernementale comme ce qui doit suivre, est marquée d'une originalité singulière et signalée par une expérience sociale d'une étonnante audace; nous allons essayer d'en esquisser le tableau.

A l'instant où la couronne de Louis XIV tomba sur le front d'un enfant de cinq ans et demi, le pouvoir échappé de la main glacée du Grand Roi parut devoir être disputé entre deux rivaux, le neveu et le fils naturel de Louis XIV. Mais ce duc du Maine, dont Saint-Simon exagère si fort et la portée et la noirceur, n'avait aucune des qualités nécessaires au rôle qu'il ambitionnait ou plutôt que lui imposait sa femme. Point d'élan, point d'audace, rien de ce qui attire les hommes, rien de ce qui les engage et les retient dans une action commune, de petites intrigues puériles et peureuses là où il eût fallu la hardiesse et la décision des grands coups; en un mot, rien d'un chef de parti. Malgré d'énormes défauts, le duc d'Orléans avait sur un tel adversaire une évidente supériorité. Trop amolli par les voluptés, trop plongé dans une sensuelle insouciance pour être capable d'une ambition forte et soutenue, il savait se réveiller pour un jour d'action; il n'avait pas une grande soif du pouvoir; mais, son amour-propre une fois en jeu, il considéra l'affaire comme une partie à gagner et fit ce qu'il fallait pour y réussir. Tout le monde était convaincu qu'il la gagnerait, cette partie; aussi chacun avait-il voulu se donner le mérite de ne pas attendre l'événement; le maréchal de Villars et les principaux ducs et pairs avaient assuré Philippe de leur concours; à l'exception du premier président de Mesmes, frivole courtisan de la duchesse du Maine, les hommes influents du parlement, le procureur-général d'Aguesseau en tête, étaient décidés pour Philippe, par haine des *constitutionnaires* (partisans de la bulle *Unigenitus*), qui se ralliaient au duc du Maine; les colonels des gardes françaises et suisses avaient vendu leur appui au duc d'Orléans[1]; le commandant de l'artillerie, Saint-Hilaire, et le lieutenant de police, d'Argenson, lui étaient acquis; les hommes mêmes sur lesquels du Maine croyait pouvoir compter avec la plus entière certitude l'avaient d'avance trahi en révélant à son rival les dernières volontés de Louis XIV et les moyens de les mettre à néant; jusqu'au chancelier Voisin, jusqu'au maréchal de Villeroi, jusqu'au duc de Noailles, neveu par alliance de madame de Maintenon! Le public, étranger aux intérêts et aux menées des courtisans, penchait en masse du même côté, par réaction contre l'austérité dévote de la vieille cour et contre les persécutions religieuses. L'issue d'une lutte engagée sur un terrain si bien préparé et contre un tel adversaire n'était pas dou-

---

1. Le duc de Guiche, colonel des gardes françaises, reçut 600,000 francs pour ce marché. V. Saint-Simon, t. XIII, p. 217.

teuse, et le duc d'Orléans n'eut pas grand mérite à ne point accepter les offres d'argent, de vaisseaux et de soldats que lui avait fait faire le roi Georges Ier par son ambassadeur, lord Stairs ; les égards témoignés par Philippe à lord Stairs attestèrent que Philippe ne s'estimait point offensé de ces offres et ce fut le commencement d'une liaison entre les maisons de Hanovre et d'Orléans, qui eut de tristes suites pour la France.

Maintenant, par quel expédient Philippe allait-il se saisir de ce pouvoir que Louis XIV mourant avait tâché de lui interdire ? Parmi les conseillers intimes de ce prince, il en était un qui tranchait bizarrement avec tous les autres, avec ces complices des soupers du Palais-Royal, que Philippe, le *fanfaron de crimes*, glorifiait à sa manière en les nommant ses *roués*, « parce qu'ils avaient mérité de l'être. » Cet ami, qu'on voyait chez Philippe souvent le matin et jamais le soir, c'était le rigide, caustique et religieux Saint-Simon. Très-attaché naguère au duc de Bourgogne, puis défenseur courageux et opiniâtre du duc d'Orléans contre de cruelles accusations, il se croyait enfin appelé à une haute influence longtemps et impatiemment attendue, et, pour avoir rêvé sur tout, il se jugeait capable de tout diriger. Possédé d'une idée fixe qu'il poussait jusqu'à la monomanie, la grandeur politique des ducs et pairs, imaginaires héritiers des douze pairs de France et des grands vassaux, il avait donné à Philippe l'avis de réunir les ducs-et-pairs, de se proclamer régent du royaume devant eux et devant le reste de la cour, et de n'aller qu'après au parlement pour y faire purement et simplement la déclaration de régence : si l'adoration des ducs et pairs était le premier article de foi de Saint-Simon, le second était le mépris du parlement et de la robe. Aussitôt que Louis XIV eut fermé les yeux, toute la cour se pressa chez le duc d'Orléans. Chacun le traita de régent et une partie des grands lui firent les mêmes instances que Saint-Simon. C'était là un reste de ces idées aristocratiques caressées naguère autour du duc de Bourgogne. Philippe ne se laissa point éblouir : il sentit que le parlement, malgré son long abaissement et son long silence, présentait, pour fonder une autorité régulière, un point d'appui plus solide que les ducs et pairs, qui n'étaient point un corps, qui n'étaient rien de défini et dont la prérogative la plus essentielle consistait précisément dans le droit de siéger au parlement. Il aima mieux suivre la route battue qu'un sentier nouveau et hasardeux ; il se tint sur la réserve et convoqua le parlement pour le lendemain.

Le 2 septembre au matin, le duc d'Orléans, les princes du sang les *légitimés,* les ducs et pairs, se transportèrent au Palais ; tou. Paris s'y pressait et lord Stairs étalait son arrogance dans une tribune, comme s'il eût prétendu dicter la loi au parlement et à la France : Villeroi n'y mena pas le jeune roi ; cette première infraction aux dernières volontés de Louis XIV en présageait bien d'autres. Philippe, accueilli avec beaucoup de faveur et de marques de respect par le parlement, débuta par un discours plus habile que sincère, où il prêtait au roi des paroles très-peu vraisemblables, telles que celles-ci : « Je vous recommande le dauphin :
« servez-le aussi fidèlement que vous m'avez servi, et travaillez à
« lui conserver son royaume : s'il vient à manquer, vous serez le
« maître, et la couronne vous appartient..... J'ai fait les disposi-
« tions que j'ai crues les plus sages ; mais, comme on ne saurait
« tout prévoir, s'il y a quelque chose qui ne soit pas bien, on le
« changera. » Il prétendit avoir doublement droit à la régence, et par sa naissance, et par les intentions que lui avait exprimées verbalement le feu roi, protesta qu'il n'aurait d'autre dessein que de soulager les peuples, rétablir les finances, entretenir la paix au dedans et au dehors, remettre surtout l'union et la tranquillité dans l'Église : il demanda par avance « les sages remontrances de cette auguste assemblée » (le parlement), pour l'aider à atteindre ce but, et pria l'assemblée d'examiner les droits que lui donnaient sa naissance et les précédents, aussitôt après la lecture du testament royal et avant de discuter le testament.

Au premier mot qui annonça la restitution du *droit de remontrances,* tout le parlement fut gagné : l'avocat-général Joli de Fleuri donna des conclusions conformes aux prétentions du prince ; on alla extraire de sa cachette le testament de Louis XIV ; la lecture en fut écoutée dans un silence désapprobateur. Le duc d'Orléans réclama vivement contre un acte extorqué au feu roi, dit-il, et contraire à ses intentions véritables : il demanda, au lieu d'un vain titre, la régence entière et indépendante, avec le choix du conseil de régence. Le duc du Maine voulut parler : Philippe lui ferma la bouche d'autorité, et l'assemblée, sans même aller régulièrement aux voix, proclama Philippe régent par acclamation. Le nouveau régent énonça aussitôt le projet d'administrer les diverses branches du gouvernement par des conseils particuliers, subordonnés au conseil de régence. C'était le renversement de tout le système ministériel sur lequel vivait depuis si longtemps la monarchie, et l'application des idées de Fénelon, de Chevreuse, de Saint-Simon. Louis XIV avait trouvé le plan de ce gouvernement *par conseils* dans les papiers du duc de Bourgogne, et c'était à cette occasion qu'il avait laissé échapper ce mot, souvent cité : « Ces gens-là ne connaissent guère les Français ni la manière dont il faut les gouverner [1]. » Ni le parlement, ni les princes et les ducs et pairs, ne pensèrent comme Louis XIV, et pour cause : ils applaudirent avec passion au dessein du régent et au souvenir du duc de Bourgogne évoqué par Philippe. Philippe, alors, attaqua vivement l'article du testament qui mettait la personne du jeune Louis XV et les troupes de la maison du roi à la discrétion du duc du Maine, et déclara cette disposition incompatible avec l'autorité et la sûreté du régent.

Le duc du Maine essaya enfin de se défendre et il s'éleva entre le régent et lui une altercation prolongée, opiniâtre, peu digne de part et d'autre. Philippe retombait ainsi au niveau de son rival et reperdait une partie du terrain gagné. Bien des gens qui avaient voté la régence pouvaient hésiter à briser les dispositions prises par Louis XIV pour l'éducation et la sûreté de son héritier. Les amis du régent l'avertirent que la position se gâtait et l'engagèrent à suspendre la séance. Quand on revint, l'après-midi, le temps avait été bien employé; le parlement convint, tout d'une voix, que le commandement des forces militaires ne pouvait se partager et devait appartenir sans réserve au régent. Le duc du Maine s'écria que, puisqu'on lui enlevait l'autorité que lui avait assignée le testament de Louis XIV, il ne pouvait plus répondre de la personne du roi et demandait à être déchargé de sa garde. « Très-volontiers, monsieur, » répondit le régent, et il lui fit

---

1. *Mém.* mss. du duc d'Antin, cités par Lémontei, *Régence*, t. Ier, p. 41.

donner acte de son désistement. Philippe, sentant la veine heureuse, poussa son succès jusqu'au bout : le matin, on avait arrêté qu'au conseil de régence, tout se déciderait à la pluralité des voix : Philippe fit observer que cela pouvait se pratiquer pour la décision des affaires, mais non pour la collation des grâces, des charges et des bénéfices; qu'en cette matière, il avait besoin d'une entière liberté. « Je veux être libre de récompenser, dit-il;
« quand il s'agira de punir, j'en reviendrai à la pluralité des
« voix. Je veux, » ajouta-t-il en rappelant adroitement une phrase du *Télémaque,* « je veux être libre pour le bien, et avoir les mains
« liées pour le mal. »

On lui accorda la disposition des charges et le droit de révoquer les membres du conseil de régence, comme celui de les nommer. C'était lui donner un pouvoir à peu près absolu. La séance fut levée au bruit des acclamations et il ne resta plus d'autre vestige des dernières volontés de Louis XIV qu'un parchemin rejeté au fond des archives, où l'histoire seule devait désormais aller l'interroger. Tout avait disparu du Grand Roi, ses passions, ses erreurs et ses grandes pensées [1].

On vit bien à quel point tout était changé en France, le jour où l'on conduisit à Saint-Denis, avec un appareil mesquin jusqu'à l'indécence, les restes de Louis XIV (9 septembre). Le convoi d'un monarque qui emportait avec lui tout un siècle de gloire, arriva à sa funèbre destination à travers les brocards et les refrains de vaudevilles. « J'ai vu, dit Voltaire, de petites tentes dressées sur le chemin de Saint-Denis. On y buvait, on y chantait, on y riait. Le jésuite Le Tellier était la principale cause de cette joie universelle. J'entendis plusieurs spectateurs dire qu'il fallait mettre le feu aux maisons des jésuites avec les flambeaux qui éclairaient la pompe funèbre [2]. » Louis XIV n'était plus, pour ce peuple qui l'avait si longtemps idolâtré, que le persécuteur des *anti-constitutionnaires* et le protecteur des jésuites.

Le 12 septembre, le jeune roi, qu'on avait installé provisoirement à Vincennes, « pour le bon air » (c'était la seule intention de

---

1. *Extrait des registres du parlement,* ap. *Anciennes Lois françaises,* t. XXI, p. 5. — Saint-Simon, t. XIII, chap. xiv.
2. *Siècle de Louis XIV,* chap. xxviii.

Louis XIV qu'on eût respectée), fut amené au Palais pour y tenir un lit de justice, où furent consignées toutes les décisions de la séance du 2 septembre. Le régent avait cru cette vaine cérémonie nécessaire à l'affermissement de son pouvoir.

Les premiers actes de la Régence furent marqués d'un caractère de réaction décidée contre le règne passé. Dès le 5 septembre, de grandes réformes avaient été opérées dans la maison du roi, dans les bâtiments et dans les équipages de chasse, qu'on avait remis sur le pied où ils étaient à la mort de Louis XIII. C'était bien commencer, pourvu qu'on eût le courage de persévérer. Le 15, parut la déclaration qui établit six conseils, les conseils de conscience, des affaires étrangères, de la guerre, des finances, de la marine et du dedans du royaume, le tout sous l'autorité suprême du conseil général de régence. Le préambule invoquait, pour couvrir cette nouveauté, le nom populaire du duc de Bourgogne, l'exemple des autres royaumes (l'Espagne et l'Autriche), et même d'anciens précédents nationaux, qu'on aurait eu grand'peine à spécifier. « Il faut, faisait-on dire au roi, que les affaires soient réglées plutôt par un concert unanime, que par la voie de l'autorité [1]. »

Le régent se montra conciliant dans la formation du conseil de régence; il y conserva la plupart des personnages désignés par le testament de Louis XIV, y compris les *légitimés*. Le conseil se composa du duc de Bourbon, chef du conseil sous le régent [2], du duc du Maine, du comte de Toulouse, du chancelier Voisin, des maréchaux de Villeroi, d'Harcourt et de Besons, de Cheverni, ancien évêque de Troies, de l'ex-ministre des affaires étrangères Torci [3], et du duc de Saint-Simon. Le régent avait offert à Saint-Simon la présidence de tel ou tel des conseils particuliers, mais il préféra rester au centre, s'imaginant y exercer une influence plus décisive; il s'y trouva, de fait, dans son vrai milieu, critiquant beaucoup et ne faisant guère.

1. *Anciennes Lois françaises*, t. XXI, p. 36 et suivantes.
2. Les autres princes du sang étaient trop jeunes pour entrer au conseil : le prince de Conti y fut appelé dès qu'il eut vingt-trois ans.
3. Les secrétaires d'État, devenus inutiles par la suppression des ministères, furent remboursés de leurs charges, sauf un seul, La Vrillière, que l'on conserva comme secrétaire du conseil de régence, sans voix délibérative. Le contrôleur-général fut également supprimé.

Le conseil du dedans fut présidé par le duc d'Antin, fils de madame de Montespan, type du parfait courtisan *sans honneur et sans humeur,* comme le définissait le régent, mais homme d'esprit et de ressource. Le conseil de guerre eut pour président le maréchal de Villars; le conseil de marine, le maréchal d'Estrées (Victor-Marie), sous l'autorité supérieure de l'amiral de France comte de Toulouse. Au conseil des finances, le régent se déclara *ordonnateur,* « comme l'était le feu roi; » c'est-à-dire que les agents supérieurs des finances durent compter avec lui de *clerc à maître* et que toutes les ordonnances concernant les mouvements de fonds durent être signées de sa main. Le maréchal de Villeroi conserva le titre de chef du conseil des finances, qu'il avait depuis la mort de Beauvilliers; mais la présidence effective fut donnée au duc de Noailles, neveu du cardinal, qui avait étudié les questions financières avec l'ex-contrôleur-général Desmaretz, dans l'intention secrète de le remplacer et d'arriver par les finances à la direction du gouvernement. Il fut statué que les procureurs généraux du parlement et de la chambre des comptes auraient entrée au conseil des finances quand ils le requerraient. Le conseil des affaires étrangères fut présidé par le maréchal d'Huxelles. Le conseil du commerce, organisé quelque temps après les autres (14 décembre), fut composé des présidents des conseils des finances et de la marine, de huit conseillers d'État ou maîtres des requêtes, parmi lesquels le lieutenant-général de police, et des députés des principales villes de commerce : les intendants des finances et du commerce avaient été supprimés. Les présidents des conseils particuliers eurent droit d'entrer au conseil de régence avec voix délibérative, pour y rapporter les affaires de leurs départements respectifs.

La composition des conseils n'était pas aussi aristocratique, pas aussi féodale que l'eussent souhaité Saint-Simon ou même l'ancien cercle du duc de Bourgogne : la robe y tenait trop de place; mais on n'eût pu s'en passer, quand même le régent n'eût pas ménagé systématiquement la magistrature. « Trois espèces d'hommes, choisis par la convenance, par la faiblesse et par la nécessité, remplissaient les listes des conseils : d'abord de grands seigneurs, vieux dans les intrigues, novices dans les affaires, et moins utiles par leur crédit qu'embarrassants par leur morgue et par leurs petitesses; ensuite, les amis du régent, l'élite des *roués*, esprits frondeurs et pervers, ignorants et spirituels, hardis et paresseux, et bien mieux faits pour harceler que pour conduire un gouvernement; enfin, au-dessous d'eux, étaient jetés pêle-mêle des conseillers d'État, des maîtres des requêtes, des membres du parlement, gens instruits et laborieux, destinés..... à réparer sans gloire et sans émulation les bévues qu'il fallait attendre de l'incapacité de leurs premiers collègues et de l'étourderie des seconds [1]. »

Ce qu'il y eut de plus significatif, mais sous un autre rapport, ce fut le conseil de conscience ou des affaires ecclésiastiques, présidé par ce même cardinal de Noailles, qui s'était vu sur le point d'être dégradé du cardinalat et de l'épiscopat! Noailles eut pour assesseurs Besons, archevêque de Bordeaux, prélat peu favorable à la constitution *Unigenitus*, le procureur-général d'Aguesseau et l'abbé Pucelle, conseiller au parlement, représentants du gallicanisme parlementaire. La feuille des bénéfices passa des mains du père Le Tellier dans celles du cardinal de Noailles; Le Tellier fut relégué en province et, l'année suivante, quand Louis XV fut près d'accomplir sa septième année, l'abbé Fleuri, l'auteur gallican de l'excellente *Histoire ecclésiastique*, fut nommé confesseur du roi : les jésuites perdirent ainsi ces importantes fonctions que leur ordre avait toujours accaparées depuis Henri IV. La confession et la prédication leur furent interdites par plusieurs évêques *anti-constitutionnaires*. C'était toute une révolution. Avant même que le conseil de conscience fût organisé, le régent s'était hâté de réparer les injustices et les violences des derniers jours du règne passé. Dès le 10 novembre, il avait révisé toutes les lettres de cachet et fait mettre en liberté ou rappeler d'exil toutes les personnes persécutées pour jansénisme ou pour opposition à la bulle. Parmi les prisonniers de la Bastille ou des autres

---

1. Lémontei, *Hist. de la Régence*, t. 1er, p. 46. Les gens de robe n'étaient pas si résignés que le dit Lémontei à *ramper obscurément dans le fond des comités*; car les conseillers d'État de robe réclamèrent et obtinrent la préséance sur les conseillers d'État d'épée qui n'étaient pas ducs, et les maîtres des requêtes prétendirent faire leurs rapports, assis, devant le conseil de régence. Cela fit de grosses affaires. V. Saint-Simon, t. XIII, p. 273-278.

prisons d'État, il y en avait beaucoup de détenus pour des causes dont personne n'avait plus connaissance. Un voyageur italien avait été arrêté le jour même de son arrivée à Paris, il y avait trente-cinq ans de cela, et ni lui, ni qui que ce fût au monde, n'en soupçonnait le motif. On crut que c'était une méprise! D'autres captifs, les victimes de la bulle, sortirent des cachots, non pas éteints et mornes comme cet infortuné, mais tout frémissants des odieux traitements que leur avaient infligés la haine des jésuites et la basse complaisance des ministres. Le public épousait avec passion leurs ressentiments et ne pouvait trouver assez d'imprécations contre ces monstrueux effets du pouvoir absolu, que désavouaient momentanément les dépositaires de l'autorité royale, mais qui sont pourtant inséparables de tout gouvernement non subordonné aux lois [1].

Les malheureux protestants commencèrent d'espérer que le jour de la justice luirait aussi pour eux; mais ils devaient trouver les persécutés de la veille, jansénistes et gallicans, presque aussi durs à leur égard que les jésuites.

Des édits populaires en matière d'impôts, des faveurs accordées aux sciences [2], comptèrent encore parmi les actes louables des débuts de la Régence. D'autres mesures beaucoup moins dignes d'éloge commencèrent à faire entrevoir la faiblesse, l'inconséquence, la facilité insouciante qui devaient neutraliser les qualités éminentes de Philippe d'Orléans. Tandis qu'il laissait se relâcher l'étiquette et se confondre les rangs, par compensation, il attribuait exclusivement aux gentilshommes les emplois de l'administration des haras, qu'il réorganisait et que la noblesse récla-

1. Saint-Simon, t. XIII, p. 235.
2. Le régent s'occupait avec beaucoup de sympathie de ce qui concernait l'Académie des sciences et lui donna, le 3 janvier 1716, un nouveau règlement libéral et favorable au progrès scientifique. Il protégea aussi les travaux d'érudition historique qui se poursuivaient sans interruption sur la plus vaste échelle, depuis le milieu du xviie siècle. A partir de 1717, l'Académie des inscriptions commence à publier ses Mémoires. En février 1717, nouveau règlement de l'Académie d'architecture. En 1718, une Académie des arts mécaniques est établie au Louvre, pour le perfectionnement des métiers et la fabrication des outils, instruments et machines. Les arts industriels prennent ainsi place, dans les ateliers du Louvre, à côté des beaux-arts. C'est là un souvenir de Henri IV et le point de départ du Conservatoire des arts et métiers.

mait comme étant chose toute féodale; il prodiguait les dons à la cupidité des grands; l'abus des *survivances* avait reparu sur une grande échelle vers la fin de Louis XIV, sous la forme des *brevets de retenue*, et avait ramené de fait la vénalité et l'hérédité des gouvernements et des lieutenances; loin de remédier à cet abus, Philippe le multipliait et aliénait ainsi aveuglément cette libre disposition des charges et offices qu'il avait réclamée avec tant d'instance [1].

On pouvait déjà prévoir le peu de solidité de ce mouvement de réforme qui, par d'étranges combinaisons, faisait triompher l'esprit de Fénelon dans la politique [2], le gallicanisme, et presque le jansénisme, dans les affaires religieuses, le libertinage et l'incrédulité pratique dans les mœurs, où la débauche devenait une sorte d'étiquette; on se faisait libertin par politique. Les courtisans dévots de la veille commençaient à entretenir des filles et à se montrer ivres en public *par convenance :* c'était faire sa cour au Palais-Royal et au Luxembourg, où la fille bien-aimée du régent, la duchesse de Berri, se piquait de rivaliser avec les orgies paternelles. On était tellement en réaction contre la domination d'une autorité hypocrite et tracassière, que le public parisien, emporté dans un tourbillon de plaisirs et de bruit, se faisait une morale fort relâchée et tolérait chez ses nouveaux maîtres les excès et les vices les moins dignes d'indulgence. Les Parisiens, d'ailleurs, savaient gré au régent d'avoir délaissé Versailles et installé le jeune roi aux Tuileries (janvier 1716), pour pouvoir s'installer lui-même au Palais-Royal, centre de ses habitudes et de ses voluptés.

La question capitale, pour le nouveau gouvernement, c'étaient les finances; c'était là qu'il allait montrer ce dont il était capable. Il ne s'agissait plus d'expédients, mais d'un grand parti à prendre.

---

1. Saint-Simon, t. XIII, p. 234-288; t. XVI, p. 276-376. — A propos des haras, il n'est pas inutile de remarquer qu'on les remonta avec des étalons anglais au lieu d'étalons arabes. Il est à croire qu'ils ne s'en trouvèrent pas mieux. Villars (*Mém.*, p. 379) blâme vivement le régent d'avoir ôté aux particuliers la liberté d'avoir des juments et des étalons, et assure que, depuis la réorganisation des haras, la quantité des chevaux diminue tous les jours. Dans les dernières guerres, on avait tiré plus de 25,000 chevaux tous les ans de Bretagne et de Franche-Comté.

2. La première édition correcte et complète du *Télémaque* fut publiée, en 1717, par le neveu de Fénelon, avec l'approbation et l'appui du gouvernement.

Louis XIV en avait légué à la régence la périlleuse responsabilité. Au 1er septembre 1715, le revenu brut s'élevait à 165 millions et demi [1]; le revenu net à 69 millions; les dépenses à 147 millions; par conséquent, le déficit de l'année à 78 millions. Il y avait 590 millions de billets d'État en circulation, formant, avec le reste de la dette flottante et le déficit de l'année, 789 millions de dettes exigibles. Sur les 69 millions qui étaient censés revenir au Trésor, tout était mangé d'avance, sauf 4 à 5 millions : la meilleure partie du revenu de 1716 avait été anticipée, après le revenu de 1715. On avait 700,000 à 800,000 francs en caisse, et le paiement des rentes seules revenait à 420,000 francs par jour. Ni les traitants, ni les opulents personnages appelés aux nouveaux conseils, ne voulaient rien avancer. On para aux premiers besoins avec quelque argent que le régent tira de son propre fonds et avec 3 millions que prêta le riche négociant Crozat, à condition d'être investi de la charge de trésorier de l'ordre, qui donnait droit de porter le cordon bleu. C'était bon pour quelques jours. Le total de la dette dépassait 2,400,000,000 de francs. On ne voyait pas encore clairement les chiffres tels que nous venons de les poser; mais on était stupéfié par l'aspect d'une masse énorme, écrasante, dont on n'avait pas exactement mesuré les proportions [2].

Les grands novateurs qui avaient médité ou proposé, sous Louis XIV, des réformes politiques, sociales ou financières, n'existaient plus, mais ils avaient laissé des héritiers; des esprits bien inférieurs sans doute aux Fénelon et aux Vauban, mais originaux et singuliers, assiégeaient le régent de leurs conseils; tel était ce fameux comte de Boulainvilliers, intelligence à la fois très-hardie et profondément rétrograde, qui partagea sa vie toute spéculative entre trois objets : 1° l'étude des origines nationales au point de vue exclusif de la caste féodale; 2° l'étude des sciences occultes du moyen âge et surtout de l'astrologie,

---

1. Ce n'était point par un mouvement parallèle à celui de la richesse publique que l'impôt s'était ainsi accru depuis Colbert; tout au contraire, car les mêmes branches du revenu rendaient, en 1715, 15 millions et demi de moins qu'en 1683, et l'accroissement des recettes n'était dû qu'à la création de nouveaux impôts.
2. Forbonnais, t. II, p. 398. — Saint-Simon, t. XIII, p. 238. — Dutot.

mêlée à des travaux de métaphysique qui le menèrent au spinozisme; 3° des recherches de statistique sur la situation présente de la France et des plans de réforme où l'on rencontre parfois, avec quelque surprise, des vues saines et patriotiques, procédant tour à tour de Vauban, de Bois-Guillebert et même de Colbert. Dans les mémoires qu'il présenta au régent[1], il insiste beaucoup sur la nécessité de convoquer les États-Généraux pour arriver, avec leur aide, à libérer l'état, à simplifier l'impôt, à transformer les droits qui entravent la consommation et à supprimer cette armée de soixante mille percepteurs qui mange la France (il y avait en outre quarante mille collecteurs non salariés)[2].

À côté de Boulainvilliers apparaît l'abbé de Saint-Pierre, à qui le titre d'aumônier de la duchesse d'Orléans procure quelque accès auprès du régent; âme pure et naïve, écrivain sans talent, esprit peu élevé, mais à qui un infatigable amour du bien public tient lieu de génie. Notre langue lui doit le mot de *bienfaisance*, qu'il était digne d'inventer, et la philosophie ne doit pas oublier qu'il fut un des apôtres de la perfectibilité. Constamment occupé, durant sa longue et paisible carrière, des intérêts de sa patrie et de l'humanité, sa première utopie, conçue durant les négociations d'Utrecht, où il avait suivi l'ambassadeur, abbé de Polignac, a été la paix universelle, qu'il prétend assurer par la création d'une diète européenne, à peu près sur le modèle de la diète germanique : c'était la pensée d'un grand politique, de Henri IV, alourdie et dénaturée par un commentateur à la fois sans expérience pratique des choses humaines et sans philosophie assez haute pour comprendre à quelles conditions cette pensée pour-

---

1. Ces mémoires sont du commencement de 1716; mais ils ne furent publiés qu'en 1729, en Hollande. Par une contradiction assez curieuse, ce féodal passionné est très-favorable au commerce. Il voudrait qu'on fondât à Paris une compagnie générale de commerce, pour tout le royaume, sans monopole : qu'il eût dans chaque paroisse une chambre ou bourse commune et direction particulière, tant des affaires de la communauté des habitants, que de l'agriculture, commerce, arts et manufactures qui s'y font; que les nobles pussent être, sans déroger, agents de change et de banque. Ceci était écrit avant que Law eût dévoilé l'ensemble de son système. Boulainvilliers est colbertiste en ce qui regarde la balance du commerce et les droits protecteurs. Il condamne fortement les changements dans les monnaies.

2. Boulainvilliers ne parle que des percepteurs de la taille : Saint-Simon prétend qu'il y avait quatre-vingt mille employés aux gabelles. T. XV, p. 373.

rait cesser d'être un rêve et devenir un idéal[1]. Maintenant, l'abbé de Saint-Pierre applaudit au gouvernement *par conseils* et propose des réformes dans l'impôt, réformes très-judicieuses ; car il s'agit de la taille proportionnelle à substituer à la taille arbitraire.

De ces réformateurs, le plus téméraire et le moins sensé se trouve être précisément le seul qui ait part au gouvernement, un membre du conseil de régence, Saint-Simon. Comme Boulainvilliers, il veut les États-Généraux, mais ce n'est pas pour s'entendre avec eux sur quelques réformes ; c'est pour se faire imposer par eux la banqueroute universelle ! « Le roi, dit-il, vient à la couronne en vertu d'un fidéicommis, d'une substitution faite par la nation à une maison entière, tant que durera cette maison, et nullement par héritage ni représentation. Conséquemment, tout engagement pris par le roi prédécesseur périt avec lui, et le successeur n'est tenu de rien de tout ce dont son prédécesseur l'était. » Il va plus loin, et affirme que le roi, mineur à tout âge, peut toujours revenir sur ce qu'on a fait ou sur ce qu'il a fait ou consenti lui-même contre ses intérêts. Quant aux États-Généraux, la majorité des Trois Ordres ne demandera sans doute pas mieux que d'affranchir l'État aux dépens de ses créanciers, qui ne sont qu'une minorité dans la nation, et la plupart gens de *bas-lieu*. On gagnera à cette grande résolution de mettre dorénavant les rois dans l'impossibilité d'emprunter, et par conséquent de faire des dépenses outrées et des entreprises ruineuses[2].

Cette théorie, pour ainsi dire, ingénument cynique, avait été exposée au duc d'Orléans avant la mort du roi ; mais Philippe, détourné des étranges conseils de Saint-Simon par le duc de Noailles et par l'abbé Dubois, personnage dont nous n'aurons que trop à parler par la suite, avait déjà pris son parti et ne voulait ni des États-Généraux ni de la banqueroute, du moins de la banqueroute totale et avouée. Un novateur plus-ingénieux, plus séduisant et plus profond que ceux dont on vient de signaler les projets, un étranger dont les idées procédaient d'une tout autre

---

1. Il veut tout bonnement fixer l'Europe dans son état présent, sans examiner si cet état est conforme à la justice et sans savoir ce que c'est que le vrai droit international. Pour qu'une confédération européenne soit possible ou désirable, il faut d'abord que les nationalités soient librement constituées.

2. Saint-Simon, t. XII, chap. XIX.

source que celle de nos réformateurs français, murmurait à l'oreille du régent des promesses magiques et annonçait la régénération de l'État et de tout le corps social, au moyen d'une force méconnue jusqu'ici par nos plus grands hommes d'État et heureusement essayée, dans les derniers temps, par nos voisins, l'ORGANISATION DU CRÉDIT; mais Philippe, quoique ébranlé par le génie de Law et enclin, par curiosité et désir d'émotions, aux tentatives hardies, hésitait à s'engager sur une mer inconnue avec ce pilote hasardeux.

Provisoirement, la haute main sur les finances fut laissée au duc de Noailles, homme d'État qu'il ne faut pas tout à fait juger d'après les injures et les fureurs extravagantes de Saint-Simon : c'était un souple courtisan, dévot sous Louis XIV, libertin sous la Régence; son esprit était trop mobile; ses idées, trop multipliées et trop peu digérées, se nuisaient les unes aux autres; mais il avait une intelligence aussi vive qu'étendue, une grande instruction et l'ambition de bien faire, quoique avec peu de scrupule sur les moyens. Il tâcha, avant tout, d'assurer le paiement des troupes et des rentes : l'armée fut réduite de vingt-cinq mille hommes, et tous les gens de guerre réformés furent exemptés de taille pour six ans, à condition de prendre à bail une maison inhabitée ou une terre inculte : les soldats réformés qui seraient dans ce cas et qui auraient huit enfants non religieux ni religieuses, furent exemptés de toutes charges publiques (30 novembre 1715). La décision fut prise de ne plus recourir *aux affaires extraordinaires* ni aux créations de rentes. Les receveurs-généraux, qui, dans l'absence de toute comptabilité, disposaient d'une grande partie de l'impôt en maîtres absolus, prétendirent avoir fait d'énormes avances : ils promirent toutefois 2 millions pour chacun des trois derniers mois de 1715 et 2 millions et demi pour chaque mois de 1716, le tout destiné au paiement de l'armée. Les recouvrements qui excéderaient cet engagement seraient employés d'abord à retirer de la circulation les billets souscrits par les receveurs-généraux, puis à les rembourser de leurs avances (octobre 1715). Les receveurs-généraux ne furent pas fidèles à leurs promesses. Ils ne versèrent pas exactement les sommes promises, ne retirèrent pas leurs billets de la circulation et en émirent de nouveaux. On prit un parti vigoureux à leur égard, suivant l'exemple de Sulli et de Colbert : ce fut de faire rentrer directement au trésor le produit des recettes générales, sans tenir compte des avances réelles ou supposées des receveurs-généraux, jusqu'à l'apurement de leur gestion (déclarations des 24 mars-10 juin 1716). Cet apurement fut confié aux quatre frères Paris, fils d'un cabaretier des Alpes dauphinoises, qui avaient fait fortune dans les fournitures militaires, exerçaient maintenant la banque et s'étaient acquis un grand crédit auprès des hommes du pouvoir par leurs talents financiers et par leur esprit hardi et actif. En huit jours, ils constatèrent pour soixante-douze millions de billets émis ou endossés par les receveurs-généraux [1].

On tâchait, en même temps, de soulager directement le peuple.

Le 4 octobre 1715, une fort belle circulaire contre les abus de la perception des tailles avait été adressée aux intendants, avec ordre de l'envoyer dans toutes les paroisses ; on y demandait des renseignements, afin d'établir une juste égalité dans les impositions ; on y menaçait les officiers des élections et les receveurs de leur faire rembourser, au quadruple, les frais excessifs qu'ils auraient faits aux contribuables, et l'on promettait récompense à ceux des receveurs qui auraient apporté le plus de ménagements dans les poursuites. On supprima les impôts levés en vertu de simples lettres ministérielles, énorme abus introduit par le despote Louvois : désormais il fallut, comme autrefois, des arrêts du conseil. Les tailles furent réduites de 3 millions et demi pour 1716 : on accorda aussi des remises sur la capitation, sur le dixième, sur les fermes. Les droits sur la circulation des bestiaux, sauf les péages ordinaires, furent supprimés, ainsi que d'autres droits sur les marchandises à l'intérieur : l'exportation des grains et légumes secs fut permise sans droits, à cause de l'abondance. On suspendit les droits sur la pêche : on autorisa, pour un an, l'entrée en franchise des bestiaux étrangers ; la liberté du commerce fut accordée sur la côte méridionale d'Afrique, de Sierra-Leone au Cap (janvier 1716) : le succès en fut très-grand ; mais

---

1. Bailli, *Hist. financière de la France*, t. II, p. 49.

c'était un triste commerce. Il s'agissait surtout de la traite des noirs, qu'on amenait par milliers aux Antilles[1]. La prohibition des étoffes de l'Inde fut renouvelée, avec une rigueur outrée, en faveur de nos manufactures (janvier-février 1716).

Pour compenser les diminutions d'impôts, on continua le système de Desmaretz, les réductions sur les rentes. Les rentes au denier 12 sur les tailles furent réduites au denier 25, comme les autres rentes; c'était une banqueroute de plus de moitié. Tout ce qui subsistait encore de rentes diverses non réduites eut le même sort. Le capital des rentes payées ailleurs qu'à l'Hôtel de Ville fut réduit à 80 millions : les rentes sur la ville montaient à 32 millions et demi, au capital de 1,280 millions. On avait promis solennellement, en octobre 1715, de ne plus toucher aux monnaies : cette promesse ne fut pas tenue et, dès le mois de décembre, il y eut une augmentation de monnaie : les louis d'or furent portés de 14 francs à 20 francs; les écus de 3 francs 10 sous à 5 francs, et le marc d'argent de 28 à 40 livres : il est juste toutefois de faire remarquer que ce changement avait été sollicité par le commerce, pour soulager les débiteurs écrasés par les récentes diminutions de Desmaretz. Comme dans toutes les refontes de ce genre, le billonnage attira au dehors la plus grosse part du bénéfice sur lequel comptait l'État. L'État ne regagna que 72 millions au lieu de 200 espérés par Noailles.

L'étranger dont nous avons parlé tout à l'heure, l'Écossais Law, avait présenté au régent un très-beau mémoire où il établissait que les monnaies doivent être immuables.

Le 7 décembre 1715, fut ordonnée la vérification et liquidation de tous les billets d'État. Cette opération, qu'on appela le *visa*, fut confiée aux frères Pâris, comme la révision des comptes des receveurs-généraux. Le *visa* des billets d'État avait été précédé par la révision spéciale des fournitures de la dernière guerre et de tous les traités ou affaires extraordinaires depuis 1689. Pendant le

---

1. Un édit du 25 octobre 1716 dérogea, en faveur de nos colons des Antilles, à un principe qui faisait l'honneur de la France. Il fut décidé que les esclaves noirs amenés des colonies en France ne deviendraient plus libres en touchant notre sol. *Anciennes Lois françaises*, t. XXII, p. 122. La société coloniale grandit sous de tristes auspices.

visa, on continua de réduire les charges publiques par des procédés arbitraires; les augmentations de gages rendues aux fonctionnaires furent réduites, comme les rentes, au denier 25 : on supprima un grand nombre de charges, d'immunités en matière d'impôts, de taxations, etc., avec indemnité également à quatre pour cent. Paris seul fut délivré de deux mille quatre cents officiers parfaitement inutiles. Les trésoriers de France furent réduits de soixante et onze à dix-neuf par généralité. Tous les offices de maires et d'autres officiers municipaux créés à titre héréditaire furent abolis, et les villes qui n'avaient pas usé de la faculté à elles accordée, en septembre 1714, de racheter ces offices, rentrèrent sans condition dans leurs anciens droits d'élection (juin 1716[1]).

Noailles s'était préparé une autre ressource d'un caractère plus violent encore : en mars 1716, parut un édit portant établissement d'une chambre de justice contre les traitants coupables d'exactions envers le peuple, contre les comptables et les munitionnaires coupables de péculat envers le roi et contre les usuriers qui avaient agioté sur les papiers de l'État, le tout depuis 1689. L'histoire financière de l'ancien régime n'offre qu'une alternative de déprédations des financiers sur le peuple et de violences du pouvoir sur les financiers; c'était un cercle d'où l'on ne pouvait sortir. On ne savait ni se passer des traitants ni régulariser leur intervention dans les affaires publiques. Saint-Simon avait fait au régent une proposition plus raisonnable qu'à son ordinaire : c'était de ne pas établir de chambre de justice, mais de taxer secrètement et modérément les traitants, de les faire payer sans bruit, en leur faisant valoir la considération qu'on avait de leur épargner les poursuites et les taxes publiques, puis d'employer cet argent à racheter les brevets de retenue des charges et gouvernements, ainsi que les régiments, dont la vénalité décourageait les bons officiers sans fortune et démoralisait l'armée[2]. Noailles comptait avoir de plus grosses sommes par les voies de rigueur, et il était d'ailleurs irrité des intrigues par les-

---

1. Sur ces édits, voyez *Anciennes Lois françaises*, t. XXI, p. 67-115.
2. Louis XIV, dans ses dernières années, avait essayé d'arrêter l'enchérissement en taxant les régiments d'infanterie; mais le fléau de la vénalité et des colonels-

quelles les traitants entravaient le *visa*. Saint-Simon ne fut point écouté et la terreur fut érigée en système. La déclaration royale offrait grâce aux coupables qui dénonceraient leurs complices et aux autres dénonciateurs le cinquième des amendes et confiscations par eux procurées : deux autres déclarations (17 mars — 1er avril 1716) décrétèrent la peine de mort contre quiconque menacerait, insulterait ou détournerait les dénonciateurs, les galères perpétuelles, avec confiscation, contre les accusés qui présenteraient de faux états de leurs biens, le bannissement, le carcan, les galères, contre les recéleurs et complices, et permission à tous dénonciateurs, même aux laquais ou domestiques des justiciables, de déposer sous des noms empruntés. Ces dispositions, qui provoquaient l'immoralité afin d'atteindre des actes immoraux, étaient trop communes dans l'ancienne législation, pour exciter l'indignation qu'elles exciteraient aujourd'hui, et le peuple avait trop souffert des traitants pour s'apitoyer sur l'excès des peines qu'on leur infligeait. On lui donna même un intérêt direct à leur châtiment, en faisant distribuer aux habitants des lieux où résidaient les condamnés une part des confiscations. L'effroi était si grand parmi les gens d'affaires, que plusieurs prévinrent leur arrêt par le suicide; il y eut quelques exécutions à mort; d'autres furent exposés au pilori; tout le barbare appareil des tortures était étalé dans les salles des Grands-Augustins, où siégeait la chambre de justice.

L'événement prouva toutefois que Saint-Simon avait bien jugé. Tout ce débordement de violences eut fort peu de résultats. Les traitants achetèrent l'appui des grands, des *roués*, des femmes d'intrigue. Le régent, circonvenu, obsédé, oublia les stipulations solennelles de la déclaration royale, qui interdisait tout don et toute grâce en cette matière. Au bout de six mois, les poursuites criminelles cessèrent et les peines corporelles furent converties en peines pécuniaires, ou plutôt en rôles de taxes enve-

---

propriétaires n'en subsistait pas moins. *V.* Saint-Simon, t. XI, p. 341; t. XII, p. 363-369; t. XIV, p. 375. — Saint-Simon eut une autre bonne pensée : la suppression de la gabelle forcée, le rachat, par le roi, des salines appartenant à des particuliers et la vente du sel par le roi aux particuliers à un prix fixé. Les financiers du conseil firent avorter ce projet, ce qui arrache à Saint-Simon ce cri : « que tout bien à faire est impossible dans un gouvernement comme est le nôtre! » T. XV, p. 374.

loppant tout ce qui avait participé aux affaires de finances, innocent ou coupable. Les rôles portèrent 220 millions à répartir entre quatre mille quatre cent soixante-dix personnes; mais les taxes furent bientôt réduites pour les uns, complétement supprimées pour les autres, grâce à l'intercession de protecteurs intéressés; hommes et femmes de cour se jetèrent dans ce trafic avec une telle ardeur, que, sur la fin, ce n'étaient plus les traitants qui allaient implorer la protection des courtisans, mais les courtisans qui venaient offrir leur protection au rabais aux traitants. Tel partisan taxé à 1,200,000 francs s'en tira moyennant un cadeau de 150,000 francs à une femme galante de haut parage. La cour, à aucune époque, ne s'était montrée sous un aspect aussi honteux. « C'est de ce moment, ». dit un historien (Lacretelle), que date « l'alliance intime de la noblesse avec la finance [1]. » Plusieurs des membres de la chambre de justice rivalisèrent de vénalité avec les grands seigneurs. D'autre part, l'opinion s'était modifiée, au moins dans les classes moyennes et commerçantes de Paris : le commerce de luxe, qui vivait surtout par les gens d'affaires et de finances, languissait depuis qu'ils cachaient leur fortune au lieu de l'étaler. Il y eut bientôt, contre la chambre de justice, presque autant de cris qu'il y en avait eu en sa faveur, quoique les cris ne partissent pas des mêmes classes de la société. La chambre de justice fut supprimée en mars 1717. Dans le préambule de l'édit de suppression, le pouvoir déclare franchement avoir reconnu que « la corruption s'était tellement répandue, que presque toutes « les conditions en avaient été infectées, en sorte qu'on ne pou- « vait employer les plus justes sévérités pour punir un si grand « nombre de coupables, sans causer une interruption dangereuse « dans le commerce et une espèce d'ébranlement général dans le « corps de l'État. » Sur les quatre mille quatre cent soixante-dix justiciables, près de trois mille avaient été affranchis de toute taxe.

---

1. Cette alliance était souvent fort *léonine*. V. ce que raconte si bien Saint-Simon du financier Dunoyer. « Ce richard, pour ses péchés, s'était dévoué à la protection des Biron, qui, en bref, le sucèrent si parfaitement qu'il est mort sur un fumier, sans que pas un d'eux en eût souci ni cure. C'était leur coutume; plusieurs autres les ont enrichis de leur substance, et en ont éprouvé le même sort. Madame de Biron en riait comme d'une fine souplesse, et comptait leur avoir fait encore trop d'honneur. » T. XV, p. 368.

Les autres payèrent en tout 70 millions, moins du tiers de ce qu'avait espéré Noailles; encore assure-t-on que la plupart s'acquittèrent en denrées ou en papiers discrédités, si bien que l'État n'en aurait tiré que 15 millions en numéraire. Une déclaration du 17 mars 1717 promit aux fermiers généraux qu'ils seraient exempts à l'avenir de toutes taxes et recherches de chambres de justice [1].

La grande opération du *visa* était alors terminée depuis dix mois (mai 1716). Elle avait été plus avantageuse au trésor que ne fut la chambre de justice : il était plus facile de réduire arbitrairement les dettes de l'État que de le faire payer par ses débiteurs. Le travail de révision des billets d'État avait porté sur deux objets; le premier, d'une justice incontestable, était la recherche des doubles emplois et des ordonnances de fonds excédant les besoins qui avaient été délivrées aux trésoriers; la somme énorme que produisit cette recherche attesta l'effroyable confusion des finances. Les doubles emplois annulés s'élevèrent à 100 et quelques millions sur 596! Le second objet n'avait qu'une équité tout au plus relative : c'était la réduction proportionnelle des billets maintenus par le *visa*. Le gouvernement avoua nettement, dans le préambule d'une déclaration du 1er avril 1716, qu'il réduisait sa dette proportionnellement aux fonds qu'il était en état de fournir, c'est-à-dire qu'il faisait faillite parce qu'il ne pouvait faire autrement. Les créanciers furent divisés en quatre classes : la première, où étaient les militaires et les corps municipaux, ne perdit qu'un cinquième; la seconde deux cinquièmes; la troisième trois cinquièmes; la quatrième quatre cinquièmes; cette dernière se composait des détenteurs de billets ayant passé par différentes mains et tombés, dans ces derniers temps, de 80 pour 100. La réduction, en y joignant les ordonnances de fonds annulées comme excédant, atteignit 237 millions, et, si l'on compte les doubles emplois, 340 et quelques millions; il resta donc environ 250 millions, pour le remboursement desquels on créa une pareille somme de nouveaux billets d'État, avec intérêt à 4 pour 100 payables à l'Hôtel de Ville; mais les détenteurs des anciens

---

1. *Anciennes Lois françaises*, t. XXI, p. 140. — Lémontei, *Hist. de la Régence*, t. Ier, p. 65.

papiers ne reçurent pas même intégralement ces 250 millions en billets; on ne leur en délivra que 198 et le reste fut employé à apaiser d'autres créanciers [1]; car il existait, comme on l'a vu, près de 200 millions d'autres dettes exigibles, en sus des billets d'État.

Cette espèce d'amputation du gros de la dette flottante fut suivie d'excellentes mesures, qui se rattachaient au parti pris envers les receveurs généraux. La comptabilité, anéantie depuis le désastreux ministère de Chamillart, fut rétablie et perfectionnée; les registres en partie double furent appliqués pour la première fois à la gestion des fonds publics dans tous les pays d'élection. Les receveurs-généraux et les receveurs des tailles furent astreints à envoyer, tous les quinze jours, au conseil des finances, la copie de leur livre-journal : tous les fonds non employés dans les localités durent être expédiés immédiatement à Paris et versés dans une caisse centrale administrée par dix des receveurs-généraux (juin 1716). Les allocations des receveurs généraux furent ramenées au taux du temps de Colbert.

Le commerce fut, en même temps, l'objet de nouvelles faveurs. On révoqua un règlement de 1699 qui gênait le trafic des laines. La durée des deuils fut abrégée de moitié, à la demande des marchands; singulière intervention du pouvoir dans des choses de sentiment et de convenance qui sont du ressort des mœurs et non de l'autorité (5 juin 1716). La société, qui secouait en ce moment le joug austère du xviie siècle, n'était déjà que trop disposée à relâcher les liens de famille. Pour remplacer une partie des droits d'exportation supprimés ou réduits sur un grand nombre d'articles de commerce, on fut obligé d'augmenter de 10 pour 100, pour 1716 et 1717, la capitation récemment diminuée. On renouvela le *prêt* et l'*annuel* des magistrats, que Chamillart les avait autorisés à racheter pour une somme une fois payée [2].

Dans le courant de 1716, il était facile de voir que la réduction

---

1. Forbonnais, t. II, p. 405-423-463-465. — Dans son compte rendu de 1717, Noailles déguise ce détournement en enflant les excédants de fonds annulés jusqu'à 100 millions, de manière à réduire à 198 millions les billets maintenus.
2. Forbonnais, t. II, p. 431. — *Anciennes Lois françaises*, t. XXI, p. 118. — Bailli, t. II, p. 61. — Dangeau, t. III, p. 404.

de la dette, par des moyens plus ou moins légitimes, réduction en partie compensée par des remises d'impôts, ne pouvait tirer l'État de la crise financière où il se débattait, même en y ajoutant le produit de la chambre de justice, sur laquelle Noailles conservait encore de grandes illusions. Il fallait ou créer des ressources inconnues, ou diminuer les dépenses dans une proportion énorme et changer toutes les habitudes de la monarchie; encore était-il plus que douteux que l'économie pût jamais suffire. Law, qui commençait à faire une grande figure en France, proposait le premier parti; Noailles voulut essayer le second. Il projeta de réduire les dépenses de 147 millions à 94; tout devait être atteint, les pensions de cour comme le reste. Avec ces 53 millions d'économie, on se fût encore trouvé en déficit de 18 millions sur l'année; mais la chambre de justice, pensait-on, y devait amplement pourvoir. Il eût fallu, pour exécuter un tel plan, un autre prince que le régent, et même un autre ministre que Noailles. On ne réduisit que le nécessaire, comme la marine; mais tous les abus et toutes les inutilités puissantes se soulevèrent pour la défense de l'arche sainte, et le régent capitula si bien, qu'au lieu de 94 millions, on en dépensa 141. Le déficit pour l'année 1716 fut de 97 millions, à cause d'un retard de 32 millions dans la rentrée des impôts [1]. Contrairement aux résolutions si pompeusement annoncées, des emprunts, des anticipations et le triste bénéfice des monnaies comblèrent la différence.

Le salut par l'économie fut ainsi démontré impossible. Noailles, pourtant, ne voulut pas encore céder à l'évidence. Il continua de lutter [2]. Il fit rendre, le 30 janvier 1717, une déclaration qui réduisait proportionnellement toutes les pensions, sauf les moindres. Selon toute apparence, cela ne fut exécuté qu'envers les gens sans crédit. Le 27 juin 1717, il présenta au conseil de régence un

1. Bailli, t. II, p. 70.
2. Effrayé, cependant, il conseilla au régent de convoquer les États-Généraux, ce dont il l'avait dissuadé en septembre 1715; Saint-Simon, à son tour, si partisan naguère des États-Généraux, en détourna le régent. Il était trop tard, suivant lui, et la situation était trop engagée. Il craignait dans les États, dit-il, « l'excès de liberté maintenant si à la mode. ». T. XIV, ch. xxxi, et t. XV, ch. 1er. Ainsi l'opinion dépassait déjà Saint-Simon, beaucoup plus monarchique que sa réputation : ce qu'il voulait, c'était tout simplement une monarchie gouvernée par des ministres ducs et pairs, au lieu de l'être par des ministres bourgeois.

rapport sur l'état des finances, rédigé sans doute avec le concours des Pâris. Les principes en sont, pour la plupart, d'une justesse lumineuse ; les administrations passées, depuis Sulli, y sont fort sainement jugées; il y établit que la pire des ressources, c'est de grever le revenu public ou de livrer les particuliers à la tyrannie des traitants par les *affaires extraordinaires;* que, même en temps de guerre, l'augmentation des dépenses ne doit être couverte que par l'augmentation des impôts; que, s'il y a toutefois impossibilité absolue d'augmenter les impôts, il faut n'emprunter qu'avec remboursement dans un délai fixé et ne jamais faire des affaires extraordinaires. Ce document officiel expose, avec une énergie que n'eût pu surpasser aucun pamphlétaire, l'iniquité de ces exactions qui frappent tour à tour une foule d'individus ou de corporations, auxquels on demande, sous de vains prétextes et sans les entendre, non pas une portion de leur revenu, mais une portion de leur capital, souvent jusqu'à leur ruine entière[1]. Noailles montre là une des principales causes de notre infériorité financière vis-à-vis d'autres états (l'Angleterre et la Hollande), où l'impôt frappe lourdement, mais également, dans les temps de crise, et sur le revenu de tous, non sur le capital de tel ou tel citoyen, en sorte que tous sont grevés et soulagés à la fois. Il cite encore, parmi les causes de la ruine publique, la taille arbitraire, qu'il faut remplacer par la taille proportionnelle, au moyen d'une estimation des biens, et l'ignorance où l'on est en matière de change. Ici, il est en avant de Colbert même. Il voit très-bien que la défense d'exporter les métaux précieux n'a servi qu'à faire monter le change au désavantage de la France, et qu'il faut toujours finir par solder ses comptes au dehors en numé-

---

1. V. dans Forbonnais, t. II, p. 511, les exemples que cite le rapport : taxes arbitraires, avec solidarité, sur telle ou telle catégorie d'officiers subalternes; démembrements d'offices, pour forcer le titulaire de racheter deux ou trois fois les parties de revenu qu'on lui enlève; recherches sur l'origine de propriétés possédées sans conteste depuis un siècle peut-être, et taxes énormes imposées aux propriétaires, sous prétexte de légitimer une possession très-légitime, etc. On donnait la dépouille de telle catégorie de citoyens à un courtisan, à une belle dame, qui se hâtaient de la revendre à un traitant. Notre esprit se refuse à faire concorder ces avanies individuelles, pareilles à celles des plus grossiers despotes d'Afrique ou d'Asie, avec la brillante civilisation du XVIIe siècle; ces contrastes sont pourtant de l'essence de la monarchie absolue.

raire, si la balance est contre vous. Enfin, et c'est ce qu'il y a de plus honorable pour lui, il signale sans ménagement les suites désastreuses qu'a eues pour nos manufactures et notre commerce la révocation de l'Édit de Nantes. Il soutient que la France, bien administrée, pourrait doubler sa population et tripler son commerce.

On doit encore citer une maxime d'une véritable profondeur sur les financiers, maxime qui n'a pas cessé d'être à méditer pour les politiques : c'est que « ceux qui supposent qu'on a quelquefois besoin du crédit et des avances des traitants, sont dans l'illusion. *Ils n'ont aucun crédit par eux-mêmes,* et celui dont ils jouissent n'est jamais fondé que sur les affaires qu'ils exploitent. »

Presque tout cet exposé de principes est un chef-d'œuvre; mais, sitôt que l'auteur en vient aux moyens d'atteindre le but, c'est-à-dire de ranimer la confiance et la circulation, les illusions arrivent avec les chiffres. Il compare la situation de 1717 à celle de 1715 et montre le revenu net porté, par l'augmentation des fermes et malgré les remises d'impôts, de 69 millions à 86 : la dépense ne doit être que de 93 millions et il ne doit rester que 7 millions de déficit au bout de l'an. La dette flottante est réduite de 789 millions à 343, et il compte encore sur l'arriéré de la chambre de justice pour en acquitter une partie : cela est aussi chimérique que le projet de dépense à 93 millions[1].

Noailles poursuivit toutefois ses plans. Il obtint, en août 1717, la publication d'un édit qui abolissait l'impôt du dixième[2] sur les propriétés foncières, en le maintenant sur les gages et pensions : les populations du Midi, excitées par l'aristocratie terrienne, commençaient à refuser de le payer, en criant que le feu roi avait promis de le supprimer à la paix. Pour compenser cette perte, l'édit supprimait la plupart des exemptions des droits d'aides et de gabelles, et annonçait comme accomplies les économies projetées. Il exposait les moyens adoptés pour « lever cette espèce d'obstruction générale que les billets de l'État et ceux des

---

1. Forbonnais, t. II, p. 463.
2. Il ne produisait alors qu'environ 15 millions; on était bien obligé de modérer cet impôt, qui venait après tant d'autres.

receveurs-généraux causaient dans le mouvement et dans la circulation de l'argent; » c'étaient des loteries, des créations de rentes viagères au denier 16, des aliénations de ce qu'on nommait les *petits domaines,* le tout offert comme placement aux détenteurs des billets, et enfin l'établissement de *compagnies de commerce,* dont les actions seraient acquises en billets. Ces *compagnies* n'étaient pas l'œuvre de Noailles et se rattachaient à un système rival, qui grandissait chaque jour. Ce qui était bien à Noailles et à ses conseillers, ce fut la tentative de substituer la taille proportionnelle à la taille arbitraire : il avait fait faire des travaux préparatoires dans la généralité de Paris. L'abbé de Saint-Pierre et le comte de Boulainvilliers avaient présenté de remarquables mémoires sur cet objet[1]. Un premier essai fut tenté à Lisieux par arrêt du conseil du 27 décembre 1717. Les maire et échevins furent chargés d'apprécier les revenus fonciers et industriels des particuliers et des corporations. Les habitants accueillirent cette innovation par des feux de joie. Toutes les villes voisines réclamèrent la même faveur. Il n'en fut pas de même dans les campagnes, où l'on fit un très-mauvais règlement qui joignait à une taille foncière des taxes compliquées sur le bétail et sur les autres produits de l'industrie du fermier, et qui affermait ces tailles et ces taxes. On eût pu facilement réparer le mal et poursuivre l'entreprise : on trouva plus commode d'y renoncer et de rentrer dans la routine[2].

La responsabilité n'en est point imputable à Noailles. Il n'était plus aux affaires quand cette réforme avorta. Ses desseins n'eussent pu avoir chance d'aboutir qu'à force de patience, de fermeté, d'ordre et de persévérance, qualités dont le chef du gouvernement était absolument dépourvu, et que lui-même était très-loin de posséder à un degré suffisant. Il demandait quinze ans d'excessive économie à un pouvoir au jour le jour, à un régent mobile et

---

1. *Projet de taille proportionnelle*, par l'abbé de Saint-Pierre; 1717. — *Mém.* de Boulainvilliers; 1727. — Saint-Simon, t. XV, p. 373; t. XVII, p. 399.
2. On voulut essayer aussi, un peu après, la *Dîme royale* de Vauban. L'illustre ingénieur Petit-Renau, qui consacrait ses dernières années, comme avait fait Vauban, à des recherches de bien public, se chargea de diriger les essais, *à ses frais,* dans quelques élections. Tout cela n'eut point de suites sous un gouvernement incapable de persévérance dans le bien.

prodigue et à un roi enfant! Un autre, cependant, promettait de faire jaillir des richesses inconnues du sein même de la ruine, de changer en un instrument d'activité et de prospérité cette lourde masse de papiers décriés qui obstruaient la circulation, de libérer le roi tout en décuplant la puissance commerciale du pays : il ne demandait pour tant de merveilles aucun sacrifice; rien que de se confier hardiment à son génie, déjà éprouvé par un premier succès depuis deux ans. Après une année entière de combats, le régent se décida : Noailles, sentant le gouvernail échapper de ses mains, abdiqua la présidence du conseil des finances; d'Aguesseau, son ami, qui avait été élevé à la dignité de chancelier à la mort de Voisin, en février 1717, fut dépouillé des sceaux et relégué à sa terre de Fresnes, dans la crainte qu'il ne favorisât l'opposition prévue du parlement contre les nouveautés qui se préparaient. Les sceaux et la présidence du conseil des finances furent réunis entre les mains du lieutenant de police d'Argenson, homme habile, actif, intrépide, étranger aux préjugés et aux opinions de la robe, essentiellement propre aux coups d'état[1]; d'Argenson ne devait être que le bras : la tête, c'était JOHN LAW, qui, exclu des fonctions publiques, moins comme étranger que comme protestant, devait tout conduire sans titre et sans rang. Ainsi fut inauguré le SYSTÈME (fin janvier 1718).

Noailles, après toutes ses banqueroutes partielles, laissait encore la dette consolidée annuelle à 73 millions, au capital de 1,825 millions, sans compter les 343 millions de dette flottante portant 13 millions d'intérêts. Son projet de dépense pour 1718, la dette à part, était réduit à 65 millions! C'était un adieu désespéré qui ressemblait à un sarcasme. On n'en tint compte, et gouvernement et public, absorbés par des espérances illimitées, eurent promptement oublié cette administration qui avait toujours bien parlé, tantôt bien, tantôt mal agi, remué beaucoup de choses et laissé nombre de beaux préambules et quelques réformes utiles.

---

1. D'Argenson avait été l'organisateur de cette haute police politique, qui enveloppa la France d'un filet invisible : son prédécesseur La Reinie n'avait créé que la police civile. D'Argenson éleva sa lieutenance générale à l'importance d'un ministère. La police devint le grand rouage de la monarchie dégénérée.

Le vainqueur de Noailles avait commencé son œuvre et posé les bases de son édifice sous Noailles même.

Quels furent l'origine, le caractère et le but de cette entreprise qu'on nomma le *Système*, comme étant la théorie par excellence, l'antithèse radicale de la finance routinière et traditionnelle, comme fondant une administration d'une nature entièrement nouvelle, qui déduirait tous ses actes d'une idée générale, ainsi que les métaphysiciens déduisent leurs pensées!

L'auteur de cette tentative extraordinaire, John Law[1], était un enfant de l'Écosse (un Campbell, par sa mère), peuple à la fois actif et méditatif et plus porté aux spéculations et aux idées générales que le peuple anglais. Fils d'un riche orfèvre d'Édimbourg, beau, spirituel, brillant de grâce et d'éloquence, plein d'attrait et de séduction, il fut emporté d'abord par la vivacité de son imagination dans tous les écarts d'une jeunesse orageuse : les femmes et le jeu se disputèrent cette ardente nature ; condamné à mort pour un duel à Londres, il s'échappa et passa en Hollande. Au moment où les passions semblaient le posséder tout entier, son esprit s'était pourtant déjà éveillé sur d'autres objets : familiarisé, dès l'enfance, avec les pratiques de change et d'escompte auxquelles se livraient les orfèvres, la création de la banque d'Angleterre (en 1694) l'avait vivement frappé[2]. Il retrouva une autre banque à Amsterdam et en étudia le mécanisme. Il sentit que la passion du jeu n'était chez lui que la passion des combinaisons et du calcul des chances. Sa direction était trouvée : il se connaissait désormais. Il alla poursuivre en Italie ses études sur le commerce et le crédit, tout en continuant une vie de dissipation : son organisation de feu suffisait à tout ; le jeu, qui l'avait ruiné, releva sa fortune ; il en avait fait une véritable science ; les paris, déjà si à la mode en Angleterre et ailleurs, et les spéculations sur les fonds publics de toute l'Europe, ne lui furent pas moins avantageux ; mais la richesse n'était pour lui qu'un moyen d'action. Dans cette sphère des intérêts économiques, où la plupart de ses contemporains, ceux-là surtout qui gouvernaient les autres, ne voyaient que des faits isolés et ne se conduisaient sur aucun principe

---

1. On prononce *Lass*. Saint-Simon prétend y voir un jeu de mots : *l'as*.
2. Né en 1671, il avait alors vingt-trois ans.

général, il avait cru saisir une vérité inconnue, une loi capable de transformer les sociétés, et l'ambition d'un rôle aussi nouveau qu'éclatant, d'une gloire supérieure à celle des politiques, s'était emparée de lui; il prétendait appliquer, il le dit en propres termes[1], la méthode de la philosophie, les principes de Descartes, à l'économie sociale, jusqu'ici livrée au hasard et à l'empirisme.

Dans les âges primitifs, le commerce n'avait été que l'échange des marchandises en nature. Puis était apparue une seconde phase, l'échange des marchandises par l'intermédiaire d'une autre marchandise plus commode, plus maniable, qui sert d'étalon universel et qui est une valeur représentative des autres valeurs, un gage équivalent à l'objet qu'il représente. Law crut voir qu'il devait venir une troisième période, qui serait l'échange des marchandises par l'intermédiaire d'un signe purement conventionnel et sans valeur propre, beaucoup plus léger, plus mobile, plus facile à transporter que l'or même. La célérité, la facilité, la nécessité même des choses avaient déjà conduit les particuliers à substituer, dans les relations commerciales, le papier à l'argent (lettres de change, effets de commerce, etc.[2]), en sorte que le papier représentait la monnaie métallique comme celle-ci représente les marchandises, avec cette différence que le papier n'est pas un *gage*, mais une simple *promesse*, ce qui constitue le CRÉDIT. Il faut, pensa Law, que l'État généralise systématiquement ce qui s'est fait d'instinct chez les particuliers et fasse ce que les particuliers ne peuvent faire, qu'il crée du numéraire en imprimant au papier d'échange le cachet de l'autorité publique. Le numéraire est le principe du commerce. Multiplier le numéraire, c'est multiplier le commerce. Les métaux ne peuvent se multiplier à volonté; il faut les acheter aux possesseurs des mines; le papier peut être multiplié à volonté par l'État en raison des besoins, et la quantité de la monnaie pourra toujours être ainsi égalée approximativement à la demande. Toute émission de papier, en

---

1. *OEuvres* de Law, ap. *Économistes financiers du dix-huitième siècle*, p. 654-671.
2. Il est à remarquer que la France était même plus avancée sur ce point que l'Angleterre, qui ne connaissait pas plus les billets à ordre que les tribunaux spéciaux de commerce.

accroissant le numéraire de la nation, accroîtra son commerce, sa richesse et sa puissance[1]. Les conséquences de cette nouveauté ne seront pas seulement l'augmentation de la richesse générale du pays, mais une révolution intérieure dans la société; le haut intérêt de l'argent tenant à sa rareté, la multiplication du numéraire fera tomber l'usure et arrachera l'État et les particuliers à l'exploitation des accapareurs de l'argent.

L'organisation financière de l'État est fausse : l'État prend et ne rend pas, emprunte et ne prête pas, consomme et ne produit pas. L'État doit prendre une forme entièrement nouvelle. Il doit donner le crédit et non le recevoir; il doit se faire banquier. Le trésor public doit se transformer en une banque de dépôt et d'escompte, émettant du papier-monnaie avec cours obligatoire au moins pour ce qui concerne les rapports entre l'État et les particuliers (l'État en a le droit, pourvu qu'il y ait derrière les billets un fonds de valeurs réelles qui réponde de leur valeur nominale); la Banque percevra les revenus publics et attirera sous forme de dépôt l'argent des particuliers; elle sera dans la société ce qu'est le cœur dans le corps humain, le centre et l'organe de la circulation. Le crédit que l'État aura ainsi enlevé aux prêteurs d'argent, il le prêtera, par la voie de l'escompte, aux particuliers, et l'homme pauvre et intelligent pourra obtenir à des conditions modérées les moyens de travail qui lui sont refusés ou vendus à des conditions écrasantes.

Ce n'est pas tout : l'État ne doit pas être seulement banquier; il doit être commerçant. Les ressources nouvelles qu'il aura créées, il doit en diriger l'emploi par la formation d'une Compagnie générale de commerce, « dans laquelle tombent successivement tous les effets commerçables du royaume et qui n'en fasse qu'une masse. » La Compagnie sera étroitement reliée à la Banque, et la nation entière deviendra un corps de négociants dont la banque d'État sera la caisse. Tous les peuples ont cru de tout temps que le commerce, même exercé par des particuliers, avec leurs res-

---

[1]. « Si l'on établit une monnaie qui n'ait aucune valeur intrinsèque, ou dont la valeur intrinsèque soit telle qu'on ne voudra pas l'exporter et que la quantité ne sera jamais au-dessous de la demande dans le pays, on arrivera à la richesse et à la puissance. — La valeur de toute chose est réglée sur la proportion qu'il y a entre la quantité et la demande. » Law, ap. *Économistes financiers*, p. 590.

sources bornées et leurs intérêts divisés, faisait la plus grande richesse d'un État; que sera-ce d'un État faisant le commerce en corps avec toutes ses forces [1] et « n'ayant plus à craindre les inconvénients que produit l'opposition des intérêts, si propre à diminuer ou à détruire les meilleures affaires!

Le dernier mot de cette combinaison gigantesque, c'est le remboursement de la dette publique en actions de la Compagnie générale, identifiée à l'État, et, dans le lointain, l'abolition des impôts, l'État vivant des escomptes de la Banque et de la part du trésor dans les bénéfices de la Compagnie, et pourvoyant aux services publics avec la portion des fonds déposés à la Banque, qui excédera la réserve nécessaire pour le service quotidien des billets.

Une conception si vaste et si hardie mériterait tout notre intérêt, quand elle ne serait plus pour nous que l'objet d'une étude historique; mais il y a là bien davantage : les idées de Law sur le papier-monnaie, sur l'intérêt de l'argent [2], sur beaucoup d'autres choses vivent et palpitent parmi nous : sa théorie est le point de

1. Law n'entend pas néanmoins interdire le commerce aux particuliers ni les forcer d'entrer dans la Compagnie; mais il pense qu'ils y viendront spontanément et que la concurrence tombera d'elle-même.

2. Law condamne le prêt à intérêt d'un capital remboursable à terme, tel qu'il se pratique aujourd'hui légalement et tel qu'il se pratiquait alors en dépit des lois qui le défendaient par déférence pour le droit canonique. Il condamne plus fortement encore la constitution de rente, c'est-à-dire l'aliénation avec intérêt perpétuel, sur hypothèque foncière, d'un capital non remboursable, malencontreuse invention par laquelle les pays catholiques éludaient les prohibitions de l'Église contre l'intérêt et qui était bien plus onéreuse au commerce et à l'industrie que le prêt à intérêt ordinaire. Law n'admet comme légitime que la commandite, le prêt commercial avec partage des profits et pertes. Le prêt, suivant lui, doit être ou un service gratuit, ou une affaire dans laquelle les contractants apportent, l'un, son capital, l'autre, son travail, et courent fortune ensemble. Il cherchait dans la question de droit un point d'appui pour le projet d'organiser commercialement la société tout entière. Il qualifie d'usure « tout prêt qui, sous l'apparence d'un bienfait, met le bienfaiteur plus à son aise et conduit à sa perte l'emprunteur, qu'il fallait soulager ». (P. 631.) En même temps, il ne croit pas qu'on puisse efficacement combattre l'usure par la loi pénale, et il n'en attend la destruction que du *Système*. — La commandite est communément la forme de prêt la plus avantageuse au progrès commercial et industriel; cependant l'emprunteur ne la préfère pas toujours au prêt à intérêt, convention aussi légitime que toute autre, quoi qu'en dise Law. — Pendant le *Système* de Law, les jansénistes publièrent, sous les auspices du cardinal de Noailles, un livre contre le prêt à intérêt et contre la vente des effets publics. Bossuet avait écrit également contre le prêt à intérêt. Les jésuites, suivant leur esprit de transaction avec les nécessités mondaines, étaient plus accommodants.

départ d'une grande école économique et sociale, de cette école unitaire, dont les sectateurs les plus exclusifs, poussant leur pensée logiquement aux dernières conséquences, aboutissent à l'absorption de l'individu par la société et à la communauté universelle. L'idée unitaire, un moment au pouvoir avec Law, puis mêlée confusément au grand courant libéral et individualiste du xviiie siècle, qui se précipite en sens inverse et qui l'entraîne sans l'engloutir, reparaît entre les factions militantes de la révolution; elle reprend ensuite le caractère scientifique de son origine, agrandit son cadre pour y faire entrer, avec l'économie politique, tous les autres aspects de la vie sociale, et fonde, au xixe siècle, des sectes, puis de nouveaux partis, dont les doctrines seront longtemps encore l'objet d'orageux débats. Les esprits les plus aventureux de cette école ont bien su revendiquer et glorifier leur père dans le réformateur écossais, quoique Law, comme il arrive aux inventeurs, n'eût sans doute point aperçu toute la portée de son système et n'eût probablement pas accepté tout ce qu'on pouvait en déduire.

Ce n'est pas le lieu de discuter l'idée unitaire en général, et bien moins les développements si divers qu'on lui a donnés : bornous-nous à rappeler cet axiome : que toute doctrine qui n'associe pas les deux principes d'individualité et d'unité, de liberté et d'ordre [1], est une doctrine incomplète et, partant, fausse. Quant au système spécial de Law, quelques observations sont nécessaires. Le développement du *crédit,* la substitution, sur une grande échelle, du signe-promesse au signe-gage et valeur, c'est-à-dire de la *confiance* au paiement immédiat, était une excellente pensée, mais à condition de ne pas forcer la nature des choses. Qui dit *confiance,* dit *liberté ;* la confiance ne se *décrète* pas. On ne peut me contraindre à prendre une promesse pour la chose promise elle-même, si je ne crois pas à la promesse : le papier, qui n'a presque aucun prix, ne peut donc remplir le rôle des métaux précieux; il ne peut que les représenter par une convention libre. L'État ne peut, pas plus que les particuliers, créer de la valeur, c'est-à-dire faire quelque chose de rien [2] : il authentique les valeurs existantes;

---

1. Nous entendons par ordre l'harmonie, la *coordination* des existences libres.
2. Law n'a pas dit précisément que l'État pouvait créer de la valeur, mais bien créer

s'il change brusquement et arbitrairement les rapports de ces valeurs en changeant la valeur nominale des monnaies métalliques, il fait une chose inique et absurde, ainsi que Law lui-même le démontre très-bien dans un mémoire de 1715. Quand l'État crée de la monnaie de papier, il crée le signe des valeurs foncières ou autres que le papier représente, il ne crée pas une valeur nouvelle. L'idée que l'État crée de la valeur est une aberration des légistes du moyen âge : c'est avec ce sophisme qu'ils justifièrent les rois *faux-monnoyeurs*, Philippe le Bel et ses imitateurs.

Le papier ne pouvant être l'équivalent de la monnaie, le cours forcé est donc une violence aux lois économiques; si cette violence peut être salutaire dans certains cas, c'est comme toutes ces mesures de salut public qui violent de certaines lois au nom de lois supérieures; c'est l'économie qui cède à la politique[2]; c'est la monnaie obsidionale; c'est l'assignat imposé comme signe de solidarité à tous les enfants de la patrie en danger. Ce sont là de ces remèdes héroïques auxquels on renonce dès qu'on rentre dans un état normal, et qui sont des armes de guerre et non des instruments de réforme.

Maintenant, est-il vrai que la multiplication du signe représentatif multiplie la richesse sociale ? — Elle y aide indirectement, mais puissamment, en aidant à la circulation, pourvu que l'émission soit en rapport avec les besoins. Si l'émission dépasse brusquement et indéfiniment les besoins, elle ne fera que hausser la valeur nominale de toutes les marchandises et que troubler le commerce au lieu de le servir. Law ne méconnaissait pas cette vérité en théorie : nous verrons tout à l'heure la pratique. Quant à sa définition que « le numéraire est le principe du commerce », elle est fausse : le numéraire n'est que l'agent du commerce. Le principe du commerce, c'est le capital, c'est-à-dire

---

du numéraire. Il reconnaît que la vraie valeur, « la puissance et la richesse, consistent dans l'étendue de la population et dans les magasins de marchandises ». (*Considérations sur le numéraire.*) — En théorie, il n'a pas non plus absolument prêché le cours forcé.

2. L'Angleterre a maintenu le cours forcé pendant nos grandes guerres, et jusqu'en 1819.

l'excédant de la production sur la consommation immédiate et locale.

Le cours forcé du papier, au reste, n'eût pas été nécessaire, si le projet de la Banque et de la Compagnie générale se fût complétement réalisé. Dans une association de cette sorte, chaque membre eût dû recevoir le papier émis par la société ; or, toute la nation, tout l'État étant associé, le papier aurait eu naturellement cours partout. Cette idée d'une nation fonctionnant comme un seul homme fascine l'imagination, mais effraie la raison. En supposant que la liberté individuelle, principe de tout progrès, pût conserver son jeu dans un tel cadre, quelles mains pourraient jamais être assez fortes et assez sages pour régler tous les mouvements de cette machine colossale? La première partie du système, l'État banquier, effraie moins que le système complet. L'idée de l'État régulateur et distributeur du crédit a bien plus de partisans que celle de l'État négociant et producteur. Là encore, toutefois, il y a péril évident si la Banque devient purement administrative et si l'on n'associe pas, sous une forme quelconque, dans la distribution du crédit, l'activité, la vigilance, la prudence économe de l'intérêt individuel, à la grande ordonnance et à la majestueuse régularité de l'État. Quant au remplacement total des impôts par les profits de la banque d'État, c'est encore aujourd'hui la pensée de quelques théoriciens; mais, à part l'énormité d'une telle expérience, on retrouve là le danger de dénaturer les choses : le crédit devenu le seul pivot du corps politique, la société absorbée par une seule des forces sociales, n'est-ce pas là ce perpétuel abus des idées exclusives qui réduisent artificiellement la variété des choses à un seul élément? Il y a, dans l'impôt *direct*, dans ce sacrifice fait par le citoyen à l'État et qui se relie à d'autres sacrifices d'une nature plus élevée, tels que le service militaire, il y a un caractère moral que la société ne doit point effacer.

Il y avait enfin à opposer au système de Law une insurmontable objection de fait; c'est que, sous une monarchie absolue, il était impossible de s'assurer que le pouvoir n'entamerait pas la réserve de la Banque et n'exagérerait pas les émissions de billets pour satisfaire aux besoins ou aux fantaisies du moment. Law avait prévu l'objection et tâché de la réfuter en établissant que le gouvernement qui agirait ainsi foulerait aux pieds ses vrais intérêts, se dépouillerait lui-même et sacrifierait follement l'avenir au présent. Les faits allaient montrer ce que valait cet argument.

Il faut voir maintenant le théoricien à l'œuvre.

Une fois ce hardi génie en possession de sa doctrine, il ne songea plus qu'à l'appliquer, assuré qu'il se croyait de donner la richesse et la prépondérance au pays qui l'accueillerait. Il commença par sa patrie : en 1705, informé que l'Écosse, après une première tentative peu satisfaisante, voulait faire un nouvel essai de banque, il présenta un mémoire au parlement écossais sous le titre de : *Considérations sur le numéraire et sur le commerce*. Il y proposait une banque d'État, dont le papier, à cours obligatoire, serait garanti par une hypothèque territoriale [1]. Son projet ne fut point accepté. Il n'hésita pas à le porter ailleurs et ne fut retenu là-dessus par aucun scrupule. Il avait cet esprit cosmopolite qui devait régner en France pendant la plus longue phase de la philosophie du XVIIIe siècle et reparaître chez la plupart des héritiers de Law au XIXe. Repoussé en Angleterre comme en Écosse, l'Angleterre se contentant de sa banque de circulation, il se remit à courir l'Europe, jouant partout, gagnant partout, parlant partout finances et crédit aux hommes d'État. En 1708, il vint proposer une banque royale à Chamillart aux abois et s'introduisit auprès du duc d'Orléans et du prince de Conti. Il fut renvoyé de Paris comme joueur trop heureux, par le lieutenant de police d'Argenson, qui prit la science des combinaisons pour de l'improbité : on sait combien peu les courtisans du Grand Roi avaient de scrupules au jeu [2]. Il ne se découragea pas et envoya de Gênes au prince de Conti des mémoires contre les bouleversements monétaires, par lesquels une déplorable administration achevait de

---

1. Il reconnaît, dans ce mémoire, que « le crédit est une chose volontaire » (p. 492); alors, pourquoi le cours forcé? Il y semble aussi comprendre qu'il y a des opérations qui ne pourraient réussir que dans un pays sans relations avec le dehors (p. 499). On voit, dans ce mémoire, que l'argent était à trois ou quatre pour cent en Hollande, à six en Écosse, et qu'il avait été à trois et même à deux à Gênes, qui absorbait une énorme part de l'argent espagnol.

2. Saint-Simon raconte que le duc d'Antin fut pris la main dans le sac par le duc d'Orléans, père du régent.

ruiner le commerce. Les mémoires tombèrent entre les mains du successeur de Chamillart, de Desmaretz, qui n'en continua pas moins les changements de monnaies.

Law, cependant, alla porter ses plans à un petit état, à la Savoie, puis à l'empereur : on ne l'écouta pas; il y eut pourtant à Vienne un essai qui offrit quelques rapports partiels avec ses principes. A la paix, il revint en France et trouva enfin accès auprès de Desmaretz, qui fut frappé de ses théories de crédit et qui accueillit un projet de banque sur un très-large plan [1]. Law avait offert 500,000 francs pour les pauvres, s'il échouait. La mort de Louis XIV lui sembla devoir amener son jour plus vite encore : il fit passer toute sa fortune en France (1,600,000 francs à 28 francs le marc), comme pour brûler ses vaisseaux, et présenta au régent un mémoire sur les monnaies, dont nous avons déjà parlé, et de très-beaux mémoires sur les banques. Il y montre la France, pour ce qui concerne le crédit, en arrière de tout le monde, même de Rome, de Naples et de Vienne, qui possèdent des banques : il n'y a plus que la France, l'Espagne et le Portugal qui n'en aient pas! La France s'affaiblit pendant que les autres états augmentent en force [2]. L'Angleterre s'est soutenue par le crédit : elle paie 6 pour 100 de sa dette, sans distinguer entre ses premiers créanciers et ceux qui ont acheté la rente à 50 et 40 pour 100 dans les mauvais jours; la France a réduit arbitrairement ses créanciers primitifs à 4 pour 100, les autres à bien moins, et, cependant, malgré cela ou plutôt à cause de cela, l'Angleterre prospère et supporte, sans ployer, un fardeau de 60 millions de dette annuelle qui l'eût naguère écrasée, et la France, au contraire, est accablée sous la ruine de ses finances. Le plus mauvais papier, en Angleterre, ne perd pas 5 pour 100; le meilleur en France, perd 50 pour 100. Il conclut en proposant, non plus une banque hypothécaire comme en Écosse, mais une banque royale percevant les revenus publics, émettant des billets à cours obligatoire dans les paiements entre le roi et les particuliers, et à cours libre dans le commerce et les relations des particuliers entre eux. « Si le crédit

1. Lémontei, t. Ier, p. 296.
2. Parmi les causes de décadence, il cite l'extrême accroissement du luxe et des dépenses et la grande inégalité des biens (p. 604).

est forcé, dit-il, il fera du mal au lieu de faire du bien » [1] Afin de prévenir toute défiance, les billets seront remboursables à vue en écus de banque qui garderont toujours leur poids et leur titre et qui ne subiront pas les changements possibles des monnaies. Les billets payables en monnaie invariable fonderont le crédit anéanti par les billets d'État à cours forcé et sans gage. Il assure au régent que sa régence bien employée pourrait suffire à porter la population de la France à trente millions d'âmes, le revenu de la nation à 3 milliards, celui du roi à 300 millions. Il offre, non-seulement sa fortune, mais sa tête en garantie du succès.

On voit que le Système, dans ces mémoires, se présente avec de sages réserves et en reconnaissant le vrai principe du crédit, la liberté.

Le régent, novateur irrésolu, s'arrêta devant l'opposition de Noailles et du conseil des finances. Law fut autorisé seulement à fonder une banque particulière, par association, sur un plan plus restreint que celui accepté par Desmaretz. Le 2 mai 1716, des lettres-patentes accordèrent à Law, pour vingt ans, le privilége d'une banque de dépôt et d'escompte, qui pourrait gérer les caisses des négociants au moyen de virements de parties, mais non faire le commerce ni contracter d'emprunts; ses billets seraient payables à vue et en monnaie de banque invariable, au poids et titre du jour de la fondation. Le capital de la Banque fut fixé à 6 millions divisés en douze cents actions, à verser un quart en argent, trois quarts en billets d'État, qui perdaient environ 70 pour 100 : cela réduisait le capital effectif de près de moitié. Un inspecteur du roi surveillait les opérations et visait les billets; le chiffre de l'émission n'était pas fixé; seulement l'émission devait s'opérer d'un seul coup, lorsque le chiffre nécessaire aurait été reconnu. Le régent accepta le titre de protecteur de la Banque.

Le succès de cet établissement, malgré la médiocrité de son capital, dépassa toutes les espérances. Les usuriers, les traitants, les plus ignorants des hommes, s'en étaient d'abord moqués; ils

1. P. 638.

tremblèrent bientôt et reconnurent là un ennemi plus redoutable que la chambre de justice. Le mal fait par la dernière refonte des monnaies fut promptement réparé : l'intérêt de l'argent baissa, malgré les agitations causées par la chambre de justice; le change remonta à l'avantage de la France; le commerce extérieur, les manufactures se relevèrent; la France sembla un corps dans lequel se rétablit la circulation du sang longtemps troublée [1].

On peut regretter que Law ne se soit pas contenté de perfectionner et d'élargir cette heureuse création : c'était tout ce qui pouvait se faire avec sûreté sous une telle forme de gouvernement [2]. Mais Law ne vit, dans sa première victoire, qu'un moyen de revenir à ses grands projets. Le 10 avril 1717, il obtint qu'une déclaration du roi ordonnât à tous comptables de recevoir les billets de la Banque pour le paiement des impôts et d'acquitter à vue les billets en argent sans escompte. C'était une très-bonne mesure, mais un premier pas vers la banque d'État. Le 12 septembre 1717, les comptables de Paris furent astreints à faire leurs recettes et paiements en billets de banque. Au mois de décembre, le régent présida en personne l'assemblée des actionnaires de la Banque, qui donna un dividende de sept et demi pour cent pour un seul semestre : cela était bien nouveau dans nos mœurs, de voir le chef de l'État présider aux opérations d'une compagnie de changeurs et d'escompteurs!

Law avait fait, auparavant, un nouveau et très-grand pas. Le célèbre financier et négociant Crozat, inquiété par la chambre de justice, s'était tiré d'affaire en renonçant au monopole du commerce de la Louisiane, qui lui avait été concédé par Desmaretz en 1712, sous la condition d'y continuer la colonisation ébauchée par d'Iberville [3]. Le conseil des finances offrit à Law le privilége abandonné par Crozat, moyennant qu'il formât une compagnie

---

1. Forbonnais, t. II, p. 401. — Saint-Simon, t. XV, p. 7.

2. Les députés des villes de commerce, consultés par le conseil des finances, avaient unanimement répondu que rien ne pouvait être plus avantageux à la France qu'une banque d'État, mais que les conjonctures n'étaient pas favorables. V. le préambule des Lettres-patentes du 2 mai 1716, ap. *Hist. du Système des finances en 1719-1720*, t. V, p. 74.

3. V. notre t. XIII, p. 559. Après la paix de Ryswick, on avait envoyé une colonie à la Louisiane; mais la guerre de la succession en avait arrêté le progrès.

qui emploierait deux millions à coloniser. Noailles, que l'influence de Law commençait à inquiéter de plus en plus, espérait l'attirer dans une affaire ruineuse et ne se doutait guère qu'il lui offrait le levier ardemment souhaité de son système. Law se hâta d'accepter la Louisiane, convoqua les principaux capitalistes et les enleva par le tableau de l'immense avenir agricole et commercial réservé à ces terres neuves, à ces forêts vierges, que baigne un fleuve de mille lieues de cours, si l'on y portait des capitaux et des bras en quantité suffisante. La Compagnie se forma à sa voix, non point avec 2 millions, mais avec 100 millions de capital nominal, divisés en deux cent mille actions de 500 francs, à fournir en billets d'État, portant intérêt à 4 pour 100 : cela représentait une trentaine de millions, valeur en argent. Pour prix de l'avantage offert au gouvernement par l'écoulement des billets d'État, la nouvelle Compagnie d'Occident obtint le monopole du commerce de la Louisiane et du commerce des castors du Canada pour vingt-cinq ans, et la propriété du sol de la Louisiane pour toujours, sauf réserve des droits des quelques colons déjà établis. L'édit royal statuait que la Coutume de Paris ferait loi en Louisiane : la colonie était exemptée d'impôts pour vingt-cinq ans et d'importantes exemptions de droits étaient accordées à la Compagnie sur ses denrées, sur ses marchandises, sur ses matériaux de construction, etc. (août 1717).

Law tenait ses deux grands instruments, la Banque et la Compagnie de commerce : il s'agissait maintenant d'arriver à leur donner toute leur puissance en rendant la Banque royale et la Compagnie universelle.

Le conseil, poussé par Noailles, voulut débarrasser tout de suite l'État de cent millions de ses billets en forçant les détenteurs à les échanger contre les actions de la Compagnie d'*Occident*. Law réclama vivement contre cette contrainte. La lutte, qui existait sourdement, éclata entre lui et Noailles, qui avait vu peu à peu grandir son rival par-dessus sa tête. Noailles tomba, comme nous l'avons dit : d'Argenson le remplaça, et Law, vainqueur, poursuivit son œuvre.

Tout avait été clair et logique jusqu'ici dans les opérations de Law : c'est au moment où il arrive au pouvoir, que d'étranges contradictions commencent à se manifester. Personne n'avait, si bien que lui, démontré les déplorables conséquences des bouleversements monétaires, et, cependant, quelques mois à peine après la chute de son rival (fin mai 1718), paraît un arrêt de refonte qui porte le marc d'argent de quarante à soixante livres. A la vérité, les particuliers sont autorisés à joindre aux espèces qu'ils déposent à la monnaie deux cinquièmes en sus en billets d'État, et on leur rembourse le tout en nouvelles espèces; mais, par l'effet du surhaussement, ils se trouvent avoir donné leurs billets d'État pour rien et perdre un quinzième sur la valeur de leur argent. Ceux qui n'ont pas de billets d'État à joindre à leurs espèces perdent bien davantage encore. Est-ce réellement à Law qu'il faut imputer cette frauduleuse combinaison? Ses adversaires ont voulu y voir la manifestation de sa pensée intime, un premier coup porté aux espèces métalliques en faveur du papier-monnaie; cette mesure brusque et violente semble peu conforme à sa manière de procéder, qui n'était nullement dépourvue de prudence. Ses partisans l'ont justifié par des motifs au moins très-spécieux, en prouvant que le remplacement de Noailles par d'Argenson lui avait seulement donné un rival secret au lieu d'un rival patent, et ce rival était également redoutable par la dextérité rusée de son esprit et par la vigueur persévérante de son caractère. Chez Law, au contraire, l'énergie morale n'était pas au niveau de l'intelligence : cet homme, si fort et si passionné dans la conception, si entraînant dans l'exposition de sa pensée, était faible dans l'exécution, subissait des concessions et des transactions qui dénaturaient ses plans et n'avait nullement l'inflexibilité nécessaire aux grands novateurs. D'Argenson fit sans doute valoir les besoins urgents de l'État, que la Banque et la Compagnie ne pouvaient immédiatement tirer d'affaire, et le régent trouva fort ingénieux ce moyen d'amortir gratuitement une si grande partie de la dette flottante et d'enlever une bonne partie de l'argent du royaume.

L'édit de refonte fut enregistré à la cour des monnaies, pour éviter l'intervention du parlement. La bonne intelligence entre le régent et ce grand corps n'avait pas été de longue durée. Le parlement, si longtemps muet et annulé, se dédommageait d'un demi-siècle de silence par une activité fiévreuse et par un débordement de prétentions envahissantes. Il avait bien vite oublié sa reconnaissance envers le prince qui lui avait rendu le droit si regretté de remontrances. A la procession du vœu de Louis XIII, le 15 août 1716, le parlement avait prétendu avoir la droite *sur tout autre que le roi,* et le régent avait eu la faiblesse d'éluder le débat en s'abstenant de figurer à la procession. Les *Mémoires de Retz,* qui venaient d'être publiés, tournaient toutes les têtes; les fils de traitants, qui encombraient les bancs des enquêtes, étaient aigris des persécutions qui avaient frappé leurs pères; les vieux magistrats, les hommes de la tradition parlementaire, voyaient avec effroi commencer une révolution qui menaçait de détrôner le Palais au profit du comptoir. Bien des tiraillements avaient déjà eu lieu. L'occasion de la nouvelle refonte fut saisie. Le parlement appela les autres cours supérieures de Paris à s'unir à lui, comme au temps de la Fronde; les autres cours refusèrent. Il ne se découragea pas. Il adressa *au roi* des remontrances très-vives et trop bien fondées; il reçut une réponse sévère. Le 20 juin 1718, il éclata par un arrêt d'une étrange audace, qui, après avoir prescrit le renouvellement des remontrances, suspendait l'exécution de l'édit de refonte, « jusqu'à ce qu'il eût plu au roi de faire droit aux remontrances ». L'arrêt du parlement fut cassé à l'instant même par un arrêt du conseil. La chambre des comptes et la cour des aides, bien qu'elles n'eussent pas consenti à s'unir au parlement, le soutinrent en faisant aussi leurs remontrances (30 juin).

Le mois de juillet se passa en pourparlers. L'édit s'exécutait et le pouvoir ne cédait pas; mais le régent eût voulu éviter les extrémités. La situation était fort compliquée. L'opposition du parlement se liait à d'autres cabales : les parlements de province remuaient comme celui de Paris; la noblesse remuait comme la robe; la noblesse de Bretagne, mécontente du gouverneur de la province, avait entraîné les États à refuser le don gratuit, l'an passé, et ne se montrait pas mieux intentionnée dans la session de 1718. Elle ne parlait que de revendiquer ses priviléges du temps de ses anciens ducs. L'esprit d'agitation et d'entreprise était partout. Les ennemis qu'avait Philippe d'Orléans au dedans et au dehors fomentaient adroitement tous les mécontentements contre une régence qui avait tant promis et jusqu'alors si peu tenu. On exploitait au loin, dans les provinces, les nuits orgiaques du Palais-Royal, cette Caprée que s'était faite le régent au milieu de Paris; les bruits d'inceste, non-seulement avec la duchesse de Berri, mais encore avec les autres filles de Philippe, reprenaient avec une nouvelle force [1]. Le vieux Villeroi, gouverneur de Louis XV, réveillait les soupçons de 1712 par les précautions malignement exagérées dont il entourait le jeune roi. Les agents du roi d'Espagne, qui, avant la mort de Louis XIV, avait eu la pensée de disputer la régence au duc d'Orléans et qui était dans les plus mauvaises relations diplomatiques avec le régent, s'entendaient avec la coterie des du Maine, qui avaient à venger, outre l'affront de 1715, un autre affront plus récent, le droit de succéder au trône arraché aux *légitimés*. De tous ces mouvements, on pouvait croire qu'il allait sortir une autre Fronde [2].

1. Lémontei, dans la *Revue rétrospective*, a justifié le régent quant à mademoiselle de Valois ; mais, pour la duchesse de Berri, il subsistera toujours un doute qui est à lui seul une condamnation terrible.
2. Ces mouvements avaient débuté par la ridicule affaire du *bonnet*, qui, déjà engagée dans les derniers temps de Louis XIV, avait grossi et fait grand fracas au commencement de la Régence. Les ducs et pairs prétendaient que, lorsqu'ils siégeaient au parlement, le premier président leur ôtât son *bonnet* en prenant leur avis ; ils voulaient, de plus, recouvrer leur ancienne prérogative d'opiner avant les présidents à mortier. La lutte fut très-chaude et Saint-Simon fut l'Achille de cette burlesque Iliade, épisode tragi-comique de la vieille rivalité entre la robe magistrale et l'épée féodale. Les parlementaires employèrent d'autres armes que les arrêts : un pamphlet attribué au président de Novion fouilla les origines de ces fières maisons ducales qui réclamaient l'héritage des pairs de Charlemagne et de Hugues Capet, et voulut établir que les Crussol d'Uzès descendaient d'un apothicaire, les Villeroi d'un marchand de poissons, les La Rochefoucauld d'un boucher, etc., etc.; les Saint-Simon, au moins, étaient gentilshommes de race, postérité d'un hobereau appelé le sire de Rouvroi, et non des comtes de Vermandois. Cette contre-partie de d'Hozier et du père Anselme, mêlée de vrai et de faux, exaspéra tellement les ducs, qu'ils projetèrent de se transporter au Palais et d'y imposer leurs prétentions l'épée à la main. Le régent arrêta l'explosion en faisant droit à la requête des ducs par arrêt du conseil du 21 mai 1716; mais le parlement, à son tour, se déchaîna de telle sorte, que le régent recula, révoqua l'arrêt et renvoya la décision du procès à la majorité du roi.
Cette querelle fut suivie d'un débat plus grave : les princes de la branche de Condé, le duc de Bourbon, le comte de Charolais, son frère, et le prince de Conti, son cousin, présentèrent requête au conseil, le 22 août 1716, pour qu'on enlevât aux fils *légitimés* du feu roi les droits de successibilité au trône et les prérogatives des princes du sang, qui leur avaient été indûment conférés. Le duc de Bourbon, jeune homme violent, brutal et borné, faisait, par haine contre sa tante, Louise-Bénédicte de Bourbon-Condé, duchesse du Maine, ce que le régent n'avait pas voulu faire, par

Le parlement, en effet, reprit l'offensive par un acte bien plus hardi et plus violent encore que l'arrêt du 20 juin : le 12 août, il rendit un arrêt qui réduisait la Banque à sa première institution, défendait aux directeurs et employés de la Banque de garder aucuns deniers royaux, ni d'en faire aucun usage pour le compte de la Banque, rendait tous officiers-comptables responsables des deniers qu'ils auraient convertis en billets, défendait à tous étrangers, même naturalisés, de s'immiscer directement ou indirecte-

égards pour sa femme, fille du feu roi et de madame de Montespan comme les *légitimés*. Les ducs et pairs, toujours en quête des occasions de paraître et de faire corps, intervinrent pour demander que, si les *légitimés* perdaient le rang de princes du sang, on leur enlevât aussi la préséance sur les autres pairs et qu'on leur fît prendre rang suivant la date de leurs pairies. Le duc du Maine, par faiblesse de caractère, et son frère le comte de Toulouse, par une espèce d'indifférence philosophique, se fussent laissé abattre sans beaucoup de résistance; mais la duchesse du Maine soutint vaillamment le choc. Cette étrange personne, qui avait, dans le corps d'une naine, un esprit d'une vivacité, d'une turbulence infatigable, quitta ses divertissements de Sceaux, où elle trônait en reine de théâtre, au milieu des beaux-esprits et des comédiens, pour se lancer à corps perdu dans la polémique à la tête d'un bataillon de jurisconsultes et d'érudits, surtout d'érudits jésuites (l'*Histoire de France* du père Daniel avait été composée en grande partie pour favoriser par des exemples les prétentions des bâtards à la successibilité). Les nombreux écrits des deux partis s'accordèrent à invoquer l'autorité de la nation, comme le seul juge de la succession au trône. « L'autorité royale, dit Lémontei (t. Ier, p. 171), y était représentée comme un dépôt et un mandat, la monarchie, comme un simple contrat civil, et la nation, comme la maîtresse et l'arbitre de ses droits. » On était déjà loin du Grand Roi et de la *Politique de l'Écriture Sainte!* Madame du Maine sut trouver des alliés et susciter la jalousie de la noblesse non titrée contre les ducs : nombre de gentilshommes, dans de bruyantes réunions, signèrent un mémoire contre la prétention des ducs et pairs à faire un corps séparé de la noblesse. Une démocratie et une aristocratie relatives furent ainsi aux prises dans le sein de l'ordre aristocratique. Le régent, inquiet, défendit à la noblesse de s'assembler et de rédiger des actes collectifs. Trente-neuf gentilshommes protestèrent, soutenant que le jugement de ce qui regardait les princes n'appartenait qu'au roi majeur ou aux États-Généraux : les *légitimés* firent une protestation semblable; le parlement n'accueillit ni l'une ni l'autre. Six des meneurs de la noblesse furent embastillés durant quelques semaines. Le conseil de régence, le 2 juillet 1717, passa outre aux protestations, prononça contre les *légitimés* et révoqua les édits de Louis XIV en leur faveur; on leur laissa seulement à vie les honneurs des princes du sang. Les considérants de l'édit sont dans le même esprit politique que les écrits des deux partis : on y fait dire au roi que, « si les princes du sang venaient à manquer, ce serait à la nation à réparer ce malheur par la sagesse de son choix », et que le roi n'est pas « libre de disposer de la couronne (*Anciennes Lois françaises*, t. XXI, p. 146) ».

La duchesse du Maine s'était écriée, dit-on, que quand on a été une fois déclaré habile à succéder au trône, il faut, plutôt que de se laisser arracher ce droit, mettre le feu au milieu et aux quatre coins du royaume. (Saint-Simon, t. XIV, p. 651. Elle fit de son mieux pour tenir parole.

ment dans le maniement des deniers royaux, « sous les peines portées par les ordonnances ». Le parlement s'emparait purement et simplement de l'administration des finances. Le bruit courut que le parlement projetait de faire enlever, juger et pendre Law sans désemparer, et Law, épouvanté, courut se réfugier au Palais-Royal. Saint-Simon, toujours enclin aux choses extraordinaires, parle très-sérieusement de ce projet qui n'eut sans doute jamais rien de sérieux. Le parlement de 1718 n'était pas de taille à faire un coup digne des *Seize* de la Ligue [1].

Après cet éclat, près de quinze jours s'écoulèrent sans événement; mais c'était le silence qui précède la bataille. Le parlement poussait sa pointe par diverses mesures qui confirmaient l'arrêt du 12 août. Le Palais-Royal délibérait. Le régent, « brave contre les dangers, timide contre les embarras [2] », était irrité, mais hésitait; des hommes d'action et d'audace le forcèrent presque à agir. Law, revenu de sa frayeur, avait trouvé d'énergiques auxiliaires; c'étaient d'Argenson, qui détestait le parlement, et par instinct de despotisme et par une vieille rancune; l'abbé Dubois, l'ancien précepteur de Philippe d'Orléans, devenu diplomate et fort accrédité par le succès d'une grande négociation en Angleterre; Saint-Simon, toujours hostile aux gens de robe; le duc de Bourbon, enfin, enchaîné au régent par une nouvelle pension et au système par les profits qu'en espérait sa grossière rapacité : un coup de vigueur fut résolu. Le 26 août, le parlement fut mandé aux Tuileries pour un lit de justice : il vint à pied, à travers les rues, comme au jour des Barricades de la Fronde; mais le peuple ne bougea pas. Le conseil de régence s'était assemblé le matin même : les *légitimés*, sentant venir l'orage, avaient quitté la séance, et le conseil avait accédé à toutes les volontés du régent. On amena l'enfant-roi, dont la présence était réputée nécessaire pour valider des actes qu'il ne comprenait pas; puis le garde des sceaux d'Argenson donna lecture de quatre déclarations du roi : la première reprochait rudement au parlement l'abus

---

1. Saint-Simon, t. XVI, p. 434. Les arrêts du conseil et du parlement, déclarations, lettres-patentes, etc., concernant le Système, sont réunis dans les t. V et VI de l'*Histoire du Système des finances*, etc. La Haie, 1739, 6 vol. in-12.
2. Lémontei.

qu'il avait fait des grâces de Sa Majesté et lui signifiait qu'il pourrait continuer de présenter des remontrances sur les ordonnances à lui adressées, pourvu que ce fût dans la huitaine, mais qu'ensuite, si le roi ordonnait l'enregistrement, il faudrait obéir sans délai, sinon, l'enregistrement serait censé accompli. Il était interdit au parlement de s'immiscer dans l'administration des finances et de prendre connaissance d'aucunes affaires d'État, si Sa Majesté ne lui en demandait son avis. Tous les arrêts à ce contraires étaient cassés et devaient être biffés des registres du parlement La seconde déclaration ôtait aux *légitimés* la préséance sur les autres pairs. Un troisième acte, faisant exception en faveur du comte de Toulouse, à cause « de son zèle pour le bien public et de ses services », lui maintenait, sa vie durant, les honneurs dont il jouissait. Une quatrième déclaration transférait au duc de Bourbon la surintendance de l'éducation du roi qu'avait eue jusque-là le duc du Maine. Le premier président de Mesmes, avide intrigant qui avait une main dans la caisse du régent et l'autre dans les trames de la duchesse du Maine, voulut faire des remontrances; le garde des sceaux fit gravement le semblant d'aller prendre les ordres du roi : « le roi, » dit-il, « veut être obéi, et obéi sur-le-champ ». Le parlement courba la tête, et la Fronde de 1718 s'en alla en fumée. Le lendemain, à la vérité, une protestation contre ce qui s'était passé au lit de justice fut rédigée au Palais; mais le régent fit arrêter un président et deux conseillers : le parlement réclama la liberté des trois captifs, ne l'obtint qu'après de longs délais et ne tenta plus rien de considérable. Il s'abstint d'enregistrer aucun édit relatif aux finances; mais, selon la déclaration du 26 août, les édits furent tenus pour enregistrés au bout de huit jours et l'on se passa de l'enregistrement[1].

Ce coup heureux contre un pouvoir rival fut suivi d'une révolution dans l'intérieur du gouvernement. Les conseils, qui avaient remplacé les ministres, n'avaient nullement répondu à l'attente publique : en substituant, dans chaque branche du pouvoir, huit ou dix ministres à un seul, on n'avait pas un abus de moins, on avait la lenteur, la discorde et la confusion de plus. On n'avait

---

1. *Anciennes Lois françaises*, t. XXI, p. 151.

pas fait une distinction tout élémentaire, c'est que, si plusieurs têtes sont utiles pour réglementer, il ne faut qu'un seul bras pour exécuter ; on eût pu mettre un frein à l'arbitraire des ministres, sans supprimer des agents aussi indispensables. L'opinion s'était déjà retournée contre ces conseils, objets d'un si vif engouement, et le parlement lui-même en avait récemment demandé la suppression. Cette suppression fut prononcée par le conseil de régence, le 24 septembre, et le régime ministériel fut rétabli à peu près comme par le passé ; l'abbé Dubois, qui y avait eu la principale part [1], y gagna le ministère des affaires étrangères. Le conseil des finances subsista seul sous une forme nouvelle.

La chute des conseils fut un événement important ; c'était l'avortement d'une tentative faite pour former en France une aristocratie gouvernante, non point une aristocratie parlementaire et semi-républicaine comme en Angleterre, mais une aristocratie monarchique et administrative comme en Autriche. « La noblesse, » dit le duc d'Antin dans ses mémoires, « ne s'en relèvera pas [2]. »

Au moment où tombèrent les conseils, une lutte sourde existait déjà entre les vainqueurs du parlement. D'Argenson, reprenant le rôle de Noailles et s'appuyant comme lui sur les avis des frères Pâris, contrecarrait Law et suscitait une formidable concurrence à la compagnie d'Occident, en créant une compagnie des fermes-générales, qui prit les fermes à 48 millions et demi par an et qui émit pour 100 millions d'actions payables en billets d'État (septembre).

1. Il qualifiait les conseils « d'objet idolâtré des esprits creux de l'ancienne cour » (Fénelon et ses amis).
2. Lémontei, t. Ier, p. 194. — L'abbé de Saint-Pierre, qui ne brillait point par le tact ni par l'à-propos, venait précisément de publier, sous le titre de *Polysynodie*, un panégyrique enthousiaste du gouvernement par conseils (avril 1718). Il y traitait si mal ce qu'il nommait le *vizirat*, c'est-à-dire le despotisme ministériel du dernier règne, que les débris de la vieille cour, excités, du fond de Saint-Cyr, par madame de Maintenon, s'en émurent comme d'un outrage à la mémoire de Louis XIV et forcèrent, en quelque sorte, l'Académie française d'exclure de son sein le bon abbé, que le régent ne défendit pas. Il n'est pas sans intérêt de remarquer que la *Polysynodie* ou pluralité des conseils, telle que l'entendait Saint-Pierre, était moins impraticable que celle qu'avait essayée le régent ; car Saint-Pierre admettait que l'on conservât des ministres, les conseils réglementant et prescrivant, les ministres exécutant. (V. ses *Annales politiques*, t. II, p. 432.)

On ne pouvait marcher ainsi. La régence avait ajouté en trois ans un déficit de 130 millions à la dette de Louis XIV. Sans parler des éventualités de guerre, en ce moment imminentes, les dépenses présumées de 1719 devaient encore excéder la recette de 24 millions. Il fallait, ou sortir du système, après s'y être engagé si avant, ou s'y abandonner sans réserve. Le régent, contre sa coutume, était décidé, et ce fut Law lui-même qui hésita, quand Philippe offrit de lui livrer la France. Law parut entrevoir que ses tendances unitaires lui avaient fait illusion; qu'un gouvernement arbitraire et corrompu ne saurait être un gouvernement de crédit; que sa Banque, si assurée dans ses opérations tant qu'elle était banque privée, allait être exposée à tout dès qu'elle deviendrait royale et que le pouvoir y puiserait à discrétion; que la fantaisie du moment l'emporterait, chez de tels gouvernants, sur l'intérêt durable. Il eût voulu des garanties, qui eussent prouvé combien le parlement avait eu tort de le traiter en ennemi : il avait proposé au régent de mettre la Banque sous l'égide d'un gouvernement particulier, composé de membres des quatre cours supérieures de Paris; le régent avait refusé. Il proposa alors, au lieu de rendre la Banque royale, de rembourser 900 millions du capital de la dette en papier-monnaie qu'émettrait le roi. Cet expédient fut rejeté avec raison[1]. Sommé de réaliser ses promesses, il prit son parti, se lança intrépidement dans la carrière et ne regarda plus derrière lui. D'Argenson fléchit, pour ne pas être renvoyé du ministère, et, le 4 décembre, la Banque fut déclarée royale, avec cette clause qu'on ne pourrait émettre de billets que par arrêt du conseil. Le roi racheta les actions. Louis XIV eût été bien stupéfait, s'il eût pu voir le roi son successeur devenu banquier. Les billets de banque cessèrent d'être remboursables en monnaie immuable et rentrèrent dans la condition commune à cet égard. Il était étrange qu'au moment où l'on élargissait si grandement la Banque, on lui enlevât l'avantage qui avait rendu son succès si rapide. On a prétendu[2] que c'était Law lui-même qui, pénétré d'une trop juste défiance en-

---

1. Lémontei, t. Ier, p. 299, d'après les mémoires manuscrits du comte de La Marck et du duc d'Antin.
2. Lémontei, t. 1er, p. 300

vers le gouvernement, avait voulu ajourner l'exécution complète du système, et que ce fut malgré lui que le remboursement en monnaie immuable fut bientôt rétabli (22 avril 1719). Le contraire est plus vraisemblable : la déclaration du 22 avril décèle la pensée et la main de Law [1].

La grande machine était en mouvement et il n'eût plus dépendu de Law de l'arrêter. Le 27 décembre 1718, il fut statué qu'à Paris et dans quatre autres villes où l'on avait établi des comptoirs de la Banque, on ne pourrait plus payer en argent que les sommes au-dessous de 600 francs ; au-dessus de ce chiffre, il faudrait payer en or ou en billets. C'était une première atteinte au libre mouvement des espèces et le commencement des moyens irréguliers et arbitraires. Ceci était en faveur des billets. Law travailla en même temps, par des expédients d'abord plus légitimes, à faire monter les actions de la Compagnie. Les profits hypothétiques de la Louisiane, où l'on avait envoyé une première expédition en mai 1718, n'avaient pas d'abord attiré beaucoup le public. Les tabacs, affermés au prix de 4 millions de francs, et l'achat des droits de la compagnie du Sénégal, moyennant 1,600,000 francs, avaient commencé à améliorer la position de la Compagnie (septembre-décembre 1718). Néanmoins, en avril 1719, les actions n'étaient encore qu'à 300 francs sur la place au lieu de 500 [2]. Law parvint à leur faire gagner le pair aux environs du 1er mai [3]. Dans le courant de ce mois, la compagnie des Indes-Orientales, qui, mal administrée, obérée, paralysée, avait fini par céder l'exploitation de son privilége aux Malouins, et une compagnie de la Chine, créée en 1712, furent réunies à la Compagnie d'Occident, qui eut ainsi dans les mains presque tout le commerce de la France hors de l'Europe et s'intitula désormais la COMPAGNIE DES INDES (elle absorba aussi la compagnie d'Afrique ou de Barbarie). Elle fut autorisée à ajouter à ses deux cent mille actions primi-

---

1. *Histoire du Système des finances*, t. V, p. 182.
2. Il importe cependant d'observer que, les actions pouvant être acquises en billets d'État, qui perdaient encore plus de moitié, la valeur de 500 francs n'était que nominale : 300 francs argent, c'était déjà, en réalité, plus que le pair.
3. Le moyen qu'il employa fut d'acheter au pair des actions livrables dans six mois, en payant un à-compte en argent. Il introduisit ainsi les marchés à prime, d'où est dérivé ce qu'on appelle aujourd'hui le jeu des différences.

tives cinquante mille actions nouvelles, au prix d'émission de 550 francs, non plus en billets d'État, mais en argent. On dut représenter quatre actions anciennes pour en obtenir une nouvelle. C'était habile pour faire hausser les actions primitives, mais cela restreignait le nombre des souscripteurs et ne rentrait pas dans les vrais principes de Law. Le 16 juillet, un arrêt du conseil ordonna l'envoi de 25 millions de billets de banque à la Louisiane pour y faciliter les transactions. Cela releva beaucoup la Louisiane dans l'opinion publique. Le 25 juillet, la Compagnie afferma pour neuf ans la fabrication des monnaies, au prix total de 50 millions. L'action, en ce moment, atteignait la valeur de 1,000 francs sur la place et gagnait 100 pour 100. Le 27 juillet, vingt-cinq mille nouvelles actions furent émises à ce taux de 1,000 francs, la valeur nominale des actions restant toujours à 500 francs. Il fallut représenter cinq anciennes pour avoir une nouvelle. Les émissions de billets correspondaient aux émissions d'actions : les deux réservoirs de la Banque et de la Compagnie, comme dit Lémontei, s'alimentaient l'un l'autre. Le même jour, 27 juillet, un arrêt du conseil ordonna de payer aux actionnaires un dividende de 12 pour 100 sur le prix nominal des actions (500 francs). Les actions montèrent avec une impétuosité croissante.

Un mois après, Law, pressé par le régent, se crut en état de risquer une immense et téméraire opération qu'il lui avait promise, le remboursement de la dette. Un arrêt du Conseil du 27 août compléta sa victoire sur d'Argenson : le bail des fermes générales, conclu sous les auspices du garde des sceaux, fut cassé et les fermes furent adjugées à la Compagnie des Indes, au prix de 52 millions par an et à condition de rembourser les actionnaires de l'autre compagnie. Le roi prorogea jusqu'au terme de cinquante années les privilèges de la Compagnie des Indes. A ces conditions, la Compagnie promit de prêter au roi 1,200 millions pour payer le gros de la dette, moyennant que le roi lui garantît 36 millions par an sur le produit des impôts; c'est-à-dire qu'elle faisait convertir au roi une dette à 4 pour 100 en une dette à 3 pour 100. Le 31 août, on supprima les rentes assignées sur les aides et gabelles, sur les tailles, etc., avec ordre aux propriétaires de rapporter leurs titres au garde du trésor royal, qui les rembourserait en assignations sur le caissier de la Compagnie des Indes.

C'était au moyen d'une émission de deux cent quarante mille nouvelles actions que Law comptait verser les 1,200 millions; il fallait, pour cela, que les actions valussent 5,000 francs au lieu de 500 francs; elles y arrivaient en ce moment même. Le public, naguère incertain, se précipitait avec emportement vers cette organisation puissante qui semblait devoir absorber l'État tout entier. Le bruit de mines d'or et de pierreries découvertes, disait-on, sur le Mississipi, achevait d'enflammer les imaginations[1]. On voyait les personnages les plus engagés dans le système se disputer les concessions de terre, les *duchés*, les *marquisats* que distribuait la Compagnie en Louisiane. Law se fit adjuger, chez les Akansas, un fief de cent lieues de tour. Cette confiance entraînait celle de la foule. Le 13 septembre, cent mille actions furent créées au prix de 5,000 francs, payables en espèces ou en billets de banque, sans condition de représenter des actions antérieures. Cela ne garantissait pas les créanciers de l'État, auxquels ces actions devaient revenir, contre les concurrents qui les leur disputaient. Ils se plaignirent et obtinrent qu'il fût interdit de payer les dernières actions autrement qu'en billets d'État ou en assignations du garde du trésor (26 septembre). La faveur n'était déjà pas si grande; car on donnait aux créanciers, pour 5,000 fr. de titres de rente, une action qui valait 5,000 francs sur la place, mais dont le titre originaire n'était que de 500 francs et qui pouvait retomber. Du 25 septembre au 2 octobre, deux cent mille actions furent encore émises. Cela faisait trois cent mille au lieu de deux cent quarante mille; c'est que Law avait promis au régent un second prêt de 300 millions à 3 pour 100, hypothéqué, comme l'autre, sur le produit des impôts. L'acte en fut publié le 12 octobre, avec déclaration du roi que l'émission des actions était définitivement close; pour prix de ce second prêt, les receveurs généraux furent supprimés et leurs recettes réunies à la

---

1. On usa de beaucoup de charlatanisme afin de populariser le Mississipi; néanmoins, la Compagnie se prenait elle-même à ces illusions; car elle dépensa beaucoup d'argent pour la recherche d'un prétendu rocher d'émeraude.

Compagnie, qui eut ainsi tous les impôts directs ou indirects dans la main. La Compagnie, en vertu de l'arrêt du 26 septembre, ne recevant plus d'espèces pour les nouvelles actions, et le public se portant vers la négociation des actions avec une telle fougue, que les métaux, par leur poids, devenaient un embarras et un obstacle, le papier en vint à gagner 5 et 10 pour 100 sur l'or et sur l'argent. « Avez-vous de l'or? Rien de fait! » était devenu une locution proverbiale. Le délai accordé aux souscripteurs pour les versements (20 octobre), délai nécessaire aux créanciers de l'État pour se mettre en mesure, donna une nouvelle impulsion à la hausse. En octobre, les actions s'élevèrent à 10,000 francs, vingt fois leur valeur nominale et plus de quarante fois la valeur argent comptant qu'elles avaient eue sur la place lors de la première émission. Elles ne s'arrêtèrent pas là. L'*Histoire du Système des Finances* (t. II-III) prétend que les actions allèrent à 18 et 20,000 fr.; mais cela n'est pas constaté.

Ces chiffres, dans leur sèche énonciation, étonnent la pensée: que sera-ce si l'on se retrace par l'imagination le tableau vivant de la société au sein de laquelle s'opéraient ces prodigieux mouvements financiers! Ce tableau est dans toutes les mémoires. Qui ne connaît par tradition cette étroite et noire rue Quincampoix, théâtre de l'agiotage [1], avec ses mille bureaux où, six mois durant, se ruèrent, s'entassèrent tout Paris, toute la France, toute l'Europe; où les rangs, les sexes, les ordres divers de l'État, grands seigneurs et prélats, gens d'épée, gens de robe, gens de bureau, trafiquants et commis, maîtres et valets, femmes de cour et filles de joie, se mêlèrent dans une longue saturnale! C'était l'égalité des cupidités, l'égalité devant le jeu. Et quel jeu! On y faisait des fortunes inouïes en quelques jours, en quelques heures! Tel laquais, enrichi d'un tour de main, achetait le carrosse derrière lequel il était monté la veille. Il y eut des gens qui tinrent dans leur portefeuille pour 60 et 80 millions d'actions au cours de la

---

1. La rue Quincampoix, située entre les rues Saint Martin et Saint-Denis, dans le quartier le plus commerçant de Paris, avait été, de longue date, occupée par des banquiers : pendant la Guerre de la Succession, l'on y fit l'agio des *billets de monnaie* et de tous les papiers royaux; l'habitude était prise et le trafic des actions vint s'y établir en 1719; l'énorme affluence, dont parlent les mémoires du temps, eut lieu surtout à partir du mois d'août.

place! Deux classes de personnes eurent la principale part à ces richesses improvisées comme par la baguette d'une fée, les grands et les gens d'affaires : la cupidité des princes et des grands, la bassesse des courtisans devant le Plutus écossais qui faisait pleuvoir de ses mains les actions et les billets de Banque, n'eurent rien d'égal que le faste et les prodigalités des parvenus enivrés de leur fantastique élévation. Mais le public, emporté tout entier par l'irrésistible élan, ne s'arrêtait guère à moraliser. Chaque jour voyait arriver à flots dans Paris les rentiers et les officiers remboursés de leurs charges, qui accouraient placer leur remboursement en actions; les négociants qui venaient observer le mouvement, le mettre à profit pour leur négoce ou s'y jeter eux-mêmes; les spéculateurs étrangers, les imitateurs, les curieux, les aventuriers, les hommes d'intrigue. Le luxe et la foule croissaient à la fois dans des proportions incroyables; on dépensait des sommes fabuleuses aussi vite qu'on les gagnait; la circulation était interrompue par la multitude innombrable des carrosses; partout brillaient l'or et l'argent sur les habits de soie et de velours : les délices des Lucullus et des Apicius étaient égalées par les *millionnaires* (c'est alors que le mot fut créé) de la rue Quincampoix; une impulsion fougueuse et désordonnée, mais d'une puissance énorme, avait été donnée au commerce et à l'industrie de Paris; la concentration de population fut telle, de 1719 à 1720, qu'un historien ne craint pas de l'évaluer à un million quatre cent mille âmes[1]! L'impulsion de Paris rejaillit sur la France entière; le nombre des manufactures s'accrut des trois cinquièmes; l'intérêt tomba au denier 80 (1 et 1/4 pour 100).

Au milieu de ce vertige universel, des mesures populaires et libérales, dictées par Law à la Compagnie, attestaient qu'il avait d'autres vues que le déchaînement de l'agiotage. La Compagnie avait généreusement demandé au roi, moyennant une remise d'un million par an sur les tabacs, la suppression de quelques droits onéreux au commerce : elle obtint la permission d'employer

---

1. Lémontei, t. II, p. 206. Il y a certainement beaucoup d'exagération. Où aurait-on logé tout ce monde? La princesse palatine, mère du régent, parle, dans ses lettres, d'un accroissement de trois cent mille âmes sur la population ordinaire; c'est déjà bien assez! cela eût fait bien près d'un million d'âmes.

des fonds à entreprendre la grande pêche et à établir des manufactures, sans réclamer aucun monopole à ce sujet. Law roulait dans sa tête de bien plus vastes desseins. Il avait proposé au régent le remplacement de tous les impôts par un impôt unique, le centième denier [1]. C'était l'impôt sur le capital, au lieu de l'impôt sur le revenu, proposé par Vauban. Les esprits réformateurs, aujourd'hui, sont encore partagés entre ces deux conceptions. Law voulait aussi abolir la vénalité des charges, les rembourser et remplacer le parlement par des magistrats amovibles; mais cette idée lui appartenait moins personnellement et venait de Dubois, au dire de Saint-Simon, qui se vante d'avoir empêché par deux fois le régent de la réaliser, craignant, dit-il, malgré sa haine contre la robe, de voir briser ce dernier frein du despotisme et de l'ultramontanisme.

Law, cependant, n'était point enivré de la hausse monstrueuse qui avait dépassé ses prévisions et ses désirs : il avait une trop haute intelligence pour ne pas s'alarmer de l'exagération même du succès. La valeur attribuée aux actions par la vogue dépassant, au delà de toute comparaison, la valeur réelle des possessions et des priviléges de la Compagnie, et le chiffre des richesses idéales qui circulaient rue Quincampoix étant tel qu'on eût vendu la France entière sans le couvrir, il était évident que les *millionnaires*, les *mississipiens* les plus avisés, reconnaîtraient l'illusion, *réaliseraient* leurs actions en billets, leurs billets en argent ou en terres, et donneraient ainsi le signal de la baisse. Déjà quelques-uns avaient commencé. D'autres périls encore pressaient de toutes parts l'auteur du système. La faiblesse, l'avidité, la mauvaise foi du gouvernement avaient engendré cet abus du crédit que Law avait pressenti naguère avec anxiété; les barrières posées devant l'émission des billets avaient déjà cédé sous la main du régent; d'Argenson épiait l'instant de se venger; un homme plus puissant sur l'esprit du régent, le ministre Dubois, d'abord favorable à Law, avait reçu de l'Angleterre, à laquelle il était vendu, des instructions hostiles; le cabinet de Londres voyait avec jalousie l'or britannique se dérober à la compagnie de la mer du Sud et

---

1. Lémontei, t. Ier, p. 316. Cet important mémoire, en date du 10 juin 1719, est inédit. Law pensait que le centième denier rendrait deux cents millions.

à la compagnie anglaise des Indes pour affluer à Paris; il avait compris quel essor allaient prendre les colonies et la marine françaises sous une direction habile et hardie, et il ne rêvait que d'abattre l'auteur du système. Déjà l'arrogant ambassadeur Stairs avait eu avec son compatriote Law des altercations si violentes, que le ministre Stanhope, pensant qu'il fallait miner et non attaquer de front, jugea prudent de désavouer et de rappeler Stairs[1].

Law ne se dissimulait donc point la gravité de la situation. Il avait, mais trop tard, essayé de ralentir l'ascension folle des actions par un jeu de bascule : il n'était plus assez fort pour modérer sa gigantesque machine. N'ayant pu ralentir, il était contraint de soutenir à tout prix. Il ne vit pas d'autre moyen de sauver le billet que de déprécier l'espèce métallique, et il se lança dans une série d'expédients funestes, contraires à ses propres maximes, mais devenus inévitables. Le 1er décembre, il fit décréter que la Banque ni le trésor ne recevraient plus d'espèces, si ce n'est comme appoint : c'était renoncer à cette partie du système qui consistait à attirer les métaux dans les mains de l'État, mais aller au plus pressé, c'est-à-dire déprécier les métaux en diminuant leur usage et détourner indirectement de convertir les billets en argent, par l'interdiction de convertir l'argent en billets. On ne put soutenir ce parti extrême. Le 21 décembre, défense fut publiée de faire des paiements en argent au-dessus de 10 francs, des paiements en or au-dessus de 300 francs : la Banque recommença à délivrer des billets contre de l'argent, et le trésor à recevoir des espèces au-dessous de 10 francs et de 300 francs, mais moyennant une prime de 5 pour 100 (on avait émis des billets de 10 francs pour faire descendre aussi bas que possible l'usage du papier). Les lettres de change étrangères

---

1. V. la lettre de Dubois, du 24 février 1720, ap. *Mém. secrets* du card. Dubois; t. Ier, p. 311; Paris, 1815. Il y avait eu déjà un complot pour culbuter la Banque en y présentant une masse de billets à rembourser; mais Law avait fait face, et, par une diminution soudaine sur les espèces d'or, avait même obligé les auteurs de cette intrigue anglaise à reprendre des billets pour leurs louis. Les ministres anglais s'étant efforcés d'établir un contre-système en faisant monter les actions de la Compagnie du Sud, Law en fit acheter à bas prix par la Compagnie française, pour 1,600,000 livres sterling, et les revendit quand elles montèrent. *Mém. de la Régence*, t. IV, p. 119. — *Hist. du Système*, t. Ier, p. 160.

durent se payer en billets, grande faute et qui devait faire tourner le change contre la France! Le 29 décembre, l'émission des billets de banque est élevée *officiellement* à un milliard. Le 30, une assemblée générale de la Compagnie règle le dividende des actions à 40 pour 100 sur le prix nominal de 500 francs; c'est 2 pour 100 à peine pour ceux qui ont payé l'action 10,000 francs, mais les gens habiles voient que ce dividende est encore très-exagéré. Beaucoup d'étrangers et quelques millionnaires français ont déjà réalisé, acheté des propriétés foncières, ou exporté de fortes sommes, notamment en Angleterre, où le prix encore peu élevé des actions du Sud attire les spéculateurs. La baisse commence avant la fin de décembre.

Law fait face au danger avec courage. Il assume sur lui la responsabilité patente de tout ce qui va se faire. Depuis la dissolution des conseils, les finances étaient censées administrées par une sorte de commission. Law, déjà naturalisé, abjure le protestantisme pour être admissible aux fonctions publiques, et prend le titre de contrôleur-général (5 janvier 1720). Après une première baisse, il parvient à arrêter les actions sur la pente du discrédit, entre 9,000 et 10,000 francs : les manéges des gros détenteurs lui viennent en aide, mais surtout la nécessité où se trouvent les rentiers remboursés de faire usage de leurs remboursements. Les rentiers, arrivant sur le marché à mesure qu'on les liquide, remplacent, pendant quelque temps, les grands spéculateurs qui s'éloignent. Mais, tandis que l'action se soutient, grâce à ce concours, le billet se précipite. La panique se répand dans la ville : la confiance s'envole aussi vite qu'elle était venue; en dépit des mesures hostiles aux espèces, les marchands vendent le double quand on les paie en billets, ce qui fait hausser toutes les denrées, et les *réaliseurs* assiégent la Banque. Un prince du sang, Conti, gorgé de richesses énormes par le régent et par Law, donne l'exemple de cet assaut au crédit public. Au premier refus qu'il essuie du contrôleur-général las et dégoûté de son insatiable gloutonnerie, il se venge en faisant ramener de la Banque trois fourgons chargés d'argent en échange de ses billets [1]. Le duc de Bour-

---

1. Saint-Simon, t. XVIII, p. 96. — « Il suffit d'être du sang des Bourbons pour aimer ce métal », dit l'avocat Barbier, dans son *Journal*, t. Ier, p. 193.

bon, chef de sa branche, tout aussi rapace que lui, se montre un peu moins vil, en ce sens que, du moins, il ne trahit pas la Banque et la Compagnie qu'il exploite avec fureur. Voilà ce que sont devenus les Condés! A l'âge où leurs braves aïeux ne connaissaient que l'amour et la guerre, ils n'ont dans l'âme que des passions d'usuriers et d'agioteurs [1]. Auprès de leurs vices, les vices de Philippe d'Orléans sont presque nobles!

Law continue sa lutte désespérée. Le 28 janvier, refonte générale des espèces avec une légère diminution ; les billets de banque auront cours forcé dans toute l'étendue du royaume : ils ne l'avaient qu'à Paris et dans les villes de comptoir. Défense de transporter les espèces, pendant le cours de février, hors des villes où il y a hôtel des monnaies. Permission à la Compagnie de faire faire des visites dans toutes les maisons, « sans aucune exception », afin de rechercher les espèces qu'on n'aura pas portées à la monnaie pour la refonte et qui seront confisquées au profit des dénonciateurs. Louis XIV n'avait rien osé de si tyrannique. Quelles ressources pour soutenir un système de crédit! La réalisation, loin de s'arrêter, se précipite avec une impétuosité comparable à ce qu'a été l'emportement de la hausse. On achète, à tout prix, terres, charges, maisons, marchandises, pierres précieuses, objets de luxe, tout ce qui présente une valeur commerciale quelconque. Les 4 et 18 février, deux arrêts du conseil, pour entraver ce mouvement, prohibent le port des pierreries et la vaisselle d'or et d'argent. Le 22, Law fait accepter au régent et à la Compagnie une mesure dont il attend son salut : il fait décider que le roi remet à la Compagnie l'administration de la Banque, avec cession des bénéfices faits et à faire, la Banque demeurant royale et le roi restant garant des billets. On ne pourra émettre de nouveaux billets qu'en vertu d'arrêts du conseil, sur délibérations prises en

---

[1]. Un d'eux, le comte de Charolais, frère du duc de Bourbon, annonçait même des passions bien plus hideuses : on raconte qu'il débuta par assassiner un de ses valets, dont il n'avait pu séduire la femme ; qu'il ensanglantait ses débauches par d'ignobles barbaries sur les courtisanes qu'on lui amenait; qu'il tirait sur les couvreurs pour se donner le plaisir de les voir tomber du haut des toits. Il eût porté, dix fois pour une, sa tête sur l'échafaud, s'il avait pu exister, sous la monarchie, une justice contre les princes. V. Lacretelle, *Hist. de France pendant le* XVIIIe *siècle*, t. II, p. 59. Le marquis d'Argenson, dans ses *Mémoires,* tout en le présentant comme une espèce de maniaque furieux, ne parle point de ces crimes.

l'assemblée générale de la Compagnie. La Compagnie ne fera point d'avances au roi et la Banque ne fera pas de versements au trésor sans avoir reçu les fonds. Les billets de 10 francs seront remboursés en espèces et supprimés : les 5 pour 100 de prime accordés au papier sur l'argent sont supprimés; c'étaient là de sages concessions au reflux de l'opinion. Le roi cède à la Compagnie cent mille actions qui lui appartiennent, au prix de 900 millions, dont 300 payables dans l'année, le reste en dix ans. La Compagnie créera pour 500 millions d'actions rentières à 2 p. 100, pour rembourser les rentes perpétuelles appartenant à des corporations ou à des mineurs, et qui n'ont pu être remboursées sur les 1,500 millions prêtés au roi. Il n'y aura plus, à la Compagnie, de bureau ouvert pour l'achat et la vente des actions.

Ce qui domine dans cet acte important, c'est un effort suprême pour arracher la Banque à la rapacité du pouvoir arbitraire et pour sauver les billets à tout prix, même aux dépens des actions. Cet effort doit être vain.

Le 25 février, augmentation de monnaies. Le 27, défense à tout particulier ou communauté de garder plus de 500 francs en espèces, ou des matières d'or et d'argent, à peine de confiscation et de 10,000 francs d'amende; les trésoriers du roi, manufacturiers et commerçants seront exceptés par permissions spéciales. Défense de faire des paiements en espèces au-dessus de 100 francs, à peine de 3,000 francs d'amende. Le 5 mars, un arrêt du conseil ordonne de faire rentrer, aux échéances, les sommes prêtées par la Banque, fixe les actions au prix, beaucoup trop élevé, qui avait été donné au roi et, contrairement à la délibération du 22 février, ouvre à la Banque un bureau pour convertir à volonté les actions en billets et les billets en actions. La fusion des billets et des actions était bien dans l'esprit général du système; mais, dans les circonstances, rien ne pouvait être plus fatal; on sacrifiait les billets aux actions, l'intérêt de tout le monde à l'intérêt des grands et des capitalistes; on se condamnait à multiplier les billets, quand leur avilissement prescrivait de les réduire. Il est probable que Law eut la main forcée. L'arrêt du 5 mars le poussait violemment à l'abîme : le marc d'argent fut porté à 80 francs et l'on rendit au billet une prime sur l'argent.

Le 11 mars, on alla bien plus loin : l'or fut démonétisé pour le 1er mai, l'argent pour le 31 décembre, sauf les petites monnaies de fabrication récente, avec diminutions successives jusqu'à ce que l'argent, au 1er décembre, eût été réduit de 80 francs à 27 francs le marc. On voulait décourager à tout prix les réaliseurs. Ordre aux particuliers d'apporter leurs espèces à la Banque, à peine de confiscation, dont moitié pour les dénonciateurs.

C'était d'une audace à donner le vertige, que de bouleverser ainsi toute l'existence économique de la société et de prétendre supprimer, comme dit Saint-Simon, ce qui était en usage parmi les hommes *depuis Abraham!* Dans d'autres temps, on eût fait une révolution pour de bien moindres griefs; mais la soif du gain et l'ivresse du jeu avaient épuisé les âmes : une sorte d'étourdissement succédait à la folie de 1719; les choses les plus étranges étonnaient à peine; elles apparaissaient comme des rêves. On cria; mais on ne remua pas et assez de gens obéirent pour que la Banque reçût 45 millions en un mois. La masse, toutefois, résista passivement et garda ses écus. Le plus grand mal causé par les entreprises téméraires du pouvoir était la démoralisation qu'elles excitaient. La délation s'étendait dans un cercle infiniment plus vaste qu'au temps de la chambre de justice. On vit avec horreur un fils dénoncer son père. Le régent, par une honorable inconséquence, punit ce misérable d'avoir appliqué la loi. Il se fit honneur également dans une autre circonstance : depuis que la baisse avait commencé, le désordre croissait dans la rue Quincampoix et les alentours; les querelles, les vols, les attaques se multipliaient dans ces cohues; la prodigieuse comédie que nul Aristophane n'eût su reproduire, finit par un drame hideux; un jeune homme de la plus haute noblesse des Pays-Bas, allié aux premières familles de France et au régent lui-même, le comte de Horn, attira dans un cabaret un agioteur et le poignarda pour lui voler son portefeuille : le régent, d'ordinaire si facile aux sollicitations, sut être juste, grâce surtout à Law, et le comte de Horn mourut sur la roue. Le jour même de l'assassinat (22 mars), le trafic de la rue Quincampoix fut interdit, comme inutile, puisqu'il y avait bureau ouvert à la Banque.

Les édits contre l'argent n'étaient pas la seule cause de trouble qui existât dans Paris. Pressé comme on était de peupler la Louisiane, on avait voulu y jeter toute espèce d'éléments, purs ou impurs : des ordonnances des 8 janvier et 12 mars 1719 avaient prescrit d'y transporter les vagabonds et les condamnés libérés en rupture de ban, triste ressource pour une colonie naissante! Un nouvel édit du 10 mars 1720 autorisa les tribunaux à convertir en transportation la plupart des peines et ordonna une chasse générale aux vagabonds et aux mendiants dans le même but. La police, fort mal faite depuis qu'elle était sortie des mains de d'Argenson, ne sut organiser ni les dépôts ni les convois; les malheureux transportés furent traités avec la négligence la plus barbare; on les laissait périr de faim! Il arriva, de plus, que les archers chargés des arrestations enlevèrent non-seulement les gens sans aveu, mais des personnes de toute autre condition, soit pour les obliger à se racheter de leurs mains, soit pour satisfaire à prix d'or des vengeances particulières. Le peuple perdit patience : on courut sus aux archers dans le faubourg Saint-Antoine; mais le pouvoir en fut quitte pour publier, le 3 mai, une ordonnance qui donna des garanties contre ces monstrueux abus. Le 9 mai, il fut décrété qu'on n'enverrait plus de criminels ni de vagabonds à la Louisiane, sur les réclamations énergiques des colons volontaires contre le mélange flétrissant qu'on leur infligeait [1].

Le mécontentement public n'éclatait donc pas de manière à menacer l'existence du gouvernement; mais le système n'en marchait pas moins à sa perte. L'adresse, la force, le raisonnement, Law employa tout pour sa défense. De février à mai 1720, il publia, sous l'anonyme, dans le recueil le *Mercure de France,* quatre lettres apologétiques par lesquelles il s'efforça de ramener les esprits. On ne peut se défendre de plaindre cette haute intelligence aux prises avec l'impossible, s'abusant et tâchant d'abuser les autres par des sophismes qu'elle avait autrefois réfutés elle-même. Law prétend légitimer les confiscations en attaquant avec éloquence les hommes qui accaparent le numéraire et qui en arrêtent

---

1. *Anciennes Lois françaises,* t. XXI, p. 170. — *Hist. du Système,* t. III, p. 136. — Lémontei, t. 1er, p. 321.

la circulation[1]. Il affirme que le système eût gagné les esprits à la longue, mais que le pouvoir *despotique*, en l'établissant d'autorité, ne fait qu'avancer le bonheur public; que le système a si bien enveloppé toutes les parties de l'État, qu'il est impossible maintenant au roi ni au public de le détruire! Il justifie le cours forcé des billets, et la défense de garder les espèces, etc., « parce que le fonds des billets est assuré ou en espèces ou en actions, *dont la valeur est certaine!* » Ce qui est incontestable dans son plaidoyer, c'est le tableau des bienfaits du système, la Banque remplaçant les traitants avec un immense avantage pour les contribuables, la plus-value de tous les biens, l'élan de toutes les industries, la marine renaissante, la France entière ravivée comme par miracle. On ne peut lui reprocher aucun charlatanisme dans ce qu'il dit de la Louisiane.

Que faire, cependant, pour sauver le principe de ces bienfaits? Les actions, un moment relevées, baissaient assez lentement, mais irrésistiblement; le discrédit des billets ne s'arrêtait pas. On dit que Law en revint au projet d'éteindre, par une combinaison habile, le plus de billets possible, mais que son crédit avait baissé et que d'Argenson fit prévaloir un autre plan, qu'on réalisa le 21 mai[2]. Ce jour-là, parut un arrêt du conseil, qui ne parlait plus de faire disparaître les espèces, mais d'établir une juste proportion entre elles et les billets, les actions et les autres biens, et d'empêcher que leur plus-value ne diminuât le crédit. Une diminution graduelle était ordonnée sur les actions, qui devaient être

---

[1] « L'argent n'est à vous que par le titre qui vous donne droit de l'appeler et de le faire passer par vos mains pour satisfaire à vos besoins et à vos désirs. Hors ce cas, l'usage en appartient à vos concitoyens..... L'argent porte la marque du prince et non pas la vôtre, pour vous avertir qu'il ne vous appartient que par la voie de circulation, et qu'il ne vous est pas permis de vous l'approprier dans un autre sens. » Cela est vrai, mais que de vérités qui ne peuvent s'établir par la force! Law applique aux terres, aux maisons, à toute propriété, ce qu'il a dit de l'argent, c'est-à-dire que l'État aurait droit de vous enlever ces biens, si vous n'en faisiez pas un usage utile à la société. L'État a le droit d'exproprier pour cause d'utilité publique, mais au prix d'une indemnité qui sauvegarde le droit individuel en face du droit social : c'est la réserve que ne fait pas Law. — *Œuvres* de Law, ap. *Économistes financiers du* xviiie *siècle*, p. 656-675.

[2] Tel est le récit de Saint-Simon, t. XVII, p. 211-217, et de l'*Histoire du Système*, t. III, p. 144. — Lémontei, au contraire (t. Ier, p. 322), d'après les *Mém.* du duc d'Antin, et Forbonnais (t. II, p. 623) veulent que le plan adopté ait appartenu à Law.

ramenées à 5,000 francs au 1ᵉʳ décembre : les billets devaient aussi, par gradation, être réduits de moitié à la même époque ; ils seraient reçus, toutefois, sans réduction, pour l'impôt et pour l'acquisition de rentes viagères, jusqu'au 1ᵉʳ janvier. Les primes et avantages faits aux billets étaient supprimés.

Il semble impossible d'admettre que Law ait été l'auteur d'un acte qui donnait le coup de mort au Système en arrachant au billet son invariabilité : Law eut seulement, sans doute, la faiblesse de subir ce qu'il ne pouvait empêcher, au lieu de se faire briser sur la place. Ce n'est pas qu'il y eût un préjudice réel pour le public. Si l'on compare l'arrêt du 21 mai à celui du 5 mars, sur la diminution des espèces et la proportion établie, on voit que les porteurs de papiers devaient avoir encore l'avantage, au 1ᵉʳ décembre, sur les possesseurs des espèces ; mais cela était trop compliqué pour le public, qui ne vit qu'une chose, la perte de moitié du capital nominal, la *banqueroute du Système !* Un cri de fureur s'éleva : les détenteurs de billets furent moins patients que les détenteurs d'argent ; le parlement, longtemps muet, rentra en lice avec ses remontrances, et l'assaut de l'opinion fut tel, que le régent ploya. L'arrêt du 21 mai fut rapporté le 27, en ce qui concernait les billets. Le 29, l'arrêt qui démonétisait les espèces fut levé et le marc d'argent fut mis à 80 francs ; le 1ᵉʳ juin, la défense de garder des espèces et des matières d'or et d'argent fut rapportée. Quelle que fût la part de Law dans l'arrêt du 21, il en portait, devant le public, la responsabilité comme de tout le reste ; le régent, étourdi des clameurs universelles, parut l'abandonner. A l'instigation de d'Argenson, Law fut arrêté et sommé de rendre ses comptes. Ce fut pour lui l'occasion d'un dernier triomphe : les comptes de la Banque et de la Compagnie étaient la lumière même. Le régent lui offrit de garder le contrôle général : il refusa, conseilla de le faire gérer par une commission, conserva la direction de la Banque et de la Compagnie, fit disgracier d'Argenson et rendre les sceaux au chancelier d'Aguesseau, espérant calmer les esprits par le rappel de ce personnage aimé et vénéré.

La Compagnie avait présenté le bilan le plus satisfaisant (3 juin) : elle avait fondé des établissements sur les côtes de la Louisiane, à l'île Dauphine, à Mobile, aux Biloxis ; dans l'intérieur, sur une île du grand fleuve, des faux-sauniers déportés élevaient une ville naissante qu'ils nommaient la *Nouvelle-Orléans*, en l'honneur du régent ; les paysans français se refusant à l'émigration [1], Law avait *acheté*, d'un de ces princes allemands habitués à vendre leurs sujets pour tout usage, l'enrôlement de douze mille laboureurs du Palatinat, destinés à peupler son duché du Mississipi ; déjà quatre mille étaient dirigés sur nos ports. La pêche et le trafic des pelleteries prospéraient sous la protection des forts qu'on élevait dans l'île Royale (ou du Cap Breton), pour tâcher de remplacer les positions perdues à Terre-Neuve et dans l'Acadie. Les cultures coloniales se développaient rapidement sous l'influence d'un excellent règlement commercial publié en 1717. Le tabac se multipliait à la Louisiane ; le café se naturalisait à l'île Bourbon, d'où il devait se répandre dans toutes nos colonies tropicales ; la seconde des Mascarenhas, l'île Maurice, abandonnée par les Hollandais, qui se concentraient au Cap, avait été occupée nominalement, en 1715, par ordre du gouvernement de Louis XIV, et baptisée du nom d'Ile-de-France : inférieure comme sol à Bourbon, mais supérieure comme côtes et comme ports, elle promettait une importante station navale au commerce des Indes-Orientales et un nouveau point d'appui pour ressaisir la grande île de Madagascar. Le pavillon français reparaissait sur toutes les mers comme aux beaux jours de Colbert : l'hiver précédent, la Compagnie avait expédié dix-huit navires en Orient, trente en Louisiane et en Afrique ; elle possédait maintenant cent cinq gros vaisseaux et plus de 300 millions de valeurs. Elle avait largement amélioré le produit de tous les impôts qu'elle percevait, non point en vexant les contribuables, mais en perfectionnant l'administration [2].

La Compagnie avait retiré du commerce près de trois cent mille actions, outre les cent mille du roi, et demandait qu'on les éteignît, afin de réduire le chiffre total à deux cent mille ;

---

1. On attribue le peu de succès de nos colonies à la mobilité du caractère national ; c'est tout le contraire ; c'est que, chez nous, la population agricole est tellement attachée au sol natal qu'elle ne veut le quitter presque à aucun prix.

2. Lémontei, t. Ier, p. 319. — Forbonnais, t. II, p. 625.

elle demandait d'être déchargée des 900 millions dus au roi et offrait de lui rétrocéder partie des 48 millions à elle assignés sur les impôts; elle demandait l'autorisation de faire à ses actionnaires un appel de 3,000 francs par action, en payant, à ceux qui répondraient, un dividende de 3 pour 100 sur le pied de 12,000 francs l'action, lequel dividende serait garanti par une société d'assurance formée entre les principaux actionnaires; le surplus des profits appartiendrait à cette société. Le gouvernement consentit à tout : la Compagnie lui rétrocéda, en plusieurs fois, 45 millions d'assignations sur les impôts. Il put ainsi créer 25 millions de rente sur l'Hôtel de Ville à 2 1/2 pour 100 au capital de 1 milliard, payable en titres de rentes non remboursées ou en billets (10 juin), puis 12 millions de rentes viagères. C'était retourner au passé, mais ouvrir aux billets un large écoulement; on n'en profita qu'avec lenteur. La défense de payer plus de 100 francs en argent fut renouvelée, ainsi qu'une prime de 10 pour 100 au papier et que la prohibition des pierreries.

Rien ne réussit. Les deux arrêts contradictoires des 21 et 27 mai avaient rendu le discrédit irréparable. Le 13 juillet, Law se fit autoriser à établir à l'hôtel de la Banque, et dans toutes les villes où il y avait hôtel des monnaies, des livres de comptes-courants et virements de parties, au capital total de 600 millions. Cette création, si utile au commerce, venait trop tard. La Banque était à bout : elle fut forcée de suspendre ses paiements, si ce n'est pour les billets de 10 francs. La consternation fut profonde. Le peuple, tremblant que les billets de 10 francs ne cessassent d'être remboursés à leur tour, se rua vers la Banque avec une angoisse furieuse; l'agiotage descendit jusque dans les dernières couches de la société; les forts de la halle se firent accapareurs; ils achetaient les billets à perte et ouvraient la foule à force de bras pour pénétrer jusqu'aux bureaux; on se battit, on s'étouffa aux portes, beaucoup de personnes périrent; trois cadavres furent portés par le peuple sous les fenêtres du régent. Le carrosse de Law fut mis en pièces dans la cour même du Palais-Royal (17 juillet). Les actions, cependant, étaient tombées à 5,000 francs en billets, ce qui ne valait plus 2,500 francs en espèces. Tout le monde tâchait de se débarrasser des billets par quelque emploi que ce fût; les marchandises sextuplaient de prix [1].

L'agitation populaire encouragea le mauvais vouloir du parlement : le gouvernement, ayant confirmé les priviléges de la Compagnie [2], *à perpétuité*, à condition qu'elle retirât de la circulation 50 millions de billets par mois pendant un an, le parlement, qui avait enregistré les édits les plus urgents, supplia le roi de retirer celui-ci, sans même employer la forme consacrée des remontrances. Dubois et Law se réunirent contre l'ennemi commun, et le régent, renouvelant, sous une forme plus neuve, l'acte de vigueur du 28 août 1718, exila le parlement à Pontoise (20 juillet). On revint sur la fixation du total des actions à deux cent mille et la Compagnie fut autorisée à en émettre cinquante mille nouvelles à 9,000 francs, pour lui donner les moyens de retirer les billets (31 juillet). Le marc d'argent fut haussé à 120 francs, le 30 juillet, pour être ramené, au 16 octobre, à 60 francs; l'or à proportion. Ces variations énormes des monnaies remirent un moment le billet au pair; mais il redescendit bien vite. On créa de nouvelles rentes comme moyen d'écoulement et, le 15 août, un arrêt du conseil statua que les billets de 1,000 et de 10,000 francs, à partir du 1er octobre, n'auraient plus cours obligatoire et ne seraient plus reçus au trésor, que pour les rentes, les actions et les comptes en banque : les petits billets conservaient cours obligatoire jusqu'au 1er mai 1721, après quoi le trésor ne les recevrait plus pour les impôts. La défense de stipuler des paiements quelconques en or et en argent était levée. Le système de crédit et le papier-monnaie étaient condamnés à mort par le pouvoir même qui les avait soutenus avec tant de violence! Les actions, deux mois après, furent mises à 2,000 francs. Les billets tombèrent de 90 pour 100! Tout s'écroulait. Une nouvelle refonte à 90 francs le marc profita bien plus à l'étranger qu'au gouvernement. L'étranger se dédommageait de ce que nous avions regagné sur lui depuis 1716.

On tâchait de sauver la Compagnie, dans le naufrage des billets.

---

1. Une paire de bas de soie se vendait 40 livres; une aune de drap gris fin 70 à 80 livres. — *Journal* de l'avocat Barbier, t. Ier, p. 42.

2. En ce qui regardait le trafic des peaux de castors, un droit fut toutefois substitué au monopole.

Les actionnaires obtinrent la promesse de n'être jamais recherchés ni taxés pour leurs profits (29 août). Les droits de la Compagnie établie, en 1698, pour le sud de Saint-Domingue, leur furent transférés, ce qui leur livrait un coin des Antilles, jusqu'alors restées en dehors de leur vaste domination coloniale[1]. Le monopole du commerce de Guinée, qui était libre de Sierra-Leone au Cap, leur fut aussi concédé à perpétuité (10-17 septembre). Les actionnaires, il est vrai, furent assujettis au versement de 3,000 francs, d'abord facultatif. Au prix où étaient tombées les actions, la baisse eût dû s'arrêter et le terrain se raffermir; mais les espérances les mieux fondées échappaient par des circonstances fatales. Un fléau resté trop fameux dans notre histoire, la *Peste de Marseille*, se déchaînait en ce moment sur le midi de la France et faisait fermer à nos vaisseaux tous les ports étrangers : le commerce extérieur en fut paralysé pendant près d'un an.

Un arrêt du 10 octobre révéla au public la vraie situation de la Banque : le régent y avouait qu'il avait été fabriqué pour 3 milliards 71 millions de billets, et, cependant, les arrêts du conseil, nécessaires d'après les statuts, n'en avaient autorisé que 2 milliards 138 millions. Le reste des émissions avait été secrètement arraché à Law par le régent! La politique et la prodigalité de Philippe avaient plongé la main à l'envi dans ce réservoir inépuisable. Les profusions du régent avaient dépassé tout ce qu'on peut imaginer[2]. Sur ces 3 milliards, 707 millions avaient été retirés ou brûlés; 530, employés en acquisitions de rente; 200, en comptes-courants à la Banque; 400 étaient dans les caisses publiques; 469, dans le commerce. L'arrêt expose les moyens qui restent pour l'emploi des billets et justifie par là

---

1. En 1717, la Martinique avait été le théâtre d'une fort singulière révolution : le gouverneur et l'intendant de cette île s'étant rendus insupportables aux habitants par leur tyrannie et leurs exactions, la population se souleva d'un mouvement unanime, se saisit de ces deux fonctionnaires, les embarqua pour la France puis rentra dans l'ordre comme si de rien n'était. On leur envoya un autre gouverneur et tout fut dit.

2. Voyez les longues listes données par Saint-Simon : 400,000 francs à madame de Rochefort; 300,000 francs à La Châtre; 800,000 francs à madame de Châteaufort; 600,000 francs à La Fare; etc., etc.; et les pensions sans nombre; t. XVIII, p. 11-99-131-178.

leur retrait de la circulation, « qu'ils ne font plus qu'entraver en soutenant le prix excessif des marchandises. » Le cours est entièrement supprimé, non plus pour mai 1721, mais pour le 1er novembre courant.

La Compagnie essaya encore de lutter : elle se fit autoriser à emprunter de ses actionnaires 22,500,000 francs (27 novembre) : le pouvoir prétendit venir à l'aide des actionnaires qui avaient gardé leurs actions, en violant la promesse faite de ne pas rechercher ceux qui avaient vendu. On voulut forcer ces derniers à rentrer dans la Compagnie et à racheter les actions non placées. Le caissier de la Compagnie, Vernezobre, s'était enfui après avoir réalisé en or une somme énorme dont il enrichit la Prusse à nos dépens. Le 29 octobre, il fut défendu, sous peine de la vie, de quitter la France sans passe-port, jusqu'au 1er janvier. C'était tardif et inefficace; le décri n'en fut pas ralenti : les actions tombèrent de degré en degré à 200 francs; puis on en eut pour un louis !

C'en était fait du système. Le 10 décembre, le régent nomma un contrôleur général, Le Pelletier de la Houssaie; quelques jours après, il rappela le parlement, moyennant des concessions mutuelles. La suppression des comptes en banque effaça la dernière trace. Dubois avait enfin décidé le régent à sacrifier Law sans retour. Law quitta Paris le 14 décembre, et bientôt le royaume. Cet homme, qui avait eu toute la fortune de la France à sa discrétion, n'emportait pour ressource que quelques pierreries de médiocre valeur. Il s'était fait un point d'honneur magnanime de se livrer tout entier aux chances qu'il faisait courir à la France. A Bruxelles, où il s'était d'abord retiré, il fut joint par un envoyé du tzar qui l'avait été chercher à Paris. Pierre le Grand lui offrait la direction des finances de la Russie. Il ne voulut point se confier à cet empire barbare et se retira à Venise, tournant toujours les yeux vers la France et gardant une foi inébranlable dans ses idées. Il avouait seulement le tort d'avoir voulu supprimer le temps. Il mourut pauvre, en 1729, laissant chez nous, au milieu de la réaction suscitée par son désastre, de profondes admirations et des germes à la fois féconds et redoutables.

Law avait poursuivi ce qu'il croyait la vérité économique; mais

il y avait eu chez lui plus que l'amour d'une vérité abstraite, plus qu'une conception de mécanique sociale; il y avait eu l'amour des hommes, comme chez Vauban et Bois-Guillebert; plus brillant d'intelligence, moins pur de mœurs, moins ferme de caractère, mais non pas moins humain qu'eux, il se rattache par là étroitement à l'esprit général du xviiie siècle [1]. « Quel que fût son système, il y était de la meilleure foi du monde : son intérêt ne le maîtrisait point; il était vrai, simple; il avait de la droiture... il pensait grandement en beaucoup de choses. » Tel est le jugement que porte sur lui le plus médisant et le plus méprisant des hommes, Saint-Simon. Un autre témoignage est plus décisif encore : c'est une lettre de l'agent anglo-hanovrien Schaub au ministre Dubois, représentant des intérêts anglais dans le cabinet français, du 15 janvier 1721 : « Milord Stanhope (le premier ministre anglais)
« a été tenté plus d'une fois d'aller vous féliciter du coup de
« maître par lequel vous avez fini l'année qui vient de s'écouler,
« *en vous défaisant d'une concurrence également dangereuse à vous*
« *et à nous* [2]... »

Law avait laissé dans le chaos cette France qu'il avait prétendu rendre si riche et si prospère; la peste désolant deux grandes provinces [3], tout le reste du royaume désorganisé, la circulation plus complétement paralysée qu'en septembre 1715, une masse effroyable de papiers discrédités encombrant tout, l'or et l'argent resserrés dans un petit nombre de mains, tous les travaux arrêtés, les denrées accaparées ou hors de prix, funèbre réveil d'un songe éblouissant!

Le pouvoir se tira de la crise par les vieux expédients : violence et mauvaise foi. Il fit, après le système, la banqueroute qu'il eût faite sans le système : la seconde banqueroute générale depuis six ans! Les quatre frères Pâris, les exécuteurs des hautes-œuvres en matière de finances, furent chargés du nouveau *visa,* auquel on soumit tous les détenteurs d'effets relatifs au système, y com-

---

1. « Un ouvrier qui gagne 20 sous par jour est plus précieux à l'État qu'un capital en terre de 25,000 livres. » Law, cité par Lémontei, t. Ier, p. 298.
2. *Mém. secrets* du cardinal **Dubois**, t. II, p. 2. Ce ne sont pas de vrais Mémoires; ce sont des pièces authentiques intercalées dans un récit écrit par M. de Sevelinges; Paris, 1815; — Saint-Simon, t. XV, p. 384.
3. V. Éclaircissements, n° 1, *La Peste de Marseille.*

pris les contrats de rentes acquis avec des billets (26 janvier 1721)[1].
Ce n'était rien moins que le recensement de toutes les fortunes de
France[2]. On établit des catégories qui perdirent du 1/6 aux 19/20,
immense travail par lequel on tâcha, comme en 1716, d'observer
dans la violation de la foi publique une sorte de justice relative.
Cinq cent onze mille personnes déposèrent pour 2 milliards
221 millions de papiers, qu'on réduisit de 521 millions; restaient
environ 1,700 millions, qu'on admit comme capital de rentes
viagères et perpétuelles sur l'Hôtel de Ville et sur les tailles,
ou pour le paiement des offices municipaux (mairies héréditaires, etc.), qu'on rétablit en 1722, et des lettres de maîtrises
qu'on créa la même année. Une très-petite partie de la dette
(82 millions et demi) fut acquittée en argent. On assigna pour
le reste 40 millions par an sur les impôts, ce qui garantissait au
plus 2 pour 100 de revenu pour les rentes perpétuelles et 4 pour
les viagères; après l'extinction de ces dernières, leur part devait
être employée à commencer le rachat des autres rentes; cela ne
fut pas réalisé, et l'amortissement, fondé en Angleterre depuis
quelques années, ne fut pas constitué en France.

Le second *visa* terminé, il se trouva que la dette dépassait
encore de 625 millions en capital et de 12,625,000 francs en
rente à 2 pour 100 la dette réglée par le premier *visa!* Il y
avait toutefois d'amples compensations dans le dégagement des
revenus et la plus value des impôts; de 69 millions en septembre 1715, le revenu net s'était élevé à 123. Les finances eussent donc pu se rétablir, grâce à la patience exemplaire avec
laquelle la nation permettait à son gouvernement de se rédimer
à volonté par la banqueroute[3]; mais il eût fallu un peu d'ordre
et d'économie; il eût fallu ne pas dépasser en gaspillages ce qu'a-
vait coûté la magnificence de Louis XIV. La Régence persista

1. Les billets de banque ne faisaient pas moitié des papiers qui remplissaient la
France : souscriptions de la Compagnie, récépissés du trésor, titres des nouvelles
rentes, etc.
2. Il y aurait eu, suivant une lettre de Dubois, quatre cent mille déclarations à
Paris et cinq cent mille en province. — *Mém. secrets* de Dubois, t. II, p. 210.
3. Dubois définissait la monarchie française « un gouvernement qui fait banqueroute quand il veut », et prétendait que c'était un gouvernement bien fort. *V.* Lémontei, t. Ier, p. 105.

dans les habitudes prises durant l'opulence éphémère du système; les pensions furent portées à 20 millions, pour dédommager ceux des courtisans qui avaient eu la main malheureuse au jeu des actions; les acquits au comptant, les dépenses soustraites à la chambre des comptes, atteignirent 185 millions en 1721.

A la fin de cette année, on avait déjà consommé 96 millions en anticipations sur les années suivantes. On revint aux emprunts, aux aliénations, aux créations d'offices, à toutes les mauvaises routines, en même temps qu'on se rejeta sur les gros réaliseurs, qui jouissaient du fruit de leur prudente défiance, pendant que les détenteurs qui avaient eu foi dans l'État l'expiaient si durement. Les réaliseurs, ceux-là du moins qui n'étaient ni princes ni accrédités dans le gouvernement, n'avaient rien perdu pour attendre; on n'institua pas contre eux de chambre de justice, mais on les taxa de plein pouvoir despotique (juillet 1722). Cent quatre-vingts d'entre eux eurent à payer près de 188 millions. Le gouvernement n'en profita guère. A mesure qu'il dévorait, il était dévoré lui-même par une nuée de harpies [1].

L'œuvre de Law cependant n'avait pas péri tout entière. Il en subsistait une partie, bien dénaturée, il est vrai, bien détournée de la pensée première. La Compagnie avait paru d'abord ne pas pouvoir survivre à la Banque. Après l'avoir dépouillée des recettes générales, des fermes, des monnaies, de toute l'administration des impôts, qui fut remise sur l'ancien pied (5 janvier 1721), le conseil l'obligea de rendre compte de la Banque, c'est-à-dire de porter la responsabilité des ruineuses exigences que le régent avait fait subir à Law. Cette iniquité ne s'accomplit qu'en apparence : la Compagnie avait de trop puissants intéressés, le duc de Bourbon et autres. Le régent lui fournit secrètement, d'une main, ce qu'elle devait verser dans l'autre, 1,107 millions de billets [2]. Elle fut relevée et réorganisée. Le *visa* réduisit ses actions à

---

1. Plusieurs des commissaires du *visa* furent condamnés à mort pour vol. Lémontei, t. Ier, p. 346-354. — *Mém. de la Régence*, t. III-V. — Bailli, t. II, p. 95.

2. Le régent ne s'y décida qu'après une scène violente, en plein conseil, avec le duc de Bourbon. Il avait eu la lâcheté d'accuser Law d'avoir fait, à son insu, les émissions qu'il avait extorquées lui-même à Law. Personne ne le crut. V. Saint-Simon, t. XVIII, p. 298.

moins de cinquante-six mille, qui furent fixées à 5,000 francs. Leur trafic fut régularisé et reçut un caractère officiel; c'est là l'origine du *cours de la bourse*, établissement qui exerça une grande influence sur nos mœurs politiques, en permettant de constater, jour par jour, le degré de confiance qu'inspire le gouvernement aux hommes d'argent. Le monopole de la vente du tabac et du café fut accordé, en 1723, à la Compagnie, qui avait conservé tous ses priviléges commerciaux et toutes ses possessions coloniales, et qui demeura investie d'une vraie tyrannie sur le commerce extérieur de la France. Un énorme monopole au profit de quelques-uns, voilà donc tout ce qui resta de ces plans qui projetaient l'association de tous au profit de tous!

Ce fut tout ce qui en resta comme résultat direct; mais les résultats indirects furent immenses. La France, remuée, soulevée jusque dans ses derniers fondements par cette gigantesque tentative, avait entraîné à sa suite les nations rivales. L'Angleterre et la Hollande, qui l'avaient devancée dans les institutions de crédit, mirent à la copier grossièrement une espèce de frénésie. Le vertige prit chez nos voisins quand il diminuait chez nous, en 1720. La compagnie anglaise de la Mer du Sud, qui, séparée de la banque et de la compagnie des Indes-Orientales, n'avait rien qui ressemblât à la forte base de Law et n'agissait d'après aucune idée générale, dupa toute l'Angleterre par des manœuvres effrontées, et tous les phénomènes dont Paris avait été témoin se reproduisirent à Londres, sur une moindre échelle, mais avec une pire folie. La fin fut plus tragique et se ressentit de la violence des mœurs politiques anglaises; le parlement châtia sans pitié les chefs de la compagnie et les hommes d'état qui s'étaient faits leurs complices; l'emportement des discussions fut tel, que le principal ministre, lord Stanhope, y mourut, quasi sur la place, terrassé à la tribune par une apoplexie. Le génie commercial de l'Angleterre se releva promptement de cet humiliant échec, et la Hollande répara aussi à petit bruit les suites d'un égarement si peu conforme à son caractère. L'Angleterre, un moment plagiaire misérable, ressaisit ses avantages en conservant le crédit public, qui, chez nous, avait disparu avec son fondateur.

Avec Law ne disparurent pas de même le crédit particulier, les besoins et les moyens nouveaux, l'esprit d'entreprise et d'aventures, toute cette nouvelle vie économique que Law avait infusée dans les veines de la France. Le commerce, à l'exception de quelques industries de luxe, resta quelque temps accablé sous les débris du système ; mais, au bout de quatre ou cinq ans, il revint peu à peu de son étourdissement et reprit un puissant essor : le génie commercial et maritime, qui était dans le gouvernement au temps de Colbert, avait passé maintenant dans le pays, hors du gouvernement. On en eut bientôt les preuves, malgré les entraves qu'apportait le monopole de la Compagnie. Le commerce français dut incontestablement son progrès à Law ; mais, chose singulière, ce fut à une autre classe de la société, aux propriétaires fonciers, aux débiteurs de rentes constituées, par conséquent à la noblesse [1], que le système fut directement le plus profitable. Louis XIV avait laissé sa noblesse militaire en état de faillite presque générale et protégée contre ses créanciers par une surséance de trois années (14 juillet 1714), que le régent prorogea (14 juillet 1717). Le système libéra la propriété nobiliaire à peu de frais, à coups de billets de banque ; aussi les seigneurs se jetèrent-ils avec fureur dans le système : ils n'avaient pas voulu se faire négociants avec Colbert ; ils se firent agioteurs avec Law, puis contre Law [2]. Les vrais enfants du sol, les cultivateurs, les fermiers, avaient d'abord gagné beaucoup avec le système, puis ils reperdirent comme les commerçants ; néanmoins les denrées ne retombèrent point à leurs anciens prix ; les magnifiques grandes routes, que l'on commença pendant le système et qui furent peut-être ce que le XVIIIᵉ siècle ajouta de plus essentiel aux créations de Colbert, encouragèrent à multiplier les produits, dont le débit devenait plus facile [3]. Ce progrès fut surtout très-marqué sur le

1. « La noblesse se trouve, depuis la plus illustre jusqu'à la moindre, dans un besoin continuel des biens des particuliers riches du troisième ordre (du tiers-état)..... Pour un créancier du deuxième ordre (de la noblesse), on en trouverait mille du troisième, et, au contraire, un débiteur du troisième pour mille du deuxième ». Saint-Simon, t. XV, p. 15.

2. Lémontei, t. II, p. 271. — Les nobles ne furent pas les seuls qui se libérèrent avec du papier, à l'aide du cours forcé ; maintes communautés religieuses, la compagnie de Jésus en tête, éteignirent leurs dettes de la sorte.

3. Colbert n'avait pas négligé de donner des routes à la France ; mais elles n'avaient pas une largeur suffisante et n'étaient point pavées : sur la fin de Louis XIV,

massif central de la France, si arriéré, presque barbare encore sous Louis XIV. Les populations montagnardes d'entre le Rhône et la Charente s'éveillèrent à la vie moderne.

En somme, la crise du système fut fatale à la monarchie, dont elle abaissa la politique : le roi, du moins le gouvernement du roi, avait été banquier, et banquier malheureux et malhonnête ! Elle fut avantageuse matériellement, fatale moralement à la haute noblesse, qui avilit son caractère en joignant à ses anciens défauts des vices inconnus de ses ancêtres; elle fut fatale, sous bien des rapports, aux mœurs publiques, par le débordement de licence qui accompagna l'ivresse financière et par la soif fébrile de jouissances matérielles qui avait été surexcitée dans la nation et qui survécut au système. La crise fut avantageuse au commerce, à l'agriculture, à l'économie générale de la France, malgré le bouleversement survenu dans les existences individuelles; elle favorisa, tout à la fois, les campagnes et Paris, qui conserva en partie l'énorme accroissement qu'il avait reçu et les relations multipliées qu'il avait nouées avec les provinces. Le mélange des classes fut un avantage politique, bien qu'opéré sous les auspices malsains de l'agiotage; si le pouvoir et les classes supérieures se dégradaient, les classes moyennes montaient. Le contraste se dessina toujours plus fortement : le gouvernement, dégoûté de sa grande épreuve, devint de plus en plus médiocre, routinier et méprisable; l'égoïsme vulgaire, la frayeur de tout progrès et de toute idée, l'horreur du nom de *Système*, dominèrent chez presque tous les hommes de pouvoir et d'affaires; pendant ce temps, la nation ne cessa plus de grandir en lumières, en richesse, en humanité, sinon en mora-

---

elles étaient fort mal entretenues dans la plupart des provinces, grâce aux malversations des fonctionnaires de tout ordre, qui se faisaient des chemins à l'usage de leurs propriétés avec l'argent destiné à l'entretien des grandes routes. V. Saint-Simon, t. XII, p. 370. — Des modifications importantes dans le régime militaire eurent lieu aussi pendant le mouvement général du système : on commença, en 1719, la fondation de quatre cent quatre-vingt-huit casernes destinées à loger les troupes et à soulager la population des logements militaires, si féconds en abus et en vexations. Les exactions que commettaient les troupes en marche, sous divers prétextes, furent abolies et la solde augmentée : elle était devenue absolument insuffisante. Cinq écoles théoriques et pratiques furent fondées (5 février 1720) pour le perfectionnement de l'artillerie, qui reçut une nouvelle organisation. Par contre, la proportion de la cavalerie dans l'armée, trop considérable et trop dispendieuse, fut diminuée.

lité. Les conséquences de ce divorce pouvaient être éloignées encore, mais elles étaient inévitables [1].

[1]. Sur l'ensemble du système, consultez Œuvres de Law, ap. *Économistes financiers du dix-huitième siècle;* Paris, Guillaumin, 1843 ; — les principaux apologistes ; Melon, *Essai politique sur le commerce*, ibid. — Dutot, *Réflexions politiques sur les finances et le commerce,* ibid. — *Hist. du Système des Finances en* 1719-1720. — Senovert, éditeur et commentateur des Œuvres de Law ; 1790. — Louis Blanc, *Hist. de la Révolution française,* t. Ier, liv. II, ch. vii ; ce chapitre est le plus éloquent panégyrique qui existe du système et de l'auteur du système ; — les principaux adversaires ; Pâris-Duvernei, *Examen des Réflexions politiques sur les finances* (réfutation de Dutot) ; — Forbonnais, t. II (adversaire, mais avec sa modération et sa bonne foi ordinaires) ; — Eugène Daire, *Notice sur Law,* ap. *Économistes financiers du dix-huitième siècle.* — M. Thiers a écrit un article sur Law dans l'*Encyclopédie Progressive;* mais il n'y traite que le côté purement financier. — Ici finit le grand ouvrage de Forbonnais, *Recherches et Considérations sur les finances de France.* Ce n'est pas sans regret que nous nous séparons de ce guide si instruit, si sensé, si purement et si simplement patriote, et sans lequel l'histoire financière du dix-septième siècle nous eût été presque impossible.

LIVRE XCIII

RÉGENCE (SUITE ET FIN)

Ministère de Dubois. — Dubois fait adopter au régent l'alliance anglaise dans l'intérêt de la maison d'Orléans. Concessions à l'Angleterre et à l'Autriche. Alliance avec l'Angleterre, la Hollande et l'Autriche. L'Espagne attaque l'Autriche en Italie. Intervention anglo-française en faveur de l'Autriche. L'Espagne envahie est forcée à la paix. Modifications du traité d'Utrecht. — La Sicile donnée à l'Autriche. — Alliance avec la Prusse. — La paix du Nord rétablie par la médiation de la France. Pierre le Grand à Paris. La Russie et la Turquie font des avances à la France. Dubois les écarte pour ne pas compromettre l'alliance anglaise. — Dubois cardinal. Retour au despotisme et à l'ultramontanisme. Dubois reprend la politique de Louis XIV au dedans, en la détruisant au dehors. — Mort de Dubois. — Mort du régent.

1715 — 1723.

L'expérience économique qui venait de bouleverser la société française avait eu, jusque dans ses égarements, une incontestable grandeur. Mais cette grandeur n'appartenait point au gouvernement de la Régence et lui avait été apportée du dehors par un aventurier de génie qui passa comme un météore. La diplomatie va nous montrer un autre aventurier dirigeant les relations extérieures de la France et, par l'extérieur, s'emparant de tout le reste; mais, là, il ne faut plus s'attendre à voir briller aucun rayon de gloire; le dernier s'est éteint dans la tombe de Louis XIV; la France va s'abaisser sous un dominateur qui rappelle les vils affranchis des Césars, règne d'une bassesse et d'une corruption que ne sauraient compenser une habileté perverse et des talents le plus souvent employés au mal.

Lorsque Philippe d'Orléans, après avoir pris le gouvernement en main, jeta les yeux autour de lui sur l'Europe, il vit, des deux côtés, des embarras qui pouvaient devenir des périls. C'était du côté de l'Angleterre et de l'Espagne.

Louis XIV, nous l'avons dit, dans ses derniers jours, était engagé dans une voie périlleuse vis-à-vis de l'Angleterre : il favorisait sous main le prétendant Jacques III, dont les partisans prenaient les armes en Écosse et dans le nord de l'Angleterre, au moment même où le Grand Roi mourut. Georges Ier vit donc avec joie l'avénement du régent, à qui il avait fait des offres secrètes pendant la maladie du feu roi, et compta sur un changement complet dans la politique française. Le régent, cependant, louvoya, donna de bonnes paroles tout à la fois au monarque régnant et à son compétiteur, et laissa le prétendant, retiré en Lorraine depuis la paix, traverser la France sous un déguisement pour aller s'embarquer à Dunkerque et descendre en Écosse (2 janvier 1716). L'insurrection jacobite, très-mal concertée, très-mal conduite, était déjà étouffée en Angleterre et sur son déclin en Écosse, où elle avait eu un caractère plus sérieux, grâce à l'appui des montagnards. Le prétendant, éteint par une éducation monacale et plus propre, comme le dit Bolingbroke, à faire un capucin qu'un roi, n'était pas homme à relever un parti vaincu ; il se rembarqua au bout de six semaines, sans avoir vu l'ennemi, et vint se réfugier dans la cité papale d'Avignon, tandis que ses adhérents mouraient sur les échafauds de l'implacable Georges. Le roi hanovrien et son parti victorieux gardèrent rancune au régent d'une neutralité sans franchise. L'existence de Mardyck, qui menaçait de remplacer cette Dunkerque si odieuse au commerce britannique, était aussi une cause d'irritation permanente au delà du détroit : on pouvait donc appréhender que le roi d'Angleterre ne s'entendît avec l'empereur pour revenir, à la première occasion, sur le traité d'Utrecht. Les whigs n'avaient cessé de réclamer contre ce traité, sur lequel reposait la paix de l'Occident, et l'empereur ne l'avait point accepté ; Charles d'Autriche, entouré à Vienne de transfuges espagnols, continuait à se parer du titre de roi d'Espagne et proscrivait encore, en ce moment, comme rebelles, ceux de ses sujets belges, milanais ou napolitains qui avaient suivi le parti de Philippe V. Il n'y avait entre l'Autriche et l'Espagne qu'une simple trêve relative à l'Italie, et il semblait que la moindre étincelle pût rallumer la grande guerre.

Du côté de l'Angleterre, il pouvait donc y avoir danger pour la France : du côté de l'Espagne, le péril était tout personnel au régent. Pour ses anciens griefs, pour l'opposition de leurs intérêts et de leurs caractères, Philippe V portait à Philippe d'Orléans une haine à laquelle celui-ci, qui ne savait ni aimer ni haïr, ne répondait que par l'indifférence. Philippe V, dévot, fidèle à sa femme, obstiné, hypocondre, rancuneux et borné, aussi incapable de renoncer à ses prétentions, quelles qu'elles fussent, que de les faire valoir par lui-même, n'avait avec le régent qu'un seul trait de ressemblance, la paresse. Il croyait à tous les crimes imputés au duc d'Orléans, et sa conscience confirmait son ambition dans la pensée de disputer la France à cet impie adversaire. Il avait projeté de franchir les Pyrénées, à la nouvelle de la mort de Louis XIV, pour accourir réclamer la régence ; mais l'audace lui avait manqué à l'instant d'agir. Maintenant, il prétendait, si le débile enfant qui avait hérité du Grand Roi venait à mourir, réclamer, non plus la régence, mais le trône de France, en dépit de la renonciation solennelle qu'on lui avait fait souscrire et de la réversibilité garantie à la branche d'Orléans par le traité d'Utrecht. Il se persuadait que ses serments étaient nuls et qu'il n'avait pas eu le droit de renoncer à ses droits. Le cas échéant, il eût transmis la couronne d'Espagne au fils que lui avait laissé sa première femme. Il songeait, en même temps, non plus comme éventualité, mais comme projet arrêté, à reconquérir les états espagnols d'Italie sur l'Autriche, qui, de son côté, ne pensait qu'à s'affermir et à s'étendre en Italie. La seconde femme de Philippe V, Élisabeth Farnèse, nièce du duc de Parme et proche parente du grand-duc de Toscane, complétait et gouvernait, par sa propre ambition, l'ambition de son mari : elle eût renversé l'Europe pour chercher, à travers les ruines, des états pour ses enfants. L'Espagne étant destinée à leur frère consanguin du premier lit, elle voulait leur assurer la réversibilité de Parme et de la Toscane, et, en cas de mort de Louis XV, elle ne visait à rien moins pour eux qu'à la couronne de France.

Un homme extraordinaire, qu'on avait vu longtemps en Italie, en France et en Espagne à la suite du cynique duc de Vendôme, et qui, après avoir débuté près des grands en bouffon et en familier de bas étage, avait révélé peu à peu un génie mi-partie de Richelieu et de Mazarin, l'abbé Alberoni, compatriote d'Élisabeth Farnèse, administrait sous la reine parmesane et promettait à Élisabeth et à Philippe de réaliser tous leurs vœux, s'ils lui accordaient cinq ans de paix pour refaire l'Espagne [1]. Également dévoué à l'Espagne et à l'Italie, sa pensée intime était de régénérer sa nouvelle patrie et d'affranchir l'ancienne par l'expulsion des Autrichiens. Il travaillait avec une énergie et une activité admirables à dégager les revenus, à réduire les dépenses, à relever le commerce, l'industrie, la marine, l'armée; mais, obligé de servir les passions royales, il écartait l'Espagne de la France, gouvernée par l'objet de la haine de son maître, et cherchait à gagner par de grandes concessions commerciales l'Angleterre et la Hollande, afin qu'elles ne s'opposassent point à ce que pourrait entreprendre l'Espagne contre les d'Orléans, en cas de mort de Louis XV; et ne prissent point parti pour l'empereur en Italie. Des articles explicatifs, adroitement glissés à la suite du traité d'Utrecht par l'avis de Louis XIV, avaient presque annulé les avantages que le traité accordait au commerce anglais en Espagne : Alberoni fit lever ces restrictions par un nouveau traité du 15 décembre 1715, promit de mettre promptement la compagnie anglaise de la Mer du Sud en possession de l'*assiento* (traite des noirs), ce que les Espagnols traînaient en longueur, et offrit enfin aux puissances maritimes de garantir la succession dans la ligne hanovrienne en Angleterre et la *barrière* des Pays-Bas, à condition que l'Angleterre et la Hollande défendissent la neutralité de l'Italie au besoin contre l'empereur et soutinssent les prétentions de la reine d'Espagne sur les duchés de Parme et de Toscane, propositions qui, pour le dire en passant, prouvent qu'Alberoni détournait Philippe V de prendre prochainement l'offensive en Italie.

Le régent, livré à lui-même, eût probablement attendu les évé-

---

1. Ceci vers 1715. V. *Apologie d'Alberoni*, ap. W. Coxe, *Hist. d'Espagne sous les Bourbons*, traduite, avec notes et additions, par don Andrès Muriel, t. II, p. 253. — Dès le commencement de 1716, les revenus de Philippe V excédaient d'un tiers ceux de ses prédécesseurs et les dépenses n'allaient pas à la moitié, ce qui tenait, il est vrai, en grande partie, aux salutaires amputations qu'avait subies l'Espagne et à la suppression des priviléges d'Aragon et de Catalogne. *Ibid.*, p. 271. — Un des bienfaits d'Alberoni fut la suppression des douanes intérieures.

nements dans une attitude défensive, sans prendre de parti décisif, et sa paresse aurait eu le même effet qu'un patriotisme désintéressé [1]. Quelqu'un eut de la volonté pour lui. Philippe d'Orléans avait dans sa maison un personnage qui avait été pour lui, presque depuis son enfance, une espèce de démon familier. C'était l'abbé Guillaume Dubois. L'abbé Dubois, fils d'un apothicaire de Brives-la-Gaillarde, élevé quasi par charité dans un collége de Paris, avait rempli les fonctions de précepteur chez divers particuliers, puis était parvenu à s'introduire chez le sous-gouverneur du jeune Philippe, alors duc de Chartres, et, delà, à se faire nommer précepteur du prince par la protection du chevalier de Lorraine, infâme complaisant du duc d'Orléans, père du régent. Dubois ne démentit pas cette impure origine de sa fortune. Personne au monde ne pouvait être plus fatal à un jeune homme ardent et facile. Il avait tous les vices du cœur avec toutes les qualités de l'esprit et celles du caractère, du moins si l'on entend par là l'énergie persévérante, non des idées et des sentiments, mais de la volonté. Étincelant de verve et de malice, doué d'une intelligence flexible, pénétrante, étendue, et d'une faculté de travail surprenante, mais bas, corrompu et fourbe comme le mensonge même, incrédule à tout principe, à toute vertu, à toute foi morale ou religieuse [2], il s'empara du jeune prince par tous les moyens, même les plus immondes, précepteur le matin, entremetteur le soir : il fit, autant qu'il put, son élève à son image ; les seules vertus qu'il ne put lui enlever, ce fut un fonds de bonté naturelle que ne détruisit pas le mépris des hommes, et l'oubli des injures.

Jusqu'à la mort de Louis XIV, l'abbé Dubois, devenu, de précepteur, secrétaire des commandements de son ancien élève, n'avait pas eu l'occasion de faire une grande figure, quoiqu'il eût réussi à se mettre bien en cour en travaillant au mariage de Philippe d'Orléans avec une fille naturelle du roi, mariage que re-

---

1. Louis XV vivant, l'Espagne n'eût point attaqué, et la rupture, si contraire aux intérêts des deux nations, n'eût pas eu lieu.
2. « Dubois était un petit homme maigre, effilé, à mine de fouine. Tous les vices, la perfidie, l'avarice, la débauche, l'ambition, la basse flatterie, combattaient en lui à qui demeurerait le maître... Il s'était accoutumé... à un bégaiement factice, pour se donner le temps de pénétrer les autres... Une fumée de fausseté lui sortait par tous les pores. » Saint-Simon, t. XII, p. 187.

poussait âprement la mère de Philippe. Saint-Simon raconte qu'à l'avénement de Philippe, sa mère la duchesse douairière d'Orléans[1], avec la rudesse allemande qui la caractérisait, le supplia de ne jamais employer « ce fripon d'abbé Dubois, le plus grand coquin qu'il y ait au monde. » Philippe promit, et, quelques jours après, il nomma Dubois conseiller d'État, au grand scandale de tout le conseil. C'était lui mettre « le pied à l'étrier ». Dubois approchait de la soixantaine; mais l'ambition entretenait une ardeur juvénile dans son corps usé par la débauche. Dès qu'il avait vu son élève aux affaires, il avait parcouru l'Europe d'un regard ferme et lucide, jugé la situation et dressé pour Philippe le plan de toute une politique. L'intérêt du régent était d'abord d'affermir la sécurité de sa régence, puis, si Louis XV mourait jeune ou sans enfant mâle, d'assurer le trône à la branche d'Orléans contre les prétentions de la branche espagnole. Un autre intérêt, en Europe, offrait quelque analogie : c'était l'intérêt qu'avait la maison de Brunswick-Hanovre à se maintenir sur le trône d'Angleterre contre les prétentions des Stuarts. Or, le prétendant anglais ne pouvait rien contre le roi hanovrien sans le concours de la France, et le roi d'Espagne n'avait point de chances contre le duc d'Orléans, si celui-ci était appuyé par l'Angleterre. Lier les maisons de Hanovre et d'Orléans par les rapports de leur position, et par conséquent la France et l'Angleterre, consolider par cette liaison la paix de l'Occident, qui était dans l'intérêt commun de Georges et de Philippe, tel fut le système que présenta Dubois au régent. Philippe accéda.

Le Hanovrien était nanti : le duc d'Orléans n'avait qu'un pouvoir provisoire et des espérances; c'était à lui de faire les avances et les concessions. Le régent expédia un agent à Londres, avec mission de proposer une triple alliance entre la France, l'Angleterre et la Hollande, pour la garantie de la paix d'Utrecht : Dubois ouvrit une correspondance avec le ministre Stanhope, et le régent sanctionna, *par la peine de mort !* la défense faite par le traité d'Utrecht aux navigateurs français de trafiquer dans la mer du Sud (29 janvier 1716); puis il réduisit les droits d'importation sur le charbon anglais (29 février).

1. Plus connue sous le nom de la *Princesse palatine*.

Le gouvernement anglais accueillit d'abord assez froidement les avances par lesquelles les deux gouvernements d'Espagne et de France se disputèrent son amitié. Georges I*er*, resté plus Allemand qu'Anglais, était tout à l'Autriche : son électorat lui tenait plus au cœur que ses trois royaumes, et l'appui de l'empereur lui était nécessaire pour conserver Bremen et Verden, dépouilles de la Suède qu'il avait achetées aux Danois afin d'agrandir le Hanovre. Le 25 mai 1716, Georges conclut avec l'empereur Charles VI un pacte défensif par lequel les parties contractantes se garantissaient leurs possessions actuelles en Europe, « et celles qu'elles pourraient acquérir d'un commun accord [1]. » L'Angleterre et l'Autriche pressèrent la Hollande d'adhérer à ce traité. Le gouvernement espagnol fut vivement blessé d'une telle réponse à ses concessions commerciales et se hâta de les annuler dans la pratique. Le régent et Dubois ne se rebutèrent pas : le roi Georges devait traverser la Hollande pour se rendre en Hanovre [2] ; Dubois, qui se piquait, comme son maître, de goûts littéraires et artistes, partit pour la Hollande, sous prétexte d'aller visiter les galeries de tableaux et les bibliothèques (juillet 1716); il attendit le roi d'Angleterre au passage, conféra longuement avec le ministre Stanhope, puis suivit le roi Georges en Hanovre. Le roi hanovrien et le ministre whig se laissèrent enfin persuader d'accepter les avantages qu'on leur offrait à genoux, et des préliminaires secrets furent signés le 9 octobre. On convint d'une étroite alliance, dans laquelle on ferait entrer la Hollande. Le gouvernement français promit : 1° d'engager le prétendant à sortir d'Avignon et à se retirer au delà des Alpes, et de ne jamais lui donner aucune assistance; 2° de détruire et combler tous les nouveaux ouvrages de Mardyck qui pouvaient en faire un port de guerre, de n'y conserver qu'un canal de seize pieds de large pour les petits bâtiments et d'achever de faire disparaître les débris du port de Dunkerque. L'Angleterre et la Hollande pourraient « envoyer des commissaires sur les lieux pour être témoins oculaires de l'exécution de cet

---

1. Dumont, *Corps diplomatique*, t. VII, p. 477. La guerre entre l'empereur et le Turc était exceptée du pacte défensif.
2. La répression de la révolte jacobite avait valu à Georges la révocation de la défense de quitter le sol anglais.

article ¹. » La France et l'Angleterre se garantirent l'exécution des traités d'Utrecht, en tant qu'ils regardaient leurs intérêts respectifs, et spécialement « les successions à la couronne de la Grande Bretagne, dans la ligne protestante, et à la couronne de France, suivant les susdits traités. » On se promit un secours mutuel de dix mille combattants contre les agresseurs du dehors ou les rebelles du dedans.

Tel fut ce pacte, qui devait survivre à ses auteurs et enchaîner la France à l'Angleterre pendant un quart de siècle. La forme fut pire que le fond : non-seulement Georges Ier garda, dans le préambule de l'exemplaire qui resta à ses ministres ², le titre ridicule de *roi de France*, que les monarques anglais se transmettaient de dynastie en dynastie; mais, ce même titre ayant été attribué à Louis XV, les ministres anglais réclamèrent et y firent substituer celui de roi Très-Chrétien, « refusant ainsi à l'héritier de Louis XIV l'usage de son propre nom ³. »

La Hollande hésita beaucoup à entrer en tiers dans l'alliance. Écrasée sous le rôle qu'elle s'était arrogé dans la guerre de la Succession, elle renonçait avec effroi à la ruineuse ambition d'être l'arbitre de l'Europe et ne cherchait plus qu'à ménager tout le monde. Elle craignait également de mécontenter l'empereur et l'Espagne, à qui le nouveau pacte devait presque également déplaire. Elle finit pourtant par se décider, moyennant l'abolition des droits d'entrée de quatre sous pour livre que payaient ses marchandises en France, et la Triple Alliance fut signée officiellement le 4 janvier 1717, à La Haie ⁴.

Les préventions contre la France étaient si fortes de l'autre côté du détroit, que ce traité, si avantageux à l'Angleterre, ne fut point accepté sans peine par l'opinion et par le parlement. Le duc d'Orléans apaisa le meneur le plus influent de l'opposition, M. Pitt (beau-père de lord Stanhope et père de lord Chatam), en lui

---

1. Cette clause, déjà si humiliante, fut encore aggravée par l'exécution : le gouvernement du régent, puis de Louis XV, eut la lâcheté de souffrir que des commissaires anglais s'installassent en permanence à Dunkerque.
2. Cet exemplaire fut rédigé en latin, les Anglais n'ayant pas voulu admettre l'usage du français, comme dans les traités précédents.
3. Lémontei, t. 1er, p. 106.
4. V. le traité en français et en latin dans Lamberti, t. X, p. 1.

achetant 2 millions, pour le compte de la couronne, un énorme diamant qui est resté fameux sous le nom du Régent[1].

A peine le régent avait-il engagé la France dans l'alliance anglaise, qu'une tentative eut lieu pour l'amener à un autre système d'alliance, où tout était nouveau, jusqu'au nom de l'allié qui s'offrait et qui n'avait jamais compté jusqu'alors dans la politique française. Le tzar de Russie vint en personne proposer son amitié à la France.

On sait quel avait été le but du premier voyage de Pierre-le-Grand en Occident : étudier de la tête et de la main tous les arts et toutes les sciences qui contribuent à la force des empires, se faire le premier soldat, le premier matelot, le premier artisan de sa nation, le grand ouvrier de toute œuvre. Il était retourné dans son chaos du Nord, comme une espèce de démiurge qui va refondre et fabriquer un monde, et, en quelques années, il avait fait une Europe, du moins une apparence d'Europe, là où il n'y avait la veille qu'une Tartarie occidentale au niveau des peuples de Kasan ou de Samarkande. Maintenant, après avoir organisé la masse confuse de son empire, commencé l'unité territoriale par un vaste système de canalisation, transféré la résidence tzarienne de l'immobile Moscou dans une capitale maritime, qu'il avait créée, comme par miracle, sur la rive orientale de la Baltique arrachée aux Suédois, après avoir rétabli son influence dominatrice sur la Pologne, que ne pouvait plus lui disputer Charles XII, il venait étudier, non plus les arts, mais les cabinets de l'Europe, dans un moment où toutes les relations traditionnelles vacillaient ou cédaient à des combinaisons nouvelles. Lui-même, disposé à modérer ses ressentiments contre la Suède, jugeait moins utile à sa grandeur de poursuivre au fond du Nord cette rivale réduite à l'impuissance, que de travailler à la remplacer en Allemagne. Dès qu'il a ressaisi son ascendant sur la Pologne, il étend le bras par-dessus la Vistule jusque sur les bouches de l'Elbe et vise à se faire céder le Holstein ou le Mecklenbourg, afin de devenir membre de l'empire germanique et de tenir la Baltique par les deux bouts. Déjà ses troupes, introduites dans le nord de l'Allemagne comme

---

1. Lémontei, t. Ier, p. 107.

alliées de la Prusse et du Danemark, s'obstinent à occuper le Mecklenbourg, malgré les vives réclamations de l'empereur et de l'électeur-roi Georges Ier.

Le tzar Pierre arriva en Hollande par le Danemark et la Basse-Saxe, dans l'hiver de 1716 à 1717, y trouva un agent de Charles XII, qui, dit-on, le pressentit sur une réconciliation avec son maître et sur une alliance avec la Suède et l'Espagne contre Georges Ier, le roi hanovrien qui contrecarrait Pierre en Allemagne et lui avait donné d'autres sujets de plainte. Pierre écouta, ne s'engagea à rien et se décida à passer en France, pour essayer de modifier la politique du régent[1]. Débarqué à Dunkerque le 30 avril 1717, il arriva le 7 mai à Paris. On trouve partout les anecdotes de son voyage, et son intelligente étude de tous nos grands établissements, et les flatteries délicates qu'on multiplia sous ses pas, et les contrastes piquants qu'offrit l'âpre majesté de ce grand homme à demi barbare avec la mollesse et la finesse de notre cour; entre Pierre le Grand et les *roués* de la Régence, il n'y avait de commun que la licence, raffinée chez les uns, brutale chez l'autre. Deux traits méritent le souvenir de l'histoire : l'élan d'admiration qui saisit le tzar devant le tombeau du cardinal de Richelieu et la démarche que tenta la faculté de théologie auprès de Pierre, à l'occasion de la visite qu'il fit à l'église de la Sorbonne, où repose le grand ministre. Les docteurs de Sorbonne présentèrent au tzar un mémoire sur la réunion des églises grecque et latine : ils prétendaient y poser l'église gallicane en médiatrice entre les ultramontains et les grecs; leur mémoire n'était dépourvu ni de savoir ni de spécieux arguments; mais Pierre, qui n'avait guère de religion que cette sorte de foi fataliste assez commune chez les génies d'action, ne pouvait être touché que par des arguments politiques[2]. Il

---

1. Il avait, d'ailleurs, un grand désir de voir la France et y fût venu durant son premier séjour en Hollande, si le gouvernement de Louis XIV n'eût accueilli trop froidement les insinuations qu'il avait fait faire à ce sujet.

2. « Pierre Ier a peu ou point de religion : il la regarde comme un instrument de gouvernement, dont il faut être le maître. C'est pourquoi il s'est fait son patriarche, par le conseil, dit-il, du roi Guillaume. » *Mém.* du duc d'Antin, cités par Lémontei, t. Ier, p. 114. — Le duc d'Antin avait, en quelque sorte, fait les honneurs de Paris au tzar. — Pierre ne s'était pas fait précisément patriarche; mais il avait aboli le patriarcat, en le remplaçant par un *Saint-Synode* de quatorze prélats, qui prêtèrent un serment d'obéissance illimitée au tzar.

n'était pas homme à abdiquer le pouvoir absolu qu'il s'était arrogé sur le spirituel comme sur le temporel, en absorbant l'Église dans l'État [1].

Pierre était venu à Paris pour faire de la diplomatie et non de la théologie. Il posa nettement ses propositions, qui furent discutées entre ses ministres et les maréchaux d'Huxelles et de Tessé de la part du régent. « La Suède est tombée; la Russie a pris sa place en Europe : que la France accorde à la Russie les subsides qu'elle donnait à la Suède et qu'elle garantisse à la Russie ses conquêtes de la Baltique; la Russie garantira à la France les traités d'Utrecht et de Bade, et lui assurera, avec son alliance, celles de la Pologne et de la Prusse. La France n'aura plus rien à redouter de l'Autriche ; quant à l'Angleterre, le tzar ne demande point que la France rompe ses engagements avec elle; mais si, plus tard, une rupture survenait, la Russie suffirait pour tenir lieu à la France de l'Angleterre comme de la Suède. »

Il y avait beaucoup d'habileté et quelque forfanterie dans cette *franchise* : le tzar parlait de la Prusse et de la Pologne comme de deux satellites à sa discrétion; or, la Pologne, toute désorganisée qu'elle fût, ne lui était pas si complétement livrée qu'il voulait bien le dire et lui avait refusé tout secours dans sa campagne de 1711 contre les Turcs; quant à la Prusse, elle n'avait pas attendu son entremise pour se lier avec la France par un traité secret du 14 septembre 1716. La Prusse avait garanti les traités d'Utrecht et de Bade, et promis de s'employer pour que l'Empire, en aucun cas, ne déclarât la guerre à la France : la France avait promis de faire céder à la Prusse Stettin, capitale de la Poméranie, que Frédéric Ier avait enlevée aux Suédois, et, si la Suède se refusait à cette cession, de ne point la secourir et de payer, au contraire, un subside de 500,000 écus à la Prusse. Ce pacte remarquable, qui rendait à la France un point d'appui en Allemagne contre l'Autriche, rentrait dans la voie du traité de Westphalie, formait un peu contre-poids à la nouvelle alliance anglaise et

---

1. A son retour en Russie, craignant apparemment que ses sujets ne le soupçonnassent de s'être fait *latin* pour avoir voyagé chez les Latins, il institua une cérémonie burlesque dans le genre de nos Fêtes des Fous du moyen âge : le pape et les cardinaux y étaient les héros de grossières bouffonneries.

devait faire sentir son influence pendant quarante ans : Dubois n'y avait été pour rien et le négociateur avait été le maréchal d'Huxelles, chef du conseil des affaires étrangères [1].

Le régent avait été plus embarrassé que satisfait et du voyage et des propositions du tzar : il craignait, sur toute chose, de donner de l'ombrage à l'Angleterre. Il éluda tout engagement compromettant ou onéreux. La négociation traîna en longueur. Le tzar n'en attendit pas l'issue et repartit de Paris, le 21 juin, pour le Nord, emportant à la fois l'admiration de notre civilisation et la pensée qu'elle se précipitait vers la décadence par le luxe et la mollesse. Les pourparlers furent transférés en Hollande, ce théâtre universel des négociations : ils aboutirent, le 15 août, à un traité entre la France, la Russie et la Prusse; on s'engagea à la garantie des traités d'Utrecht et de Bade, ainsi que de ceux qui seraient conclus, pour la paix du Nord, entre la Russie, la Prusse et la Suède; on convint de nommer des commissaires pour préparer un traité de commerce; par des articles secrets, on se promit, mais vaguement, des secours mutuels en cas d'attaque. Le tzar et le roi de Prusse s'engagèrent à accepter la médiation française entre eux et la Suède, et la France promit de ne pas renouveler, avec la Suède, le traité de subsides qui expirait en 1718.

Par suite de ce traité, la France entretint, pour la première fois, un ambassadeur et un consul en Russie [2]. Le tzar, sur les instances du régent, consentit enfin à retirer ses troupes du Mecklenbourg et à suspendre ses desseins, au moins prématurés, sur l'Allemagne.

Ces nouvelles relations, qui pouvaient avoir, un jour, des suites si considérables, préoccupaient médiocrement le régent. La grande affaire, pour lui, c'était d'éviter toute commotion qui pût ébranler son pouvoir et, par conséquent, de maintenir la paix en Occident, malgré l'animosité réciproque de l'Autriche et de l'Espagne. Cette paix n'était pas si difficile à conserver qu'on l'eût pu croire, au moins pour quelque temps : la France, l'Angleterre et la Hollande étaient parfaitement en mesure d'imposer aux deux états rivaux le respect du traité d'Utrecht; Alberoni, quoi qu'on en

---

1. Flassan, *Hist. de la Diplomatie française*, t. IV, p. 375.
2. V. l'ensemble de la négociation dans Flassan, t. IV, p. 383-397.

ait dit, s'efforçant, tant qu'il pouvait, d'ajourner la lutte, et l'empereur venait de s'engager ailleurs dans une guerre sérieuse qui l'obligeait à suspendre ses projets d'envahissement en Italie. Les Turcs, vainqueurs de Pierre le Grand en 1711, au lieu de poursuivre leurs succès contre les Russes, s'étaient rejetés, en 1715, sur les possessions vénitiennes de Grèce, avaient reconquis rapidement la Morée, envahi l'Illyrie et les îles Ioniennes, et jeté l'effroi en Italie par leurs mouvements dans l'Adriatique. L'empereur s'était décidé à faire une diversion, par la Hongrie, en faveur des Vénitiens, sur une promesse indirectement obtenue de l'Espagne par l'intermédiaire du pape, à savoir : que le gouvernement espagnol ne romprait pas la trêve en Italie pendant la guerre contre les infidèles. L'Espagne avait fait plus : elle avait envoyé, de son côté, au secours des Vénitiens, une escadre qui avait contribué à faire lever le siége de Corfou.

Malheureusement il n'y avait ni impartialité ni loyauté dans les gouvernements d'Angleterre et de France. Le traité par lequel l'empereur et le roi Georges s'étaient garanti ce qu'ils « acquerraient d'un commun accord », était déjà une violation implicite de la paix d'Utrecht. Quant au régent, et surtout à son inspirateur Dubois, ils ne voulaient pas que l'Espagne se fortifiât par la paix ni par les armes et ils ne songeaient qu'à abattre le ministre qui relevait ce pays d'une ruine séculaire. C'était aux dépens de l'Espagne et de l'Italie qu'on entendait maintenir la paix, en modifiant le traité d'Utrecht au profit de l'empereur. Charles d'Autriche voulait absolument la Sicile en échange de la Sardaigne : Georges la lui avait promise et le régent avait ratifié secrètement cette promesse. Joindre la Sicile à Naples, c'était donner à l'Autriche la Méditerranée centrale et les moyens de se créer une marine. Le roi d'Espagne était lésé indirectement par l'accroissement de force accordé à son ennemi et directement par la perte de la réversibilité de la Sicile, que lui promettait le traité d'Utrecht en cas d'extinction de la maison de Savoie.

Le régent essaya d'éblouir Philippe V et d'extorquer son consentement par quelques promesses relatives aux intérêts de ses enfants du second lit et par l'espoir de recouvrer Gibraltar[1]; il

---

1. Louville, qui fut expédié à ce sujet en Espagne au mois de juillet 1716, prétend

tenta de renverser Alberoni par une intrigue qui fut fort mal conduite et qui n'obtint aucun succès. On se mit alors à négocier plus sérieusement. La France et l'Angleterre se montrèrent disposées à garantir aux enfants de Philippe V et d'Élisabeth Farnèse la réversibilité des duchés de Parme et de Toscane, à condition que l'Espagne consentît à voir la Sicile passer dans les mains de Charles VI et que les enfants de Philippe V, le cas de réversibilité échéant, tinssent les deux duchés en fief de l'empereur[1]. Le sort de Mantoue et du Montferrat avait montré comment l'Autriche comprenait la suzeraineté impériale : on livrait entièrement l'Italie à l'empereur par cette combinaison. C'était une vraie trahison envers les intérêts de la France[2] : pour l'Angleterre, elle n'y trouvait qu'un profit politique très-contestable et mieux eût valu pour elle accepter les avantages commerciaux accordés naguère par l'Espagne; mais Georges Ier était là, comme partout, électeur de Hanovre et vassal de l'empereur, plus que roi de la Grande-Bretagne.

L'Espagne refusa. Néanmoins, comme le projet de la Triple Alliance sur la Sicile ne paraissait point imminent, Alberoni continuait à gagner du temps, tout en armant à l'aide d'un impôt levé sur le clergé d'Espagne avec la permission du pape; le saint-père comptait que l'armement serait employé contre le Turc, et Alberoni venait d'exiger le chapeau de cardinal pour prix de l'intervention espagnole dans la *guerre sainte*. Un incident fort secondaire précipita les événements qu'Alberoni s'efforçait d'ajourner. Le grand inquisiteur d'Espagne, retournant de Rome dans son pays, s'avisa de traverser le Milanais : il n'avait pas de sauf-conduit impérial; le gouvernement autrichien le fit arrêter comme un sujet rebelle de *Charles III, roi d'Espagne* (fin mai 1717). Cette insulte exaspéra Philippe V : il déclara à son ministre qu'il vou-

que Georges Ier avait autorisé l'offre de Gibraltar. Cela est dénué de toute vraisemblance. Tout au plus, quelque propos vague de lord Stanhope put-il autoriser à employer ce leurre. V. *Mém.* de Louville, t. II, p. 192-224.

1. Ceci lésait un tiers, le pape; car le duché de Parme relevait du Saint-Siége depuis deux siècles.

2. Nous ne comprenons pas comment on peut aujourd'hui essayer de réhabiliter une telle politique! V. les deux articles de M. de Carné sur la Régence, dans la *Revue des Deux Mondes* des 1er-15 juin 1858.

lait venger sur-le-champ l'honneur de sa couronne. Toutes les représentations d'Alberoni furent inutiles [1], et ce grand homme d'État, pour obéir à un monarque incapable de l'entendre, se vit contraint de jouer, dans les aventures les plus follement téméraires, sa renommée et la fortune renaissante de la nation à laquelle il s'était consacré. Il n'avait encore sous la main qu'une ébauche de flotte et d'armée : il obtint, du moins, qu'on n'envahirait pas tout d'abord Naples ou la Sicile avec des forces si insuffisantes et qu'on se contenterait, pour cette année, de la Sardaigne. Neuf mille Espagnols, débarqués en Sardaigne le 22 août 1717, enlevèrent cette île en deux mois et demi, grâce à l'appui de la population promptement dégoûtée de la dure domination autrichienne.

Dangereux succès, dont Alberoni ne fut point ébloui! L'empereur, vainqueur des Turcs par l'épée d'Eugène à Peter-Waradin et à Belgrade, mais ne pouvant encore disposer librement de ses forces, avait fait appel à la Triple Alliance contre les violateurs de la neutralité de l'Italie. Alberoni tâcha d'adoucir l'Angleterre par de nouvelles avances commerciales et en protestant que son maître ne voulait qu'empêcher l'asservissement de l'Italie par l'empereur; mais, en même temps, il fit des efforts incroyables pour préparer l'Espagne à soutenir la lutte. Il continua de lever l'impôt sur le clergé, en bravant les défenses et la colère du pape, chose inouïe dans le pays de l'inquisition; des emprunts, des taxes sur les riches, des dons volontaires, la réforme de toute espèce de luxe à la cour, lui fourniront d'autres ressources. Des fonderies, des chantiers, des ateliers militaires s'élevèrent de toutes parts; des munitions, des gréements furent achetés en Hollande et partout. La masse inerte de l'Espagne fut galvanisée tout entière par la puissance électrique de cette indomptable volonté. Une armée sortit de terre. L'Aragon et la Catalogne même se rallièrent à ce gouvernement qu'ils détestaient la veille.

1. W. Coxe, *Hist. d'Espagne sous les Bourbons*, t. II, p. 327 et suivantes. La lettre d'Alberoni au duc de Popoli, contre la guerre immédiate, atteste à quel point la plupart des historiens et des faiseurs de mémoires se sont trompés et se trompent encore sur Alberoni. V. aussi, sur ce sujet, une conversation très-intéressante du marquis d'Argenson avec le cardinal de Polignac, dans les *Mém.* du marquis d'Argenson, t. I, p. 61 ; 1857.

L'hypocondrie habituelle de Philippe V étant, sur ces entrefaites, dégénérée en fièvre nerveuse, la maladie faillit emporter ce triste monarque et, avec lui, Alberoni et tous ses plans; car déjà les grands d'Espagne et les membres des conseils, qui haïssaient le ministre italien comme ils avaient haï les ministres français du temps de Louis XIV, s'apprêtaient à refuser la régence à la reine et à chasser son confident. Philippe se rétablit; quelques-uns des grands continuèrent toutefois les intrigues qu'ils avaient nouées avec le régent de France et ne projetèrent rien moins que de s'emparer du roi, de le détenir comme privé de raison et de gouverner au nom de son fils aîné. Le régent, dès l'automne de 1717, avait fait avancer un gros corps de troupes sur la frontière, à portée d'entrer au premier appel[1]. Les grands n'osèrent remuer et les adversaires de l'Espagne apprêtèrent des armes plus efficaces. Des négociations s'ouvrirent à Londres entre la Triple Alliance et l'empereur : Dubois, devenu membre du conseil des affaires étrangères, y représentait la France. L'excès des prétentions autrichiennes allongea les pourparlers : le régent, ne voulant point paraître sacrifier entièrement Philippe V, demandait pour lui quelques concessions; le roi Georges lui-même craignait le mécontement du commerce anglais, s'il rompait trop aisément avec l'Espagne. A Paris, donc, et même à Londres, on eût souhaité de n'être point amené à tirer l'épée, et cependant la guerre était inévitablement au bout de ce qu'on allait faire. Un reste de pudeur et de nationalité arrêta un moment le régent : Dubois et Stanhope accoururent à Paris et l'entraînèrent. Des conventions préparatoires furent signées à Paris, le 18 juillet 1718, entre la France et l'Angleterre. On y arrêta que l'empereur renoncerait, pour lui et ses successeurs, à toutes prétentions sur l'Espagne et les Indes, et Philippe V à toutes prétentions sur les anciennes provinces espagnoles dont l'empereur était en possession, ainsi qu'à la réversibilité de la Sicile; que la Sicile passerait à l'empereur et que le royaume de Sardaigne serait donné en échange à la maison de Savoie; que l'empereur promettrait l'investiture éventuelle de Parme et de la

---

1. *Mém.* de Noailles, p. 271.

Toscane aux enfants de la reine d'Espagne et que, provisoirement, Livourne, Porto-Ferrajo, Parme et Plaisance seraient occupés par des garnisons suisses à la solde des puissances médiatrices. Trois mois, à partir de la ratification de l'empereur, étaient accordés au roi d'Espagne et au roi de Sicile (duc de Savoie), pour accéder à cette transaction; ce terme passé, on les y contraindrait par la force [1].

Ce pacte, qui allait armer la France en faveur de ses ennemis contre ses alliés naturels et relever les Pyrénées abaissées par Louis XIV au prix de tant de sang et de douleurs, ne fut point accepté sans répugnance par le conseil de régence. Le maréchal d'Huxelles éclata, protesta qu'il se couperait la main plutôt que de signer. Le régent le menaça seulement de lui ôter la présidence du conseil des affaires étrangères, et il signa! Quatre ou cinq membres du conseil de régence, entre lesquels le duc du Maine et Villeroi, protestèrent plus ou moins vivement; mais leur inimitié intéressée et personnelle contre Philippe d'Orléans leur ôtait le mérite de leur opposition; un seul peut-être agit par patriotisme, Villars. La plupart des assistants s'en remirent avec tristesse « à la sagesse du régent »; quelques-uns eurent le courage d'approuver et, parmi eux, Torci, le dernier ministre qui eût dirigé les affaires étrangères sous le Grand Roi. Les caractères s'abaissaient sous l'influence délétère de l'époque; on ne reconnaissait plus les hommes qui avaient figuré avec honneur du temps de Louis XIV. Le despotisme prépare mal les hommes à valoir par eux-mêmes, quand le glorieux despote qu'ils servaient a disparu [2].

---

1. Est-ce à cette époque que Dubois reçut une pension du roi Georges, avec l'assentiment du régent, assure-t-on? *V.* Lémontei, t. Ier, p. 426. Le fait passait pour constant dans la diplomatie contemporaine. Saint-Simon prétend que la pension était d'un million. Lémontei parle de cinquante mille écus : le marquis d'Argenson, un des successeurs de Dubois aux affaires étrangères, dit, dans ses Mémoires, que la pension était de cent mille écus, qu'elle passa après Dubois à madame de Prie, puis à M. de Marville, et ne cessa qu'à l'avènement de M. de Chauvelin au ministère. *Mém.* t. III, p. 235.

2. Lémontei, t. Ier, p. 141, d'après les *Mém. mss.* du duc d'Antin. — *Mém.* de Villars, p. 246. — Dumont, t. VII, première partie, p. 531. — M. de Torci, qu'on s'étonne de voir ainsi démentir tous ses précédents, avait fondé, en 1712, un utile établissement que la Régence laissa tomber : c'était, sous le nom d'*Académie poli-*

La convention préparatoire fut convertie en traité à Londres, le 2 août : le plénipotentiaire de l'empereur signa avec les représentants de la France et de l'Angleterre. La Hollande s'abstint, reculant devant l'engagement de faire la guerre à l'Espagne. Ce fut du côté de l'empereur même que surgirent des difficultés ! La Turquie, courbant le front sous les deux cruelles défaites qui avaient ruiné sa réputation militaire et ébranlé son empire, venait d'acheter, à Passarowitz, une trêve de vingt-quatre ans, en cédant à l'Autriche Temesvar et ce qui lui restait au nord du Danube, Belgrade, la clef des contrées sub-danubiennes, la partie occidentale de la Valachie et de la Servie et une portion de la Bosnie et de la Croatie (21 juillet 1718) : l'Autriche, gorgée de butin, avait, à ce prix, laissé aux Turcs la dépouille d'autrui, et Venise, dont la défense avait été le prétexte de la guerre, complétement abandonnée par son alliée dans les négociations, n'avait pas recouvré la Morée. Quand l'empereur se sentit les mains libres, il ne voulut plus envoyer la renonciation au trône d'Espagne dans les termes convenus. Dubois vit son œuvre toute prête à crouler : il joua alors une scène de tragédie ; il écrivit partout qu'il allait se donner la mort et emporter dans son tombeau la paix de l'Europe[']. L'empereur comprit enfin qu'il fallait sacrifier l'orgueil à l'intérêt et céda. Les cabinets de France et d'Angleterre, tout agités encore de l'émotion qu'il leur avait donnée, convinrent secrètement de le contenir, quoi qu'il advînt, dans les bornes du traité (30 novembre 1718) : le régent prétendait, au moins, poser des bornes au mal qu'il consentait à faire.

Alberoni s'était efforcé d'opposer coalition à coalition. Il avait cherché des alliés aux extrémités de l'Europe, afin de remplacer l'allié naturel qui abandonnait l'Espagne : ressaisissant le fil d'intrigues nouées, dès 1716, par un agent de Charles XII, il avait tâché de réconcilier le tzar et le roi de Suède, et de les asso-

---

tique, une école de diplomatie où des jeunes gens étaient instruits par d'habiles maîtres dans toutes les sciences nécessaires pour la carrière diplomatique. Au sortir de cette école, on devait passer secrétaire de légation. L'organisation en était trop aristocratique, par les conditions exigées des élèves ; mais le principe était excellent. V. Flassan, t. IV, p. 374. A notre grand dommage, nous sommes encore dépourvus de toute institution de ce genre, les plans du Gouvernement Provisoire de 1848 à ce sujet ayant été abandonnés depuis.

1. Lémontei, t. Ier, p. 144.

cier pour une descente en Écosse au profit du prétendant : il avait voulu empêcher les Turcs de conclure le traité de Passarowitz et fomenter une nouvelle insurrection en Hongrie par le moyen de l'illustre exilé Rakoczi ; il s'était enfin lié secrètement avec les du Maine et leurs amis, avec la noblesse mécontente de Bretagne, avec tous les adversaires du régent en France et du roi Georges en Angleterre, et n'avait pas été sans influence sur la virulente opposition que manifesta en 1718 le parlement de Paris. Rien de tout cela n'aboutit : les Turcs ne surent pas mieux qu'à leur ordinaire profiter des diversions que leur offrait l'Occident ; le régent brisa l'opposition du parlement et du duc du Maine par le lit de justice du 26 août [1], et il fut impossible de réunir Charles XII et Pierre-le-Grand, l'un voulant garder ses conquêtes de la Baltique, l'autre ne voulant pas les céder. On a eu tort néanmoins de voir, dans les plans d'Alberoni, des rêves gigantesques conçus *à priori* par une imagination déréglée ; c'étaient tout simplement les efforts d'un homme qui, sentant se briser sous sa main l'appui le plus proche et le plus naturel [2], en cherche au loin de hasardeux ou d'impossibles avec une énergie désespérée.

Une dernière tentative avait été faite pour amener l'Espagne à se soumettre. Le ministre anglais Stanhope, habitué à traiter par lui-même toutes les grandes affaires diplomatiques, s'était rendu à Madrid et avait parlé de restituer Gibraltar à de certaines conditions. Si cette offre fut sérieuse, cette fois, s'il est vrai que le roi hanovrien ait été assez insensé pour vouloir faire aux intérêts de l'Autriche un sacrifice qui pouvait lui coûter son trône, Alberoni eût dû faire tout au monde pour arracher le consentement de Philippe V [3]. Quoi qu'il en soit, le gouvernement espagnol n'écouta rien. Au moment où lord Stanhope arriva à Madrid, Alberoni venait de frapper un second coup, bien plus retentissant que la conquête de la Sardaigne. Trois cents transports, escortés par vingt-deux vaisseaux de guerre, avaient, le 1er juillet, jeté trente

---

1. V. ci-dessus, p. 45.
2. Nous ne prétendons point que la première faute ne fût à Philippe V et à sa femme ; mais nous n'admettons pas que cela justifie l'offensive prise contre l'Espagne.
3. W. Coxe, l'*Espagne sous les Bourbons*, t. II, p. 428 ; t. III, ch. xxxi.

mille Espagnols aux portes de Palerme ¹. Cette fois, ce n'était pas
à l'Autriche que s'attaquait directement l'Espagne, car la Sicile
était encore occupée par les officiers du roi Victor-Amédée; mais
Alberoni voulait se saisir, au préalable, de l'objet de la querelle,
sauf à dédommager Victor-Amédée aux dépens de l'empereur en
Lombardie. Victor-Amédée, certain de perdre la Sicile dans tous
les cas, en avait déjà retiré la plupart de ses troupes. Les Piémontais, peu nombreux, voyant le peuple et le clergé tourner contre
eux, l'un, à cause de la pesanteur des impôts, l'autre, pour une
question d'immunités violées, évacuèrent rapidement presque
toute l'île et se concentrèrent dans la citadelle de Messine ². Les
Autrichiens tremblaient déjà dans Naples, quand vingt vaisseaux
anglais apparurent sur ces côtes et se dirigèrent vers Messine.
L'amiral anglais, Byng, fit proposer au général de l'armée d'Espagne une supension d'armes en Sicile. L'Espagnol refusa. Byng,
alors, s'avança vers la flotte d'Espagne, qui se retira lentement à
son approche, ne sachant encore s'il venait en ennemi. Aucune
signification, aucune déclaration de guerre, n'avait eu lieu. Byng
joignit la flotte espagnole à la hauteur de Syracuse (11 août), la
serra contre la côte et l'attaqua sans qu'elle eût pu même se former en ligne de bataille. Cette malheureuse flotte, imparfaitement
équipée et montée par des marins aussi braves qu'inexpérimentés,
fut anéantie : il n'échappa que quatre vaisseaux sur vingt-deux.
Quelques heures d'un choc prématuré avaient suffi pour écraser
cette marine renaissante.

Quelqu'un à Paris apprit cette nouvelle avec plus de satisfaction
que personne à Londres. Dubois scandalisa de sa joie effrontée les
bons citoyens, qui sentaient que la liberté des mers et l'équilibre
européen venaient d'être frappés avec l'Espagne. Le désastre de
Syracuse le fit ministre (24 septembre). L'infatigable Stanhope
accourut de nouveau à Paris pour enlever la nomination de Dubois aux affaires étrangères. Georges Ier se hâta de faire écrire à

---

1. Alberoni avait eu un projet bien plus hardi : c'était de tenter, avec cette
armée, une descente en Angleterre au nom du Prétendant. L'Angleterre était fort
peu munie de troupes régulières et fort déshabituée des armes : cette témérité eût
pu avoir chance, au moins dans le premier moment. L'inepte Philippe V ne comprit
pas que c'était frapper la coalition au cœur et voulut qu'on allât en Sicile.
2. W. Coxe, l'*Espagne*, etc., t. II, p. 414.

Dubois une lettre de félicitation par un autre ministre, M. Craggs. « Le roi, écrivait Craggs, m'a donné ordre de vous dire que c'est « la meilleure nouvelle qu'il ait reçue depuis longtemps... C'est « pour le coup que je m'attends à voir cultiver un même intérêt « dans les deux royaumes, et que ce ne sera plus qu'un même « ministère. — Si je ne suivais que les mouvements de ma recon- « naissance, répliqua Dubois, je prendrais la liberté d'écrire à « S. M. Britannique pour la remercier de la place dont Monsei- « gneur le régent m'a gratifié. » Et, quelques jours après, dans une lettre à Stanhope : « Je vous dois jusqu'à la place que j'oc- « cupe, dont je souhaite avec passion de faire usage selon votre « cœur, c'est-à-dire pour le service de S. M. Britannique, dont les « intérêts me seront toujours sacrés [1]. »

Dubois se hâta de payer sa bienvenue. Quoique l'orgueil et l'intérêt des dominateurs de la mer pussent être flattés de la destruction d'une force navale étrangère, le commerce anglais était si opposé à la rupture avec l'Espagne, que le gouvernement de George Ier s'était cru obligé de représenter la bataille de Syracuse comme un accident, comme une rencontre, et n'osait déclarer la guerre après l'avoir si rudement faite, à moins que d'être assuré que le régent de France publierait une semblable déclaration. Le régent y était bien engagé par le traité de Londres, mais il reculait devant l'opinion publique et sentait qu'il y avait un danger sérieux à déclarer qu'on allait faire la guerre pour l'Autriche contre le petit-fils de Louis XIV. Il fallait un prétexte : Dubois se chargea de le fournir.

Depuis quelques mois, la duchesse du Maine était entrée en correspondance avec Alberoni, par l'intermédiaire du prince de Cellamare, ambassadeur d'Espagne à Paris. Un complot, ou plutôt un projet de complot, s'agitait dans l'ombre entre la duchesse et ses auxiliaires, parmi lesquels une femme de chambre qui a laissé de spirituels mémoires [2], quelques seigneurs ruinés et un abbé intrigant. Le seul personnage considérable était le cardinal de Polignac, ami de cœur de la duchesse et conspirateur par complaisance. On méditait de grands projets : on enlèverait le régent par

---

1. Lémontei, t. Ier, p. 153.
2. *Mém.* de madame de Staal-Delaunai. Collect. Michaud, troisième série, t. X.

surprise; Philippe V revendiquerait la régence, convoquerait les États-Généraux, etc.; tout cela n'avait aucun fondement solide et les moyens employés attestent seulement que la petite cour de Sceaux, plus décente que celle du Palais-Royal, n'était pas plus honnête au fond. Les conjurés ne réussirent qu'à raccoler quelques officiers pour le service d'Espagne; il n'y avait d'agitation réelle que sur un seul point, chez la noblesse bretonne. Le complot n'eût pu devenir quelque chose que par le concours des parlements; mais, le parlement de Paris ayant ployé sous le lit de justice du 26 août, tout point d'appui manqua. Le complot ne pouvait mener à rien ses auteurs; il mena leurs ennemis au but. Dubois soupçonnait et surveillait les intrigues de Sceaux; l'extravagance des conspirateurs lui fournit les preuves qu'il cherchait : ils s'avisèrent de faire transcrire diverses pièces, qu'ils expédiaient à Alberoni, par un copiste étranger à leur cabale, un pauvre écrivain de la Bibliothèque Royale, qui, effrayé, alla tout dénoncer à Dubois. Les pièces partirent, confiées à un jeune abbé espagnol, mais, arrivé à Poitiers, l'abbé vit entrer dans sa chambre des grenadiers qui mirent la main sur ses dépêches (5 décembre).* Quatre jours après, l'ambassadeur d'Espagne fut arrêté, comme violateur du droit des gens. Après Cellamare, on arrêta la duchesse du Maine et son mari, à peu près étranger à des intrigues trop hardies pour son tempérament, puis tout ce qui directement ou indirectement avait effleuré l'affaire. La Bastille, Vincennes, la Conciergerie, se remplirent de prétendus conspirateurs. Le fracas fut immense : l'opinion ébranlée tourna, pour un moment, contre ces promoteurs de guerre civile, contre ce ministre espagnol qui voulait bouleverser la France; on ignorait qu'Alberoni ne fît que rendre la pareille au régent[1]. Les lettres qu'adressa Philippe V au roi mineur et aux parlements, et qu'on répandit dans le public, furent défendues, comme libelles séditieux, par ces parlements mêmes si mal disposés pour le régent. Dubois saisit l'occasion aux cheveux : la guerre, proposée au conseil de régence, y fut votée à l'unanimité et déclarée le 10 janvier 1719; l'Angleterre avait déjà lancé sa déclaration le 27 décembre. La

---

1. V. ci-dessus, p. 90.

Hollande se décida enfin, le 16 février, à accéder au traité de Londres, sur de nouvelles concessions faites aux dépens du commerce français.

Le but atteint, on se relâcha de la rigueur qu'on avait montrée envers les prisonniers. L'ambassadeur d'Espagne fut renvoyé dans son pays; la captivité des autres inculpés fut fort adoucie; une fois la France engagée à fond contre l'Espagne, on laissa tomber toute cette affaire, qui avait semblé promettre aux archives du parlement une vaste tragédie judiciaire, et l'on se contenta d'arracher aux principaux cabaleurs des aveux et des prières qui les couvraient de honte et de ridicule : la duchesse du Maine, après avoir conspiré comme une héroïne de théâtre, demanda pardon comme un enfant. Tous l'obtinrent, elle et les autres, et il n'y eut pas, du moins, une goutte de sang versée sur les échafauds [1].

Mais le sang coulait ailleurs : il coulait dans une lutte où les succès de la France, sans gloire pour elle, n'avaient de profit que pour ses ennemis déguisés en alliés.

Dans le courant d'avril 1719, une division française traversa la Bidassoa, enleva rapidement les petits postes de la frontière et poussa au port du Passage, principal établissement maritime d'Alberoni sur les côtes de l'Océan. Les forts inachevés qui protégeaient les nouveaux chantiers et l'arsenal, occupés par une poignée d'hommes, furent aisément emportés : on trouva là six vaisseaux de guerre en construction et des matériaux pour vingt autres. Tout fut livré aux flammes, d'après la promesse de Dubois aux Anglais, impudent démenti au manifeste doucereux par lequel le régent avait annoncé qu'il faisait la guerre, non point à l'Espagne, mais à un ministre perturbateur du repos de l'Europe [2].

Le gros de l'armée, forte, en tout, de quarante mille hommes, passa, bientôt après, la frontière et entama le blocus, puis le siège de Fontarabie. Elle était commandée par le maréchal de Berwick. Le bâtard des Stuarts, le vainqueur d'Almanza, allait combattre en faveur de l'étranger qui occupait le trône de son père et de son

---

1. V. le résumé, très-bien fait, de ce qu'on a nommé emphatiquement la *Conspiration de Cellamare*, dans Lémontei, t. Ier, chap. VII; t. II, p. 399 et suivantes.

2. Ce manifeste était l'ouvrage de Fontenelle; les relations de cet écrivain, de ce philosophe éminent, avec Dubois, sont une tache pour sa mémoire.

frère contre le monarque dont il avait autrefois sauvé la couronne. Ce général égoïste et dur, dont on a beaucoup trop vanté le caractère, ne montra dans cette occasion décisive que l'esprit d'un *condottiere* sans entrailles et sans patrie. Fontarabie capitula du 16 au 18 juin. Philippe V s'était avancé presque en vue de la place avec la reine et Alberoni : il était hors d'état de secourir à force ouverte la ville assiégée ; le gros des troupes espagnoles était en Sicile, défendant sa conquête avec héroïsme contre les flots d'Impériaux que les vaisseaux anglais vomissaient incessamment sur les plages siciliennes; une division de cinq ou six mille hommes avait, de plus, été embarquée en Galice, pour tenter contre l'Angleterre la diversion qu'Alberoni avait rêvée l'année précédente sur une bien plus vaste échelle et qui n'avait plus aucune chance sérieuse; Philippe V n'avait guère sous la main qu'une quinzaine de mille hommes; mais il s'était imaginé que les soldats français ne tireraient pas l'épée contre le petit-fils de Louis XIV, qui venait à eux avec des fleurs de lis sur ses drapeaux, et que les deux armées n'en feraient qu'une à la première rencontre. Il se trompa. L'armée française ne marchait qu'avec répugnance, mais elle marchait : la discipline contenait les soldats; les chefs étaient gorgés de l'or que le système attirait dans les mains du régent. Philippe, découragé, se retira sur Pampelune, puis retourna tristement à Madrid. Pendant ce temps, Berwick assiégeait Saint-Sébastien. Une escadre anglaise croisait dans la mer de Biscaye, et un commissaire anglais, Stanhope, parent du ministre, était arrivé au camp : c'était lui qui donnait les ordres; Berwick n'était que l'exécuteur. Il y avait encore sur ces côtes, à Santoña, un chantier de quelque importance. Stanhope exigea qu'on embarquât des soldats français sur les vaisseaux anglais pour aller brûler à Santoña trois vaisseaux de ligne en construction et des matériaux pour sept, « afin », écrivait Berwick au régent (8 août), « que le gouvernement de l'Angleterre « puisse faire voir au parlement prochain, que l'on n'a rien « négligé pour diminuer la marine d'Espagne [1]. »

La France en était maintenant où en avait été l'Angleterre

---

1. Lémontei, t. Ier, p. 268.

lorsque Charles II se vendait à Louis XIV, et plus bas encore !

L'armée le sentait et montrait si peu de zèle, qu'après avoir pris la ville de Saint-Sébastien (1er août), Berwick eût levé le siége de la citadelle, si la destruction des magasins de vivres par les bombes n'eût décidé la garnison à se rendre (19 août).

On n'avait pas le matériel nécessaire pour assiéger une aussi grande place que Pampelune et, d'ailleurs; il n'y avait pas là de vaisseaux à détruire. On décida de se porter en Catalogne par le revers français des Pyrénées. Berwick entra en Cerdagne, prit Urgel (2-12 octobre), puis se dirigea contre la place maritime de Roses. Une tempête brisa ou submergea la plupart des tartanes qui apportaient au camp l'artillerie et les munitions (6 novembre). Berwick ne crut pas pouvoir continuer l'attaque et ramena ses troupes en Roussillon.

La France avait dépensé 82 millions [1] pour détruire des créations auxquelles elle eût dû accorder tous ses encouragements et tout son appui ; mais l'Angleterre et Dubois avaient atteint leur but. Alberoni avait été malheureux partout. Une tempête avait dispersé l'escadre qu'il envoyait contre l'Angleterre, et les Anglais s'étaient vengés de cette menace en portant le fer et le feu sur les côtes de Galice et en y détruisant encore deux vaisseaux de ligne et beaucoup de matériaux. L'armée de Sicile, qu'on ne pouvait recruter, perdait du terrain, malgré ses exploits et ses victoires mêmes, contre des ennemis toujours renaissants [2].

Les mouvements de la Bretagne avaient donné une dernière espérance au ministre espagnol : ces mouvements avaient d'autres causes que les petites intrigues de madame du Maine, et n'avaient pas cessé après la découverte de la conspiration de Cellamare. Les États de Bretagne ayant été dissous, en 1718, à la suite d'une protestation de la noblesse contre de nouveaux droits d'entrée, protestation enregistrée par le parlement de Rennes, et plusieurs membres des États ayant été exilés, les mécontents avaient essayé de riposter par une confédération à la manière polonaise et avaient colporté, pendant l'hiver, un acte d'union où l'on déclarait

---

1. Lémontei, t. Ier, p. 275. 82 millions à 60 francs le marc ; un peu moins de 74 de notre monnaie.
2. Le régent payait un subside à l'armée autrichienne !

infâme et dégradé de noblesse tout gentilhomme qui refuserait son concours. Au printemps, des bandes avaient commencé à se former dans les bois; des caisses publiques avaient été enlevées, et les *confédérés* s'étaient mis en communication avec Philippe V ; mais les villes repoussèrent toute participation à la révolte, et la masse des payans refusa *d'entrer dans la forêt,* suivant l'expression employée par les chefs dans leur correspondance, pour désigner l'enrôlement dans l'insurrection. Les paysans bretons se fussent battus pour leurs prêtres, si la question religieuse eût été engagée : il ne se battirent pas pour leurs nobles. Les seigneurs, demeurés seuls, se dispersèrent devant quelques soldats, et, quand une escadre, dernier débris des forces navales d'Espagne, parut enfin sur la côte de Bretagne, vers la fin d'octobre, elle ne trouva, au lieu d'une province insurgée, que quelques fugitifs qui accoururent lui demander asile. Un grand nombre de gentilshommes furent pris et traduits, non point devant le parlement de Rennes, trop suspect au régent et qu'on épurait en ce moment même, mais devant une commission qui vint siéger à Nantes, sous le nom de chambre royale. Le régent ne fut pas si clément, cette fois, qu'envers madame du Maine et ses complices : quatre des nobles rebelles furent décapités ; seize autres furent condamnés par contumace, au même supplice; le reste fut gracié après quelque temps de captivité [1].

La continuation de la lutte devenait impossible à l'Espagne. L'invasion française allait recommencer avec l'année 1720 et les Anglais se préparaient à l'attaque de l'Amérique espagnole. Alberoni, dans son exaspération contre le gouvernement français, voulut essayer de traiter avec l'Angleterre et l'Autriche sans la France ; mais les cabinets français et anglais s'étaient engagés à faire de son renversement la première condition de la paix. Il n'eut pas d'ailleurs le temps d'apprendre l'accueil qu'avait reçu son agent à Londres. L'intrigue acheva contre lui ce qu'avaient commencé les armes. Dubois gagna le confesseur de Philippe V, le jésuite français Daubenton, par des promesses en faveur de son

---

1. Lémontei, t. Ier, ch. VII. — Un travail intéressant a été publié récemment sur ces affaires de Bretagne : v. *Conjuration de Pontcallec,* ap. *Revue de Bretagne et de Vendée ;* janvier 1857, février et avril 1858.

ordre, et la reine Élisabeth elle-même, la protectrice d'Alberoni, en la menaçant de ne plus garantir Parme et la Toscane à ses enfants. On circonvint Philippe V par tous les moyens : on lui montra des lettres écrites par Alberoni en Italie, où il blâmait, en termes peu respectueux, la guerre que lui imposaient les passions de son maître ; on insinua à l'inepte monarque les soupçons les plus extravagants contre son ministre. Le 5 décembre, Alberoni reçut l'ordre de quitter Madrid sous huit jours et l'Espagne sous trois semaines : Philippe V fit demander au régent un passe-port qui autorisât le ministre disgracié à traverser le midi de la France pour se retirer en Italie. Alberoni laissa l'Espagne flottante entre son aversion contre tout dominateur étranger et le sentiment confus de ce qu'elle perdait : dans les provinces françaises qu'il traversa, le peuple lui fit un accueil sympathique qui attestait l'impopularité de la régence. Il voulut s'arrêter en Ligurie : la vengeance du pape et l'ingratitude de la cour d'Espagne l'y poursuivirent. Clément XI prétendit lui faire son procès comme à un ennemi de la foi catholique, et Philippe V et sa femme eurent la lâcheté de fournir au saint-père les éléments de l'accusation contre le ministre qui n'était coupable que d'avoir trop énergiquement servi ses maîtres. L'extradition d'Alberoni fut demandée au sénat de Gênes par Clément XI, appuyé de Philippe V, du régent et de l'empereur. Les Génois refusèrent noblement. Alberoni gagna les Alpes suisses, où il se tint caché jusqu'à la mort du saint-père. Après bien des vicissitudes, il rentra dans le sacré-collège, abrité par l'intérêt commun des cardinaux à défendre l'inviolabilité du chapeau rouge ; son rôle était fini : trop d'intérêts puissants étaient coalisés pour lui fermer le retour sur la scène politique ; mais il vécut assez pour voir réaliser par d'autres une partie de ses plans et chasser les Autrichiens au moins de la Basse-Italie [1].

Alberoni tombé, l'Espagne courba la tête. Le 17 février 1720, l'ambassadeur d'Espagne en Hollande signa le traité de Londres. L'empereur fut mis en possession de la Sicile ; l'ex-roi de Sicile

---

1. W. Coxe, l'*Espagne sous les Bourbons*, t. II, ch. XXX. — Lémontei, t. Ier, p. 278-286. — Lémontei ne nous paraît pas montrer sa sagacité ordinaire en ce qui regarde Alberoni : l'Anglais W. Coxe a mieux jugé ce célèbre ministre, à qui le marquis d'Argenson rend justice dans ses Mémoires.

devint roi de Sardaigne. Il ne gagnait pas au change, mais il n'était pas en état de refuser son consentement ; la Sardaigne est restée, depuis lors, dans la maison de Savoie. Les enfants de la reine d'Espagne eurent la réversibilité de Parme et de la Toscane.

La politique de la Régence, si antinationale dans le midi de l'Europe, fut moins mauvaise dans le nord, où l'on s'appliqua à sauver la Suède, ruinée [1], dépeuplée, incapable de résister davantage à ses nombreux ennemis, si la diversité de leurs intérêts n'eût permis à la diplomatie d'intervenir parmi eux avec succès. L'héroïque et insensé Charles XII avait péri au siége de Friederikshall (18 décembre 1718), tandis qu'il s'efforçait d'arracher la Norwége au roi de Danemark pour s'indemniser de ses pertes. Sa mort avait fait éclater une réaction contre la monarchie, qui faisait expier si durement à la Suède la gloire dont elle l'avait comblée ; le sénat avait rétabli l'ancien gouvernement aristocratique et n'avait conféré qu'à titre d'élection une royauté quasi nominale à la princesse Ulrique, sœur puînée de Charles XII, en écartant le fils de la sœur aînée, le duc de Holstein. Cette révolution ne rendait pas la Suède plus forte contre le dehors : on le vit bien, aux horribles ravages qu'une expédition russe, débarquée en Suède, exerça impunément, en 1719, jusqu'aux portes de Stockholm [2]. La diplomatie française fit sentir au nouveau gouvernement suédois qu'il fallait subir la dure loi des événements et renoncer à la plupart des possessions étrangères à la Scandinavie. Les duchés de Bremen et de Verden furent donc cédés au Hanovre, moyennant un million de rixdales (6 millions de francs) (28 novembre 1719); puis Stettin et une portion de la Poméranie, à la Prusse, pour pareille somme (21 janvier 1720); le Danemark, au contraire, reçut 600,000 rixdales pour rendre ses conquêtes à la Suède (3 juin 1720). La France donna secrètement l'argent à l'Angleterre, qui le donna publiquement au Danemark et qui en

---

1. On n'y employait plus d'autre monnaie que des jetons de cuivre ayant un cours forcé de cent quatre-vingt-huit fois leur valeur réelle.

2. Pierre le Grand se vanta d'avoir détruit, en six semaines, dans cette descente digne des Huns ou des Wandales, huit villes, cent quarante et un châteaux, mille trois cent soixante et un villages ou hameaux, vingt-six grands magasins, seize mines, etc. Lémontei, t. Ier, p. 290. — Tous les traités qui suivent sont dans Dumont, t. VII, deuxième partie.

eut tout l'honneur ! Le Danemark garda ce qu'il avait pris à ce même duc de Holstein qui venait d'être écarté de l'héritage suédois ; la France et l'Angleterre garantirent à la couronne de Danemark le duché de Slesvig (14 juin 1720). La paix la plus difficile à conclure fut avec la Russie. La Suède ne pouvait se résoudre à sacrifier ses riches provinces de la Baltique orientale : il fallut enfin céder ; l'Angleterre, après avoir leurré la Suède de son secours, ne la soutint que très-mollement ; elle avait jugé que l'établissement des Russes sur la Baltique ouvrirait à son commerce l'intérieur de leur vaste empire. La Suède abandonna la Livonie, l'Estonie, l'Ingrie, la Carélie, la lisière méridionale de la Finlande ; le tzar rendit le reste de ce qu'il avait conquis en Finlande et paya 2 millions de rixdales au gouvernement suédois ; ce fut sa seule concession au médiateur français (30 août 1721). Toutes ces transactions avaient coûté 8 millions à la France. Après le traité de Nystadt, qui consacra les progrès de la puissance russe, l'Europe entière fut en paix.

Le tzar, après avoir pris solennellement le titre d'*empereur*, titre qui laissait entrevoir l'espoir audacieux de renouveler un jour l'empire d'Orient dans Constantinople, renouvela ses tentatives pour se lier avec la France ; il offrit la main de sa seconde fille (celle qui fut depuis la tzarine Élisabeth) au duc de Chartres, fils du régent, avec la promesse de porter le duc de Chartres sur le trône de Pologne après Auguste II. Le roi Auguste, dont la vigueur était proverbiale, n'avait que cinquante ans ; la chance parut bien éloignée au régent ; on laissa tomber la proposition, qui était de nature à inquiéter l'Angleterre et ne pouvait convenir à Dubois [1].

Dans le Nord, en somme, il n'y avait eu rien de mieux à faire que de sauver, comme on pouvait, les débris de la Suède ; mais c'est dans les relations avec la Turquie que la politique de Dubois se montre vraiment ignominieuse. Au moment où la Russie, arrachée à sa barbarie stationnaire par des moyens si barbares, se faisait place avec fracas dans la société européenne, la Porte othomane essayait moins bruyamment une première tentative

---

1. Lémontei, t. Ier, p. 292.

dans le même but. Un homme d'une rare intelligence et d'un caractère élevé, le grand-vizir Ibrahim, avait compris les causes des derniers revers de sa nation et voulait en prévenir le retour, non point par le réveil du fanatisme musulman, désormais impuissant contre la discipline des chrétiens, mais par l'initiation de la Turquie aux arts de l'Occident et par son entrée dans le système de l'équilibre européen. La France était la seule grande puissance continentale dont les intérêts fussent conformes à ceux de l'empire othoman, et la force des choses, malgré les préjugés réciproques, avait sans cesse rapproché les deux états depuis deux siècles. Ce fut donc à la France qu'Ibrahim s'adressa pour préparer les moyens de contenir l'Autriche et la Russie. Les usages orgueilleux de la Porte, qui recevait des ambassadeurs et n'en envoyait pas, avaient déjà fléchi devant les armes autrichiennes; Ibrahim les fit fléchir devant la France et dépêcha au régent une solennelle ambassade, qui apporta, comme avance courtoise, l'autorisation de réparer l'église latine du Saint-Sépulcre tombée en ruine, autorisation sollicitée longtemps en vain par le Grand Roi (mars 1721). L'ambassadeur eût dû être reçu à bras ouverts : il fut accueilli avec une extrême froideur. Cette fois, ce n'était plus l'Angleterre seule, mais encore l'empereur et le pape, dont on avait à prévenir les ombrages; Dubois ne s'était pas contenté d'un seul maître étranger ; il s'en était donné d'autres, dans un intérêt personnel dont nous parlerons tout à l'heure. L'ambassadeur othoman ne put pas même aborder le véritable objet de sa mission. Il fit une proposition qui honorait son gouvernement : c'était de mettre un terme à la double piraterie des Barbaresques contre les chrétiens et des chevaliers de Malte contre les musulmans. Il n'obtint rien : c'eût été blesser la cour de Rome, qui tenait à l'ordre de Malte comme à toutes les traditions du moyen âge [1]. Il n'obtint pas même la liberté d'esclaves turcs confondus sur les

1. La Porte, indignée, employa un moyen efficace pour protéger ses sujets ; ce fut de faire rembourser par les commerçants européens tout ce que pilleraient les chevaliers. Le commerce jeta les hauts cris, et les puissances chrétiennes finirent par obliger le grand-maître de Malte à renoncer à la course contre le pavillon othoman ; mais, la convention générale n'ayant point eu lieu, les Barbaresques continuèrent à pirater et il y eut moins de protection que jamais contre eux, car l'ordre de Malte, n'ayant plus de butin à espérer, ne fit plus que des simulacres de course et perdit peu à peu ce qui lui restait d'esprit militaire. On sait dans quelle mollesse et

bancs de nos galères avec les pirates barbaresques, contre la foi des traités. On ne peut lire sans un profond dégoût la relation des conférences de Dubois avec l'ambassadeur Mehemet-Effendi; l'honnête musulman partit indigné contre ce ministre, qui n'ouvrait la bouche que pour « lâcher l'écluse de son réservoir de mensonges¹. »

Mehemet, cependant, ne confondit pas la France avec son gouvernement et reporta dans le Levant une vive admiration de nos lumières et de nos arts. L'imprimerie fut introduite à Constantinople et l'on copia nos palais et notre goût contemporain sur le Bosphore comme sur la Newa; ce n'était pas ce que l'Orient et le Nord avaient de mieux à nous emprunter.

Le cabinet français, si peu abordable pour les Othomans en 1721, s'immisça néanmoins dans leurs affaires en 1723; mais ce fut d'accord avec la Russie et l'Autriche. Pierre le Grand, résolu de s'indemniser sur la mer Caspienne du débouché qu'il avait perdu sur la mer Noire, avait envahi le nord de la Perse, déchirée par la révolte des Afghans. Malgré l'hostilité mutuelle des Turcs et des Persans, la Turquie ne put voir sans alarme et sans courroux un empire musulman démembré par les *infidèles,* et le sultan allait déclarer la guerre à la Russie, quand le tzar fit intervenir l'Autriche, son alliée, par des menaces de guerre et la France par des conseils diplomatiques. Le cabinet français, qui voulait la paix à tout prix en Europe (et il est juste de reconnaître que ce n'est pas vers l'Asie intérieure que les agrandissements de la Russie sont dangereux à l'Occident), décida les Turcs à partager amiablement avec les Russes au lieu de les combattre. Le schah Thamas, fils du schah Hussein, détrôné par les Afghans, céda au tzar le Daghestan, le Ghilan, le Mazanderan, Asterabad, c'est-à-dire toute la rive occidentale et méridionale de la Caspienne. Il céda au sultan Ahmed l'Arménie, la Géorgie, Tauriz, Casbin, etc. Ce démembrement de la Perse ne devait pas être définitif².

dans quelle dégradation il était tombé, lorsque nos armes lui enlevèrent Malte sans coup férir.

1. *Relation de l'ambassade de Mehemet-Effendi;* ms. de la Biblioth. de l'Arsenal; — l'extrait dans Flassan, t. IV, p. 422-431; et Lémontei, t. Iᵉʳ, p. 445.

2. Le vizir Ibrahim, qui avait montré tant de sympathie à la France, fut victime

Durant les années les plus remplies de la régence, le peu d'attention que le tourbillon du système avait laissé à la France pour autre chose que pour la Banque et la Compagnie, s'était partagé entre les affaires étrangères et les affaires religieuses, qui continuaient d'agiter une partie de la nation par des débats sans grandeur, mais non pas sans obstination et sans violence.

A l'avénement du duc d'Orléans, tout ce qui avait été opprimé sous le Grand Roi avait relevé la tête. Les protestants s'étaient mis à s'assembler sans mystère pour prier, en prévenant les magistrats et le régent lui-même de leurs réunions. Ils croyaient la *captivité de Babylone* finie. Le régent, parfaitement indifférent aux querelles de religion, n'eût pas mieux demandé que d'accorder pleine liberté à ces pauvres persécutés; mais il ne savait faire que le bien qui ne coûte aucun effort et il n'osa braver le déchaînement de l'intolérance. Il chargea les gouverneurs des provinces de faire entendre aux réformés que les édits contre eux subsistaient toujours, mais qu'on les ménagerait s'ils le méritaient par leur conduite. En somme, les gouverneurs agirent comme bon leur sembla et suivirent les habitudes de rigueur qu'ils avaient prises sous Louis XIV. Les réformés du Languedoc rentrèrent sur-le-champ dans l'ombre où ils s'étaient si longtemps cachés sous la tyrannie de Basville. L'agitation se prolongea davantage dans les provinces voisines : les protestants dauphinois, foulés par des garnisons, promirent enfin de renoncer à tout exercice du culte; en Guienne, le gouverneur Berwick proposa de faire charger, c'est-à-dire de massacrer les assemblées que s'obstinaient à tenir les *nouveaux convertis;* le régent s'y opposa, mais enjoignit de traduire les délinquants devant le parlement de Bordeaux, qui eut la barbarie de les condamner aux galères. Le régent leur fit grâce, du moins aux simples fidèles; car la peine de mort contre les prédicants demeura toujours en vigueur (1717). Le pouvoir contint un peu la violente inquisition des curés sur les mariages protestants, empêcha les hideux procès contre les cadavres des

---

de ses tentatives de réforme et périt dans une révolte de janissaires, en 1730 : son maître Ahmed III fut déposé Ibrahim n'avait pu, comme Pierre le Grand, se former une milice étrangère qui l'aidât à dompter la milice fanatique, ennemie de tout progrès.

relaps, laissa tomber en désuétude l'odieuse ordonnance dictée par Le Tellier en 1715 et refusa d'en appliquer les principes aux successions protestantes et de traiter en bâtards les enfants de parents non mariés à l'Église; mais ce fut tout; les enlèvements d'enfants aux *mal convertis* ne cessèrent point entièrement et tous les principes de la persécution restèrent debout. Quelques hommes éclairés et patriotes, auxquels se joignit le duc de Noailles, avaient cependant pressé avec force le régent de rendre à la France les bras, les intelligences, les capitaux, que lui avait ravis la révocation de l'Édit de Nantes, et de rouvrir aux protestants expatriés au moins quelques points du royaume, par exemple de les autoriser à s'établir à Douai. Il était temps encore; la patrie vivait encore dans le cœur des exilés; un grand nombre eussent accepté avec transport cette grâce, ou plutôt cette justice. Le régent fut très-ébranlé; mais les jansénistes et les gallicans du *conseil de conscience* et du conseil de régence, qui avaient condamné certains excès, certaines profanations dans les suites de la révocation et non la révocation même, s'opposèrent fortement à la proposition. Le régent n'osa passer outre (1717). Saint-Simon se vante dans ses Mémoires d'avoir empêché de réparer le mal qu'il reproche lui-même si durement à Louis XIV d'avoir fait. Ce projet réparateur fut proposé de nouveau en 1722; cette fois, ce furent les jésuites qui le firent échouer. La justice refusée aux protestants par les deux factions qui se disputaient l'Église, ne devait leur être conquise que par la philosophie [1].

Ces deux factions n'avaient pas suspendu un seul jour leur querelle. La mort de Louis XIV avait d'abord brusquement interverti les rôles et donné la supériorité aux anticonstitutionnaires, c'est-à-dire aux gallicans et aux jansénistes unis contre l'ennemi commun, contre l'ultramontanisme [2]. Les jésuites étaient, non pas persécutés comme l'avaient été leurs rivaux, mais humiliés, abattus, sans être découragés; ils avaient pour eux la plupart des évêques, attachés à la bulle *Unigenitus*, quelques-uns par conviction moliniste, beaucoup par amour-propre et crainte de se

---

1. Lémontei, t. II, p. 142 et suivantes. — Coquerel, *Hist. des Églises du désert.* — Saint-Simon, t. XIV, p. 153. — Rulhière, p. 382.
2. V. ci-dessus, p. 10.

rétracter¹. Leurs adversaires, cependant, avaient pris l'offensive avec vigueur. La Sorbonne protesta, le 2 décembre 1715, qu'elle n'avait pas reçu la constitution *Unigenitus,* qu'elle n'en avait subi la transcription sur ses registres que par obéissance pour le feu roi. Elle déclara que les évêques avaient droit de juger des matières de foi « avant, avec et après le pape². » Le parlement, lui, ne revint pas sur l'enregistrement de la bulle, mais développa largement les réserves gallicanes qu'il y avait ajoutées. Vingt-cinq évêques déclarèrent n'avoir accepté la bulle que *relativement et non absolument.* Le régent et le conseil de régence firent de leur mieux pour amener une transaction tant à Paris qu'à Rome, et Philippe d'Orléans présida, entre deux orgies, mainte conférence théologique; son intention, toutefois, était bonne en cette occurrence, puisqu'il ne cherchait que la paix. Le cardinal de Noailles et les plus modérés des évêques *non acceptants* étaient disposés à souscrire à la bulle, pourvu que le pape en restreignît le sens de façon à mettre à couvert les doctrines de saint Paul et de saint Augustin et toute la tradition de l'Église; mais le saint-père réclamait toujours une acceptation pure et simple et sans explications officielles de sa part : il sentait bien que s'expliquer eût été se rétracter. La conduite de la cour de Rome aida les jansénistes à obtenir l'éclat qu'ils cherchaient. La plupart des curés de Paris et du diocèse supplièrent leur archevêque de ne point accepter la constitution, et la Faculté de théologie se rendit processionnellement à l'archevêché, au milieu d'un grand concours de peuple, afin de confirmer Noailles dans sa résistance (12 janvier 1717). Quelques semaines après, quatre évêques appelèrent de la bulle *au futur concile* (5 mars 1717). La Sorbonne adhéra à l'appel. C'était une déclaration de guerre formelle contre Rome. Le régent, alarmé d'un acte si hardi, exila le syndic de la Faculté de théologie et renvoya de Paris les quatre prélats pour avoir agi sans son autorisation. Les adhésions à l'appel n'en arrivèrent pas moins de tous côtés. La guerre était, dans la plupart des diocèses, entre les

---

1. Une tentative aussi singulière que hardie des jésuites atteste jusqu'où ils portaient leurs vues. Ils entreprirent d'embaucher les soldats dans des congrégations instituées dans les villes de garnison. Le conseil de la guerre dut prohiber sévèrement ces affiliations (juillet 1716). — Lémontei, t. Iᵉʳ, p. 158.
2. *Journal* de l'abbé Dorsanne, t. II, p. 26.

évêques constitutionnaires et la majorité des curés soutenus par les universités et par les parlements. Les mandements épiscopaux déclamaient, menaçaient, prétendaient tout excommunier : les arrêts judiciaires condamnaient les mandements au feu comme libelles séditieux et diffamatoires.

Le pouvoir essaya de mettre un terme à tout ce scandale : une déclaration du 7 octobre 1717 défendit de rien publier dorénavant sur la bulle. Les évêques constitutionnaires désobéirent. La cour de Rome recourait, de son côté, à une arme qu'elle avait employée jadis contre Louis XIV : elle refusait les bulles d'investiture aux évêques nommés par le régent. Au commencement de 1718, il y avait déjà douze siéges épiscopaux vacants. Le régent perdit patience et chargea une commission purement laïque d'aviser aux moyens de se passer du saint-père pour installer les évêques élus. Plusieurs membres du conseil de régence pressèrent Philippe d'appeler au futur concile, au nom du roi et de la nation, et de ne plus s'occuper, après, de cette *paperasse italienne* : le bruit courut que les plus antiromains des docteurs de Sorbonne, et particulièrement le fameux Ellies Dupin, étaient entrés en correspondance avec les chefs de l'église anglicane. Ce fut au pape de trembler. Avec Philippe d'Orléans, il n'y avait point à espérer les pieux scrupules de Louis XIV et de madame de Maintenon! Le saint-père expédia les douze bulles avec tant de hâte, que le courrier mourut de fatigue en arrivant à Paris (mars-mai 1718). Clément XI se vengea bientôt de sa frayeur en faisant condamner par le saint office les appelants au futur concile comme hérétiques et schismatiques, et en ordonnant à tous les fidèles d'accepter la bulle sous peine d'excommunication (28 août 1718). Les parlements condamnèrent et supprimèrent le décret de l'inquisition et les lettres apostoliques du saint-père : le cardinal de Noailles donna sa démission de président du conseil de conscience, pour reprendre toute sa liberté, et lança son appel au futur concile, qu'il avait longtemps hésité à rendre public (septembre 1718). La guerre redoubla de violence. Une nouvelle déclaration, ordonnant le *silence* pendant un an, fut publiée par le conseil, le 3 juin 1719.

Jusque-là, le conseil de régence s'était montré indépendant et ferme dans les affaires de l'Église¹; mais l'influence de Dubois ne tarda pas à envahir l'Église comme l'État. Dubois rêvait depuis longtemps ces hautes dignités ecclésiastiques qui mettaient la fortune de leurs titulaires à l'abri des révolutions de cour et des accidents de la faveur : dès qu'il fut ministre, il fut pris tout entier par cette *fureur du chapeau*, qui s'emparait de tous les ecclésiastiques en crédit et qui les avait fait écarter du ministère avec tant de raison par Louis XIV. Le cynique habitué des mauvais lieux de Paris se mit à étaler le zèle d'un père de l'Église en matière de théologie et à traiter d'hérétique le cardinal de Noailles. Il commença par établir ses batteries en cour de Rome, puis il appela à son aide un étrange auxiliaire. Comme il craignait que l'énormité du scandale ne fît balancer le régent lui-même, il lui fit écrire par le roi d'Angleterre, qui lui demanda, comme un service personnel, de procurer le chapeau de cardinal à « une personne si digne de reconnaissance ». Philippe se fâcha, puis il rit, puis il écrivit au pape (14-29 octobre 1719). Le roi Georges ne borna pas là les effets de sa bonne volonté envers son fidèle serviteur. La mort du cardinal de la Trémoille laissant vacant, sur ces entrefaites, l'archevêché de Cambrai, le roi d'Angleterre le demanda pour Dubois. Le régent, à la prière du chef d'une église *hérétique*, installa son professeur d'athéisme, l'ancien proxénète de ses débauches, sur ce siége de Cambrai tout resplendissant encore des vertus de Fénelon. Pour que Dubois pût être consacré, il fallait que deux évêques rendissent témoignage de sa doctrine et de ses *mœurs* : on les trouva; l'un des deux fut l'illustre Massillon. Ce fut un des plus tristes épisodes de cette époque de démoralisation que de voir le successeur de Bourdaloue, le dernier des grands orateurs chrétiens, officier pontificalement au sacre de Dubois, devant tout l'épiscopat et toute la cour (9 juin 1720). Le contraste de cet acte de faiblesse, extorqué par le régent, avec les vérités courageuses que Massillon avait tant de

---

1. Le régent avait même récemment, par une mesure très-libérale et très-louable, aidé l'université de Paris à soutenir, dans l'enseignement, la concurrence des jésuites. Il avait accordé à l'université 66,000 francs par an, pour que la Faculté des Arts pût enseigner gratuitement comme le faisaient déjà les autres Facultés. L'enseignement universitaire fut ainsi complétement gratuit (6 février 1719). — *Anciennes Lois françaises*, t. XXI, p. 173.

fois jetées aux grands du haut de la chaire, et qu'il avait réellement dans le cœur, produisit sur les esprits une impression déplorable.

Le pape avait accordé la bulle de Cambrai sans grande difficulté, afin de gagner du temps pour le cardinalat; mais la possession de ce magnifique bénéfice ne ralentit pas chez Dubois la soif du chapeau. Le nouvel archevêque se mit en mesure de conquérir l'objet de ses vœux par un éclatant service, par le triomphe de la Constitution. Le régent était fatigué de la raideur janséniste, influencé par la pensée que l'appui de Rome serait utile à sa maison en cas de vacance du trône, et surtout envahi de plus en plus par l'habitude de laisser tout faire à Dubois : il n'eût pourtant pas autorisé le retour aux violences du temps de Le Tellier; on avait cherché derechef des moyens de transaction, et la plupart des évêques *acceptants* et *appelants* étaient parvenus à se concilier, sinon à s'entendre, sur un corps de doctrine qui expliquait et atténuait tant bien que mal la Constitution. Sans attendre que le cardinal de Noailles et ses amis eussent consenti à la publication de cet accommodement, le gouvernement lança une déclaration qui, s'appuyant « des explications approuvées par presque tous les évêques du royaume, » ordonnait d'accepter la constitution *Unigenitus* et annulait les appels au concile (4 août 1720). Cet acte, et les infractions faites à l'accommodement par les constitutionnaires, renouvelèrent les orages. Le parlement, qui était en exil à Pontoise, par suite de son opposition au système de Law, fit des remontrances au lieu d'enregistrer, et c'est alors qu'il fut sérieusement question, autour du régent, de mutiler et de dissoudre ce grand corps. Le cardinal de Noailles crut sauver le parlement en publiant son acceptation de l'accommodement, malgré de nouveaux griefs (17 novembre). Le parlement se décida à enregistrer (4 décembre). Le chancelier d'Aguesseau y avait beaucoup contribué, par amour de la paix. Les jansénistes crièrent à l'apostasie et renouvelèrent leurs appels au concile; néanmoins, le plus grand feu était ou paraissait tombé : les universités et les principales corporations religieuses acceptaient les unes après les autres le formulaire des évêques; Dubois put se vanter à Rome d'avoir fait, sinon tout ce que Rome désirait, du moins tout ce qui était possible, et d'avoir obtenu un résultat qui avait été refusé à Louis le Grand lui-même.

Deux promotions de cardinaux, cependant, avaient eu lieu sans que Dubois y fût compris. Un monument de ses efforts inouïs nous a été conservé : c'est sa correspondance avec son agent à Rome, l'ex-jésuite Lafiteau, évêque de Sisteron; il n'y a, dans aucun théâtre, rien de comparable au comique de ce long dialogue. Dubois prie, cajole, menace; Dubois rampe comme un serpent, rugit comme un lion, flatte et mord comme un chat; s'il n'était que cynique, ce serait vulgaire; mais il joint au mensonge invétéré l'hypocrisie nouvelle et, pour ne pas oublier son rôle, il reste hypocrite, même devant son confident, comme un comédien devant son miroir. Il joue « l'honnête homme indigné que l'on marchande avec lui », le digne prélat, « trop heureux s'il n'y a que lui de sacrifié pour l'Église », et cela dans les mêmes lettres où il annonce les envois d'espèces destinées à acheter les neveux, les familiers du pape et le saint-père lui-même, fort à court d'argent [1]. Lafiteau l'avait prévenu que la chute du système avait été un coup de massue pour son affaire. « Le pape, » écrivait-il, « entendant dire qu'il n'y avait plus d'argent en France, désespéra d'en recevoir aucun secours (17 décembre 1720). » Dubois, alors, s'était décidé à prouver qu'il y avait encore *de l'argent en France*, au moins dans ses coffres; il est vrai que cet argent était plus anglais que français. Il employa bien d'autres ressources encore : il mit toutes les cours en mouvement et fit de son chapeau la grande affaire de l'Europe pendant dix-huit mois. Il parvint à faire agir à la fois, pour lui, le feu et l'eau, le roi Georges et le prétendant, l'empereur et le roi d'Espagne! C'était le chef-d'œuvre de la *rouerie diplomatique*. Il avait acheté la misère du

---

1. Il employait aussi d'autres moyens plus délicats : « Je ne vous répète rien », écrit-il, « de ce que je me ferais une gloire et un plaisir de faire, à l'égard de Sa « Sainteté : soins, offices, gratifications, estampes, livres, bijoux, présents, toute « sorte de galanteries; chaque jour on verra quelque chose de nouveau et d'imprévu « pour plaire et qui surprendra, lorsque je serai en droit de le faire par reconnais- « sance. C'est le fonds de mon naturel. Je ne puis me résoudre à faire la moindre dé- « marche qui puisse être soupçonnée d'intérêt; mais je n'épargne rien lorsque je puis « agir et répandre par pur goût ». — *Mém. secrets du cardinal Dubois*, t. Ier, p. 341; lettre du 22 juin 1720.

prétendant avec les guinées du roi Georges et gagné Philippe V par son confesseur.

La comédie était double; car Clément XI ne le cédait en rien à Dubois pour l'astuce : l'escrime défensive du saint-père valait l'escrime offensive de l'archevêque de Cambrai. Enfin, Dubois, poussant Clément au pied du mur, le réduit à lâcher du moins une promesse écrite pour la première promotion : la promesse arrive; impossible de s'en servir sans se brouiller avec l'Angleterre! Très-équivoque d'ailleurs, elle est souscrite, non pas à la prière du régent, mais *sur les instances* du Prétendant (14 janvier 1721). Le vieux pontife se donne ainsi le temps de mourir sans avoir cardinalisé Dubois (19 mars).

Dubois se remit à travailler sur de nouveaux frais : il entreprit de donner la tiare à qui lui promettrait le chapeau et, l'empereur et l'Espagne lui laissant le champ libre, il réussit. Le cardinal Conti, vieillard presque en enfance, signa l'engagement et fut élu (8 mai). La nouvelle promesse, rédigée par deux cardinaux italiens, était encore très-ambiguë, et Conti, devenu le pape Innocent XIII, ne se pressa pas de tenir parole. Il fallut passer par de nouvelles tribulations et financer derechef, dans le moment de la plus grande détresse qui suivit la chute de Law et quand on n'avait pas de quoi payer l'armée. Rome se rendit enfin et Dubois fut cardinal le 16 juillet 1721. Il en avait coûté huit millions à la France et le prix pécuniaire n'était pas le plus onéreux [1].

Tout réussissait à Dubois. Les concessions qu'il avait obtenues du régent pour Rome eurent un double résultat : elles lui valurent le chapeau et lui fournirent l'occasion de réparer, en apparence [2], le mal qu'il avait fait en mettant la France aux prises avec l'Espagne. Le jésuite français Daubenton, confesseur de Philippe V, était absolument dévoué à sa compagnie et assez bienveillant pour la France, à condition que les jésuites y régnassent. Dès qu'il vit le molinisme relevé et le jansénisme en disgrâce au nord des Pyrénées, il ne songea plus qu'à effacer les préventions qu'il avait

---

1. Sur toute cette affaire, v. *Mém. secrets* de Dubois, t. I*er*, p. 266-426; t. II, p. 1-186. — Lémontei, t. II, ch. XIII. — *Journal* de Dorsanne, t. I-II.

2. Il ne répara ni la destruction des forces de l'Espagne, ni la Sicile donnée aux Autrichiens!

lui-même entretenues chez son royal pénitent. Un traité secret, du 27 mars 1721, fut un premier gage de rapprochement entre la France et l'Espagne. La France y promettait son concours diplomatique aux intérêts espagnols, dans un congrès qui allait se réunir à Cambrai pour statuer définitivement sur les rapports de l'empereur, de l'Espagne et de l'Italie. On eut vent, à Londres, de cet acte d'indépendance et l'on s'étonna fort que le cabinet du Palais-Royal eût osé faire un pas sans l'aveu de l'Angleterre : Dubois, effrayé, se hâta de laisser tomber le traité du 27 mars et d'offrir ses bons offices au cabinet anglais pour y substituer une autre convention, une alliance défensive entre la France, l'Angleterre et l'Espagne, accompagnée d'un traité de commerce par lequel Philippe V rendit aux Anglais tous les avantages qu'Alberoni leur avait octroyés quand il cherchait à gagner leur amitié (13 juin 1721). Dubois fit accorder, par l'Espagne, aux Anglais, en sus du traité, d'envoyer tous les ans un vaisseau trafiquer aux Indes Occidentales. Ce vaisseau en valut dix, grâce à la fraude qui renouvela sans cesse son chargement.

L'Angleterre apaisée aux dépens du commerce français, Dubois poursuivit ses plans ; il avait dû sa fortune au différend survenu entre les Bourbons de France et d'Espagne ; il résolut de la consolider en les réunissant au profit de la maison d'Orléans. On insinua donc à Philippe V la pensée de marier sa fille et ses deux fils, le prince des Asturies et don Carlos, héritier éventuel de Parme et de Toscane, au roi Louis XV et à deux des filles du régent, mesdemoiselles de Montpensier et de Beaujolais. Philippe V consentit. Avoir le roi de France pour gendre fut une joie pour lui ; quant aux filles du régent, il les accepta précisément à cause de ses incurables soupçons contre leur père ; c'était deux otages que ce prince hypocondriaque prétendait assurer à la *reine infante*. Ce triple mariage avait encore un autre avantage pour la maison d'Orléans que de placer avantageusement deux de ses princesses ; l'infante, née en 1718, ne devait pas être nubile de fort longtemps et l'on ajournait à dix ou douze ans l'époque où Louis XV pourrait donner le jour à un dauphin.

L'échange des filles de Philippe V et de Philippe d'Orléans fut opérée sur la Bidassoa, le 9 janvier 1722. La nouvelle princesse des Asturies eut pour fête de noces un auto-da-fé[1]. Pendant ce temps, la compagnie de Jésus, suivant la promesse de Dubois, reprenait possession de la conscience du roi de France. Le vénérable abbé Fleuri avait pour successeur, comme confesseur du roi Louis XV, le jésuite Linières. On en vint bientôt jusqu'à supprimer, par arrêt du conseil, l'édition posthume du *Discours* de Fleuri *sur les libertés gallicanes*, tandis qu'on entourait d'une surveillance rigoureuse l'imprimerie et la librairie et qu'on poursuivait avec acharnement l'étalage et le colportage des livres et des estampes[2]. On était revenu au temps du père Le Tellier pour les maximes, sinon pour les violences contre les personnes.

Les succès de Dubois à Rome et à Madrid assuraient sa domination sur la France. Secrétaire d'État, archevêque, cardinal, il n'avait pas encore escaladé tous les degrés de sa fortune. Avant de se donner l'apparence, comme il avait la réalité du pouvoir, il se débarrassa du conseil de régence, dernier obstacle à son autocratie. Il suscita une querelle d'étiquette en faisant appeler au conseil le cardinal de Rohan; le régent ayant accordé la préséance à ce cardinal, d'après les précédents, sur le chancelier sur les ducs et sur les maréchaux, tous les hommes considérables du conseil se retirèrent. Dubois entra derrière Rohan dans ce conseil mutilé, qui ne fut plus qu'un instrument passif entre ses mains (février 1722). Peu de temps après, Dubois décida le régent à se réinstaller avec le roi dans Versailles (15 juin 1722). C'était un symbole, dans la pensée du prélat. Dubois prétendait rétablir

---

1. On s'abuserait si l'on s'imaginait que l'inquisition d'Espagne se fût adoucie le moins du monde depuis le XVIe siècle. Sa férocité n'avait point diminué par la disparition du péril. Sous Philippe V, elle fit périr, sur les bûchers, deux mille trois cent quarante-six victimes, dont un grand nombre de femmes, et en jeta douze mille au fond des cachots. Ces horribles spectacles, qui étaient devenus un besoin pour le clergé espagnol, comme les courses de taureaux pour le peuple, avaient fort révolté les Français de la suite de Philippe V et répugné à Philippe lui-même, lors de son avènement, mais il s'y était habitué. Les chiffres donnés par Lémontei, t. Ier, p. 431, d'après les papiers de l'ambassadeur français Maulevrier, prouvent que Llorente n'a rien exagéré dans son *Histoire de l'Inquisition*.

2. V. les curieuses ordonnances des 20 octobre 1721, 28 février 1723, 22 juin, 9 septembre id., *Anciennes Lois françaises*, t. XXI, p. 202-216, etc. Le préambule de l'ordonnance du 20 octobre 1721 dit que les étalagistes et colporteurs, à Paris, résistaient ouvertement aux agents de police, et qu'ils étaient soutenus par les gagne-deniers des ports « et autres de la populace ».

le gouvernement de Louis XIV à l'intérieur, après avoir détruit la politique du Grand Roi au dehors, c'est-à-dire infliger à la France le despotisme sans la gloire. Ce qu'il s'imaginait copier, il pouvait tout au plus le parodier. On ne remonte pas le cours des âges. En ramenant le jeune roi à Versailles, on n'y ramena point la domination morale du royaume, qui resta à Paris. La cour ne devait plus redevenir la France, et Paris avait hérité de Versailles [1].

Dubois, cependant, travaillait à s'emparer de l'avenir comme du présent, sans vouloir comprendre que les maladies honteuses dont il était rongé lui interdisaient l'avenir. Sa victoire sur le conseil de régence ne lui garantissait qu'un an de règne. Le 16 février 1723 était l'époque de la majorité royale et, alors, un enfant de treize ans pourrait d'un mot tout renverser. Il fallait donc s'assurer de cet enfant. Ce n'était pas sans difficulté. Jamais les fictions monarchiques ne s'étaient appliquées à un sujet moins propre à déguiser ce qu'elles ont de choquant pour la raison. Louis XV n'avait de royal que sa figure, régulièrement belle, mais d'une beauté froide et tout extérieure, que n'éclairait ni n'adoucissait aucun rayon de l'âme. Rien ne rappelait chez lui son père ni son bisaïeul; par la vulgarité de ses goûts, il tenait plutôt de son aïeul, le dauphin, fils de Louis XIV, mais il n'annonçait pas même l'espèce de bonté banale qu'avait eue le dauphin [2]. Enfant, non pas sans intelligence, mais sans charme et sans tendresse, sans gaieté ni ouverture de cœur, il laissait percer, sous quelques apparences de sensibilité nerveuse, le fond d'une nature sèche, timide et dure à la fois. Il n'avait pour affections que des habitudes. Les personnages à craindre pour le régent et pour Dubois, au moment de la majorité, étaient donc ceux que leurs fonctions rapprochaient continuellement du jeune Louis, le

---

1. Après que la monstrueuse agglomération de population causée par le système se fut dissipée, Paris resta avec huit cent mille habitants, dont cent cinquante mille domestiques : il y avait vingt-quatre mille maisons, vingt mille carrosses et cent vingt mille chevaux. Ces chiffres sont ceux donnés par Germain Brice, en 1725.

2. L'avocat Barbier cite, dans son *Journal*, t. I, p. 140, un trait affreux du jeune roi : « il avait une biche blanche qu'il avait nourrie et élevée, et qui l'aimait fort. Il l'a fait conduire à La Muette, a dit qu'il voulait la tuer, a tiré dessus et l'a blessée. La biche est accourue sur le roi et l'a caressé; mais il l'a fait éloigner de nouveau, l'a tirée une seconde fois et l'a tuée. »

gouverneur et le précepteur, Villeroi et Fleuri¹. C'étaient deux vieillards de caractères fort opposés. Villeroi, vantard, emporté, sans jugement ni prudence, tour à tour contraignait maladroitement ou flagornait avec emphase l'enfant-roi. A mesure que le terme de la Régence approchait, il devenait raide et presque impertinent avec le régent et brutal avec Dubois. Fleuri, au contraire, doux, obséquieux, modeste envers les puissances du jour, s'attachait silencieusement le roi par sa molle indulgence, l'habituait à ne penser que par son vieux maître, tâchait d'étouffer en lui toute énergie pour le bien comme pour le mal, écartait de lui tout ce qui eût pu exalter son âme, exciter sa raison ou son imagination paresseuse, l'élevait enfin comme on élevait autrefois systématiquement les frères de rois; toute son éducation était, pour ainsi dire, mécanique, et la morale et la religion, ou plutôt la dévotion, ne lui étaient inculquées que « sous forme de préjugés² ». Fleuri, trop bien secondé par la nature, se préparait un instrument maniable pour lui seul.

Il eût été déjà trop tard pour écarter Fleuri; mais on pouvait lui faire sa part : Villeroi était intraitable; on le brisa. Le 10 août 1722, à la suite d'une altercation que le régent avait fait naître, Villeroi fut arrêté et exilé à Lyon. Fleuri, qui avait été le protégé de Villeroi, parut d'abord vouloir s'envelopper dans la disgrâce de son patron et disparut de Versailles sans faire connaître le lieu de sa retraite; le roi fut très-chagrin, le régent et Dubois fort inquiets; mais Fleuri s'était caché de manière à se laisser retrouver sans peine. On lui fit écrire deux mots par le roi; il crut le décorum sauvé et revint. Quelques jours après, Dubois atteignit son but. Aidé par le chargé d'affaires anglais Schaub, il parvint à démontrer au régent la nécessité de l'existence d'un premier ministre qui fût sa créature à l'instant de la majorité, afin d'éviter toute secousse

---

1. Lémontei t. II, ch. xiv. — Ne pas confondre le précepteur Fleuri, ex-évêque de Fréjus, et le confesseur, l'abbé Fleuri, l'historien, mort sur ces entrefaites. — Suivant le marquis d'Argenson (*Mém.* t. 1, p. 192), le roi avait cependant du goût pour le régent, qui s'était pris pour lui d'une affection sincère. M. d'Argenson se fait sur Louis XV des illusions auxquelles il s'attache le plus longtemps possible et qu'on voit se dissiper peu à peu dans ses intéressants Mémoires. V. le portrait vivement coloré dans le t. 11, p. 330.

2. Lémontei, t. II, p. 56. — Il se confessait par écrit au jésuite Linières, et le confesseur avait défense de lui adresser aucune question.

et de lui assurer à lui-même la continuation de son pouvoir. L'amour-propre du régent souffrit un peu de cette espèce d'abdication prématurée, mais Philippe, alourdi par les excès de ses nuits, plongé, durant toute la matinée, dans une torpeur qui le rendait incapable de pensée et de travail, n'était plus en état de rien refuser à Dubois. Il garda seulement la présidence des conseils et la signature des états et ordonnances de fonds. Dubois, déclaré *principal ministre*, souilla le siége de Richelieu, après celui de Fénelon, comme si toutes les grandeurs de la France eussent dû être flétries l'une après l'autre par cet homme (22 août 1722)!

Sans attendre la majorité, le régent et Dubois firent sacrer Louis XV, le 25 octobre; ce sacre fut remarquable par deux circonstances : la construction de la première grande route pavée, de Paris à Reims, et l'hésitation où furent les gouvernants sur le maintien de la cérémonie des *écrouelles* devant le scepticisme croissant; Dubois tenait à parodier le passé jusqu'au bout, et *l'attouchement des écrouelles* eut lieu [1]. Au retour de Reims, le régent, à l'instigation de Dubois, commença de donner au roi, avec un certain apparat, des leçons de politique : on fit suivre au jeune Louis trois cours de politique extérieure, de guerre et de finances; il s'y montra fort peu attentif et ne retint guère que les préventions qu'on lui inspira contre tout ce qui pouvait faire obstacle à l'autorité absolue. Le jour de la majorité arriva sans produire aucun changement effectif (16 février 1723) : Philippe déposa le titre de régent; Dubois fut confirmé dans le *principal ministère*, et Philippe dans les prérogatives qu'il s'était conservées en nommant Dubois premier ministre; seulement, le précepteur Fleuri entra au conseil d'état, composé du roi, du duc d'Orléans, de son fils le duc de Chartres, du duc de Bourbon et du cardinal Dubois. Mais les affaires importantes continuèrent à se décider entre le roi, le duc d'Orléans et le principal ministre, c'est-à-dire à être décidées par Dubois.

Espionnage en grand et dure fiscalité, ordre matériel maintenu avec rudesse, hypocrisie dans les affaires de religion, tels furent les principaux caractères de l'administration, sous cet étrange

---

1. Et même *un* des malades guérit, au rapport de d'Argenson. *Mém.* t. I, p. 2 1.

successeur de Richelieu et de Mazarin. Dubois semblait avoir épuisé le scandale jusqu'à la lie : il n'en était rien ; un spectacle inouï couronna dignement cette vie qui n'avait été qu'une longue profanation de tout ce que les hommes ont de sacré : on vit l'assemblée du clergé de France, le 4 juin 1723, installer solennellement le cardinal Dubois sur le fauteuil de président. Quelle chute, depuis les assemblées de 1682 et de 1700! L'Église, comme la monarchie, ne pouvait plus descendre!

Dubois, du reste, se proposait de payer par d'éminents services ses honneurs ecclésiastiques, et l'acceptation de la bulle n'était pour lui qu'un point de départ. La seule chose qu'il ait jamais faite en conscience, c'est le métier de cardinal ultramontain ; il était devenu plus Romain que Rome, et l'on peut soupçonner que, dans cette âme insatiable, à la fureur du chapeau commençait à succéder la *rabbia papale*. « J'entreprends actuellement, » écrivait-il à Rome, « de grandes choses pour l'autorité du saint-
« siège et la juridiction épiscopale, qui paraîtront à la fin de l'as-
« semblée et pour lesquelles il faut un grand travail et toute l'au-
« torité de ma place, que je déploierai sans aucune crainte des
« parlements, qui en seront le principal objet (25 juin)[1]. » C'est-à-dire qu'il se proposait d'enlever aux magistrats civils, dans les matières ecclésiastiques, une intervention indispensable là où il existe une *religion d'État* qui reconnaît un chef étranger. L'État se voyait donc sur le point d'être immolé par un ministre athée à une église corrompue, quand il avait surmonté le même péril aux jours de grandeur et de sainteté de cette même église.

Dubois n'eut pas le temps de réaliser ses projets. Bien que, depuis quelques années, les feux de l'ambition eussent éteint chez lui ceux du libertinage, les suites de ses désordres passés le minaient, et les excès du travail achevaient ce qu'avaient commencé les excès du vice. On dit que, par un complot d'un nouveau genre, les autres ministres, qu'humiliait son joug, hâtèrent sa fin et l'écrasèrent sous son orgueil en lui renvoyant toutes les affaires sous prétexte de déférence. Un incident burlesque précipita la catastrophe. Dubois, jouant au Richelieu, eut la fantaisie de passer

---

1. *Mém.* secrets de Dubois, t. II, p. 365.

la revue de la maison du roi. Pendant cette parade, où sa mine grotesque réjouit fort mousquetaires et chevaux-légers, le mouvement du cheval fit crever un abcès qu'il avait dans la vessie. On l'emporta mourant à Versailles. Le duc d'Orléans le força de subir une douloureuse opération, qui était sa dernière chance de salut; mais on ne put arrêter la gangrène. On voulut faire venir le curé avec les saintes huiles. Dubois s'écria, en jurant et sacrant selon sa coutume, qu'il fallait bien d'autres cérémonies pour administrer le viatique à un cardinal et ordonna d'aller chercher son confrère le cardinal de Bissi. Avant que Bissi fût arrivé, Dubois était trépassé sans viatique (10 août 1723). On eut au moins la pudeur de ne pas lui faire d'oraison funèbre : il n'y a point de profit à flatter les morts ; mais les gens d'argent lui en firent une à leur manière; les actions de la Compagnie des Indes baissèrent. Ainsi se dessina, dès l'origine, la moralité de la *bourse !* On doit avouer pourtant que la *bourse* n'eut pas complétement tort; car on vit bientôt, ce qui semblait impossible, quelque chose de pire que Dubois même! On retrouva ses vices, avec moins de talents et une méchanceté plus noire [1] !

Le duc d'Orléans ramassa, d'une main appesantie, le titre de premier ministre. On prétend qu'il ne l'avait donné à Dubois que sur la certitude de sa mort prochaine annoncée par les médecins et dans la pensée de lui succéder. Fleuri n'y apporta aucun obstacle. Philippe sembla un moment se réveiller : des projets importants s'agitèrent autour de lui; la Compagnie des Indes poussait au rétablissement de la Banque, et Law espéra du fond de son exil. Philippe l'avait fait consulter secrètement sur la situation des finances, que Dubois n'avait fait marcher qu'à coups d'édits bursaux. Tout cela passa comme un éclair. Philippe n'était plus capable de vouloir ni d'agir avec suite : il avait à son tour la mort dans le sein. Il avait usé, dans une perpétuelle orgie, sa brillante intelligence et son corps vigoureux. Un régime sévère

---

1. Les Mémoires du marquis d'Argenson, fils aîné du garde des sceaux de la Régence, confirment pleinement les traditions accréditées relativement à la pernicieuse influence de Dubois sur la jeunesse de Philippe, tout aussi bien que celles relatives à la fameuse pension anglaise. D'Argenson accuse même Dubois d'avoir corrompu la fille (la duchesse de Berri) comme le père. *Mém.* t. I, p. 29-31.

eût pu le sauver; il n'eut pas assez de courage, ou plutôt assez d'amour de la vie, pour renoncer à ce qui était devenu, pour ses sens blasés, habitude plutôt que plaisir. Dégoûté de tout, ne s'intéressant plus à rien en ce monde et ne croyant point à l'autre, quand son médecin lui signifia que sa façon de vivre le conduisait évidemment soit à une hydropisie de poitrine, soit à une apoplexie foudroyante, il choisit le genre de mort le moins douloureux, comme faisaient sous les Césars les proscrits épicuriens; il n'épargna rien pour obtenir une fin soudaine.

Chacun voyait venir le moment fatal, et la succession était déjà dévolue. Il eût été facile au vieux Fleuri de se la réserver; mais l'ambition tranquille et tempérée du précepteur de Louis XV ne ressemblait point à la frénétique ambition du précepteur de Philippe. Placidement égoïste, sans cupidité ni vanité, Fleuri ne se souciait ni de l'éclat ni des bénéfices pécuniaires de l'autorité et n'aimait point le détail de l'administration, trop lourd pour la paresse d'un vieillard superficiel qui avait passé sa vie dans les loisirs et dans les causeries des ruelles. Ce qu'il voulait, c'était une grande et dominante influence, qui ne lui imposât ni la responsabilité ni la peine du pouvoir. Il était donc résolu à ne pas prendre le titre de premier ministre et à le faire donner à l'aîné des princes du sang, au duc de Bourbon, toujours mêlé aux affaires depuis la Régence, avec beaucoup de profit et fort peu d'estime : son incapacité même lui était une vertu pour le rôle que lui destinait Fleuri.

Le 2 décembre 1723, l'apoplexie attendue de tous, et surtout de la victime, frappa Philippe dans les bras d'une de ses maîtresses. Ce prince, qui avait si déplorablement gaspillé tant d'heureux dons de la nature, n'avait que quarante-neuf ans. A cette nouvelle, le duc de Bourbon courut chez le roi, qu'il trouva avec Fleuri. Le précepteur dit au jeune monarque que, « dans la grande perte qu'il faisait de M. le duc d'Orléans, S. M. ne pouvait mieux faire que de prier M. le duc de vouloir bien accepter la place de premier ministre. » Le roi consentit par un signe de tête. Le duc prêta serment ; la patente lui fut délivrée et le nouveau gouvernement commença[1].

---

1. Saint-Simon, t. XX, p. 460. Ici finissent les vingt volumes des *Mémoires* de

La période de la Régence n'avait duré qu'un peu plus de huit ans, y compris les quelques mois de prorogation de pouvoir de Dubois et de Philippe ; elle tient dans nos fastes une place beaucoup plus considérable que ne semblerait le comporter ce petit nombre d'années. Elle ne causa pas, comme on l'a prétendu, la ruine de la monarchie et de la vieille société française ; le principe de cette ruine était dans la constitution même de cette monarchie et de cette société ; mais elle marqua, pour ainsi dire, la direction de la décadence et la précipita. A l'extérieur, la politique de Richelieu et de Louis XIV renversée pour les intérêts égoïstes d'une branche cadette, et la France enchaînée aux volontés de l'Angleterre et aux intérêts de l'Autriche ; au dedans, une immense révolution économique avortée et terminée par la banqueroute ; les mœurs bouleversées comme les fortunes ; la licence débordée, s'étalant au soleil avec un cynisme et une folie qui rappelaient le vertige des derniers Valois ; le scepticisme, celui qui provient, non des méditations de l'esprit, mais de la dépravation du cœur, envahissant les hautes classes et profanant les rites de la religion à laquelle il ne croyait plus, telle avait été, dans ses principaux traits, cette époque dont les souvenirs amusèrent la brillante et frivole société de l'ancien régime jusqu'au jour où la foudre révolutionnaire la réveilla. La France nouvelle devait juger la Régence avec plus de sévérité.

Saint-Simon. L'on a prétendu faire de Saint-Simon une espèce de grand homme. Il s'en faut de beaucoup. Ce n'est ni un grand politique, ni un grand penseur, ni un esprit juste, quoiqu'il ait parfois des vues très-justes et très-sagaces sur des objets particuliers ; mais c'est un grand peintre. A travers un énorme entassement de grandes choses ingénieusement et vivement saisies, de petitesses dont il fait des montagnes, de graves et interminables puérilités, de vérités dans les faits (dans les faits qu'il a vus de ses yeux, du moins) et de romans dans les causes, à travers ce chaos, brillent sans cesse des rayons de génie, mais d'un génie tout spécial. C'est ce génie qui saisit les physionomies, les gestes, les moindres mouvements de l'âme et du corps, les portraits individuels et les tableaux d'ensemble, et les fixe en traits qu'on n'oublie jamais. Merveilleux observateur du détail et de la forme de toutes choses, espion infatigable de deux générations, la dernière du XVIIe siècle et la première du XVIIIe, ce *curieux* par excellence a laissé une œuvre sans modèle et sans analogue, ou plutôt ce n'est pas une œuvre, c'est son existence tout entière qu'il nous livre avec celles de tous ses contemporains. Il est lui-même le rôle le plus original et souvent le plus comique de son immense comédie.

LIVRE XCIV

MINISTÈRES DU DUC DE BOURBON ET DU CARDINAL DE FLEURI

§ 1. Monsieur le duc. — Gouvernement de madame de Prie et de Pâris Duvernei. Nouveaux bouleversements monétaires et économiques. L'archevêque Tressan. Nouvelles persécutions contre les protestants. Impôt du cinquantième du revenu. — Nouvelle rupture avec l'Espagne. Mariage du roi avec Marie Lesczynska. — Souffrances et agitations populaires. — L'Espagne et l'Autriche se rapprochent. — *Pragmatique* autrichienne. — Lutte entre *Monsieur le duc* et Fleuri, précepteur du roi. *Monsieur le duc* est renversé. — § 2. Le cardinal de Fleuri. — Système d'assoupissement. Économie au dedans; paix au dehors; point de réformes; point d'innovations; la marine française sacrifiée à l'Angleterre. — Fleuri et les Walpole. — Raccommodement avec l'Espagne. — Le cardinal de Tencin. Persécution contre les jansénistes. Luttes du parlement contre le ministère. Miracles du diacre Pâris. — § 3. Suite du ministère de Fleuri : Guerre de l'élection de Pologne. — Mort d'Auguste II, roi de Pologne. La France porte au trône de Pologne Stanislas Lesczynski, beau-père de Louis XV. La Russie et l'Autriche portent Auguste III. Fleuri, de peur des Anglais, ne soutient pas sérieusement Stanislas. Siége de Dantzig. Mort héroïque de Plélo. Stanislas, élu par les Polonais, est renversé par les Russes. La France se venge sur l'Autriche. La France, l'Espagne et la Sardaigne attaquent l'Autriche en Italie. Batailles de Parme et de Guastalla. Les Autrichiens sont chassés des Deux-Siciles et de presque toute la Lombardie. Projet de Chauvelin, ministre des affaires étrangères, pour l'indépendance de l'Italie. Fleuri ne le soutient pas jusqu'au bout et renvoie Chauvelin par jalousie. Paix de Vienne. On rend le Milanais à l'Autriche et on lui cède Parme, moyennant qu'elle renonce aux Deux-Siciles en faveur du second fils de Philippe V. La Lorraine donnée à Stanislas, avec réversibilité à la couronne de France, et la Toscane donnée en échange au duc de Lorraine, gendre de l'empereur. On sanctionne la *pragmatique* autrichienne. — Grand mouvement spontané du commerce, de la marine marchande et des colonies françaises dans les Deux Indes. Contraste entre la misère des campagnes et l'éclat des villes et des ports.

1723 — 1739

§ 1. — Monsieur le duc

1723-1726

Il n'y avait rien à espérer du nouveau gouvernement. Le duc de Bourbon avait trempé dans ce qui s'était fait de pire sous Philippe d'Orléans; la continuation de la Régence, moins l'esprit, voilà ce qu'on devait attendre. Fleuri s'était trompé en comptant sur une nullité docile. *Monsieur le duc* fut docile, en effet, mais pour d'autres que pour le vieux précepteur du roi. Derrière sa nullité, il y avait d'actives ambitions. Une jeune femme charmante et perverse, qui cachait tous les vices sous les grâces d'une fausse ingénuité, la marquise de Prie, fille de traitant mariée à un diplomate, disposait de *Monsieur le duc* comme d'un esclave et en faisait l'instrument de ses vanités, de ses cupidités et de ses haines. Cette nouvelle Régence, tombée en quenouille, eut ses *roués*, à la tête desquels brillait ce jeune duc de Richelieu, qui remplit tout le XVIIIe siècle de sa scandaleuse renommée et qui fut durant soixante ans le type de la corruption élégante et de l'orgueilleuse frivolité. Elle eut aussi son Dubois et son Law, tout à la fois, dans Pâris-Duvernei, financier homme d'État, esprit actif, fertile, hardi, mais dur, emporté, despotique, tyran subalterne sous un tyran en jupon, et qui, sans plus de titre officiel que madame de Prie elle-même, dirigea pour elle et par elle tous les ministères dont aucun ne lui fut spécialement dévolu.

Fleuri trouva donc, dès le premier jour, chez le prince qu'il avait investi du pouvoir, une hostilité sourde au lieu de reconnaissance. La distribution des emplois et des grâces dépendit, quoi que pussent faire *Monsieur le duc* et ses directeurs, de l'homme qui savait seul délier la langue du roi; mais toute l'administration se fit, autant qu'on put, en dehors de Fleuri, et l'on commença par détourner secrètement le pape d'accorder le chapeau rouge qu'on sollicitait ostensiblement pour lui.

Cette administration reçut de son véritable chef, Pâris Duvernei, un singulier caractère de despotisme à la fois raisonneur et brutal. Duvernei, qui se donnait pour l'homme pratique et positif, par opposition aux *rêves* systématiques de Law, renouvela en sens inverse les mesures violentes et téméraires par lesquels Law avait bouleversé les intérêts économiques. Il subsistait, depuis le Système, malgré la suppression du papier-monnaie, un surhaussement des denrées, des salaires et des monnaies qui n'avait d'inconvénient que parce qu'il n'était pas suffisamment régulier et général. Duvernei prétendit rabaisser de vive force toutes les valeurs nominales; en moins de deux ans (du 4 février 1724 au 14 décembre 1725), il fit diminuer les monnaies de près de moitié; le louis d'or descendit de 27 livres à 14; le marc d'argent, de 74 livres 4 sous à 38 livres 17 sous. En même temps, il tarifa la main-d'œuvre, les denrées, et s'efforça de soumettre toutes les marchandises à des tarifs calculés sur l'abaissement qu'il imprimait aux monnaies. Si le peuple eût pu comprendre une opération aussi compliquée et qu'elle eût pu s'exécuter avec une précision rigoureuse, elle n'aurait eu d'autre inconvénient que celui d'une parfaite inutilité; mais il n'en fut pas ainsi : le peuple vit, avec une espèce de désespoir, revenir les bouleversements de 1720; les ouvriers s'ameutèrent pour défendre leurs salaires; on les sabra dans les rues de Paris; les marchands refusèrent d'abaisser leurs prix; on les mit à la Bastille, ou l'on mura leurs boutiques; l'agitation gagna les provinces; les résistances, comprimées sur un point, éclataient sur dix autres; les classes laborieuses ne parurent savoir aucun gré au pouvoir d'une autre mesure arbitraire, par laquelle Duvernei s'imagina venir en aide au travail, l'abaissement de l'intérêt légal au denier 30 (3 1/3 pour 100), abaissement tout à fait hors de proportion avec la situation économique du pays (28 juin 1724)[1].

   La législation de cette période porte presque partout la même empreinte de hautes prétentions dans les vues et de violence maladroite et cruelle dans l'exécution. Ainsi la déclaration du 17 juillet 1724, concernant les mendiants et vagabonds, étale de grands principes de justice sociale et de bien public, et décrète un vaste système d'extinction de la mendicité; à chaque hôpital doivent être annexés un asile volontaire pour les indigents, une prison pour les vagabonds et mendiants de profession, et des ateliers pour les uns et pour les autres. C'était là, certes, un grand dessein, mais prodigieusement difficile et qui demandait bien du temps et des ressources. On y procéda avec une précipitation inhumaine; on n'attendit pas que de nouvelles constructions fussent prêtes pour recevoir les mendiants; on entassa ces malheureux, presque sans vêtements et sans vivres, dans l'étroite enceinte des hospices.

1. V. Lémontei, t. II, p. 1-2.

« Couchez-les sur la paille et nourissez-les au pain et à l'eau, ils tiendront moins de place ! » écrivait aux intendants le contrôleur-général Dodun, exécuteur impitoyable des volontés de Duvernei. On prétendit suppléer par la terreur aux ressources qu'on n'avait pas ; on ne réussit qu'à soulever l'indignation générale ; les magistrats, les administrateurs des hôpitaux, les soldats, la maréchaussée même, opposèrent une résistance passive aux injonctions ministérielles ; tout le monde s'entendait pour favoriser l'évasion des pauvres détenus. Le pouvoir, alors, imagina d'imprimer une marque indélébile aux mendiants, soit par des ingrédients chimiques, soit par le feu ! Ces extravagantes barbaries échouèrent devant la sainte ligue de la charité publique.

Une autre loi fut plus durable et ne devait disparaître qu'à la Révolution : ce fut celle qui punit de mort le vol domestique dans tous les cas (4 mars 1724), seul souvenir qu'ait laissé dans l'histoire l'obscur garde des sceaux d'Armenonville, qui administrait alors la justice à la place du chancelier d'Aguesseau, deux fois disgracié sous le régent et resté en disgrâce sous le duc de Bourbon. Les maîtres, en général, eurent horreur de cette loi sauvage et n'en provoquèrent que très-rarement l'application, de sorte que les domestiques coupables restèrent bien plus souvent impunis en France que partout ailleurs.

Les mœurs, en France, corrigeaient souvent la cruauté des lois. Il n'en était pas de même dans les colonies où régnait l'esclavage. Le despotisme domestique y aggravait encore les rigueurs du *code noir*, qu'on étendit, sur ces entrefaites, à la Louisiane (mars 1724). Les affranchis et les mulâtres, qui commençaient à se multiplier, furent à leur tour l'objet de dispositions jalouses et tyranniques : un édit du 8 février 1726 déclara les gens de couleur incapables de recevoir aucuns dons ou legs des blancs, et condamna à rentrer en esclavage les affranchis qui recéleraient des esclaves fugitifs et qui ne pourraient payer une forte amende pour ce délit[1].

---

[1]. *Anciennes Lois françaises*, t. XXI, p. 298. — Une loi de la fin de Louis XIV (30 décembre 1712) avait au contraire tâché de protéger les esclaves en prononçant des peines pécuniaires contre les colons qui ne les nourrissaient pas, ou qui les mettaient à la question.

Parmi les nombreuses mesures législatives de cette administration inquiète et tracassière, quelques-unes méritent approbation : par exemple, on abolit l'odieuse coutume d'affermer les prisons comme un droit domanial, coutume qui mettait à la discrétion de fermiers cupides la subsistance et l'entretien des prisonniers (11 juin 1724). On entreprit un ouvrage d'utilité publique, le canal de Saint-Quentin, ou de la Somme à l'Oise (1724); mais le gouvernement n'y eut d'autre part que d'autoriser une compagnie à tenter l'opération, qu'elle ne put soutenir et qui ne fut achevée que par une autre compagnie formée en 1732 [1]. Une déclaration du roi signifia qu'on n'accorderait plus aucune permission de couper les futaies (25 mars 1725). Un arrêt du conseil, étendant à tout ce qui intéresse le commerce la mesure qui avait régularisé, sous Dubois, le trafic des actions de la Compagnie des Indes, ordonna l'établissement d'une bourse dans la rue Vivienne, pour la négociation des lettres de change, billets au porteur et à ordre, et autres papiers commerçables, et des marchandises et effets (24 septembre 1724). La négociation des rentes sur l'État, cet objet capital de la bourse actuelle, n'est point encore publiquement autorisée ici [2]. La suppression des charges municipales, rendant de nouveau l'élection aux villes, et l'abolition de quelques offices inutiles, furent des mesures bonnes par elles-mêmes, mais injustes envers les titulaires de ces charges, qu'on ne remboursa qu'en titres de rentes à 2 pour 100.

Entre les actes de ce temps, il en est un surtout qui dévoue le gouvernement du duc de Bourbon au mépris et à l'indignation

---

1. On employa les soldats à ces travaux. V. *Journal de Louis XV*, an. 1728.

2. *Anciennes Lois françaises*, t. XXI, p. 278. On doit reconnaître que toutes les précautions sont prises pour empêcher, autant que possible, l'agiotage. Il est défendu d'annoncer le prix d'aucun effet à voix haute et de faire aucun signal ou manœuvre pour en faire hausser ou baisser le prix, à peine d'exclusion de la Bourse, et de six mille livres d'amende. — Les particuliers qui voudront acheter ou vendre des papiers commerçables ou autres effets, remettront l'argent ou les effets aux agents de change avant l'heure de la Bourse, à peine contre les agents de change de destitution et de trois mille livres d'amende. — Toutes les négociations se feront à la Bourse, à l'exclusion de tous autres lieux. Il est défendu de faire aucune assemblée ailleurs et de tenir aucun bureau pour y traiter des négociations, etc. à peine de six mille livres d'amende.

Il faut avouer que nous sommes loin de la loi de 1724. Cette loi, au reste, ne fut pas longtemps observée et l'agiotage se donna bientôt libre carrière.

de la postérité : c'est la déclaration du 14 mai 1724 sur les protestants. Sous la Régence, le sort des réformés avait reçu, en fait, quelque adoucissement; mais aucune des lois de persécution n'avait été abrogée. Ni *Monsieur le duc,* ni madame de Prie, ni Pâris Duvernei n'eussent songé d'eux-mêmes à ces matières, et le vieux Fleuri n'était pas disposé à en réveiller les embarras; mais il y avait alors, dans les avenues du pouvoir, un de ces intrigants sans foi, sans mœurs et sans entrailles, qui envahissaient de plus en plus les dignités d'une église corrompue. C'était Lavergne de Tressan, ex-aumônier du régent et commensal intime des roués; on assure qu'il avait tiré du prodigue Philippe soixante-quinze bénéfices, outre l'évêché de Nantes. Il avait vu Dubois et d'autres conquérir le cardinalat aux dépens des jansénistes; issu d'aïeux protestants, ce furent les coreligionnaires de ses ancêtres qu'il résolut de prendre pour marchepied, afin d'atteindre le chapeau rouge. Devenu secrétaire du conseil de conscience après la retraite des jansénistes, puis archevêque de Rouen, il proposa à Dubois une refonte des diverses lois de Louis XIV contre les hérétiques : Dubois ne voulut pas l'écouter. Une seconde tentative auprès du duc d'Orléans, après la mort de Dubois, n'eut pas plus de succès. Tressan ne se rebuta point et réussit mieux près du nouveau pouvoir. Ce gouvernement de traitants et de femmes perdues crut faire acte de haute politique en reprenant « la trace de Louis le Grand » et reçut, sans examen, sans rapport préliminaire, le projet d'ordonnance présenté par l'archevêque de Rouen. La déclaration de 1724 renouvela toutes les dispositions les plus impitoyables de Louis XIV, moins celle qui ordonnait de traîner sur la claie les cadavres des relaps et qu'on n'osait maintenir devant le dégoût et l'horreur publique. Mais cette suppression était bien plus que compensée par de nouvelles cruautés moins brutales et plus raffinées : l'hypocrisie est plus savante dans le mal que le fanatisme. Un article, calculé avec un art infernal, enveloppa dans les peines terribles prononcées contre les assemblées protestantes tout exercice du culte, même dans l'intérieur de la famille. A la mort décrétée contre les prédicants, on ajoute les galères perpétuelles, pour les hommes, ou la détention perpétuelle, quant aux femmes, pour qui ne les dénoncerait pas; il est enjoint aux curés ou vicaires de visiter les malades suspects et de les exhorter en particulier et sans témoins, avec amende arbitraire contre les parents, amis ou serviteurs qui empêcheraient le curé de pénétrer jusqu'au malade, et galères perpétuelles pour les religionnaires cachés qui exhorteraient et assisteraient secrètement les malades. La loi qui condamne aux galères perpétuelles et à la confiscation [1] comme relaps tout religionnaire qui guérirait après avoir refusé les sacrements, est confirmée ; si le malade meurt, procès à sa mémoire et confiscation. Autrefois, il fallait que le refus des sacrements eût été constaté par le magistrat ; maintenant, le témoignage du curé suffira. Le prêtre de paroisse est constitué délateur en titre ! Il est interdit aux parents de consentir au mariage de leurs enfants en pays étranger, sans permission expresse du roi, à peine des galères perpétuelles pour les hommes et du bannissement perpétuel pour les femmes, avec confiscation ; en même temps, les *nouveaux catholiques* (et l'on comprend sous ce titre tous les réformés, d'après la fiction de la loi de 1715, qui nie qu'il reste des protestants en France) ont ordre d'observer dans leurs mariages les formalités prescrites par les *saints canons* et par les ordonnances. Tout état civil est ainsi anéanti pour les protestants ; il n'y a plus en France, aux yeux de la loi, que des catholiques, ou des relaps passibles des galères [2].

La loi était monstrueuse : l'exécution fut pire. Le vieux tyran du Languedoc, Basville, réveillé par Tressan au fond de sa retraite, rassembla ce qui lui restait de forces pour dresser à l'usage des intendants une instruction digne de Tibère. Il mourut à la peine, comme un tigre sur sa dernière proie. Quant aux articles relatifs aux malades, il n'y avait pas moyen de rien ajouter à la loi : le père Le Tellier était de beaucoup dépassé par l'infâme combinaison de cette double disposition qui livrait le mourant, seul à seul, au représentant d'une croyance ennemie et qui infligeait des peines atroces aux parents et aux amis qui assistaient spirituellement leurs proches au lit de mort. Mais, en ce qui regardait le mariage, il n'en était pas de même ; on pouvait encore envenimer

---

1. Dans les provinces qui n'admettent pas la confiscation, on y supplée par une amende de la moitié des biens.
2. *Anciennes Lois françaises*, t. XXI, p. 261.

la tyrannie; la plupart des protestants se fussent résignés, malgré leur extrême répugnance, à subir le sacrement du prêtre catholique; mais, presque partout, ce même clergé, autrefois si facile aux communions sacriléges, n'accueillit les fiancés de foi suspecte que par des rigueurs outrées et leur imposa des épreuves pénibles, humiliantes, démesurément prolongées, avant de leur accorder la bénédiction nuptiale : assuré de ses victimes, maintenant que toute autre forme de mariage était abolie, le clergé n'avait plus de concessions à faire : dans beaucoup de diocèses, en Dauphiné surtout, les curés obligeaient les fiancés, enfants de réformés, *à maudire leurs parents décédés* et *à jurer qu'ils croyaient à leur damnation éternelle* [1] !...... Les protestants, désespérés, cessèrent de se présenter à l'église et retournèrent prier et se marier au *désert*, devant leurs héroïques pasteurs, génération de martyrs qui se renouvelait incessamment au pied de l'échafaud; mais, là, ils retrouvèrent les intendants pour les poursuivre et les tribunaux pour les condamner [2]. La correspondance des intendants fait voir à nu le double caractère de cette persécution, froidement cruelle de la part de hauts fonctionnaires libertins et incrédules, grossièrement fanatique de la part du bas clergé. Cette période rappelle, bien mieux que celle de 1685, ces derniers jours de l'antiquité, où les chefs épicuriens et sceptiques de l'empire romain donnaient hypocritement la main aux prêtres du paganisme populaire pour exterminer les chrétiens.

L'émigration protestante avait recommencé : la Suède essaya d'en profiter pour réparer ses pertes, en invitant les Français persécutés à venir chercher un asile dans son sein. On n'osa refuser aux luthériens d'Alsace l'exemption que leur assuraient des priviléges garantis par les capitulations les plus solennelles, et la Hollande obtint aussi des conditions spéciales pour ses nationaux établis en France. La persécution ne sévit pas longtemps

---

1. Correspondance des intendants, cité par Lémontei, t. II, p. 157.
2. Quelques tribunaux jansénistes, par opposition aux évêques molinistes, montrèrent de l'indulgence; mais d'autres entrèrent violemment dans l'esprit de la loi, et, le plus souvent, d'ailleurs, dans les affaires d'assemblées illicites, il n'y avait d'autre juge que l'intendant. — Les jeunes pasteurs du désert sortaient, pour la plupart, d'un séminaire fondé à Lausanne par Antoine Court, père du philosophe Court de Gebelin.

sur nos malheureux calvinistes dans toute son intensité; elle ne se ralentit toutefois pour quelques années qu'après d'importants changements qui ne tardèrent pas à survenir dans le gouvernement.

Le duc de Bourbon et ses conseillers avaient porté la même étourderie brutale dans la politique extérieure que dans l'intérieure. *Monsieur le Duc* enviait avec fureur le titre de premier prince du sang au jeune duc d'Orléans, fils du régent, et ne pouvait supporter l'idée de voir ce rival, fort insignifiant de sa personne [1], monter sur le trône si le roi venait à manquer. Sa première pensée, en arrivant au pouvoir, fut donc de renouveler les plans d'Alberoni et de la duchesse du Maine contre la branche d'Orléans, et de s'entendre avec la cour d'Espagne pour assurer éventuellement à Philippe V ou à ses enfants la réversibilité que leur interdisait le traité d'Utrecht. Dans l'aveuglement d'une haine fort peu motivée, il aimait mieux reculer d'un degré les chances de sa propre branche, que de laisser subsister les droits des d'Orléans. Ses desseins, à peine ébauchés, furent contrariés par une nouvelle assez étrange, qui arriva de Madrid, l'abdication de Philippe V. L'hypocondre Philippe, qui roulait ce projet dans sa tête depuis quelques années, l'avait effectué le 10 janvier 1724, au grand chagrin de sa femme, et la couronne d'Espagne avait passé sur le front de don Luis, jeune homme de seize ans, fils aîné de Philippe et de la feue reine Louise de Savoie. Il eût été fort difficile de faire entrer dans les vues secrètes du duc de Bourbon l'oligarchie castillane qui venait de succéder au pouvoir de la reine italienne; mais le nouveau règne s'évanouit comme une ombre, sans autre événement que quelques scandales entre le jeune roi et sa femme, une de ces filles du régent qui portaient le vice et la folie partout. Don Luis mourut de la petite vérole, le 30 août. La reine Élisabeth de Parme et l'ambassadeur de France, le vieux Tessé, s'unirent pour forcer Philippe de remon-

---

1. Le nouveau duc d'Orléans, dépourvu de toute faculté politique, de toute aptitude aux choses de ce monde, se jeta dans la haute dévotion janséniste, comme pour expier les désordres et l'impiété de son père, et, après la mort de sa femme, princesse de la maison de Bade, se retira dans un logement dépendant du monastère de Sainte-Geneviève, où les œuvres pieuses et l'étude de la controverse et des textes bibliques l'absorbèrent tout entier.

ter sur son trône. Ce ne fut pas une petite affaire. Les grands, qui voulaient régner sous le nom de l'infant Ferdinand, le second fils de la feue reine Louise, firent agir les théologiens pour persuader à Philippe que, s'il revenait aux grandeurs de ce monde, il commettrait le même péché qu'un religieux en rupture de vœux. On opposa docteurs à docteurs, et le nonce du pape fit enfin pencher la balance. Philippe reprit le titre, Élisabeth reprit la réalité du pouvoir, au grand détriment de la paix européenne.

Le pacte secret, projeté par le duc de Bourbon, ne fut pourtant pas conclu. Philippe V entendait que la France, en expiation de l'invasion de 1719, mît son or et son sang à la disposition de l'Espagne, et la reine était habituée à considérer comme un ennemi quiconque n'épousait pas sans aucune réserve toutes ses passions et tous ses intérêts. Ils voulaient tous deux que, dans le congrès ouvert à Cambrai pour terminer le règlement des intérêts austro-espagnols, on obligeât l'Angleterre à rendre Gibraltar et l'empereur à se dessaisir de Mantoue en donnant aux infants l'investiture de Parme et de la Toscane ; ou, sinon, la guerre. Le duc de Bourbon, plus par sottise que par audace, eût peut-être consenti à courir cette dangereuse aventure ; il eût pu rencontrer un sérieux obstacle en ce cas dans le vieux Fleuri ; mais ce fut une cause plus intime qui l'arrêta. Robert Walpole, qui dirigeait le cabinet anglais depuis la mort de lord Stanhope et qui avait érigé la corruption en système diplomatique et parlementaire avec une précision mathématique, achetait tout ce qui pouvait être à vendre, au dehors comme au dedans. Madame de Prie hérita de la politique anglaise de Dubois en héritant de sa pension, et l'on conçoit que dès lors *Monsieur le Duc* se trouva dans l'impossibilité de rien faire qui déplût à l'Angleterre. Non-seulement il n'y eut point d'entente avec l'Espagne contre l'Angleterre et l'Autriche ; mais madame de Prie fit manquer un important dessein conçu par un diplomate français pour nouer cette alliance russe que le régent n'avait pas voulu accepter. Il s'agissait de marier *Monsieur le Duc* à une fille de Pierre le Grand, avec l'expectative du trône de Pologne après Auguste II.

La politique de la France eût changé peut-être, si Philippe V eût accordé à madame de Prie une faveur vivement désirée. Elle voulait récompenser par un titre la complaisance de son mari et assurer une haute position à ses enfants, dont *Monsieur le Duc* se croyait le père. Bourbon, n'osant faire le marquis de Prie duc et pair en France, s'avisa de demander pour lui la « grandesse » au roi d'Espagne. Philippe et sa femme rejetèrent la demande avec mépris. Bourbon, ne voyant plus rien à faire pour lui avec l'Espagne et conservant ses appréhensions relativement au duc d'Orléans, résolut alors d'assurer au plus tôt un héritier direct au roi, fût-ce au prix d'une rupture ouverte avec Philippe V, c'est-à-dire de renvoyer l'infante-reine, enfant de six ans, et de marier Louis XV à quelque princesse qui pût sur-le-champ le rendre père. Le jeune roi s'était beaucoup fortifié par l'exercice et la chasse, mais sa santé éprouvait de temps en temps des crises alarmantes. Une fièvre violente, qui mit sa vie en danger pendant deux jours, comme il venait d'accomplir sa quinzième année (20 janvier 1725), effraya le duc de Bourbon et le décida à brusquer l'affaire. Fleuri ne s'y opposa point, tout en s'arrangeant de manière à en éviter la responsabilité. Le renvoi de l'infante fut signifié à la cour d'Espagne avec une précipitation qui aggravait l'offense. On demanda pour Louis XV une fille du prince de Galles, petite-fille de George Ier. Il était insensé de s'imaginer que le roi hanovrien, qui n'existait que par le principe protestant, soulèverait l'Angleterre en faisant acheter la couronne de France à une fille de sa race par l'*apostasie*, et, de leur côté, les continuateurs de Le Tellier ne pouvaient donner une reine protestante à la France. George Ier refusa la main de sa petite-fille.

Ce que refusait l'Angleterre, la Russie se hâta de l'offrir. Pierre le Grand venait de mourir (8 juin 1725), laissant derrière lui une machine politique si solidement construite et si habilement lancée, qu'elle n'a pas cessé de marcher, pour ainsi dire, d'elle-même. La veuve du tzar, la fameuse Catherine, déployant pour sa propre grandeur le génie qu'elle avait autrefois montré pour le salut de son mari sur les bords du Pruth, s'était approprié le trône des Romanoff, au détriment de l'héritier[1], Pierre Alexiowitz,

---

1. Catherine prétendit que son mari l'avait désignée pour héritière et se fit proclamer par les soldats. Suivant la législation de Pierre le Grand, l'héritier naturel,

fils de ce fils que le tzar Pierre avait impitoyablement immolé au salut de sa grande œuvre, comme ces symboliques victimes qu'on ensevelissait sous les fondements des cités antiques. L'héritier dépossédé était fils d'une belle-sœur de l'empereur Charles VI, et Catherine craignit que les partisans de cet enfant ne cherchassent un appui en Autriche; elle se tourna donc vers la France et fit offrir à Louis XV sa seconde fille (qui fut plus tard la tzarine Élisabeth); la princesse russe eût embrassé le catholicisme, et la Russie eût mis ses forces à la disposition de la France en cas de guerre européenne. Quant à la Pologne, la Russie n'avait même plus la prétention de lui donner une reine moscovite, en aidant le duc de Bourbon à saisir la couronne polonaise, quand elle tomberait du front d'Auguste II; elle proposait elle-même au duc de Bourbon d'épouser la fille du roi détrôné Stanislas Lesczynski, le malheureux allié de Charles XII, qui végétait obscurément au fond de l'Alsace. C'était là toute une politique nouvelle et hardie, mais qui dépassait trop la taille de *Monsieur le Duc*; madame de Prie ne voulait point que son amant allât régner en Pologne. *Monsieur le Duc* remercia fort et n'accepta point. Ces constants et inutiles efforts de la Russie pour s'unir à la France, pendant la première partie du xviiie siècle, sont singulièrement remarquables. Leur succès eût pu amener une confédération entre la France, la Russie, l'Espagne et l'Italie contre l'Autriche et l'Angleterre. Combien de temps cette association eût-elle duré et jusqu'à quel point eût-on pu s'entendre pour ce qui regarde la Pologne et la Turquie? C'est là chose fort obscure, mais ce qui est certain, c'est qu'il n'y eut aucun motif sérieux, aucune raison d'intérêt public, dans les refus obstinés qu'opposa la cour de Versailles aux empressements de Saint-Pétersbourg.

Les propositions de la tzarine contribuèrent indirectement à donner à la grande affaire du mariage de Louis XV le dénoûment le plus inattendu. Ce que cherchait madame de Prie, c'était une reine qui lui dût tout, qui n'eût d'appui ni en France ni au dehors, et dont le caractère promît reconnaissance et docilité. Après avoir passé en revue toutes les princesses de l'Europe, la

---

fils ou fille, n'est appelé au trône que si le dernier souverain n'a pas désigné un autre successeur.

favorite s'arrêta précisément sur cette pauvre fille de roi déchu, que Catherine avait voulu faire épouser au duc de Bourbon. Fleuri approuva et décida le roi à consentir avec une insouciance d'enfant. Stanislas Lesczynski, sa femme et sa fille, qui vivaient à Weisembourg, en Alsace, d'une pension que leur faisait par pitié le gouvernement français, crurent rêver quand ils reçurent la lettre de *Monsieur le Duc* qui leur annonçait ce merveilleux retour de fortune. Ils se jetèrent à genoux tous les trois pour remercier Dieu. La joie de Stanislas fut à peine tempérée par la déclaration de *Monsieur le Duc* que la France n'entendait tirer de ce mariage aucunes conséquences politiques, et la promesse de ne tenter aucun effort pour remonter sur le trône de Pologne parut peu lui coûter dans cette première ivresse. Les épousailles de Louis XV et de Marie Lesczynska furent célébrées le 4 septembre 1725, dans la chapelle de Fontainebleau. La reine avait près de sept ans de plus que son époux.

Le public européen marchait d'étonnement en étonnement. Le mariage de Louis XV avait été précédé d'un événement bien plus surprenant que ce mariage même et qui fut le contre-coup immédiat du renvoi de l'infante. Ce fut la réconciliation des deux mortels ennemis, Philippe V et Charles VI. Philippe, irrité de la froideur que le duc de Bourbon témoignait pour ses intérêts, avait déjà entamé secrètement une négociation directe avec l'empereur, avant de savoir qu'on ôtait à sa fille la couronne de France. Après le renvoi de l'infante, Philippe et sa femme ne songèrent plus qu'à se venger à tout prix. Quant à Charles VI, il était dominé par une idée fixe à laquelle il sacrifiait tout; c'était d'assurer son héritage intact à ses filles. Dès 1713, n'ayant point encore d'enfants, il avait fait un décret qui prescrivait l'indivisibilité de ses états et qui ordonnait que son héritage passât à la ligne féminine à défaut d'enfant mâle. Ce décret dérogeait tout à la fois aux lois particulières de la plupart des états autrichiens, lois exclusives de la succession féminine, et au pacte de famille par lequel Léopold Ier avait autrefois établi que, si ses deux fils, Joseph et Charles, mouraient sans postérité mâle, les filles de l'aîné, de Joseph, succéderaient de préférence à celles de Charles. La loi de Charles VI était restée longtemps renfermée dans le sein du conseil d'état autrichien; mais, le 6 décembre 1724, l'empereur s'était décidé à la publier solennellement, sous le titre de Pragmatique Sanction, en faveur des deux filles qui lui étaient nées depuis 1713. Il avait déjà obligé ses nièces, les filles de Joseph Ier, à renoncer à tous leurs droits et ne les avait mariées que sous cette condition aux princes électoraux de Saxe et de Bavière [1]. Dès lors il n'eut plus d'autre pensée que de faire accepter et garantir sa Pragmatique et par les diverses parties de la monarchie autrichienne et par les puissances étrangères.

L'adhésion de l'Espagne devait être inappréciable pour l'empereur et il était trop mécontent de ses anciens alliés, les Anglais et les Hollandais, pour que leur considération pût l'arrêter beaucoup. Le traité d'Utrecht, qui mêlait si singulièrement en Belgique l'autorité seigneuriale de l'empereur et l'autorité protectrice de la Hollande, avait bientôt mis aux prises les deux puissances ainsi juxtaposées, et le traité de la *Barrière* n'avait réglé qu'après bien des débats, les limites de cette protection militaire, qui s'entretenait par ses propres mains aux dépens du pays protégé (15 novembre 1715). Quelques années plus tard, une autre question avait réveillé l'aigreur réciproque. En 1718, un armateur de Saint-Malo, ayant ramené de la Chine à Dunkerque deux vaisseaux richement chargés et n'ayant pu obtenir de la compagnie d'Orient la permission de vendre ses marchandises en France [2], était allé porter sa cargaison à Ostende, avait fixé le siège de ses opérations dans ce port et y avait fondé une société pour le commerce d'Orient. L'empereur érigea cette société en compagnie privilégiée, le 19 décembre 1722. C'était un dédommagement offert à la Flandre pour cette inique fermeture de l'Escaut, imposée jadis par la Hollande à l'Espagne vaincue. La compagnie flamande prit un rapide essor. La Hollande, puis l'Angleterre, réclamèrent avec violence et prétendirent que l'empereur contrevenait aux traités en ouvrant la mer à ses sujets

---

1. Coxe, *Maison d'Autriche*, t. IV, ch. LXXXIV. — *Journal de Louis XV*, p. 66. — Dumont, t. VII, deuxième partie, p. 103.

2. Peut-être ne voulut-il pas payer les dix pour cent que la compagnie imposait aux Malouins pour ce commerce. Ceci se passait avant la réunion du commerce d'Orient à celui d'Occident entre les mains de Law et de sa Compagnie générale.

flamands. Le régent, par déférence envers l'Angleterre, et l'Espagne, par hostilité contre l'Autriche, avaient appuyé ces réclamations. Mais, maintenant, tout était changé du côté de l'Espagne. Un concert intime s'était établi entre les méridionaux, tant Italiens que réfugiés espagnols, qui tenaient une place importante dans le conseil de l'empereur, et l'envoyé secret de Philippe V, le Hollandais *converti* Riperda, audacieux et bizarre aventurier, espèce de parodie d'Alberoni, qui avait remplacé Alberoni dans la confiance de la reine d'Espagne. Il sortit de ces conciliabules la combinaison la plus extraordinaire. Par un triple traité signé, dès les 30 avril et 1er mai 1725, à Vienne, Charles VI et Philippe V renoncèrent à toutes prétentions sur leurs états respectifs, avec pleine amnistie réciproque pour les partisans des deux rivaux réconciliés : Philippe garantit la Pragmatique Sanction et ouvrit les ports d'Espagne aux sujets autrichiens et aux négociants des villes hanséatiques, dans les mêmes conditions que pour les nations les plus favorisées; Charles promit ses bons offices pour faire restituer Gibraltar et Mahon à l'Espagne, et une alliance défensive fut convenue. Par un engagement secret, qui ne paraît pas avoir été jamais écrit, l'empereur promit ses deux filles, les archiduchesses Marie-Thérèse et Marie-Anne, aux deux fils du second lit de Philippe V, don Carlos et don Philippe; il s'engagea de coopérer par la force à la recouvrance de Gibraltar et de Mahon [1].

Ce pacte étrange, qui semble le rêve d'une imagination malade, en greffant la branche cadette des Bourbons sur le tronc autrichien, eût rompu de nouveau l'équilibre européen et refait la monarchie de Charles-Quint. Il n'est pas sûr que Charles VI ait jamais eu l'intention sérieuse de tenir des promesses contre lesquelles s'élevaient sa femme et presque tous ses conseillers allemands, qui préparaient dès lors le mariage des deux archiduchesses avec les fils du duc de Lorraine; en tout cas, il n'avait donné à l'Espagne que des paroles secrètes, qu'il pouvait toujours renier, contre des effets très-positifs.

Ce qu'on sut des traités de Vienne suffit néanmoins pour émou-

---

1. Dumont, t. VII, deuxième partie. p. 106. — W. Coxe, l'*Espagne sous les Bourbons.* — Lémontei, t. II, p. 226.

voir vivement l'Europe. Georges Ier accourut dans ses états d'Allemagne, afin de surveiller les mouvements de l'empereur, et, le 3 septembre, une alliance défensive fut signée, à Hanovre, entre l'Angleterre, la France et le roi de Prusse, Frédéric-Guillaume, gendre de Georges Ier. On s'engagea, par article secret, à faire abolir la compagnie d'Ostende. Les deux monarques protestants exigèrent qu'au traité de Hanovre fussent annexés d'autres articles relatifs aux affaires de Pologne et au maintien du traité d'Oliva (de 1660), qui avait garanti, avec la caution de la France, les libertés des protestants polonais. Un événement, affreux en lui-même, plus fatal encore par ses conséquences futures, avait récemment soulevé toute l'Europe protestante. A la suite d'une rixe provoquée par les écoliers des jésuites, la population luthérienne de Thorn ayant saccagé le collège des jésuites de cette ville et brisé ou déchiré les images des saints [1] (17 juillet 1724), la diète polonaise avait fait arrêter, avec un emportement furieux, et mettre en jugement les magistrats et les plus notables bourgeois, comme ayant excité ou n'ayant pas empêché ce tumulte. Un grand nombre furent condamnés à mort par un tribunal fanatisé; le gymnase et les temples protestants de Thorn furent confisqués et donnés à des communautés catholiques. Les condamnations capitales n'eussent point été possibles sans le témoignage des jésuites de Thorn : le légat du pape lui-même, à la sollicitation du chancelier de Pologne, leur écrivit qu'ils ne pouvaient prêter serment en pareille matière sans irrégularité canonique. Ils tournèrent la question et le firent prêter à deux membres de leur congrégation qui n'étaient pas dans les ordres. Les victimes furent livrées au supplice et, quelque temps après, les jésuites célébrèrent leur triomphe en jouant dans leur église une pièce allégorique tirée de la Bible; ils y étalèrent les simulacres de dix têtes coupées [2]. L'indignation fut générale et chez les nations réformées et parmi tout ce qui n'était plus dominé par la

---

1. Il est constaté, par la plainte même des jésuites, que le saint-ciboire fut respecté, à la prière d'un des religieux.
2. Lémontei, t. II, p. 239. — V. l'arrêt de condamnation promulgué sous forme de *décret assessorial* du roi de Pologne, le 30 octobre, dans Dumont, t. VII deuxième partie, p. 89; et les actes d'exécution du décret, du 5 décembre 1724; ibid., p. 97.

fureur des haines sectaires. L'Angleterre et la Prusse, par esprit religieux, la Russie, par politique, adressèrent à la Pologne des plaintes menaçantes, et le duc de Bourbon, en vertu du traité d'Oliva, se trouva contraint de seconder les réclamations des puissances du Nord, au moment même où il persécutait si cruellement les protestants français [1].

Les remontrances et les menaces n'aboutirent à rien : Catherine Ire, abîmée dans les voluptés, oubliait sur le trône les grandes qualités qui l'y avaient fait monter et ne suivait que mollement les traditions de son époux. Quant aux puissances protestantes, elles n'étaient point disposées à pousser leurs démonstrations jusqu'à faire une guerre de religion et d'humanité. L'affaire de Thorn, digne résultat de l'éducation que la noblesse polonaise recevait des jésuites et digne suite de ces persécutions qui avaient jadis coûté à la Pologne les tribus cosaques, ne porta donc pas immédiatement ses fruits; mais les germes de discorde et de vengeance couvèrent, exploités par la Russie. L'adroite Russie affecta, vis-à-vis de l'Europe, le zèle d'une nouvelle convertie à la civilisation et se posa comme la protectrice de la tolérance et de l'humanité : la nouvelle génération européenne, qu'allait absorber l'idée exclusive de la réaction contre le fanatisme, prit la Pologne en dédain, comme une terre de superstition et d'anarchie rétrograde; méconnut le libre et généreux génie que ses funestes éducateurs avaient égaré, mais n'avaient pu étouffer en elle, et perdit la mémoire de ses services passés, qu'on devait se rappeler trop tard !

De 1725 à 1726, c'était l'Alliance de Vienne, et non la catastrophe de Thorn, qui menaçait l'Europe d'une guerre générale. Les alliés de Vienne et ceux de Hanovre cherchaient de part et d'autre des auxiliaires, et toute l'Europe semblait près de se par-

---

1. Peu de temps après (1731), une autre persécution eut lieu contre les protestants dans l'Allemagne méridionale. Le protestantisme ayant envahi l'archevêché de Saltzbourg dans la seconde moitié du XVIIe siècle, et les montagnards de Saltzbourg, race intelligente et laborieuse, réclamant de leur archevêque la liberté de conscience, le prélat appela les Autrichiens, et des milliers de ces pauvres gens furent expulsés de leur patrie. Ils portèrent leur industrie, la sculpture sur bois, à Nuremberg, se répandirent dans l'Allemagne protestante, et le pays de Saltzbourg demeura dépeuplé et ruiné. V. un très-intéressant article de M. Michiels, dans le *Siècle* du 9 octobre 1858.

tager entre eux. On n'entendait parler que de préparatifs militaires. Une ordonnance du 27 février 1726, ouvrage de Paris Duvernei, réorganisa la milice, cette imparfaite réserve de l'armée active, sur un plan très-amélioré : on la forma en cent bataillons de six cents hommes chacun ; c'était une réserve de soixante mille hommes pour une armée de cent trente-cinq mille ; on donna aux bataillons de bons cadres et, sans arracher les miliciens à leurs provinces, ni à leurs travaux, on les assujettit à des exercices réguliers. Malheureusement, le tirage au sort, sous un régime d'arbitraire et de corruption, ne fut pas exécuté avec loyauté ni sincérité, et cette espèce de *conscription* fut infectée d'abus iniques, presque autant que le recrutement de l'armée de ligne avec ses enrôlements frauduleux ou forcés [1].

La France se voyait, avec étonnement, entraînée vers une guerre aussi étrangère à ses intérêts qu'à ses sentiments et provoquée par les causes les plus puériles. Cette lutte insensée allait éclater au milieu des circonstances intérieures les plus défavorables. Sitôt après une banqueroute qui avait liquidé la dette publique, le désordre des finances reparaissait déjà, grâce à l'avidité, aux gaspillages, au faste effréné de *Monsieur le Duc* et de madame de Prie, et grâce aussi aux 35 millions que coûta au trésor l'inutile diminution des monnaies [2]. On en était déjà réduit à choisir entre une nouvelle banqueroute ou la création de nouvelles ressources,

1. Lémontei (t. II, p. 252) se trompe en voyant dans la milice, si souvent employée par Louis XIV, une création toute nouvelle ; mais il donne, à ce sujet, d'intéressants détails sur notre état militaire : le recrutement coûtait alors trois millions par an ; les généralités du nord de la France fournissaient proportionnellement presque le double d'enrôlés que celles du midi, et les soldats du nord désertaient beaucoup moins que les autres. L'enrôlement volontaire, ou censé tel, donnait annuellement dix-huit à vingt mille hommes, dont les deux tiers sortaient des villes. Dans les derniers temps de la monarchie, le nombre des Français qui tiraient à la milice était, année commune, de trois cent trente-huit à trois cent trente-neuf mille, et la levée annuelle des miliciens de près de quatorze mille cinq cents.

2. Duvernei assure, dans le préambule de l'édit du 5 juin 1725, que le régent avait laissé plus de quarante millions de nouvelle dette flottante ; mais cela est peu probable. Il y a des renseignements précieux dans ce préambule. Duvernei, pour excuser les embarras où se trouve déjà le duc de Bourbon, explique que la Régence avait vécu, en grande partie, des augmentations, refontes et *remarques* des monnaies ; qu'elle y avait gagné près de deux cent trente-quatre millions, de 1716 à 1720, et près de cent vingt millions, de 1720 à 1723. — *Anciennes Lois françaises*, t. XXI, p. 289.

puisque l'économie n'était pas possible avec de tels gouvernants. Dès le 5 juin 1725, deux mois après le renvoi de l'infante, Duvernei avait fait décréter un impôt du cinquantième de tous les revenus, pour douze années; c'est-à-dire qu'il fit rétablir la dîme, déjà essayée de 1710 à 1717, en fit un impôt de quotité et lui donna une proportion exacte; la perception devait avoir lieu en nature, comme le voulait Vauban, et commencer partout sous six semaines, précipitation extravagante, quand il s'agissait de quelque chose d'aussi difficile et d'aussi compliqué que l'impôt en nature. Le cinquantième était censé devoir être employé à l'amortissement des rentes sur l'État, tant perpétuelles que viagères, qui dépassaient encore 51 millions par an, malgré les énormes réductions arbitraires qu'elles avaient subies. On s'attendait à l'opposition du parlement : on voulut prévenir ses remontrances et, le 8 juin, *Monsieur le Duc* mena le roi porter au parlement, en lit de justice, l'édit du cinquantième, accompagné d'autres édits qui créaient des maîtrises à prix d'argent dans tous les métiers, à l'occasion du mariage du roi, rétablissaient au denier 20 l'intérêt qu'on avait tenté en vain d'abaisser au denier 30, etc. Tous les membres du parlement s'abstinrent de la vaine formalité de voter un enregistrement forcé, et le peuple accueillit le jeune roi et son cortége par un morne silence.

Le cinquantième, impôt équitable en lui-même, mais qui avait le tort immense de venir en surcroît de tant d'autres impôts, fut suivi d'exactions toutes féodales. Sur la fin de l'administration précédente, après la mort de Dubois, on avait suggéré au duc d'Orléans de revendiquer le vieux droit domanial de *joyeux avénement*, en vertu duquel le nouveau roi pouvait faire acheter par une taxe la confirmation de tous les priviléges donnés ou confirmés par ses prédécesseurs. Dans une société où tout droit individuel ou collectif n'existait que comme privilége [1], tout le monde, ou peu s'en faut, était atteint par cette taxe; on en excepta seulement, par politique, les membres des parlements et des autres cours supérieures. *M. le duc*, en entrant au ministère, avait suspendu le *joyeux avènement*, afin de se populariser; on le rétablit

---

1. Il n'y avait véritablement, en dehors de ce système, que les terres possédées en franc-alleu.

en juillet 1725 et on l'afferma, pour 24 millions, à des traitants qui tirèrent de la nation presque le double. Un autre droit féodal, la *ceinture de la reine*, fut levé sur les métiers. Pendant ce temps, la perception du cinquantième commença avec une confusion et des difficultés extrêmes : aucun règlement général n'ayant été établi, on affermait l'impôt dans certaines généralités ; on le mettait en régie dans d'autres ; partout on rencontrait la plus vive opposition. Les parlements de Bordeaux, de Bretagne et de Bourgogne avaient refusé d'enregistrer l'édit, et le corps entier du clergé, irrité de l'atteinte portée à ses immunités par un impôt qui le confondait dans la masse des contribuables, s'engageait dans la résistance [1].

L'assemblée triennale du clergé était réunie, en ce moment même, à Paris, toute frémissante des aigres passions qu'entretenait l'interminable querelle de la constitution *Unigenitus*. Cette guerre ecclésiastique était arrivée à une phase très-bizarre et très-curieuse. L'accommodement de 1720, jugé insuffisant à Rome, mal observé en France, était à peu près annulé de fait, et les évêques *constitutionnaires* n'avaient cessé de tourmenter les membres de leur clergé qui n'acceptaient point la bulle sans restrictions. Mais il était arrivé, en 1724, que le pontife insouciant et voluptueux qui avait coiffé Dubois du chapeau rouge, Innocent XIII, avait eu pour successeur un vieillard austère, attaché aux opinions du *thomisme*, beaucoup moins éloigné, par conséquent, de Jansénius que de Molina et très-sympathique au cardinal de Noailles. Benoît XIII (Orsini) était bien ce *pape chrétien*, ce pontife de la *voie étroite*, que Pascal et Domat avaient appelé en vain. Ne pouvant rétracter la bulle sans renier l'*infaillibilité* si chère à Rome, il l'eût volontiers annulée par des explications qui en eussent complétement changé l'esprit ; seulement il voulait que, *pour l'honneur du Saint-Siège*, Noailles commençât par une déclaration de soumission plus complète qu'en 1720. Benoît XIII et Noailles étaient si bien d'accord sur le fond, qu'ils se fussent sans peine entendus sur la forme ; mais une véritable révolte éclata contre le saint-père dans le sacré collége, dans la compagnie de Jésus, dans la majorité

---

1. Lémontei, t. II, p. 211. — Bailli, *Hist. des finances*, t. II, p. 108.

de l'épiscopat français. On vit alors ce qu'il fallait penser des croyances réelles de la faction ultramontaine et le cas qu'elle faisait de son dogme fondamental, l'infaillibilité. Les évêques *constitutionnaires* français menacèrent de faire schisme, si le pape trahissait la cause commune par un accommodement *honteux*, et le sacré collège montra clairement qu'il n'admettait l'infaillibilité du pape qu'assisté des cardinaux, c'est-à-dire l'infaillibilité, non plus du chef de l'Église, mais des curés de Rome présidés par leur évêque, car les cardinaux n'avaient pas été autre chose aux temps primitifs. Certains cardinaux, craignant que le pape ne publiât un décret dogmatique dans le sens antimoliniste, ajoutaient que le pape n'avait autorité que pour condamner l'erreur, mais non pour affirmer la vérité[1]. Aucun ennemi n'eût pu porter au catholicisme ultramontain de plus rudes coups que ceux qu'il s'infligeait à lui-même.

En attendant, le but immédiat fut atteint; la transaction avorta : le pape recula devant ce déchaînement, auquel Fleuri avait pris grande part. Le précepteur du roi dérogeait à sa modération habituelle quand il s'agissait de jansénisme, depuis que le père Quesnel l'avait fort rudement malmené, pour avoir écrit contre les jansénistes sans conviction sérieuse et sans connaissance de la matière. Il était d'ailleurs entretenu dans ses sentiments hostiles par son confesseur, le sulpicien Polet, qui avait sur lui l'influence, non de la dévotion, mais de l'habitude, et qui, comme toute la congrégation de Saint-Sulpice, était dévoué à la faction constitutionnaire. Fleuri avait fait signifier au pape, au nom du roi, qu'on ne recevrait ses brefs en France que lorsqu'ils auraient été rédigés avec le conseil des cardinaux.

Ce fut sur ces entrefaites que parut l'édit du cinquantième. Sous Louis XIV, la dîme de 1710 n'avait pas dû d'abord épargner le clergé; mais l'ordre ecclésiastique s'était hâté de se racheter par un *don gratuit* et avait obtenu à ce prix la reconnaissance expresse de ses privilèges. Ce ne fut qu'un cri dans son sein contre le cinquantième, qui n'était pas susceptible de rachat. L'assemblée adressa des remontrances au roi, puis, comme pour se venger de

---

1. *Journal de* Dorsanne, t. V, p. 49-58-202.

Monsieur le Duc, elle se jeta violemment dans les débats théologiques, qu'elle n'avait pas l'autorisation d'aborder, ces assemblées n'ayant pour objet habituel que les intérêts matériels du clergé; elle demanda des conciles provinciaux contre les adversaires de la bulle et fit tant de bruit, que *Monsieur le Duc*, malgré Fleuri, ordonna la séparation de l'assemblée le 27 octobre. L'assemblée obéit, mais en laissant au pouvoir une lettre d'adieu si violente, que Bourbon en fit saisir l'original et fit biffer le registre. « On « ferme la bouche aux évêques », écrivait l'assemblée, « on les « empêche d'instruire le roi et les fidèles, quand la foi est dans le « dernier péril, etc. »

Ces déclamations à froid, ces parodies des Pères de l'Église, n'eussent été que ridicules, en temps ordinaire, de la part de tant de prélats scandaleux et sceptiques; mais, associées à des refus d'impôts, elles contribuaient à entretenir l'agitation générale. Toutes les classes étaient également mécontentes. Bourbon et sa maîtresse, qui voulaient bien qu'on fît des économies aux dépens d'autrui, avaient autorisé Duvernei à réduire de nouveau la maison du roi et à reviser toutes les pensions depuis la mort de Louis XIV (février-novembre 1725) : ceci frappait sur la noblesse de cour. Quant au peuple, son irritation croissait avec ses souffrances. Au bouleversement des monnaies et du commerce s'ajoutait la disette; dans le courant de l'été de 1725, l'extrême cherté du pain avait excité de violentes émeutes au faubourg Saint-Antoine, à Rouen, à Caen, à Lisieux. Saint-Simon accuse *Monsieur le Duc* d'avoir créé la disette par de criminelles spéculations sur les grains. Cette imputation ne paraît pas fondée : l'État fit, pour nourrir Paris, des sacrifices qui s'élevèrent de 10 à 11 millions; mais il y eut beaucoup d'impéritie et probablement de malversations subalternes, car ces sacrifices n'empêchèrent pas les Parisiens de payer le pain au prix exorbitant de 9 sous la livre [1]. Aux émeutes urbaines pour les grains succédèrent les

---

1. Lémontei, t. II, p. 218. — Le prévôt des marchands ayant été destitué durant cette crise, le roi donna ordre au corps-de-ville d'en élire un autre, en ces termes : « Notre intention est que vous y procédiez incessamment, et qu'en y procédant, vous donniez vos suffrages au nommé Lambert ». On voit où en étaient les libertés municipales. L'élection des juges-consuls (tribunal de commerce) n'était pas beaucoup plus sérieuse. Le juge et les quatre consuls en exercice choisissaient à leur gré

émeutes rurales contre le cinquantième : des bandes de femmes armées de fourches parcouraient les campagnes au son du tambour, en menaçant de brûler quiconque percevrait ou paierait l'impôt. Pendant les premiers mois de 1726, la situation ne fit qu'empirer. Eût-on payé intégralement l'impôt, que le déficit eût encore été de onze millions au bout de l'an.

Le gouvernement était enfoncé dans une impasse au bout de laquelle il n'y avait que des précipices; mais un brusque changement de personnes et de système pouvait encore détourner la machine entraînée sur cette pente, et ce changement était inévitable. *Monsieur le Duc* ne tenait qu'à un fil. Presque dès son avénement, Bourbon avait engagé une lutte sourde contre le seul pouvoir réel qu'il y eût en France, contre Fleuri, et n'avait rien épargné pour le supplanter auprès du jeune Louis. Le 18 décembre 1725, une tentative avait eu lieu afin d'accoutumer le roi à travailler avec le premier ministre hors de la présence de son précepteur. La reine, toute dévouée à ceux qui lui avaient mis la couronne sur la tête, fut l'instrument de cette intrigue. Un jour que le roi était avec Fleuri, elle le fit demander chez elle; il y trouva *Monsieur le Duc* et Duvernei, qui l'entretinrent d'affaires sous quelque prétexte. Fleuri attendit longtemps sans que le roi revînt. Il comprit, écrivit au roi une lettre d'adieu et alla s'établir dans la maison de campagne des sulpiciens, à Issi, en déclarant qu'il désirait depuis longtemps se retirer et mettre un intervalle entre les agitations du monde et la mort. Ce fut la reine qui remit la lettre à son mari. Louis sortit en silence et alla bouder dans sa garde-robe. L'énergie lui manquait pour prendre un parti, et il fallait que quelqu'un lui conseillât ce qu'il avait envie de faire. Un gentilhomme de la chambre, le duc de Mortemart, lui rendit ce service et se fit donner par lui un ordre écrit à *Monsieur le Duc* de rappeler Fleuri. Bourbon eut l'humiliation d'être réduit à prier Fleuri de revenir. Le vieillard, *si désireux de retraite*, fut à Versailles dès le lendemain matin.

dans Paris soixante marchands ou négociants pour élire avec eux leurs successeurs. La seule restriction était qu'il n'y eût pas plus de cinq marchands de la même corporation. V. Ordonnance du 18 mars 1728; *Anciennes Lois françaises*, t. XXI, p. 307.

Cette épreuve avait montré son autorité inébranlable. La laideur sinistre de *Monsieur le Duc*, son esprit dénué de tout agrément, avaient fait échouer tous ses efforts pour plaire au roi. Quant à la reine, bonne et honnête personne, d'une physionomie douce, mais sans beauté, d'un esprit médiocre, sans éclat et sans charme, faite pour inspirer l'estime et non l'amour, elle n'eût pas dominé un jeune homme vif et sensible, à plus forte raison une nature sèche et stérile comme celle de Louis XV.

Fleuri ne tenait pas à pousser sa victoire jusqu'au bout : il n'eût pas mieux demandé que de laisser le titre du pouvoir à *Monsieur le Duc* en gardant la réalité; mais c'était impossible avec la de Prie et Duvernei. Plusieurs fois, Fleuri pressa Bourbon de congédier ces deux objets de l'animadversion publique. Il ne put l'obtenir. Il patienta quelques mois encore. Au commencement de juin, Bourbon eut un moment de joie : il avait tâché en vain d'apaiser le ressentiment de l'Espagne; l'Angleterre, elle, au lieu de prier, avait menacé et agi; trois flottes anglaises avaient été expédiées dans la Baltique, sur les côtes d'Espagne et dans les mers entre l'Espagne et l'Amérique, pour détourner la Russie de s'unir à l'empereur et barrer le passage aux galions espagnols. Ces mouvements jetèrent la confusion et la discorde dans le conseil d'Espagne et déterminèrent la chute de l'aventurier ministre Riperda, le négociateur du traité de Vienne. Bourbon se figura qu'il allait conquérir la paix au dehors et raffermir son autorité au dedans. Pendant ce temps, sa propre chute était résolue. Le 11 juin, le roi, partant de Versailles pour Rambouillet, dit à *Monsieur le Duc* avec un sourire plus gracieux qu'à l'ordinaire : « Mon cousin, ne me faites pas attendre pour souper. » Quelques heures après, le duc reçut de Louis un billet durement laconique, qui lui ordonnait de se retirer jusqu'à nouvel ordre dans son château de Chantilli. Il rentra dans la nullité politique pour laquelle il était fait et ne reparut plus sur l'horizon, jusqu'à sa mort, qui arriva quatorze ans après. Madame de Prie fut exilée en Normandie et, là, dépérissant d'ennui et d'ambition rentrée, elle s'empoisonna pour en finir. Pâris Duvernei fut envoyé à la Bastille, où madame de Prie et lui ne s'étaient pas fait faute de loger leurs ennemis personnels. La France battit des mains à la chute de cette seconde Régence, pire, à quelques égards, que la première[1].

§ 2. LE CARDINAL DE FLEURI.

Fleuri, qui avait soixante-treize ans, prenait la direction des affaires à l'âge où la plupart des hommes ont depuis longtemps renoncé à la vie active. Il ne s'attribua point le titre de premier ministre et engagea Louis XV à déclarer, comme autrefois Louis XIV, qu'il allait désormais régner par lui-même; puérile parodie d'une grande parole; mensonge qui devait toujours rester un mensonge. Fleuri se fit seulement donner le chapeau rouge, que la malveillance de *Monsieur le Duc* lui avait fait manquer une première fois (septembre 1726) : il jugeait nécessaire de n'avoir pas de supérieur pour le rang dans le clergé français. Les changements de personnes opérées par Fleuri dans l'administration portèrent sur des noms trop obscurs pour mériter le souvenir de l'histoire : après une petite réaction contre les agents de *Monsieur le Duc* et de madame de Prie, la cour tomba dans un calme plat. Après la grandeur splendide, les plaisirs élégants et somptueux de la jeunesse du Grand Roi, on avait eu la majesté un peu raide et contrainte de ses vieux jours, puis la licence folle du régent et de madame de Prie; on eut maintenant le silence et l'ennui sous un ministre septuagénaire et sous un jeune roi, qui, jusqu'ici, timide et presque sauvage avec les femmes, sans goût pour les plaisirs de l'esprit et de l'imagination, ne montrait de penchant que pour le jeu et pour la chasse.

Fleuri s'efforça de tout assoupir au dedans comme au dehors et de traiter la France et l'Europe comme son royal élève. Il commença par faire, pour calmer l'irritation qui animait toutes

---

1. *Mém.* de Villars, p. 325. — Ici finit le livre de Lémontei, livre ingénieux, coloré, spirituel, trop spirituel peut-être, en somme l'œuvre historique la plus distinguée qu'ait produite l'école de Voltaire depuis Rulhière et son *Anarchie de Pologne*. Le brillant un peu recherché de la forme ne doit pas faire méconnaître la solidité du fond : personne, jusqu'ici, n'a connu comme Lémontei les sources inédites de l'histoire du XVIIIe siècle et il est fort regrettable que son travail se soit arrêté en 1726.

les classes de la société, tout ce qui était compatible avec son plan de gouvernement, plan fort simple. Fleuri, très-ignorant en matière économique et financière, avait cependant compris qu'après les grandes banqueroutes qui avaient réduit la dette, on pouvait faire ce qui eût été impossible avant les banqueroutes, c'est-à-dire se soutenir, en temps ordinaire, en temps de paix, sans autre innovation qu'une économie rigoureuse : cette économie était dans ses goûts aussi bien que dans la situation. Il ne pouvait, sans y déroger, satisfaire la cour quant aux pensions; mais il fit quelque chose pour la noblesse en général, par la création de six compagnies de *cadets*, destinées à former des officiers aux frais du roi (16 décembre 1726). Il donna au clergé une satisfaction beaucoup plus éclatante : le 8 octobre, parut une déclaration en faveur de la franchise absolue des biens ecclésiastiques; c'était par pur malentendu, était-il dit, qu'on avait appliqué l'édit du cinquantième aux biens du clergé : « Les droits des « églises, dédiées à Dieu et hors du commerce des hommes, sont « irrévocables et ne peuvent être sujets à aucune taxe de confir- « mation ou autre ¹. » C'étaient les maximes du moyen âge dans toute leur pureté; l'État se mettait en pleine retraite devant l'Église. L'assemblée du clergé, réunie extraordinairement en 1726, répondit à cette solennelle confirmation de ses priviléges par un *don gratuit* de 5 millions. Le clergé savait depuis longtemps que, pour maintenir le *droit*, il fallait des concessions en fait.

Les intérêts généraux eurent leur part comme les intérêts privilégiés : quinze jours avant la chute de *Monsieur le Duc*, on avait recommencé à hausser la monnaie, comme ressource bursale : une déclaration du 15 juin 1726 promit que la monnaie serait désormais fixe à 740 livres 9 sous 1 denier le marc d'or fin, et 51 livres 3 sous 3 deniers le marc d'argent fin (49 livres le marc d'argent monnayé, à cause de l'alliage) ². Cette promesse fut mieux tenue que ne l'avaient été tant de promesses analogues : la valeur nominale des monnaies ne subit plus que des modifications presque insensibles et l'on peut dire que le principe de la fixité des

---

1. *Anciennes Lois françaises*, t. XXI, p. 301.
2. *Art de vérifier les dates*, p. 614. Melon, ap. *Économistes financiers*, p. 784.

monnaies fut dès lors acquis à l'économie sociale. Aujourd'hui, après un siècle et un quart, le marc d'argent est à 54 francs[1]. Ce devait être le titre le plus recommandable du ministère de Fleuri que d'avoir fait disparaître un des pires fléaux économiques qu'eût subis la France depuis l'époque féodale; mais il n'est pas sûr que Fleuri ait bien connu toute la portée du service qu'il rendait, et qu'il ait fait autre chose que de laisser exécuter un projet de Duvernei lui-même.

Diverses réductions d'impôts suivirent la déclaration sur les monnaies : il y eut quelque diminution sur les tailles et quelques remises sur l'arriéré. Le cinquantième fut modifié, puis supprimé complétement en juillet 1727 : il n'avait, dit-on, rendu que 3 millions. L'impôt général fut diminué de 12 à 13 millions : il était, vers 1726 et 1727, d'environ 180 millions, à 49 francs le marc. La réduction des dépenses coïncida avec la réduction des impôts : cette sévère économie concourut, avec le caractère du roi, à éteindre les splendeurs de Versailles et à faire éclater d'autant plus vivement le luxe, les plaisirs, la vie active et brillante de Paris; au rebours du temps de Louis XIV, c'était la ville qui maintenant attirait la cour.

Économie à part, la diminution de l'impôt avait été compensée sur-le-champ par l'augmentation des recettes. La chute de *Monsieur le Duc* avait rendu confiance aux gens d'affaires. La compagnie des fermiers-généraux, qui avait remplacé, dès 1723, la régie établie en 1721 après le renversement du *Système*, ne donnait que 55 millions des cinq grosses fermes; un nouveau bail d'août 1726 en donna 80 millions; à la vérité, quelques autres droits et revenus avaient été réunis aux fermes. Les adjudicataires firent encore une magnifique affaire; car Fleuri, sans savoir la valeur de la concession qu'il leur faisait, leur laissa l'arriéré dû par les administrateurs de la régie : ils en tirèrent plus de 60 millions et gagnèrent, en outre, 96 millions en six ans, durée de leur bail! Le bail de 1732 produisit une nouvelle augmentation; les fermes et les recettes-générales réunies rendirent, pour 1733, 156 millions, au lieu de 140 en 1727, et le total de l'impôt, par

---

1. Écrit en 1851.

l'accroissement de la consommation et la diminution des non-valeurs, fut de 200 millions au lieu de 180 [1].

Une classe de la société, cependant, avait été frappée, en 1726, au milieu des concessions faites à toutes les autres classes. C'étaient les malheureux créanciers de l'Etat, victimes habituelles de la monarchie. Fleuri n'avait ni assez d'énergie ni des connaissances assez positives pour suivre, sans déviation, un plan de conduite. Si l'économie pouvait suffire maintenant pour gouverner, c'était cependant à condition, ou que l'on ne diminuât pas les impôts, ou que l'on recourût à l'emprunt pour parer à l'excédant des dépenses sur les recettes, excédant que les réductions des dépenses et l'augmentation des fermes, en août 1726, ne suffisaient pas encore à combler. Fleuri ne voulut ni de l'un ni de l'autre moyen, et préféra autoriser une iniquité et faire ce que Duvernei lui-même avait repoussé, c'est-à-dire une nouvelle banqueroute partielle. On retrancha une masse de rentes viagères, déjà réduites à 4 pour 100 par le *visa*, et qui n'avaient pas été payées depuis deux ans : on supprima les petites rentes perpétuelles au-dessous de 10 livres sur les tailles, ce qui atteignait précisément les plus pauvres créanciers, et l'on décida ainsi une économie de 13 millions et demi par an, sans compter 27 millions d'arriéré qu'on annula (novembre 1726). Le parlement fit des remontrances, et cent cinquante mille rentiers crièrent si fort, que Fleuri fit un pas en arrière et rétablit les rentes au-dessous de 300 livres et autres appartenant aux créanciers les plus malaisés, jusqu'à concurrence de 1,800,000 francs (janvier 1728) [2].

Ce fut là le seul acte violent et irrégulier de l'administration de Fleuri. La progression constante des recettes calma les alarmes du vieux ministre et lui permit de suivre dorénavant sa pente naturelle. En somme, point de réformes, point de nouveautés, point de vues, voilà quel fut le caractère de cette administration. Les choses étant laissées à leur libre cours, autant que le permet-

---

1. Bailli, t. II, p. 111. — *Mém.* de Villars, p. 326-341. Villars parle d'un revenu de 230 millions en 1733 (p. 439); mais il doit y avoir de l'exagération. — Dutot Économistes financiers, p. 943) dit, d'après l'abbé de Saint-Pierre, que le revenu réel ne montait qu'à 182 millions, toutes charges déduites.
2. Villars, 326-329-331-351. — Bailli, t. II, p. 111-112. — Lacretelle, t. II, p. 67.

taient les institutions établies, il se trouva que, peu gouverner, c'était bien gouverner, à beaucoup d'égards, en comparaison de ceux qui avaient gouverné beaucoup et mal; ce fut bien gouverner, du moins pour quelque temps et jusqu'à ce que la France eût repris haleine des tempêtes économiques qui avaient suivi les tempêtes guerrières : la vie d'un grand peuple n'est pas chose si simple qu'elle puisse aller ainsi longtemps par la seule routine, sans idées générales et sans direction éclairée. Provisoirement, l'industrie et le commerce, après les bouleversements inouïs de 1720 à 1726, se relevèrent avec une merveilleuse promptitude et développèrent une activité digne d'admiration; on vit la prospérité renaître et grandir de jour en jour, sinon dans les campagnes, au moins dans les villes, dans les ateliers et dans les ports. Nous indiquerons, un peu plus tard, quel puissant essor prit spontanément le mouvement maritime et colonial de la France, objet de la plus haute importance pour l'étude du génie national.

La prospérité commerciale et le *statu quo* financier dont nous venons de parler disent assez que la guerre générale, imminente sous *Monsieur le Duc* et par lui, n'avait point éclaté. L'ébranlement imprimé à l'Europe par la double ligue de Vienne et de Hanovre s'était quelque temps prolongé; on avait recruté des alliés de part et d'autre. Les conseillers de la tzarine, achetés par l'Autriche ou blessés du peu de cas que le gouvernement français avait fait de l'alliance russe, avaient décidé Catherine à donner son accession au traité de Vienne et sa garantie à la pragmatique de Charles VI (6 août 1726). Le bizarre et fantasque roi de Prusse, qui n'aimait pas son beau-père George Ier et qui craignait d'être pris avec sa jeune armée, unique objet de ses affections, entre les masses de la Russie et de l'Autriche, abandonna l'alliance de Hanovre, traita secrètement avec l'empereur et garantit aussi la pragmatique, moyennant que Charles VI lui promît la réversion intégrale des duchés de Juliers et de Berg, après le possesseur actuel (l'électeur palatin) (12 mars 1727). Par compensation, la Hollande (9 août 1726), la Suède (25 mars 1727), le Danemark (16 avril 1727), se rallièrent à l'Angleterre et à la France. Fleuri, tout en concourant avec l'Angleterre à étendre l'alliance de Hanovre, fit tous ses efforts pour dissiper l'orage, et avec raison, car une guerre si peu motivée eût été un crime de lèse-humanité; malheureusement, la direction particulière où il s'engagea pour maintenir la paix européenne et qui devint systématique chez lui, ne mérita pas les mêmes louanges que le but. Il s'enchaîna à l'Angleterre, comme le régent, comme *Monsieur le Duc*, et se lia étroitement, de sa personne, aux deux frères Walpole, dont l'un, Robert, gouvernait l'Angleterre, dont l'autre, Horace, ambassadeur en France [1], dirigeait la diplomatie britannique sur le continent. Avec Fleuri, il n'y a plus à expliquer cette politique par une honteuse vénalité. Horace Walpole s'était emparé du vieux prélat par d'adroites flatteries, et surtout en courant le voir à Issi, lorsqu'il avait feint de se retirer, calcul habile que le vieillard prit pour un élan d'affection.

Il y eut toutefois, dans la conduite de Fleuri, une cause plus générale; quand une politique est ainsi épousée successivement par des esprits et dans des régimes si différents, il faut qu'elle ait quelque raison d'être, au delà des intérêts ou des sentiments privés. Il y avait, en effet, une raison; c'est que la paix européenne était attachée à l'entente de la France et de l'Angleterre, et que les Walpole voulaient la paix à tout prix comme Fleuri lui-même; ils la jugeaient utile aux intérêts matériels de l'Angleterre et nécessaire à la consolidation de ce singulier régime qu'on pourrait appeler la corruption constitutionnelle, et qui consistait à endormir la nation anglaise [2] et à acheter ses représentants. Mais cette entente pacifique, tout aussi désirée à Londres qu'à Paris, fallait-il la faire acheter à la France en sacrifiant une partie de ses intérêts vitaux, en laissant systématiquement dépérir sa marine militaire, précisément alors que ses colonies grandissaient d'heure en heure et que sa marine marchande prenait, par les seules forces de l'activité privée, ce vigoureux élan que Colbert avait tant travaillé autrefois à lui imprimer par la main de l'État? Le gouvernement abandonnait la mer [3], au moment où la nation faisait un généreux

---

1. Il ne faut pas confondre celui-ci avec le second Horace Walpole, fils de Robert et si connu dans la société française du XVIIIe siècle.

2. Endormir l'esprit politique, s'entend, car Robert Walpole servit puissamment le mouvement commercial.

3. On sent bien que cet abandon ne pouvait être tout à fait complet: ainsi, en 1728,

effort pour s'en emparer !... Nous verrons plus tard les déplorables conséquences de ce désaccord!

Les passions du gouvernement espagnol étaient la grande difficulté de cette pacification générale tant souhaitée par Fleuri, aucun des autres états n'ayant sérieusement désir de la guerre. Philippe V et sa femme n'avaient pas contre Fleuri de haine personnelle et eussent accepté volontiers ses offres de réconciliation, mais pourvu que la France se séparât de l'Angleterre : contrairement à l'attente universelle, la chute de Riperda, le premier ministre d'Espagne, n'avait pas rendu le cabinet de Madrid plus pacifique; Riperda était tombé, non point à cause de ses dispositions belliqueuses, mais par suite de ses indiscrétions, de sa légèreté, de ses vanteries démenties par les événements et de cette antipathie si facile à soulever en Espagne contre les étrangers. Son successeur, le Catalan José Patiño, administrateur distingué, formé par Alberoni, continua à armer et à prodiguer à l'Autriche l'or de l'Espagne, pour acheter des auxiliaires à la ligue de Vienne. Philippe et Élisabeth s'étaient attachés impétueusement à l'idée très-naturelle et très-nationale de reprendre Gibraltar et tentèrent de la réaliser, avec l'aveugle témérité qui était le caractère habituel de la reine et qui devenait celui du roi dans les rares intervalles de son atonie hypocondriaque. Vers le commencement de 1727, ils donnèrent le signal des hostilités contre les Anglais, firent saisir le riche navire privilégié de la compagnie de la Mer du Sud, séquestrer les valeurs appartenant aux négociants anglais, français et hollandais sur les navires espagnols et entamer le siége de Gibraltar, siége fort inutile, car les Espagnols ne pouvaient ni emporter la place de vive force, ni empêcher les Anglais de la ravitailler par mer.

L'Espagne n'eut pas le pouvoir d'engager la guerre générale : l'Autriche ne la suivit pas. L'empereur n'avait pu entraîner la diète germanique dans l'alliance de Vienne : il se sentait hors d'état de défendre la Belgique contre la France et les puissances

---

une escadre alla bombarder Tripoli pour châtier les pirateries barbaresques : les Tripolitains se soumirent, l'année suivante, aux satisfactions exigées. — V. sur l'abandon de nos forces navales, les vives représentations du comte de Toulouse et de Valincourt, secrétaire général de la marine, au régent, à *Monsieur le Duc*, au cardinal de Fleuri; *Mém. sur la marine*, 1724-1726, en tête des *Mém.* de Villette.

maritimes; il n'était pas moins vulnérable sur le Haut-Rhin et en Italie; l'argent, surtout, lui manquait, et les subsides de l'Espagne étaient loin de lui suffire; d'une autre part, sa femme e ses ministres allemands ne voulaient point des mariages espagnols ni par conséquent de la guerre. Quand il vit que l'Angleterre ne céderait pas sur le point débattu entre elle et lui, c'est-à-dire sur la compagnie d'Ostende, et que l'armée française était à la disposition de l'Angleterre, il plia : le 31 mai 1727, des préliminaires furent signés, à Paris, entre l'ambassadeur de Charles VI et les alliés de Hanovre. Charles suspendait pour sept ans la compagnie d'Ostende : une trêve de sept ans était conclue; l'empereur promettait que l'Espagne lèverait le siége de Gibraltar. On convenait que les vaisseaux marchands saisis des deux côtés seraient rendus et qu'on rétablirait les traités de commerce sur le même pied qu'auparavant. Un congrès s'assemblerait à Aix-la-Chapelle pour le traité définitif.

Quelle que fût l'irritation de Philippe V et de sa femme, l'Espagne, à son tour, céda devant la nécessité et, dès le 13 juin, l'ambassadeur de Philippe V à Vienne signa les préliminaires. La mort de George Ier, sur ces entrefaites (22 juin), releva un moment le courage de l'Espagne, qui espéra que le parti jacobite profiterait de cet événement pour exciter une crise en Angleterre; mais la transmission de la couronne au second roi de la dynastie hanovrienne, à George II, s'opéra sans la moindre secousse. Les rapports entre Versailles et Saint-James ne furent aucunement modifiés, et Fleuri contribua même, par ses bons offices auprès du nouveau roi, à faire maintenir Robert Walpole à la tête des affaires : le cabinet de Madrid dut se résigner à ratifier les préliminaires; il disputa toutefois longtemps encore sur l'exécution, se plaignant, non sans raison, que les Anglais eussent débuté, avant toute déclaration de guerre, dès 1726, par bloquer les galions dans les ports d'Amérique, et demandant des indemnités pour ce fait et pour la contrebande anglaise. Il y avait encore plusieurs autres points en débat : une réconciliation officielle s'était cependant opérée, au mois d'août 1727, entre les deux branches de la maison de Bourbon; Louis XV et Philippe V avaient échangé des lettres amicales, et la destitution de Fleuriau de Morville, ministre des affaires étrangères, qui avait participé au renvoi de l'infante sous *Monsieur le Duc*, avait été présentée comme une satisfaction à Philippe et à sa femme : Morville avait entraîné dans sa disgrâce son père, le garde des sceaux Fleuriau d'Armenonville, et les sceaux avaient été donnés, en même temps que le ministère des affaires étrangères, au président Chauvelin, parlementaire qui avait été jusqu'alors étranger à la carrière diplomatique et ne s'était encore fait connaître que par ses complaisances pour la cour dans les affaires de la bulle *Unigenitus*, mais qui, une fois arrivé à son but, employa patiemment, incessamment, toutes les facultés d'un esprit supérieur à tâcher d'inspirer au vieux Fleuri une politique éclairée et nationale dans toutes les questions extérieures. Chauvelin souhaitait qu'on ménageât l'amour-propre et les intérêts de l'Espagne ; mais on ne pouvait guère faire autre chose pour elle que d'obtenir que ses réclamations fussent renvoyées au congrès projeté. Une crise maladive de Philippe V, en effrayant la reine Élisabeth, la décida enfin à laisser régler pacifiquement l'exécution des préliminaires (5 mars 1728 [1]).

Le congrès, qui devait se réunir à Aix-la-Chapelle, fut transféré à Soissons, par égard pour le cardinal de Fleuri, qui avait pris en personne les fonctions de premier plénipotentiaire français (14 juin 1728). Presque tous les états européens se firent représenter à Soissons. Le haut rang et le nombre des plénipotentiaires ne rendirent pas le congrès plus fructueux. La reine d'Espagne était retombée dans ses errements, aussitôt que son mari avait été hors de danger ; le cabinet de Madrid redemandait toujours la restitution de Gibraltar, qu'il prouvait lui avoir été promise par le feu roi George Ier, et, en attendant, il ne se pressait nullement de tenir parole quant au rétablissement du commerce et à la restitution des énormes valeurs appartenant aux négociants étrangers sur les flottes du Mexique et du Pérou. Rien ne se décida dans le congrès : la vraie négociation était, non pas à Soissons, mais tantôt à Versailles, tantôt à Madrid. Plusieurs fois, la rupture sembla imminente entre l'Espagne et l'Angleterre ; Fleuri apaisait toujours. Cependant, les dispositions respectives

---

1. Dumont, t. VII, deuxième partie, p. 146-150.

des puissances changèrent peu à peu. Le parti qui, dans le conseil de l'empereur, soutenait l'alliance espagnole, eut encore, à ce qu'il paraît, le crédit de faire adresser à Fleuri la proposition secrète de marier l'aînée des archiduchesses, Marie-Thérèse, à l'infant don Carlos, à condition que la France garantît la pragmatique de Charles VI. Fleuri hésita, de peur d'un éclat avec l'Angleterre : il était d'ailleurs fort douteux que la France eût intérêt à favoriser un mariage qui pouvait réunir les deux sceptres de l'Empire et de l'Espagne dans une seule main[1]. La proposition ne fut pas renouvelée : le parti antiespagnol reprit le dessus à Vienne, et l'Autriche, tout en continuant à sucer l'Espagne comme une sangsue, ne songea plus qu'à la tromper le plus longtemps possible ; non-seulement la pensée des mariages espagnols fut abandonnée, mais le cabinet de Vienne tâcha de diminuer autant qu'il put la concession de Parme et de la Toscane, en se mettant en mesure de revendiquer une foule de prétendus fiefs impériaux dans ces duchés, et il insinua aux confédérés de Hanovre qu'il abandonnerait l'Espagne, si l'on garantissait la pragmatique, ce dont la France était bien éloignée.

Le ministre espagnol Patiño s'efforça, non sans succès, d'éclairer la reine Élisabeth sur la mauvaise foi de ses alliés et la décida à demander que des garnisons espagnoles fussent admises dans les places du Parmesan, à la place des garnisons neutres convenues par le traité de 1721. La diplomatie française et anglaise saisit le moment et offrit d'assurer à l'Espagne ce qu'elle réclamait en Italie, moyennant l'exécution loyale et complète de la convention de mars 1728. Élisabeth fit demander à l'empereur des explications catégoriques sur ses intentions : elle ne reçut qu'une réponse évasive. Alors, elle se retourna vers la France et tenta d'obtenir son appui pour un projet de traité définitif qui eût renvoyé à la décision des puissances neutres les questions commerciales et la question relative à Gibraltar et à Minorque ; Chauvelin enleva un moment l'aveu de Fleuri, mais Horace Walpole eut bientôt ressaisi le faible vieillard. Sur ces entrefaites, la naissance d'un

---

1. Ce qui fût arrivé, car don Carlos devint roi d'Espagne, en 1759, par la mort de son frère consanguin Ferdinand. — V. sur cet incident, les *Mémoires* de Villars, p. 421-431.

dauphin de France (4 septembre 1729) dissipa les vagues espérances que Philippe V et sa femme avaient toujours gardées sur la couronne de Louis XIV ; Élisabeth se rattacha d'autant plus âprement à ses ambitions italiennes et, ne réussissant pas à séparer la France de l'Angleterre, elle accepta ce que ces deux alliées lui avaient offert ensemble. Au mois de novembre 1729, ces longues intrigues aboutirent à un traité signé à Séville entre la France, l'Angleterre et la Hollande, d'une part, et l'Espagne, de l'autre. Il ne fut pas question de Gibraltar. L'abolition des clauses du traité de Vienne contraires aux traités de commerce antérieurs, le rétablissement de l'état de choses qui existait avant 1725, article tout à l'avantage des Anglais, l'introduction de six mille Espagnols dans les places du Parmesan et de la Toscane, l'adhésion de l'Espagne aux poursuites des alliés de Hanovre relativement à l'abolition de la compagnie d'Ostende, telles furent les principales clauses du pacte qui brisa la fragile alliance de l'Espagne et de l'Autriche [1].

L'empereur éclata en plaintes et en reproches, comme s'il eût agi avec toute la droiture imaginable : il s'efforça d'armer l'Empire en faveur de sa cause ; il invoqua les promesses de la Russie et de la Prusse ; mais la diète germanique ne s'engagea pas dans la querelle : la Russie avait encore essuyé un changement de règne ; Catherine, morte le 16 mai 1727, avait eu pour successeur l'enfant qu'elle avait écarté du trône, le petit-fils de Pierre le Grand, Pierre II : la Russie ne bougea pas ; le roi de Prusse, monarque très-militaire, mais très-peu guerrier, se garda bien de se compromettre. Charles VI, abandonné à ses propres forces, fit bonne contenance et rassembla des troupes nombreuses dans le Milanais, pour s'opposer à l'entrée des Espagnols dans l'Italie centrale. L'Espagne réclama le secours de ses nouveaux alliés et la guerre, au bout de laquelle elle voyait la recouvrance des Deux-Siciles. On négocia au lieu d'agir. Fleuri ne voulait de guerre avec personne. L'Angleterre ne voulait point de guerre avec l'Autriche. Une fois remise en possession des priviléges commerciaux que lui assuraient ses traités avec l'Espagne, elle visait maintenant à se

---

1. Dumont, t. VII, deuxième partie, p. 158.

réconcilier avec l'empereur, qui, de son côté, lui faisait des avances secrètes et qui offrait de subir toutes les conditions de Séville, si l'Angleterre garantissait sa pragmatique. Des questions accessoires, qui concernaient les intérêts de George II comme électeur de Hanovre, firent traîner la négociation. Charles VI avait aussi adressé des avances analogues à la France, et paraissait disposé à des concessions territoriales dans les Pays-Bas, pour gagner à sa chère pragmatique la garantie de Louis XV. Fleuri, suivant sa coutume, ne sut pas se décider à temps : la peur de blesser ses jaloux alliés les Anglais paralysait toute initiative chez lui. Toute l'année 1730 s'était écoulée ainsi. Le 10 janvier 1731, le duc de Parme, Antonio Farnese, mourut sans enfants : les agents de l'empereur, pour gagner du temps, engagèrent la veuve à se déclarer enceinte, et les troupes impériales occupèrent provisoirement le Parmesan.

L'Espagne perdit patience : elle avait déjà signifié que l'abandon de ses alliés la dégageait du pacte de Séville, et elle retenait peu loyalement les valeurs appartenant aux négociants étrangers sur la flotte et sur les galions de 1730 : le commerce français en avait pour 45 millions; les armateurs de Cadix n'étaient plus guère que les commissionnaires des négociants étrangers qui ne pouvaient trafiquer directement aux Indes Espagnoles. Le cabinet anglais eut peur de reperdre les priviléges commerciaux recouvrés avec tant de peine et chargea son ambassadeur à Vienne de conclure avec l'empereur sans plus de délai. En ce moment, les pourparlers secrets avaient été repris entre l'Autriche et la France, et l'empereur paraissait sur le point de promettre la cession du Luxembourg. Il aima mieux ne rien céder de son territoire et traiter avec l'Angleterre, en ajournant la solution de ce qui regardait les intérêts hanovriens. Le 16 mars 1731, un nouveau pacte fut donc signé à Vienne : l'empereur promit d'abolir la compagnie d'Ostende, sacrifiant ainsi les droits naturels de la Belgique à l'égoïsme tyrannique des puissances maritimes[1] : il promit de ne

---

1. L'affaire de la compagnie danoise des Indes Orientales était un autre exemple bien caractéristique de cette tyrannie. Le roi de Danemark, en 1728, ayant renouvelé les priviléges de cette compagnie, qui avait son principal comptoir à Tranquebar, sur la côte de Coromandel, et lui ayant accordé un entrepôt franc à Altona en Hol-

plus s'opposer à l'entrée des Espagnols en Toscane et à Parme; l'Angleterre garantit la pragmatique, mais elle y mit pour condition secrète que l'archiduchesse héritière n'épouserait ni un Bourbon ni aucun autre prince assez puissant pour rompre l'équilibre de l'Europe.

L'Espagne, quoiqu'elle obtînt par le second traité de Vienne la réalisation de ce qui lui avait été promis à Séville, eût préféré la guerre, si elle eût été soutenue par la France ; mais Fleuri, quoique joué assez discourtoisement par ses amis les Walpole, n'en devint pas plus belliqueux, et l'Espagne n'eut rien de mieux à faire que d'accéder au pacte austro-britannique, que ratifia aussi la Hollande (6 juin-22 juillet 1731). Il dut être assez dur pour la cour d'Espagne de renouveler sa garantie de la pragmatique, maintenant qu'il n'y avait plus derrière cette garantie la brillante perspective du double mariage; il est vrai qu'Élisabeth Farnese, en laissant Philippe V engager sa parole, se réservait de ne pas la lui laisser tenir.

La duchesse douairière de Parme mit fin, quand il convint aux Autrichiens, à la comédie de grossesse qu'elle avait jouée durant quelques mois et, en novembre 1731, une escadre anglaise vint enfin débarquer à Livourne six mille Espagnols, qui occupèrent Livourne, Porto-Ferrajo, Parme et Plaisance, au nom du jeune don Carlos, comme duc de Parme et présomptif héritier du grand-duc de Toscane, Jean Gaston de Médicis. Ainsi fut réalisée, après treize ans de fastidieuses intrigues, l'étrange convention qui avait disposé de deux états italiens sans consulter ni leurs princes ni leurs peuples [1], et qui appesantissait encore la chaîne déjà si lourde de la domination étrangère sur l'Italie.

De 1731 à 1732, les chances immédiates de guerre semblaient donc écartées de toute l'Europe : la question de la pragmatique apparaissait toujours comme un nuage sur l'horizon, le gouver-

---

stein, sur l'Elbe, avec d'autres priviléges destinés à lui attirer les capitaux étrangers, l'Angleterre et la Hollande ne se contentèrent pas de défendre à leurs sujets de s'intéresser dans cette association; elles adressèrent des représentations menaçantes au Danemark, comme s'il eût empiété sur leurs droits, et réussirent à étouffer l'essor de la compagnie danoise. *Journal de Louis XV*.

1. Le grand-duc de Toscane n'avait adhéré que le 21 septembre 1731 aux conventions de Vienne.

nement français et une partie des princes allemands continuant à refuser de garantir la loi de succession autrichienne; mais l'empereur n'avait que quarante-six ans et il semblait probable que la succession ne s'ouvrirait pas de longtemps [1].

Une autre paix était plus difficile encore à obtenir que la paix des souverains, c'était la paix des théologiens : les efforts de Fleuri n'y furent pas si heureux ; lui-même, il est vrai, intervenait trop dans leurs débats en partie plus qu'en arbitre.

Les malheureux protestants avaient gagné du moins quelque chose au renversement de *Monsieur le Duc*. Si, d'une part, le pouvoir fit surveiller rigoureusement les frontières, afin d'arrêter la nouvelle émigration, d'une autre part, le conseil défendit secrètement aux intendants toute procédure contre les relaps et enjoignit de laisser tomber en désuétude l'article de l'édit de 1724 qui autorisait les curés à visiter, bon gré, mal gré, et sans témoins, les malades de foi suspecte, article qui avait amené, non pas seulement d'odieuses scènes de fanatisme, mais de graves abus quant aux mœurs et de scandaleuses accusations de femmes protestantes contre des prêtres catholiques. C'était suspendre implicitement, dans ses applications les plus fréquentes, l'édit de 1724. L'auteur de cette loi de tyrannie, le vil archevêque de Rouen, ignorant les ordres donnés aux intendants, pressa Fleuri de ranimer le zèle de ces fonctionnaires; mais le vieux ministre fit la sourde oreille : Tressan ne fut point cardinal; il eut pour consolation le supplice d'un pasteur du Saint-Évangile et l'emprisonnement d'un grand nombre de femmes protestantes, qu'on avait surprises aux assemblées du désert et qu'on jeta dans la tour de Constance, à Aigues-Mortes (1727-1729). La persécution, en cessant momentanément d'envahir le foyer domestique, continuait de frapper tous les actes extérieurs [2].

Si le sort des huguenots s'était, relativement, un peu adouci depuis l'avénement de Fleuri, les lettres de cachet, les exils, s'é-

---

1. Sur toute cette période diplomatique, v. *Mém.* de Villars, année 1726-1731. — *Mém.* de l'abbé de Montgon. — W. Coxe, *Hist. d'Espagne sous les Bourbons*, t. III, p. 183-297. — Id. *Hist. de la maison d'Autriche*, ch. LXXXVII-LXXXVIII. Coxe a dépouillé toute la correspondance des deux Walpole et de leurs agents. — Flassan, t. V, p. 28-62; 2ᵉ édition, 1811.

2. Lémontei, t. II, p. 157-159. — Coquerel, *Hist. des églises du désert*, t.1, ch. VI.

taient multipliés au contraire, dans une proportion exorbitante, envers les ecclésiastiques jansénistes ou gallicans qui maintenaient obstinément leur appel au concile; mais, en même temps, Fleuri tâchait de regagner, par toutes sortes d'avances et d'influences privées, le chef de l'opposition religieuse, le cardinal de Noailles. Les facultés affaiblies de ce respectable vieillard faisaient espérer qu'on vaincrait sa résistance : les derniers jours du vieil ami de Bossuet furent cruellement troublés. Sa famille, toute moliniste, son clergé diocésain, tout janséniste ou anticonstitutionnaire, ne lui laissaient pas un moment de repos. Au mois de juillet 1727, une bulle du pape en faveur des opinions de saint Thomas, bulle fort désagréable aux molinistes, sembla devoir faciliter la réconciliation de Noailles avec le saint-siége; mais un nouvel orage éclata dans l'église de France sur ces entrefaites. L'évêque de Senez, Jean Soanen, vieux pilier du jansénisme et prélat d'une vertu ascétique, venait de publier une instruction pastorale où il reproduisait des propositions plus ou moins analogues à celles qu'avait condamnées la bulle *Unigenitus*. Le siége archiépiscopal d'Embrun, métropole d'où relevait Senez, était alors occupé par un personnage encore plus scandaleux que l'archevêque de Rouen Tressan; c'était Guérin de Tencin, ancien agent de Dubois à Rome, soupçonné d'inceste avec sa sœur [1] et convaincu de parjure et de simonie à la barre du parlement, fait connu de tout Paris, ce qui ne l'avait pas empêché de s'élever aux plus hautes dignités de l'église gallicane ! Cet intrigant, égal à Dubois par les vices, mais non par les talents, n'avait plus que la pourpre romaine à souhaiter; plus habile que Tressan, il comprit que la persécution des jansénistes était un meilleur titre à Rome que la persécution des huguenots. Il capta si bien Fleuri, que, malgré l'aversion de celui-ci pour le bruit et pour l'éclat, il obtint la permission de convoquer un concile provincial à Embrun pour y juger l'*instruction* de l'évêque de Senez. Le simoniaque fit condamner le saint (août 1727); le vieux prélat, ayant refusé de se rétracter, fut suspendu de ses fonctions par le concile et relégué par le roi au fond

---

1. La fameuse chanoinesse Alexandrine de Tencin, maîtresse du régent, de Dubois et de bien d'autres, et mère de d'Alembert.

des montagnes d'Auvergne. Ce fut là le dernier concile provincial tenu sous la monarchie.

L'évêque de Senez interjeta, pour le spirituel, appel au pape et au futur concile, pour le temporel, appel comme d'abus au parlement de Paris, qui reçut l'appel. Cinquante avocats au parlement, les plus renommés de leur ordre, publièrent une consultation en faveur du prélat condamné et dépouillé ; douze évêques, le cardinal de Noailles en tête, adressèrent au roi une protestation contre le concile d'Embrun (13 mars 1728). Le retentissement fut immense. La majorité moliniste de l'épiscopat s'agita violemment en sens contraire, soutenue par le pouvoir, qui publia une ordonnance draconienne contre quiconque imprimerait sans permission des ouvrages contraires aux bulles reçues dans le royaume, au respect dû au saint-père, aux évêques et à l'autorité du roi. L'imprimeur devait être appliqué au carcan pour la première fois et condamné aux galères en cas de récidive [1]. Le duc de Noailles et la maréchale de Gramont, neveu et nièce du cardinal, le chancelier d'Aguesseau, habitué depuis longtemps à sacrifier ses tendances personnelles à la paix *extérieure* de l'Église et de l'État, aidèrent Fleuri et Chauvelin à circonvenir le vieillard ; on lui fit signer une rétractation de son opposition au concile d'Embrun ; mais il n'avait plus ni mémoire, ni volonté, ni responsabilité réelle de ses actes ; les jansénistes, à leur tour, lui firent rétracter sa rétractation ; puis il se laissa arracher par les molinistes la signature d'un mandement par lequel il acceptait purement et simplement la bulle (11 octobre 1728). Une telle victoire n'avait pas grande valeur morale. Presque tous les curés refusèrent de publier ce mandement au prône, et l'on n'osa les contraindre, de peur d'émeute. Noailles revint, d'ailleurs, sur son mandement par de nouvelles protestations (décembre 1728 ; février 1729). La mort l'arracha enfin à cette douloureuse situation d'un homme qui se survit à lui-même et qui garde assez de conscience de soi pour le comprendre (4 mai 1729). Il n'avait jamais brillé par une grande force de caractère ou de génie ; mais ses vertus évangéliques et ses excellentes intentions lui avaient mérité le respect de la

---

1. *Anciennes Lois françaises*, t. XXI, p. 312 ; 10 mai 1728.

France; ce fut comme un dernier débris du xvii⁰ siècle qui s'écroula¹.

La lutte continua sur la tombe de Noailles. La cour de Rome avait obtenu, par intimidation et malgré bien des protestations individuelles, la rétractation des principaux ordres religieux *appelants*; mais le bas clergé séculier, moins dépendant, tenait bon, appuyé sur l'opinion publique. A Paris, la bourgeoisie et les artisans soutenaient le jansénisme en immense majorité, non point par attachement à la *grâce efficace* ni à la *prédestination gratuite*, mais par haine pour les jésuites et mépris pour les évêques constitutionnaires. Une nouvelle entreprise de la cour de Rome donna aux jansénistes un redoutable auxiliaire. Benoît XIII ayant rendu général dans la catholicité l'office de *saint Hildebrand* (Grégoire VII), *saint* béatifié à Rome du temps de la Ligue, mais nullement reconnu en France ni en Allemagne, le parlement de Paris supprima la *légende* de ce fougueux apôtre de l'omnipotence papale (juillet 1729). Les parlements de Bretagne, de Metz et de Bordeaux rendirent des arrêts semblables; les évêques anti-constitutionnaires prohibèrent par des mandements l'office du prétendu saint. Le pape lança des brefs contre les arrêts des parlements et contre les mandements des évêques opposants; le parlement de Paris ordonna la suppression des brefs (septembre 1729, février 1730).

Fleuri avait senti qu'il était moralement impossible d'arrêter le parlement dans une telle occasion; mais il offrit de grandes compensations à Rome. En novembre 1729, une lettre de cachet exclut de la faculté de théologie quarante-huit docteurs qui avaient renouvelé leur appel au concile depuis 1720; puis on fit voter de nouveau la Sorbonne, ainsi mutilée, sur la réception pure et simple de la Constitution, qui passa, malgré la protestation des quarante-huit et d'un certain nombre de leurs confrères. Beaucoup de vicaires et de prêtres attachés aux paroisses furent révoqués ou même exilés. Un bon nombre se retirèrent à Utrecht, qui devenait, depuis quelques années, une Genève du jansénisme, tolérée par le gouvernement des Provinces-Unies; les jansénistes y

---

1. *Journal* de Dorsanne, t. V, *passim*.

avaient un archevêque, élu par le chapitre métropolitain, suivant la tradition de l'église d'Utrecht, mais à qui le pape avait refusé le *pallium* et qui se trouvait schismatique malgré lui. Cet état de choses s'est prolongé de génération en génération jusqu'à nos jours, chaque archevêque élu demandant la communion au pape, qui la refuse invariablement.

Le 3 avril 1730, le roi vint apporter, en lit de justice, au parlement, une déclaration ordonnant l'exécution de la bulle *Unigenitus* et de toutes les bulles antérieures contre le jansénisme. Il n'y eut pas un cri de *vive le roi* sur le passage de Louis XV. L'attitude du parlement fut très-ferme : plusieurs magistrats déclarèrent qu'ils croiraient trahir le roi en recevant une bulle qui flétrissait ceux que la crainte d'une excommunication injuste n'empêcherait pas de faire leur devoir (art. 91 de la bulle). Plus des deux tiers du parlement votèrent ouvertement contre. L'enregistrement n'en fut pas moins imposé ; mais le parlement, dès le lendemain, se remit à délibérer et à protester, malgré les ordres formels du roi. Le parlement, sur de nouvelles injonctions, cessa toutefois ses assemblées. Dans le cours de ces débats, la grand'chambre, quoique composée des magistrats les plus âgés et les moins ardents, supprima l'en-tête d'une *délibération*, parce que l'avocat-général y avait dit que : « Le roi apportait tous ses soins à rétablir la paix dans son royaume ». Ce blâme indirect adressé au roi en personne était un symptôme grave et nouveau.

Les hostilités se rallumèrent violemment, quelques mois après, entre le parlement et les évêques constitutionnaires, à propos d'une consultation des avocats en faveur des ecclésiastiques opprimés par leurs supérieurs. Le parlement supprima un mandement de Tencin, très-arrogant envers la magistrature, puis un mandement de La Fare, évêque de Laon, digne acolyte de Tencin, qui avait commis de vrais tours d'escroc dans sa jeunesse et *eût été un mauvais sujet pour un mousquetaire*, suivant l'expression d'un contemporain [1]. Le nouvel archevêque de Paris lui-même, M. de Vintimille, prélat moliniste, mais qui passait pour plus expert en gastronomie qu'en théologie, fut assigné au parlement pour un

---

1. *Journal* de l'avocat Barbier, t. Ier, p. 339.

autre mandement où il énonçait des maximes attentatoires aux droits du pouvoir temporel. La cour prit l'alarme et, le 10 mars 1731, un arrêt du conseil imposa silence à tout le monde sur les questions relatives aux limites du temporel et du spirituel. Le 22 juillet, une circulaire du roi exhorta les évêques à ne point qualifier la bulle de *règle de foi*, mais seulement de *jugement de l'Église*, et à ne point interroger les laïques à ce sujet (à l'article de la mort ou autrement). Il eût fallu se maintenir dans cette voie d'impartialité; mais le conseil fut le premier à déroger à sa propre loi du silence, en cédant aux obsessions des molinistes et en autorisant l'archevêque de Paris à publier le mandement, objet de la querelle (août 1731). Là-dessus, grand tumulte : les avocats, implicitement excommuniés par le mandement à cause de leur attaque contre la juridiction épiscopale, cessent de plaider jusqu'à satisfaction. Le 7 septembre, le parlement proclame, sous forme d'arrêt, toutes les maximes gallicanes sur l'indépendance du pouvoir temporel. Le conseil casse l'arrêt le jour même, sous prétexte de transgression des ordres du roi, et un autre arrêt du conseil déclare que la Constitution doit être exécutée « comme jugement de l'Église universelle. » Le parlement ne plia pas et, le 30 novembre, il se transporta en corps à Marli, pour présenter oralement ses remontrances au roi, qui refusa de le recevoir. Le parlement, de retour à Paris, maintient, en termes respectueux, son arrêt du 7 septembre. Le conseil du roi cherche à séparer les avocats du parlement, en leur faisant une sorte de réparation par un arrêt très-honorable à leur corps, circonstance qui atteste l'influence croissante de cette classe destinée à un rôle si actif dans les révolutions de l'avenir (1er décembre)[1]. Les chefs du parlement, au contraire, sont par deux fois mandés à la cour et sévèrement réprimandés; le roi fait déchirer devant eux leurs remontrances écrites. L'abbé Pucelle, ancien secrétaire du conseil de conscience sous Noailles, est exilé avec un autre conseiller. Le parlement suspend la justice et reçoit appel comme d'abus contre le mandement de l'archevêque, malgré les ordres exprès du roi

---

1. C'est de cette époque que date cette qualification altière : *l'ordre des avocats*, réminiscence des traditions municipales romaines. *V.* Voltaire, *Hist. du parlement de Paris*, ch. LXIV.

(13 juin 1732). Quatre magistrats sont encore enlevés et conduits en exil, et un arrêt du conseil casse l'arrêt du 13 juin. Les sept chambres des enquêtes et requêtes démissionnent en masse.

Le parlement était beaucoup plus hardi, et le gouvernement beaucoup plus faible qu'au temps du régent, quoiqu'on eût un roi *gouvernant par lui-même*, roi qui n'apportait aux lits de justice et à tous les actes solennels de son autorité qu'un ennui hautain et une puérile impatience. Fleuri chercha une transaction : le premier président Portail, livré à la cour, consentit à demander un pardon que sa compagnie ne l'avait pas chargé de solliciter. Le roi *pardonna* et renvoya les démissions. Les démissionnaires rentrèrent, mais, au lieu de reprendre le cours de la justice, ils s'occupèrent à dresser des remontrances. Le 18 août 1732, nouvelle déclaration du roi, qui soustrait presque entièrement au parlement les appels comme d'abus, interdit les assemblées des enquêtes et requêtes, enjoint de reprendre le service, à peine de privations de charges, etc. Le parlement ne reprend le service ni n'enregistre la déclaration. Le 2 septembre, il est mandé à Versailles pour un lit de justice, le premier qu'on ait tenu hors de Paris. Le roi enjoint d'enregistrer la déclaration du 18 août. Le parlement ne vote pas et, le 4 septembre, affirme, par un arrêté, qu'il lui est *impossible* d'exécuter la déclaration. Le 7, les trois quarts des membres des enquêtes et requêtes sont exilés par des lettres de cachet qui les dispersent dans toute la France.

C'était un grand coup, mais il ne fut pas soutenu : bien que les vieux magistrats de la grand'chambre n'eussent pas fait franchement cause commune avec leurs collègues des enquêtes et requêtes, le gouvernement recula; les lettres d'exil furent révoquées pour le 1er décembre 1732 et le roi accorda la *surséance*, c'est-à-dire l'annulation, en fait, de la déclaration du 18 août. Ce fut donc en vainqueur que le parlement reprit le cours de la justice. L'autorité royale avait été doublement abaissée dans cette lutte : elle s'était fait battre en soutenant, contre ses propres intérêts, les intérêts de Rome et de l'épiscopat[1].

---

[1] Sur toute la querelle parlementaire, v. *Journal* de l'avocat Barbier, t. 1er, p. 299-324 et suiv. — *Journal de Louis XV*, année 1732-1739. — *Anciennes Lois françaises*, t. XXI, mêmes dates.

Pendant la guerre parlementaire, des faits d'une tout autre nature, œuvre de l'exaltation janséniste, avaient porté cette exaltation jusqu'au délire et frappé d'étonnement toute la France. Dans les dernières années du xviie siècle et les premières du xviiie, les solitudes cévenoles avaient vu reparaître ces phénomènes extraordinaires que l'histoire nous montre signalant toutes les crises des religions. Maintenant, des prodiges analogues éclataient et se multipliaient au milieu de Paris, sous les yeux de la génération la plus railleuse, la plus légère, la moins enthousiaste, la moins religieuse, qu'eût encore produite la France, et cette génération en était un moment fascinée. La situation morale des jansénistes persécutés amena logiquement ces prodiges : eux, qui se croyaient les seuls héritiers de la primitive Église, les seuls dépositaires de la doctrine des apôtres et des pères, de saint Paul et de saint Augustin, ils se voyaient traqués, exilés, interdits du saint ministère, exclus de la communion à la mort par les ennemis du dogme de la Grâce, qui était pour eux la religion tout entière : ils voyaient, de leurs yeux, la chute, la *défection* de l'Église, que les théologiens gallicans aussi bien qu'ultramontains avaient tant de fois déclarée impossible. A peine restait-il dans l'épiscopat quelques rares champions de la *vérité*. L'Église visible ainsi tombée, comment la foi chrétienne pouvait-elle être sauvée et les promesses de Jésus-Christ accomplies, sinon par l'intervention directe et surnaturelle de la divinité? L'attente de miracles capables de confondre les ennemis de la Grâce était toute simple chez des gens qui croyaient, comme d'ailleurs la masse des chrétiens, que le Créateur dérange parfois, pour des causes particulières, les lois générales qu'il a données à la Nature.

Quand on attend des prodiges, il en vient toujours. Les jansénistes avaient déjà eu jadis, pendant les beaux jours de Port-Royal, le fameux miracle de la *Sainte-Epine*. Dans les dernières années qui précédèrent la mort du cardinal de Noailles, plusieurs faits miraculeux commencèrent d'être signalés à l'attention publique : c'étaient des guérisons soudaines de maladies invétérées. La plus saillante de ces cures fut celle d'une femme guérie d'une paralysie et d'un flux de sang, pour s'être prosternée devant le saint-sacrement, dans la procession d'une paroisse janséniste, au faubourg Saint-Antoine. Parmi les témoins qui signèrent le procès-verbal de l'événement, on trouve le nom d'Arouet de Voltaire[1].

Sur ces entrefaites, il vint à trépasser, au faubourg Saint-Marceau, un homme d'église appartenant à une famille parlementaire du nom de Pâris, dévot ascétique et à extases, très-charitable, très-opposé à la bulle, qui, par humilité, n'avait pas voulu dépasser le diaconat et s'était fait mourir, à trente-sept ans, à force de macérations (1er mai 1727). Il passait pour un saint dans son quartier. Les pauvres, les infirmes qu'il avait nourris, allèrent s'assembler et faire des *neuvaines* autour de sa tombe, dans le cimetière de Saint-Médard. Bientôt se répandit le bruit de quelques guérisons miraculeuses : les jansénistes s'attroupèrent de toute la ville. Des frémissements électriques couraient dans ces foules animées d'une même passion : l'agitation redoublait; les femmes s'emportaient en sanglots et en cris; des attaques de nerfs, des spasmes convulsifs s'emparaient des plus exaltés; quelques-uns étaient saisis par l'extase; des malades, des impotents, transportés d'une foi ardente, se faisaient étendre sur le saint tombeau ; des malheureux tourmentés de crises nerveuses y retrouvaient un calme inespéré; des paralytiques, des boiteux, au contraire, après de violentes convulsions, se relevaient et marchaient; on prétendit même que des affections d'une tout autre nature et tout à fait étrangères au système nerveux, des chancres, des ulcères, avaient disparu subitement, ce qui serait absolument inexplicable. Ce qui est certain, et ce qui fut d'un effet prodigieux, c'est qu'une femme en bonne santé, qui s'avisa, par dérision, d'aller se coucher sur le tombeau du saint homme en feignant d'être paralytique, fut tout à coup saisie d'un tel effroi de son *sacrilége*, qu'une attaque très-réelle de paralysie se déclara chez elle. Une grande partie de Paris, crut, sans réserve, au pouvoir surnaturel du diacre Pâris : une autre partie, au moins

---

1. 31 mai 1725. — Il est fâcheux que Voltaire n'ait pas expliqué ce qu'il pensait de la nature du fait; car, s'il ne croyait pas à un *miracle* et s'il s'en raille, il ne paraît pas non plus avoir soupçonné d'imposture la femme La Fosse. V. sa lettre du 20 août 1725, à madame de Bernières, dans sa *Correspondance générale*, t. I. — V. aussi le *Journal* de l'avocat Barbier, t. I, p. 219.

aussi considérable, étonnée et curieuse, se mêla aux jansénistes, par esprit d'opposition, pour aller voir faire des miracles malgré la police. Les faits se multiplièrent tellement, non-seulement à Paris, mais sur divers points de la France, où l'on invoqua le bienheureux Pâris, et un bon nombre de ces faits parurent tellement attestés, que les *constitutionnaires*, en désespoir de cause, prirent le parti d'attribuer ces phénomènes au diable. C'est ce que firent l'archevêque de Paris, par son mandement du 15 juillet 1731, puis le pape Clément XII[1], dans son bref du 22 août de la même année contre les *faux miracles*.

Il y avait près de quatre ans que ces étranges spectacles se renouvelaient avec des intervalles et des recrudescences, lorsque le gouvernement, après avoir inquiété, poursuivi individuellement quelques-uns des acteurs, fit fermer le cimetière Saint-Médard par ordonnance du roi (27 janvier 1732)[2]. Le pouvoir royal n'accusait pas les *convulsionnaires* d'être des suppôts de Satan, comme faisait le pouvoir ecclésiastique : il les accusait d'être des imposteurs, sur les rapports « d'un grand nombre de médecins et de chirurgiens » chargés de les examiner. Le public ne tint aucun compte de rapports évidemment dictés par l'autorité, et l'effervescence janséniste ne fit que changer de théâtre. Les convulsions eurent lieu à huis clos, dans des maisons privées, et les miracles se transportèrent de place en place, harcelés et traqués par la police. Tous les efforts des deux puissances ecclésiastique et séculière eussent échoué à dompter cette pieuse rébellion, si elle n'eût trouvé sa décadence dans ses propres excès. Les assemblées nocturnes et mystérieuses de la secte prirent un caractère de plus en plus fanatique. Les scènes qui s'y donnaient devinrent à la fois indécentes et cruelles. Le trait le plus commun, chez les femmes qui y jouaient le principal rôle, était une combinaison extrêmement bizarre d'excitation hystérique et de cette insensibilité momentanée que les magnétiseurs réussissent quelquefois à produire sur les somnambules, mais qui, chez les convulsionnaires, se manifestait spontanément. Dans la violence de leurs spasmes, les convulsionnaires appelaient à grands cris des *secours*, des

---

1. Corsini : il avait succédé, en 1730, à Benoît XIII.
2. *Anciennes Lois françaises*, t. XXI, p. 369.

consolations : ces *secours* consistaient à leur piétiner le corps et à les frapper avec violence : quatre ou cinq hommes debout pesaient de tout leur poids sur une jeune fille étendue, ou la frappaient à coups de bûches, sans qu'elle témoignât la moindre souffrance : on en vit se faire crucifier, en imitation de la Passion, sans paraître sentir les clous qui leur traversaient les mains et les pieds! A ces folies inouïes se joignirent les vieilles folies renouvelées des sectaires protestants, les prédictions apocalyptiques, le nombre 666, le chiffre du nom de la Bête, retrouvé dans le nom de *Louis Quinze*[1], l'apparition d'un prétendu prophète Élie, etc.

C'en était trop, non pas seulement pour le public, mais pour la portion éclairée du jansénisme. La tradition d'Arnaud et de Nicole, des cartésiens de Port-Royal, était incompatible avec cette frénésie orgiaque. Les théologiens sérieux du parti réclamèrent avec éclat : le parlement informa contre les sectaires; les raisonneurs se séparèrent des fanatiques et voulurent distinguer entre la doctrine et ses disciples compromettants, entre miracles et miracles. Le public ne s'arrêta pas à ces distinctions : une fois la réaction commencée dans l'opinion, l'on ne vit plus que les guérisons imparfaites, les rechutes des prétendus *miraculés*, les morts causées par les convulsions, les scandales et les friponneries mêlés au fanatisme. Après avoir cru jusqu'à l'impossible, on nia même le vrai; tout s'abîma dans le ridicule et il ne resta, dans l'esprit de Paris et de la France, que la honte d'avoir été dupes[2].

Ce n'était pas aux jésuites que devait profiter l'abaissement des jansénistes, mais à un troisième parti qui grandissait à vue d'œil et qui étendait partout ses conquêtes. La conclusion que tire de toute cette guerre religieuse une immense portion du public, cherchons-la, non pas dans les écrivains célèbres, dans les chefs d'écoles, mais dans un obscur chroniqueur qui enregistre mois

---

1. Par compensation, les molinistes le trouvèrent dans le nom du *père Quesnel*. V. une curieuse note manuscrite en tête du t. III d'un recueil de pièces in-4° sur les miracles du diacre Pâris, appartenant à la bibliothèque de l'Arsenal; 4974, T.

2. V. *Recueil des miracles opérés par l'intercession du diacre Pâris*, trois vol. in-12. — La bibliothèque de l'Arsenal possède un autre recueil de pièces très-curieuses réunies en trois volumes in-4°, par M. de Paulmi. — V. aussi la *Vérité sur les miracles*, etc., par Carré de Montgeron; — et le fameux journal janséniste *Nouvelles ecclésiastiques*, années 1728 et suivantes.

par mois, sans songer à la publicité, les nouvelles du parlement et de la ville, esprit de moyenne portée et d'opinions nullement hardies en toute autre matière, expression fidèle de la bourgeoisie *raisonneuse*. « Plus on creuse ces matières, soit sur les prophéties, soit sur les anciens miracles reçus par l'Église, et plus on voit l'obscurité des unes et l'incertitude des autres, qui se sont établis, dans ces temps reculés, avec aussi peu de fondement que ce qui se passe aujourd'hui sous nos yeux... Si cela arrive de nos jours dans un siècle raffiné, irréligieux et débauché, il ne faut plus être surpris de quelle manière, dans tous les temps, les différentes religions ont pris faveur. La politique s'en mêle, et l'établissement s'en fait insensiblement... Par ce que l'on voit (sur la manière dont la bulle *Unigenitus* a été reçue), on peut juger sainement du respect intérieur que l'on doit avoir pour tous les grands points décidés par l'Église universelle[1]... »

Cette citation, qui révèle une situation morale si grave, suffit pour le moment : nous examinerons bientôt de plus près et plus longuement l'état des idées en France, et nous assisterons à la formation du grand parti philosophique et incrédule.

La transaction conclue entre le ministère et le parlement à la fin de 1732 n'avait pas fait cesser les hostilités entretenues par la question des miracles. Le parlement continua de supprimer les mandements des évêques ultramontains; le conseil du roi, de supprimer des mandements jansénistes et de revendiquer la *loi du silence*, enfreinte à chaque instant par les deux factions; mais l'attention du public n'était plus là et les événements du dehors lui offraient un plus vif intérêt. Après vingt ans de paix, à peine interrompus, en 1719, par une expédition sans péril et sans gloire, la France avait repris les armes sous le pacifique Fleuri.

§ 3. LE CARDINAL DE FLEURI (SUITE).

Après les transactions de 1731, la pragmatique de Charles VI était restée la grande affaire de l'Europe; la diplomatie autrichienne travaillant à obtenir, la diplomatie française à empêcher

---

1. *Journal* de l'avocat Barbier, t. II. p. 51-70 232.

la garantie de l'Allemagne. L'empereur réussit : le 11 janvier 1732, la diète de Ratisbonne accepta et cautionna la loi de succession autrichienne ; mais le succès ne fut pas complet, les électeurs de Saxe, de Bavière et palatin ayant formellement protesté. Le Danemark adhéra peu après à la pragmatique et un traité d'alliance et de garantie fut conclu par cette couronne avec l'Autriche et la Russie (26 mai 1732). Le roi de Danemark donnait au duc de Holstein-Gottorp, gendre de Pierre le Grand, une indemnité pécuniaire pour la partie du Slesvig qu'il avait autrefois possédée, et la Russie ratifia l'acquisition du Slesvig par le monarque danois. La Russie n'avait déjà plus alors pour souverain le petit-fils de Pierre le Grand : Pierre II était mort à quinze ans, le 30 janvier 1730, et une intrigue des principaux boyards l'avait remplacé, non par l'aînée de ses tantes, les deux filles de Pierre le Grand, mais par la seconde des filles du frère de Pierre, la duchesse douairière de Courlande, Anna Ivanowna.

Pendant ce temps, l'Espagne persistait dans sa politique remuante : n'ayant pu avoir la guerre en Italie, elle l'avait portée en Afrique ; elle recouvra la vieille conquête de Ximencz, Oran, que les Maures lui avaient enlevée en 1708, pendant les malheurs de la Guerre de la Succession (juillet 1732). On a pris trop à la lettre le mot fameux d'Alberoni : « L'Espagne est un « cadavre que j'avais animé ; mais, à mon départ, il s'est re- « couché dans sa tombe [1]. » L'impulsion vivifiante donnée par Alberoni ne devait jamais s'arrêter complétement et l'Espagne ne devait plus redevenir ce qu'elle avait été sous les derniers rois autrichiens. Le cabinet espagnol, exalté par ses victoires d'Afrique, fit de nouveaux efforts pour entraîner la France à une alliance offensive contre l'empereur. La guerre était loin de la pensée de

1. Lettre du cardinal de Polignac, du 30 octobre 1724 ; dans Lémontei, t. II, p. 118. — Une circonstance très-singulière signala cette descente des Espagnols en Afrique : le général musulman qui leur disputa Oran avec courage, sinon avec succès, n'était autre que l'ancien premier ministre d'Espagne, le Hollandais Riperda, devenu, de protestant, catholique, de catholique, disciple de Mahomet et vizir de l'empereur de Maroc. Cet étrange aventurier mourut en 1737, au moment où il songeait à fonder, dans le Maroc, un nouveau *messianisme*, suivant lequel Moïse, Jésus-Christ et Mahomet n'auraient été que les précurseurs du vrai Messie. Vers le même temps, un autre renégat, moins mystique, le Français Bonneval, ne faisait pas une moindre figure à Constantinople que Riperda au Maroc.

Fleuri; mais Chauvelin et le maréchal de Villars, membres du conseil depuis la mort du régent, poussaient le vieux ministre dans des négociations qui étaient au moins des en cas de guerre. Ainsi, le roi de Sardaigne, qui s'était tenu jusque-là hors des combinaisons franco-espagnoles, par une trop juste défiance des prétentions outrées de la reine Élisabeth, négociait maintenant avec la France et lui offrait la Savoie dans le cas où la France assurerait la réunion du Milanais au Piémont[1].

On eût pu manœuvrer longtemps de la sorte dans les souterrains de la diplomatie; mais un événement tout à fait étranger à la pragmatique autrichienne fit éclater la crise. Une autre succession que celle de Charles VI vaqua la première, succession non moins litigieuse et qui avait maintes fois éveillé la prévoyance des politiques. Auguste II, électeur de Saxe et roi de Pologne, mourut le 1er février 1733. Quel allait être son successeur? L'entrée définitive de la Russie dans les combinaisons européennes donnait à cette question une importance que n'avaient jamais eue au même degré les élections polonaises. La France était libre de tout engagement, puisque la renonciation de Stanislas Lesczynscki à ses droits avait été la condition du mariage de sa fille avec Louis XV. Que devait faire la France? — Elle avait naguère refusé une entente hardie avec la Russie et rejeté cette puissance dans l'alliance autrichienne : elle devait donc s'apprêter à lutter franchement, énergiquement, contre la Russie et l'Autriche réunies; mais d'après quel plan?

Il y avait à choisir entre deux lignes de conduite.

Il était évident que l'ancien parti national polonais n'avait pas été réconcilié aux royautés étrangères par le gouvernement violent, fourbe et corrupteur d'Auguste de Saxe, que ce parti allait se tourner vers le beau-père de Louis XV, vers l'ex-roi chassé par les étrangers et non par la Pologne, et qu'en face de Stanislas se poserait comme candidat le fils du feu roi Auguste, le nouvel électeur de Saxe, Auguste III, appuyé sur trente-trois mille soldats saxons et 12,000,000 d'argent comptant que lui avait laissés son père. Ce qui semblait le plus naturel à la première vue, c'était que la

---

1. *Mém.* de Villars, p. 419-127.

France soutint la nationalité polonaise exclusive et le beau-père de Louis XV; mais les difficultés étaient énormes : le cardinal de Fleuri, mal avec la fille de Stanislas, qui avait le tort à ses yeux d'être la créature de *Monsieur le Duc* et de madame de Prie, n'avait rien préparé pour cette éventualité; l'Autriche et la Russie, au contraire, étaient d'accord à l'avance pour exclure Stanislas et l'influence de la France : leur traité de 1732 avec le Danemark stipulait, dit-on, par un article secret, qu'on s'opposerait, en cas de mort d'Auguste II, à l'élection d'un roi qui serait fils ou beau-père du roi de France, et le roi de Prusse avait adhéré à cet engagement. Si l'on prenait toutefois le parti d'appuyer Stanislas, il fallait agir avec la plus grande célérité et la plus grande vigueur; envoyer sur-le-champ Stanislas à Dantzig et l'y faire suivre au plus tôt par une flotte chargée de forces imposantes, qui débarqueraient aussitôt que les Saxons interviendraient en faveur de leur prince; menacer les ports russes de la Baltique, entraîner la Suède, regagner le Danemark, peu affectionné à la ligue austro-russe, tâcher d'obtenir la neutralité prussienne, enfin conclure au plus vite avec l'Espagne et la Sardaigne pour attaquer l'empereur en Italie. Restait un problème redoutable; la Hollande, dont la vie politique s'affaiblissait de jour en jour, demeurerait certainement neutre; mais que ferait l'Angleterre? Souffrirait-elle que la France relevât sa marine et dominât la Baltique? et, si elle intervenait contre nous, comment se mettre assez vite en mesure de soutenir le choc, dans l'état de délabrement où l'on avait laissé tomber nos flottes et nos arsenaux?

Il y avait un second parti à prendre, moins chevaleresque, moins simple à concevoir, mais d'une politique plus profonde. C'eût été de changer l'instrument de dégradation de la Pologne en un instrument d'indépendance et de régénération : resserrer, au lieu de le rompre, le lien de la Pologne avec la Saxe, faire du protégé des Russes le protégé de la France, faire renoncer Stanislas à la couronne et accepter Auguste III aux patriotes polonais, en garantissant les libertés nationales et en poussant à la modification des lois qui entretenaient la Pologne dans un état d'impuissance anarchique, c'était là une conception qui offrait de grands avantages; il n'était plus nécessaire de s'emparer de la

Baltique, ni de s'exposer à la guerre maritime contre les Anglais; on maintenait compacte en Allemagne le parti opposé à la pragmatique autrichienne, et la France avait ses communications ouvertes avec la Pologne par le Palatinat, la Bavière et la Saxe, ses alliés; il n'était peut-être pas même impossible de renouer, au moins pour un temps, l'accord manqué avec la Russie, de gagner à cette combinaison les aventuriers allemands qui gouvernaient l'empire russe sous le nom de la tzarine Anne et d'arriver à isoler l'Autriche; la Prusse n'eût probablement pas bougé.

Des deux partis qu'on vient d'exposer, le premier fut embrassé avec vivacité et par les vieux généraux de Louis XIV, qui s'ennuyaient de voir se faner leur gloire, et par les hommes de la jeune cour, qui aspiraient à conquérir à leur tour la renommée et les honneurs militaires; ils allèrent tous au plus simple et au plus apparent. Quant au second parti, un seul homme dans le gouvernement était capable de le concevoir et de l'exécuter; c'était Chauvelin : il en eut la pensée. On en trouve des indices certains dans les écrits de son ami, de l'héritier de sa politique, du patriote marquis d'Argenson; mais tout point d'appui manquait. Ceux qui voulaient la guerre, dans le conseil et autour du roi, eussent crié au sacrilège si l'on eût parlé de sacrifier le beau-père de Louis XV à des vues trop savantes pour eux, et, quant à Fleuri, rien n'était plus impossible au monde que de lui faire adopter une politique soudaine et décisive, quoique, au fond, le second parti dût lui convenir beaucoup mieux que le premier. Un troisième lui eût convenu davantage encore; c'était celui de ne rien faire. Il ne put s'y tenir : le cri général était trop fort; il n'osa le braver; la même faiblesse qui rendait Fleuri pacifique, le rendait impuissant à résister aux partisans de la guerre. Ce ne fut pas le roi qui lui força la main. Louis restait indifférent, inerte, pendant les vifs débats du conseil; pas un rayon n'illuminait sa belle et froide figure quand on parlait de gloire; pas une parole juvénile ne sortait de sa bouche dédaigneuse; le sang de Henri IV et de Louis XIV semblait figé dans ses veines.

Le conseil du roi décida de soutenir Stanislas; on avait reçu une lettre par laquelle le primat de Pologne, régent du royaume pendant l'interrègne, réclamait la protection du roi de France en faveur de l'indépendance polonaise. Dès la nouvelle de la mort d'Auguste II, l'empereur et la tzarine avaient manifesté l'intention formelle d'exclure Stanislas, l'un et l'autre prenant pour prétexte leur droit de garantir les lois et les libertés de la Pologne ! L'empereur revendiquait les anciens traités de secours réciproques qui avaient joint fraternellement la Pologne avec son royaume de Hongrie, et la tzarine s'en référait à la médiation de son oncle Pierre le Grand entre Auguste II et les mécontents polonais confédérés, en 1717. Stanislas avait été exclu et banni par une loi qu'avait dictée l'étranger, et l'étranger prétendait protéger la constitution de la Pologne en maintenant cette loi ; c'est là le commencement de ce système de mensonge et d'hypocrisie par lequel l'Autriche et la Russie préparèrent et consommèrent le meurtre de la nationalité polonaise.

Le 17 mars, Louis XV, en réponse aux démonstrations hostiles de l'empereur, signifia aux ambassadeurs étrangers qu'il maintiendrait, autant qu'il serait en lui, la liberté de l'élection polonaise et qu'il considérerait toute entreprise contraire à cette liberté, comme une atteinte à la paix de l'Europe. La diète polonaise, encouragée par la déclaration du roi de France, décida l'exclusion de tout candidat étranger (avril-mai)[1].

On avait parlé, il fallait agir ; Fleuri n'agit pas, du moins en Pologne. Au lieu de dépêcher tout de suite Stanislas à Dantzig, comme l'avait demandé instamment le primat de Pologne aussitôt après la mort d'Auguste II, Fleuri retint le royal candidat plusieurs mois en France, se contenta d'abord d'envoyer de l'argent comptant (3 millions) et d'ouvrir un crédit à l'ambassadeur français en Pologne ; puis, quand il se décida enfin à faire des préparatifs maritimes, il embarqua *quinze cents* soldats à Brest sur une petite escadre, avec un seigneur français qui jouait le rôle de Stanislas, tandis que ce prince traversait l'Allemagne et gagnait Varsovie sous un déguisement (août-septembre). C'était là tout

---

1. Sur l'ensemble des affaires de Pologne, v. Rousset, *Recueil d'actes, négociations*, etc., *depuis la paix d'Utrecht*, t. IX, p. 137-279 (avril 1733, février 1734) ; t. XI, p. 3-112 (1734-1735). Ce recueil, publié en Hollande, fait suite à celui de Lamberti. — V. aussi *Histoire de la dernière guerre et des négociations pour la paix*, par P. Massuet, t. Ier, Amsterdam. 1737 ; — et *Mém.* de Villars, p. 431 et suivantes.

ce que le cardinal-ministre entendait faire pour dégager la parole donnée par le roi de France aux Polonais!

Les ennemis avaient mieux employé leur temps : la Pologne était déjà resserrée entre deux armées russe et autrichienne : l'électeur de Saxe s'était assuré l'appui de l'empereur en acceptant la pragmatique, qu'avait repoussée son père; il gagna la Russie en promettant l'investiture de la Courlande au Courlandais Biren, favori de la tzarine, et de riches *starosties* aux Allemands Munich et Osterman, ses principaux ministres (juillet 1733). L'intérêt moscovite n'était pourtant pas que la Pologne eût un roi qui possédât une certaine puissance personnelle; mais le misérable caractère d'Auguste III, sa frivolité, son incapacité, ne compensaient que trop la force propre que lui donnaient les ressources de la Saxe. La diète d'élection, à peine réunie le 25 août, reçut la nouvelle de l'entrée des Russes en Pologne. Cinquante mille soldats marchaient sur Varsovie. Un certain nombre d'opposants quittèrent la diète; tout le reste, soixante mille gentilshommes [1], votèrent pour Stanislas. Un seul noble avait prononcé le trop fameux *veto*; il se rétracta et Stanislas fut proclamé le 12 septembre.

Ce qui suivit montra où était tombée la Pologne par l'excès de l'indépendance individuelle des nobles, par l'asservissement des paysans et l'absence de toute organisation des forces nationales [2]. Les Polonais n'eurent point affaire à toute la coalition formée contre eux; les Autrichiens, massés en Silésie, ne passèrent point la frontière : l'empereur, voyant que la Prusse et le Danemark restaient immobiles et commençant à craindre d'avoir trop compté sur la faiblesse du gouvernement français, espéra éviter la guerre en s'abstenant de participer matériellement à l'invasion de la Pologne. Les Russes et les Saxons suffirent, avec le concours d'une faible minorité de factieux. La noblesse polonaise se dispersa pour défendre ses foyers ravagés par les bandes cosaques et kalmoukes, qui brûlaient châteaux et villages : les armées régulières de Pologne et de Lithuanie, très-faibles en tous temps, avaient été désorganisées systématiquement par Auguste II, qui

---

1. Un des manifestes du parti de Stanislas dit environ cent mille.
2. Nous reviendrons sur les institutions de la Pologne et les causes de sa ruine.

ne se fiait qu'à ses troupes saxonnes; elles étaient réduites à quinze mille hommes inaguerris et indisciplinés. On ne put rassembler à Varsovie que huit mille combattants, qui défendirent bravement le passage de la Vistule jusqu'à l'entière clôture de la période électorale. Les factieux, qui s'étaient cantonnés à Praga, de l'autre côté du fleuve, ne purent pénétrer à temps dans la plaine de Wola, près de Varsovie, lieu consacré aux royales élections. La veille du jour où expirait la période électorale, ils s'assemblèrent dans une forêt sur la rive droite de la Vistule et proclamèrent roi Auguste de Saxe (5 octobre 1733). Ils n'étaient pas plus de trois mille gentilshommes; mais toute l'armée russe était derrière eux. Les troupes polonaises furent enfin obligées d'évacuer Varsovie. Le roi Stanislas, aussitôt après son élection, se voyant sans armée pour tenir la campagne, était parti avec ses principaux adhérents. Il n'y avait pas dans tout l'intérieur de la Pologne une seule place forte devant laquelle on pût arrêter l'ennemi. Stanislas ne trouva d'asile sûr qu'à Dantzig, cette riche ville hanséatique qui était plutôt protégée que sujette de la couronne de Pologne et qui, à son tour, protégea son suzerain avec courage et dévouement. Une fois Stanislas établi à Dantzig, rien n'était perdu s'il recevait dans ce port un renfort français capable de servir de point d'appui aux confédérations polonaises qui se levaient dans chaque province contre l'étranger.

L'ennemi le comprit bien : après avoir organisé l'occupation des principales villes, tandis qu'Auguste III se faisait couronner à Cracovie, les Russes marchèrent sur Dantzig au mois de janvier 1734 : le général Munich, qui dirigeait toutes les affaires de la guerre en Russie, accourut en personne, avec tout ce qu'il put rassembler de troupes. Les forces des assiégeants ne furent pas cependant très-considérables. Les envahisseurs avaient à occuper, avec une centaine de mille hommes, tant russes et saxons que hordes irrégulières, un immense pays sillonné en tous sens par les bandes de la noblesse confédérée. Munich n'eut peut-être pas trente mille hommes à employer à la vaste circonvallation de Dantzig. Il réussit, après de grands efforts, à barrer la Vistule et à couper les communications de la ville avec la mer et avec le fort qui commande l'embouchure du fleuve. Les approches furent énergiquement disputées et coûtèrent beaucoup de sang à l'ennemi. Les assiégés, qui avaient reçu de France, avant le siége, de l'artillerie, de l'argent, des ingénieurs, tenaient toujours les yeux fixés sur la mer. Quelques bâtiments français parurent enfin dans la rade vers le 10 mai, jetèrent trois bataillons à l'embouchure de la Vistule, puis, le 14, rembarquèrent ce faible détachement et remirent à la voile! Les chefs de cette expédition dérisoire avaient jugé impossible de rien tenter. Ils ramenèrent l'escadre à Copenhague, le Danemark étant resté neutre, malgré ses engagements secrets avec l'Autriche et la Russie.

L'ambassade de France à Copenhague était alors occupée par un colonel breton, brillant d'esprit, de savoir et de courage, le comte de Plélo. Désespéré de la honte qu'il voit rejaillir sur le nom français dans tout le nord, il réunit chez lui les chefs du corps expéditionnaire; il leur reproche de n'avoir pas combattu à tout prix. « C'est aisé à dire, s'écrie un des officiers, quand on est en sûreté dans son cabinet! » — « Ce que j'ai dit, je vous montrerai à le faire, » répond Plélo, et il les somme de retourner avec lui à Dantzig. Le commandant des troupes de débarquement, le comte de La Peyrouse-Lamotte, brave officier qui s'était fort distingué autrefois en Espagne contre les Anglais, n'y peut tenir et passe du côté de Plélo. Ils partent, comme les victimes dévouées des anciens temps; tous deux convaincus de l'impossibilité de vaincre. Avant de s'embarquer, Plélo écrit ces trois lignes à Chauvelin : « Je suis sûr que je n'en reviendrai pas : je vous « recommande ma femme et mes enfants[1]. » Le 24 mai, La Peyrouse et Plélo débarquent sous le fort de Wechsel-Munde (Bouche-de-Vistule), avec les quinze cents soldats renforcés de quelques Français que Plélo a ramassés à Copenhague : le 27, ils marchent aux lignes russes, forcent les barrières et poussent en avant, sous un feu d'enfer, pour joindre les assiégés sortis de la ville. Le succès semble près de récompenser leur héroïque audace, quand Plélo tombe criblé de balles : le passage se referme; les masses ennemies ralliées menacent d'engloutir cette poignée d'hommes; La Peyrouse ramène sa petite troupe en bon ordre

---

1. Flassan, t. V, p. 71.

sous le canon de Wechsel-Munde, dans son camp, où une partie de l'armée russe vient l'assiéger. Si l'expédition eût compté cinq ou six mille hommes au lieu de dix-sept ou dix-huit cents, la mort de Plélo n'eût point empêché le succès de l'entreprise !

La ville et le petit camp français rivalisèrent de valeur et de constance ; mais ni l'un ni l'autre n'avaient plus de secours à espérer : la petite escadre française avait été obligée de gagner le large devant la flotte russe. La Peyrouse tint près d'un mois dans son camp. Enfin, le 23 juin, bombardé par terre et par mer et menacé d'un assaut que sa troupe épuisée ne pouvait plus soutenir, il capitula à condition de se rembarquer avec armes et bagages. Telle fut l'issue de la première rencontre qui ait eu lieu entre les armes françaises et russes. L'événement en fut aussi honorable pour nos soldats que déshonorant pour notre gouvernement : c'est là un des contrastes que nous sommes condamnés à retrouver sans cesse durant le règne de Louis XV[1].

Peu de jours après, le roi Stanislas s'évada, presque seul et déguisé, à travers les inondations qui s'étendaient au sud de Dantzig, et se réfugia sur le territoire prussien. La ville, à bout de ressources, se résigna à reconnaître l'usurpateur et à payer une rançon aux Russes (7 juillet). Un assez grand nombre de seigneurs polonais rejoignirent Stanislas à Kœnigsberg, où le roi de Prusse toléra cette émigration, qui se qualifia d'*États confédérés du royaume de Pologne*; mais, pendant ce temps, les chefs des vraies confédérations, des confédérations militantes, perdaient courage en voyant leurs efforts se briser contre la discipline moscovite et se soumettaient les uns après les autres au roi saxon imposé par la Russie.

Le gouvernement français ne voulant rien faire de sérieux par lui-même, avait essayé d'obtenir des diversions du côté de la Suède et de la Turquie ; mais il n'entraîna point la Suède à temps : la Turquie était retombée sous un gouvernement barbare et fanatique, depuis la catastrophe du vizir Ibrahim, en 1730 :

1. Massuet, *Hist. de la dernière guerre*, t. Ier, p. 150-212. — *Récit de l'expédition de 1733*, par M. le colonel Aubert, dans le *Moniteur de l'armée*, mai 1854. Les Russes témoignèrent la plus vive admiration pour leurs héroïques adversaires : M. de La Peyrouse et ses officiers, conduits provisoirement à Saint-Pétersbourg, y furent comblés d'honneurs par la tzarine

elle était d'ailleurs occupée d'une guerre malheureuse contre la Perse, qu'avait relevée le fameux Thamas-Kouli-Khan : la Turquie eût consenti cependant à intervenir, si Fleuri eût voulu s'engager à une alliance ouverte contre l'Autriche et à ne pas faire de paix séparée [1]. Il craignit que cela ne décidât l'Angleterre à soutenir l'Autriche et refusa. L'ambassadeur français à Constantinople réussit seulement à susciter, du côté du Caucase, une irruption des Tatares de Crimée, insuffisante pour réagir sérieusement sur la Pologne.

Dans toute cette grande question de Pologne, le cardinal de Fleuri avait fait jouer à la France le misérable rôle d'un gouvernement qui ne sait ni s'abstenir ni agir ! Jamais le nom français n'avait été compromis à ce point dans la politique moderne !

Les affaires européennes n'avaient pourtant point partout le même aspect, et le regard d'un Français, en passant du nord au sud, y trouvait de moins affligeants spectacles. L'Autriche payait pour la Russie.

Le parti belliqueux, généraux et courtisans, secondé par Chauvelin, obligea du moins Fleuri à faire la guerre par terre, puisqu'il n'y avait pas moyen de le contraindre à la faire par mer. Chauvelin ne pouvait sauver la Pologne : il résolut d'affranchir l'Italie. Le printemps et l'été de 1733 s'étaient passés en vives négociations avec l'Espagne et la Sardaigne. Le peu de confiance que les étrangers avaient dans la résolution de Fleuri, et les prétentions outrées de la reine d'Espagne, étaient cause de ces retards : ce n'était pas seulement pour ses enfants, mais pour elle-même, qu'Élisabeth Farnèse rêvait la domination de l'Italie; elle prétendait se soustraire, en s'assurant une souveraineté personnelle, à la morne et monacale existence faite aux reines douairières d'Espagne. Enfin, deux traités secrets furent signés avec les cabinets de Turin et de Madrid (26 septembre — 25 octobre 1733). On y convenait de chasser les Autrichiens d'Italie : le

---

1. Cette offre de la Turquie était due à un renégat français, émule de Riperda, au comte de Bonneval, qui, après avoir déserté tour à tour les drapeaux de la France pour ceux de l'Autriche, ceux de l'Autriche pour ceux de la Turquie, semblait vouloir se réhabiliter, aux yeux de sa première patrie, en frappant les vieux ennemis de la France. *V.* T. Lavallée, *Revue Indépendante* du 10 janvier 1844.

Milanais devait être réuni au Piémont et former un royaume de Lombardie; Naples et la Sicile devaient être conquis au profit de l'infant don Carlos, qui céderait Parme et la Toscane à son frère puîné, don Philippe¹; les Deux-Siciles et les *présides* de Toscane seraient réunis à l'Espagne en cas d'extinction de la postérité mâle d'Élisabeth Farnèse. Une convention particulière entre la France et la Sardaigne stipulait que la Savoie serait cédée à la France quand le roi de Sardaigne aurait Mantoue en sus du Milanais. La France, dans la pensée de Chauvelin, devait avoir l'honneur de rendre à l'Italie l'indépendance nationale qu'elle avait la première commencé à lui arracher sous Charles VIII. Chauvelin jugeait que les fils de Philippe V, transplantés en Italie, deviendraient Italiens, comme Philippe V lui-même était devenu Espagnol. L'Italie confédérée, délivrée de toute domination étrangère, reprenait le rang qui lui appartient dans le système européen. Une seule chose déparait cette belle conception et menaçait d'en annuler les effets; c'était la réversibilité des Deux-Siciles à la couronne d'Espagne, arrachée à Chauvelin par la nécessité supposée de l'alliance espagnole².

Tandis qu'on s'assurait l'alliance espagnole et sarde, on obtenait la neutralité des deux puissances maritimes, en promettant de ne pas attaquer les Pays-Bas Autrichiens. La Hollande ne demandait qu'à rester en paix, pourvu qu'on ne touchât point à sa *barrière*, et Robert Walpole, à qui l'extension impopulaire des droits d'*accise* (impôts indirects) occasionnait d'assez graves embarras, reconnut le sacrifice que Fleuri lui avait fait de nos intérêts maritimes, en laissant à la France une certaine latitude d'action sur le

---

1. Le marquis d'Argenson, fils aîné du fameux lieutenant de police et ami de Chauvelin, lui avait proposé de rétablir la république à Florence et à Sienne. V. *Mém.* du marquis d'Argenson, p. 369; 1 vol. in-8°, 1825. Ce ne sont pas des Mémoires proprement dits, mais plutôt des extraits du vaste recueil manuscrit de notes, de réflexions, d'anecdotes, de considérations sur toute sorte de matières, qu'a laissé le marquis d'Argenson. Un des héritiers de son nom vient d'en publier une deuxième édition beaucoup plus étendue, que nous avons déjà citée plusieurs fois, sous le titre de *Mém. et Journal inédit* etc.; 5 vol. in-18, 1857-1858. La *Société de l'histoire de France* en prépare une troisième sur un autre plan.

2. Garden, *Traités de paix*, t. III, p. 172. — Cet ouvrage récent est le seul qui embrasse, dans un ordre chronologique, toute l'histoire diplomatique moderne. M. de Garden a refondu Koch et Schœll. — *Mém.* de d'Argenson, p. 371.

continent : la réserve relative à la Belgique suffisait pour le moment aux intérêts anglais, et le cabinet de Londres était fort mécontent que l'empereur eût suscité une crise européenne sans consulter George II. La Prusse et le Danemark, comme on l'a vu, demeuraient immobiles ; les Russes étaient occupés à envahir et à contenir la Pologne. L'Autriche se trouvait donc seule, quand la France, puis l'Espagne et la Sardaigne, lui lancèrent une triple déclaration de guerre (10-27 octobre).

Deux armées françaises franchirent aussitôt les Alpes et le Rhin[1]. Elles étaient commandées par les deux derniers survivants des grands généraux de Louis XIV, Villars et Berwick. On avait jugé nécessaire de faire une diversion en Allemagne pour favoriser la grande expédition d'Italie. Du 12 au 14 octobre, un détachement français occupa Nanci sans résistance, et un corps d'armée, réuni à Strasbourg sous les ordres de Berwick, investit le fort de Kehl. Le gouvernement français s'excusa, auprès du corps germanique, de cette attaque contre une forteresse de l'Empire, en protestant qu'il n'entendait rien garder de ce que la nécessité d'atteindre l'Autriche l'obligerait à occuper en Allemagne. Les Français ne levèrent aucune contribution et payèrent tout ce qu'ils prirent. Kehl, dont les fortifications avaient été mal entretenues depuis la paix de Bade, se rendit le 28 octobre. Les pluies de novembre arrêtèrent l'armée et l'on ne tenta pas d'autre opération sur le Rhin cette année.

Les événements, au contraire, se précipitaient en Italie. Quarante mille Français joignirent douze mille Piémontais à Verceil. Cinq mille cavaliers espagnols traversèrent le sud-est de la France et la Ligurie pour rejoindre en Toscane seize mille fantassins que transportait à Livourne la flotte d'Espagne. Villars, nommé maréchal-général (le titre qu'avait porté Turenne), partit le 26 octobre pour aller se mettre à la tête des Franco-Piémontais : une ardeur juvénile ranimait son cœur octogénaire ; il fut fidèle à son caractère dans ses dernières paroles au cardinal-ministre, quand il lui fit ses adieux à Fontainebleau devant toute la cour :

---

1. Un règlement du 28 mai 1733 avait ordonné aux officiers de cavalerie de reprendre la cuirasse, et aux cavaliers de reprendre le plastron. V. *Mém.* de Villars.

« Dites au roi qu'il peut disposer de l'Italie; je vais la lui conqué-
« rir [1]. »

Ce n'était point une vaine fanfaronnade : *conquérir* l'Italie, c'est-à-dire en chasser les Autrichiens, n'était pas très-difficile, pourvu que chacun des alliés fît son devoir. L'empereur avait été d'une étrange imprévoyance. Il n'avait pas écouté le prince Eugène, qui le pressait de se mettre sur le pied de guerre; il avait dégarni à tel point la Lombardie pour masser ses troupes sur la frontière polonaise, que le gouverneur du Milanais n'avait guère qu'une douzaine de mille hommes à sa disposition. Jusqu'au dernier moment, Charles VI avait compté, ou que Fleuri n'oserait pas attaquer, ou que le roi de Sardaigne défendrait les Alpes contre les Français. Le gouverneur du Milanais avait dégarni ses magasins pour fournir des munitions aux Piémontais.

Le roi de Sardaigne, Charles-Emmanuel III [2], nommé, par le traité du 26 septembre, généralissime des forces combinées, n'avait pas attendu l'arrivée de Villars pour entrer en campagne. Dès le 24 octobre, les Franco-Piémontais s'avancèrent de la Sesia sur le Tésin. Vigevano se rendit le 27; Pavie envoya ses clefs le 31; l'armée passa le Tésin; Milan fit sa soumission le 3 novembre; la garnison autrichienne s'était retirée dans le château. Le gouverneur Daun, s'était hâté de concentrer le peu qu'il avait de troupes dans un petit nombre de places, en attendant qu'une armée arrivât d'Allemagne à son secours. Il n'y avait point à hésiter; il fallait masquer les places par des détachements et marcher au Mincio et à l'Adige, aux débouchés des Alpes tyroliennes. C'était la pensée de Villars, qui joignit Charles-Emmanuel, le 11 novembre, à Milan. Le roi de Sardaigne repoussa ce plan : Charles-

---

1. Villars, p. 414. — Ici finissent ses mémoires, très-précieux pour les dernières années de sa vie, où il siégeait au conseil du roi.

2. Le roi Victor-Amédée II, père de la feue duchesse de Bourgogne et aïeul maternel de Louis XV, avait abdiqué, en 1730, au profit de son fils Charles-Emmanuel; sa tête s'étant affaiblie sans que son humeur inquiète se calmât, il avait fait bientôt quelques démarches qui semblaient indiquer l'intention de reprendre le sceptre qu'il avait donné; son fils, alors, l'avait fait brutalement arrêter et jeter dans une forteresse. Ce fut un des grands scandales monarchiques du siècle. Victor-Amédée II mourut prisonnier, le 10 novembre 1732, sans que ni Louis XV, ni aucun autre souverain, se fût intéressé en sa faveur. On avait feint de le croire fou, pour se dispenser d'intervenir.

Emmanuel se fiait médiocrement à Fleuri, point du tout à la reine Élisabeth, et n'avait point encore de nouvelle officielle du traité entre la France et l'Espagne, qui n'avait été signé que le 25 octobre à Madrid. Persuadé que la reine d'Espagne chercherait à revenir sur la promesse que la France avait faite du Milanais à la couronne de Sardaigne, il ne songea qu'à prendre possession au plus tôt des villes milanaises, comme si la solidité de cette possession n'eût pas été subordonnée aux événements généraux de la guerre. L'armée franco-piémontaise fut donc employée à faire des siéges. De novembre à février, Pizzighitone, les citadelles de Crémone et de Milan, Novare, Tortone, le fort de Fuentes, etc., furent réduits à capituler. Trois mois suffirent à l'entière conquête du Milanais; mais la grande place forte de Lombardie, Mantoue, restait aux Autrichiens, et l'armée de secours s'amassait en Tyrol.

On pouvait encore barrer le passage à l'ennemi, ou l'accabler à la descente des Alpes. Villars conjura le jeune candidat au trône de Naples, don Carlos, et le général espagnol Montemar, de se réunir aux Franco-Piémontais pour fondre tous ensemble sur l'armée de Tyrol. Les Espagnols avaient d'autres ordres; leur reine était incapable d'ajourner, dans un intérêt collectif, l'impatience de ses cupidités dynastiques; elle avait fait enjoindre à son fils de marcher droit à Naples. Les Espagnols, dès le mois de février 1734, tournèrent le dos à la Haute-Italie et, de la Toscane, se dirigèrent par l'État Romain vers la frontière napolitaine.

Charles-Emmanuel fut entièrement confirmé dans son opinion sur les vues du gouvernement espagnol, qui avait évité tout engagement direct avec lui : il ne douta pas que la reine Élisabeth, une fois Naples réuni dans ses mains à Parme et à la Toscane, n'aspirât à l'entière domination de l'Italie, et il craignit de n'être que faiblement soutenu par le gouvernement français vis-à-vis des Bourbons d'Espagne. Dès lors, il recommença à jouer le jeu double si habituel à son père et à ses aïeux, ne voulut pas s'ôter toute chance de réconciliation avec l'empereur, ne compléta pas son contingent, qui eût dû être porté à vingt-quatre mille hommes, et refusa d'engager l'armée par delà l'Oglio. On porta seulement les avant-postes dans le Mantouan, et la plus grande partie de février, mars et avril furent consumés dans une inaction qui désespérait Villars. Au lieu de cette campagne glorieuse et décisive par laquelle Villars avait rêvé de terminer sa carrière, le vieux guerrier se trouvait reporté à ce temps de navrantes déceptions où un allié indocile aux conseils de son génie, l'électeur de Bavière, avait fait échouer ses larges conceptions. L'armée impériale, commandée par le feld-maréchal Merci, était cependant descendue sans obstacle du Tyrol dans le Brescian et le Mantouan. Elle comptait environ quarante mille hommes, les meilleurs soldats de l'empereur. Elle ne chercha point à franchir l'Oglio pour attaquer le Milanais : elle déroba un passage sur le Pô, entre San-Benedetto et Borgo-Forte, afin de transporter la guerre dans le Parmesan et de se placer entre les Franco-Piémontais et les Espagnols (2 mai 1734). L'expérience avait prouvé qu'il était impossible d'empêcher une opération de ce genre, le passage du Pô, comme celui de l'Adige, pouvant être effectué sur un trop grand nombre de points. Villars, à cette nouvelle, entraîna le roi de Sardaigne par delà l'Oglio et tâcha de prendre l'ennemi à revers, avant qu'il eût achevé de traverser le Pô. Il était trop tard et l'on ne put atteindre et défaire que quelques détachements. Le roi et le maréchal, en faisant une reconnaissance avec les gardes-du-corps de Charles-Emmanuel et quatre-vingts grenadiers, se trouvèrent tout à coup en présence d'un assez gros parti qui fit feu sur eux. On pressait le roi de se retirer. « Ce n'est pas ainsi qu'il faut sortir de ce pas ! » s'écria Villars ; il mit l'épée à la main ; le roi en fit autant, et tous deux chargèrent à la tête des gardes-du-corps. L'ennemi enfoncé se dispersa. Comme le roi complimentait le vieux maréchal sur la vigueur et l'activité qu'il avait conservées : « Sire, répliqua Villars, ce sont les dernières étincelles de ma vie ; c'est ici la dernière opération de guerre où je me trouverai, et,

« C'est ainsi qu'en partant je lui fais mes adieux. »

Le vieux guerrier, en effet, dégoûté par l'opiniâtre refus de concours qui avait fait échouer son plan, avait demandé et obtenu son rappel en France. Il partit, le 27 mai, du camp de Bozzolo ; mais il ne revit point sa patrie. L'épuisement qu'il avait allégué à l'appui de sa demande de rappel, était véritable : la fatigue et le chagrin avaient achevé d'user les ressorts de sa vie; il fut obligé de s'arrêter malade à Turin et y mourut le 17 juin, à quatre-vingt-deux ans. Ce fut le dernier des grands généraux français de l'ancien régime.

On lui fit de sanglantes funérailles. Le plan offensif des Autrichiens avait été retardé par une double attaque d'apoplexie survenue au comte de Merci, général aussi actif qu'intrépide. Ses lieutenants, de la fin de mai au commencement de juin, avaient attaqué les avant-postes français, repliés sur la Parma, et s'étaient fait rejeter de la Parma sur la Lenza. Merci, rétabli, remonte la Parma et la franchit au-dessus de Parme : le 29 juin, au matin, il marche droit aux retranchements franco-piémontais, qui appuyaient leur gauche aux glacis de Parme, leur droite au village de Crocetta et à des marais qui s'étendent jusqu'au Taro : le chemin de Parme à Plaisance, bordé de deux canaux profonds, couvrait le front étroit de ces boulevards. Le roi de Sardaigne était absent : le plus ancien des lieutenants-généraux français, le marquis de Coigni, venait de recevoir le commandement en chef avec le bâton de maréchal : il avait pris de bonnes dispositions défensives et l'attaque était fort téméraire. Elle fut poussée avec une extrême énergie par la droite ennemie : Merci voulait couper les Franco-Piémontais d'avec Parme et les acculer au Pô. Les assaillants comblent de leurs cadavres les fossés que les fascines ne suffisent point à combler : les premiers rangs engloutis, les autres passent sur leurs corps! Le double canal du chemin de Plaisance est franchi; mais la première ligne française qui a plié a derrière elle trois autres lignes d'infanterie, que la cavalerie soutient : cette masse profonde arrête l'ennemi par un feu effroyable; Merci tombe mortellement blessé, comme autrefois son ancêtre, le grand comte de Merci, à Nordlingen; le prince Louis de Würtemberg, qui prend le commandement, est bientôt à son tour mis hors de combat; cinq autres généraux autrichiens, une foule d'officiers supérieurs, jonchent les retranchements français; le feu des Impériaux se ralentit peu à peu; sur le soir, ils se retirent vers la Secchia. Pas un bataillon, de part ni d'autre, n'avait perdu ses drapeaux et l'on n'avait pas fait un prisonnier. Les

Franco-Piémontais avaient perdu presque autant d'officiers que les Autrichiens, mais moitié moins de soldats. L'ennemi avoua une perte de six mille hommes, que nos relations élèvent beaucoup plus haut.

Le roi de Sardaigne arriva au camp le lendemain de la bataille et reprit la conduite de l'armée; mais il mit dans la poursuite une lenteur qu'on voulut bien attribuer au défaut de vivres. Le gros des ennemis eut le temps de traverser le Modénais, de gagner la Mirandole et de se retrancher entre cette place et Revere sur le Pô. Les Franco-Piémontais s'établirent sur la Secchia et occupèrent le Modénais, dont le souverain s'était montré favorable aux Autrichiens. L'armée impériale, renforcée de quelques milliers d'hommes venus du Tyrol et commandée par un nouveau chef, le feld-maréchal Königsegg, se trouva en état de se reporter en avant, moins de trois semaines après la bataille de Parme, et vint camper sur la rive droite de la Secchia, en face des Franco-Piémontais. Ceux-ci occupaient la rive gauche, de Bondanello à l'embouchure de la Secchia dans le Pô, et tenaient Quistello vers leur centre, comme une tête de pont à la droite de la Secchia. On resta près de deux mois en présence sans bouger, mais non pas sans souffrir beaucoup de ce séjour malsain du Pô. Les Franco-Piémontais se gardaient mal; ils avaient la majeure partie de leurs chevaux au vert dans le Modénais. La Secchia était guéable sur beaucoup de points. Le 15 septembre, à l'aurore, un corps d'Impériaux fit soudainement une fausse attaque vers l'embouchure de la Secchia, pendant que Königsegg en personne, avec un autre corps, passait cette rivière près de Bondanello, à l'extrême droite des Français, et se jetait sur le quartier du maréchal de Broglie, qui avait été associé à Coigni dans le commandement de l'armée française. Broglie n'eut que le temps de s'échapper en chemise; son fils, ses gens, ses équipages, furent pris; l'extrême droite française fut coupée d'avec le centre; l'ennemi descendant la Secchia, poussa vers Quistello, s'en empara, enleva le bagage, la caisse, l'argenterie du roi de Sardaigne, beaucoup d'artillerie et de munitions, une grande quantité de chevaux et de mulets. Une entière déroute pouvait être la conséquence de cette surprise. Il n'en fut rien. Les Franco-Piémontais se rallièrent derrière un canal et des cassines fortifiées. Le lendemain 16, comme les Impériaux semblaient manœuvrer pour se porter entre l'armée franco-piémontaise et les ponts qu'elle avait sur le Pô, derrière Guastalla, le roi de Sardaigne et les deux maréchaux se replièrent vivement sur Guastalla et y devancèrent l'ennemi. Le 17, un fort détachement, posté à l'embouchure de la Secchia, ne put suivre cette retraite et fut pris tout entier par les Autrichiens. Il n'y avait eu que quelques centaines de morts dans les deux journées des 15 et 16 septembre, mais plus de trois mille prisonniers restaient aux mains de l'ennemi.

Königsegg voulut pousser son avantage jusqu'au bout. Arrivé, le 18 septembre au soir, à Luzzara, théâtre d'un choc fameux entre Vendôme et le prince Eugène, il assaillit de nouveau, dès le 19, les Franco-Piémontais, dans la position où ils s'étaient arrêtés en avant de Guastalla. L'armée alliée occupait un triangle formé par le Pô, le Crostolo et le Crostolino. Les alliés, qui venaient de recevoir des renforts, brûlaient de venger l'échec de Quistello; ils virent, avec une belliqueuse joie, s'avancer les Autrichiens. Königsegg fit les plus opiniâtres efforts afin de pénétrer jusqu'aux ponts de bateaux du Pô et d'écraser les alliés contre la pointe du triangle où ils étaient postés. Sa cavalerie et son infanterie furent successivement renversées à plusieurs reprises; partout repoussé à grande perte, il dut battre en retraite vers la fin du jour, avec une armée réduite d'au moins cinq ou six mille hommes. Le prince Louis de Würtemberg était mort avec bien d'autres chefs; on cite un corps de sept bataillons qui n'avait plus à sa tête qu'un lieutenant-colonel.

Cette éclatante revanche de Quistello, qui avait coûté bien du monde aux alliés, n'eut aucune suite. L'ennemi s'était retiré en bon ordre et, d'ailleurs, le roi de Sardaigne, très-brave au combat comme tous ceux de sa race, ne savait ou ne voulait pas profiter de la victoire. Königsegg repassa au nord du Pô, vers Borgo-Forte, le 26 septembre, reçut quelques recrues et s'étendit entre le Pô et l'Oglio. Les Franco-Piémontais occupèrent l'autre rive de l'Oglio; puis, de grandes pluies ayant fait déborder le Pô, l'Oglio et le Mincio, le roi de Sardaigne, malgré le maréchal de Coigni, voulut évacuer le pays entre l'Oglio et l'Adda, et ramener l'armée à Crémone. L'ennemi en profita pour s'étendre au nord du Pô jusqu'à la rive gauche de l'Adda; au sud du Pô, les Français se maintinrent jusqu'à Guastalla et gardèrent le Modénais. Les armées, plus ravagées encore par les maladies que par le fer, prirent enfin leurs quartiers d'hiver en décembre. Des flots de sang avaient coulé sans résultat en Lombardie depuis six mois [1].

La campagne des Espagnols dans les Deux-Siciles avait été autrement décisive. Il n'y avait pas eu là les tiraillements et les défiances énervantes des coalitions. Les Espagnols, n'ayant à compter avec personne, avaient été franchement droit devant eux. Le 26 mars, une vingtaine de mille hommes étaient entrés dans le royaume de Naples par Frosinone, tandis que la flotte d'Espagne longeait la côte avec huit mille autres soldats. Les Autrichiens avaient dix-huit ou vingt mille hommes sur le territoire napolitain; ils auraient pu se masser et tenir la campagne, tout en évitant le choc jusqu'à ce qu'ils eussent reçu des secours; ils se répartirent au contraire dans les places et s'imaginèrent ruiner l'armée d'invasion en l'obligeant à faire des siéges. C'était là un très-mauvais plan contre des ennemis maîtres de la mer et favorisés par les populations. La promesse faite par don Carlos d'abolir les impôts établis par « le gouvernement tyrannique des *Tedeschi* (Allemands) », avait gagné les Napolitains; ils avaient d'ailleurs, pour se tourner contre Charles VI, le même motif qui les avait décidés à se tourner pour lui en 1707, quand il n'était pas encore empereur, le désir d'avoir un roi pour eux seuls et de ne plus relever d'un gouvernement étranger. Le vice-roi autrichien, voyant la flotte espagnole maîtresse de Procida, d'Ischia, de Pouzzole, et l'armée de terre à Aversa, évacua Naples, sauf les châteaux (3 avril). Naples appela aussitôt don Carlos; les quatre châteaux se rendirent du 23 avril au 6 mai; le 15 mai, don Carlos, après une entrée solennelle, où il répandit l'or à pleines mains, publia le décret par lequel son père lui cédait le trône des Deux-Siciles. Ainsi fut inaugurée la dynastie des Bourbons de Naples, sous de favorables auspices que

1. Massuet, *Hist. de la dernière guerre*, t. Ier, p. 104-138; — t. II, p. 332-363. — Colletta, *Storia di Napoli*, t. Ier, l. Ier. — Botta, *Storia d'Italia*, t. VIII, l. XL. — Muratori, *Annal.*, t. XVI. — Campo-Raso, *Comentarios*, t. II.

le temps n'a pas confirmés. Les premières suites de cette révolution furent très-heureuses, et ce beau pays, durement exploité par les Autrichiens, respira sous un jeune prince aimable et bienveillant et sous un sage ministre, Bernardo Tanucci, ancien professeur de droit à Pise, qui fit régner la sécurité, l'économie et la justice sur une terre où ces biens étaient à peu près inconnus.

Quelques jours après la proclamation du nouveau roi (25 mai), les faciles succès des Espagnols avaient été confirmés par une victoire qui ne laissait plus de ressource à l'ennemi. Leur général Montemar avait poursuivi dans la Pouille le seul corps que les Autrichiens eussent conservé hors des places fortes et qui s'était rapproché de l'Adriatique pour recevoir par mer des renforts de Croates. Avant que le gros des renforts fût débarqué, le corps autrichien, fort d'au moins huit mille hommes, fut pris ou détruit tout entier à Bitonto. Les grosses garnisons de Pescara, de Gaëte et de Capoue capitulèrent, du mois de juillet au mois d'octobre, et tout le royaume de Naples reconnut don Carlos. Montemar était descendu en Sicile dès la fin d'août avec treize mille hommes : les Autrichiens n'en avaient pas six mille dans cette grande île, plus mal disposée pour eux encore que Naples. Partout le peuple se souleva en faveur des Espagnols : les Autrichiens ne se défendirent sérieusement que dans les châteaux de Messine, de Syracuse et de Trapani; mais, ne pouvant espérer aucun secours, ils rendirent enfin ces forteresses, du mois de mars au mois de juillet 1735, et la troisième branche des Bourbons se trouva complétement maîtresse des Deux-Siciles. Le vieil Albéroni, oubliant l'ingratitude d'Élisabeth Farnèse, avait tressailli de joie au fond de sa retraite de Plaisance, en entendant retentir le canon qui chassait les Autrichiens de Milan, de Naples et de Palerme.

En somme, bien que les défiances de Charles-Emmanuel et l'audacieuse bravoure des généraux de l'empereur, qui avaient en quelque sorte interverti les rôles entre les Français et les Autrichiens, eussent rendu la campagne du Pô indécise, les affaires de l'Autriche étaient très-mauvaises au delà des Alpes. La Basse-Italie était perdue sans retour et la Haute devait l'être, pour peu que les généraux des trois couronnes alliées voulussent se concerter durant une saison.

Vers le Rhin, la campagne de 1734 ne fut pas si féconde en événements, quoiqu'on eût mis sur pied de grandes forces des deux côtés, surtout du côté des Français. L'empereur était parvenu à entraîner l'Empire dans sa querelle, en montrant le territoire germanique violé par la prise de Kehl. Le gouvernement français eût agi en effet plus sagement, s'il eût fait attaquer, au lieu de Kehl, la place autrichienne de Brisach, ce qui n'eût donné aucun sujet de plainte à l'Empire. La diète de Ratisbonne avait déclaré la guerre à la France, le 13 mars 1734, malgré les protestations des trois électeurs de la maison de Bavière (le duc de Bavière, l'archevêque de Cologne et le Palatin) : elle avait promis à l'empereur quarante mille hommes, puis jusqu'à cent vingt mille! Le prince Eugène devait donc avoir à sa disposition une armée formidable; mais il y eut beaucoup à en rabattre, et la diète, qui ne sentait pas les intérêts généraux de l'Allemagne sérieusement menacés, mit très-peu de zèle à remplir ses engagements. L'Autriche dut reconnaître qu'il n'était pas facile de se passer des guinées d'Angleterre ni des ducats de Hollande. Les Français se trouvèrent sur pied les premiers, quoique plus tard que n'eût voulu leur général Berwick, qui était revenu à Strasbourg dès la fin de mars et qui n'y avait rien trouvé de prêt pour le siège projeté de Philipsbourg[1]. Tout avait été retardé par la négligence du ministre de la guerre, Bouin d'Angervilliers, et surtout par les intrigues d'un homme à projets, qui étourdissait le vieux Fleuri de sa faconde et de son assurance présomptueuse que la cour prenait pour la hardiesse du génie. C'était le comte de Belle-Isle, petit-fils du malheureux Fouquet; il avait relevé la fortune de sa famille abattue et rêvait la destinée des grands capitaines comme son aïeul avait rêvé le destin des grands ministres. Il voulait persuader à Fleuri de faire marcher l'armée du

---

[1]. Un règlement avait été publié, le 15 février 1734, sur les équipages des officiers, pour les obliger à diminuer leur luxe et pour alléger l'armée qu'ils encombraient d'une multitude de valets, de bêtes de somme, de voitures. L'année précédente, il y avait eu, dit-on, jusqu'à dix-huit cents chaises de poste à Strasbourg. V. *Journal de Barbier*, t. II, p. 28.

Rhin droit en Saxe et en Bohême. Le cardinal ayant reculé devant ce plan téméraire, Belle-Isle réussit du moins à se faire confier un corps à part pour occuper Trèves et la Basse-Moselle, et prendre Traerbach [1]. Tout cela empêcha Berwick de commencer ses opérations avant la fin d'avril. Enfin, Traerbach étant pris et toutes nos forces disponibles, Berwick lança au delà du Rhin trois grands corps de troupes, les deux premiers par Kehl et le fort Louis, le troisième, beaucoup plus bas, par l'embouchure du Necker (3 mai). L'armée ennemie, très-inférieure aux Français, s'était postée derrière les anciennes lignes d'Etlingen, entre les montagnes de Dourlach et le Rhin, au nord de Rastadt : elle allait être prise entre les divers corps français. Eugène, arrivé le 26 avril au camp allemand, fit évacuer à la hâte les lignes d'Etlingen et replia son armée sur Heilbron. Une diversion qu'il avait fait tenter par un fort détachement contre la Haute-Alsace, vers Brisach, venait d'être repoussée par les paysans armés : c'est la première fois que les milices populaires de l'Alsace se soient signalées sous le drapeau français contre leur vieille suzeraine, l'Autriche.

Berwick ne suivit pas Eugène dans sa retraite et fit investir Philipsbourg par tous les corps français réunis (fin mai). Il y avait bien cent mille hommes. Les deux tiers de cette puissante armée furent destinés à garder la circonvallation, pendant que le reste ferait le siège. Berwick ne vit pas le succès des dispositions qu'il avait prises. Le 12 juin, au matin, comme il était monté sans précaution sur la banquette de la tranchée pour examiner les travaux, deux batteries, l'une française, l'autre ennemie, tirèrent à la fois : un boulet, peut-être français, lui emporta la tête! Berwick et Villars moururent ainsi à cinq jours de distance; contrairement à leur caractère, le grave et prudent Berwick périt par suite d'une imprudence; le fougueux Villars mourut dans son lit. Les derniers rayons du soleil de Louis XIV s'éteignirent avec eux.

Il y eut un moment d'anxiété à Versailles et dans toute la France. Les débordements du Rhin et des petites rivières qui descendent des montagnes neigeuses de la Souabe inondaient le

---

1. On employa, pour la première fois, à ce siége, les bombes de cinq cents.

camp, rendaient les travaux très-difficiles et gênaient la communication entre les quartiers. Eugène, ayant reçu tous les renforts qu'il pouvait espérer, était venu s'établir en vue des retranchements français, et l'on se rappelait la funeste journée de Turin, où il avait forcé jadis nos lignes de siége. Les circonstances étaient différentes : les retranchements étaient très-forts; le maréchal d'Asfeld [1], successeur de Berwick, pouvait porter des masses formidables sur le point de la circonvallation qu'attaquerait l'ennemi ; Eugène n'avait qu'une soixantaine de mille hommes, et la qualité de ces troupes était généralement médiocre, l'élite des forces impériales ayant passé en Lombardie. Le héros de Höchstedt et de Turin avait vieilli, le sentait, et ne se décida point à risquer sa gloire dans une attaque plus que douteuse. Il laissa capituler Philipsbourg, après une belle défense (18 juillet). Eugène empêcha sans grand'peine les Français de pousser plus loin leurs avantages : le maréchal d'Asfeld, bon officier du génie, entendait mal la grande guerre et n'osa rien tenter de considérable.

D'Asfeld, vieux et fatigué, demanda son remplacement après la campagne : on lui donna pour successeur le maréchal de Coigni, qui n'était pas plus jeune et qui n'avait pu s'entendre en Lombardie ni avec son second, le maréchal de Broglie, autre vieil et médiocre capitaine, ni surtout avec le roi Charles-Emmanuel. Les armées de la France, comme la France elle-même, commençaient à être gouvernées par une *gérontocratie* qui n'avait pas même les avantages de l'expérience; de même que Fleuri n'avait point été nourri dans les grandes affaires, les généraux qui succédaient à Villars et à Berwick n'avaient point été formés aux grandes opérations militaires [2]. Coigni ne fit sur le Rhin, en 1735, rien qui méritât l'attention de l'histoire : le prince Eugène, dont les forces diminuaient et que secondait mal le cabinet de Vienne, livré à

---

1. Il n'était point Allemand, comme son nom pourrait le faire croire : c'était le fils d'un marchand de la rue Saint-Denis, nommé Bidal, anobli en Allemagne.

2. Ceux qui étaient arrivés aux hauts grades en commandant ces compagnies de soldats-officiers qui formaient la maison du roi, n'en savaient pas plus que de simples capitaines de cavalerie : ceux qui étaient parvenus par des services plus sérieux, n'avaient cependant, grâce à l'invention mécanique de Louvois (*l'ordre du tableau*) commandé de détachements qu'à tour de rôle, c'est-à-dire rarement, et avancé qu'à l'ancienneté.

ses rivaux de pouvoir et à ses envieux, se contenta de tenir Coigni en échec et de lui interdire le siége de Mayence.

En Italie, le commandement des troupes françaises avait été transféré au duc de Noailles, récemment nommé maréchal de France. L'âge n'avait pas donné plus de netteté ni de fixité d'esprit à cet ancien adversaire de Law, mais ne lui avait pas non plus enlevé ses facultés actives et compréhensives. Il trouva l'armée, au mois de mars 1735, dans l'état le plus déplorable. Les grandes pertes causées par le fer de l'ennemi et par la fièvre des rizières étaient le moindre mal : c'était surtout un mal moral qui rongeait l'armée ; non-seulement la vieille licence de la noblesse militaire s'aggravait jusqu'à permettre au plus immonde des vices, au vice contre nature, de s'étaler presque ouvertement dans le camp ; mais la cupidité que la Régence avait infiltrée dans les veines de la noblesse étouffait le sentiment de l'honneur et brisait le lien naturel d'affection entre le chef et le soldat. Les capitaines empêchaient qu'on ne complétât leurs compagnies, afin de gagner sur la solde ; les colonels se faisaient les complices des capitaines et les aidaient à gagner ou à intimider les commissaires des guerres ; les gratifications destinées aux officiers blessés avaient été données à la faveur et non aux blessures ; on avait spéculé sur la santé, sur la vie du soldat ; pendant la saison rigoureuse, on l'avait laissé dans des cloîtres et des portiques tout ouverts ; on avait négligé ou abandonné les hôpitaux. Le soldat, affamé, désespéré, s'était livré impunément à une maraude universelle ; on citait les plus horribles excès ; on parlait de femmes auxquelles on avait coupé les doigts ou les oreilles pour leur arracher leurs anneaux d'or [1] !

Les mêmes pillages, sinon les mêmes atrocités, avaient eu lieu l'année précédente en Allemagne. La démoralisation des nobles, des officiers, qui engendrait celle des soldats, n'était qu'un des symptômes de la décomposition sociale commencée. Il était bien frappant qu'au milieu de tant de ruines morales, le trait essentiel de la race gauloise, la valeur guerrière, se maintînt inaltérable.

Noailles parvint à remettre quelque ordre dans l'armée d'Ita-

---

1. *M m.* de Noailles, p. 294. — F. Barrière, *Avant-propos aux Mém. de madame du Hausset.*

lie; mais il ne fut point en mesure de tenir la campagne avant le mois de mai. Les Espagnols s'étaient enfin décidés à venir coopérer avec les Franco-Piémontais en Lombardie, et le conquérant de Naples, Montemar, après avoir enlevé aux Autrichiens les *présides* de Toscane, joignit Charles-Emmanuel et Noailles à la fin de mai. L'armée impériale, qui n'avait pas moins pâti que les Français et qui avait perdu ses meilleurs soldats dans les combats ou dans les hôpitaux, se trouva hors d'état de résister aux forces réunies des trois couronnes alliées. Le feld-maréchal Königsegg évacua le pays au sud du Pô, puis, laissant une grosse garnison dans Mantoue, il se replia sur le Tyrol italien, abandonnant complétement la campagne à ses adversaires (mi-juin). Il semblait que les alliés n'eussent plus autre chose à faire qu'à masquer les débouchés du Trentin et à presser le siége de Mantoue; mais ce n'était pas tout que de prendre Mantoue : il s'agissait de savoir ce qu'on en ferait quand on l'aurait prise. La cour d'Espagne revendiqua Mantoue pour don Carlos, sans même donner à Charles-Emmanuel la garantie directe qu'il ne cessait de réclamer d'elle pour le Milanais. Le roi de Sardaigne, on le comprend sans peine, mit dès lors très-peu de zèle à seconder l'attaque de Mantoue et refusa d'y envoyer son parc d'artillerie de siége : Fleuri ne voulut pas et les Espagnols ne purent suppléer à grands frais au refus de Charles-Emmanuel. On se borna à un blocus qui pouvait se prolonger beaucoup sans résultat, et on laissa échapper l'occasion d'expulser totalement l'ennemi de la Péninsule.

La guerre fut donc menée mollement en 1735 dans la Lombardie comme sur le Rhin : vers l'automne, les Impériaux firent quelques mouvements offensifs des deux côtés; ils redescendirent du Trentin par la rive gauche de l'Adige, sur le territoire vénitien, dont la neutralité était fort peu respectée des deux partis, et le principal corps de leur armée d'Allemagne, qui n'était plus commandée par Eugène, passant le Rhin, remonta la Moselle jusque vers Trèves. On était là en présence, quand une suspension d'armes arrêta les forces belligérantes [1].

---

1. *Mem.* de Noailles, p. 297. — Massuet, *Hist. de la Guerre présente*, t. IV.

Les négociations n'avaient pas cessé depuis dix-huit mois. Fleuri ne souhaitait que de sortir au plus tôt d'une guerre où il s'était engagé malgré lui, et Robert Walpole, en refusant à l'empereur le concours armé de l'Angleterre, n'avait pas entendu s'abstenir de toute intervention dans une querelle si grave pour l'équilibre européen. L'Angleterre et la Hollande avaient offert leur médiation, au mois de juin 1734, et, dès cette époque, le roi de Sardaigne avait essayé d'entamer une négociation secrète avec l'empereur par l'intermédiaire du cabinet anglais. L'empereur, après d'inutiles intrigues auprès de George II et du parlement pour perdre Walpole et amener au pouvoir un ministère belliqueux, s'était résigné à accepter la médiation. Les couronnes alliées en avaient fait autant. Vers la fin de février 1735, un projet de transaction fut remis par les médiateurs aux ambassadeurs des puissances belligérantes à Londres et à La Haie. Les propositions de l'Angleterre et de la Hollande se résumaient ainsi : 1° l'on écartait les discussions de droit quant à la Pologne; Stanislas abdiquerait la couronne, conserverait le titre de roi et ses biens patrimoniaux; amnistie pleine et entière serait accordée pour *les troubles* de Pologne; le parti opposé à Stanislas accepterait l'acte d'abdication et remercierait ce prince de son sacrifice patriotique par une députation solennelle; les Russes évacueraient la Pologne; 2° l'empereur céderait Naples et la Sicile à l'infant don Carlos, Novare et Tortone au roi de Sardaigne; la France et ses alliés rendraient à l'empereur tout le reste de ce qu'ils lui avaient pris; don Carlos céderait à l'empereur ses droits sur la Toscane et sur Parme; 3° la France et la Sardaigne garantiraient la pragmatique autrichienne, et l'Espagne renouvellerait sa garantie; 4° un armistice serait établi préalablement à la discussion de ce projet.

Le plan était, en somme, très-avantageux à l'empereur, puisqu'on le dédommageait de ce qu'il perdait et qu'on lui faisait des restitutions très-considérables : il avait en outre la garantie si vivement désirée, et le parti qu'il avait appuyé restait maître de la Pologne, au prix d'une satisfaction honorifique donnée à la France. Il le sentit et, sans cesser de se plaindre, il parut disposé à accepter le fond du projet. Walpole croyait pouvoir compter également sur l'acceptation de Fleuri, qui l'avait à peu près promise d'avance; mais son espoir fut trompé. La reine d'Espagne poussa des cris de fureur à la proposition de céder Parme et la Toscane : la cour et le public français s'indignèrent qu'on prétendît sacrifier le beau-père du roi sans autre compensation qu'un vain titre; le ministre des affaires étrangères, fidèle à la pensée de chasser les Autrichiens d'Italie, circonvint habilement le cardinal. Fleuri n'osa donner son adhésion au projet, et les trois couronnes alliées répondirent seulement qu'elles étaient prêtes à convenir d'un armistice pour négocier. Une seconde déclaration, transmise aux médiateurs par les alliés le 20 juillet 1735, affirme que les propositions faites sur les états d'Italie augmenteraient plutôt qu'elles ne diminueraient la puissance de l'empereur dans la Péninsule. C'était bien là Chauvelin qui parlait.

La Russie, de son côté, repoussa un armistice général qui eût compris la Pologne, où quelques partis de noblesse confédérée battaient encore la campagne au nom de Stanislas. La tzarine, qui n'avait pu secourir l'empereur en 1734, fit entrer seize mille Russes en Allemagne au mois de juin 1735 et en promit vingt-quatre mille autres à Charles VI. Les Russes parurent, pour la première fois, sur le Rhin en septembre 1735 : ils restèrent en réserve sur la rive droite. La guerre semblait près de devenir universelle : l'Angleterre avait fait de grandes levées de matelots et de soldats, au moment même où elle proposait son plan de conciliation; le Danemark avait conclu un traité de subsides avec elle en 1734; la Suède venait d'en signer un avec la France en juin 1735; le Portugal, brouillé avec l'Espagne, traitait avec l'empereur et réclamait la protection des flottes anglaises; la Turquie tâchait de se débarrasser de la guerre de Perse pour se préparer à mettre à profit les revers de l'empereur. Tout retentissait du bruit des armes; mais le chef du cabinet anglais n'en était pas devenu plus belliqueux, et le refus formel renouvelé par la Hollande de secourir l'empereur servit d'excuse à Walpole pour l'Angleterre. Le ministre anglais comptait ramener Fleuri à accepter son plan moyennant quelques modifications; mais la négociation prit un autre canal. Lorsque l'empereur eût dû renoncer à toute espérance d'être assisté de ses anciens alliés, dans son indignation de ce qu'il appelait fort injustement leur défection, il ne songea plus qu'à traiter directement avec la France. Fleuri, aux premières ouvertures indirectes, se hâta d'envoyer un agent secret à Vienne, à l'insu de ses alliés. Chauvelin ne put parer le coup. Il conjura en vain le cardinal de ne garantir la pragmatique autrichienne qu'au prix d'une entière renonciation de l'empereur à l'Italie. Quand il vit cette belle cause perdue et la grande politique décidément impossible avec Fleuri, il se rejeta vivement sur les intérêts spéciaux de la France, par une de ces évolutions qui n'appartiennent qu'à l'esprit souple et puissant du véritable homme d'État : il s'efforça du moins de faire que cette paix, qu'il avait rêvée si glorieuse, fût utile et contribuât au complément du territoire français, à cette œuvre que s'étaient transmise nos politiques nationaux de génération en génération. Il eut la consolation d'y réussir.

Le 3 octobre 1735, des articles préliminaires furent signés à Vienne entre la France et l'Autriche. Le premier article, concernant la Pologne, différait du projet anglo-batave en ce qu'on n'y stipulait plus la députation solennelle du parti opposé à Stanislas, et en ce qu'on y annonçait la garantie perpétuelle des libertés et constitutions des Polonais, particulièrement de la libre élection de leur roi. Venait ensuite le dédommagement accordé à Stanislas; c'était là que Chauvelin avait su trouver un avantage de haute importance pour la France : l'empereur consentait que le jeune duc François de Lorraine, à qui était destinée la main de sa fille aînée Marie-Thérèse, échangeât les duchés de Lorraine et de Bar contre la réversibilité du grand-duché de Toscane, qu'on enlevait à don Carlos. Stanislas devait entrer en possession du Barrois immédiatement et de la Lorraine dès que la Toscane serait échue au duc François, ce qui ne paraissait pas devoir beaucoup tarder, le dernier des Médicis dépérissant, épuisé par la débauche. Après Stanislas, les duchés de Lorraine et de Bar seraient cédés, en pleine souveraineté, à la couronne de France, l'empereur promettant d'employer ses bons offices pour obtenir le consentement de l'Empire, et le roi de France abandonnant, pour son beau-père et pour lui, la voix et séance à la diète de l'Empire, qui appartenaient au duc de Lorraine. Naples et la Sicile, avec les *présides* ou places espagnoles de la côte de Toscane, restaient à don Carlos. Tortone, avec Novare ou Vigevano, et les fiefs impériaux des Langhes, en Ligurie, resteraient au roi de Sardaigne. Le duché de Parme serait cédé, en pleine propriété, à l'empereur, qui recouvrait, ainsi que l'Empire, le reste de ses pertes. Le roi de France garantissait la pragmatique. Les préliminaires seraient convertis en traité définitif dans un congrès auquel on inviterait les puissances maritimes, la tzarine et le roi Auguste [1].

L'affranchissement de l'Italie était ainsi tout à fait abandonné, puisque l'empereur recouvrait presque toutes ses possessions de Lombardie, acquérait directement Parme, indirectement la Toscane, octroyée au fiancé de son héritière, et obtenait la domination de l'Italie centrale en perdant la Basse-Italie. Fleuri n'avait d'abord demandé pour la France que le petit duché de Bar : Chauvelin le força en quelque sorte de nous gagner la Lorraine! C'est la dernière acquisition continentale de la monarchie. Ce beau et riche pays, français de langue et de situation, bizarrement attaché par le lien féodal à l'empire allemand, avait cessé d'être un péril pour la France depuis qu'il était enclavé entre les Trois-Évêchés, les places de la Sarre et l'Alsace devenus français, et que la France l'occupait à volonté sans coup férir. La Lorraine était réduite depuis longtemps à une valeur négative : elle allait accroître la force positive de la France; nos provinces de l'Est formeraient dorénavant une masse compacte.

Le ministre qui sut poursuivre le progrès de la nationalité française jusque dans la décadence de l'ancien régime, a mérité de vivre dans la mémoire de la France nouvelle.

L'ordre de suspendre les hostilités fut expédié aux armées en Italie et en Allemagne au commencement de novembre. Le roi de Sardaigne, qui n'attendait guère mieux de ses alliés, se résigna à redescendre du trône de Lombardie; mais la reine d'Espagne et son maniaque époux n'apprirent qu'avec une fureur concentrée ce qu'ils appelèrent la *trahison* de la France : leur déconvenue était d'autant plus poignante, qu'ils avaient payé des subsides à l'armée française en Italie; c'était la première fois que

---

1. Sur les négociations, v. Rousset, t. X.

la France recevait au lieu de donner, ce que l'économe Fleuri avait dû considérer comme son plus beau triomphe. Colère impuissante! les Espagnols n'étaient point en état de disputer à eux seuls l'Italie aux Impériaux. Leur général Montemar dut se replier sur Parme et sur la Toscane, puis accepter provisoirement l'armistice. Le 15 avril 1736, la cour d'Espagne souscrivit en frémissant aux préliminaires de Vienne, que la diète germanique ratifia, de son côté, le 18 mai. Conformément aux conventions de Vienne, le roi Stanislas avait donné son acte d'abdication à Kœnigsberg, le 27 janvier 1736; deux mois après, il dit adieu à l'hospitalité prussienne pour revenir en France. Tous ses partisans reconnurent Auguste III, et une diète générale de pacification fut convoquée, à Varsovie, le 25 juin. Fière encore dans son abaissement, la diète polonaise déclara tous les *frères* réunis et, flétrissant en quelque sorte moralement le roi qu'on lui avait imposé par la force, elle mit à prix la tête de quiconque à l'avenir, dans un interrègne, appellerait des troupes étrangères : elle obligea Auguste III à promettre que l'armée saxonne quitterait le territoire de la république en même temps que les Russes. Malheureusement, elle mit une sorte d'orgueil national à persévérer dans la voie fatale de la persécution religieuse et à faire, devant les armées schismatiques de la Russie, de nouvelles lois contre les hérétiques et les schismatiques. Les dissidents furent exclus de l'éligibilité à la diète et de toutes les fonctions qui conféraient une part dans le pouvoir législatif et judiciaire, avec peine de haute trahison contre ceux d'entre eux qui solliciteraient la protection des puissances étrangères pour être rétablis dans leurs anciens droits. La Russie ne réclama point : cette loi d'injustice et de discorde lui promettait de trop utiles armes[1].

On n'attendit pas non plus le traité définitif pour exécuter le reste des préliminaires de Vienne. L'empereur fit une nouvelle concession à la France; ce fut de consentir que la Lorraine fût remise à Stanislas, en même temps que le duché de Bar, non plus seulement quand le duc de Lorraine serait investi du grand-duché de Toscane, mais aussitôt que les garnisons impériales

---

1. Rousset, t. XI, p. 137-209. — Rulhière, *Anarchie de Pologne*, t. I. p. 1 153.

auraient été reçues en Toscane à la place des espagnoles et que les rois d'Espagne et des Deux-Siciles auraient donné leur renonciation en bonne forme (11 avril-28 août 1736). L'empereur avait hâte d'être bien assuré de la paix, pour pouvoir exécuter, d'accord avec la Russie, de grands projets contre l'empire othoman et se dédommager sur le Danube de ce qu'il perdait sur la Méditerranée. L'Espagne, au contraire, ne songeait qu'à susciter difficultés sur difficultés. La mort de l'habile ministre Josè Patiño (3 novembre 1736), qui tenait dans sa main tous les ressorts du gouvernement espagnol, décida cependant la reine Élisabeth à laisser échanger les renonciations réciproques entre l'empereur, l'Espagne et le nouveau roi de Naples (5 janvier 1737); mais l'Espagne n'avait pas perdu tout espoir de faire naître quelque incident : Élisabeth savait à quel point Chauvelin regrettait de laisser une si grande part de l'Italie à l'empereur; elle espérait que la décrépitude ou la mort de Fleuri ferait bientôt échoir l'autorité réelle à cet irréconciliable ennemi de l'Autriche. Une révolution de cabinet à Versailles ruina ces espérances.

Chauvelin avait exercé, durant quelques années, une grande influence sur le vieux Fleuri, au prix de bien des ménagements et de bien des sacrifices : il avait dû immoler, dans sa personne, le garde des sceaux au ministre des affaires étrangères, endosser l'impopularité des arrêts du conseil et des lettres de cachet contre le jansénisme et déguiser, atténuer le plus longtemps possible ce que ses plans diplomatiques avaient de grand et de hardi. Il était parvenu de la sorte, depuis 1732, à jouer, pour ainsi dire, le rôle de premier-ministre en second, à aider le cardinal dans son travail avec le roi et à faire travailler chez lui les autres ministres, comme chez un supérieur reconnu. L'aurore d'un grand ministère semblait poindre dans le crépuscule où Fleuri retenait la France. Les événements ne permirent pas à Chauvelin de se faire petit assez longtemps. En 1733, Chauvelin, suivant le mot de Frédéric II, *escamota* la guerre à Fleuri : en 1735, le cardinal se vengea en *escamotant* la paix à Chauvelin. La défiance avait commencé d'entrer dans l'âme du vieillard. L'indécision naturelle à Fleuri et le besoin qu'il avait de cet auxiliaire si laborieux et si éclairé, protégèrent d'abord Chauvelin; mais, aussitôt qu'on eut entrevu leur mésintelligence naissante, les ambitions de cour qui jalousaient l'élévation de Chauvelin se coalisèrent avec les cabinets de Londres et de Vienne : on prétend qu'Horace Walpole fit voler en Espagne, après la mort de Patiño, une correspondance qu'avait eue ce ministre avec Chauvelin à l'insu de Fleuri ; ce qui est sûr, c'est que ces relations secrètes furent représentées au roi et au cardinal comme un crime d'État; on montra Chauvelin au cardinal comme un ingrat qui visait à le dégoûter du ministère pour usurper sa place. Louis XV, de son côté, avait pris le ministre des affaires étrangères en aversion par les motifs les plus futiles, parce qu'il parlait et riait trop haut en sa présence, susceptibilité qui caractérise bien cette âme pusillanime dans les grandes choses et hautaine dans les petites ; Louis XIV s'inquiétait peu si Colbert avait des manières bourgeoises. Le 20 février, Chauvelin fut exilé dans ses terres par lettre de cachet. Il eut pour adieux de Fleuri une lettre où le vieillard lui reprochait d'avoir entretenu des intelligences secrètes au dehors et d'avoir rompu les mesures pacifiques du roi, et concluait en disant : « Vous avez manqué au roi, au peuple et à vous-même. »

La postérité ne ratifiera point l'arrêt porté par le pédagogue de Louis XV : elle plaindra le politique éminent qui fut condamné, dans la force de l'âge, aux longs ennuis de l'inaction et de l'exil, et qui, plus homme d'action que philosophe, se consuma en regrets, en efforts inutiles pour revenir au pouvoir[1]. Le sort de Chauvelin devait être désormais, jusqu'à la fin de la monarchie, celui de tout homme d'état qui voudrait servir dignement la France[2].

Chauvelin fut remplacé aux affaires étrangères par un intendant des finances, Amelot de Chaillou, nullité que gouvernait un fat mobile et léger comme le vent, le ministre de la marine Maurepas. Un ambitieux aux rêves gigantesques, à l'imagination chimérique, le comte de Belle-Isle, s'imposa de plus en plus au vieux ministre par le contraste même de leurs esprits : l'inerte médiocrité, triomphante avec Fleuri, devait être bientôt subjuguée par l'intrigue

---

1. Il ne mourut qu'en 1762.
2. V. *Mém.* de d'Argenson, p. 312; 1825. — *Journal* de Barbier, t. I, p. 402; t. II, p. 124-134. — Flassan, t. V, p. 76.

aventureuse, pour n'avoir pas voulu subir l'ascendant de la raison ferme et active.

La conduite du roi avait été misérable en tout point dans cette occurrence : quelques-uns de ses familiers ayant essayé de prendre auprès de lui la défense de Chauvelin, il leur promit le secret vis-à-vis de Fleuri et manqua à sa parole. Un de ces seigneurs, le duc de La Trémoille, eut, dit-on, le courage de déclarer à Louis XV qu'il restait le serviteur du roi, mais qu'il renonçait à l'amitié de Louis[1]. Ce n'était pas la première fois, du reste, que le roi jouait auprès du cardinal le rôle d'un écolier félon qui dénonce ses camarades après leur avoir promis de se taire. Le précepteur de Louis XV n'avait que trop bien réussi à étouffer en lui toute dignité virile : Louis était resté longtemps un grand enfant maussade, qui ne devint homme que par le vice.

L'exécution des préliminaires de Vienne fut consommée dans le courant de 1737 : le duché de Bar, puis le duché de Lorraine, furent remis à Stanislas en février et mars; le duché de Parme fut livré à l'empereur en avril. La Lorraine regretta d'abord sa dynastie, presque aussi vieille que les Capets et associée à son sort depuis sept siècles[2]; l'avant-dernier duc, Léopold, mort en 1729, avait, par une administration très-sage et très-paternelle, effacé en grande partie les traces des longs malheurs attirés sur la province par son grand-oncle le duc Charles IV. Le nouveau prince, Stanislas, consola bientôt les Lorrains en suivant les exemples de Léopold. Bienfaisant, affectueux, affable, protecteur de l'agriculture et du commerce, ami des lettres et des arts, il devait, à son tour, laisser une mémoire très-populaire : c'est à lui surtout que Nanci doit cet aspect monumental, cet air de petite capitale qui frappe les voyageurs. Il put faire plus que Léopold, grâce à la position toute nouvelle qui était donnée à la Lorraine vis-à-vis de la France : de voisine toujours suspecte et toujours opprimée, la Lorraine devenait protégée de la France, en attendant qu'elle devînt tout à fait française : dès 1738 (août), une déclaration du

---

1. Lacretelle, t. II, p. 183.
2. Gérard d'Alsace avait été le premier duc de la Haute-Lorraine, en 1048 : le duché n'était jamais sorti de sa maison.

roi admit les Lorrains à tous les avantages des Français naturels; la réunion était déjà moralement consommée.

L'ex-duc de Lorraine n'attendit pas longtemps la compensation qui lui était promise. Le dernier des Médicis, Jean Gaston, mourut le 9 juillet 1737, emportant avec lui dans la tombe un nom autrefois glorieux, avili depuis deux siècles. La branche cadette des Médicis avait ruiné la Toscane comme la branche aînée de la maison d'Autriche avait ruiné l'Espagne. De même que l'Espagne sous les princes français, la Toscane commença de se relever sous les princes lorrains, et d'un progrès plus rapide, au moins dans l'ordre matériel.

Les échanges de territoires opérés, le traité définitif traîna encore plus d'un an. La garantie de la pragmatique autrichienne était vivement repoussée par l'opinion en France et répugnait à Fleuri lui-même : l'électeur de Bavière conjurait le cabinet de Versailles de ne pas ratifier un engagement si contraire à ses prétentions et aux engagements secrets qui liaient la France et la Bavière. Fleuri, pourtant, après avoir épuisé tous les délais et toutes les excuses, céda aux instances du gouvernement impérial. La paix fut signée, le 18 novembre 1738, non dans un congrès général, qui ne s'était pas réuni, mais à Vienne, entre les ministres de l'empereur et l'ambassadeur de France. « Sa Sacrée « Majesté Très-Chrétienne », dit l'article X, « mue tant par le désir « ardent de la conservation de l'équilibre en Europe, que par la « considération des conditions de paix auxquelles Sa Sacrée Ma- « jesté Impériale a consenti principalement par cette raison, s'est « obligée de la manière la plus forte à défendre l'ordre de succes- « sion dans la maison d'Autriche..... plus amplement expliqué « par la Pragmatique Sanction, etc... ; elle défendra ledit ordre « de succession de toutes ses forces, contre qui que ce soit, toutes « les fois qu'il en sera besoin....; elle promet de défendre celui « ou celle qui, suivant ledit ordre, doit succéder aux royaumes, « provinces et états que Sa Sacrée Majesté Impériale possède ac- « tuellement, et de les y maintenir à perpétuité [1]. »

Il n'était pas possible de trouver des termes plus explicites :

---

1. Wenck, *Codex Juris gentium*, t. Ier, p. 109.

l'empereur fut enfin satisfait; toute l'Europe, moins les princes de Bavière, avait garanti la transmission intégrale de son héritage à sa fille aînée. On verra bientôt ce que valait cette garantie.

Le traité de Vienne fut accepté par le roi de Sardaigne, le 3 février 1739, par les rois d'Espagne et de Naples, le 21 avril.

Plus de trois années s'étaient écoulées entre les préliminaires de paix et le traité définitif; mais, pour le peuple, en France, la paix datait du jour où l'on avait réduit l'armée et les impôts[1]. Le contrôleur-général Orri (fils de cet Orri qui avait dirigé les finances de l'Espagne pendant la Guerre de la Succession) avait pourvu aux frais de la guerre en créant des rentes viagères (novembre 1733 — août 1734), en faisant rétablir le dixième, aboli depuis 1717 (17 novembre 1733), et les offices de gouverneurs de villes, maires et autres fonctionnaires municipaux, offices qu'on prenait l'habitude de créer et de supprimer quasi périodiquement (novembre 1733). Le clergé avait obtenu du roi la déclaration que ses biens n'avaient été ni pu être compris dans l'établissement du dixième (mars 1734); mais cette déclaration avait été vendue et non donnée par le pouvoir royal, et le clergé avait dû se résigner à payer presque l'équivalent de sa dîme sous le titre de don gratuit : il avait donné douze millions en 1734 et dix en 1735. Le gouvernement avait promis que la dîme cesserait trois mois après la publication de la paix. Fleuri agit honorablement à cet égard : il fit plus que tenir sa parole au pied de la lettre; la dîme fut supprimée le 1er janvier 1737, c'est-à-dire aussitôt que les échanges territoriaux furent assurés. Orri tâcha d'éteindre, au moyen de loteries (décembre 1737 — août 1739), une partie des charges que les nouvelles rentes viagères faisaient peser sur l'État : on payait les billets, une portion en argent, une portion en titres de rentes. On permit aux villes et communautés d'élire leurs officiers municipaux, en dépit de la vente qu'on avait faite de ces offices[2].

A partir de 1736, la France eut quelques années de calme maté-

---

1. Une déclaration du 25 août 1737 condamne au carcan et aux galères quiconque fera des recrues par fraude et par force, ou retiendra les enrôlés en charte privée. *Anciennes Lois françaises*, t. XXII, p. 30.

2. *Anciennes Lois françaises*, t. XXII, p. 40. — Bailli, t. II, p. 115. — *Journal de Louis XV*.

riel, à peine troublé par l'éternelle guerre de la bulle, toujours plus mesquine et plus monotone. Les combattants n'étaient pas moins acharnés, mais leur cercle se rétrécissait peu à peu, et la foule, attirée ailleurs, ne les regardait plus guère que d'un œil distrait ou dédaigneux. Nous verrons plus tard où allait l'opinion et nous examinerons d'ensemble l'état des esprits, le mouvement des idées et des mœurs. Pour ce dernier point, la situation morale, il est seulement nécessaire d'indiquer ici l'espèce de révolution survenue à la cour et les nouvelles habitudes du roi, la vie privée de Louis XV ayant compté parmi les principaux symptômes et parmi les causes immédiates de la chute de l'ancienne société. Jusqu'à l'âge de vingt-cinq ans, c'est-à-dire jusqu'en 1735, Louis avait donné, au moins en apparence, l'exemple d'une vie régulière, d'une vie *bourgeoise*, comme on disait à la cour. Cependant on assure qu'à peine adolescent, avant son mariage, il avait été effleuré par un vice infâme, que de jeunes courtisans, corrompus dès l'enfance, avaient emprunté aux traditions de Henri III et du frère de Louis XIV[1]. Fleuri aurait sauvé le jeune roi de cette fange. Quoi qu'il en soit, la dévotion que le cardinal avait donnée au roi, tout extérieure et de forme qu'elle fût, lui servit quelque temps de frein. Louis n'eut jamais de tendresse pour sa femme; Fleuri lui-même avait contribué à le prévenir contre elle, de peur qu'elle ne s'emparât de son esprit; mais Louis paraît avoir été matériellement fidèle à sa femme durant quelques années, signalées par la naissance de deux fils et de plusieurs filles. Une cour sans intrigues, un roi sans passions, ne faisaient pas le compte des courtisans. Il y eut une conspiration générale parmi eux pour *éveiller* Louis. Le héros du complot fut le duc de Richelieu, la séduction personnifiée, le vice fait homme. On poussa d'abord Louis aux excès de table : le goût du vin se joignit à l'amour du jeu et de la chasse; puis vinrent quelques galanteries de passage; enfin un valet de chambre adroit et cynique jeta dans les bras

---

1. Soulavie, *Mémoires du maréchal de Richelieu*, t. V, p. 55. Ce chroniqueur très-peu recommandable des scandales du xviiie siècle est loin de mériter une entière confiance; mais certaines allusions des *Mémoires* de Villars (p. 304), semblent confirmer ses assertions; peut-être pourrait-on toutefois interpréter les paroles de Villars dans un sens moins odieux.

du roi une dame de la cour, qui s'était éprise de sa bonne mine et qui avait fait toutes les avances, la comtesse de Mailli (1732). Cela n'eut pas d'abord les suites attendues : madame de Mailli avait des mœurs peu sévères; mais elle n'était ni ambitieuse ni avide; elle ne vit dans son intrigue avec le roi qu'une liaison secrète avec un homme qui lui plaisait et fut si peu gênante pour Fleuri, qu'on soupçonna le vieux cardinal d'avoir donné les mains à l'affaire. La Mailli valait mieux pour lui que toute autre maîtresse, puisque le temps des maîtresses était venu. La reine, il faut le reconnaître, eût rendu cet avénement à peu près inévitable, lors même que les courtisans n'eussent pas conspiré contre la fidélité du roi. On ne pouvait être plus honnête femme, mais on ne pouvait être plus malhabile que Marie Lesczynska; sérieuse et austère, d'une dévotion rigide et souvent très-inopportune, elle fit tout ce qu'il fallait pour dégoûter un mari plus jeune qu'elle, dont l'esprit stérile avait besoin d'être excité et distrait, et qui, s'il avait le cœur froid, avait le sang très-ardent. Louis ne se ressentait plus en rien de sa débile enfance. Une querelle de ménage, causée par les froideurs de la reine, amena l'éclat que désiraient les intrigants de la cour. Madame de Mailli fut déclarée maîtresse du roi (1735). Fleuri, qui avait toléré le fait, eût bien voulu prévenir ou étouffer le scandale; mais il sentit en cette occasion les limites d'un pouvoir jusqu'alors absolu et il se garda d'insister.

Le frein était rompu : Louis ne devait plus s'arrêter dans cette carrière. Il n'avait été retenu que par une sorte de timidité physique, jointe à la peur de l'enfer; mais tous sentiments intimes d'honnêteté, toute délicatesse de cœur, étaient inconnus à sa triste nature. Il ne fut pas plus fidèle à sa maîtresse qu'à sa femme et ne tarda pas à dépasser les bornes du libertinage ordinaire en donnant à la France un spectacle inouï. Madame de Mailli était l'aînée de cinq sœurs de la maison de Nesle, toutes remarquables, soit par la beauté, soit par les agréments de l'esprit. La seconde sœur, qui était pensionnaire dans un couvent, se fit appeler à Versailles par son aînée, avec le dessein arrêté de plaire à son tour à Louis, de le dominer et de saisir le rôle politique dont la douce Mailli ne s'était pas souciée. Mademoiselle de Nesle réussit en partie : elle séduisit le roi, ne fit pas renvoyer sa sœur, mais fit bien pis; elle partagea le roi avec elle (1739). Elle devint enceinte : le roi la maria, pour la forme, au marquis de Vintimille, petit-neveu de l'archevêque de Paris; le successeur du vertueux Noailles bénit le mariage sans scrupule. Une troisième sœur de Nesle, qu'on maria au duc de Lauraguais, fut bientôt associée à ses deux aînées! Il semblait que Louis ne connût plus de plaisir sans l'assaisonnement de l'inceste!

La Régence était revenue à Versailles, moins la verve et la gaieté. L'effet moral de tels exemples se comprend assez; quant aux conséquences politiques, elles ne furent point immédiates. Fleuri avait capitulé pour la morale, mais non pour l'économie : il défendit, avec beaucoup d'adresse, son autorité et sa caisse contre l'audacieuse Vintimille, et Louis, satisfait pourvu que son vieux précepteur lui épargnât les remontrances sur ses débordements, fit la sourde oreille aux insinuations de sa maîtresse. Fort peu magnifique et très-paresseux, il n'était pas fâché que le cardinal lui interdît les trop grandes libéralités et repoussait avec effroi l'idée de quitter l'ornière tracée. Les routines inaugurées en 1726 continuèrent donc de régir la France, ou plutôt de la laisser se développer d'elle-même dans les faits et dans les idées.

Ce n'est pas encore le moment de parler des idées; quant aux faits, ils offraient le spectacle le plus intéressant et le plus nouveau, surtout dans l'ordre économique. L'industrie florissait dans nos villes, malgré les entraves réglementaires : le commerce, à peine ralenti un moment par une guerre sans danger sérieux et purement continentale, poursuivait ses progrès dans la Méditerranée et le Levant, où la France gardait une prépondérance décidée[1], et prenait vers les Deux Indes un large essor que le gouvernement n'avait pas provoqué et dont il se fût volontiers effrayé. La France exécutait spontanément les plans de Colbert et de Law, et devenait trop marinière, au gré de Fleuri, qui eût voulu la cacher en dedans de ses frontières. Ce qui se passa dans cette période du XVIIIe siècle est la meilleure réfutation de ce triste préjugé né de

---

1. Par compensation, le pavillon français était presque inconnu dans la Baltique, et notre commerce avec le Portugal, très-florissant avant la guerre de la Succession d'Espagne, était tombé depuis le traité de Methuen et remplacé par le commerce anglais. *V.* Flassan, t. V, p. 108.

nos malheurs, à savoir : que la France n'est pas faite pour le commerce maritime, pour le seul commerce qui étende indéfiniment la puissance d'une nation avec sa sphère d'activité.

L'énorme machine de la Compagnie des Indes, dégagée d'entre les débris du système, s'était remise puissamment en mouvement. Quels que soient les abus des compagnies exclusives et de tout monopole, et quelle que soit la force du principe de liberté commerciale, le commerce des Indes Orientales était alors, on doit le reconnaître, dans des conditions telles, que les efforts isolés des particuliers y eussent vraisemblablement échoué. La grandeur des distances et la longueur des voyages n'étaient pas des obstacles insurmontables, mais la multiplicité des éléments auxquels on avait affaire, la nécessité de grandes avances et de chances diverses et nombreuses, largement compensées, patiemment poursuivies, le désordre et la mobilité de tous ces gouvernements orientaux auxquels une puissante association était seule capable d'imposer quelque respect des engagements contractés et des droits acquis, semblent établir que le commerce du Haut-Orient ne pouvait guère se faire qu'en *corps*, suivant l'expression de Law. Le centre organique de ce vaste corps était la nouvelle ville bretonne de Lorient (l'Orient) : ce chantier de la première compagnie des Indes sous Colbert, simple bourgade de huit ou neuf cents âmes en 1726, devenait rapidement une cité splendide : les beaux granits bleus du Blavet et du Scorff se transformaient en imposantes constructions, sur ces quais d'où partaient et où revenaient périodiquement les navires de l'Inde, plus nombreux et plus richement chargés d'année en année. Les retours, qui n'avaient été que de deux millions par an, de 1714 à 1719, avant la réorganisation de la Compagnie, avaient atteint dix-huit millions entre 1734 et 1736[1]; nos comptoirs de l'Inde, si longtemps languissants, resplendissaient d'une activité triomphante; cent mille Indiens s'abritaient sous notre pavillon à Pondichéri; Chandernagor s'accroissait rapidement; les îles Mascarenhas, cette station si bien choisie entre l'Afrique et l'Inde, devenaient, l'une, l'île Bourbon, une riche colonie agricole, l'autre, l'île de France, un poste naval

---

1. L. Guérin, *Hist. maritime de France*, t. II, p. 202. — Melon, p. 732.

d'où l'on dominait l'Océan indien. Par une heureuse combinaison, qui appuyait le commerce libre sur le monopole même, tandis que la Compagnie exerçait exclusivement le trafic de la France dans l'Inde et de l'Inde en France, les négociants français et les agents de la Compagnie faisaient individuellement le grand cabotage d'*Inde en Inde*, dans toute l'étendue de l'Orient, jusqu'en Chine. Les navires français se multipliaient, encouragés par le succès; les compagnies anglaise et hollandaise frémissaient de jalousie en voyant ces nouveaux venus se hâter, avec tant d'ardeur, de réparer le temps perdu par la France!

L'honneur de ce grand mouvement n'appartenait pas plus aux financiers qui dirigeaient de Paris la Compagnie des Indes, qu'au vieux chef du ministère ou au contrôleur-général. Le mouvement, tout spontané, l'expansion aventureuse de la France, se personnifiait dans deux hommes, qui, postés, l'un au cœur de l'Inde, à Chandernagor, sur le Gange, l'autre au milieu des mers, à l'île de France, faisaient ou enseignaient à faire tout ce qui apparaissait de neuf, d'utile et de hardi. Le moment n'est pas encore venu d'exposer les travaux, la gloire et les malheurs de ces deux hommes égaux par l'audace et la volonté, sinon par le caractère et le génie, de ces hommes que Colbert eût employés tous deux à la grandeur de la patrie, et que les ministres de Louis XV ne surent qu'opposer l'un à l'autre et sacrifier l'un après l'autre! Qu'il suffise d'annoncer ici DUPLEIX et LABOURDONNAIS!...

Les possessions d'Amérique se développaient plus largement encore que les comptoirs indiens. En Amérique, le progrès ne se résumait pas dans quelques grands hommes, comme aux Indes Orientales; la force des choses y suffisait, depuis qu'un homme de génie, Law, avait fait lever certains obstacles qui entravaient la production coloniale. L'immense et glacial Canada faisait exception : bien que sa population eût sensiblement augmenté depuis le temps de Louis XIV, il était fort loin de prendre, sous aucun rapport, un essor comparable aux colonies anglaises du continent, ses voisines du Sud; la Louisiane, au contraire, commençait à prospérer depuis que la Compagnie, faute d'en savoir tirer parti, l'avait rétrocédée au gouvernement, en 1731, et que la liberté du commerce individuel y avait succédé à un régime dans lequel la Compagnie se réservait tout trafic avec la France et prohibait tout trafic avec les colonies étrangères voisines. Mais le grand intérêt, la richesse, la vie, étaient là où étaient le soleil et la mer éclatante des tropiques, aux Antilles. La France y avait conquis peu à peu, depuis 1717, une prépondérance décisive, irrésistible, sur l'Angleterre.

Sous Colbert, les droits trop multipliés et trop forts [1], l'obligation imposée aux navires qui trafiquaient entre la France et les Antilles de faire retour aux ports mêmes d'où ils étaient partis, afin d'empêcher le commerce entre les colonies et l'étranger, enfin, et surtout, la défense de réexporter les sucres bruts amenés des Antilles en France, défense qui sacrifiait l'agriculture coloniale à l'industrie des raffineurs, avaient ralenti beaucoup les effets de tant de mesures salutaires dues au grand ministre. La production du sucre, arrivée, en 1682, à vingt-sept millions de livres par an, lorsque la France n'en consommait encore que vingt, avait dû rétrograder dès qu'on avait fermé les marchés étrangers, et, après Colbert, la mauvaise administration et la misère grandissant en France avaient enlevé aux colonies la compensation espérée par Colbert dans l'accroissement du marché intérieur. Les colonies avaient été décroissant; le sucre brut, de quatorze ou quinze francs le quintal en 1682, s'était avili jusqu'à cinq ou six francs en 1713 : en 1696, on avait abandonné volontairement l'île de Sainte-Croix; en 1698, il n'y avait pas vingt mille noirs dans toutes nos Antilles, et une cinquantaine de navires de médiocre tonnage suffisaient au commerce des îles. A partir de 1717, du moment où l'influence de Law envahit les affaires, tout changea. Un grand règlement affranchit de tous droits les marchandises françaises destinées aux îles, diminua beaucoup les droits sur les marchandises des îles destinées à la consommation française, autorisa les marchandises des îles amenées en France à en ressortir librement pour l'étranger, moyennant un droit de trois pour cent, et frappa d'une taxe générale les sucres étrangers. Marseille fut admise entre les ports qui jouissaient du commerce

---

1. Capitation de cent livres de sucre brut par tête de colon libre ou non libre; droits sur le tabac, l'indigo, le cacao, le coton, etc. V. Rainal, *Hist. philosophique des deux Indes*, t. III, p. 337-343; Genève, 1780.

d'Amérique, ce qui donna la Méditerranée à nos denrées coloniales. L'agriculture et le commerce des Antilles françaises marchaient à pas de géant. En 1740, le sucre français avait chassé le sucre anglais de tous les marchés européens. Le café français des Antilles, production tout récemment dérobée à la Guyane hollandaise, avait acquis une supériorité presque aussi exclusive. Tandis que la partie espagnole de Saint-Domingue languissait stationnaire, la partie française, beaucoup moins vaste, prenait un tel développement, qu'elle valait, à elle seule, toutes les Antilles anglaises [1]. La Martinique, qui n'avait pas quinze mille cultivateurs noirs en 1700, en comptait soixante-douze mille en 1736 : elle regorgeait de numéraire comme de toute espèce de valeurs : entrepôt général de nos *îles du Vent*, elle recevait chaque année dans ses ports deux cents vaisseaux de France et trente du Canada. La Guadeloupe, entrée un peu plus tard dans le mouvement, aspirait à rivaliser avec sa riche et florissante voisine. C'étaient les deux reines des Petites-Antilles et les possessions les plus productives de tout l'archipel américain, relativement à leur étendue. Les ports de France privilégiés pour le commerce d'Amérique participaient largement à cette féconde activité, dont le bénéfice le plus clair revenait à leurs armateurs : les somptueux édifices dont le xviiie siècle a peuplé Nantes, Marseille, surtout la fastueuse Bordeaux, aujourd'hui si déchue [2], attestent assez quelle fut la vie active et brillante de ces jours de prospérité.

On peut résumer en quelques mots le progrès de la France : avant Law, s'il en faut croire Voltaire, la France ne possédait que trois cents vaisseaux de commerce : elle en avait dix-huit cents en 1738 [3] !...

Si Colbert eût pu voir un tel spectacle, quelle eût été sa joie ! Mais aussi, avec quelle indignation n'eût-il pas vu la marine mili-

1. La côte sud de Saint-Domingue, de la Pointe-à-Pitre au cap Tiburon, dépendait de la Compagnie des Indes. C'était la partie la moins riche de l'île et la seule portion des Antilles soumise au monopole.
2. Écrit en 1851. — Bordeaux commence à se relever.
3. Dont soixante de quatre cents à huit cents tonneaux appartenant à la Compagnie. V. Voltaire, *Guerre de 1741*, 1re édit., p. 28. — Il y a probablement quelque exagération : Melon (*Économistes financiers*, p. 732) dit que le nombre des vaisseaux avait plus que doublé pour l'Amérique (vers 1734) ; il est en deçà ; Voltaire, au delà du vrai. — V. aussi Rainal, t. III, liv. XIII.

taire abandonnée; les vieux vaisseaux de Tourville et de Duguai-Trouin pourrissant dans les darses silencieuses, devant les arsenaux vides, et les nobles débris de nos armées navales livrés à l'oubli ou au dédain [1].

Quand la France n'avait encore que très-peu de commerce maritime à protéger, elle avait eu une magnifique armée de mer; maintenant, elle n'avait plus de force navale quand elle avait à protéger un vaste commerce!...

Deux périls menaçaient l'avenir maritime de la France, l'un imminent, on vient de l'indiquer; l'autre éloigné, mais qui devait grandir avec la prospérité même de nos colonies, car il était le fond même et la base de cette prospérité, l'esclavage [2]!

Présent splendide, avenir alarmant, ainsi se résumait la situation de la France industrielle, commerciale et maritime, de la France urbaine. La France agricole, la grande masse stagnante des campagnes, offrait un aspect bien différent, un contraste lamentable; son avenir était obscur, son présent douloureux et amer.

L'économie de Fleuri avait bien pu suffire à empêcher une nouvelle banqueroute (au moins générale, puisque Fleuri avait fait sa petite banqueroute partielle) et à ramener, à quelques millions près, un équilibre entre les recettes et les dépenses, qui fût devenu complet sans la guerre de 1733 [3]; mais elle n'avait pas guéri les maux invétérés des populations rurales. Le fatal système des impôts pesait d'un poids toujours plus insupportable:

---

1. L'héroïque Cassart, dont Duguai-Trouin disait : « Je donnerais toutes les actions de ma vie pour une des siennes », ayant réclamé trop rudement une vieille créance de *trois millions* avancés au roi sur ses prises, pendant les malheurs de Louis XIV, le ministère l'avait jeté au fort de Ham, où il mourut captif en 1740! V. L. Guérin, *Histoire maritime de France*, t. II, p. 219.

2. Une déclaration du 15 juin 1736 défend d'affranchir des esclaves sans permission du gouverneur ou de l'intendant de la colonie. Le Code noir devient de plus en plus dur! V. *Anciennes Lois françaises*, t. XXI, p. 419. — Une autre déclaration du 1ᵉʳ février 1743 punit de mort l'esclave pris en marronnage avec armes, ou coupable d'enlèvement de pirogue ou de bateau : pour une tentative d'évasion, le jarret coupé! *Ibid.*, t. XXII, p. 163.

3. Bailli (*Hist. financière*, t. II, p. 118), dit, d'après l'*État au vrai manuscrit* de 1740, que les recettes furent, en 1738, de 148 millions, et les dépenses de 149, mais qu'en 1740, la dépense déborda de nouveau la recette de 16 millions. La recette *totale* s'élevait fort au delà de 148 millions; mais il faut déduire l'intérêt de la dette.

l'inertie de Fleuri produisait là autant de mal qu'elle avait pu produire de bien pour le commerce. Le despotisme des fermiers et des agents fiscaux de tout ordre était sans frein dans les campagnes : à mesure que le gouvernement faiblissait au centre, il devenait plus dur et plus inique aux extrémités ; les intendants et leurs subordonnés, commissaires aux rôles, officiers des élections, etc., se jouaient des règlements et des arrêts du conseil ; le chiffre officiel de l'impôt était dépassé par des exactions de tout genre ; les concussions, les emprisonnements, les garnisaires, les faveurs et les châtiments arbitraires, étaient le régime habituel de la plupart de nos généralités ; les intendants, agents d'ordre et d'unité nationale sous Richelieu et sous Colbert, de despotisme sévère et régulier sous Louvois, n'étaient plus, sauf d'honorables exceptions, que des pachas capricieux sans la responsabilité du *cordon*. L'inertie de Fleuri ne fut pas entière, néanmoins, en matière de charges publiques ; il innova sur un point, et là son économie fut un malheur de plus. La légère diminution accordée sur les tailles disparut devant une charge nouvelle, par laquelle la monarchie sur son déclin s'appropria la tradition la plus oppressive de la féodalité, la *corvée*. Après la guerre de 1733, le gouvernement, ayant résolu de reprendre l'œuvre de la Régence quant à l'amélioration de la viabilité nationale, ouvrit de nouvelles routes, répara les anciennes, fit faire les travaux d'art aux frais de l'État et autorisa les intendants à faire exécuter le reste des travaux d'établissement et d'entretien au moyen d'hommes, de voitures et de chevaux que fourniraient les communautés d'habitants. Il n'y eut à ce sujet aucune loi, aucun arrêt du conseil, aucun acte authentique du gouvernement. On craignit l'impression que produirait sur le peuple la proclamation solennelle de la *corvée* royale ; cet énorme fardeau fut jeté sournoisement sur les paroisses voisines des routes par les intendants, qui le répartirent comme ils voulurent, et l'emprisonnement *sans écrou* châtia la moindre résistance, le moindre retard.[1]

Le résultat de tant d'abus était une misère dont le marquis d'Argenson nous a laissé, dans ses Mémoires, l'effrayant tableau[2].

1. Bailli, t. II, p. 117-159-164.
2. Pages 322-331 ; 1825.

Les années 1738 à 1740 furent désastreuses pour les paysans. Sous ce ministère cité par les historiens comme une époque d'heureuse tranquillité et tout au moins de bien-être matériel, « les hommes mouraient, dru comme mouches, de pauvreté et broutant l'herbe, » et cela sans disettes caractérisées, si ce n'est en 1740, année stérile pour toute l'Europe, et malgré les précautions prises par le pouvoir afin d'assurer l'approvisionnement [1]. Les provinces de l'est et de l'ouest étaient les plus maltraitées; mais la détresse gagnait jusqu'aux faubourg de Paris. Un jour de septembre 1739, le roi traversant le faubourg Saint-Victor pour aller à sa nouvelle maison de Choisi, théâtre accoutumé de ses parties galantes, le peuple s'amassa et cria, non plus : *Vive le Roi*, mais *misère, famine* et *du pain!* A la fin de 1740, il passait pour constant que la richesse publique avait diminué d'un sixième depuis un an, et d'Argenson affirme qu'il était « mort plus de Français de misère depuis deux ans que n'en avaient tué toutes les guerres de Louis XIV [2] ! » En admettant que le bon cœur de d'Argenson l'eût entraîné à charger ses couleurs, la réalité resterait toujours bien lugubre.

Le cardinal de Fleuri n'avait donc su ni voulu employer à aucunes réformes [3] les intervalles de calme et de paix accordés à la France; il n'avait su que vivre au jour le jour, en vieillard

---

1. Une déclaration du 3 avril 1736 avait ordonné à toutes les communautés de s'approvisionner de grains pour trois ans. On fit un grand magasin pour Paris à la Salpêtrière.

2. Il prétend que la richesse et la population avaient commencé à décroître à partir du ministère de *Monsieur le Duc* (p. 223). Il y a sans doute quelque exagération chez d'Argenson; mais nous ne pouvons laisser passer, sans la relever, l'exagération contraire d'une assertion de M. de Carné dans sa récente apologie de Dubois; à savoir que la population de la France aurait *presque doublé*, grâce à la politique pacifique de Dubois et de Fleuri. La population de la France était, suivant les Mémoires des intendants, d'à peu près dix-neuf millions d'âmes vers 1700. Supposons qu'elle en ait perdu deux, trois millions même, durant la guerre de la Succession d'Espagne; abaissons-la à seize millions en 1713, c'est beaucoup, c'est trop la réduire assurément! Avant les années malheureuses de 1738 à 1740, vers 1736, suivant Melon, économiste contemporain bien informé, elle était d'environ vingt millions d'âmes. (*Économistes financiers*, etc., p. 800.) Augmentons un peu les évaluations de Melon, nous serons encore loin de compte! Et, après 1738, la population diminua de nouveau. La corvée royale fit plus de mal que la guerre. V. la nouvelle édition de d'Argenson, t. III, p. 290-292.

3. Le contrôleur-général Orri avait fait reprendre les études commencées sous la Régence pour l'établissement de la *taille tarifée*, d'après le plan de l'abbé de Saint-Pierre; mais cela n'aboutit pas.

égoiste qui ne veut que faire à tout prix le silence autour de ses vieux ans; il avait engourdi la France avec des soporifiques au lieu de travailler à la guérir. Il ne sut pas même, comme on va le voir, prolonger ce sommeil et ce silence jusqu'à ce qu'il entrât lui-même dans le dernier sommeil.

LIVRE XCV

FIN DU MINISTÈRE DE FLEURI.
GOUVERNEMENT DE LOUIS XV. GUERRE DE LA SUCCESSION D'AUTRICHE.

§ I. Fin du ministère de Fleuri. — Guerre d'Autriche. — Guerre de la Russie et de l'Autriche contre la Turquie. Médiation de la France. — Intervention en Corse. — Guerre entre l'Angleterre et l'Espagne. — Avénement de Frédéric le Grand en Prusse. — Mort de l'empereur Charles VI. Avénement de Marie-Thérèse en Autriche. Coalition entre la France, la Bavière, la Prusse, l'Espagne, la Saxe, contre l'héritière d'Autriche. Conquête de la Silésie par les Prussiens. Invasion de la Haute-Autriche et de la Bohême. L'électeur de Bavière élu empereur. Marie-Thérèse soulève en masse les Hongrois et les Slaves du Danube, et recouvre la Haute-Autriche et la Bohême. — Mort de Fleuri. — § II. Louis XV. Guerre d'Autriche, suite et fin. — Le roi ne reprend pas de premier ministre. Anarchie dans le conseil. — L'Angleterre, la Hollande et la Sardaigne secourent l'Autriche. Invasion de la Bavière par les Austro-Hongrois. Bataille de Dettingen. Invasion de la Belgique par les Français. L'Alsace envahie par les Austro-Hongrois. Madame de Châteauroux. Maladie du roi. Les Autrichiens repoussés. — Avénement de madame de Pompadour. — Victoire de Fontenoi. — Le roi de Prusse se retire de l'alliance française. — Conquête du Milanais, de Parme et d'une partie du Piémont par les Franco-Espagnols. D'Argenson, ministre des affaires étrangères, reprend les projets de Chauvelin pour l'indépendance de l'Italie : Vues de d'Argenson sur la Pologne et sur l'ensemble de la politique française. Traité secret avec la Sardaigne. Le traité manque et d'Argenson est congédié par le roi. Les conquêtes d'Italie reperdues : invasion de la Provence par les Austro-Piémontais. Révolte de Gênes contre les Autrichiens : la Provence délivrée. — Victoire de Raucoux. La Belgique conquise. — Guerre en Amérique et dans l'Inde. Perte de Louisbourg. Labourdonnais à l'Ile-de-France. Dupleix dans l'Inde. Grands desseins de Dupleix entravés par l'incapacité des ministres. Prise de Madras sur les Anglais. Malheurs de Labourdonnais. Dupleix défend victorieusement Pondichéri contre les Anglais. — Ruine de la marine royale française. — Invasion du territoire hollandais. Victoire de Lawfeld. Prise de Maëstricht. — Paix d'Aix-la-Chapelle. Restitution réciproque des conquêtes, moins la Silésie, Parme et une portion du Milanais cédés par l'Autriche.

1739 — 1748.

§ Iᵉʳ. FIN DE FLEURI. GUERRE D'AUTRICHE.

1739 — 1743.

L'Europe ne jouissait pas tout entière du calme rétabli par la transaction de Vienne. La guerre, à peine éteinte sur le Rhin, le Pô et la mer de Sicile, s'était rallumée avec violence sur le Danube et la mer Noire. La Russie, animée par son succès en Pologne et dirigée, sous la tzarine Anne, par les habiles généraux et administrateurs étrangers que lui avait légués Pierre le Grand, jugeait le moment venu de venger sur les Othomans sa défaite du Pruth (en 1711). L'Autriche espérait s'indemniser, aux dépens de la Porte, des pertes qu'elle venait de faire en Italie. Un plan de coalition fut arrêté entre les deux empires chrétiens et la rivale musulmane de la Turquie, la Perse, relevée par le redoutable Thamas-Kouli-Khan, qui se fit proclamer souverain de la Perse, sur ces entrefaites, sous le nom de Nadir-Schah (juin 1736)[1]. Le khan des Tatares de Crimée avait fait une expédition, en 1734, dans la Kabardah et le Daghestan, afin de secourir contre les Russes les tribus musulmanes du Caucase. La tzarine, sous ce prétexte, déclara la guerre au sultan. Les Russes, au mois de mai 1736, forcèrent les lignes de Pérécop, envahirent la Crimée et reprirent Azof (1ᵉʳ juillet). Ce début semblait présager à l'empire othoman le plus grand danger qu'il eût jamais couru ; heureusement pour lui, la triple attaque concertée n'eut pas lieu. Nadir-Schah aima mieux aller fondre sur les riches contrées de l'Indoustan et fit sa paix particulière avec les Turcs (septembre 1736). Quant à l'Autriche, elle ne fut prête qu'en 1737. Les deux empires

1. La Russie avait déjà fait des concessions à la Perse, en lui rendant Asterabad, le Mazanderan et le Ghilan, et en ramenant la frontière russe à la ligne du Kour et de l'embouchure de l'Araxe dans la Caspienne : elle avait renoncé à des possessions lointaines, coûteuses et désertes, mais elle conservait le revers méridional du Caucase, les fameuses *portes de fer*, et la facilité de redescendre en Perse quand elle voudrait. La Perse avait acheté ces restitutions par la faveur accordée aux marchands russes de trafiquer en Perse et de passer de Perse dans l'Inde sans payer aucuns droits (13 février 1729 — 21 janvier 1732). — *Supplément au Corps diplomatique* de Dumont, t. II, part. II, p. 250-326.

chrétiens se croyaient encore bien suffisants pour accabler la Turquie; mais l'événement trompa tous les pronostics. Le gouvernement autrichien s'était fait illusion sur ses forces, et surtout sur l'emploi qu'il était capable d'en faire. Le prince Eugène, qui avait été non-seulement le grand général, mais le grand administrateur de l'Autriche, n'existait plus (mort le 20 avril 1736): la discorde était dans les conseils du faible et médiocre Charles VI; les finances étaient désorganisées; l'armée, très-incomplète, avait perdu ses meilleurs soldats en Italie. Deux ou trois généraux de mérite qui restaient à l'Autriche furent contrecarrés et paralysés par les instructions inintelligentes du cabinet de Vienne. L'armée autrichienne, au lieu de se porter en Valachie pour combiner son mouvement avec celui des Russes, qui devaient attaquer par la Bessarabie et mettre les Turcs entre deux feux, s'épuisa à faire des siéges en Servie et en Bosnie. Les Russes, après avoir pris Oczakow, non sans de grands sacrifices, s'étaient arrêtés quand ils avaient vu que les Autrichiens n'avançaient pas vers eux. La campagne de 1738 fut bien plus malheureuse pour l'Autriche; le grand-visir recouvra presque toute la Servie et prit Orsova, après avoir refoulé sur Belgrade l'armée impériale commandée par le grand-duc de Toscane, gendre de l'empereur (juillet-août 1738). Les Turcs, aguerris par leurs luttes contre la Perse, montraient un ordre et une fermeté qu'on n'avait pas vus chez eux de temps immémorial. Le péril de leur empire avait réveillé leur courage fanatique et, s'ils avaient repoussé la civilisation de l'Europe sous l'illustre et malheureux Ibrahim, ils acceptaient quelque chose de son esprit militaire sous le pacha Bonneval, qui gouvernait sous le nom du nouveau grand-visir.

Les Russes avaient obtenu quelques succès, mais sans pouvoir compléter la conquête de la Crimée ni pénétrer en Bessarabie. Les Turcs s'étaient bien défendus partout. Dans la quatrième campagne (1739), les Russes, traversant le midi de la Pologne, envahirent la Moldavie; mais, pendant ce temps, les Turcs remportaient une victoire décisive sur les Autrichiens à Grotzka et assiégeaient Belgrade (juillet 1739), dont l'empereur avait fait, depuis la paix de Passarowitz, le boulevard de la Hongrie. La terreur saisit le cabinet de Vienne; l'empereur se hâta d'invoquer l'intervention de l'ambassadeur de France à Constantinople, Villeneuve, qui était au camp du grand-visir avec les pouvoirs de médiateur, délivrés par les trois puissances belligérantes. Les avantages des Russes en Moldavie, et surtout la crainte que Nadir-Schah, vainqueur du Mogol, ne retombât sur la Turquie d'Asie, décidèrent les Turcs à accorder la paix au prix d'énormes concessions. L'Autriche rendit Belgrade avec les grands territoires qu'elle avait enlevés à l'empire othoman par le traité de Passarowitz, céda Orsova et démantela Mehadia, ce qui rouvrait aux Turcs le bannat de Temesvar. La paix de Belgrade (18 septembre 1739) fut, en ce qui regarde l'Autriche, une belle victoire de la diplomatie française; malheureusement, il n'en fut pas tout à fait de même à l'égard de la Russie. L'empereur avait tâché de réparer un peu son honneur en obligeant le médiateur français à stipuler pour son alliée comme pour lui [1]. Villeneuve avait donc promis que la Russie détruirait Azof, dont le territoire resterait désert et neutre, rendrait la plupart des autres conquêtes et renoncerait à la navigation de la mer Noire; que la Kabardah serait indépendante. Les conditions ne paraissaient pas brillantes; la tzarine Anne, cependant, les ratifia malgré son général Munich, qui prétendait soulever contre la Porte les Grecs et tous les sujets chrétiens. Les Suédois étaient sur le point de s'unir aux Turcs; la Pologne remuait, et des complots dans la noblesse russe contre l'administration des Allemands inquiétaient la tzarine; d'ailleurs, une négligence ou une concession fatale du médiateur français donnait à la Russie un avantage négatif dont le cabinet de Pétersbourg comprit la portée; l'article du traité du Pruth qui interdisait à la Russie de s'immiscer dans les affaires de la Pologne ne fut pas renouvelé dans le traité de Belgrade, et la garantie donnée par la Turquie à l'indépendance polonaise, garantie qui subsistait en droit, quoique la Turquie n'eût pas pu dernièrement la faire respecter en fait, se trouva ainsi supprimée. Villeneuve commit une seconde faute, qui fut de ne pas faire comprendre la Suède dans le traité. Le tort en était à son gouvernement plus qu'à lui. Depuis la disgrâce de Chauvelin, la politique française flottait sans

---

1. Un article secret du traité de 1725, entre l'Autriche et la Russie, les obligeait à une alliance perpétuelle contre la Turquie et à ne jamais faire de paix séparée.

direction, et chaque agent diplomatique, ne recevant plus d'instructions qui le rattachassent à un plan général, ne voyait que le coin de l'horizon où il se trouvait [1].

L'issue de cette guerre produisit une vive impression sur les esprits. La situation respective des puissances de l'Europe orientale était considérablement modifiée; la Russie, sous la discipline de fer de l'Allemand Munich [2], avait relevé l'honneur de ses armes vis-à-vis des Turcs et remporté un grand avantage diplomatique; l'empire othoman avait effacé les humiliantes défaites de 1717 et 1718 et prouvé à l'Europe que son démembrement ne serait pas chose si facile; l'Autriche, tombée des revers glorieux de Lombardie aux revers honteux du Danube, avait perdu sa réputation et donné d'elle l'opinion d'un empire qui se précipite à sa ruine : cette opinion devait exercer une influence considérable sur les résolutions des cabinets et sur la suite des événements.

Un traité défensif ménagé par la France entre la Turquie et la Suède répara l'omission de Villeneuve (22 décembre 1739), qui obtint, quelques mois après, de la Porte, des concessions extrêmement avantageuses au commerce français. Les anciennes *capitulations* furent renouvelées et amplifiées, non plus sous la forme de faveurs accordées du haut du trône othoman, mais sous la forme d'un véritable traité de commerce, qui est encore aujourd'hui la base de nos relations : le droit de 5 pour 100, que payaient les marchandises venant de France ou destinées à la France, fut réduit à 3 pour 100, si ce n'est pour les marchandises destinées à être réexportées en Russie ou ailleurs (28 mai 1740) [3]. Jamais la France n'avait obtenu un pareil ascendant à Constantinople, grâce à Bonneval, qui avait repris l'œuvre du malheureux Ibrahim avec

---

1. Wenck, t. Ier, p. 316-413. — Rulhière, *Anarchie de Pologne*, t. Ier, p. 153-160. — Coxe, *Maison d'Autriche*, ch. xcii-xciv.

2. Les officiers généraux étaient, pour la moindre faute, enchaînés à des canons et traînés ainsi dans de longues marches. Les soldats feignant des maladies pour ne point avancer dans les déserts sablonneux qui séparent la Russie de la Turquie, Munich défendit d'être malade, *sous peine d'être enterré vif*. Rulhière, p. 156.

3. Wenck, t. Ier, p. 528. En 1729, Tunis avait rendu à la France ses anciens priviléges commerciaux supérieurs à ceux des autres nations, entre autres la pêche exclusive du corail. — *Supplément au Corps diplomatique* de Dumont, t. II, p. 249.

plus de ménagements pour les préjugés de l'islam. Jamais l'ensemble de notre situation diplomatique n'eût été meilleur, si nous avions eu un gouvernement capable d'en profiter !

Le vieux ministre français, poussé par ce besoin d'action qui était partout en France, excepté chez lui et chez son royal élève, fut entraîné à s'immiscer dans diverses questions contemporaines de la guerre du Danube. La médiation française, en 1738, pacifia Genève agitée par les querelles de la démocratie et du patriciat bourgeois. La France opéra par les armes, dans un autre débat, une intervention qui devait avoir dans l'avenir de grandes suites. La tyrannie exercée par les Génois sur leurs sujets corses, qu'ils excluaient de tous les emplois et qu'ils exploitaient par la plus dure fiscalité, avait de tout temps excité de fréquentes révoltes, qui eussent infailliblement renversé la domination génoise si les Corses eussent été capables de s'entendre. Cette singulière population avait conservé et conserve encore en grande partie les mœurs, non pas des antiques cités d'Italie, mais des petites tribus primitives, dans ce que ces mœurs ont eu de commun entre les Gaulois et les Germains, d'une part, les Arabes et les Maures, de l'autre : les éternelles guerres privées, les haines invétérées de famille à famille, expliquent comment une race aussi intrépide n'avait pas réussi à secouer le joug de ses maîtres. Au XVIIIe siècle, cependant, l'esprit politique ayant fait des progrès dans ce peuple et suscité des hommes remarquables, les insurrections se renouvelèrent avec plus d'ensemble, et les Génois se virent réduits à l'impuissance de dompter la rébellion par leurs propres forces. En 1729, ils avaient demandé des troupes à l'empereur : en 1730, les Corses, de leur côté, s'étaient adressés à la France et avaient offert de reconnaître le protectorat ou même la souveraineté de Louis XV[1]. Fleuri avait refusé. En 1732, le commandant des troupes impériales en Corse avait fait accepter aux maîtres et aux sujets une transaction garantie par l'empereur, mais bientôt violée par les Génois après le départ des Impériaux. La guerre s'était rallumée et l'attention de l'Europe commençait à se porter sur ce point de la Méditerranée; il importait fort de savoir ce

---

1. Flassan, t. V, p. 49.

que deviendrait une île riche en havres, en bois de construction et surtout en hommes courageux, et qui commande le bassin maritime entre l'Espagne, la France et la Haute Italie.

En 1736, un baron allemand, nommé Théodore de Neuhof, débarqua en Corse avec de l'argent, des armes et des munitions, qu'il prétendait envoyés par le bey de Tunis, promit de bien plus grands secours et fascina les insurgés, à tel point qu'ils le proclamèrent roi de Corse. Le gouvernement français reconnut bientôt, à des indices certains, que cet aventurier avait été suscité par la Hollande, qui n'était elle-même que l'instrument de l'Angleterre. Les deux puissances maritimes visaient en commun au protectorat de la Corse, qui eût profité, à peu près exclusivement, à la plus forte des deux, à celle qui déjà tenait Gibraltar et Mahon. Le cabinet de Versailles s'entendit, à ce sujet, avec le cabinet de Vienne, qui gardait rancune aux puissances maritimes de leur abandon pendant la guerre de 1733 et qui, n'étant plus en mesure d'intervenir en Corse, consentit que la France intervînt. Par un traité du 27 juillet 1737, la France promit à Gênes un gros corps de troupes auxiliaires, moyennant un subside. Les puissances maritimes, ne soutenant point ouvertement le *roi Théodore*, ne pouvaient prendre la descente des Français en Corse pour un acte d'hostilité ; mais les Corses trouvèrent bien dur que la puissance à laquelle ils s'étaient offerts prêtât la main à leurs tyrans pour les accabler (février 1738). A la vérité, une amnistie, avec des priviléges assez étendus pour les Corses, fut d'abord publiée sous forme de convention entre l'empereur et la France ; mais les Corses devaient remettre leurs armes aux Génois. Ils s'y refusèrent et, pendant une année entière, ils se défendirent avec héroïsme, de montagne en montagne, de *maquis* en *maquis* (halliers marécageux), contre dix mille hommes de troupes françaises. Le *roi Théodore* s'était embarqué pour aller chercher des ressources au dehors. Les principaux chefs, abattus par la disette plus que par les armes, consentirent enfin à s'exiler par une capitulation, et la paix fut rétablie dans l'île vers l'automne de 1739. Les Français repartirent dans le courant de 1740. Il résulta de ce départ, fort inopportun en toute manière, que les Génois transgressèrent le pacte de 1738 tout comme celui de

1732, et que les Corses, comprimés et non résignés, eurent bientôt de nouveaux griefs à venger[1].

L'évacuation de la Corse, dans la pensée de Fleuri, avait pour but de prévenir les plaintes de Walpole sur l'ambition française et d'atténuer les démarches extrêmement graves auxquelles il était emporté vis-à-vis de l'Angleterre par la force des circonstances et de l'opinion.

Les ferments qui agitaient l'Europe causaient sans cesse quelque nouvelle explosion. Au moment où la guerre finissait entre la Turquie et les Austro-Russes, elle éclatait entre l'Espagne et l'Angleterre à l'occasion du commerce d'Amérique.

Les principes de navigation réservée et de commerce exclusif qui régissaient l'Amérique espagnole étaient les mêmes chez tous les états à colonies; mais les autres nations approvisionnaient tant bien que mal leurs possessions lointaines, et l'Espagne était absolument hors d'état d'approvisionner son immense empire colonial. La décadence industrielle et commerciale de l'Espagne avait eu pour ses colonies un double résultat : d'une part, les négociants étrangers, n'étant point admis à trafiquer directement avec l'Amérique espagnole, le faisaient par l'intermédiaire des négociants de Cadix, devenus de simples facteurs, et sous le pavillon espagnol; de l'autre part, ce commerce régulier, entravé par mille restrictions, étant loin de suffire aux besoins des Hispano-Américains, une vaste contrebande s'était établie entre les colonies espagnoles, les colonies des autres nations aux Antilles et les armateurs d'Europe. Le commerce régulier se faisait surtout par les Français; la contrebande surtout par les Anglais[2]. Tolérée autrefois sous les derniers rois de la maison d'Autriche, qui avaient besoin de l'alliance anglaise, elle avait encore grandi sous Philippe V, mais non plus avec la même tolérance. Alberoni, Riperda, José Patiño, avaient successivement travaillé à relever la marine et le commerce d'Espagne et à réprimer l'exploitation étrangère[3]. Sous Patiño, les instructions les plus sévères avaient

---

1. C. Botta, *Storia d'Italia*, t. XLII. — *Mém. historique sur la Corse*, par Joussin; 1759, 2 vol. in-12.
2. Nos Antilles, cependant, ne s'en faisaient pas faute et la Martinique y gagnait trois millions par an. *V.* Rainal, t. III, liv. XII-XIV.
3. « Je remarque, *avec un grand déplaisir*, les progrès faits par Patiño dans son

été données en Amérique pour arrêter les débarquements des contrebandiers, ce qui était très-légitime, et pour visiter, même en haute mer, les navires suspects, ce qui l'était beaucoup moins. Ce fut bientôt une véritable guerre entre les gardes-côtes espagnols et les interlopes anglais. On y commit, des deux côtés, les plus atroces violences. Pendant plusieurs sessions, le parlement anglais retentit des clameurs du commerce contre le prétendu *droit de visite*. La colère allait croissant dans la Grande-Bretagne. Robert Walpole contint le mouvement tant qu'il put : il arrêta, avec le cabinet de Madrid, une convention par laquelle l'Espagne promettait quelque indemnité aux armateurs lésés (14 janvier 1739); mais l'indemnité ne fut point payée, parce que l'Espagne réclamait des compensations, et les escadres que le ministère anglais avait envoyées sur les côtes d'Espagne ne levèrent pas l'espèce de blocus qu'elles y maintenaient. Walpole, débordé par le torrent de l'opinion, céda. Des lettres de représailles furent délivrées aux corsaires anglais en août 1739[1] : l'Espagne répondit par un embargo; l'Angleterre déclara la guerre (30 octobre 1739). La nation anglaise, fatiguée de sa longue paix, enivrée d'orgueil et d'ambition, croyait voir dans les colonies espagnoles une magnifique et facile proie. Dès le 1er décembre 1739, la prise de Porto-Bello, port de départ des galions mexicains, par l'amiral Vernon, sembla présager de plus grandes conquêtes.

L'Espagne réclama le bénéfice de son alliance défensive avec la France. Il est aisé de juger quelle fut l'anxiété de Fleuri. Le cri public était aussi fort en France pour défendre l'Espagne qu'en Angleterre pour l'attaquer, et le nouveau lien qui, en ce moment même, unissait les deux branches des Bourbons, le mariage de la fille aînée de Louis XV avec le plus jeune fils de Philippe V et

---

plan de rendre puissante la marine espagnole. » — Lettre de l'ambassadeur anglais Keene ; Madrid, 23 août 1728. — Ailleurs, ce même envoyé anglais se plaint naïvement de la *méchanceté* de Patiño, qui « ne cherche qu'à réformer toutes les mesures qu'il croit préjudiciables à l'Espagne ». Lettre du 25 novembre 1731, ap. Coxe, *Hist. d'Espagne sous les Bourbons*, ch. LXII.

1. Quatre galions guettés par les Anglais arrivèrent heureusement à Sant-Ander avec quarante-trois millions de valeurs, dont vingt-cinq appartenaient aux négociants français. *Annales politiques* de l'abbé de Saint-Pierre, t. II, p. 662.

d'Élisabeth Farnèse (26 août 1739), rendait le roi favorable aux instances du cabinet de Madrid; l'instinct paternel était chez Louis XV la seule vertu de famille. Fleuri eût voulu rendre le rôle auxiliaire de la France aussi modeste que possible, en attendant qu'il pût faire agréer sa médiation; mais il lui fallut bien armer sur mer. Il le fit à contre-cœur et avec lésinerie; on ne répare point d'ailleurs en quelques mois vingt-cinq ans d'abandon et il n'y avait plus là de Colberts pour construire des vaisseaux comme par magie. A la mort de Louis XIV, la marine royale était déjà en plein désarroi : le recensement de 1713 avait constaté quatre-vingt-douze mille quatre cent cinquante marins, mousses compris; mais on ne faisait rien de ce riche personnel : le cinquième à peine des officiers était employé; la moitié des vaisseaux avait dépéri dans les ports. Louis XIV, dans ses derniers jours, avait négligé la marine par impuissance; les héritiers de son pouvoir la sacrifièrent par système. La Régence acheva la ruine du matériel. La marine de Louis XIV avait coûté par an 25 millions pendant la guerre de 1688, 14 de 1698 à 1700, 22 pendant la guerre de la Succession, 17 de 1713 à 1715 (ces 17 millions valaient beaucoup moins qu'une pareille somme en 1688, par suite des changements dans les monnaies). La marine de la Régence ne coûta que 8 millions par an, et Noailles avait voulu la réduire à 4. De soixante-six vaisseaux de ligne qui restaient en 1715, on tomba, en 1719, à quarante-neuf; puis on continua de descendre. Sur la fin de la Régence, d'après le plan de l'amiral comte de Toulouse, on avait projeté de fixer l'état naval à cinquante vaisseaux de soixante-quatre à cent canons; *Monsieur le Duc* le fixa beaucoup plus bas, à cinquante-quatre vaisseaux et grosses frégates; mais ce chiffre encore était illusoire, et la plupart des bâtiments étaient hors d'état de tenir la mer sans grosses réparations. L'Angleterre, elle, à l'ouverture de la guerre contre l'Espagne, avait quatre-vingt-dix vaisseaux de ligne achevés ou très-avancés, dont une cinquantaine de disponibles, et cinquante-deux grosses frégates de quarante à cinquante canons, pouvant être réparées et mises en mer sous quelques mois. L'Espagne avait nominalement cinquante vaisseaux de ligne, dont vingt-quatre à flot. La Hollande, l'ancienne rivale de l'Angleterre, était réduite à quarante, dont vingt-cinq à flot. Le cabinet français eut peu de peine à décider à la neutralité cette puissance qui baissait de jour en jour [1]. Fleuri eût bien souhaité de faire pour lui-même ce qu'il conseillait aux Hollandais; néanmoins, le 7 octobre 1740, il signa en soupirant l'ordre d'expédier en Espagne une flotte de vingt-deux vaisseaux, qu'on était parvenu à équiper et qui convoya en Amérique la flotte espagnole réunie au Ferrol. Les Anglais, contrariés par les vents, n'ayant pu empêcher cette jonction, ne se trouvèrent pas en état d'assaillir les flottes combinées. Fleuri avait protesté aux Walpole que son maître n'entendait pas rompre avec l'Angleterre; il espérait encore, avec leur aide, amortir le choc et amener une transaction [2]. Cet espoir, mal fondé, eut, comme on le verra, des suites déplorables pour nos intérêts maritimes et empêcha de prendre des mesures qui nous eussent assuré, dès le début de la guerre, une supériorité décidée dans les mers d'Orient.

Les Anglais ne renouvelèrent sérieusement leurs attaques contre l'Amérique espagnole qu'en 1741, après l'éloignement de la flotte française; mais, dans l'intervalle, une crise continentale plus vaste que la querelle commerciale d'Amérique avait éclaté en Europe.

Le 31 mai 1740, était mort le roi de Prusse, Frédéric-Guillaume, laissant le trône à son fils Frédéric II. Frédéric-Guillaume, inconcevable mélange de brutalité cynique, extravagante, féroce, et de qualités organisatrices, avait passé à l'étranger pour un maniaque et, cependant, avait préparé l'avenir de cette Prusse fondée par son aïeul, le grand-électeur, et décorée du titre royal par son père. Sa grossièreté et sa sordide économie avaient été à la fois chose de nature et de calcul. Son père, homme de faste et de plaisir, avait dépensé les faibles revenus du nouveau royaume à se donner une cour brillante, lettrée et artiste; Frédéric-Guillaume jugea qu'il fallait choisir entre l'apparence et la force réelle et, pour créer la force, il sacrifia le reste. Tout fut immolé à la créa-

---

1. *Mémoire au roi sur la marine de France*, par le comte de Toulouse (1724); ap. *Mém.* de Villette, p. LXII. — Lémontei, *Hist. de la Régence*, t. II, p. 282. — Sainte-Croix, *Hist. de la puissance navale de l'Angleterre*, t. II, p. 187. — W. Coxe, *l'Espagne sous les Bourbons*, ch. XLIV. — Frédéric II, *Hist. de Mon Temps*, t. 1er, Introduction.
2. Flassan, t. V, p. 191.

tion d'une armée et à l'accumulation d'un trésor qui servît, au besoin, à mettre en mouvement cette armée. Frédéric-Guillaume avait bien compris que, pour avoir une armée, il fallait avoir un peuple, et il favorisait l'accroissement de la population par des défrichements dans les campagnes, par des constructions dans les villes, par des priviléges offerts aux habitants des autres pays d'Allemagne qui viendraient s'établir en Prusse ; mais, cet accroissement marchant trop lentement pour recruter les masses de troupes que voulait avoir le monarque prussien, il lâcha ses racoleurs à travers toute l'Allemagne et quasi toute l'Europe ; ce fut une vraie *traite des blancs*, un vrai brigandage. Il se donna ainsi une armée de soixante-seize mille hommes, dont vingt-six mille étrangers, et un trésor de 26 millions[1] : un grand *mécanicien militaire* (expression de Frédéric II), le prince d'Anhalt, introduisit dans l'infanterie prussienne une discipline, un ordre, une précision de mouvements sans exemple et apporta à la tactique des modifications dont les conséquences ne devaient apparaître qu'après Frédéric-Guillaume, qui transmit à son fils ses troupes et son trésor intacts, ne s'étant servi ni de l'un ni des autres.

Le nouveau roi avait vingt-huit ans. On ne le connaissait encore que par son opposition envers son père, qui avait failli retourner en sens inverse le sinistre exemple de Pierre le Grand et immoler dans Frédéric la civilisation comme Pierre avait immolé la barbarie dans le tzarewitz Alexis. Frédéric n'avait encore montré en lui que l'ami des lettres, des sciences, des arts et des plaisirs, ou plutôt que le littérateur et l'artiste passionné pour la langue, pour les mœurs, pour les nouvelles idées françaises, n'écrivant, ne pensant qu'en français, le jeune philosophe et philanthrope occupé, disait-on, d'une réfutation de Machiavel et correspondant intime du grand écrivain de la France, de Voltaire. A l'éclair de cet œil bleu, tour à tour si souriant et si dur, à ces lèvres serrées et souvent contractées, à ces lignes si fermes et si nettement accusées, on eût pu toutefois déjà pres-

---

1. Le revenu annuel de la couronne de Prusse dépassait à peine 22 millions. — Frédéric II, *Histoire de Mon Temps*, ap. Œuvres Posthumes, t. Ier, p. 25 ; Berlin, 1788.

sentir l'autre homme caché sous le premier, le véritable Frédéric, l'homme d'action, le guerrier et le politique. On s'attendait qu'il réduirait l'armée de son père, exorbitante pour un état de deux millions deux cent quarante mille âmes [1]. Il débuta par l'accroître.

Le 20 octobre 1740 eut lieu une autre mort qui produisit une bien plus vive impression en Europe que la mort du roi de Prusse. L'empereur Charles VI, dont la santé avait été dérangée par le chagrin de ses derniers revers, fut emporté à cinquante-cinq ans, des suites d'une indigestion. Cette triviale catastrophe mit fin, après quatre siècles et demi de splendeur, à cette maison d'Autriche-Hapsbourg qui avait longtemps ambitionné la monarchie de l'Europe. Par le mariage de la fille aînée de Charles VI, Marie-Thérèse, avec François de Lorraine, grand-duc de Toscane, commençait la seconde maison d'Autriche, la maison d'Autriche-Lorraine. Tous les souverains étrangers, moins les princes de la maison de Bavière, ayant sanctionné la loi de succession promulguée par le monarque défunt, loi acceptée par tous les organes officiels des états autrichiens, il n'y avait pas lieu pour les cabinets de contester en droit la transmission de l'héritage. Il n'y avait, en droit, d'autre question que celle de l'élection à l'Empire. Charles VI n'avait pas osé essayer de la résoudre de son vivant en

---

[1]. La France, neuf fois plus peuplée, avec près de 150 millions de revenu net, ne tenait sur pied que cent soixante-six mille hommes, milices comprises. — Frédéric II, dans l'*Histoire de Mon Temps*, donne un curieux tableau de l'état des revenus et des forces militaires de toutes les puissances européennes, sur le pied de paix, en 1740. L'Autriche dont tous les corps étaient incomplets, n'avait pas quatre-vingt-deux mille hommes sur pied : son revenu, engagé en partie, était d'environ 60 millions. L'Espagne avait un revenu de 72 millions, fort grevé, et près de soixante mille soldats. L'Angleterre avait, en temps de paix, le même revenu que l'Espagne, mais susceptible de doubler, de tripler même, en cas de guerre. Elle avait chez elle trente mille soldats, et trente-quatre mille Hanovriens, Hessois et Danois étaient à sa disposition en Allemagne moyennant subsides. La population des Îles-Britanniques n'était encore que d'environ huit millions d'âmes. La Hollande avait deux millions d'habitants, trente mille soldats, et 36 millions de revenus. Le Danemark, trente-six mille soldats, sans les milices, vingt-sept vaisseaux de ligne, et moins de 17 millions de revenus. La Suède, deux millions d'âmes, 12 millions de revenus, sept mille soldats seulement et trente-trois mille miliciens réguliers; vingt-quatre vaisseaux. La Russie, cent soixante-dix mille hommes, dont quatre-vingt-douze mille soldats réguliers; douze vaisseaux, 42 à 45 millions de revenus, et douze millions d'habitants (chiffre trop faible).

faisant son gendre roi des Romains ; les capitulations qu'il avait jurées en recevant la couronne impériale s'y opposaient, et il eût trouvé des adversaires assez forts pour le contraindre à observer ses engagements. Quant au droit, il n'y avait donc en question qu'un seul point ; mais, quant au fait, tout était en question. Le prince Eugène le savait bien, lui qui avait dit tant de fois à l'empereur et qui répétait encore en mourant, que deux cent mille bons soldats assureraient mieux l'héritage que toutes les *garanties* du monde !

En 1740, comme naguère en 1733, un problème solennel était posé : que devait faire la France ? — Acquitter la parole donnée par le Grand Roi en 1714 à la maison de Bavière et faire transférer l'Empire au fils du fidèle et malheureux allié de Louis XIV ? — Cela était si évident, que personne, à Versailles, n'éleva aucun doute à cet égard. — Mais après ? — Observer purement et simplement la pragmatique autrichienne, beaucoup trop légèrement promise ? — C'était presque impossible. L'électeur de Bavière réclamait la totalité de l'héritage, en vertu d'un ancien pacte de famille qui remontait jusqu'à l'empereur Ferdinand Ier, frère de Charles-Quint[1]. Il avait fait protester à Vienne, dès le 3 octobre, contre la prise de possession de Marie-Thérèse. Pouvait-on appuyer sa candidature à l'Empire sans appuyer ses autres prétentions, au moins dans la limite nécessaire pour lui donner les moyens de soutenir la dignité impériale[2]. Le roi d'Espagne revenait déjà sur sa garantie et protestait de son côté (novembre). Il se disposait à demander la Hongrie et la Bohême comme représentant les droits de la branche aînée d'Autriche sur ces royaumes, aux termes d'un pacte entre Ferdinand II et Philippe III, et visait à arracher la Lombardie en échange. L'électeur de Saxe, roi de Pologne, et le roi de Sardaigne, s'apprêtaient à réclamer aussi. Les prétentions du Saxon, mari de la fille aînée de l'empereur Joseph Ier, eussent été les plus spécieuses de toutes, s'il avait eu

---

1. L'interprétation que l'électeur faisait de ce pacte était forcée : la réversibilité n'était promise à sa maison qu'en cas d'extinction de toute postérité légitime.

2. Des traités secrets des 2 février 1714, 12 novembre 1727, 15 novembre 1733 et 16 mai 1738, avaient promis formellement l'assistance française à la Bavière en cas d'extinction de la descendance masculine d'Autriche. Le traité de la France avec l'Autriche était donc déchiré d'avance. *V.* Garden, t. III, p. 255.

le caractère et la puissance de les faire valoir. — Que faire donc? Demander à Marie-Thérèse quelques sacrifices en Allemagne et en Italie, les domaines autrichiens de Souabe pour l'électeur de Bavière, Parme pour le plus jeune des infants d'Espagne, un nouveau lambeau du Milanais pour le roi de Sardaigne, renouveler à ce prix la garantie du reste de la succession et maintenir la paix de l'Europe; c'était là quelque chose de moins grand que les plans de Chauvelin en 1735; néanmoins ce rôle était glorieux encore : on continuait la tradition du traité de Westphalie, et la prépondérance européenne de la France était assurée, probablement sans un coup de canon. L'Autriche était abaissée et, cependant, la France paraissait encore généreuse envers elle. C'était là ce qu'eût fait Chauvelin, sans doute; mais il était en exil à Bourges, et Fleuri, qui touchait à sa quatre-vingt-huitième année, était plus incapable que jamais de la décision dans la pensée et de la fermeté dans l'action qui eussent été nécessaires pour arrêter un tel plan et pour l'exécuter sans dévier.

Il y avait un autre parti possible : c'était de fouler aux pieds les engagements contractés avec le défunt empereur et de mettre l'occasion à profit pour démembrer la monarchie autrichienne; c'était séduisant; il semblait que ce fût consommer l'œuvre de Henri IV et de Richelieu; mais, alors, il fallait jeter sur-le-champ toutes les forces de la France dans la balance et se placer ouvertement à la tête de la coalition si facile à former contre l'héritière des Hapsbourg. La question morale, la foi des traités, n'était pas ce qui arrêtait Fleuri : il croyait la garantie de la France nulle : il le disait du moins, parce que Charles VI n'avait point accompli la promesse de faire garantir par la diète germanique à la France l'acquisition de la Lorraine[1]; mais il n'était pas homme à accepter l'idée qu'on vient d'indiquer, présentée de face dans toute sa hardiesse. Ceux qui voulaient lui inculquer cette idée, la lui déguisèrent. A la tête du parti de la guerre était le petit-fils de Fouquet, le comte de Belle-Isle, qui voyait le moment venu de saisir avec éclat un but d'ambition longtemps poursuivi

---

1. V. lettre de Fleuri à Frédéric II, du 25 janvier 1741, dans l'*Hist. de Mon Temps*, t. I, p. 145. — Ce n'était pas sérieux, car l'empereur avait reçu de la diète des pouvoirs fort en règle pour traiter.

par des intrigues souterraines; « une dame trop puissante », dit Voltaire¹, appuyait Belle-Isle auprès du roi; la seule ambitieuse entre les maîtresses de Louis XV, madame de Vintimille, voyait dans les affaires d'Autriche le moyen d'abattre le système et peut-être la personne de Fleuri. Le vieux cardinal se laissa extorquer la nomination de Belle-Isle aux fonctions de plénipotentiaire auprès de la diète électorale qui allait se réunir à Francfort et auprès de tous les princes d'Allemagne (novembre 1740). Les premières instructions ne regardaient que la promotion de l'électeur de Bavière à l'Empire; comme il était impossible de s'en tenir là et que Fleuri n'avait aucun plan sur le reste, Belle-Isle se jugea dès lors maître de la situation.

Les premières semaines qui suivirent la mort de l'empereur avaient été remplies par une guerre de plume entre l'électeur de Bavière et Marie-Thérèse, qui s'intitulait reine de Hongrie et de Bohême. Le Bavarois n'était pas en mesure d'agir autrement qu'à coups de manifestes. Les autres prétendants intriguaient à Versailles, d'où ils attendaient le signal. Ce signal fut donné, non par la cour de France, mais par un prince qui agit avant de parler. Le jeune roi de Prusse jeta un regard d'aigle sur les domaines autrichiens et sur ses propres états, et comprit qu'une heure décisive sonnait pour son royaume et pour lui-même; que, s'il ne faisait pas maintenant ce qu'avait préparé son père, il ne le ferait jamais. Il vit la monarchie prussienne formée de tronçons épars dans l'énorme espace qui s'étend du Niemen à la Meuse; à l'est, l'ancienne Prusse ducale; au centre le Brandebourg, avec la Poméranie prussienne, Magdebourg et Halberstadt; à l'ouest, les deux petits duchés de Gueldre et de Clèves. Par où commencer à recoudre ces lambeaux, à arrondir, à masser cette zone étroite et disjointe? On s'attendait que Frédéric II portât son ambition sur les duchés de Berg et de Juliers : ces duchés, plus considérables que Clèves et Gueldre, devaient vaquer prochainement par la mort du vieil électeur palatin, qui n'avait pas d'héritiers directs; la maison de Brandebourg en revendiquait la réversibilité et avait reçu, quant à Berg, la promesse formelle du

---

1. *Siècle de Louis XV*, ch. v.

feu empereur, en échange de la garantie donnée par Frédéric-Guillaume à la pragmatique. Frédéric II pouvait donc, à l'exemple de ce qui s'était passé en Toscane et à Parme, réclamer l'occupation préalable du domaine promis; mais c'eût été se heurter contre la France, qui ne voulait pas voir la Prusse joindre Berg et Juliers à Clèves et à Gueldre et s'étendre ainsi entre Rhin et Meuse, sur le sol gaulois. Ce n'eût point été d'ailleurs une force réelle pour la Prusse; c'était trop loin de son centre. Frédéric n'eut besoin que de jeter les yeux sur ses archives pour y trouver de vieilles prétentions bien autrement avantageuses : la maison de Brandebourg avait, sur une partie de la Silésie, des droits que l'Autriche lui avait autrefois arrachés; la Silésie, la grande vallée du Haut-Oder, possession si riche par elle-même, si avantageusement située, pour la politique et la guerre, entre la Bohême et la Pologne!

Frédéric devait-il s'arrêter à la garantie de la pragmatique? Cette garantie était nulle : l'empereur en avait violé les conditions en donnant à deux autres prétendants les mêmes promesses sur Berg et sur Juliers qu'il avait données au feu roi de Prusse[1]. Frédéric était donc libre des engagements de son père, et, d'ailleurs, il faut bien en convenir, l'*Anti-Machiavel* n'avait guère été pour Frédéric qu'un exercice littéraire, un lieu commun de rhétorique, et l'auteur de ce traité de morale à l'usage des rois, à peine monté sur le trône, s'était fait une conscience fort large sur l'article de la raison d'état; ce ne fut pas le point de droit qui le préoccupa beaucoup. Il ne se demanda pas davantage si la reconnaissance, à défaut du droit strict, ne l'engageait point envers la fille de l'empereur : Charles VI l'avait sauvé, en 1730, des fureurs de son propre père, quand le féroce Frédéric-Guillaume avait voulu faire tomber la tête du prince royal de Prusse, coupable d'avoir tâché de fuir la tyrannie paternelle, et que l'empereur s'était interposé à titre de suzerain. Frédéric n'examina que les obstacles et les chances de succès. Il

---

1. L'empereur avait même, ce que Frédéric ignorait, traité avec la France pour assurer Berg et Juliers au prince de Sulzbach, héritier présomptif du Palatinat (18 janvier 1739). V. *Hist. générale des Traités de Paix*, par M. de Garden, t. III, p. 251; 1849, Paris. — Frédéric II, *Hist. de Mon Temps*, t. I, p. 113.

savait le délabrement des finances et de l'armée autrichiennes. Au dehors, les deux états qui pouvaient le plus pour ou contre lui, étaient la France et la Russie. Du côté de la France, point d'opposition à craindre. Il n'en était pas de même de la Russie; mais la tzarine Anne venait de mourir huit jours après l'empereur (27 octobre 1740), après avoir désigné pour son héritier un enfant de deux mois, appelé Ivan, petit-fils de sa sœur et par conséquent petit-neveu de Pierre le Grand, et fils d'un duc de Brunswick-Beveren, qui était le beau-frère de Frédéric. Le nouveau gouvernement était dominé par l'Allemand Munich; le roi de Prusse gagna Munich et, par lui, la neutralité russe.

Le 22 décembre, un corps d'armée prussien entra en Silésie, sous le singulier prétexte d'empêcher les prétendants à la succession autrichienne d'envahir cette province; pendant ce temps, un envoyé de Frédéric allait offrir à Marie-Thérèse de garantir la pragmatique et d'aider le grand-duc de Toscane à monter au trône impérial, moyennant la cession des duchés de Glogau et de Sagan, portion de la Basse-Silésie. Frédéric les eût payés 6 millions. Marie-Thérèse, princesse de vingt-trois ans, joignait à l'obstination héréditaire de sa race une hardiesse de cœur et une activité que ses pères n'avaient pas montrées depuis plusieurs générations : elle refusa dédaigneusement ce qu'on exigeait d'elle les armes à la main. Elle fit appel aux garants de la pragmatique : la Russie s'excusa de la secourir; le gouvernement anglais, embarrassé de ses débats intérieurs contre une opposition ardente et engagé malgré lui dans la guerre contre l'Espagne, offrit d'abord sa médiation avant de remplir ses engagements envers l'Autriche; la Hollande craignait de se brouiller avec la France; la France n'avait encore reconnu Marie-Thérèse comme héritière de Charles VI par aucun acte officiel; la *reine de Hongrie* écrivit des lettres émouvantes à Louis XV et à Fleuri; on assure qu'elle offrit à la France une partie de la Belgique. Peut-être pouvait-on encore imposer un arrangement à Marie-Thérèse et à ses adversaires, en ajoutant aux concessions que nous avons indiquées une nouvelle concession pour la Prusse. Le cabinet français tergiversa. Frédéric, cependant, triomphait sans combat et s'emparait, en peu de jours, des trois quarts de la Silésie : cette grande province était dégarnie de troupes, l'attaque ayant été entièrement imprévue, et les populations, aux deux tiers protestantes, accueillaient les Prussiens à bras ouverts. Pendant trois mois, l'Autriche fut hors d'état de rien faire pour défendre ou recouvrer la Silésie.

Les faits semblaient donner raison au comte de Belle-Isle. Il redoubla d'efforts, par sa correspondance et par les adhérents qu'il avait laissés à Versailles. Rien n'était si aisé, assurait-il, que d'étouffer en germe la nouvelle maison d'Autriche : on serait comptable à la postérité de manquer une si grande occasion; il ne fallait ni beaucoup de troupes ni beaucoup d'argent; il suffisait d'intervenir comme auxiliaires de la Bavière; avec peu d'efforts, on atteindrait un résultat immense ; on réduirait Marie-Thérèse au royaume de Hongrie, à la Basse-Autriche avec ses annexes et à la Belgique, et l'on partagerait tout le reste entre les alliés de la France, assez accrue de la ruine de l'Autriche. La plus grosse part serait pour le futur empereur, Charles de Bavière : il aurait la Bohème, la Souabe autrichienne, le Tyrol, la Haute-Autriche; le Milanais serait pour le second fils de la reine d'Espagne, gendre de Louis XV. Cette dernière partie du plan de Belle-Isle attestait le peu de solidité de son esprit; il n'avait pas compris que le Piémont était le pivot de toute coalition en Italie et qu'on ne pouvait gagner le Piémont qu'au prix du Milanais. Fleuri refusa d'abord : il donna, dit-on, son avis écrit au roi contre la guerre; la misère qui régnait en France et la dépopulation causée par cette misère étaient ses principaux arguments; néanmoins, quand il vit le roi fortement influencé par sa maîtresse, par ses familiers, par les lettres de sa fille, la jeune infante, que la reine d'Espagne dressait à demander à grands cris un apanage pour son mari aux dépens de l'Autriche, Fleuri céda peu à peu et laissa le plénipotentiaire de France en Allemagne transformer sa mission pacifique en mission de guerre et de spoliation [1].

Un événement important vint en aide à Belle-Isle. Un corps d'armée autrichien, rassemblé en Moravie, était enfin descendu dans les plaines de Silésie, et un premier choc avait eu lieu à Molwitz, près de Brieg (10 avril 1741). La cavalerie prussienne

---

1. *Mém.* de d'Argenson, p. 302-331. — Duclos, *Mém. secrets.*

avait été mise en pleine déroute, et le roi lui-même, entraîné dans la fuite de ses escadrons, avait cru tout perdu. On vit alors ce que valaient les changements introduits dans l'infanterie par le prince d'Anhalt[1]. Les bataillons prussiens, manœuvrant, se déployant ou se formant en carrés avec une vivacité et une précision inconnues, semblaient, suivant l'expression de Frédéric, des batteries ambulantes dont la vivacité de la charge triplait le feu : escadrons et bataillons ennemis, déjà ébranlés par une effroyable grêle de balles, vinrent se briser contre leurs baïonnettes. L'infanterie seule, avec ses pièces d'artillerie attachées à chaque bataillon suivant l'exemple de Charles XII, rétablit et gagna la bataille. Les Autrichiens furent rejetés derrière la Neisse.

Belle-Isle, qui avait reçu le bâton de maréchal pour l'autoriser davantage en Allemagne, accourut au camp du vainqueur pour le presser de s'unir à la France. Frédéric hésita : il eût préféré traiter avec Marie-Thérèse par l'intermédiaire des Anglais et se fût encore contenté d'une partie de la Basse-Silésie. Marie-Thérèse, moins abattue qu'irritée d'un premier revers, refusa de nouveau : elle savait que l'opinion publique en Angleterre épousait sa cause avec passion ; le roi Georges II avait obtenu du parlement les moyens d'exécuter son pacte défensif avec l'Autriche, et le parlement avait voté en outre un subside de 300,000 liv. sterl. à la reine de Hongrie : la Russie, tombant des mains du vieux maréchal Munich dans celles de la duchesse de Brunswick-Beveren, mère du petit tzar Ivan, revenait aussi aux intérêts autrichiens. Tandis que le maréchal de Belle-Isle était allé en Bavière ménager un traité entre les deux seuls prétendants à la succession autri-

---

1. Frédéric II, *Hist. de Mon Temps*, t. I, p. 102. Vauban avait réuni le mousquet et la pique en une seule arme, le fusil à baïonnette, réforme coïncidant avec la substitution du mousquet à pierre, ou fusil, à l'incommode mousquet à mèche : l'arme blanche et l'arme à feu avaient été ainsi, non-seulement réunies, mais perfectionnées toutes deux. Vauban avait changé l'*armement* de l'infanterie : le prince d'Anhalt changea la *tactique*. Il comprit que la force devait être 1° dans l'étendue et la vivacité du feu : il dédoubla les rangs épais du bataillon, le mit sur trois hommes de hauteur seulement, et fit charger avec des baguettes de fer ; 2° *dans les jambes* : il rétablit le pas cadencé, qui était le secret de l'unité et de la vélocité des légions romaines et qu'on n'avait pas encore rendu aux armées modernes. Le *pas cadencé* est la *tactique* même, dans l'opinion d'un grand général de ce temps, de Maurice de Saxe. V. les *Rêveries* du maréchal de Saxe.

chienne qui se fussent encore déclarés, entre le roi d'Espagne et l'électeur de Bavière (28 mai 1741), Frédéric se décida et signa, le 5 juin, un pacte secret avec la France. Louis XV lui garantit la Basse-Silésie, qui est de beaucoup la plus grande et la meilleure moitié de cette province, moyennant renonciation à Berg et à Juliers et promesse de son suffrage pour l'élection impériale de Charles de Bavière. La France promit d'envoyer deux corps d'armée en Allemagne, l'un pour seconder l'attaque projetée par les Bavarois contre l'Autriche, l'autre pour empêcher les Hanovriens et les Saxons de faire une diversion contre le Brandebourg : elle s'obligea également de faire déclarer la guerre par la Suède à la Russie, afin de retenir les forces russes dans le nord [1].

Le gouvernement français tint parole : deux armées auxiliaires, de quarante mille hommes chacune, franchirent le Rhin dans le courant d'août. La première, entrée par la Souabe, alla se mettre sous les ordres de l'électeur de Bavière, qui venait d'occuper Passau. La seconde, commandée par le maréchal de Maillebois, fils de Desmaretz, poussa en Westphalie. Avant la bataille de Molwitz, la reine de Hongrie était parvenue à réunir, dans un projet de partage de la Prusse, le roi d'Angleterre, comme électeur de Hanovre, le roi de Pologne, comme électeur de Saxe, et la cour de Russie; mais, quand on vit les Suédois attaquer les Russes par la Finlande et les Français et les Bavarois s'avancer pour donner la main aux Prussiens victorieux, l'électeur de Saxe changea brusquement de parti et se rallia aux ennemis de l'Autriche : on lui promit, pour sa part de butin, la Moravie, qu'on érigerait en royaume, en l'agrandissant d'une portion de la Basse-Autriche. Le roi George II, malgré les représentations de Walpole, était

---

1. Des conventions commerciales furent conclues sur ces entrefaites (25 avril, 25 juin 1741), entre la France et la Suède, avec laquelle nous n'avions eu, jusque-là, que des conventions politiques. Le port de Wismar fut accordé, comme entrepôt franc, au commerce français, à l'exclusion de toute autre nation. Le but était d'établir un commerce direct entre la France et la Suède, au lieu d'employer l'intermédiaire des Anglais, des Hollandais et des Hambourgeois. Les vins de France s'étaient substitués en Suède aux vins de Portugal, et la France avait, de son côté, à demander à la Suède les produits de ses mines et de ses forêts. Cette tentative ne fut malheureusement pas soutenue : le gouvernement de Louis XV était incapable de suite dans le bien. Un traité de commerce fut aussi passé avec le Danemark en août 1742. *V.* Flassan, t. V, p. 121-165.

accouru dans ses états d'Allemagne, se mettre à la tête de ses Hanovriens et de douze mille Hessois et Danois à la solde de l'Angleterre : il n'imita pas tout à fait son voisin de Saxe ; mais, se sentant trop faible pour attendre le choc de Maillebois, il demanda la neutralité pour le Hanovre et promit de ne pas voter, dans la diète électorale, pour le grand-duc de Toscane. L'armée de Maillebois resta en Westphalie, afin de surveiller le Hanovre et de protéger la diète électorale convoquée à Francfort. Marie-Thérèse fut ainsi privée de toute diversion. Lintz, Entz, toute la Haute-Autriche, tombèrent en peu de jours, et presque sans résistance, entre les mains des Franco-Bavarois (septembre). Déjà les partis français apparaissaient à quelques lieues de Vienne, qui n'avait qu'une garnison et des fortifications insuffisantes.

L'invasion française avait frappé Marie-Thérèse comme la foudre. Jusqu'au dernier moment, la fille de Charles VI avait refusé de croire le cabinet de Versailles capable d'une violation si criante de la foi jurée et d'une résolution si hardie. Tout semblait annoncer la ruine de la maison d'Autriche. Plus d'alliés que les Anglais, qui sont bien loin ! point de finances, presque point d'armée ! Toutes les ressources régulières manquent, et, quant aux ressources extraordinaires, aux grands élans qui sauvent parfois les peuples attaqués dans leur nationalité, comment les demander à ce ramas de populations diverses accouplées dans cet assemblage artificiel qu'on nomme la monarchie autrichienne ? Déjà la Silésie s'est donnée : la Bohême se laissera prendre ; l'Autriche même semble passive. Marie-Thérèse apprécie, d'un coup d'œil ferme, la dernière chance qui lui reste. Par delà les provinces germaniques, germano-slaves et italiennes, déjà partagées en espoir et partie en fait par la diplomatie, s'étendent de vastes contrées à demi barbares, dont la possession, toujours contestée, soit par la rivalité othomane, soit par la rude liberté des indigènes, a été plus souvent un péril qu'une force pour les monarques autrichiens ; c'est le royaume de Hongrie avec ses annexes. Ces races guerrières, depuis deux siècles, s'agitaient sur place, dans leur patrie devenue le perpétuel champ de bataille des Turcs et des Allemands : Marie-Thérèse a deviné, avec un grand instinct, quel parti on peut tirer de leur génie belliqueux, en leur ouvrant une large carrière de gloire et de butin et en les lançant sur l'Allemagne. La clef de l'antre qui recèle ces tempêtes était dans les mains de l'aristocratie magyare : comment gagner ces magnats, qui, presque tous, gardent, au fond de leurs châteaux, le portrait, voilé d'un crêpe, de quelque aïeul décapité par la hache de l'Autriche? L'héritière des Hapsbourg n'en a point désespéré. Tandis que tous les autres états de la monarchie lui envoyaient à Vienne des hommages qu'ils étaient prêts à transférer, le lendemain, à des maîtres plus heureux, Marie-Thérèse est allée, au mois de juin, à Presbourg, chercher l'hommage plus difficile, mais plus sûr, des Hongrois, et là, devant la diète assemblée, elle a prêté le fameux *serment d'André II*, c'est-à-dire proclamé le rétablissement de l'ancienne constitution de Hongrie, abolie par son aïeul Léopold. Elle n'a omis qu'un seul article, celui qui autorisait les Hongrois à défendre, par les armes, leurs priviléges contre le souverain qui viendrait à les enfreindre. La diète n'en exige pas la restauration. Une autre ancienne loi, également abrogée par Léopold, excluait les femmes du trône : la diète proclame le *roi Marie-Thérèse* (25 juin)[1], subterfuge dans le goût des équivoques antiques et justifié par le cœur viril de la femme-roi.

Cette première épreuve avait donc réussi, et déjà la Hongrie avait fourni quelques troupes pour la guerre de Silésie. A l'entrée des Franco-Bavarois en Autriche, Marie-Thérèse retourne de Vienne à Presbourg et se présente devant la diète, vêtue de deuil, avec la couronne de saint Étienne sur la tête et l'épée des rois de Hongrie à la ceinture : elle adresse, en latin, à l'assemblée, une harangue pathétique et déclare qu'abandonnée de tous ses alliés, elle n'a plus d'espoir que dans la foi et dans la vaillance des Hongrois, et qu'elle remet son salut et celui de ses enfants dans leurs mains. A ce spectacle d'une jeune femme belle, courageuse et infortunée, à ces paroles émouvantes, les chefs magyars oublient qu'ils ont devant eux la petite-fille du tyran Léopold[2] : ils tirent

---

1. La diète hongroise avait sanctionné la pragmatique dès 1723. Sur Marie-Thérèse en Hongrie, v. Coxe; *Maison d'Autriche*, ch. CI.

2. Son père avait tué leurs pères ; ses fils devaient tuer leurs fils! Ce fut un Bathyani, aïeul du martyr de 1849, Louis Bathyani, qui, le premier, poussa ce cri : *Moriamur pro rege nostro Mariá Theresá.*

leurs sabres avec enthousiasme en s'écriant : *Mourons pour notre roi Marie-Thérèse!* et ils votent la levée en masse de la Hongrie (13 septembre). Touchante, mais folle générosité des races chevaleresques! Les Hongrois et les Polonais devaient recevoir de l'Autriche le même salaire! La diète de Presbourg ne voulut pas voir que le démembrement de la monarchie autrichienne, c'était la liberté du royaume de Hongrie; que, si les Magyars ne voulaient pas profiter des circonstances pour rompre avec la race de Hapsbourg et choisir un prince national, le fils de Rakoczi, par exemple, l'intérêt de leur patrie était, tout au moins, d'imposer à Marie-Thérèse une paix qui la réduisît à être véritablement la *reine de Hongrie* et non plus l'héritière des empereurs.

A l'appel enthousiaste de la diète répondirent, dans les populations, des élans d'une autre nature : la vieille passion des conquêtes et des courses aventureuses se réveilla chez ces tribus si faiblement atteintes par la civilisation. La Hongrie et la Slavonie autrichienne se levèrent, et les peuples du Danube inférieur, de la Theiss, de la Save et de la Drave, les fils des compagnons d'Arpad et ceux des farouches Illyriens, commencèrent à lancer vers le haut Danube des nuées de cavaliers et de fantassins, non plus dressés en régiments impériaux, mais organisés suivant leurs coutumes nationales et combattant à la turque et à la tatare. Quinze mille soldats réguliers et quarante mille hommes de bandes irrégulières se mirent en mouvement.

L'*insurrection*[1] de la Hongrie fût venue trop tard pour sauver l'Autriche, si l'invasion eût été bien conduite et si les Franco-Bavarois eussent marché droit à Vienne; mais l'électeur de Bavière n'avait ni les talents ni le caractère du grand rôle que les circonstances l'avaient conduit à usurper : il n'osa se porter tout de suite sur Vienne, faute de gros canon; puis il eut peur que les Saxons, ses nouveaux alliés, ne cherchassent à s'emparer de la Bohême pour leur compte, s'il allait à Vienne au lieu d'aller à Prague; enfin, le vieux Fleuri, craignant déjà que le futur empereur ne fût trop puissant, s'il avait la capitale de la monarchie autrichienne, déconseilla le siège de Vienne. L'esprit de jalousie

---

1. C'est la première fois que nous trouvons les mots d'*insurrection* et d'*insurgents*. On leur donne le sens de *levée en masse* chez les écrivains contemporains

et de défiance, si ordinaire dans les coalitions, se montrait déjà sous les formes les plus mesquines et qui offraient le contraste le plus choquant avec la grandeur de la situation. Après un mois d'hésitations, l'armée franco-bavaroise passa le Danube et se porta en Bohême : un corps détaché resta seulement à la garde de la Haute-Autriche (fin octobre).

Le mécontentement du roi de Prusse fut extrême : il avait compté que les Franco-Bavarois, en avançant sur Vienne, le débarrasseraient de l'armée battue à Molwitz, mais non détruite, qui défendait encore contre lui la Haute-Silésie et qui n'eût pas manqué de courir au secours de la capitale. La mauvaise opération que faisait l'électeur de Bavière donna dès lors à Frédéric des doutes sur le succès de la coalition, succès que, d'ailleurs, il ne désirait pas complet; car il craignait, de son côté, de voir la puissance française par trop prépondérante, et il voulait bien diminuer l'Autriche, mais non la détruire. Le résultat qu'avait souhaité Frédéric, l'évacuation de la Silésie par les Autrichiens, fut cependant obtenu sans combat : le corps d'armée autrichien se replia en Moravie, abandonnant la forte place de Neisse, qui se rendit presque aussitôt. Frédéric, immédiatement après, mit ses troupes en quartiers d'hiver, malgré la prière que lui faisaient ses alliés de seconder leur expédition de Bohême. Les alliés ignoraient le secret de sa conduite; c'est que les agents diplomatiques anglais avaient enfin persuadé à Marie-Thérèse de capituler avec le premier de ses ennemis pour pouvoir se défendre contre les autres; par une convention du 9 octobre, la reine de Hongrie avait cédé au roi de Prusse la Basse-Silésie, avec la ville de Neisse, et Frédéric s'était engagé à cesser toute participation à la guerre, sans tenir aucun compte des promesses qu'il avait faites à la France et à la Bavière de ne traiter qu'avec leur aveu. La foi des serments lui devait être toute sa vie chose légère. A la vérité, l'auteur de l'*Anti-Machiavel* compensa son manque de foi par un trait de *machiavélisme* en sens inverse : pendant qu'il manquait à sa parole, il poussait les Saxons à tenir la leur et à se jeter sur la Bohême [1].

La situation des alliés devint cependant assez critique par la

---

1. Garden, t. III, p. 261. — Frédéric II, *Hist. de Mon Temps*, t. I, ch. III-IV. — *Mém.* de Valori (ambassadeur de France en Prusse), t. I, p. 125.

défection du roi de Prusse, et surtout par l'incapacité de l'électeur de Bavière : l'électeur avait commis une première faute en ne marchant pas sur Vienne; il en commit une seconde en marchant sur Prague au lieu de se mettre à cheval sur le Danube, d'occuper la Haute-Autriche par sa droite, l'entrée de la Bohême par ses principales forces, et de faire attaquer Prague seulement par sa gauche, renforcée de vingt mille Saxons. Les Autrichiens, qui se massaient sur les confins de la Moravie, de la Bohême et de l'Autriche, n'eussent pu rentrer dans l'intérieur de la Bohême, s'ils eussent rencontré le gros des Franco-Bavarois entre les marais de la haute Moldau et de la Lausnitz, dans les fameux camps de Ziska; mais ils ne trouvèrent devant eux que des forces insuffisantes et mal commandées : ils les poussèrent, les coupèrent d'avec la Haute-Autriche et débouchèrent dans la vallée de la Moldau. Leur armée se composait des troupes revenues de la Silésie et de tout ce qu'on avait pu tirer des provinces voisines : l'élan de la Hongrie avait réagi sur Vienne et sur les autres contrées de l'Empire; les levées et les réquisitions s'opéraient avec vigueur et célérité. Le grand-duc de Toscane, l'époux de Marie-Thérèse, s'avança au secours de Prague. Un seul échec eût rejeté les alliés dans la Saxe et dans le Haut-Palatinat. On ne pouvait penser à assiéger méthodiquement Prague : l'électeur de Bavière reçut le conseil hardi d'attaquer cette grande ville par escalade. L'auteur de cet avis était le comte Maurice de Saxe, fils naturel du feu roi de Pologne Auguste II, aventurier rempli de fougueuses passions, d'ambitions violentes et de hautes inspirations guerrières. Après s'être fait élire duc de Courlande par les états de cette souveraineté, en 1726, et avoir disputé son duché avec une héroïque témérité à la Russie et à la Pologne[1], il était venu se mettre au service de la France, avait fait avec distinction la guerre de 1733 et commandait une des divisions de l'armée du Danube. L'électeur eut au moins le bon sens d'écouter Maurice : l'auteur du projet en fut aussi l'exécuteur; Maurice de Saxe prit pour second dans l'entreprise un homme qui n'avait de commun avec

---

1. La Pologne exerçait encore une suzeraineté nominale sur la Courlande : la Russie y dominait de fait et en avait chassé Maurice de Saxe pour y installer Biren, le ministre et l'amant de la tzarine Anne.

lui que le courage, le lieutenant-colonel Chevert, officier né dans les rangs du peuple et qui était la vertu même dans un temps corrompu, comme Maurice était la passion sans frein. La ville n'avait qu'une enceinte bastionnée et des fossés secs. Dans la nuit du 25 novembre, tandis qu'on partageait l'attention de la garnison par diverses attaques, Chevert grimpa en silence sur un bastion, à la tête de quelques grenadiers, repoussa les ennemis accourus aux cris des sentinelles, s'empara d'une porte voisine l'ouvrit à la cavalerie française de Maurice. Les Saxons pénétrèrent dans la ville par un autre point, et la garnison, peu nombreuse, mit bas les armes. Les généraux préservèrent la ville du sac et du pillage; c'était un notable progrès dans les mœurs militaires. Le grand-duc de Toscane, qui était arrivé à quelques lieues de Prague, recula précipitamment vers la haute Moldau et la Lausnitz. L'électeur de Bavière se fit couronner roi de Bohême [1].

Prague, en effet, avait donné la Bohême à ses conquérants; mais il fallait un général pour soutenir et pousser cet avantage : on ne l'eut pas : Maurice de Saxe n'avait qu'un commandement subalterne : le maréchal de Belle-Isle, qui entendait la guerre plus solidement peut-être que la diplomatie et qui avait dû prendre la conduite de l'armée sous le nom de l'électeur, était trahi dans ses espérances de gloire par sa mauvaise santé : accouru malade de Francfort à Prague, il se sentit hors d'état de supporter les fatigues de la guerre et fut réduit à prier le cabinet français d'envoyer un autre maréchal à sa place. On expédia le vieux Broglie, vrai débris de soldat, qui avait eu deux attaques d'apoplexie et qui était incapable de suite et de combinaison. A peine Broglie eut-il joint l'armée, que les Autrichiens, renforcés de jour en jour par les nouvelles levées, reprirent l'offensive sur tous les points; six mille soldats réguliers et partisans croates pénétrèrent par le Tyrol en Bavière et y répandirent la terreur : vingt mille combattants, tirés, partie de Hongrie, partie des garnisons de Lombardie, s'avancèrent de Vienne pour recouvrer la Haute-Autriche; enfin, la principale armée menaça les positions des alliés en Bohême.

---

1. D'Espagnac, *Hist. du maréchal de Saxe*, t. I, liv. IV.

Les alliés poussèrent de nouveaux cris vers Frédéric II : Frédéric y répondit et trahit ses engagements envers Marie-Thérèse, comme il avait trahi ses engagements envers la France : il s'excuse, dans l'*Histoire de Mon Temps,* sur ce que la cour de Vienne avait la première manqué de parole en divulgant leur convention, qui devait rester secrète. Ses vrais motifs étaient d'extorquer la cession de la Haute-Silésie et d'empêcher les Autrichiens de ressaisir l'avantage sur les alliés. Il lança sur la Moravie un corps d'armée, qui entra dans Olmutz le 26 décembre, et courut, de sa personne, à Dresde et à Prague pour concerter ses opérations avec les Saxons et les Franco-Bavarois. Le plan qu'il fit adopter fut de réunir seize mille Saxons et cinq mille Français aux Prussiens en Moravie et de jeter cette armée combinée sur la Basse-Autriche, ce qui devait dégager la Haute-Autriche et la Bavière; mais, avant que la jonction eût pu s'opérer, les sept ou huit mille Franco-Bavarois[1] qui occupaient la Haute-Autriche avaient été rejetés dans Lintz par vingt mille Austro-Hongrois, et leur commandant Ségur s'était trop hâté de capituler et d'évacuer Lintz, en promettant que son corps ne porterait pas les armes d'un an (23 janvier 1742). Le gros des troupes qui avaient reconquis Lintz envahirent la Bavière, que les montagnards du Tyrol prenaient en même temps à revers. La guerre devenait populaire dans la plupart de ces provinces autrichiennes, que les alliés avaient prétendu partager comme des troupeaux, sans rien offrir aux populations qui pût leur rendre avantageux de changer de maîtres. L'électeur Charles de Bavière fut élu empereur, sur ces entrefaites, à Francfort, sous de tristes auspices (24 janvier). Le lendemain du couronnement de l'empereur Charles VII (12 février), les bandes de Marie-Thérèse entrèrent à Munich, présage du peu de durée qu'aurait la translation de l'Empire dans d'autres mains que celles des souverains de l'Autriche.

Le plan de Frédéric, bien exécuté, pouvait compenser ces revers; mais le roi de Prusse fut mal secondé par ses alliés. La division française que Broglie lui avait accordée, d'assez mauvaise grâce,

---

1. L'électeur de Bavière, qui avait promis de lever vingt-huit mille hommes, n'en avait d'abord mis sur pied que douze mille, quoique aidé d'un subside français de 6 millions! *Hist. de la Guerre de* 1741, p. 82.

fut bientôt rappelée dans l'intérieur de la Bohême, où les troupes françaises se fondaient sous le typhus, et les Saxons, qui ne pâtissaient pas moins, une fois en Moravie, ne voulurent point passer outre. Frédéric ne put lancer aux portes de Vienne qu'un corps de partisans et non point une armée. Il se dédommagea en mangeant la Moravie, où il prit hommes, argent, chevaux, tout ce qu'il put prendre; il n'avait point à ménager ce pays comme la Silésie, puisqu'il n'avait pas l'espoir de la garder. Il avait perfectionné le système de recrutement de son père; c'était d'enlever les jeunes gens des contrées qu'il envahissait et de les incorporer de force dans son armée. Avec une armée ainsi constituée, Frédéric eût beaucoup risqué en cas d'échec! Au mois d'avril, harcelé par les bandes hongroises et n'ayant aucune confiance dans les Saxons, il abandonna la Moravie et se replia sur la Bohême. La guerre se concentra dans la Bohême et la Bavière. Un nouveau corps de dix mille Français, secours bien insuffisant, avait passé le Rhin en mars et fit évacuer aux Autrichiens la plus grande partie du territoire bavarois, qu'ils avaient ravagé avec la dernière barbarie.

La situation générale se modifiait toutefois sensiblement en faveur de l'Autriche. La Turquie, loin de mettre à profit les périls de Marie-Thérèse, observait le traité de 1739 avec une loyauté qui faisait honte aux princes chrétiens. La diversion opérée par la Suède contre la Russie, dans l'intérêt français, avait débuté par une défaite en Finlande (septembre 1741); depuis, une conspiration heureuse, à Saint-Pétersbourg, avait renversé le jeune tzar Ivan et porté au trône la seconde fille de Pierre le Grand, la tzarine Élisabeth (6 décembre 1741); cette révolution, qui était le signal d'une fougueuse réaction moscovite contre la domination des étrangers, des ministres et des généraux allemands, et qui menaçait d'ébranler l'œuvre de Pierre le Grand tout en couronnant sa fille[1], avait paru d'abord devoir profiter à la

---

1. Élisabeth, dans le manifeste du jour de son avénement, déclare que le trône lui appartient *par droit de naissance* : c'est encore là de la réaction contre Pierre le Grand, qui, par son fameux ukase de février 1722, avait substitué, à l'hérédité selon le sang, le choix du successeur par le prince régnant. *V.* Rousset, t. XVI, p. 511. Un chirurgien français, Lestocq, avait été le principal conseiller d'Élisabeth dans cette crise.

politique française; mais il n'en était rien : la diplomatie anglaise l'emportait à Pétersbourg et les nouveaux ministres russes poursuivaient avec vigueur la guerre contre la Suède. Une autre révolution, bien moins violente, mais plus importante pour la reine de Hongrie, venait de consterner le vieux Fleuri. Le ministre qui avait donné à l'Angleterre vingt ans de prospérité matérielle et de corruption politique, Robert Walpole, était enfin tombé après une lutte désespérée. Le ministre de la paix ne pouvait être le ministre de la guerre. La guerre était venue malgré lui, contre lui : on ne se fiait pas à lui pour la faire. Les événements maritimes de 1741, peu conformes aux espérances de l'Angleterre, et la capitulation de Hanovre, qui blessait l'orgueil des Anglais dans leur roi, lui étaient imputés par l'opinion. La prise de Porto-Bello par l'amiral Vernon avait été le début d'un grand projet pour s'emparer de l'isthme de Panama : le commodore Anson avait été chargé de compléter l'occupation de l'isthme en le prenant à revers par l'océan Pacifique, tandis que Vernon pousserait ses conquêtes sur la terre ferme et dans les Antilles; mais Anson vit la meilleure partie de sa petite escadre brisée et dispersée par les tempêtes du cap Horn, et ne put attaquer Panama[1] : Vernon, malgré les grandes forces qu'on lui avait envoyées, échoua contre Carthagène (avril 1741), puis contre l'île de Cuba, et enfin contre Panama, qu'il avait voulu attaquer par terre en faisant traverser l'isthme à ses troupes de débarquement. Ces revers, d'autant plus pénibles à l'Angleterre que ses ennemis lui avaient résisté avec d'assez faibles ressources, contrastaient singulièrement avec les exploits des flibustiers et des marins de Louis XIV dans ces mêmes contrées : il semblait que le froid courage des Anglais fût peu propre à de telles aventures.

L'Angleterre rejeta tout sur Walpole. Il n'avait pas, disait-on, renforcé Vernon assez tôt : il ne savait pas protéger le commerce, que désolaient une foule de corsaires basques ou français sous le pavillon espagnol (Voltaire prétend qu'un seul corsaire anglais enleva, de son côté 26 millions à l'Espagne). Wal-

---

[1]. Il se dédommagea en allant enlever, dans les mers de la Chine, le riche galion des Philippines, qui portait plus de 7 millions de valeurs, et ne revint en Angleterre qu'en 1744, après avoir fait un célèbre voyage autour du monde.

pole fit des efforts inouïs pour se soutenir : il demanda 3 millions à Fleuri pour acheter les chefs de l'opposition[1] : mais ce moyen, si longtemps efficace, avait fini par s'user; soit patriotisme, soit ambition, les uns refusèrent de se vendre; les autres, qui s'étaient vendus, rompirent le marché. Walpole, près d'être mis en accusation, se retira et fut remplacé par lord Carteret, adversaire emporté de la France (février 1742). Un des premiers actes du nouveau cabinet fut de faire porter la marine à quarante mille matelots et l'armée de terre à soixante-deux mille cinq cents soldats, outre les auxiliaires hanovriens et hessois[2] : on vota 500,000 livres sterling de subside à Marie-Thérèse; on ne tarda pas à expédier seize mille Anglais dans les Pays-Bas Autrichiens, puis à y appeler un pareil nombre de Hanovriens à la solde anglaise, comme pour menacer le nord de la France, et le cabinet de Saint-James agit si vivement en Hollande, que les États-Généraux, contre le sentiment des patriotes les plus éclairés et de plusieurs des Provinces-Unies, votèrent un subside à Marie-Thérèse et s'engagèrent ainsi sur la pente de la guerre contre la France, guerre qui ne pouvait qu'être funeste à la liberté et à tous les vrais intérêts des Provinces-Unies.

Dès que la France s'était ingérée de faire un empereur et de dominer l'Allemagne par les armes, l'intervention passionnée de l'Angleterre en sens inverse avait été inévitable : les intérêts allemands du roi George II et la vieille jalousie britannique n'avaient pu manquer de s'entendre. L'Angleterre s'apprêta à jouer en fait

---

1. On a conservé la curieuse lettre qu'il écrivit à Fleuri dans cette occasion : « Je paie, dit-il, un subside à la moitié des membres du parlement pour le tenir dans des bornes pacifiques; mais, comme le roi n'a pas assez d'argent, et que ceux à qui je n'en donne point se déclarent ouvertement pour la guerre, il conviendrait que Votre Éminence me fît passer 3 millions tournois, pour diminuer la voix de ceux qui crient le plus fort. L'or est un métal qui adoucit le sang le plus belliqueux. Il n'y a point de guerrier fougueux dans le parlement, qu'une pension de deux mille livres sterling ne rende très-pacifique; ni plus, ni moins, si l'Angleterre se déclare, il vous faudra payer des subsides aux autres puissances, sans compter que les succès de la guerre peuvent être incertains; au lieu qu'en m'envoyant de l'argent, vous achetez la paix de la première main. » Mémoires de Walpole, cités par Flassan, *Hist. de la Diplom. française*, t. V, p. 185. L'événement prouva que les passions et les opinions ne cèdent pas toujours aux intérêts cupides, comme se l'imaginait Walpole.

2. L'Angleterre perdit, sur ces entrefaites, ses auxiliaires danois, le Danemark ayant traité avec la France.

le premier rôle dans cette guerre à titre d'auxiliaire de Marie-Thérèse, comme la France le jouait du côté opposé à titre d'auxiliaire du nouvel empereur. Les dépenses de la Grande-Bretagne furent portées, dès cette année, à près de 6 millions sterling (environ 150 millions de notre monnaie), obtenus par une taxe de 20 pour 100 sur le revenu territorial, par une taxe sur la drèche, par l'emploi d'une partie du fonds d'amortissement et par un emprunt de 1,600,000 livres sterling à la banque. Quant au gouvernement français, il avait rétabli l'impôt du dixième, le 29 août 1741[1], et créé de nouvelles rentes viagères sur la ville.

Le cardinal de Fleuri voyait, avec autant d'émotion que son âme froide en pouvait ressentir, s'écrouler la politique extérieure des vingt-sept dernières années, et la France près de recommencer sa lutte traditionnelle avec sa grande et ancienne ennemie, transformée quelque temps en douteuse alliée. Il sentait combien peu il lui avait préparé de ressources pour cette grave éventualité. Un autre événement considérable vint redoubler les alarmes du vieux ministre : ce fut la défection du roi de Prusse. Une fois la grande diversion contre Vienne manquée, Frédéric n'avait plus songé qu'à refaire ce qu'il avait déjà fait en octobre 1741. Le trésor de son père était à peu près épuisé : la Prusse était trop pauvre pour trouver à vivre d'emprunts ou d'*affaires extraordinaires*, et Frédéric n'était nullement disposé à se ruiner pour des alliés qui savaient si peu faire pour eux-mêmes. Quand il rentra de Moravie en Bohême, il avait son projet de paix bien arrêté dans la tête; mais il sentait la nécessité de rabattre auparavant l'orgueil de Marie-Thérèse par une nouvelle victoire. Tandis qu'une partie des forces autrichiennes tenait les Français en échec sur la Moldau, un autre corps d'armée marchait contre les Prussiens vers le Haut-Elbe. Frédéric alla au-devant et livra bataille, le 17 mai, près de Czaslau. Les Autrichiens furent défaits pour la

---

1. Cette fois, on ne s'en fia point à la déclaration des contribuables : les rôles furent établis sur l'estimation des revenus faite par des préposés de l'intendant. C'était tomber dans l'excès contraire. Le dixième donna 23 millions dans les pays d'élection seulement. Comme pendant la guerre de 1733, les priviléges du clergé furent maintenus nominalement, moyennant des dons gratuits considérables; un premier de 12 millions en 1742; puis un second, de 16 millions. V. Bailli, *Hist. financière*, t. II, p. 121 ; et *Journal de Louis XV*, p. 199.

seconde fois. La cavalerie prussienne, cette fois, s'était montrée digne de l'infanterie. Celle-ci, avec ses feux de trois rangs, tirait si vite et si juste, qu'on vit deux régiments autrichien et hongrois couchés presque entiers sur le sol devant le poste d'un corps prussien qu'ils avaient attaqué. Frédéric atteignit son but : Marie-Thérèse se rendit aux instances de la diplomatie anglaise, qui avait d'autant plus droit de lui parler haut qu'elle commençait à la secourir plus puissamment. La reine de Hongrie céda toute la Silésie, moins Troppau, Jœgerndorff et Teschen : les préliminaires de la paix entre l'Autriche et la Prusse furent signés le 11 juin. Frédéric s'excusa de son mieux auprès du cardinal de Fleuri et protesta qu'en abandonnant *par nécessité* l'alliance de la France, il n'abandonnait pas ses intérêts. Il était, au moins, bien décidé à continuer son système de bascule entre la France et l'Autriche, et n'entendait pas se retirer définitivement de la lice[1].

Pour le moment, sa défection, imitée par l'électeur de Saxe, eut des conséquences très-funestes aux Français. Le maréchal de Broglie, malgré les avis de Belle-Isle, qui était revenu à l'armée, s'était obstiné à étendre ses quartiers sur quinze lieues de terrain le long de la Moldau : quelques jours avant la signature des préliminaires avec la Prusse, les généraux autrichiens, connaissant l'état des négociations et ne redoutant plus rien de Frédéric, réunirent l'armée battue à Czaslau avec le corps qui avait tenu tête aux Français, tombèrent sur les postes de Broglie, forcèrent le passage de la Moldau et rejetèrent Broglie de Frauenberg sur Prague, après lui avoir enlevé ses équipages; tous les traînards furent massacrés par les bandes hongroises et slavonnes (4-13 juin). Les forces autrichiennes, environ quarante mille soldats réguliers et vingt-cinq mille partisans ou *insurgents,* cernèrent bientôt, sous le canon de Prague, l'armée française réduite à moins de vingt-cinq mille hommes (fin juin). Fleuri épouvanté expédia en toute hâte au maréchal de Belle-Isle des instructions qui concluaient par ces mots : « La paix, Monsieur, à quelque prix « que ce soit ! » Belle-Isle demanda une conférence au feld-maréchal Königsegg et proposa une convention préalable pour

---

1. Frédéric II, *Hist. de Mon Temps,* t. I, ch. VI-VII. — Valori, t. I, p. 157-165. — Flassan, t. V, p. 152.

l'évacuation de la Bohême (2 juillet) : Königsegg en référa à sa souveraine et reçut, quelques jours après, une pitoyable lettre de Fleuri : « Je me crois obligé », disait le vieux ministre, « de témoigner à Votre Excellence la peine extrême que j'ai eue « en apprenant qu'on me regardait à Vienne comme l'auteur « principal des troubles qui agitent l'Allemagne... votre cour ne « me rend pas justice. Bien des gens savent combien j'ai été « opposé aux résolutions que nous avons prises, et que j'ai été, « en quelque sorte, forcé d'y consentir par des motifs très-pres- « sants qu'on a allégués; Votre Excellence... devine aisément « *celui* qui mit tout en œuvre pour déterminer le roi à entrer « dans une ligue qui était si contraire à mon goût et à mes prin- « cipes (11 juillet) ». Ce honteux radotage, par lequel Fleuri dénonçait à la cour de Vienne le plénipotentiaire même chargé de négocier avec elle, et qui se terminait par un appel à la modération et presque à la clémence de l'Autriche, fut aussitôt publié par ordre de Marie-Thérèse et livra le cabinet de Versailles à la risée de l'Europe. La reine de Hongrie refusa de traiter, à moins que l'armée française de Bohême ne se rendît prisonnière. A son tour, elle manqua le moment décisif. Elle eût pu, en cédant à l'empereur la Souabe autrichienne, possession éloignée et difficile à défendre, s'assurer tout le reste de l'héritage paternel et imposer aux Franco-Bavarois la condition de l'aider à reprendre la Silésie : cette âme passionnée suivit sa vengeance et non son intérêt [1].

Marie-Thérèse eût été cruellement punie avant peu, si elle avait eu affaire à d'autres adversaires que Fleuri et que Broglie. L'infanterie autrichienne se ruina devant Prague et devant le camp français, défendus avec une terrible énergie par les troupes de Broglie et de Belle-Isle : les sanglantes et victorieuses sorties de Prague relevèrent l'honneur de nos drapeaux compromis à Lintz et répondirent dignement à l'insolente sommation de mettre bas les armes. Nos troupes, cependant, ne souffraient pas moins que l'ennemi; mais, pendant ce temps, l'autre armée française, qui avait hiverné en Westphalie, passé le printemps dans l'inaction,

---

1. Flassan, t. V, p. 160. — D'Espagnac, t. I, p. 257. — Valori, t. II, p. 169.

puis été rappelée deçà le Rhin pour surveiller les forces anglo-allemandes qui se réunissaient en Belgique, l'armée de Maillebois était rentrée dans l'intérieur de l'Allemagne et marchait vers la Bohême. Dans la première quinzaine de septembre, les Autrichiens levèrent le blocus de Prague et se portèrent au-devant de Maillebois. Broglie et Belle-Isle sortirent sur les derrières de l'ennemi. Tout présageait un désastre aux Autrichiens, pourvu que les chefs des deux armées françaises fissent leur devoir. Broglie ne sut qu'empêcher l'exécution d'un très-bon plan de Belle-Isle pour enlever le parc de siége des ennemis dans leur retraite; quant à Maillebois, il avait les mains liées! Le cabinet de Vienne, radouci tout à coup devant le péril, s'était remis à négocier, et Fleuri avait défendu à Maillebois d'avancer et de rien hasarder. Le grand-duc de Toscane et Königsegg eurent ainsi le temps de rappeler de Bavière la meilleure partie du corps autrichien qui y tenait la campagne et de s'établir fortement dans les forêts et les montagnes qui séparent le Haut-Palatinat de la Bohême. Quand on reconnut enfin qu'on était joué, il était trop tard, ou, du moins, les chances étaient devenues beaucoup plus douteuses; Maillebois, garrotté par ses timides instructions, renonça à la jonction avec Broglie et Belle-Isle, se rejeta sur la Bavière, d'où il acheva de chasser presque entièrement les Autrichiens, et y établit son armée pour l'hiver (fin octobre). Une partie de l'armée autrichienne se rabattit sur Prague et y renferma de nouveau Belle-Isle, enfin débarrassé de son collègue, qui s'en alla, dit Valori « porter à l'armée de Bavière l'esprit de désordre et de vertige avec lequel il avait fait tant de mal en Bohême [1] ». Il avait reçu le commandement de cette armée à la place de Maillebois.

Belle-Isle se retrouva bientôt dans une situation presque aussi difficile qu'avant la diversion de Maillebois. Resserré, avec un corps d'armée décroissant de jour en jour, dans une grande ville dont la population était favorable à l'ennemi [2], harcelé par les

1. Frédéric II, *Hist. de Mon Temps*, t. I, p. 278. — Valori, t. I, p. 174. — D'Espagnac, t. I, liv. V.

2. Cette disposition n'était pas générale en Bohême : Frédéric II dit que les paysans penchaient davantage vers l'empereur bavarois que vers Marie-Thérèse. On n'en sut pas tirer parti pour faire des recrues.

bandes hongroises et slavonnes qui interceptaient toutes communications, tout ravitaillement, il eût pu cependant se maintenir dans Prague jusqu'au printemps ; le corps ennemi qui l'observait plutôt qu'il ne l'assiégeait, n'était pas supérieur au sien; mais le cabinet de Versailles lui intima l'ordre d'évacuer Prague à tout prix. Il dut obéir : il cacha son dessein assez adroitement au général autrichien et sortit de la ville, le 16 décembre, avec quatorze mille hommes fort délabrés, laissant à Prague les blessés et les malades hors d'état d'être transportés, sous la garde d'une poignée de soldats que commandait le brave Chevert. Le froid était rigoureux et Belle-Isle était loin d'avoir pris, pour en défendre ses soldats, les précautions qu'exigeaient la prudence et l'humanité : tout était couvert de neige et de glace; les Autrichiens avaient coupé les défilés et rompu les ponts sur les deux grands chemins du pays montueux qui conduit à Égra, dernière ville de Bohême du côté du Haut-Palatinat. Heureusement encore que le gros des forces autrichiennes était sur la rive droite de la Moldau et ne put passer à cause des glaces que charriait la rivière ; on n'eut affaire qu'à cinq ou six mille hussards et Slavons répandus sur la rive gauche; on les repoussa dans la plaine, puis on les évita dans la montagne en se jetant dans un mauvais chemin intermédiaire entre les deux grandes routes d'Égra. La colonne atteignit cette ville, à trente-huit lieues de Prague, après dix jours d'inexprimables souffrances : la route était jonchée de soldats morts de froid et de misère; beaucoup d'autres moururent ou furent amputés de membres gelés, dans les hôpitaux d'Égra ; un plus grand nombre encore ne se rétablirent jamais des maux qu'ils avaient endurés. Parmi ces derniers se trouvait un jeune officier au régiment du Roi (infanterie), qui ne fit plus que languir et qui s'éteignit à trente-deux ans. Ce fut pour la France une perte irréparable : ce jeune inconnu, appelé Vauvenargues, était peut-être l'homme qui eût exercé sur l'esprit français au xviiie siècle la plus salutaire influence ; il fut enlevé au moment où s'épanouissaient les premières fleurs de son génie. Nous reviendrons bientôt sur cette pure et touchante figure qui n'apparut qu'un instant parmi nous pour y laisser d'éternels regrets.

Un trait héroïque jeta sur cette douloureuse retraite un reflet de gloire. Chevert, resté dans Prague avec une garnison d'hommes pour la plupart incapables de soutenir leurs armes, fut sommé de se rendre à discrétion : « Dites à votre général », répondit-il au parlementaire autrichien, « que, s'il ne m'accorde pas les honneurs de la guerre, je mets le feu aux quatre coins de Prague, et je m'ensevelis sous ses ruines ». La capitulation fut accordée, au grand déplaisir de l'implacable Marie-Thérèse, et Chevert rejoignit Belle-Isle avec son convoi d'invalides. Pendant qu'une cour frivole se consolait de nos humiliations et de nos pertes en chansonnant nos généraux, un officier plébéien se montrait ainsi, dans la décadence militaire de la monarchie, le précurseur des Hoche, des Marceau, des Desaix.

Belle-Isle ramena en France, dans les premiers jours de 1743, une douzaine de mille hommes épuisés, restes de plus de cinquante mille soldats, qui, bien commandés, eussent suffi pour terrasser la monarchie autrichienne dans son premier désarroi. L'abandon de la Bohême présageait celui de la Bavière.

L'année 1742 avait tristement fini pour la France et pour ses alliés. Dans le nord, l'entreprise à laquelle on avait poussé la Suède, sans se rendre compte de sa faiblesse réelle et sans lui ménager l'indispensable concours de la Turquie, n'avait abouti qu'à des désastres : depuis qu'une espèce de république aristocratique avait remplacé le pouvoir monarchique, la Suède n'avait plus d'armée, et on lui avait fait faire la folie d'attaquer les Russes avec des milices : les Suédois, battus dans toutes les rencontres, furent réduits à évacuer la Finlande par capitulation (août 1742); l'année suivante, pour obtenir la paix et la restitution partielle de la Finlande par la médiation anglaise, ils devaient s'humilier jusqu'à recevoir un roi des mains de la Russie; le traité de paix leur imposa d'élire pour successeur au trône le duc de Holstein-Eutin, évêque luthérien de Lubeck, allié de la maison impériale de Russie. L'alliance de famille contractée par Pierre le Grand avec la maison de Holstein était un moyen et un prétexte redoutable de s'immiscer dans les affaires intérieures de la Suède, du Danemark et de la Basse-Saxe [1].

---

1. Le Danemark avait essayé de profiter des malheurs de la Suède pour rétablir l'union de Calmar, en faisant élire, comme successeur au trône de Suède, le prince

La guerre n'avait commencé en Italie que dans l'été de 1742, et, là, l'ambition aveugle de la cour d'Espagne et la faiblesse du cabinet français avaient d'avance annulé la principale chance de succès en aliénant le roi de Sardaigne; Charles-Emmanuel n'eût pas mieux demandé que de s'entendre avec les Bourbons contre l'Autriche; mais, lorsqu'il fut assuré que la reine d'Espagne, malgré ses promesses, voulait tout pour son jeune fils, il céda aux instances des Anglais et se retourna vers Marie-Thérèse : tout en réservant formellement ses prétentions sur le Milanais, il promit de défendre cette province contre les Espagnols. Ceux-ci avaient pour alliés le roi de Naples et le duc de Modène : tous les autres états italiens s'étaient déclarés neutres; l'époux même de Marie-Thérèse, le grand-duc de Toscane, avait pris ce parti pour préserver son duché. Les Espagnols avaient préparé une double attaque : un corps d'armée débarqué aux *présides* de Toscane, sous la protection d'une flotte franco-espagnole que les Anglais n'avaient point été en mesure d'attaquer, devait, après s'être renforcé des troupes napolitaines, se porter contre le Parmesan et le Milanais; un autre corps, traversant le midi de la France, devait pénétrer en Piémont par Nice. Le cabinet de Versailles, et par économie et dans l'espoir de regagner Charles-Emmanuel, ne fournit pas de contingent à l'Espagne cette année. Les Austro-Piémontais prévinrent les Hispano-Napolitains en Lombardie : ils envahirent le Modénais et rejetèrent les Espagnols sur le territoire pontifical. En même temps, une escadre anglaise menaça de bombarder Naples, si le roi don Carlos ne se retirait de l'alliance espagnole. Le roi de Naples céda à cette menace barbare et rappela ses troupes (juillet-août 1742). L'attaque contre le Piémont par Nice échoua également : l'infant don Philippe, repoussé de ce côté, alla envahir la Savoie par le Dauphiné, conquête facile, mais qui ne donne pas la clef de l'Italie (septembre-1742 — janvier 1743).

L'année 1743 s'ouvrit par un événement qui excita une grande attente en Europe. L'homme qui avait pris en main le gouvernement de la France dans une vieillesse avancée déjà, et qui s'était

---

royal de Danemark. La Russie fit échouer ce projet, qui eût été si salutaire pour la Scandinavie et pour l'Europe. — *V.* Frédéric II, *Hist. de Mon Temps,* t. I, p. 284; t. II, p. 17.

obstiné à le garder jusqu'à un âge dont notre histoire politique n'offre aucun autre exemple, le cardinal de Fleuri s'éteignit, le 29 janvier, dans sa quatre-vingt-dixième année, la dix-septième de son ministère. Il avait régné presque aussi longtemps que Richelieu ou que Mazarin! Son règne n'avait, du reste, ressemblé au leur que comme la décrépitude ressemble à la virilité[1]. On l'appellera sage, si l'égoïsme volontairement imprévoyant peut s'appeler sagesse et si la passion du pouvoir peut s'excuser sans les grandes pensées et la vigueur morale qui font presque une vertu de l'ambition. Nous avons apprécié ailleurs son administration économique : s'il eût soutenu avec persévérance le système pacifique dont il s'était fait gloire, on lui tiendrait compte des bienfaits de la paix, tout en lui reprochant d'avoir oublié qu'une grande nation qui ne veut pas attaquer doit être toujours prête à se défendre; mais il ne sut préparer ni faire ni la paix ni la guerre : entraîné malgré lui à la lutte, il fit beaucoup plus qu'il ne voulait, beaucoup moins qu'il ne fallait, pour décider le succès de cette lutte, la dirigea déplorablement du fond de son cabinet, et laissa la France compromise dans une guerre qui grandissait de jour en jour, ayant perdu le renom de modération, de justice, d'esprit pacifique, qu'il avait prétendu lui assurer, sans avoir regagné celui de puissance active et conquérante. Si la guerre continentale avait déjà montré les suites de sa mauvaise direction, les affaires maritimes devaient bientôt en manifester de plus funestes conséquences.

§ II. LOUIS XV. SUITE ET FIN DE LA GUERRE DE LA SUCCESSION D'AUTRICHE,

(1743-1748)

Au pouvoir d'un seul succéda, dans le conseil, une sorte d'anarchie. Louis XV réitéra la déclaration de gouverner par lui-même,

---

1. Il eut pourtant un avantage moral sur ses illustres prédécesseurs : il fut le premier de nos ministres qui vécut sans faste et mourut pauvre; son indifférence pour l'argent est quelque chose de remarquable dans une nature si peu élevée à tout autre égard.

qu'il avait déjà faite à l'avénement même de Fleuri, y ajouta, cette fois, qu'il n'aurait plus de principal ministre¹ et tint parole, quant à ce dernier point. Il en résulta seulement qu'il n'y eut plus d'unité dans le gouvernement. Louis XV ne soutint pas huit jours l'effort de volonté que son bisaïeul avait soutenu plus d'un demi-siècle. Ce n'est pas que l'esprit et le jugement, les facultés compréhensives, ne se fussent développées chez Louis XV; mais les facultés actives, celles qui viennent du cœur, ne se développèrent jamais. Le besoin d'agir, le sentiment du devoir, l'estime de soi-même et le désir de la justifier à ses propres yeux et aux yeux d'autrui, manquèrent toujours à cet homme malheureusement né, qui n'eut jamais confiance ni dans les autres ni en lui-même. Il n'apporta dans son conseil qu'un esprit distrait et incertain : on y parla beaucoup; on n'y décida presque rien, et chacun des ministres spéciaux fut à peu près souverain dans son département, tandis que deux ministres d'État sans portefeuille aspiraient vainement à diriger l'ensemble des affaires. L'un était l'effronté Tencin, devenu cardinal et archevêque de Lyon en récompense de ses services contre les jansénistes, et ministre en récompense de ses flatteries envers le vieux Fleuri : il n'avait pas l'étoffe d'un Dubois; les vices n'y suffisaient pas. L'autre, plus souvent écouté, était le maréchal de Noailles, toujours fécond en vues ingénieuses, mais de moins en moins capable, à mesure qu'il vieillissait, de lier, de suivre et de réaliser ses idées. C'étaient des jets de lumière dans un brouillard. Un troisième personnage, sans titre officiel, le duc de Richelieu, de complaisant du roi prétendait se faire son conseiller et obtenait, par moments, une assez grande influence, grâce à l'appui d'une nouvelle maîtresse installée récemment avec éclat.

Les ministres à portefeuilles n'en restaient pas moins maîtres de tout le courant des affaires. Ils étaient six : le chancelier, le contrôleur général et les quatre secrétaires d'État. Le contrôleur général Orri était un homme d'ordre, intègre, mais dur, livré

---

1. Chauvelin avait fait parvenir un mémoire justificatif au roi : les gens qui entouraient Louis XV lui firent voir dans l'illustre exilé un ambitieux qui prétendait le *gouverner* et s'imposer à lui pour premier ministre. Ombrageux comme toutes les âmes faibles, Louis ne répondit qu'en aggravant l'exil de Chauvelin.

aux traitants, ne connaissant que ses routines financières et n'entendant rien aux intérêts maritimes et coloniaux, qui dépendaient de lui en grande partie, la Compagnie des Indes relevant de son département. Les affaires étrangères étaient dans les mains d'un homme lettré, érudit, mais sans capacité politique, Amelot, gouverné par le ministre de la marine, Phelippeaux de Maurepas, fils du trop fameux Jérôme de Pontchartrain[1] : Maurepas, né ministre, pour ainsi dire, gâté dès l'enfance par la cour, amusait le roi par son esprit élégant et facile, mais ne relevait guère la marine qu'en paroles : frivole et corrompu, s'il était capable d'une certaine activité, il était aussi incapable que Richelieu de sérieux et de solidité ; il avait épousé les passions de la reine d'Espagne, pour se faire un point d'appui au dehors. Les intérêts du commerce et de la marine étaient étranglés entre lui et Orri. Au petit ministère des affaires des *prétendus réformés*, de la maison du roi et des lettres de cachet, figurait un cousin de Maurepas, Phelippeaux de Saint-Florentin, fils du La Vrillière de 1685, persécuteur héréditaire, pensionnaire de l'assemblée du clergé, et qui, devenu maître absolu dans son département, allait déchaîner sur les protestants une persécution plus hideuse et plus opiniâtre que celle de *M. le Duc*. Le ministère de la guerre, vacant par la mort de l'obscur Breteuil, venait, au contraire, d'être donné à un homme d'esprit un peu léger, mais brillant, libéral et ouvert aux idées nouvelles, le comte d'Argenson, un des fils du célèbre lieutenant de police : d'Argenson, l'ami des philosophes, qui, de concert avec Richelieu, appelait Voltaire à la cour et en voulait faire un diplomate, à côté de Saint-Florentin, pensionné du clergé pour traquer les huguenots ; c'était le chaos !

Enfin, un autre ministre, le premier par le rang, le dernier peut-être en influence sur la politique générale, était le chancelier d'Aguesseau, rentré dans la possession des sceaux à la chute de Chauvelin, en 1737. Ce personnage, qui était loin d'avoir, parmi ses contemporains, une importance correspondante au grand nom qu'on lui a fait, compte dans sa vie publique trois périodes bien

---

1. Saint-Simon, en faisant chasser le père sous la Régence, avait fait maintenir la survivance au fils, consacrant ainsi le plus grand des abus contre lesquels il crie si fort dans ses Mémoires.

tranchées : le brillant et courageux magistrat de la première époque était devenu, dans la seconde, un ministre médiocre, méticuleux et vacillant ; il s'était montré, comme l'appelle plaisamment Saint-Simon, le *père des difficultés* et l'homme le moins propre aux affaires en temps de crise. Dans la troisième période, il se releva en se retirant de la politique, qu'il n'entendait pas, et en se renfermant dans son ministère spécial : il y rendit des services considérables, en portant l'unité, non pas dans les lois de la France, ce qui eût été fort au delà de son pouvoir et même de ses désirs, mais, au moins, dans l'interprétation de ces lois, qui variait d'un tribunal à l'autre, ce qui ajoutait grandement aux inconvénients de la diversité des coutumes. L'unité de jurisprudence était un pas vers l'unité de législation, que d'Aguesseau eût certainement regardée comme une téméraire utopie.

L'aspect des affaires n'était pas rassurant à l'ouverture de la campagne de 1743. L'Autriche, dont les états se trouvaient débarrassés de l'invasion, s'apprêtait à renouveler son attaque contre les états de l'empereur. Le roi d'Angleterre avait rompu la neutralité du Hanovre et passé la mer pour prendre le commandement de l'armée anglo-allemande réunie en Belgique dans l'automne de 1742, armée qui eût fort embarrassé le gouvernement français si elle eût attaqué nos frontières avant l'hiver. L'insuccès des agressions contre les colonies espagnoles excitait les Anglais à frapper sur le continent un coup qui abattît à la fois la France et l'Espagne : leur diplomatie remuait toute l'Europe ; elle ne réussit que trop bien en Hollande. Le parti orangiste et anglais, qui voyait dans la guerre une chance de rétablir le stathoudérat, réchauffa les vieilles passions populaires contre la France et, l'or et l'intrigue aidant, arracha aux États-Généraux l'engagement de fournir vingt mille auxiliaires à Marie-Thérèse (mai 1743) : jamais peuple ne commit une faute plus grossière ; la Hollande risquait, pour une cause qui lui était absolument étrangère, sa liberté politique et son commerce, qu'enrichissait sa neutralité entre l'Angleterre et l'Espagne.

Lorsque fut adoptée cette malheureuse résolution, l'armée anglo-allemande avait quitté la Belgique et gagné le Rhin, malgré les vives représentations de Frédéric II contre l'entrée des Anglais dans l'Empire. Le roi de Prusse eût bien voulu retenir la Hollande et décider la diète germanique à interposer son arbitrage et à lever une *armée de neutralité*; mais les électeurs ecclésiastiques et les petits princes allemands retombaient déjà dans leurs habitudes de déférence obséquieuse envers l'Autriche, et Frédéric n'avait pu rien obtenir de sérieux. L'armée anglo-allemande, forte de trente-neuf mille hommes à la solde anglaise, dont dix-sept mille Anglais natifs, et de dix mille Autrichiens, passa le Rhin le 14 mai, afin de couper l'armée de Bavière d'avec la France, pendant que l'armée autrichienne l'attaquerait de front. Une nouvelle armée française, qui avait eu pour noyau les débris des troupes de Bohême et quelques régiments rappelés de Bavière, avait été formée dans l'est sous les ordres du maréchal de Noailles, Belle-Isle étant dans une demi-disgrâce. Noailles passa le Rhin à la suite du roi d'Angleterre, afin de l'arrêter entre le Necker et le Mein; mais le sort de la Bavière fut décidé trop vite pour que George ou Noailles y pût influer. Les troupes franco-bavaroises, fort affaiblies par le typhus, étaient dispersées dans des cantonnements trop étendus : aux premiers mouvements des Autrichiens, en avril, le feld-maréchal bavarois Seckendorf[1] pria le maréchal de Broglie de concentrer les Français : Broglie n'en fit rien; le 9 mai, les Autrichiens enlevèrent, à Braunau sur l'Inn, un corps de cinq ou six mille Bavarois; puis ils tombèrent sur les quartiers français et poussèrent Broglie de l'Inn sur l'Iser, de l'Iser sur le Lech : Broglie se laissa chasser de toute la Bavière en un mois, sans essayer de tenir nulle part. Le malheureux empereur Charles VII s'enfuit de sa capitale et alla traîner son vain titre et sa ruine pompeuse dans la ville impériale de Francfort : son feld-maréchal Seckendorf, voyant les Français continuer leur mouvement de retraite vers le Rhin, poursuivis par les bandes slavo-magyares, et abandonner entièrement la Bavière, conclut, pour ce qui lui restait de troupes, une convention de neutralité avec les Autrichiens et se retira par la Franconie à Philipsbourg (fin juin).

Au moment où Broglie sortait de la Bavière, sa déplorable retraite semblait sur le point d'être vengée d'une manière éclatante par

---

1. Le même qui avait longtemps servi l'Autriche.

Noailles. Le roi George II avait poussé son armée le long du Mein jusqu'à Aschaffenbourg, sans connaître le terrain : Noailles, établi à l'autre bord du Mein, empêchait les Anglo-Allemands de déboucher, les tenait serrés dans une espèce d'impasse entre la rivière et les montagnes arides du Spesshardt, et leur coupait les vivres par les postes qu'il occupait sur le Mein, au-dessus et au-dessous de leur camp. George II, ne pouvant ni avancer ni subsister, voulut retourner en arrière (27 juin) : c'était où l'attendait Noailles. Des batteries étaient disposées sur la rive gauche du Mein pour foudroyer l'ennemi durant son défilé sur la rive droite : un corps français passa la rivière à Seligenstadt et se mit en bataille entre la rivière et les hauteurs, derrière le village de Dettingen, que couvrait un ravin que l'ennemi devait traverser pour gagner la route de Hanau ; un autre corps traversa le Mein plus haut et se saisit d'Aschaffenbourg dès que l'ennemi en fut sorti. L'armée anglo-allemande était comme un loup pris au piége. Jusque-là, le plus grand général n'eût pu mieux faire. Par malheur, Noailles, après avoir ordonné au corps placé près de Dettingen, qui était le point décisif, de ne pas bouger et d'attendre du renfort, repassa la rivière pour observer les mouvements de l'ennemi et diriger les troupes restées au delà du Mein. C'eût été bon, s'il avait eu un lieutenant sur lequel il pût compter ; mais il avait eu la faiblesse de confier le poste le plus important à son neveu, au lieutenant-général duc de Gramont ; quand Gramont vit l'ennemi déboucher devant Dettingen, il partit comme un fou avec sa division, franchit le village et le ravin, et se jeta entre les Anglais et les batteries françaises de la rive gauche, qui mitraillaient l'ennemi depuis trois heures. Le reste de l'avant-garde suivit Gramont. Dès lors, toute l'habile combinaison de Noailles fut perdue : les soldats imitèrent l'indiscipline des chefs ; cavaliers et fantassins chargèrent tumultueusement des masses profondes, qui les reçurent en bon ordre, avec un feu inférieur à celui des Prussiens, mais plus nourri que celui de l'infanterie française. La cavalerie de la maison du roi déploya inutilement une brillante valeur ; l'infanterie, pleine de recrues et de milices, se débanda en grande partie, et Noailles n'eut d'autre parti à prendre que de replier ce corps compromis sur le gros de l'armée qui était encore au delà du Mein. Les Anglais passèrent, trop heureux d'avoir conquis une libre retraite, et, tout vainqueurs qu'ils fussent, abandonnèrent leurs blessés sur le champ de bataille à l'humanité des Français. On avait eu à peu près deux mille cinq cents morts ou blessés de chaque côté [1].

Cette journée ne décidait rien; mais des renforts anglais et hanovriens arrivèrent bientôt à l'ennemi : on annonçait quinze mille Hollandais; l'armée autrichienne qui avait chassé Broglie de la Bavière entrait en Souabe sous les ordres du prince Charles de Lorraine, beau-frère de Marie-Thérèse. Noailles, menacé d'être pris entre George II et le prince Charles, repassa le Rhin et se replia sur Spire, où il retrouva les restes de l'armée de Bavière [2], puis sur la Lauter (juillet-août). Le cabinet de Versailles avait signifié à la diète germanique que, l'empereur ayant conclu un traité de neutralité avec la reine de Hongrie, le roi retirait ses armées des terres de l'Empire pour ne pas mettre obstacle à une transaction (13 juillet). L'Angleterre et l'Autriche ne virent dans cette démarche conciliante qu'une marque de faiblesse : les projets les plus téméraires s'agitaient entre George II et Marie-Thérèse; il n'était question de rien moins que de reprendre à la France l'Alsace, la Lorraine et la Franche-Comté. Il fut convenu que le roi Georges attaquerait par la Basse-Alsace et le prince Charles par la Haute. Les alliés, cependant, perdirent du temps et n'essayèrent point d'agir avant la fin d'août. Ils éprouvaient à leur tour les inconvénients des coalitions; la discorde était dans le camp de George II, qui était, comme son père, plus Allemand qu'Anglais et qui excitait la jalousie des fiers insulaires par ses préférences pour les Hanovriens; d'un autre côté, le cabinet anglais, sachant les tentatives que faisait la France afin de regagner le roi de Sardaigne, voulait forcer Marie-Thérèse aux concessions territoriales nécessaires pour s'assurer de Charles-Emmanuel. La

---

1. *Campagne du maréchal de Noailles en 1743*, t. I, p. 235-265. — *Mém. de Noailles*, p. 316. — D'Espagnac, *Atlas*. — Frédéric II, *Hist. de Mon Temps*, t. II, p. 22-29. — Voltaire, *Siècle de Louis XV*, ch. x.

2. Sur cent vingt mille Français qui avaient formé ou recruté les deux premières armées envoyées en Allemagne en 1741, trente-cinq mille au plus avaient repassé le Rhin! La plupart avaient péri dans les hôpitaux ou sur les chemins : beaucoup avaient été traînés prisonniers en Hongrie, où ils étaient fort durement traités par les populations qui servaient la vengeance de Marie-Thérèse.

reine de Hongrie s'indignait que ses amis prétendissent la dépouiller comme ses ennemis : elle entendait que le roi de Sardaigne la servît pour rien et que les Anglais missent sans condition toutes leurs ressources à sa disposition. L'héritage autrichien, ce fruit monstrueux du hasard, de la force et de la fraude, était, à ses yeux, chose sainte; on n'y pouvait toucher sans sacrilége. Marie-Thérèse, si intéressante, si magnanime dans le malheur, se montrait sous un autre jour depuis que la prospérité lui revenait : elle valait la reine d'Espagne en violence, en obstination, en indifférence pour les maux que la guerre infligeait aux peuples. Elle finit pourtant par se rendre, comme dans l'affaire de Silésie. Louis XV n'ayant rien offert d'acceptable au roi de Sardaigne, un agent de Charles-Emmanuel signa, le 13 septembre, à Worms, avec l'Autriche et l'Angleterre, un pacte par lequel Marie-Thérèse cédait la partie du Milanais à l'ouest du Tésin, la portion du territoire de Pavie au sud du Pô, Plaisance et la portion du Plaisantin à l'ouest de la Nura. Charles-Emmanuel s'engageait, à ce prix, de tenir sur pied quarante-cinq mille hommes jusqu'à la paix générale, et l'Angleterre lui promettait 200,000 livres sterling par an.

Ce traité conclu, le roi George, qui avait traversé le Rhin à Mayence et s'était porté à Worms, s'avança jusque auprès de Landau, pendant que le prince Charles tentait de forcer le passage du Rhin vers Brisach. L'armée française, renforcée de troupes de ligne et de milices [1], avait été partagée entre les maréchaux de Noailles et de Coigni, Broglie ayant été enfin révoqué. Coigni défendit le Rhin contre le prince Charles ; George n'attaqua point Noailles et laissa seulement le chef de partisans Mentzel franchir la Sarre avec quelques milliers de hussards, de Croates et de pandours [2]. Le féroce Mentzel se fit précéder par des proclamations

---

1. L'armée régulière avait été portée, au commencement de l'année, à environ deux cent mille soldats, et l'on avait levé dix-huit mille, puis trente-six mille miliciens. Le tirage de la milice avait failli occasionner des troubles graves à Paris, surtout au faubourg Saint-Antoine. C'était la première fois qu'on levait des miliciens dans la capitale, et le peuple était justement irrité qu'on fît tirer les artisans, pendant qu'on exemptait de droit les *fainéants de laquais*. Le tirage était plein d'injustice, d'arbitraire et de vénalité. Il y a des détails très-curieux dans la *Chronique du règne de Louis XV*, publiée dans le t. V de la *Revue Rétrospective*.

2. Milice serbe ou raitze d'entre la Save et la Drave.

où il appelait à la révolte les provinces enlevées à l'Empire par la France et menaçait les Lorrains de les faire pendre après les avoir forcés à *se couper à eux-mêmes le nez et les oreilles*, s'ils résistaient à leurs *princes légitimes*. Noailles détacha contre lui un corps de cavalerie commandé par Berchini (Berczyni), et ce fut ainsi un magnat hongrois émigré, de l'ancien parti de Rakoczi, qui délivra nos frontières du brigand autrichien; Mentzel fut abattu d'un coup de fusil sous les murs de Sarrebrück. L'automne était arrivé. Les alliés ajournèrent leurs projets à l'année suivante et répandirent leurs armées en quartiers d'hiver depuis la Bavière jusqu'à la Flandre. Ils avaient mal profité des heureux débuts de leur campagne et des cent mille hommes dont ils avaient pu disposer vers septembre.

De nouvelles péripéties semblaient se préparer pour 1744, avec un développement beaucoup plus vaste encore de la guerre. L'Angleterre eût voulu qu'on rendît la Bavière à l'empereur, à condition qu'il déclarât la guerre à Louis XV au nom de l'Empire. Marie-Thérèse prétendait davantage; elle exigeait que l'empereur abdiquât, afin de porter au trône impérial son mari, le grand-duc de Toscane; elle avait forcé les Bavarois à lui prêter serment comme à leur souverain. L'orgueil despotique de la reine de Hongrie, les vexations commises par les Autrichiens et par les Anglais sur les territoires neutres, excitèrent une vive réaction en Allemagne contre l'Autriche, et le roi de Prusse, décidé à empêcher par tous les moyens la déposition de l'empereur et l'établissement de la domination autrichienne, se remit en correspondance avec la France[1]. La nation française, qui avait pris jusque-là trop légèrement les fautes et les humiliations de cette guerre, avait commencé à s'émouvoir et à s'irriter violemment des menaces contre l'Alsace et la Lorraine. Malgré la misère trop répandue, le public applaudit cette année aux levées de troupes et couvrit les emprunts; les États du Languedoc offrirent au roi un régiment de dragons tout équipés, et l'enthousiasme fut unanime quand on apprit que Louis XV allait marcher en personne

---

1. Le comte d'Argenson lui avait fait envoyer, l'année précédente, leur ami commun, Voltaire, pour tâcher de l'engager à rentrer en guerre; mais cette mission officieuse n'avait pu suffire et la situation n'avait pas paru assez urgente à Frédéric.

à la tête de son armée. Une énergique influence agissait en ce moment sur l'indolent monarque et l'enlevait en quelque sorte à lui-même. Cette action salutaire venait d'où l'on n'eût guère pu l'attendre, d'une nouvelle maîtresse, qui n'avait été d'abord qu'un nouveau et qu'un plus éclatant scandale. Madame de Vintimille était morte en couches à la fin de 1741, et sa fin soudaine avait frappé fortement Louis et réveillé chez lui l'espèce de remords dont il était susceptible, la peur de l'enfer; il était revenu quelque temps, par une demi-réforme, à madame de Mailli seule. Cela n'avait guère duré, et une quatrième sœur de Nesle, madame de la Tournelle, jeune veuve bien supérieure en beauté à ses aînées, avait passé à son tour dans les bras du roi (fin 1742)[1]. Celle-ci ne se contentait pas, comme la Vintimille, d'un partage et d'une faveur secrète; elle fit renvoyer madame de Mailli et se fit déclarer, pour ainsi dire officiellement, sous le titre de duchesse de Châteauroux. Cette femme brillante, audacieuse, pleine d'un attrait impérieux, inspirait à Louis pour la première fois quelque chose qui dépassait l'entraînement des sens; elle avait cette hauteur naturelle de sentiments qui, chez les êtres énergiques, peut survivre à la chute des principes moraux; dès que le roi lui appartint, elle s'efforça de le relever et d'en faire un homme. Ceux des ministres et des courtisans qui, soit ambition, soit patriotisme, poussaient aux partis vigoureux, n'eurent point d'allié plus zélé ni plus utile.

On résolut donc d'attaquer l'ennemi en face, puisqu'il se refusait à la paix, de rejeter les puériles équivoques de Fleuri et de faire franchement la guerre au nom de la France. Malheureusement, l'action du cabinet de Versailles, en devenant plus vive et plus hardie, ne devint pas plus une, et le roi continua d'écouter tantôt l'un, tantôt l'autre de ses ministres. Ainsi Maurepas lui dicta, le 25 octobre 1743, un traité avec Philippe V, en représaille du traité signé par le roi de Sardaigne avec l'Autriche et l'Angle-

---

1. Fleuri ayant voulu faire des représentations au roi, Louis, dit-on, lui répondit sèchement qu'il lui avait donné le soin de ses affaires, non de sa personne. *Chronique du règne de Louis XV*, ap. *Revue Rétrospective*, t. V, p. 61. Cette même chronique rapporte que le jésuite Lémeri, confesseur du roi, ne pouvant lui donner l'absolution, lui proposa de *communier en blanc* (avec des hosties non consacrées), pour sauver les apparences. Le roi, choqué de la proposition, exila son confesseur.

terre; par ce *pacte de famille*, les Bourbons de France et d'Espagne s'engageaient à une indissoluble union : la France promettait de déclarer la guerre à l'Angleterre et à la Sardaigne; d'aider l'Espagne à conquérir le Milanais entier et Parme pour l'infant don Philippe; de ne pas traiter avec l'Angleterre que Gibraltar ne fût restitué à l'Espagne, avec Minorque, s'il était possible; d'obliger l'Angleterre à renoncer à sa nouvelle colonie de la Géorgie, usurpée sur l'Espagne. Aucune compensation sérieuse n'était offerte à la France pour les engagements qu'on lui imposait, engagements si graves quant à Gibraltar et si déraisonnables quant à la Lombardie : c'était l'excès de la politique contraire à celle de la Régence. Ce qui caractérise Louis XV, c'est qu'il sentait le traité de Maurepas imprudent, mal conçu, et qu'il le signa [1]. Des négociations plus intelligentes furent ensuite entamées avec divers princes allemands, sous l'influence de Noailles. Elles avançaient, grâce au concours de Frédéric II, et l'on agitait les conditions d'une ligue en faveur de l'empereur, quand une entreprise inopinée de la cour de France faillit tout rompre. Cette fois, l'instigateur était Tencin; il devait son chapeau rouge à la nomination du prétendant Jacques III, du *roi d'Angleterre*, comme on disait à Rome, et lui témoignait sa reconnaissance en persuadant à Louis XV de jeter un corps d'armée en Angleterre sous les ordres du fils de Jacques III. Le jeune Charles-Édouard Stuart était arrivé secrètement en France, et dix mille soldats, commandés par le comte Maurice de Saxe, furent embarqués à Dunkerque au mois de janvier 1744. La nouvelle que la France voulait rétablir le papisme en Angleterre entrava les négociations qu'on avait avec les protestants allemands; mais on apprit bientôt que l'expédition était manquée. Les vents contraires, puis la supériorité de l'escadre anglaise qui vint croiser dans le canal, y avaient fait renoncer (mars 1744).

Pendant ce temps, un choc maritime avait lieu à l'autre extrémité de la France. La flotte anglaise de la Méditerranée, forte de trente vaisseaux de ligne, dont onze à trois ponts, bloquait dans Toulon une flotte franco-espagnole, qui en comptait vingt-sept

---

1. *Mém.* de d'Argenson, p. 358.

(quinze français et douze espagnols). Les alliés sortirent de la rade le 19 février et livrèrent aux Anglais, le 22, un combat qui resta indécis. C'était un résultat très-honorable pour ceux qui étaient les plus faibles en navires et en canons[1]. La mer demeura libre jusqu'à ce que les Anglais eussent fait, pour s'assurer la supériorité, de nouveaux efforts que notre matériel ruiné ne nous permettait pas d'imiter. Une armée de terre franco-espagnole envahit le comté de Nice et en chassa le roi de Sardaigne, malgré le secours de la flotte anglaise (avril). Le 15 mars, Louis XV avait déclaré la guerre au roi d'Angleterre, électeur de Hanovre. La violation de la convention de Hanovre, les pirateries des vaisseaux de guerre anglais, leurs insultes contre nos ports et le blocus de Toulon, étaient les motifs allégués. La France applaudit avec un transport de colère : la vieille haine, bien plus assoupie chez nous que chez les Anglais, s'était réveillée. Une pareille déclaration fut lancée, le 26 avril, contre la reine de Hongrie : elle était motivée particulièrement sur les efforts de Marie-Thérèse pour envahir et soulever la Lorraine et l'Alsace. Des protestations amicales à la diète germanique suivirent ces manifestes, et, le 22 mai, les pourparlers avec les princes allemands aboutirent à un pacte signé à Francfort entre l'empereur, le roi de Prusse, l'électeur palatin et le roi de Suède, comme landgrave de Hesse-Cassel : la Hesse abandonnait les subsides anglais pour les subsides français, comme avait déjà fait le Danemark. La France accéda le 6 juin, comme garante du traité de Westphalie. On s'obligeait de forcer la cour de Vienne à reconnaître l'empereur et à le rétablir dans ses domaines, et les parties se garantissaient leurs possessions respectives. Par un autre traité secret entre la France et la Prusse (Versailles, 5 juin), Frédéric promit d'envahir la Bohème ; Louis XV, d'envoyer deux armées en Bavière et en Westphalie. Une partie de la Bohème devait être cédée à la Prusse ; le reste appartenir à l'empereur. La France aurait plusieurs places en Flandre[2].

---

1. Il y avait eu déjà quelques engagements entre les marines française et anglaise. Deux escadrilles françaises, attaquées par des forces supérieures, avaient repoussé vaillamment les Anglais, l'une vers Saint-Domingue, l'autre vers Gibraltar.

2. Flassan, t. V, p. 187-196. — Garden, t. III, p. 306-312.

Ce n'était plus Amelot qui avait souscrit ces importantes conventions comme ministre des affaires étrangères. Madame de Châteauroux avait brisé cet instrument passif de Maurepas, son ennemi, en faisant intervenir le roi de Prusse en personne ; elle avait inspiré à Louis, à l'égard de Frédéric, une émulation dont on ne l'eût pas cru capable, et Louis avait signifié qu'il conduirait désormais lui-même ses affaires extérieures. Il prétendit se passer de ministre des affaires étrangères comme de premier ministre. Toujours indifférent à la poésie, aux grandes œuvres d'art, à toute chose idéale, il avait fini par étudier, avec une certaine curiosité plutôt qu'avec un intérêt sérieux, les sciences exactes, l'histoire, la géographie politique, et surtout la diplomatie ; il entendait donc passablement ses *affaires;* quant à les *faire,* c'est autre chose ; son indécision et sa paresse rejetèrent bientôt le fardeau de la diplomatie sur le vieux Noailles, qui n'était rien moins que paresseux, mais qui était presque aussi indécis que le roi. Tout flotta et traîna, quand il eût fallu tout serrer avec vigueur.

Frédéric, qui ne voulait pas se déclarer sur-le-champ, eût souhaité que les Français ouvrissent la campagne par une attaque contre la Souabe autrichienne ; mais, lorsque le traité du 5 juin fut signé, les opérations militaires étaient commencées fort loin de là, d'après des plans préparés depuis l'année précédente. La menace de descente en Angleterre avait fait rappeler dans cette île douze mille Anglo-Bataves détachés de l'armée des Pays-Bas : on mit à profit cet affaiblissement de l'ennemi ; on signifia aux États-Généraux que la participation des Hollandais à la guerre offensive contre la France dégageait le roi de tout engagement relatif à la neutralité des Pays-Bas Autrichiens, neutralité que, d'ailleurs, les États-Généraux ne garantissaient même pas à la France. La principale armée française, forte de quatre-vingt mille hommes, entra en Flandre à la mi-mai : le roi en personne la commandait, accompagné du maréchal de Noailles et du comte Maurice de Saxe, qui venait de recevoir le bâton de maréchal, malgré sa qualité de protestant. Cette victoire sur l'intolérance, contradiction étrange avec le redoublement des persécutions contre les réformés français, était due en grande partie à Noailles et avait coûté beaucoup au roi, plein de petits préjugés et de petites superstitions : Noailles avait fait comprendre à Louis la supériorité militaire de cet étranger et la nécessité de l'attacher définitivement à la France, si dépourvue de généraux !

Les ennemis ne purent rassembler à temps des forces suffisantes pour arrêter les premiers succès des Français en Flandre. On attaqua entre la Lis et la mer : Courtrai fut à peine défendu (18 mai); Menin fut pris le 5 juin; Ypres, le 25; Furnes, le 11 juillet. Les nouvelles du Rhin arrêtèrent ces faciles conquêtes. L'armée chargée de défendre le Rhin ne comptait guère moins de soixante mille hommes, en y comprenant les Bavarois, sortis d'une neutralité que l'Autriche n'avait pas respectée; elle n'était pas fort inférieure à l'armée autrichienne du prince Charles et du feld-maréchal Traun; mais c'était le vieux Coigni qui la commandait, et il avait pris de mauvaises dispositions : au lieu de couvrir avant tout l'Alsace, il s'était étendu vers Worms, en chargeant le maréchal bavarois Seckendorf de veiller sur le Rhin entre Spire et la Lauter. Les Bavarois, abattus par la misère, divisés entre eux, veillèrent si mal, que les Hongrois et les pandours surprirent le passage près de Germersheim (30 juin). Un corps français accourut au secours des Bavarois : il était temps encore de rejeter dans le fleuve l'avant-garde ennemie : Seckendorf refusa d'attaquer et suscita dès lors des soupçons de trahison que la suite devait justifier. Le gros de l'armée ennemie passa, entra en Alsace et enleva Lauterbourg et Weissenbourg. Coigni, près d'être coupé d'avec l'Alsace, s'ouvrit le passage en reprenant Weissenbourg d'un coup de main, mais ne put s'y maintenir et se replia sur la Moter, puis sur Strasbourg. Les partis hongrois, croates et raitzes inondèrent la Basse-Alsace et pénétrèrent en Lorraine : le roi Stanislas dut quitter Lunéville pour n'être point exposé à tomber dans leurs mains; la France du XVIIIe siècle était entamée par une invasion de barbares.

Dès qu'on sut l'entrée des ennemis en Alsace, le roi partit avec Noailles et vingt-cinq à trente mille hommes pour aller secourir les provinces de l'est : le reste de l'armée de Flandre, fort d'environ quarante-cinq mille hommes, fut laissé au maréchal de Saxe, afin de couvrir les nouvelles conquêtes et la frontière du nord contre les Anglais et leurs alliés, qui étaient enfin parvenus à rassembler dans les Pays-Bas près de soixante-dix mille combattants. Le passage du Rhin par les Austro-Hongrois eut un autre contrecoup en Allemagne. Louis XV, arrivé le 4 août à Metz, y reçut une très-belle lettre de Frédéric II, qui lui annonçait qu'il entrerait en campagne au milieu d'août et serait devant Prague à la fin du mois : la peur que la France ne traitât avec l'Autriche et ne permît à Marie-Thérèse de reprendre la Silésie, avait décidé Frédéric à éclater plus tôt qu'il n'avait promis; son armée et ses finances étaient rétablies par deux ans de repos; il put conduire quatre-vingt mille soldats en Bohême et en laisser près de quarante mille à la garde du Brandebourg et de la Silésie. Des bruits de victoire arrivèrent en même temps des Alpes, où les Franco-Espagnols, commandés par l'infant don Philippe et le prince de Conti, après avoir essayé en vain de pénétrer en Piémont par les montagnes de Nice, s'étaient reportés vers les Alpes dauphinoises et avaient enlevé d'assaut, sur le roi de Sardaigne en personne, les barricades formidables des gorges de la Stura et les retranchements de Château-Dauphin (18-19 juillet) : ces succès étaient dus en grande partie au brave Chevert, qui avait si bien assailli et si bien défendu Prague.

Paris, Versailles, toute la France, s'attendaient à apprendre que les Autrichiens avaient payé chèrement leur audace, quand une tout autre nouvelle éclata comme un glas funèbre : « le roi est malade! le roi se meurt! » Louis, qui vivait d'une façon très-intempérante, avait été, en effet, pris d'une fièvre putride à la suite d'une indigestion [1]. Le mal, déclaré presque aussitôt après l'arrivée du roi à Metz, allait croissant de jour en jour; le 12 août, Louis parut en danger; une lutte obstinée s'engagea entre sa maîtresse, qui l'avait suivi, et son favori, le duc de Richelieu, d'une part, et, de l'autre, le premier aumônier Fitz-James, évêque de Soissons, soutenu par les princes du sang, par les dévots de la cour et par la clameur publique. Le rigide aumônier exigeait impérieusement le renvoi de la *concubine* du roi avant d'accorder au malade les secours de la religion : le confesseur

---

1. Frédéric II, *Hist. de Mon Temps*, t. II, p. 92. — Suivant Voltaire (*Hist. de la Guerre de* 1741, t. II, p. 45), un coup de soleil aurait été l'origine de la maladie.

jésuite se cachait derrière l'aumônier janséniste, satisfait que ce sévère devoir fût rempli, mais le fût par un autre. La peur de la mort et de l'enfer vainquit : le 14 août, madame de Châteauroux et sa sœur de Lauraguais eurent ordre de se retirer à cinquante lieues de la cour : elles quittèrent Metz au milieu des imprécations populaires ; le peuple ne voyait en elles que des types d'adultère et d'inceste, et ne savait pas que ce roi, dont il déplorait le péril, ce roi, victime, disait-on, des fatigues endurées pour le salut de son royaume, ne devait le peu qu'il avait enfin montré d'ardeur qu'à l'une de ces femmes qu'on rendait responsables de ses vices et de son inertie passée.

Des scènes étranges avaient lieu, sur ces entrefaites, à Paris et dans tout le royaume. Versailles, puis Paris, avaient été réveillés une nuit en sursaut par la nouvelle que la reine partait précipitamment pour aller joindre son mari mourant. Pendant plusieurs jours, « Paris, hors de lui-même, » dit Voltaire, « ne connut plus le temps ni du sommeil, ni de la veille, ni des repas : » la foule assiégeait les maisons de tous les hommes en place, pour interroger les courriers dépêchés de Metz d'heure en heure, ou s'entassait, avec des sanglots et des cris, dans les églises toujours ouvertes. Il y eut des gens qui tombèrent malades de saisissement. « Les pauvres donnaient aux pauvres, en leur disant : *Priez Dieu pour le roi!* ils portaient au pied des autels l'argent qu'ils recevaient. » Le peuple ne cessait de répéter : « S'il meurt, c'est pour avoir marché à notre secours! Il meurt au moment où il se réveillait, où il allait devenir un grand roi! » Le 15 août, Louis avait reçu les derniers sacrements, et la médecine ordinaire l'avait abandonné : un empirique lui fit avaler une énorme dose d'émétique, qui le bouleversa et le sauva. Quand on sut, le 19 août, à Paris, qu'il était hors de danger, la joie publique fut aussi passionnée que l'avait été la douleur : on s'embrassait dans les rues avec des cris d'allégresse ; il n'y eut pas une confrérie d'artisans qui ne fît chanter son *Te Deum*. Cela se répéta dans toutes nos villes : les États de Bretagne se signalèrent en faisant ériger sur une place de Nantes une statue de Louis XV par le célèbre sculpteur Lemoine. Un poëte de carrefour, Vadé, le chantre des poissardes, s'avisa de surnommer le roi *Louis le Bien-Aimé* :

toute la France adopta ce surnom sans se soucier de l'origine [1].

Jamais le peuple de France n'avait témoigné d'une façon plus touchante la bonté de son cœur, sa facilité à croire en ses chefs, à leur avoir une reconnaissance infinie du moindre effort. Déjà, sous la Régence, une maladie qui avait frappé l'enfance de Louis XV avait provoqué les démonstrations les plus émouvantes. L'imagination populaire se rattachait à ce fils du malheureux duc de Bourgogne comme à un idéal; un peu refroidie par une bien longue attente, elle avait repris feu à la première apparence de vie morale chez le héros de son roman. Le langage des manifestes et des proclamations, qui prêtaient au roi les maximes de philanthropie dictées par l'esprit du siècle, y avait beaucoup contribué. Louis se rendit justice par son étonnement. « Qu'ai-je fait pour être aimé ainsi [2]? » s'écria-t-il. Et ce fut tout! Un autre eût passé le reste de sa vie à se rendre digne de cette récompense donnée avant d'avoir été gagnée. L'illusion devait se dissiper avec une rapidité terrible, et pour ne plus revenir. La France était comme une épouse, qui, à la veille d'un divorce éternel, s'efforce de rappeler un cœur ingrat par un dernier élan de tendresse. Le long mariage de la patrie avec le roi capétien, avec l'État incarné, allait se dissoudre : nous venons de voir une chose solennelle, le dernier élan monarchique de Paris!

La maladie du roi avait eu de fâcheuses conséquences militaires : la préoccupation où était Noailles réagit sur les mouvements de l'armée; les troupes de Flandre, qui débouchèrent en Alsace par les gorges de Willer et de Sainte-Marie-aux-Mines, devaient opérer leur jonction avec l'armée de Coigni vers le 13 août, au nord de Strasbourg; cette jonction n'eut lieu que le 17. La cour de Vienne, qui voyait l'orage prêt à fondre du Brandebourg sur la Bohême, avait déjà expédié au prince Charles l'ordre de battre en retraite; les deux vieux maréchaux, très-supérieurs à l'ennemi, eussent pu changer cette retraite en un grand désastre; mais ils poussèrent les Autrichiens avec tant de mollesse, que ceux-ci dérobèrent une marche et repassèrent presque sans perte les

---

1. Voltaire, *Siècle de Louis XV*, ch. XII, et *Mém. pour servir à la vie de Voltaire*, par lui-même.
2. Voltaire, *Guerre de* 1741, t. II, p. 148.

ponts qu'ils avaient sur le Rhin, à Beinheim, au-dessous de Fort-Louis (24 août). A peine rentrés en Souabe, ils volèrent à tire-d'aile au secours de la Bohême. Il semblait évident qu'on dût les suivre en masse à travers l'Allemagne, les mettre entre deux feux, entre Français et Prussiens, et chercher à terminer la guerre par un coup décisif. Malgré la supériorité numérique des ennemis en Flandre, les belles manœuvres du maréchal de Saxe les réduisaient à l'impuissance, et l'on pouvait se lancer en Allemagne sans rien craindre de ce côté. Au lieu de cela, on se contenta de faire marcher vers la Bavière les troupes impériales et hessoises, soutenues de quelques détachements français, et le gros de l'armée française fut employé à conquérir la Souabe autrichienne pour l'empereur : on prit les villes forestières du Rhin ; puis on attaqua la forte place de Freybourg, qui, défendue avec vigueur, coûta deux mois de travaux et des milliers d'hommes (fin septembre - fin novembre) : le roi, tout à fait rétabli, avait assisté à la plus grande partie du siége et fit raser les fortifications de Freybourg, comme il avait fait de celles de Menin : c'étaient deux ouvrages de Vauban [1].

Pendant qu'on se fatiguait à cette conquête meurtrière, qui mettait la Haute-Alsace à l'abri, mais qui ne donnait pas de positions offensives contre l'Autriche, on laissait Frédéric sans secours. Le conseil de Vienne avait parfaitement combiné son système de défense : il avait évacué presque toute la Bavière et massé toutes ses forces sous le prince Charles et le maréchal Traun : sur un nouvel appel de Marie-Thérèse à la diète hongroise, quarante-quatre mille hommes, puis trente mille autres, avaient pris les armes ; toutes les provinces magyares et slavonnes fondaient en soldats ; ces races étaient enivrées de guerre. En moins de trois mois, Frédéric prit et perdit la Bohême. Il avait forcé Prague à se rendre le 16 septembre ; puis, au lieu de chasser l'ennemi au delà des montagnes qui, vers l'ouest, séparent la Bohême du Haut-Palatinat, il s'était porté au sud, à la prière du gouvernement français, pour se mettre en communication avec la Bavière. Cette faute permit au prince Charles de rentrer à volonté en Bohême :

---

1. Frédéric II, *Hist. de Mon Temps*, t. II p. 93. — *Lettres du maréchal de Saxe*, t. I, p. 117-123.

des nuées de hussards, de croates, de pandours, de talpaches (fantassins magyars), interceptèrent toutes les routes; les paysans, soit fanatisme religieux inspiré par les jésuites, si puissants en Bohême, soit plutôt peur des vengeances autrichiennes ou colère des pillages prussiens, désertaient leurs villages, emportaient ou enterraient tout à l'approche des *hérétiques*. Le vide se faisait autour des Prussiens, qui ne tenaient que l'enceinte de leur camp; la Saxe, séduite par l'or anglais, se déclarait pour Marie-Thérèse, après deux ans et demi de neutralité; les Autrichiens, rendus prudents par le souvenir de Molwitz et de Czaslau, évitaient la bataille et affamaient les envahisseurs. Frédéric se vit réduit à abandonner sa conquête et à ramener en Silésie les restes délabrés de sa belle armée (fin novembre). Le gouvernement français, qui lui avait si mal rendu sa puissante diversion en faveur de l'Alsace, lui fit de belles promesses pour le printemps prochain : on devait réunir soixante mille hommes en Bavière et pousser vers le Hanovre un autre corps d'armée qui passait l'hiver dans les électorats du Rhin; Frédéric ne s'y fia qu'à demi et resta convaincu que les affaires de la France continueraient d'être aussi mal menées qu'au temps du cardinal de Fleuri.

En ce moment même, pourtant, le cabinet de Versailles faisait une précieuse acquisition, qui semblait annoncer à la politique française une meilleure destinée. Le roi avait fini par sentir le peu de raison qu'il y avait eu à supprimer le ministère des affaires étrangères, remplacé en fait, et fort mal remplacé, par une espèce de comité qui se tenait chez le cardinal de Tencin et où Noailles dominait[1]. Le 18 novembre, au grand courroux de Noailles, Louis appela au secrétariat des affaires étrangères le marquis d'Argenson, frère aîné du ministre de la guerre et bien supérieur à son

---

1. Le marquis d'Argenson fait un piquant tableau de ce comité : « C'était la chose du monde la plus terrible. On n'y aurait pas entendu Dieu tonner. Le maréchal (Noailles) s'y *prenait aux crins* avec tout ce qui lui disputait quelque chose. Il frappait des pieds, il faisait voler son chapeau dans la chambre. Il changeait de principes à chaque séance. M. de Maurepas *glapissait*, riait de tout et donnait ses épigrammes pour des maximes d'état indubitables. Le cardinal Tencin recourait à Moréri à chaque notion des plus communes qu'il ignorait, ce qui revenait souvent. Pour le malheureux secrétaire d'état, s'il n'avait pas d'aussi bons poumons que ceux qui tenaient le dé, et s'il manquait de leur effronterie, il restait à peine le greffier de leurs sottises. *Mém.* p. 354.

frère par la solidité du caractère et la hauteur des vues. C'était l'esprit de Chauvelin qui rentrait au ministère avec l'élève reconnaissant et dévoué du ministre déchu, élève aussi patriote et plus philosophe que son maître. Le malheureux Chauvelin eut au moins cette consolation dans l'exil où le retinrent jusqu'à la mort les préventions implacables de Louis XV. Le marquis d'Argenson avait porté le regard d'un penseur et d'un ami de l'humanité, non pas seulement dans les relations extérieures, mais dans toutes les parties du gouvernement et de la société. Il y avait en lui du Vauban pour la droiture et pour le dévouement simple et profond au bien du peuple. Un tel choix indiquait chez le roi de bonnes velléités diplomatiques. Louis, en effet, désirait se soustraire au traité insensé de 1743 avec l'Espagne, et l'*ultimatum* qu'il prétendait poser pour la paix comprenait, quant à l'Italie, la cession de la Savoie et de Nice à l'infant don Philippe, moyennant compensation pour le roi de Sardaigne en Milanais [1]. Ceci était tout à fait dans la bonne voie. Les événements démontraient la presque impossibilité de réussir au delà des Alpes sans regagner le roi de Sardaigne. On l'avait battu d'abord dans les montagnes de Nice, puis dans les gorges de la Stura, puis enfin sous les murs de Coni, et, cependant, les difficultés du climat et de la saison avaient obligé de lever le siége de Coni, et une longue et meurtrière campagne n'avait valu aux Franco-Espagnols, sur le revers italien des Alpes, que quelques défilés.

Dans l'Italie centrale, où les Français n'intervenaient pas directement, la guerre, sans résultats en 1743, avait offert, en 1744, des péripéties intéressantes. Le pape, trop faible pour faire respecter sa neutralité, avait vu tout son territoire en proie aux deux partis ; les Austro-Piémontais avaient d'abord poussé les Espagnols, par la Romagne et les Marches, jusqu'aux frontières napolitaines et avaient préparé l'invasion du royaume de Naples, d'accord avec une escadre anglaise, malgré la neutralité imposée au roi don Carlos par les Anglais. Le roi de Naples, qui s'y attendait et qui avait mis sa capitale à couvert, autant que possible, d'une nouvelle insulte par mer, vint joindre les Espagnols : les

---

1. Flassan, t. V, p. 238.

Austro-Piémontais furent à leur tour chassés de la campagne de Rome et rejetés vers le Pô.

Une révolution d'alcôve suivit la révolution de cabinet qui avait appelé le marquis d'Argenson au pouvoir : elle devait être aussi funeste à la France que l'autre eût pu lui être salutaire. La conversion aux mœurs et aux sentiments de famille n'avait guère duré chez Louis XV plus que la peur de la mort : à peine hors de danger, il avait fort sèchement reçu le jeune dauphin, accouru près de lui sans son ordre avec une vivacité dans laquelle il voulut voir, fort injustement, non point la tendresse d'un fils, mais l'impatience d'un héritier [1]. De retour à Paris, il songea à rappeler sa maîtresse. La fière Châteauroux obtint une réparation éclatante, l'exil de l'évêque de Soissons et des courtisans qui s'étaient montrés le plus acharnés contre elle : elle prétendait rentrer à Versailles comme dans une place conquise; elle n'y rentra point! Les agitations, les humiliations de sa disgrâce, avaient jeté dans cette organisation violente les germes d'une maladie inflammatoire que la joie même de son rappel fit éclater : après plusieurs jours de délire, elle expira le 8 décembre 1744.

La France ne se douta pas que cette mort pût être un malheur public! L'ami de la Châteauroux, le complaisant ordinaire du roi, le duc de Richelieu, chercha à consoler Louis en l'aidant à compléter la série de ses incestueuses amours : il restait une cinquième sœur de Nesle, madame de Flavacourt; le royal proxénète lui offrit, de la part de Louis XV, l'héritage de la Châteauroux. Elle refusa. Louis fut quelque temps le point de mire de toutes les beautés faciles qui ornaient la cour; mais la cour fut vaincue par la ville; une bourgeoise l'emporta sur les courtisanes de qualité. Il y avait à Paris une jeune femme nommée Jeanne Poisson, fille putative d'un commis banqueroutier, mais enfant d'adoption et peut-être fille naturelle d'un fermier-général, qui l'avait mariée à son neveu, Lenormant d'Étioles. Une éducation artiste et littéraire, dirigée dans un sens et avec un art étranges, avait développé chez elle tous les talents, toutes les grâces et toutes les vanités, en étouffant les instincts moraux dont la nature

---

1. Le dauphin, né en 1729, avait quinze ans.

l'avait d'ailleurs très-faiblement pourvue : sa mère l'avait élevée comme une courtisane de l'ancienne Grèce et l'avait habituée à voir dans le rôle de favorite du roi l'idéal de l'ambition féminine. Elle avait alors environ vingt-trois ans, et, depuis deux ans, elle cherchait à attirer sur elle les regards de Louis XV. Un bal donné à l'Hôtel-de-Ville pour le mariage du jeune dauphin avec une fille de Philippe V, à la fin de février 1745, fut l'occasion de son triomphe : elle acheva, sous le masque, une conquête préparée par une adroite mise en scène, et, bientôt, installée publiquement dans la succession de l'infortunée Châteauroux, elle cacha sa roture sous le titre de marquise de Pompadour, et cette comédienne habile à tout exprimer sans rien sentir, cette créature froide et brillante chez laquelle les sens ne parlaient pas plus que le cœur, obtint sur le roi, par ses inépuisables artifices, un ascendant plus complet, plus absolu que n'avait fait sa devancière avec son ardente énergie. Cet ascendant, pour la honte de la France, devait survivre même à l'attrait sensuel qu'inspirait cette femme et ne disparaître qu'avec sa vie : c'était un premier ministre femelle en expectative qui arrivait à Versailles; la Pompadour était destinée à régner aussi longtemps que Fleuri! et quel règne, grand Dieu! pas une idée, pas un sentiment, l'avidité du pouvoir sans aucune des qualités qui l'excusent, le plus frivole égoïsme, le sort de la France et de l'Europe joué dans des intrigues de soubrette!

La Pompadour ne s'élança pourtant pas tout d'abord à ce faîte suprême : il lui fallut quelque temps pour se former à *gouverner*; tant que dura la guerre, elle se risqua peu dans le tourbillon éclatant des affaires militaires et diplomatiques; mais elle fit bien vite sentir sa domination à l'intérieur par le renvoi du contrôleur général Orri, qui s'efforçait de défendre contre elle les traditions du feu cardinal et d'arrêter le torrent de profusions où elle précipitait Louis XV, si économe avec ses premières maîtresses [1] (décembre 1745). Louis perdit ainsi par elle la seule bonne qualité qu'il dût à son précepteur, l'ordre, l'économie. Elle fit, du reste, remplacer Orri par un homme de capacité, qui, tout en se

---

1. *V.* Lacretelle, t. II, liv. VIII.

pliant à d'inévitables concessions pécuniaires, apportait des lumières et des vues assez hardies, M. de Machault[1]; aussi devait-il être un jour brisé à son tour par sa protectrice.

Un événement grave, survenu durant l'hiver de 1744 à 1745, avait modifié la situation de l'Europe : l'empereur Charles VII, miné par les chagrins qui l'avaient accablé depuis sa malheureuse grandeur, était mort d'une goutte remontée, le 20 janvier 1745, triste exemple pour les ambitieux qui n'ont ni l'énergie ni les talents de leur ambition : pendant que la Prusse s'était si longuement et si fortement préparée, la Bavière, au contraire, avait été lancée par son prince dans une colossale entreprise, sans armée et sans finances! Il semblait que la paix dût devenir plus facile : le nouvel électeur de Bavière, Maximilien-Joseph, était un jeune homme de dix-sept ans que son âge excluait de l'Empire; on eût pu accorder à Marie-Thérèse l'élection tant souhaitée de son mari, moyennant des cessions territoriales en Italie et le renouvellement de la cession de la Silésie; mais ni Marie-Thérèse, ni les Anglais, ses défenseurs, ne voulaient de transaction jusqu'à ce que la France fût sous leurs pieds. Le gouvernement français fit une tentative auprès du roi-électeur Auguste III et le pressa de se porter candidat à l'Empire. Auguste III, qui venait de resserrer les liens de la Saxe avec l'Autriche et d'accepter les subsides de l'Angleterre et de la Hollande[2], montra de l'hésitation. Le nouveau ministre des affaires étrangères, le marquis d'Argenson, présenta au roi un mémoire où il démontrait que le seul moyen de décider le Saxon à accepter l'Empire et de faire une campagne décisive, était que le roi conduisît lui-même au cœur de l'Allemagne sa principale armée et combinât ses opérations avec Frédéric II, en se contentant de la défensive aux Pays-Bas. Louis rejeta bien loin ce plan, le seul raisonnable, et prétendit qu'on ne pouvait atteindre la reine de Hongrie que dans les Pays-Bas; que c'était le seul moyen d'ef-

---

1. M. d'Argenson .e traite trop mal dans ses *Mémoires;* par compensation, M. Droz le surfait beaucoup dans son *Histoire du règne de Louis XVI.*

2. Cent cinquante mille livres sterling : Marie-Thérèse en touchait sept cent mille. L'Angleterre avait dépensé près de deux cent soixante-dix-sept millions en 1744. Voltaire, *Guerre de* 1741, t. II, p. 9.

frayer les puissances maritimes [1]. Marie-Thérèse se souciait fort peu des Pays-Bas, et, quant aux puissances maritimes, c'eût été bon si elles eussent cru à Louis XV assez de force et de résolution pour garder la Belgique lorsqu'il l'aurait prise! Le vrai motif, soit que Louis s'en rendît compte ou non, c'est que, s'il avait bien voulu se laisser persuader par madame de Châteauroux, puis par Richelieu, qu'il aimait la gloire et la guerre, il entendait que ce fût une guerre commode, faite à portée des frontières, une guerre de siéges, dont les artilleurs et les ingénieurs français, les premiers de l'Europe, rendaient le succès à peu près infaillible.

D'Argenson put dès lors comprendre quels obstacles rencontrerait toute politique sérieuse et fondée sur des idées générales. L'Allemagne, qui eût dû être, cette année, le principal théâtre de la guerre, fut négligée, tandis qu'on se préparait à agir puissamment en Flandre pour satisfaire le roi, et assez vivement en Italie pour satisfaire la reine d'Espagne. Aussi la campagne s'ouvrit-elle au delà du Rhin par de nouveaux revers. Le feld-maréchal Seckendorf, espèce de *condottiere* sans foi ni loi, qui trahissait la cause franco-bavaroise, avait disséminé dans des quartiers très-espacés les troupes qui avaient recouvré la Bavière dans l'automne de 1744 : dès le mois de mars, deux corps austro-hongrois franchirent, l'un le Danube, l'autre l'Inn, se jetèrent au milieu des cantonnements alliés et les dispersèrent comme des faucons dissiperaient des oiseaux de basse-cour. Les Bavarois, démoralisés par leurs chefs, se défendirent à peine : les auxiliaires hessois mirent bas les armes; les quelques milliers de Français engagés dans la Bavière se retirèrent en combattant vaillamment, accompagnés d'un petit corps de Palatins, et gagnèrent Donawerth et la Souabe : leur chef Ségur racheta ainsi sa malheureuse capitulation de Linz. Seckendorf, soutenu par le cri d'une population qui demandait à tout prix la fin de ses maux, imposa au jeune électeur un traité immédiat avec l'Autriche : l'électeur de Bavière, moyennant la restitution de ses domaines, renonça à toutes prétentions sur les états autrichiens, promit sa voix pour l'élection du grand-duc de Toscane et s'engagea à une entière neutralité (22 avril). La France

---

1. Flassan, t. V, p. 242.

perdit ainsi l'alliance qui l'avait entraînée à cette malheureuse guerre et qui lui avait coûté des subsides énormes sans lui apporter aucun point d'appui solide. La nouvelle déroute de Bavière eut pour conséquence immédiate le refus définitif que fit Auguste III d'accepter la candidature à l'Empire : Auguste promit aussi sa voix au grand-duc de Toscane et conclut avec l'Autriche un traité pour la conquête et le partage d'une portion des états prussiens (18 mai). C'était plus facile à dire qu'à faire.

Les ennemis se préparèrent donc à pousser vigoureusement l'offensive contre la Prusse et à rejeter les Français hors de l'Allemagne ; il y avait encore, dans les électorats du Rhin, un corps d'armée français qui contenait ou soutenait les princes de ces contrées et pesait sur la diète électorale de Francfort.

Cette année devait être féconde en péripéties. Entre la perte de la Bavière et l'attaque de la Silésie par les Austro-Saxons, le sort de la Flandre fut décidé par un grand choc.

Le maréchal de Saxe, qui s'était montré vraiment grand général en 1744, et qui, avec des forces très-inférieures, avait empêché l'ennemi d'assiéger Lille ou de tenter aucune autre entreprise, reçut le commandement en chef pour 1745, dans un moment où il semblait menacé d'une autre fin que la mort des héros. En proie à une hydropisie qui l'obligeait de subir des ponctions douloureuses, il succombait sous les excès qui avaient ruiné la prodigieuse vigueur de sa constitution : on doutait qu'il fût en état de se rendre à l'armée. Voltaire ne put un jour s'empêcher de lui demander comment il pourrait faire dans cet état de faiblesse. « Il ne s'agit pas de vivre, mais de partir! » répliqua le maréchal. C'est là un grand mot : chez certaines natures, la hauteur du courage ressemble à la vertu, à s'y méprendre ; l'effet est le même et la différence n'est que dans le mobile.

Il partit, et, le 25 avril, soixante-dix ou soixante-quinze mille soldats investirent Tournai. L'ennemi était en mesure de tenir la campagne, mais avait au plus cinquante-cinq mille hommes : l'Autriche n'avait envoyé aucun renfort et laissait à l'Angleterre et à la Hollande le soin de défendre la Belgique : il n'y avait que huit mille sujets de Marie-Thérèse dans l'armée alliée; à la vérité, la reine de Hongrie avait dépêché un général estimé, le vieux Königsegg, aider de ses conseils le duc de Cumberland, second fils de George II, et le prince de Waldeck, qui commandaient les Anglais et les Hollandais. Les alliés résolurent de secourir Tournai et parurent, le 9 mai, en vue de l'armée française. Le roi et le dauphin étaient arrivés, la veille, au camp. Le maréchal de Saxe n'avait pas cru devoir s'enfermer dans une circonvallation : il avait seulement, sur la rive gauche de l'Escaut, fait tirer une ligne de ce fleuve à La Marque et, sur la rive droite, par où devait venir l'ennemi, fait faire quelques ouvrages de terre et des abatis d'arbres aux points les plus importants. On laissa une vingtaine de mille hommes, soit devant Tournai pour contenir la garnison, soit aux ponts de l'Escaut pour assurer la retraite au besoin, et l'on déploya sur la rive droite une force à peu près égale à celle des alliés. L'aile droite s'appuyait au village d'Antoin et se couvrait d'un ravin et de trois redoutes ébauchées à la hâte : le centre avait devant lui le village de Fontenoi, couvert par un second ravin qui s'étend jusqu'au bois de Barri. Derrière ce bois, défendu par deux redoutes, se développait l'aile gauche, vers Ramecroix, Rumignies et le mont de la Trinité. Une centaine de pièces de divers calibres étaient distribuées sur le front de l'armée : l'ennemi en avait à peu près autant. La position de l'armée française offrait une espèce d'équerre dont les deux extrémités touchaient l'Escaut : elle était difficile à attaquer; Königsegg était d'avis de harceler les Français et de ne pas s'engager à fond; le duc de Cumberland et ses Anglais ne voulurent entendre à aucun délai.

La canonnade commença dès cinq heures du matin, le 11 mai. Les alliés étaient formés en deux corps d'armée; les Hollandais et les Allemands à la solde hollandaise, sur la gauche; les Anglais, Hanovriens et Autrichiens, à la droite : les Hollandais attaquèrent Antoin par leur gauche, Fontenoi par leur droite; les Anglo-Allemands attaquèrent Fontenoi par leur gauche et cherchèrent à tourner, par leur droite, les redoutes du bois de Barri. Il jaillit d'Antoin, de Fontenoi et des redoutes qui reliaient ces deux villages, un tel feu d'artillerie et de mousqueterie, que les ennemis ne dépassèrent pas la ravine d'Antoin. On ne put jamais décider les Hollandais à aborder les bataillons qui leur faisaient face : ce n'était plus là cette fameuse infanterie de Malplaquet. Il est vrai que le canon leur avait emporté des files entières. A l'autre bout du champ de bataille, le général qui commandait l'extrême droite des Anglais hésita également à s'engager dans le bois et contre les redoutes de Barri. La canonnade et la fusillade duraient depuis quatre ou cinq heures, au grand dommage des assaillants, et l'attaque était manquée aux deux ailes. Königsegg, alors, retrouvant l'audace désespérée de ses guerres d'Italie, conseilla au duc de Cumberland de masser l'infanterie anglo-allemande et de charger en lignes serrées le centre de l'armée française, entre le bois de Barri et Fontenoi. L'infanterie anglaise, cette fois, passa intrépidement le ravin qui la séparait des Français et s'avança sous les feux croisés de Fontenoi et d'une des redoutes de Barri. La première ligne qu'elle rencontra était formée des gardes françaises et de quelque autre infanterie. On sait le singulier échange de courtoisie qui eut lieu entre les chefs des deux corps. — « Messieurs des gardes françaises, tirez. — Messieurs les Anglais, nous ne tirons jamais les premiers [1]. » Il en coûta cher aux Français : la première décharge des ennemis, qui avaient douze canons entre leurs bataillons, emporta le premier rang ; le reste de la ligne se débanda. Les gardes françaises, gâtées par l'indiscipline et la licence de Paris, avaient bien déchu depuis Steenkerque et Neerwinden. Le centre des Anglais continua d'avancer, tandis que leurs flancs, qui souffraient beaucoup des feux de Fontenoi et de Barri, se repliaient en arrière pour s'éloigner de ces feux. Ce mouvement, et l'arrivée de quelques nouvelles troupes, imprimèrent à la masse ennemie la forme d'un bataillon carré à trois faces pleines. La tête avait dépassé de quelques centaines de pas Fontenoi et la redoute de Barri : elle était au centre même de l'armée française, et son feu, aussi violent, aussi juste et aussi soutenu que l'eût été celui des Prussiens mêmes, renversait tous les corps d'infanterie et de cavalerie qui venaient vaillamment, mais confusément, se jeter sur elle les uns après les autres.

---

1. On trouve, dans les *Lettres et Mémoires du maréchal de Saxe* (t. V, p. 299), un mémoire très-vigoureux contre la coutume de l'infanterie française d'essuyer le feu de l'ennemi sans répondre et de charger à la baïonnette sans avoir tiré. Il montre qu'on s'affaiblit à chaque décharge essuyée et qu'on arrive sur l'ennemi avec un front très-inférieur au sien.

Le sort de la journée semblait fort compromis; le maréchal de Saxe, qui voyait tout et se traînait partout à cheval ou dans une petite carriole d'osier, commença de disposer la retraite pour le cas où un dernier effort ne réussirait pas, et prescrivit l'évacuation d'Antoin. La présence du roi et du dauphin, le devoir d'assurer leur salut, devenaient un embarras énorme et poussaient aux résolutions timides, quoique tous deux fissent d'ailleurs bonne contenance. Si les Hollandais fussent à temps revenus à la charge et si l'habileté manœuvrière des Anglais eût égalé la puissance de leur feu, la bataille eût été perdue sans ressource. Heureusement la confusion régnait parmi les Anglais eux-mêmes : leur bataillon carré s'était resserré, entassé en une épaisse colonne d'une douzaine de mille hommes, et n'avançait plus; il leur fallait ouvrir cette masse, replier les deux ailes pour enlever Fontenoi et les redoutes de Barri, et donner passage à la cavalerie, qui était assez loin derrière, pour balayer la plaine.

Le temps que mirent les chefs ennemis à essayer de rétablir leurs rangs et à se concerter, fut bien employé par Maurice de Saxe; il fit converger toutes les forces disponibles vers la redoutable colonne et défendit qu'aucun régiment chargeât isolément. Les premières pièces de campagne qu'on trouva sous la main furent placées de façon à prendre en écharpe la tête des ennemis[1]; on lança la cavalerie sur leur front, l'infanterie sur leurs deux flancs, pêle-mêle, sans ordre, mais avec l'ensemble d'un triple ouragan. La masse ennemie fut écrasée du choc comme dans un étau. « La colonne anglaise, dit un historien militaire[2], fut foudroyée et disparut. » Les débris se précipitèrent en fuyant au delà du ravin; on ne les poursuivit que jusqu'à Veson, où ils furent recueillis par la cavalerie anglaise et par une réserve d'infanterie. Les Hollandais, qui avaient enfin tenté sans succès une

---

1. L'idée de faire avancer du canon était trop simple pour valoir le bruit qu'en a fait Voltaire, dans l'intérêt de son ami Richelieu, qui avait communiqué au roi cette idée suggérée par un officier subalterne. On ne manquait pas de canon; seulement, il fallait beaucoup plus de temps qu'aujourd'hui pour le déplacer; les grosses pièces étaient lourdement attelées; les petites, du calibre de quatre, se traînaient à bras. Il n'y avait encore de perfectionné que l'artillerie de siége.

2. D'Espagnac, t. II, p. 106. — Les gardes françaises lavèrent leur affront en ce moment. On remarqua surtout la fureur des bataillons irlandais au service de France.

nouvelle attaque, opérèrent en même temps leur retraite. La perte des alliés fut de douze à quatorze mille hommes, tués, blessés ou prisonniers. Les Français avaient eu plus de sept mille morts ou blessés. Une quarantaine de canons restèrent aux mains des vainqueurs.

Telle fut cette victoire de Fontenoi qui flatta si vivement l'esprit national et qui est restée si populaire. Il est bizarre que le roi de France le plus étranger à tout sentiment héroïque ait été précisément le seul qui, dans les temps modernes, ait gagné en personne une grande bataille sur les Anglais. Cette journée fit, du reste, plus d'honneur au courage des deux partis qu'à leur tactique; il y eut presque autant de désordre chez les Français que de témérité et d'incapacité manœuvrière chez leurs ennemis. La vraie gloire fut au général qui avait vaincu presque mourant; mais ce ne fut pas là toutefois une de ces savantes batailles, un de ces chefs-d'œuvre de l'art, tels que Frédéric en a légué plusieurs exemples à la postérité [1].

La forte garnison austro-batave de Tournai rendit la ville le 22 mai, mais continua de défendre la citadelle, un des principaux ouvrages de Vauban, jusqu'au 19 juin. Ce boulevard central de la Flandre une fois tombé, le reste tomba presque sans effort. L'ennemi était absolument hors d'état de disputer la campagne à l'armée française, qu'on venait encore de renforcer d'un gros corps tiré de l'armée d'Allemagne. Le maréchal de Saxe, devenu tout-puissant par sa victoire, ne se souciait que de sa guerre à lui, et non point de l'ensemble de la guerre. Dans la nuit du 10 juillet, un corps français escalada les remparts de Gand, après avoir dissipé sur son passage six mille Anglo-Hanovriens. Gand ne résista pas et ne fut point pillé. Le 18 juillet, Bruges ouvrit ses portes à un simple détachement. Oudenarde se rendit le 21 juillet; Dendermonde, le 12 août; Ostende, le 23; Nieuport, le 30; Ath, le 8 octobre. Vers l'automne, les Français furent maîtres de tout le pays entre la Dender et la mer. Toutes ces fameuses places étaient fort négligées et mal entretenues, par suite des longues querelles

---

1. *Lettres et Mémoires du maréchal de Saxe*, t. I, p. 165-236. — D'Espagnac, t. II, p. 50 et suivantes. — Voltaire, *Siècle de Louis XV*, ch. xv. — Frédéric II, *Hist. de Mon Temps*, t. II, ch. xii.

qu'avaient eues, au sujet de leur administration, l'Autriche et la Hollande. La supériorité des Français dans la guerre de siéges n'était d'ailleurs contestée par personne. L'artillerie et le génie ne formaient encore qu'en France de véritables corps savants qui perfectionnaient durant la paix les instruments de la guerre : les autres parties de l'art militaire avaient malheureusement marché parmi nous en sens inverse !

Louis XV fut reçu en triomphe à Paris. Le ministre des affaires étrangères n'en avait pas moins eu raison dans son mémoire au roi [1], car on perdit l'Allemagne tandis qu'on prenait la Flandre. Le prince de Conti, qui commandait les troupes françaises sur le Mein, affaibli par le gros détachement qu'on lui avait enlevé pour l'armée du roi, ne put pas ou ne sut pas se maintenir outre Rhin jusqu'à la fin de la campagne; il repassa sur la rive gauche, et le 13 septembre, la diète électorale de Francfort, débarrassée d'un voisinage menaçant, élut empereur l'époux de Marie-Thérèse, sous le nom de François Ier. L'Empire entra dans la nouvelle maison d'Autriche pour le temps qui lui restait à vivre. Les trois électeurs ecclésiastiques avaient été regagnés par l'Autriche. Les voix de Saxe et de Hanovre complétèrent la majorité; le roi de Prusse, électeur de Brandebourg, et le Palatin protestèrent en vain. L'objet qui avait entraîné la France à la guerre, la translation de l'Empire hors des mains autrichiennes, était donc manqué définitivement. Ce grave échec politique ne fut pas la seule conséquence du plan d'opérations préféré par Louis XV. Le roi de Prusse, abandonné à ses seules ressources, fit la plus belle campagne qu'on eût vue depuis Turenne; il s'était refait une force militaire de plus de cent vingt mille hommes; il chassa les Austro-Saxons de la Silésie par une grande victoire (4 juin), les poursuivit en Bohème, les y battit de nouveau (30 septembre), puis, menacé dans Berlin même par une diversion que tentèrent ses ennemis, il les rejeta sur Dresde, d'où s'enfuit Auguste III; le vieux prince d'Anhalt, le créateur de l'infanterie prussienne, couronna sa carrière en écrasant les Saxons avec une partie de l'armée de Frédéric, avant que les Autrichiens pussent les secourir

---

1. V. ci-dessus, p. 278.

(15 décembre); mais Frédéric n'avait accumulé les victoires que pour forcer ses adversaires à la paix. Ne recevant ni soldats ni subsides de ce gouvernement français qui avait prodigué tant de sang et de trésors à d'inutiles alliés et qui ne savait rien faire pour en conserver un si redoutable, Frédéric sentait la Prusse haleter sous lui comme un coursier robuste, mais d'haleine courte, et savait qu'elle ne pouvait fournir une troisième campagne sans se ruiner; il craignait d'ailleurs l'intervention russe en faveur d'Auguste III, qui avait avec la tzarine un pacte défensif; aussi, dès que Marie-Thérèse, ployant sous cette série de revers et sous la pression de la diplomatie anglaise, eut consenti à renouveler la cession de la Silésie, la paix fut bientôt conclue (25 décembre). Frédéric traita pour le Palatinat et pour la Hesse en même temps que pour lui et reconnut l'empereur François Ier. La France se trouva par là sans un seul allié en Allemagne, et la paix de l'Empire rendit à Marie-Thérèse la disposition de forces qu'elle sut employer efficacement en Italie, pays qui intéressait le gouvernement autrichien tout autrement que la Belgique.

La campagne de 1745 avait été malheureuse en Italie pour l'Autriche et pour le Piémont. Le comte de Gages, qui commandait les Hispano-Napolitains dans les états du pape, franchit les Apennins, se jeta du Modenais dans la Ligurie et opéra sa jonction, sur le territoire de Gênes, avec l'armée franco-espagnole de l'infant don Philippe et du maréchal de Maillebois (avril-mai-juin 1745). Les Génois avaient les plus justes griefs contre Marie-Thérèse. L'empereur Charles VI leur avait autrefois vendu le marquisat de Finale et, maintenant, Marie-Thérèse, par son dernier traité avec Charles-Emmanuel, prétendait céder à la couronne de Sardaigne ce domaine dont son père avait reçu le prix. Entre particuliers, cela eût passé pour un dol qualifié. De plus, ils savaient que les puissances maritimes visaient à leur enlever la Corse. Les Génois se déclarèrent pour la France et l'Espagne, et fournirent à leurs nouveaux alliés, moyennant un subside payé par l'Espagne, dix mille soldats et un bon parc d'artillerie. Maillebois et Gages redescendirent de la Ligurie dans le Montferrat avec soixante-dix mille hommes. Charles-

Emmanuel et le général autrichien Schulembourg, qui n'en avaient que cinquante mille, après avoir inutilement disputé le débouché des Apennins, prirent une bonne position défensive à Bassignano, dans l'angle que forme le confluent du Tanaro avec le Pô. Les Franco-Espagnols tâchèrent de les déloger par des diversions et s'étendirent sur leur droite. Maillebois prit Tortone : un gros corps espagnol alla occuper Plaisance et Parme, qui accueillirent avec joie les soldats d'Élisabeth Farnèse, puis se rabattit sur Pavie. L'ennemi ne bougeait pas : le corps espagnol marcha sur Milan; alors, enfin, les Autrichiens, près d'être coupés d'avec les Alpes tyroliennes, se séparèrent des Piémontais pour courir à Milan; les Espagnols se replièrent vivement, rejoignirent les Français, et toute la masse des alliés fondit sur le roi de Sardaigne, qui fut accablé et rejeté sur Casal (fin septembre). Alexandrie, Valenza, Casal, Asti, furent enlevés en quelques semaines, sauf la citadelle d'Alexandrie, que les Français bloquèrent. La flotte anglaise avait voulu faire une diversion en bombardant Savone, Finale, San-Remo et Gênes elle-même, mais sans autre résultat que d'attirer à l'Angleterre l'exécration des populations liguriennes. Le gouvernement de Louis XIV avait malheureusement donné plus d'un exemple de pareils actes, mais un historien (Sismondi) remarque avec raison que le gouvernement anglais a seul réduit en système ces violations du droit de la guerre, qui n'admet le bombardement que comme une ressource extrême pour forcer une ville assiégée de se rendre : le droit de l'humanité, lui, ne saurait l'admettre que contre les citadelles, contre les places purement militaires.

Les Français avaient pris leurs quartiers d'hiver en Piémont : les Espagnols eussent dû en faire autant, pour attaquer Turin au printemps; le sort de la guerre devait se décider en Piémont et non en Milanais; mais le général espagnol était forcé de suivre, au lieu des inspirations de son intelligence, les volontés extravagantes de sa reine : Élisabeth ne comprit qu'une chose, la prise de possession immédiate du Milanais au nom de son fils; le comte de Gages fut obligé d'aller faire son entrée à Milan (19 décembre), avec des troupes trop fatiguées pour attaquer immédiatement le château de cette ville et les autres places fortes où s'étaient retirés les Autrichiens. S'étendre ainsi, c'était évidemment se compromettre pour la réouverture des opérations [1].

Les batailles de Flandre, d'Allemagne et de Lombardie n'avaient pas été les événements les plus mémorables de 1745, cette année si remplie : un épisode extraordinaire compliquait la lutte européenne, ébranlait le trône d'Angleterre et préparait de nouveaux succès aux Français dans la Belgique, en appelant outre-mer une partie des forces qui eussent pu défendre le reste des Pays-Bas Autrichiens. Le fils du prétendant, Charles-Édouart Stuart, était resté en France, fort négligé du gouvernement, depuis la descente manquée de mars 1744 : ce jeune homme, singulier mélange de défauts vulgaires et de qualités héroïques, s'embarqua intrépidement, avec quelques amis, des armes et des munitions, sur deux bâtiments fournis par un armateur de Nantes, et alla descendre en Écosse par les Hébrides (juillet 1745). Tout le monde sait comment, avec une poignée de ces montagnards écossais qui avaient conservé jusqu'au XVIIIe siècle la langue, les mœurs, le costume et les armes des Gaëls, nos premiers aïeux, il entra dans Édimbourg, défit un petit corps d'armée anglais et s'avança jusqu'à quarante lieues de Londres (septembre-décembre). On sait aussi quelle fut la singulière attitude du peuple anglais ; personne ne rejoignant le prétendant et personne ne lui faisant obstacle ; jacobites et tories, d'une part, whigs et *hanovriens*, de l'autre, semblant attendre passivement que quelques milliers d'Écossais à demi-sauvages et quelques milliers de soldats hollandais ou allemands décidassent du sort de la Grande-Bretagne ; absence étonnante d'esprit militaire chez un peuple qui avait été autrefois si acharné à la guerre civile et qui se montrait encore si brave sous les drapeaux dans la guerre du continent! La stupeur causée par l'audace du jeune Stuart, l'absence de sympathie pour la race hanovrienne, si méprisable dans ses mœurs, si peu nationale dans ses sentiments, pouvaient expliquer cette inertie publique : l'Angleterre se fût sans doute réveillée au moment décisif. Quoi qu'il en soit, un secours de quelque importance, envoyé par la France

---

1. *Campagnes du maréchal de Maillebois* en 1745-46, t. II, *Journal militaire*. — Mém. de Noailles, p. 350. Noailles impute, avec peu de vraisemblance, à Maillebois d'avoir conseillé aux Espagnols d'aller à Milan.

aux Écossais, aurait eu tout au moins pour résultat de rendre la lutte longue et douteuse et de paralyser l'action de l'Angleterre au dehors; mais la supériorité des flottes anglaises rendait cet envoi extrêmement difficile, et Louis XV n'y mit pas un grand zèle, de peur de mécontenter les protestants d'Allemagne, et cela au moment où il perdait par sa faute le seul allié puissant qu'il eût parmi eux : sacrifier à la fois l'Allemagne et l'Écosse, c'était se couper les deux bras!

Au commencement de 1746, on fit mine d'expédier outre-mer le duc de Richelieu avec un corps d'armée; mais on se rebuta dès les premiers obstacles, et les montagnards écossais, refoulés dans leur pays par les forces anglo-allemandes revenues des Pays-Bas, furent écrasés à Culloden (27 avril 1746) par le vaincu de Fontenoi, Cumberland, sans que Richelieu eût essayé sérieusement de s'embarquer. L'orgueil anglais, si cruellement blessé, se vengea par des atrocités qui couvrent d'une honte éternelle le gouvernement et l'armée de la dynastie hanovrienne : les Gaëls barbares d'Écosse avaient fait la guerre en hommes civilisés; les Anglo-Allemands usèrent d'une victoire due au nombre en sauvages ivres de sang; aux fureurs de cette réaction qui promena dans la Haute-Écosse le meurtre, le viol et l'incendie, succédèrent des mesures politiques qui détruisirent l'antique constitution sociale des tribus écossaises. C'était le seul coin du monde qui eût jusquelà gardé l'image presque complète de la Gaule primitive, le régime de la tribu ayant été brisé chez les autres populations restées fidèles à la langue et à une partie des coutumes celtiques, Bretons, Gallois et Irlandais. La petite Gaule écossaise, en périssant avec gloire, étonna, émut fortement l'imagination de la France et de l'Angleterre elle-même, et les traditions celtiques se réveillèrent avec éclat dans l'érudition et dans la poésie [1], alors que disparaissait l'exemple vivant de ces traditions. Plus tard, elles devaient se mêler à la politique de la Révolution française

---

1. Les légendes d'*Artus* avaient révélé au moyen âge la poésie kimrique : le faux *Ossian*, remaniement apocryphe d'un cycle bardique très-réel, fit entrevoir au XVIIIe siècle une couche encore plus ancienne de traditions, la poésie gaëlique. On se rappelle à quel point *Ossian* passionna les imaginations à l'époque révolutionnaire.

et prendre un caractère de véritable renaissance, par opposition aux traditions romaines et germaniques.

Pendant que les nations chrétiennes s'entre-déchiraient de l'Oder aux Apennins et aux montagnes d'Écosse, la puissance qu'on était habituée à regarder comme l'ennemie commune de la chrétienté faisait une tentative très-remarquable pour y rétablir la paix. Le sultan Mahomet V, à l'instigation du pacha Bonneval, fit offrir sa médiation par le grand-vizir aux ministres des puissances chrétiennes à Constantinople [1]. Son intervention était religieuse autant que politique. Il proposait, si le grand pontife des chrétiens envoyait un de ses *apôtres* porter au congrès ses pacifiques exhortations, d'y envoyer pareillement un *derviche* désigné par le mufti. Cette étrange leçon de tolérance et d'humanité fut sans résultat : l'Autriche et l'Angleterre n'acceptèrent pas la médiation othomane. Bonneval, alors, poussa le sultan à offrir son alliance offensive à la maison de Bourbon. Noailles fit rejeter son offre par un mémoire au roi où il allégua des raisons dignes du moyen âge. Il prétendit que l'alliance d'un roi très-chrétien avec l'ennemi du nom chrétien pour faire une guerre offensive aux chrétiens ternirait à jamais le nom du roi, soulèverait toute l'Europe contre lui, et que Dieu ne bénirait pas ses armes, langage et sentiments bien évidemment de convention chez un vieux courtisan de la Régence (fin 1745)! Le vrai motif, qu'il indique d'ailleurs, était la crainte d'attirer une déclaration de guerre de l'Empire et de la Russie (janvier 1746)[2].

Le ministre des affaires étrangères, qui, plus véritablement religieux que Noailles, n'aurait pourtant pas eu la même horreur pour l'alliance des *infidèles*, cherchait, sur ces entrefaites, d'autres combinaisons diplomatiques afin d'empêcher que le nombre des ennemis de la France ne s'accrût, de donner une meilleure direction à la guerre et de préparer l'avenir par delà la lutte présente.

---

1. « N'est-il pas honteux », dit le vizir, « que vous autres chrétiens, qui voulez passer pour vrais croyants, ayez banni du milieu de vous tout esprit de paix, et que nous autres musulmans, que vous nommez *infidèles*, nous nous voyions obligés de vous inspirer des sentiments que vous devriez avoir ! » Le dommage que souffrait le commerce des Othomans fut un des motifs par lesquels il justifia l'intervention de son maître. V. Flassan, t. V, p. 252.
2. *Mém.* de Noailles, p. 348.

Du côté de l'Allemagne, il s'agissait d'obtenir, chose difficile et depuis longtemps sans exemple, que le nouvel empereur n'entraînât point l'Empire dans sa guerre. Les protestations amicales du cabinet de Versailles à la diète germanique, le retrait des forces françaises hors des électorats du Rhin, et le concours actif prêté par la diplomatie prussienne à la diplomatie française, décidèrent la diète à maintenir la neutralité de l'Empire, malgré les efforts acharnés de François Ier, ou plutôt de Marie-Thérèse; car François de Lorraine, faible d'esprit et de caractère, ne fut jamais que l'époux de l'impératrice-reine. Ce succès important avait été préparé et fut consolidé par des transactions particulières avec divers princes allemands. Auguste III, n'ayant plus rien à craindre de la Prusse ni à espérer de l'Autriche depuis la paix avec Frédéric II, vendit sa neutralité comme électeur de Saxe pour 2 millions par an pendant trois ans. On avait conclu des traités analogues avec le Palatin, l'électeur de Cologne, le duc de Würtemberg, et renouvelé le traité de subsides avec le Danemark (mars-avril 1746). Le jeune électeur de Bavière, par compensation, n'eut pas honte de signer un traité de subsides avec l'Autriche et l'Angleterre contre ce gouvernement français qui avait fait tant de sacrifices pour son père!

Le rapprochement entre la France et la Saxe avait une grande portée dans les vues de d'Argenson et dépassait la guerre de la Succession d'Autriche. Ce n'était pas seulement à l'influence autrichienne, mais encore et surtout à l'influence russe que d'Argenson voulait soustraire la maison de Saxe : depuis deux générations, la Russie se servait des Saxons pour abaisser et étouffer la Pologne; d'Argenson pensait que, si la France soutenait la maison de Saxe au lieu de la combattre et l'aidait à se rendre héréditaire en Pologne en poussant à une modification des lois constitutives, les princes saxons, n'ayant plus besoin des Russes, se nationaliseraient et feraient barrière contre la Russie au lieu d'être ses dociles instruments. Cette conception était d'autant plus remarquable, que d'Argenson, tout ministre d'un roi qu'il fût, était, au fond, assez peu monarchique, et qu'il peut passer, dans notre philosophie politique, pour l'anneau intermédiaire entre Fénelon et Rousseau, plus près de ce dernier que de l'autre sous plus d'un rapport¹ ; mais, en fait, il pensait que tout était préférable à l'anarchie qui perdait la Pologne. Le plus grand obstacle à ses desseins était l'indignité personnelle des princes saxons, race dégénérée qui faisait ressortir par un pitoyable contraste la force et la grandeur de la maison de Brandebourg, sa voisine et sa rivale.

Les projets de d'Argenson, quant à la Pologne, regardaient l'avenir ; quant à l'Italie, c'était le présent et l'avenir à la fois qu'il entendait régler par une éclatante péripétie. Il avait repris, complété, systématisé, fait adopter au roi le beau plan de Chauvelin, formulé en traités avec la Sardaigne et l'Espagne en 1733, puis abandonné par Fleuri². Organiser l'Italie en confédération, avec diète permanente, à l'instar de l'Allemagne, expulser entièrement l'Autriche, délivrer tous les états italiens de tous liens de vassalité envers le prétendu *Saint-Empire Romain*, renoncer solennellement, au nom de la France, à jamais rien prétendre au delà des Alpes, *italianiser* les princes étrangers établis en Italie, par l'interdiction de rien posséder hors de la Péninsule, telles étaient les lignes générales de ce noble dessein. La guerre de la Succession d'Autriche avait été entamée par la politique de *convenance*, c'est-à-dire de par le droit du plus fort ou du plus fourbe : d'Argenson prétendait la continuer par la politique de principes, au nom du droit des peuples à l'indépendance nationale. D'Argenson, trop peu connu comme diplomate, car il ne fit qu'apparaître dans ce gouvernement indigne d'être servi par un tel homme, d'Argenson est, dans notre histoire, le lien entre l'ancienne politique française de l'équilibre européen et le droit philosophique moderne des nationalités, entre Richelieu et la Révolution. C'est un devoir pour l'histoire de rétablir cet anneau d'une chaîne glorieuse !

Le seul moyen de réaliser ces vues, c'était de traiter secrètement avec le roi de Sardaigne et d'imposer ensuite le traité tout rédigé à l'Espagne, car il était impossible de faire renoncer autrement Élisabeth Farnèse à l'absurde convention d'octobre 1743. Louis XV le comprit et autorisa d'Argenson à négocier à l'insu des autres

---

1. Nous parlerons plus tard du livre où il a exposé ses théories politiques.
2. V. ci-dessus, p. 181.

ministres et de l'Espagne. Malheureusement, le roi de Sardaigne n'était point un homme supérieur; il ne fut pas saisi autant qu'il eût dû l'être par cette grande conception, dont sa maison aurait eu le principal profit. Ses engagements avec l'Autriche et l'Angleterre ne furent pas ce qui le retint; mais il craignit que la France ne pesât point avec assez d'énergie et de persévérance sur l'Espagne pour la forcer à renoncer au Milanais : on doit d'ailleurs reconnaître que cette défiance n'était que trop motivée par la guerre de 1733. Il se rendit, cependant, quand on lui eut prouvé que Louis XV entrait pleinement, de sa personne, dans les vues de son ministre et avait écrit de sa propre main le plan du partage de l'Italie. Le 26 décembre 1745, des préliminaires secrets furent signés à Turin. Le roi de Sardaigne devait avoir le Milanais, moins Crémone, Tortone et Voghera, qui seraient ajoutés au duché de Parme, partage de l'infant don Philippe. Mantoue serait donné à la république de Venise : Gênes aurait Oneglia et les fiefs impériaux de Ligurie. A la paix, le grand-duché de Toscane devrait être transféré de l'empereur à son frère, le prince Charles de Lorraine, pourvu que ce prince renonçât à toutes prétentions hors de l'Italie. Il n'y avait qu'une seule objection à faire à ce pacte, c'est qu'il était choquant que, dans une organisation basée sur le principe de nationalité, une province française, la Savoie, demeurât annexée à un état italien; mais la politique de d'Argenson était un peu trop désintéressée : il disait, comme déjà autrefois Sulli : « La France est assez grande. » D'après les principes mêmes que d'Argenson appliquait à l'Italie, on ne peut pourtant pas dire que la France soit *assez grande* jusqu'à ce qu'elle se soit complétée autant qu'elle le peut faire sans violer une autre nationalité. Dans les circonstances présentes, d'Argenson aurait eu toutefois d'assez bonnes excuses à donner.

Les préliminaires de Turin furent expédiés aussitôt à Madrid. Le roi de Sardaigne devait apposer sa signature au traité définitif, dès que le roi d'Espagne aurait signé. Les préliminaires furent accueillis à la cour d'Espagne par une explosion de cris et d'injures, et par un refus net. D'Argenson maintint cependant Louis dans sa résolution; mais la conclusion de l'armistice entre la France et la Sardaigne traîna par des difficultés de détail, au grand chagrin de d'Argenson, qui sentait que chaque jour perdu pouvait être irréparable. Les Espagnols étaient supérieurs en forces aux Français en Italie, par suite de la manie de tout concentrer en Flandre, et l'on n'était pas en état de leur faire la loi : cette considération arrêtait encore. L'armistice ne fut signé à Paris que le 17 février 1746, et le comte de Maillebois, fils du maréchal et gendre de d'Argenson, partit pour l'ambassade de Turin avec l'armistice dans sa poche. Retardé par la nécessité de recevoir les instructions du ministre de la guerre, puis arrêté par les neiges dans les Alpes, il n'arriva que le 3 mars à Rivoli, près de Turin. Sur ces entrefaites, la reine d'Espagne, comprenant enfin qu'elle allait tout perdre pour ne vouloir rien céder, lâchait son consentement avec une amère rancune. Il était trop tard. Marie-Thérèse, aussitôt après la paix avec le roi de Prusse, avait expédié trente mille hommes à marches forcées en Lombardie : le roi de Sardaigne, croyant l'Espagne inflexible, n'osant se fier à la fermeté de Louis XV et voyant sa citadelle d'Alexandrie près de tomber par famine au pouvoir des Franco-Espagnols, avait cédé aux instances des Autrichiens et concerté avec eux la reprise des opérations : le 5 mars, les Piémontais investirent brusquement Asti, ville non fortifiée qu'occupaient neuf bataillons français ; ce corps, par la faiblesse de son chef, se rendit prisonnier le 8, au moment où le maréchal de Maillebois accourait au secours ; ce revers amena l'évacuation d'Alexandrie le 10 ; le 19, les Espagnols abandonnèrent Milan pour n'y être pas enlevés par la nouvelle armée autrichienne descendue du Tyrol. Le grand dessein était manqué : Charles-Emmanuel avait brisé, de sa propre main et malgré lui, l'avenir de sa maison et de l'Italie. Quoique les Autrichiens pesassent maintenant sur le Piémont du poids de forces considérables, il n'eût peut-être pas été impossible de renouer l'affaire avec le roi de Sardaigne ; mais Louis XV ne le voulait plus : humilié qu'un petit prince comme Charles-Emmanuel lui eût fait subir l'échec d'Asti, il s'était laissé regagner par les fauteurs de la reine d'Espagne, auxquels s'était joint le vieux Noailles, jaloux de d'Argenson, et il aimait mieux désormais « écraser le roi de Sardaigne que de le supplier, » suivant ses propres paroles au ministre des affaires étrangères : il envoya Noailles comme ambassadeur extraordinaire à Madrid pour se raccommoder avec la cour d'Espagne. La disgrâce de d'Argenson devint dès lors très-probable [1].

La guerre d'Italie ne fut plus qu'une série de fautes et de revers. On voulait la guerre à outrance et, pourtant, on ne renforça presque point les armées alliées, la française, parce que Louis XV entassa de nouveau tout ce qu'il avait de troupes en Belgique, l'espagnole, parce que l'argent et les hommes manquaient à l'Espagne. Telles qu'elles étaient, les armées alliées eussent pu encore se défendre : le comte de Gages, qui commandait les Espagnols, était un très-bon général : le maréchal de Maillebois n'était pas sans mérite ; libres de leurs mouvements, ces deux chefs se fussent concentrés sur Pavie, Valenza et Tortone, avec le territoire de Gênes à dos ; mais la reine d'Espagne entendait que l'on défendît à tout prix son héritage, le duché de Parme. Le commandant du corps qui occupait le Parmesan, pour faire sa cour à la reine, désobéit au comte de Gages et refusa d'évacuer Parme ; l'infant don Philippe ne soutint pas le général en chef, et la plus déplorable confusion se mit parmi les Espagnols. L'armée autrichienne les força d'abandonner Parme ; au lieu de se replier sur les Français, qui disputaient aux Piémontais les confins du Montferrat et de la Ligurie, ils s'arrêtèrent à Plaisance, y furent en quelque sorte bloqués par les Autrichiens et y appelèrent les Français. Maillebois dut obéir à l'infant, généralissime des armées combinées, et abandonner ses communications pour courir à Plaisance. Les Piémontais suivirent les Français. Les Franco-Espagnols attaquèrent précipitamment les Autrichiens, pendant la nuit, afin de prévenir l'arrivée des Piémontais. L'attaque, mal dirigée sur un terrain que les Espagnols n'avaient pas pris la peine de reconnaître, fut repoussée après un grand carnage de part et d'autre (16 juin). L'armée combinée, resserrée entre les deux armées ennemies qui l'affamaient, leur échappa en franchissant le Pô et en allant vivre aux dépens du Milanais (fin juin) ; puis, ayant attiré les Piémontais et une partie des Autrichiens au nord du Pô, elle repassa ce fleuve près de Plaisance, s'ouvrit le passage par une victoire sur le corps d'armée autrichien demeuré à la droite du Pô (10 août), et se

---

1. D'Argenson, p. 366 et suivantes. — Noailles, p. 362. — Flassan, t. V, p. 315.

replia sur Tortone pour se rapprocher du territoire génois. Le fruit de cette belle manœuvre, due au comte de Maillebois, fils du maréchal, fut enlevé aux généraux alliés par un événement politique qui venait de modifier la situation de l'Espagne. Philippe V était mort le 9 juillet, et son successeur, Ferdinand VI, second fils de sa première femme, était étranger aux passions et aux intérêts de sa veuve : Ferdinand montra un égoïsme aussi brutal que sa belle-mère dans un sens opposé; il se hâta d'expédier à l'armée espagnole un nouveau général avec ordre de la ramener sur-le-champ à Nice, sans aucun souci de ce que deviendraient les Génois, objet de tant de ressentiment pour le concours qu'ils avaient prêté à la France et à l'Espagne. Maillebois eût dû se jeter dans Gênes, pour préserver la France de partager la honte des Espagnols; mais il crut devoir suivre don Philippe, contraint lui-même d'obéir au roi son frère. L'armée combinée se retira précipitamment le long de la côte ligurienne, suivie et harcelée par les Piémontais, et ne se maintint même pas dans le comté de Nice : elle repassa le Var le 17 septembre. Dès le 6, Gênes, terrifiée par l'abandon de ses alliés, pressée entre l'armée autrichienne et la flotte anglaise, avait ouvert ses portes aux Autrichiens [1].

Tandis qu'on perdait l'Italie et l'Écosse, l'armée des Pays-Bas, où l'on avait accumulé les moyens d'action les plus formidables, remportait des succès éclatants et faciles. Le maréchal de Saxe, à peu près rétabli de sa maladie, avait brusquement investi Bruxelles au milieu de l'hiver, et cette capitale des Pays-Bas Autrichiens avait dû capituler au bout de trois semaines; un corps d'armée hollandais de douze mille hommes y avait été fait prisonnier de guerre (28 janvier-21 février). Au commencement de mai, le roi vint se mettre à la tête de quatre-vingt-dix mille combattants : l'armée ennemie, qui s'était réunie sur le Demer, était absolument hors d'état de disputer la campagne, malgré les renforts que Marie-Thérèse s'était enfin décidée à dépêcher en Belgique; la présence du roi ne fut pas seulement inutile, mais nuisible; les embarras d'une armée de cour empêchèrent Maurice de Saxe de pousser l'ennemi aussi vivement qu'il l'eût fait et de le cul-

---

1. *Campagnes de Maillebois*, t. II. — *Lettres du maréchal de Saxe*, t. II.

buter dans les bouches de l'Escaut[1]. L'ennemi eut le temps de se retirer sous Breda et l'armée française se rejeta sur Anvers : la ville ne fut pas défendue; la citadelle se rendit le 30 mai. Les Hollandais furent très-effrayés de voir les Français maîtres de frapper leur commerce par la réouverture de l'Escaut, et si, dans ce moment, la diplomatie eût été bien conduite, on les eût amenés à tout faire pour imposer la paix à leurs alliés : ils offraient de faire céder la Toscane à l'infant don Philippe en échange de ses prétentions sur Parme et sur le Milanais. L'influence de d'Argenson était déjà paralysée par celle de Noailles et de la cour d'Espagne : on n'avait pas encore essuyé les grands revers d'Italie ; le roi rejeta ces propositions et chargea ses généraux d'achever la conquête de la Belgique.

Le maréchal de Saxe contint le prince Charles de Lorraine, qui commandait les ennemis, grossis des troupes anglo-allemandes revenues d'Écosse et de nouveaux corps austro-hongrois, et le prince de Conti, avec une partie de l'armée française, prit Mons le 10 juillet, Huile 21, Charleroi le 2 août. Le maréchal de Saxe poussa ensuite les ennemis de Namur sur Liége et fit assiéger derrière lui Namur et ses châteaux, qui se rendirent du 19 au 30 septembre. On fit quinze ou seize mille prisonniers dans ces diverses places. Namur pris, le maréchal de Saxe réunit toutes les forces françaises et assaillit le prince Charles sur les plateaux de la rive gauche de la Meuse, entre Liége et Viset. Raucoux et trois autres villages qui couvraient le front des ennemis furent enlevés de vive force après une lutte meurtrière; les Bavarois, dont le souverain avait si mal reconnu les bienfaits de la France, y furent hachés par les Français, et le prince Charles fut rejeté en désordre sur ses ponts de la Meuse. La nuit empêcha cette défaite de devenir une entière déroute. Les ennemis avaient perdu sept à huit mille hommes et cinquante canons; les Français trois ou quatre mille hommes. La bataille de Raucoux n'eut d'autre résultat que d'empêcher les ennemis d'hiverner dans le pays de Liége et n'est digne de mémoire que par les grandes forces qui y furent déployées (les Français avaient plus de cent

---

1. V. ce qu'en dit le maréchal de Saxe au chevalier de Folard. *Lettres du maréchal de Saxe*, t. II, p. 190.

mille hommes, les alliés quatre-vingt mille), et par l'usage habile que le maréchal de Saxe y fit de l'artillerie, chacune des colonnes d'attaque ayant été pourvue d'une forte batterie qui avançait avec elle. Vainqueurs et vaincus se mirent en quartiers d'hiver. Tout le pays entre la Meuse et la mer était au pouvoir des Français : de tous les Pays-Bas, il ne restait plus à l'Autriche que le Luxembourg et le Limbourg. Quel beau texte pour la cour et pour la gazette! Louis *le Bien-Aimé* avait accompli des conquêtes refusées à Louis le Grand! Sous Richelieu et sous Louis XIV, il est vrai, les conquêtes étaient sérieuses : chaque ville prise était un pas de plus vers les frontières naturelles, une page nouvelle du livre des destinées nationales. Aujourd'hui, ce n'était plus que guerre de parade, triomphes de théâtre, sang versé sans autre but que de conquérir, avec la paix, la fumée d'une vaine gloire.

Il y avait, d'ailleurs, quelque chose de peu flatteur pour l'orgueil national à devoir ces succès à un étranger. Encore cet étranger, ce bâtard de Saxe, avait-il pour principal lieutenant un autre étranger, un bâtard de Danemark, le comte de Lowendahl, homme supérieur, qui s'était formé en commandant les armées russes sous le maréchal Münich. Il ne se formait plus chez nous de généraux. La cause générale était l'extinction des fortes études et des fortes pensées parmi la haute noblesse : nous avons indiqué ailleurs la cause spéciale dans l'organisation de l'armée [1].

Les Français étaient maîtres de la Belgique; mais la France était envahie sur deux points, par la Bretagne, puis par la Provence. A la fin de septembre, une escadre anglaise était venue débarquer dans la baie de Poulduc six mille soldats, qui marchèrent sur Lorient, afin de détruire les établissements et d'enlever les magasins de la Compagnie des Indes. La place n'était qu'à demi-fortifiée et n'était guère défendue que par des milices ramassées à la hâte : le commandant capitula; par bonheur, au moment où il allait livrer la place, les Anglais s'imaginèrent qu'il leur dressait un piége et qu'il s'apprêtait à fondre sur eux avec des forces supérieures; saisis d'une terreur panique, ils se rem-

---

1. D'après Saint-Simon, que Mirabeau confirme énergiquement. V. *Mém.* de Mirabeau, t. I, liv. I; et *Correspondance* de Saint-Simon.

barquèrent et ne remportèrent que du ridicule de leur expédition (7-8 octobre).

L'attaque contre la Provence semblait plus redoutable. C'étaient encore les Anglais qui l'avaient décidée; car les Autrichiens, une fois maîtres de Gênes, eussent bien mieux aimé aller conquérir Naples. La position était critique : les Napolitains s'étaient rembarqués pour leur pays; la majeure partie des Espagnols s'étaient portés par le Dauphiné en Savoie, dernière possession qui restât à don Philippe; l'armée française, fondue par les combats, les maladies et la désertion, ne comptait plus qu'une douzaine de mille hommes, outre quelques milices provençales, et le roi de Sardaigne s'avançait avec quarante mille Austro-Piémontais, soutenus par la flotte anglaise. On ne fut pas en état de disputer le passage du Var (fin novembre) : le maréchal de Belle-Isle, qui reparaissait enfin sur le théâtre de cette guerre ouverte par lui et que le cabinet avait donné pour successeur à Maillebois, crut devoir se replier jusqu'au Puget, à quatre lieues de Toulon. La moitié de la Provence fut livrée aux fureurs des Croates et des pandours.

Un grand événement empêcha l'ennemi de mettre à profit le temps qui s'écoula avant l'arrivée des renforts expédiés de l'armée de Flandre. Les conquérants de Gênes avaient cruellement abusé de leur facile succès : « les Autrichiens, » dit d'Argenson, « excellent en cette lâche et utile qualité de poursuivre à outrance leurs ennemis vaincus. » Cette qualité n'est pas toujours *utile* : les Autrichiens en firent l'expérience. Marie-Thérèse avait traité les Génois comme le souverain le plus rigoureux traiterait à peine des sujets rebelles [1] : elle exigeait d'eux des contributions écrasantes, qui n'épargnaient pas à la population conquise les exactions ni les insultes d'une soldatesque effrénée : le commandant autri-

---

1. « L'impératrice-reine », dit un historien, « était sans pitié : aucun souverain peut-être n'a répandu à un plus haut point la désolation, n'a traité les peuples conquis, ou même les peuples neutres, envahis par ses armées, avec plus de barbarie, ou n'a opposé une plus froide indifférence à leurs lamentations ou à leurs prières ». Sismondi, *Hist. des Français*, t. XXVIII, p. 411. Marie-Thérèse, en effet, avait des qualités de famille et des affections fortes pour ce qui l'entourait; mais sa dévotion étroite et dure n'était associée à presque aucun sentiment d'humanité et ne retenait en rien sa passion favorite, la vengeance.

chien Botta-Adorno, fils d'un transfuge génois, menaçait, à la moindre résistance, de faire brûler la ville et massacrer les habitants : les Anglais, cependant, continuaient d'intercepter et de piller les navires génois, bien que Gênes se fût soumise et qu'il n'y eût plus de guerre. L'énergique peuple de Gênes perdit patience. Le 5 décembre, comme les Autrichiens enlevaient la grosse artillerie de la ville, qu'ils destinaient au siége de Toulon, quelques soldats voulurent forcer, à coups de bâton, les passants à s'atteler à un mortier : une grêle de pierres les mit en fuite : ce fut le signal de la révolte. Pendant cinq jours, ce brave peuple, sans guides, sans chefs, car les riches et les nobles restaient enfermés dans leurs palais, combattit avec acharnement dans le dédale des rues, sur les *salite* escarpées, autour des portes de Gênes. Le 10 décembre, Botta s'enfuit avec sa garnison, diminuée de cinq mille hommes, et repassa les Apennins. Les détachements autrichiens épars sur la côte ligurienne furent cernés et pris par les montagnards soulevés.

Gênes, en s'affranchissant, avait délivré la Provence. Les Austro-Piémontais et les Anglais, privés d'artillerie de siége, troublés par ce qui se passait derrière eux, n'osèrent avancer sur Toulon et ne purent pas même prendre Antibes. Le 21 janvier 1747, le maréchal de Belle-Isle, puissamment renforcé et devenu égal aux ennemis, reprit l'offensive sur tous les points : les Austro-Piémontais ne soutinrent pas le choc et se hâtèrent de repasser le Var (2 février). Leur expédition avait échoué, comme toutes les attaques dirigées contre la France par le sud-est ; mais, cette fois, une diversion étrangère y avait grandement contribué. On ne fut pas du moins ingrat envers Gênes : le honteux abandon où l'on avait laissé cette courageuse alliée fut réparé : de février à mai, en dépit des croisières anglaises, on fit passer à Gênes des ingénieurs, de l'argent, des troupes, un général, qui aidèrent les Génois à se soutenir contre les Austro-Piémontais jusqu'à ce que l'armée française fût en mesure de rentrer en Italie.

La nouvelle de la délivrance de Gênes fut la dernière joie que reçut, avant de quitter le pouvoir, le ministre qui avait rêvé l'indépendance de l'Italie. D'Argenson venait d'obtenir une victoire diplomatique sur un autre point qui ne lui tenait guère moins au cœur. Il remariait le jeune dauphin, tout récemment veuf d'une infante d'Espagne, à une fille de l'électeur de Saxe, roi de Pologne : c'était le premier pas vers son but, relever la Pologne par ce qui avait été l'instrument de sa décadence, par la maison de Saxe (décembre 1746). Au moment même de ce succès, il fut sacrifié à la rancune de la cour d'Espagne et aux intrigues de Noailles et de Maurepas (7 janvier 1747). Le roi, durant l'ambassade de Noailles en Espagne, avait correspondu avec l'ambassadeur à l'insu du ministre : le roi commençait à prendre l'habitude de *conspirer* contre ses ministres et d'entretenir une double diplomatie, l'une officielle, l'autre secrète, faisant, lui, roi absolu, par faiblesse, par fausseté, par un puéril esprit d'intrigue, ce qu'ont fait par position certains rois constitutionnels. Le sage et vertueux d'Argenson n'était point à sa place dans le cabinet de Louis XV, et l'on doit s'étonner, non point qu'il ne soit pas resté aux affaires, mais qu'il ait pu y paraître. La tradition nationale disparut avec lui du gouvernement[1]. Nous avons apprécié ses plans sur l'Italie et la Pologne : ses vues, quant à l'Angleterre, à l'Allemagne et à la Hollande, n'étaient pas moins sages ni moins françaises : faire comprendre à l'Europe l'intérêt qu'elle avait à ne pas subir la domination commerciale et maritime de l'Angleterre; ramener la Hollande à l'alliance française; abaisser l'Autriche en s'appuyant sur la Prusse et tâcher d'enlever la Bohême à l'Autriche. Il avait embrassé, d'une vue ferme et lumineuse, l'ensemble de l'Europe : personne, dans le ministère, n'hérita des larges plans de cet homme, que les beaux esprits de la cour appelaient *d'Argenson la bête,* parce qu'il n'avait que les qualités *nécessaires* et qu'il lui manquait les qualités accessoires, indispensables dans un pareil temps, l'élégance raffinée dans la parole et dans les manières, l'agrément et le liant dans l'esprit, la résignation à perdre son temps et à sacrifier une part de soi-même à ce monde frivole. La Pompadour et Noailles le firent remplacer par un ministre insignifiant, M. de Puisieux.

Il y a des temps où les hommes semblent manquer aux desti-

---

1. Du gouvernement *officiel*; car nous verrons un effort, très-digne de remarque, se produire précisément dans l'ombre de la diplomatie secrète.

nées d'un peuple; d'autres où les hommes se manifestent et sont paralysés par l'incapacité et l'indignité des gouvernants, spectacle plus douloureux encore et qu'offre dans notre histoire le règne de Louis XV. On a vu tomber, à Versailles, deux ministres dignes de conduire la politique de la France : on va voir, aux extrémités du monde, apparaître en vain des héros capables de donner à leur patrie l'empire des mers et de l'Orient. Les affaires maritimes et coloniales, à partir de l'époque où ce récit est parvenu, présentent un intérêt plus puissant et plus poignant que les affaires mêmes de l'Europe.

Maurepas et ses bureaux avaient montré quelque activité pour armer et pour tirer parti du peu de ressources qui restaient à la marine[1], mais sans aucunes vues sérieuses et sans aucun jugement dans le choix des hommes. Ainsi, la flotte expédiée en Amérique, de 1740 à 1741, pour protéger les Espagnols, avait cruellement souffert de l'ignorance d'un marin de cour travesti en vice-amiral du ponant, le marquis d'Antin. En 1744, au contraire, l'escadre de la Méditerranée avait été confiée à un officier expérimenté, au vieux lieutenant-général de Court; il fit très-bien son devoir à la bataille navale de Toulon, et on le révoqua par déférence pour les plaintes injustes des Espagnols! Le ministère français allait de faute en faute[2]. Les Anglais en surent profiter. En 1745, les colonies anglaises du continent américain, qui

---

1. Ils ne dépassèrent pas trente-cinq vaisseaux de ligne : l'Angleterre, suivant Voltaire (*Siècle de Louis XV*, ch. XXVIII), en eut jusqu'à cent trente, qu'à la vérité elle ne pouvait armer et garnir d'équipages tous à la fois.
2. L'injustice et la légèreté de Maurepas venaient de faire avorter les efforts héroïques d'un officier canadien, M. de Varenne La Vérendrie, pour pénétrer du Canada, par l'intérieur des terres, jusqu'au Grand Océan du nord-ouest et résoudre le problème de la jonction ou de la séparation des deux continents américain et asiatique. La Vérendrie espérait trouver, dans le vaste intervalle qui sépare le bassin du Saint-Laurent de celui du Mississipi, quelque grande rivière qui, coulant dans la direction opposée à ces deux fleuves, le conduirait à l'Océan qui regarde la Chine. Encouragé par le gouverneur du Canada, Beauharnais, qui lui donna, à défaut de subside direct, le privilége de la traite dans ces régions inconnues (1731), il s'avança d'abord jusqu'au lac Ouinipigon, à cinq cents lieues de nos établissements ; arrivé là, il réclama les secours directs du ministre de la marine. On les lui refusa (1733-1735). Il poursuivit à ses frais, avec ses quatre fils et son neveu, sa courageuse entreprise. Un de ses fils fut massacré par les sauvages; son neveu mourut; le père et les trois fils restants persévérèrent. Après avoir tenté diverses routes avec des efforts inouïs, ils ne rencontrèrent pas la grande rivière coulant à l'ouest, qu'avait

prenaient un essor toujours croissant, organisèrent une expédition contre l'Ile-Royale ou du Cap-Breton, colonie dans laquelle l'Amérique française cherchait quelque dédommagement de la perte de Terre-Neuve et de l'Acadie. Six mille soldats et volontaires, partis de Boston, débarquèrent devant Louisbourg, place qui avait coûté 30 millions à fortifier depuis 1720 et qui était le boulevard extérieur du Canada et le point d'appui de la grande pêche française. Le désordre régnait dans Louisbourg : les administrateurs de la colonie malversaient et ne payaient pas la garnison; les soldats exaspérés refusaient le service. Les Anglo-Américains, à la faveur de cette confusion, s'emparèrent d'une grande batterie qui protégeait le port et qu'ils tournèrent contre la ville. Louisbourg se rendit après cinquante jours de siége (juin 1745) et les Anglais transportèrent à Brest la garnison et les habitants expatriés¹. L'ennemi, complétement maître du golfe du Saint-Laurent, s'apprêta à envahir le Canada, qu'il cernait par terre et par mer. Au printemps suivant, Maurepas envoya une escadre de dix vaisseaux, avec des transports et des troupes, défendre le Canada et tâcher de recouvrer Louisbourg : il la remit au duc d'Enville, vice-amiral du Levant, qui était parvenu au plus haut grade de la marine sans avoir servi ailleurs que sur les galères de la Méditerranée. D'Enville jeta son escadre au sud des Açores, où la retint un long calme : la disette d'eau, la mau-

espérée le père; mais deux des fils, en remontant le haut Missouri, découvrirent, en 1743, les Montagnes Rocheuses. Ils ne purent franchir cette redoutable barrière qui les séparait de l'Océan occidental, et leur père, écrasé de dettes, sans secours, sans aucun encouragement de l'État, revint à Québec et rendit sa commission au gouverneur.
    Le gouverneur Beauharnais et son successeur La Galissonnière, à force de représentations, arrachèrent enfin à Maurepas une demi-justice. Les La Vérendrie se remirent en campagne (1748); mais le père, épuisé, mourut au moment où il allait reprendre la direction de l'expédition. Un nouveau gouverneur du Canada, La Jonquière, dépouilla les fils de l'héritage qu'ils avaient payé de leurs sueurs et de leur sang, et livra l'entreprise, dans un but de trafic cupide, à ses favoris, qui la perdirent. Les Français ne dépassèrent pas les Montagnes Rocheuses : l'expédition russe de Behring eut l'honneur de résoudre la question de la séparation des continents, et la découverte et la conquête de l'Orégon furent réservées aux Anglo-Américains. P. Margry; *les La Varenne de La Vérendrie; Moniteur* des 14-15 septembre 1852.
    1. Voltaire assure que deux vaisseaux de la Compagnie des Indes et un vaisseau espagnol, qui vinrent se livrer par mégarde aux Anglais, maîtres de Louisbourg, portaient vingt-cinq millions de valeurs. *Siècle de Louis XV*, ch. xxviii.

vaise qualité des vivres, firent naître un scorbut terrible dont on ne put arrêter les ravages : on arriva enfin au Canada dans un état déplorable ; d'Enville mourut de l'épidémie avec près de huit mille marins et soldats, et trois des principaux bâtiments furent enlevés par les Anglais au retour. Le gouverneur du Canada, La Galissonnière, réussit toutefois à repousser les attaques des Anglais, grâce au courage des colons français et à la sympathie des *peaux rouges*.

Les tentatives des Anglais contre la Martinique et contre nos autres Antilles furent moins heureuses que l'expédition de Louisbourg, et quarante corsaires armés à Saint-Pierre (Martinique) vengèrent sur le commerce britannique les pertes que la navigation française essuyait dans la mer des Antilles et ailleurs. Un convoi de quarante vaisseaux marchands, parti de la Martinique, avait été pris ou détruit aux trois quarts en octobre 1745, et deux vaisseaux de ligne, qui l'escortaient, avaient succombé en le défendant. Les Anglais, à leur tour, perdirent dans ces mers neuf cent cinquante vaisseaux et barques valant 30 millions. De beaux combats partiels, soutenus à force inégale, attestèrent que notre marine n'était dégénérée que dans les chefs infligés à nos escadres par un pouvoir insensé [1].

Des dédommagements plus éclatants nous étaient offerts aux Indes-Orientales, malgré le gouvernement et la Compagnie des Indes, qui semblaient s'entendre pour tout perdre. On a déjà nommé plus haut [2] les deux hommes extraordinaires qui dirigeaient alors les intérêts français dans le haut Orient, La Bourdonnais et Dupleix. Il est nécessaire de rappeler ici leur origine et leurs travaux d'avant la guerre. Mahé de la Bourdonnais était né en 1699 dans la patrie de Duguai-Trouin, dans ce Saint-Malo si fécond en marins héroïques, d'une famille d'armateurs [3], qui l'envoya dans la mer du Sud dès l'âge de dix ans. Entré au service de la

---

1. Sainte-Croix, *Hist. de la puissance navale de l'Angleterre*, t. II, p. 212. — L. Guérin, *Hist. maritime de France*, t. II, ch. VII. — Smollett, *contin.* de Hume, l. XIX.
2. V. ci-dessus, p. 211.
3. Sa famille avait des prétentions à la noblesse ; mais lui ne s'en souciait guère. « Je n'ai jamais beaucoup consulté mes titres de famille », dit-il dans ses Mémoires, « et j'avoue de bonne foi que j'ignore absolument si je suis né gentilhomme ou non. » *Mém.* de La Bourdonnais, p. 53 ; Paris, 1828, 2ᵉ édit.

Compagnie des Indes en 1719, il se signala, en 1724, par la part décisive qu'il eut à la conquête de Mahé, place qui, enlevée aux indigènes, assura aux Français une position sur la côte de Malabar. Il fit ensuite une grande fortune en donnant l'exemple du commerce libre d'un port de l'Inde à l'autre. En 1735, il fut nommé gouverneur des îles de France et de Bourbon. Il y fit des prodiges. A Bourbon, il n'eut qu'à développer une prospérité agricole commencée depuis que la culture du café y avait été importée de Moka, et à tâcher de diminuer les inconvénients du manque de ports; mais, à l'Ile-de-France, cette grande position navale, agriculture, commerce, magasins, fortifications, hôpitaux, chantiers, chemins, aussi bien qu'ouvriers, que miliciens et que matelots, il créa tout. Les procédés un peu despotiques, par lesquels il avait discipliné les colons et assuré sa suprématie sur les capitaines de vaisseaux de la Compagnie qui relâchaient dans son gouvernement, lui avaient suscité beaucoup d'ennemis; sa personnalité âpre et envahissante n'était pas propre à les désarmer, et la Compagnie se montrait fort peu reconnaissante de ses services; elle était mécontente de ses dépenses pour fortifier l'Ile-de-France. Dans un voyage qu'il fit en France en 1740, il parvint cependant à dissiper ces nuages et à se faire écouter des deux ministres dont il dépendait, Maurepas et Orri. La guerre paraissant imminente avec l'Angleterre, il proposa aux ministres un projet très-habilement conçu pour ruiner le commerce et les colonies des Anglais dans l'Inde : il demanda pour cela six vaisseaux et deux frégates. On les lui promit; puis on lui manqua de parole et on ne lui donna que trois vaisseaux et deux petites frégates de la Compagnie. Il repartit avec cette petite escadre (avril 1741), ne fit que toucher à ses îles et alla en toute hâte secourir nos comptoirs indiens, non pas contre les Anglais, la guerre n'étant pas encore déclarée, mais contre les Mahrattes, ces belliqueuses tribus indoues qui avaient secoué le joug du Mogol, dominaient le midi de la grande presqu'île et se rendaient également redoutables aux musulmans et aux Européens.

Les Mahrattes s'étaient présentés devant Pondichéri, en réclamant qu'on leur payât un tribut et qu'on leur livrât la famille fugitive d'un nabab musulman vaincu et pris par eux. Le gouverneur Dumas, à qui nos établissements devaient de notables progrès[1], avait refusé avec fierté, et les Mahrattes avaient hésité à attaquer Pondichéri; mais de l'autre côté de la presqu'île indienne, les Malabars assiégeaient Mahé. La Bourdonnais délivra Mahé (fin 1741), puis retourna dans ses îles attendre le signal de la guerre contre les Anglais[2]. Ce qui lui arriva, ce fut l'ordre de désarmer et de renvoyer ses vaisseaux en France (1743)! Le 1er septembre 1744, il apprit que la guerre était enfin déclarée en Europe, mais il reçut en même temps une nouvelle défense d'attaquer les Anglais : le contrôleur-général et la Compagnie se flattaient que la neutralité serait maintenue dans l'Inde entre les deux Compagnies française et anglaise, idée absurde que les Anglais feignirent de ne pas repousser pour se donner le temps d'achever leurs préparatifs. La Compagnie ne sortit de son illusion qu'en apprenant que ses vaisseaux étaient de toutes parts au pillage !

Au moment où la guerre éclata, ce n'était plus Dumas, mais Dupleix qui commandait aux colonies françaises de l'Inde. Joseph François Dupleix, sorti d'une famille de financiers et d'administrateurs[3], n'avait pas été, comme La Bourdonnais, destiné, de naissance, à la vie maritime. Ce furent les étourderies d'une jeunesse difficile à gouverner et trop ardente pour subir la vie monotone des bureaux qui décidèrent son père à le faire embarquer, à 18 ans, comme enseigne à bord d'un vaisseau de Saint-Malo. Il quitta définitivement la France pour l'Inde, au commencement du *Système*, « emportant sur le front le souffle aventureux de Law[4]. » Le crédit de son père, devenu un des directeurs de la Compagnie, le fit entrer, dès 1721, au conseil supérieur de l'Inde française, à Pondichéri. Il y pratiqua le commerce d'*Inde en Inde* ou de grand cabotage, simultanément avec La Bourdonnais, peut-être même avant lui, et bientôt sur une échelle incomparablement

---

1. Il avait obtenu du Grand-Mogol le droit de battre monnaie, refusé aux autres Européens. L'acquisition de Karical lui était due également.
2. Ce fut sur ces entrefaites qu'il découvrit et occupa le petit archipel de Séchelles et prit possession de l'île Rodrigue.
3. Il était né à Landrecies à la fin de 1696, et originaire de Châtellerault.
4. Saint-Priest, *Études historiques sur le* XVIIIe *siècle; la perte de l'Inde sous Louis XV.* Cette étude, brillamment écrite, laisse à désirer quant à l'exactitude des détails; mais l'auteur a été inspiré par une louable pensée, la réhabilitation d'un grand homme méconnu et calomnié.

plus vaste, après qu'il eut été appelé à la direction du comptoir de Chandernagor, sur le Gange¹. Chandernagor, misérable bourgade qui n'avait pas une barque pontée, devint, par lui, une ville florissante et un chantier d'où on lança quinze vaisseaux de la Compagnie, puis il en fit le grand centre du commerce d'*Inde en Inde*; soixante-douze navires, frétés par Dupleix, par ses parents et ses amis, sillonnèrent toutes les mers d'Asie, depuis le golfe Arabique jusqu'aux Philippines. Dupleix avait appuyé l'établissement français des bouches du Gange sur un second comptoir fondé au cœur du Bengale, à Patna, à trente-huit lieues de Bénarès, la cité sainte des brahmanes. Le commerce anglais au Bengale périssait étouffé sous cette formidable concurrence. Le 1ᵉʳ janvier 1740, Dupleix fut nommé gouverneur de Pondichéri et président au conseil supérieur : le 23 octobre 1742, il devint gouverneur-général des possessions françaises dans l'Inde. Il commença dès lors à donner l'essor aux pensées qu'il couvait dans son sein : ses créations commerciales n'avaient été que le prélude de plus grandes choses; le génie d'un Richelieu avait mûri dans un comptoir. Dupleix avait compris, le premier, l'inévitable résultat qu'aurait le contact entre les sociétés stationnaires de l'Orient et les sociétés progressives de l'Europe, qui accroissaient leurs forces en raison de la vitesse de leur mouvement par une loi tout analogue à la loi de la gravitation physique : il avait vu l'Asie destinée, comme l'Amérique, comme le monde entier, à subir la loi des races européennes. La récente invasion de Nadir-schah (1738-1739)² avait manifesté la faiblesse de l'empire mogol, déjà décelée par la révolte des Mahrattes au sud, des Afghans et

---

1. Une première fois envoyé à Chandernagor, il avait été révoqué, grâce à l'inimitié du directeur de Pondichéri, M. Lenoir (1726). Il adressa à la Compagnie un mémoire sur l'avenir de Chandernagor et sur le plan à suivre dans les affaires de l'Inde; ce fut la première révélation de son génie. La Compagnie lui rendit la direction de Chandernagor (septembre 1730).

2. Le schah de Perse avait dispersé l'immense et confuse armée du Grand-Mogol, pillé et dévasté par le fer et le feu la capitale de l'Inde, Delhi, emporté le trésor impérial, qui valait plus d'un milliard, extorqué au Mogol la cession des provinces à l'ouest de l'Indus, avec un tribut de 70 millions par an. Le revenu de l'empire mogol s'élevait à 800 millions. V. Barchou de Penhoen, *Hist. de la Fondation de l'empire anglais dans l'Inde*, t. I, p. 332. — Les Anglais y lèvent aujourd'hui plus de cinq cents millions.

des Seikhes au nord, et par l'insubordination des gouverneurs de provinces (soubahdars et nababs), qui tendaient à s'ériger en grands vassaux inamovibles : Dupleix jugea l'Inde destinée à être conquise, non par d'autres Asiatiques, comme ceux qui venaient de la ravager, mais par les Européens ; entre les Européens, le Portugal était tombé, la Hollande tombait ; restaient la France et l'Angleterre. Dupleix se promit de donner l'Inde à la France.

Il ne s'ouvrit que peu à peu à la Compagnie, à mesure de ses progrès, et lui-même ne s'éleva que par degrés à cette grandiose conception. Son plan avait autant de prudence dans les moyens que d'audace dans le but; le moyen capital était de s'immiscer dans la hiérarchie politique de l'Inde, avec un rôle double, à savoir : rester, d'une part, chef d'une colonie étrangère et indépendante, de l'autre part, devenir feudataire du Grand-Mogol et se mêler à toutes les affaires intérieures de l'Inde pour y saisir ou y faire naître toutes les occasions d'agrandissement [1]. Un auxiliaire brillant d'esprit et de courage lui prêta le plus utile concours ; ce fut sa femme, Jeanne Albert, fille d'un médecin parisien et d'une créole portugaise du nom de Castro ; familière avec tous les dialectes de l'Hindoustan, elle entretint, pour le compte de son mari, une vaste correspondance diplomatique avec tous les personnages indigènes qui pouvaient servir les projets de Dupleix et se rendit célèbre dans l'Inde entière sous le nom de Jân ou Joanna-Begum (la princesse Jeanne).

Le centre d'action imposé à Dupleix par la Compagnie était mal choisi sous le rapport commercial, Pondichéri n'ayant ni port ni débouchés considérables, et les deux grandes régions commerciales de l'Hindoustan étant la côte de Malabar et le Bengale, et non la côte de Coromandel. Sous le rapport politique, cette position avait au contraire de grands avantages ; on pouvait espérer

1. Le point de vue politique et le point de vue commercial se confondaient nécessairement ici, et voici sous quelle forme Dupleix résumait sa pensée devant la Compagnie : « L'Inde étant un gouffre où s'abîme l'argent de l'Europe, y posséder des terres produisant de forts tributs et, sur ces terres, des manufactures, ce sera donner à la Compagnie, qui ne fait pas toujours des envois d'argent réguliers et suffisants, le moyen de faire, sans argent d'Europe, un commerce de plus en plus considérable à mesure que s'accroîtront ces établissements. En cas de concurrence, elle aura l'avantage de se procurer les marchandises à plus bas prix, et, si elle n'a pas de concurrents, ses bénéfices seront énormes. » Note de M. P. Margry.

de dominer les uns par les autres les nababs mogols et les radjahs hindous qui se partageaient l'extrémité sud-est de la presqu'île indienne, et d'y faire, sous le couvert du Grand-Mogol lui-même, un grand établissement territorial qu'il eût été prématuré de tenter au Bengale, trop près du centre de l'empire, et qui eût été impossible à la côte de Malabar, étroite zone serrée entre la mer et les montagnes fourmillantes des belliqueuses tribus mahrattes. S'étendre territorialement dans le Coromandel, se maintenir au Bengale, se relever dans le Malabar, où l'ancienne Compagnie, sous Colbert, avait porté autrefois ses efforts et où l'on avait laissé depuis tomber le commerce français, se lier d'intérêts avec les Mahrattes, la force la plus vivace parmi les indigènes, et avec tous les Européens, Hollandais, Portugais, Danois, pour avoir les mains libres contre les seuls rivaux, les Anglais, telles furent les premières vues de Dupleix [1].

La Bourdonnais n'avait pas de si hautes visées; tout son plan consistait à ruiner à coups de canon les établissements et la marine des Anglais, à développer puissamment le commerce français et à faire de l'Ile-de-France l'entrepôt de ce commerce entre l'Inde et l'Europe. Cette opposition entre les vues de ces deux hommes, aussi énergiques, mais non pas aussi profonds l'un que l'autre, devait avoir de bien fatales conséquences!

Ils avaient d'abord été d'accord, du moins, pour juger la neutralité maritime de l'Inde impossible. Dupleix négocia, cependant, afin d'obéir à la Compagnie, mais tout en achevant *à ses frais* les fortifications de Pondichéri, pour lesquelles on lui avait refusé des fonds. Les présidences anglaises de l'Inde [2] acceptèrent la neutralité pour leur Compagnie, mais se déclarèrent sans pouvoirs quant à la marine royale. C'était un piège; la marine royale française n'avait pas un vaisseau en Asie; l'amirauté anglaise y expédia une petite escadre, qui exécuta précisément le projet que La Bourdonnais avait proposé aux ministres en 1741 et qui enleva ce qu'elle rencontra de nos bâtiments entre l'Inde et la Chine,

---

1. *V.* Anquetil-du-Perron, *l'Inde en rapport avec l'Europe*, t. II, p. 41.
2. Les colonies anglaises n'étaient pas centralisées comme les nôtres : elles se divisaient en quatre présidences, Bombay, Madras, la plus importante, Calcutta, Bancoule (îles de la Sonde).

puis revint menacer Pondichéri, que le gouverneur anglais de Madras se disposait à assiéger par terre (juillet 1745). La garnison était très-faible ; mais on commença de voir les effets de la diplomatie de Dupleix. Le nabab du Carnatic, province où sont situés Pondichéri et Madras, déclara qu'il attaquerait Madras si les Anglais attaquaient Pondichéri. Les Anglais se laissèrent imposer sur terre cette neutralité qu'ils avaient repoussée sur mer.

La Bourdonnais, sur ces entrefaites, se consumait de regrets et de colère dans ses îles. Il ne reçut pas avant le commencement de 1746 les renforts d'Europe indispensables pour agir. Enfin, le 24 mars, il put mettre à la voile avec neuf vaisseaux de la Compagnie, qu'il était parvenu à armer en guerre. Une furieuse bourrasque rejeta son escadre toute brisée et désemparée dans la baie d'Anton-Gil (Madagascar). Il la remâta et la répara sur place en quarante-huit jours, à force d'énergie et d'inventions ingénieuses. Le 6 juillet, il fut en vue de l'escadre anglaise, sur la côte de Coromandel. Les Anglais n'avaient que six voiles contre neuf ; mais leurs navires étaient de la marine royale et fort supérieurs par le tonnage, par la qualité des équipages et le calibre des canons. Après un engagement très-vif, les Anglais se retirèrent sur Ceylan. La Bourdonnais arriva victorieux à Pondichéri et s'y trouva en présence de Dupleix. Deux systèmes opposés, deux autorités indépendantes l'une de l'autre avec des limites mal déterminées, deux caractères également fiers et absolus, l'un emporté et rancuneux, l'autre concentré, profond, inflexible, c'était plus qu'il n'en fallait pour susciter d'inévitables conflits : mais ce n'était rien encore ! Les ministres et la Compagnie avaient tout fait pour rendre la conciliation impossible ; ils avaient tout à la fois conféré à La Bourdonnais des pouvoirs qui semblaient l'autoriser à prendre la prépondérance pour les opérations militaires, et investi Dupleix d'une sorte de dictature, en lui permettant secrètement d'agir sans le contrôle du conseil supérieur de l'Inde : ils avaient tout à la fois défendu à La Bourdonnais de conserver les comptoirs ennemis dont il s'emparerait et enjoint à Dupleix de prendre possession de Madras, si l'on pouvait s'en rendre maître, et de céder cette colonie anglaise au nabab de Carnatic. Enfin, La Bourdonnais avait été désigné par le contrôleur-général comme le successeur éventuel de Dupleix, et celui-ci le savait! Aussi, ces deux hommes, dont l'accord nous eût donné l'Asie, furent-ils ennemis dès le jour de leur rencontre!

Après deux mois perdus en tiraillements, en défiances réciproques, en efforts infructueux pour atteindre l'escadre anglaise, La Bourdonnais se décida au siège de Madras : deux mille soldats, débarqués de l'escadre, assaillirent une ville de cent mille âmes, garnie de deux cents pièces de canon, mais mal fortifiée par la lésinerie de la Compagnie anglaise, qui n'avait pas montré jusqu'alors plus de vues politiques que la française. Le gouverneur anglais avait compté que le nabab de Carnatic interviendrait au nom de la neutralité qu'il avait garantie; mais le nabab, prévenu qu'on lui céderait Madras, ne bougea pas. Les Anglais, peu nombreux parmi une masse inerte d'Hindous, s'effrayèrent et se rendirent presque sans résistance (15-21 septembre 1746). La Bourdonnais exigea qu'ils fussent tous prisonniers de guerre et que tous les biens meubles, soit de la Compagnie anglaise, soit des particuliers, fussent livrés aux Français; mais il promit que la ville serait ensuite restituée aux Anglais, et les prisonniers délivrés, moyennant une rançon d'environ 9 millions. Il croyait rendre un grand service à la Compagnie en lui assurant un butin de 13 à 14 millions, outre la part des soldats et des marins et celle qu'il se faisait à lui-même. Dupleix ne l'entendait pas ainsi : n'ayant pu prévenir cette capitulation, il voulut obliger La Bourdonnais à la rompre et lui signifia qu'il avait outre-passé ses pouvoirs; que Madras ne serait pas rendu aux Anglais. La Bourdonnais répondit qu'il était maître de sa conquête, qu'il avait exécuté ses instructions et qu'il tiendrait sa parole. La querelle en vint à ce point, que le conseil supérieur, que présidait Dupleix, voulut, dit-on, faire arrêter ou enlever La Bourdonnais dans Madras, et que La Bourdonnais fit arrêter les officiers du conseil. On rentra toutefois en pourparlers; mais, tandis que La Bourdonnais s'obstinait à rester à Madras jusqu'à ce que l'affaire fût réglée, arriva l'époque semestrielle du vent du nord (mousson), saison dont le début est très-dangereux pour les vaisseaux sur cette côte dépourvue de ports et de havres. La nuit du 13 au 14 octobre, un terrible ouragan abîma corps et biens deux des vaisseaux de La Bourdonnais et démâta les autres. C'était le naufrage de sa fortune. Le malheureux marin se résigna enfin à quitter l'Inde à la fin d'octobre et à ramener à l'Ile-de-France ceux de ses navires qui purent tenir la mer.

Il trouva dans ses îles un successeur déjà installé. La Compagnie le punissait de torts qui étaient à elle et aux ministres beaucoup plus qu'à lui, présage peu rassurant pour le rival à qui on semblait le sacrifier et qui n'avait pas lieu de s'attendre à plus de justice. Il voulut retourner en France pour se justifier : il passa aux Antilles et, de là, en Europe, déguisé, sur un bâtiment hollandais : le navire relâcha en Angleterre ; La Bourdonnais fut reconnu et saisi comme prisonnier de guerre. Il sut qu'une instruction judiciaire était commencée contre lui à Paris : il obtint du gouvernement anglais la permission de rentrer en France sur parole ; à peine arrivé, il fut jeté à la Bastille (6 mars 1748). Les vieilles haines qui couvaient contre lui dans les bureaux de la Compagnie s'étaient jointes aux dénonciations parties de Pondichéri. Il fut tenu plus de deux ans au secret[1] ! Ce fut seulement pendant la troisième année de son emprisonnement qu'il put se faire entendre. Il le fit avec un succès complet : l'accusation de trahison n'était pas soutenable ; celle de désobéissance tomba devant les instructions ministérielles qu'il exhiba. Il fut acquitté aux applaudissements universels (1751) ; mais sa santé était ruinée par la captivité ; son frère et son meilleur ami, enveloppé dans son procès, était mort dans les fers ; la Compagnie, soutenue par l'arbitraire ministériel, lui disputait les débris de sa fortune. Il mourut, miné par le chagrin, le 10 novembre 1753. La France entière le pleura, sans savoir la vraie cause de ses malheurs, et la défaveur qui rejaillit sur Dupleix, présenté comme un rival égoïste et jaloux, prépara une seconde et plus grande victime[2].

---

1. Il écrivit ses Mémoires, pendant ce temps, avec du vert-de-gris et du marc de café, sur des mouchoirs blancs empesés dans du riz et séchés au feu.

2. *Mém.* de La Bourdonnais. — Saint-Priest. — L. Guérin, t. II, ch. VII. — Barchou de Penhoën, *Hist. de la Fondation de l'empire anglais dans l'Inde*, t. I, liv. IV. — Cette accusation de malveillance et de jalousie était si peu fondée, que La Bourdonnais, après son acquittement, ayant équipé un vaisseau pour le commerce de l'Inde, Dupleix lui donna toutes facilités pour la réussite de son armement. « Je l'ai reçu, non comme

Dupleix devait avoir auparavant plus d'un jour de splendeur. Aussitôt après le départ de La Bourdonnais, le nabab de Carnatic avait sommé les Français de lui remettre Madras. Telle n'était pas l'intention de Dupleix. Le nabab, n'obtenant point de réponse satisfaisante, envoya son fils, avec dix mille hommes, assiéger la ville. Quelques centaines de Français mirent ce corps d'armée en pleine déroute. C'était la première fois que les Européens en venaient aux mains avec les Mogols, jusqu'alors respectés de tous les colons comme les maîtres de l'Inde. L'effet moral fut grand. Dupleix poursuivit ses desseins. Il déclara nulle la capitulation de Madras, chassa les colons anglais, invita les commerçants et artisans des diverses races orientales qui habitaient Madras à venir s'établir à Pondichéri, rasa la ville indigène et augmenta les fortifications de la ville anglaise[1]. Il voulut ensuite achever d'expulser les Anglais du Carnatic. Le nabab vint au secours du fort anglais de Saint-David (ou Goudelour), et les Mogols et les Anglais réunis parvinrent à repousser l'attaque. Dupleix regagna le nabab par les négociations et l'argent; mais le retour de l'escadre anglaise, renforcée, obligea de lever une seconde fois le siége de Saint-David (décembre 1746-mars 1747).

L'infériorité navale était la principale cause qui arrêtait les progrès de Dupleix. La marine royale française ne se montrait pas dans l'Inde. L'année 1747 voyait consommer sa ruine dans d'autres parages, et sa faiblesse numérique achevait l'œuvre commencée par l'incapacité de ses amiraux de cour. Au mois de mai, le chef d'escadre La Jonquière, chargé d'escorter, avec cinq vaisseaux de ligne, un riche convoi marchand, fut rencontré, à la hauteur du cap Finistère (Galice), par seize vaisseaux de ligne anglais que commandait l'amiral Anson. Il sauva la plus grande partie de la flotte marchande par l'opiniâtreté de sa résistance, mais il fut

---

le vaisseau *d'un ennemi qui ne cherche qu'à me nuire*, mais comme s'il avait appartenu à mon propre frère. » Lettre de Dupleix, communiquée par M. P. Margry, d'après les papiers de la famille Dupleix. Malheureusement, les accusations de Dupleix étaient plus fondées que celles de son rival, et La Bourdonnais fit, avant de mourir, un mal immense par les préventions qu'il répandit contre Dupleix et ses projets dans les bureaux du ministère et de la Compagnie.

1. Toutes les villes coloniales de l'Inde se divisaient en ville *blanche* ou européenne et en ville *noire* ou indigène.

forcé de se rendre avec ses vaisseaux de guerre et sept navires de la Compagnie qui avaient pris part à l'action. Quelques semaines après, une flotte marchande de quarante bâtiments, venant de Saint-Domingue, fut enlevée par les Anglais sur ces mêmes côtes de Galice. Dans le courant d'octobre, un nouveau combat se livra presque au même lieu et dans les mêmes circonstances que celui du mois de mai. Le chef d'escadre L'Estenduere escortait, avec huit vaisseaux de ligne, deux cent cinquante-deux voiles marchandes : il fut attaqué par l'amiral Hawke, à la tête de vingt-trois vaisseaux. L'Estenduere fut, non pas plus brave, mais un peu moins malheureux que La Jonquière : il sauva tout son convoi, perdit six de ses vaisseaux de guerre et se fraya une glorieuse retraite avec les deux derniers, grâce au dévouement d'un capitaine, qui, pouvant gagner le large, était venu joindre son chef à travers la flotte ennemie, pour le sauver ou pour périr avec lui [1].

Maîtres des mers, les Anglais se préparèrent à venger leurs affronts dans l'Inde. De 1747 à 1748, ils y expédièrent des forces telles que l'Europe n'en avait point encore montré dans le Haut-Orient. L'amiral Boscawen, après avoir reconnu l'impossibilité d'attaquer l'Ile-de-France, quoique veuve de La Bourdonnais, se présenta sur la côte de Coromandel au commencement d'août 1748, avec trente navires armés, dont treize de haut bord, et y débarqua un gros corps de soldats et de matelots exercés aux armes. Quatre à cinq mille Européens et de nombreuses bandes indigènes, soulevées par les Anglais, marchèrent sur Pondichéri. Dupleix était en mesure de les bien recevoir, à la tête de quatorze cents Français et de deux mille cipayes ou Indiens de caste guerrière, dressés à l'européenne : c'était encore là une des créations de son génie; il avait compris tout le parti qu'un conquérant européen pouvait tirer de la bravoure et de la docilité des kchatryas, seul élément guerrier conservé au milieu de races amollies. Paradis, l'officier qui avait le plus contribué à la prise de Madras, ayant été blessé mortellement au commencement du siége, Dupleix dirigea en personne la défense et y reçut une blessure.

---

1. Sainte-Croix, t. II. p. 214. — Smollett, *contin.* de Hume, liv. XX.

Sa femme le seconda d'une manière admirable : elle le mettait au courant de toutes les démarches des ennemis par les nombreux agents indigènes qu'elle entretenait jusque dans leur camp ; elle bravait tous les dangers à ses côtés, soutenant officiers et soldats par des propos « dignes de l'ancienne Rome ». Une bombe éclata à quatre pas d'elle. Ces généreux efforts furent couronnés de succès. Les attaques du côté de terre furent repoussées avec grande perte : le bombardement, du côté de la mer, ne réussit pas mieux ; la mousson du nord, si funeste naguère à La Bourdonnais, arrivait et obligeait la flotte ennemie à la retraite ; le siége fut levé le 18 octobre, trop tard encore ; plusieurs vaisseaux anglais périrent comme avaient fait ceux de La Bourdonnais.

L'Inde entière retentit de ce grand échec des Anglais : les nababs de la péninsule, le soubahdar (vice-roi) du Dekhan, leur suzerain, le Grand-Mogol lui-même, félicitèrent le vainqueur : l'ascendant de Dupleix l'emportait. L'heureux défenseur de Pondichéri put travailler dès lors, avec autant de génie que de persévérance, à s'assurer une base territoriale qui le mît, autant que possible, à l'abri des chances de la guerre maritime [1].

Il faut maintenant retourner en Europe et voir comment on y dirigeait cette France, dont l'honneur était si énergiquement soutenu au bout du monde.

On avait manqué, au commencement de 1746, l'occasion de faire la paix, ou, tout au moins, d'enlever la Hollande à la coalition : au mois de septembre de la même année, des conférences s'ouvrirent à Breda entre la France, l'Angleterre et la Hollande. Le patriciat bourgeois qui gouvernait la Hollande, et qui se sentait de plus en plus menacé par la faction stathoudérienne à mesure que les armes françaises se rapprochaient des Provinces-Unies, souhaitait sincèrement la paix : Louis XV, et surtout sa maîtresse, déjà très-puissante, y inclinaient fort ; il n'en était pas de même des Anglais ; leur envoyé ne voulut entamer à fond aucune discussion, avant que l'on n'eût appelé au congrès des ministres autrichiens

---

1. Notes communiquées par M. P. Margry, d'après les papiers de la famille Dupleix. — *Mém.* de La Bourdonnais. — Saint-Priest. — Sainte-Croix, t. II, p. 231. — Barchou de Penhoën, t. I, liv. IV.

et piémontais; il semblait naturel que les Anglais ne négociassent pas sans leur alliée, l'Autriche; cependant le seul moyen de s'entendre sur les préliminaires eût été de les traiter sans l'Autriche et sans l'Espagne. Cette difficulté arrêta tout et, le 17 avril 1747, une déclaration royale annonça que, pour arrêter ou prévenir les effets de la protection que les États-Généraux accordaient aux troupes de la reine de Hongrie et du roi d'Angleterre, le roi de France se trouvait obligé de faire entrer son armée sur le territoire de la république, « sans rompre avec elle »; que ses troupes observeraient la plus rigoureuse discipline et que les places et pays occupés seraient restitués aux Provinces-Unies, dès qu'elles auraient donné la preuve qu'elles renonçaient à secourir les ennemis de la couronne de France [1].

Cent vingt mille combattants avaient été placés sous les ordres de Maurice de Saxe. Le jour même où parut la déclaration du roi, le comte de Lowendahl, avec un gros corps détaché de cette armée, se jeta sur la Flandre hollandaise. L'Écluse, Ysendick, le Sas-de-Gand, les forts de Philippine, de la Perle et de Liefkenshoëk, Hulst, Axel, Sandberg, toutes ces forteresses devant lesquelles s'étaient brisées autrefois les armées de l'Espagne et qui avaient arrêté Vauban lui-même, tombèrent en moins d'un mois : délabrées, mal garnies (la plupart des troupes de la république avaient été prises par les Français dans les places des Pays-Bas autrichiens), elles ne purent être secourues par la nombreuse armée des alliés, qui s'était rassemblée dans le Brabant hollandais, mais que contenait le maréchal de Saxe [2]. Seulement, une escadre anglaise aida la flotte assez faible des Provinces-Unies à prévenir un débarquement des Français en Zélande.

Le contre-coup politique de ces succès militaires justifia l'opposition qu'avait toujours faite le marquis d'Argenson à tout projet d'attaque contre la Hollande. Le vieux parti stathoudérien, soutenu, excité par les intrigues et par l'or de l'Angleterre, renouvela

---

1. Flassan, t. V, p. 373.
2. Les historiens militaires signalent, dans ces siéges, les bons services des bataillons de grenadiers qu'on avait tirés des milices depuis 1745. Les soldats dus à cette espèce de recrutement, si altéré qu'il fût par beaucoup d'abus, devenaient promptement une très-valeureuse infanterie. *V.* d'Espagnac, *Hist. du maréchal de Saxe*, t. II, p. 321.

1672. Le peuple, emporté par ses souvenirs et par l'instinct de la concentration du pouvoir en présence de l'invasion, se souleva en faveur de la branche cadette des Nassau et força les corps de ville, puis les États-Provinciaux, à proclamer stathouder, amiral et capitaine-général de Hollande, de Zélande, d'Utrecht et d'Over-Issel le prince d'Orange Guillaume IV, chef de la branche de Nassau-Dietz et gendre de George II. Il était stathouder héréditaire de Frise, charge qui était dans sa branche du temps où la branche aînée gouvernait les autres provinces, et il avait été élu, depuis quelques années, stathouder de Groningue et de Gueldre, ce qui avait commencé la contre-révolution (23 avril-11 mai). Quelques mois après (23 octobre), le stathoudérat et les deux grandes charges militaires furent déclarés héréditaires même dans la ligne féminine, les filles des Nassau devant faire exercer ces charges par leurs maris, à condition qu'elles n'épouseraient ni rois ni électeurs. L'espèce de monarchie constitutionnelle fondée au profit des Nassau sous le nom de république, remplacée une première fois, en 1650, par la république bourgeoise, rétablie en 1672, supprimée de nouveau en 1703, se releva ainsi pour durer un laps de temps à peu près égal à celui de sa seconde suppression. La Hollande devait être pour longtemps absorbée par l'Angleterre, dont Guillaume IV et sa famille ne furent plus que les satellites. Il n'y avait point eu, cette fois, de Jean de Witt à massacrer ; les patriciens de la république bourgeoise étaient bien dégénérés ; mais il y avait encore moins de Guillaume III ! Tout s'était amoindri dans le gouvernement de la Hollande comme dans celui de la France ; mais, en Hollande, ce n'était pas seulement le gouvernement, c'était la nation qui était déchue ! L'aristocratie municipale n'avait rien su faire pour soutenir le pouvoir qu'elle avait reconquis, ni pour affectionner le peuple à la liberté politique ; mais les nouveaux stathouders tombèrent bien au-dessous du gouvernement bourgeois [1].

---

1. Les causes économiques de la décadence de la Hollande méritent quelques observations. Les manufactures de Hollande étaient tombées par l'élévation des taxes, qui avaient enchéri les denrées, fait déserter les ouvriers, dont le salaire n'augmentait pas à proportion, et surtout enchéri les marchandises, qui ne purent plus soutenir la concurrence étrangère. La pêche du hareng avait diminué de moitié, et ses profits, qui avaient jadis fondé la somptueuse Amsterdam, étaient réduits

Le peuple hollandais s'était fait illusion : l'avénement d'un prince sans talents et sans initiative à la direction des Provinces-Unies n'apporta aucune force nouvelle aux alliés. Les Français gardèrent l'offensive, quoique les alliés leur fussent au moins égaux en nombre, grâce aux efforts et aux énormes dépenses de l'Angleterre. Louis XV vint, au commencement de juin, rejoindre Maurice de Saxe, qu'il avait créé maréchal-général des armées françaises, titre porté autrefois par Turenne, puis par Villars. Maître de tout le pays à la gauche de l'Escaut, Maurice songeait à attaquer la grande place de la Basse-Meuse, Maëstricht ; il fit marcher l'armée dans cette direction ; les ennemis se portèrent entre les sources du Demer et Maëstricht. Le 2 juillet, Maurice les assaillit dans une position à peu près semblable à celle où il les avait battus l'année précédente auprès de Liége. Ils occupaient une suite de plateaux, de la Meuse et du Jaar au Demer, et s'appuyaient sur plusieurs villages. La clef de la position était le village de Lawfeld. Lawfeld fut emporté après six attaques très-meurtrières, et les autres villages furent évacués ; mais Maurice n'atteignit pas son but, qui était de couper les communications des ennemis avec Maëstricht : les vigoureuses charges de la cavalerie anglo-hanovrienne, qui finit par être rompue et écrasée, avaient donné au duc de Cumberland le temps d'opérer sa retraite

presque à rien ; de même, pour la pêche de la baleine. Les armateurs ne s'en tiraient plus que parce qu'ils étaient en même temps marchands d'agrès et de munitions, et parce que l'intérêt de l'argent était extrêmement bas. La Hollande n'était plus l'entrepôt universel, l'intermédiaire des nations. Les Suédois, les Danois, les Hambourgeois, surtout, lui enlevaient une partie du fret de l'Europe. La diminution des bénéfices du commerce par la concurrence faisait d'ailleurs que le vendeur cherchait à se passer d'intermédiaire. Les droits dans les ports de Hollande écartaient les navires étrangers. La Hollande avait cessé de tenir le monopole presque absolu des assurances maritimes ; chaque peuple avait les siennes. Les énormes capitaux amoncelés dans les Provinces-Unies, n'y trouvant plus d'emploi, même à très-bas prix, s'étaient écoulés au dehors : de courtiers du monde, les Hollandais en étaient devenus les prêteurs ; ils avaient 1,600 millions de placés en Angleterre, en France, en Autriche, en Saxe, en Danemark, en Russie, et, le plus grand flux de capitaux s'étant porté d'abord en Angleterre, ce n'avait pas été une des moindres raisons de l'assujettissement des Hollandais aux Anglais, le créancier se trouvant à la discrétion du débiteur en cas de guerre, comme l'observe fort bien Saint-Simon. En résumé, les particuliers étaient très-riches ; l'État ne l'était plus. V. Rainal, *Hist. Philosophique des deux Indes*, t. III, p. 310 et suivantes, édit. in-4° ; 1786. La fortune maritime de l'Angleterre, qui détrôna la Hollande, fut ainsi édifiée, en partie, avec l'argent hollandais.

avec le gros de l'armée et de repasser la Meuse. Ce fut la répétition de Raucoux. Les ennemis avaient perdu neuf ou dix mille hommes, et les Français cinq à six mille. La victoire ne fut donc pas assez complète pour rendre possible le siége de Maëstricht : Maurice s'en dédommagea en envoyant sur ses derrières Lowendahl assiéger Berg-op-Zoom. Cette place, chef-d'œuvre de Coëhorn, qui commande l'embouchure orientale de l'Escaut, passait pour imprenable, et sa forte garnison avait des communications assurées par eau avec un gros corps accouru à l'aide. Ni la vigoureuse résistance d'un ennemi sans cesse ravitaillé, ni les maladies causées chez les assiégeants par les marais du Bas-Escaut, ne découragèrent Lowendhal. On ne pouvait espérer de réduire la place par famine; on l'emporta d'assaut par trois brèches que le gouverneur croyait impraticables; comme autrefois à la prise de Valenciennes, les soldats français pénétrèrent avec impétuosité d'ouvrage en ouvrage jusqu'au cœur de la ville (16 septembre). Malheureusement, les horreurs, autrefois accoutumées dans les villes prises d'assaut, souillèrent cet éclatant succès; les armées françaises avaient jusque-là, dans cette guerre, laissé le monopole de ces barbaries aux sauvages hordes de l'Autriche.

Le roi repartit pour Versailles le 23 septembre, après avoir renouvelé aux États-Généraux ses protestations de consentir à une paix raisonnable : il y avait toujours un ministre de France à La Haie, la guerre n'étant point absolument déclarée par la singulière signification qui avait précédé la campagne. Maurice de Saxe avait, de son côté, remis au général Ligonier [1], pris à Lawfeld à la tête de la cavalerie anglaise et renvoyé sur parole, un mémoire du ministre Puisieux, qui offrait de rendre toutes les conquêtes du roi, sauf Furnes, pour couvrir notre frontière ouverte par le démantèlement de Dunkerque. Louis XV avait assez de gloire. On convint d'ouvrir un congrès à Aix-la-Chapelle.

La guerre avait été très-vive en Ligurie et dans les Alpes durant cette campagne. Marie-Thérèse ne respirait que vengeance contre les Génois; l'Angleterre donna 300,000 livres sterling aux Austro-Piémontais pour les frais du siége de Gênes : deux mois après

---

1. Fils d'un réfugié français.

l'évacuation de la Provence, un corps d'armée autrichien força de nouveau le passage des Apennins, et la courageuse cité fut assiégée par terre et par mer (avril 1747). Un brave et habile général, fils du maréchal de Boüfflers, six mille soldats français et un subside de 250,000 francs par mois assurèrent la durée de la défense : l'Espagne avait envoyé quelques soldats, quelques munitions et beaucoup de promesses. Le gouvernement de Ferdinand VI, sans argent et sans autre ressource qu'une vingtaine de mille hommes qu'il ne pouvait plus recruter, avait ordonné à son général de ménager ses troupes à tel point, que l'armée d'Espagne, au dire des Français, « ne servait pas plus que si elle eût été de carton. » Malgré le peu de secours qu'il tirait des Espagnols, le maréchal de Belle-Isle reprit le comté de Nice sur les Piémontais (5 juin). Les Franco-Espagnols menaçaient de rentrer en Piémont. Le roi de Sardaigne rappela ses troupes de Ligurie et pressa ses alliés de l'aider à protéger ses états. Le siége de Gênes fut levé. La France avait rendu à Gênes le service qu'elle en avait reçu, et Boufflers n'avait pas seulement défendu Gênes, il l'avait pacifiée, en s'interposant entre le peuple exalté par son triomphe et les hautes classes trop étrangères à la délivrance de la patrie. Ce n'était pas, comme la Hollande dégénérée, par le sacrifice de sa liberté, que le noble peuple de Gênes croyait pouvoir sauver son indépendance vis-à-vis de l'étranger. Boufflers, ce dont on ne peut s'étonner, pencha un peu plus que de raison du côté de l'aristocratie.

Gênes sauvée, il s'agissait de reprendre l'offensive contre le Piémont; le général espagnol, Las-Minas, voulait qu'on attaquât par la Ligurie; Belle-Isle, par le Dauphiné. Après bien des tiraillements, la descente fut décidée par le Haut-Dauphiné; tandis que Las-Minas inquiétait l'ennemi par la route de la Corniche (Ligurie) et que le maréchal de Belle-Isle menaçait les cols de la Stura, le chevalier de Belle-Isle, frère du maréchal, partit de Briançon avec un troisième corps et s'engagea dans les montagnes inaccessibles qui séparent la vallée de la petite Doire et celle du Chiusone : il voulait passer entre les forteresses d'Exilles et de Fénestrelles et déboucher par les gorges les plus sauvages des Alpes sur le val du Sangone, qui mène à Turin; il fut arrêté au col de l'Assiette par un retranchement en pierre sèche et en bois, que défendait un corps piémontais. On ne put tourner ni dominer la position; on l'attaqua de front avec une aveugle impétuosité; pendant deux heures les Français se firent mitrailler et fusiller à bout portant sans réussir à franchir un obstacle qui n'eût pu être renversé que par du gros canon; le chevalier de Belle-Isle, désespéré, alla mourir en plantant un drapeau sur les retranchements piémontais. Plus de cinq mille Français morts ou blessés jonchèrent ce fatal défilé (19 juillet). Le chevalier de Belle-Isle avait été pour moitié dans tous les projets, dans tous les rêves de son frère, et avait contribué autant que lui à cette guerre où il devait périr.

On ne renouvela pas cette malheureuse tentative pour forcer les Alpes; mais on fit passer à Gênes le duc de Richelieu avec des renforts qui portèrent au moins à quinze mille hommes le corps auxiliaire français (fin septembre), et les Franco-Génois reparurent au nord des Apennins, sur les derrières des armées austro-piémontaises.

Les négociations furent entamées durant l'hiver, mais avec peu de sincérité de la part des alliés, qui, pleins de mépris pour la modération ou la faiblesse de Louis XV, jugeaient qu'il serait toujours trop heureux de rendre ses conquêtes, si l'on était réduit à les accepter de sa main. L'entêtement farouche que Marie-Thérèse prenait pour de la magnanimité, et la haine de George II pour la France, entravaient tout. L'espoir d'un secours important les endurcissait encore. La Russie se décidait à intervenir et le roi d'Angleterre avait obtenu de la tzarine Élisabeth la promesse de tenir trente-sept mille fantassins à sa disposition, moyennant un faible subside de 100,000 livres sterling (juin-novembre 1747-février 1748). Dès le mois de février, les Autrichiens recommencèrent, contre le territoire génois, des attaques qui furent vivement repoussées par Richelieu.

« Sire », avait dit Maurice de Saxe à Louis XV, « la paix est dans Maëstricht ». Cette grande place d'armes des Hollandais devait, en tombant, livrer la basse Meuse et l'entrée des Provinces-Unies par le côté où l'Angleterre ne pouvait les secourir. L'administration militaire, le service de l'intendance, étaient redevenus très-bons sous le ministère du comte d'Argenson, surtout par l'impulsion de ce vieux Pâris Duvernei que l'on a vu premier ministre de fait sous le ministère de *Monsieur le Duc*, et qui avait repris une certaine influence sur le matériel des affaires. De vastes préparatifs furent terminés de bonne heure et, le 13 avril, deux armées qui avaient marché par les deux rives de la Meuse, en feignant de menacer Breda, investirent Maëstricht, sans que les alliés fussent en état de s'y opposer.

Cette nouvelle produisit une vive impression sur le congrès, réuni à Aix-la-Chapelle. Les fonds publics, depuis quelque temps, avaient beaucoup baissé en Angleterre : il y avait de l'agitation dans ce pays, qui seul nourrissait la guerre; le spectacle pompeux de tous ces chariots remplis d'or, d'argent et d'objets précieux, qui voituraient de temps à autre dans Londres les prises faites sur le commerce de France et d'Espagne, commençait à ne plus faire oublier au peuple le poids des impôts, qui atteignait au moins 9 millions sterling (225 millions) pour l'année. Les ministres, les frères Pelham, qui avaient remplacé le fougueux Carteret, étaient moins belliqueux que le roi et l'avaient amené à donner au plénipotentiaire anglais des instructions qui rendaient la paix possible dans certains cas. Le plénipotentiaire, lord Sandwich, jugea le cas arrivé et, de concert avec l'ambassadeur hollandais, remit au comte de Saint-Séverin, plénipotentiaire de France, un projet qui parut acceptable (26 avril). Les préliminaires de paix furent signés le 30 avril entre la France, l'Angleterre et la Hollande, sans attendre la signature des envoyés d'Autriche et d'Espagne : c'était l'unique moyen d'arriver à un résultat. Les principales conditions furent la restitution des conquêtes respectives; la cession du duché de Parme à l'infant don Philippe par Marie-Thérèse; le maintien aux rois de Prusse et de Sardaigne de ce qui leur avait été cédé par l'Autriche; le renouvellement de la sanction donnée à la pragmatique autrichienne pour tout le reste de l'héritage de Charles VI; la restitution à l'Angleterre de la traite des noirs (*assiento*) et du *vaisseau de permission* dans les colonies espagnoles pour quatre années; la reconnaissance de l'empereur François Ier par la France et l'Espagne; la conservation des fortifications rétablies à Dunkerque pendant la guerre actuelle du côté de la terre, mais la remise de la place sur le pied du traité d'Utrecht du côté de la mer¹, enfin la cessation des hostilités sous six semaines. Il fut convenu, en dehors du traité, que, pour l'honneur des armes françaises, Maëstricht serait livré au maréchal de Saxe, pour être restitué avec les autres conquêtes. Un article *secret*, qu'on eut soin de laisser transpirer, menaçait la puissance qui n'adhérerait pas, de perdre les avantages à elle procurés par les préliminaires ².

Le plénipotentiaire autrichien, comte de Kaunitz, qui commençait une longue et célèbre carrière politique, protesta, puis adhéra le 25 mai : l'ambassadeur d'Espagne suivit cet exemple seulement le 28 juin : les petits états engagés dans la querelle avaient déjà signé ou signèrent. Louis XV, dans une lettre adressée le 5 mai au roi d'Espagne, s'était en quelque sorte excusé de lui avoir imposé la paix, en alléguant la ruine du commerce et de la marine des deux couronnes, les forces toujours croissantes que les alliés précipitaient contre la France et l'épuisement de la France et de l'Espagne. Ces motifs n'étaient que trop réels : la misère et la dépopulation étaient effrayantes dans nos contrées les plus fertiles ; le contrôleur-général ne savait plus où trouver de l'argent ; les intendants avaient donné avis au bureau de la guerre qu'il était impossible de lever une nouvelle milice ; l'intendant de Guyenne écrivait que sa province était à la veille de mourir de faim³. Le danger imminent du Canada et de Pondichéri, dont on ne prévoyait pas la glorieuse résistance, était encore une considération importante.

Le 2 août, on arrêta une convention pour le renvoi des trente-sept mille auxiliaires russes, qui s'étaient avancés jusqu'en Franconie. Le traité définitif ne fut signé que le 18 octobre, presque le jour même où les Anglais échouaient devant Pondichéri. Ce fut une douleur amère pour le gouverneur de l'Inde française que

1. Les corsaires dunkerquois, autrefois si redoutés des Anglais, avaient reparu avec succès pendant cette guerre.
2. Wenck, t. II, p. 310.
3. Lettre du roi et Mémoire de M. de Saint-Séverin, ap. Flassan, t. V, p. 406-427. — Quant à l'Espagne, le secret de son obstination était dans l'excès même de sa détresse. « Ne pouvant tomber plus bas en fait de misère et de souffrance », suivant les propres termes d'un de ses agents diplomatiques, elle se considérait comme n'ayant rien à perdre, puisqu'elle n'avait pas à craindre d'invasion territoriale. *V.* Coxe, *Hist. d'Espagne sous les Bourbons*, t. IV, p. 10.

de rendre cette conquête de Madras par laquelle il avait cru assurer la chute des colonies anglaises. Le malheureux La Bourdonnais avait bien prévu cette restitution. L'on ne pouvait qu'à ce prix recouvrer Louisbourg et peut-être sauver le Canada ; mais le traité fut très-mal fait en ce qui concernait ce dernier pays ; les limites respectives de l'Acadie et du Canada, contestées entre les colons français et anglais, ne furent pas fixées : on en laissa la décision à des commissaires. C'était laisser la porte entr'ouverte à une guerre nouvelle, dès que les Anglais, toujours éveillés en présence d'un adversaire somnolent et insoucieux, croiraient avoir intérêt à reprendre les hostilités. En somme, les changements opérés à la surface de l'Europe et du monde par cette guerre immense étaient bien peu de chose en raison des torrents de sang versés et des flots d'or dépensés. Un énorme accroissement des dettes publiques en France et en Angleterre [1] avait au moins quelque compensation, chez les Anglais, dans la prépondérance maritime conquise ; quant à nous, après avoir conquis la Belgique entière et une partie de la Hollande, nous ne gagnions pas même le droit d'être les maîtres chez nous et de rouvrir le port de Dunkerque. L'Autriche, qui avait failli être anéantie, ne perdait que la Silésie, Parme et une portion du Milanais, et avait appris à connaître les ressources des populations guerrières du Danube inférieur. L'importance militaire des bandes irrégulières de la Hongrie et de la Slavie, l'importance bien plus grande encore, la supériorité militaire assurée à la Prusse par sa tactique nouvelle, la supériorité maritime assurée à l'Angleterre par le nombre et par la bonne administration navale, la décadence profonde de la Hollande, l'impossibilité de défendre la Belgique et peut-être même la Hollande contre la France, tels étaient les principaux résultats acquis à la politique contemporaine. Un dernier résultat, le pire pour notre patrie, c'est qu'il n'y avait plus de diplomatie ni de gouvernement en France, plus même la mauvaise diplomatie de Dubois, qui, du moins, avait un but !

---

1. L'Angleterre avait augmenté sa dette de 2 milliards ; la France de 1,200 millions.

LIVRE XCVI

LES PHILOSOPHES.

§ Ier. La Société. — Les Gens de lettres. — Les Beaux-Arts. — La Famille. État moral. — Les Grands et l'Église. Massillon. — Prophétie de Leibniz. — § II. Critique. Érudition. Systèmes historiques. Sciences morales et politiques. Fréret. Boulainvilliers. Dubos. *Le club de l'Entre sol.* L'abbé de Saint-Pierre. D'Argenson. *Considérations sur le gouvernement de la France.* — Philosophie et Lettres. VOLTAIRE. Son théâtre. MONTESQUIEU. *Lettres Persanes. Henriade.* Voltaire en Angleterre. Il rapporte en France le sensualisme et le newtonianisme. Son déisme inconséquent. Sa tolérance. Ses œuvres historiques. — Voyages scientifiques. La Condamine, Maupertuis, etc. LA TERRE MESURÉE. — Bordeu *Vitalisme.* — Franc-Maçonnerie. — Vauvenargues. — ESPRIT DES LOIS.

1715 — 1750

§ I. LA SOCIÉTÉ. ÉTAT MORAL.

En suivant dans leur cours les événements de la période écoulée entre la mort de Louis XIV et la paix de 1748, nous avons déjà rencontré bien des révélations sur l'état moral et intellectuel de cette société qui se transformait si profondément depuis un demi-siècle. Le grand intérêt est là pour nous durant le reste de cette histoire ; le gouvernement et toutes les institutions, toutes les croyances officielles, allant s'abaissant et se décomposant de plus en plus, il importe surtout de pénétrer, à travers les accidents extérieurs, jusqu'aux signes les plus intimes et les plus généraux de cette décomposition, et de reconnaître, parmi les symptômes de mort, les germes d'une vie nouvelle. Entre les racines du vieil arbre social qui se dessèche, le xvIII^e siècle sème confusément, et souvent par les mêmes mains, le bon grain et l'ivraie ; le xIx^e siècle, si confus et si obscur lui-même, n'a pas encore su en faire le triage. Le devoir de l'historien est de signaler, à mesure de leur manifestation dans la vie nationale, les principes, les uns salutaires, les autres funestes, qui nous ont faits ce que nous sommes : la tâche entreprise dans ce livre s'arrête au jour où ces principes, transportés de la sphère des idées dans celle des faits, renversent l'ancienne société et inaugurent le monde nouveau.

Nous avons essayé ailleurs d'analyser les principaux éléments du génie de la France[1] : il nous a semblé voir la France, depuis les Gaulois jusqu'à nos jours, osciller entre le sentiment et l'esprit critique comme entre deux pôles ; c'est là, pour ainsi dire, le suprême *contradictoire* du caractère national. Nous entendons par esprit critique le principe négatif que renferme le sens commun ou la raison pratique, cette faculté essentiellement française, qui, suivant qu'elle procède par affirmation ou par négation, est l'auxiliaire sagace ou le dangereux adversaire et parfois le frein utile du sentiment. Le sentiment, dans notre histoire, a enfanté les croisades, l'art religieux du moyen âge, la poésie amoureuse et chevaleresque, et aussi les mystérieuses inspirations populaires de la *religion du Saint-Esprit*; puis il nous a sauvés par l'incarnation du génie de la France dans Jeanne Darc ; l'esprit critique, qui a sa tradition dans certaines parties de la littérature du moyen âge, monte sur le trône avec l'ironique Louis XI, se mêle au principe opposé, au sentiment, et dans la réforme chrétienne et dans la Renaissance naturaliste du XVIe siècle, et enfin éclate avec le scepticisme de Montaigne. Au XVIIe siècle se manifeste parmi nous une sublime apparition, une déesse inconnue, la raison pure : son règne fait de cet âge un âge unique dans l'histoire. Ce règne, cependant, n'est pas sorti de la sphère des esprits, et encore s'est-il abstenu d'envahir deux immenses domaines de cette sphère : le domaine de l'idée religieuse et celui de l'idée politique. Spinoza seul y a pénétré, entre tous les philosophes de la raison pure ; mais le panthéisme contemplatif et solitaire n'est pas de nature à entraîner la France, le pays de l'action et de la vie collective. La philosophie de la raison pure demeure incomplète et impuissante à descendre dans la sphère du réel et de la

---

1. *De la France, de son génie et de ses destinées*; 1847.

raison pratique. Personne, chez le peuple français, chez le peuple du sentiment, ne trouve l'inspiration de compléter la raison par le sentiment, et le mouvement de Leibniz n'aboutit pas chez nous plus que celui de Spinoza! Alarmante défaillance du génie de la France, qui se trouble et s'arrête au lieu de continuer son œuvre!

Le monde, pourtant, ne peut s'arrêter : il faut avancer; il faut s'affranchir des liens du passé; il faut que la philosophie descende de ses paisibles abstractions dans l'arène de la vie réelle; la France frémit sous le joug des vieilles institutions et des vieilles traditions; elle demande partout des armes. Si la raison pure ne les fournit pas, on les demandera ailleurs. Déjà, l'esprit critique a sonné la charge avec le grand sceptique Bayle; ce n'est pas assez : il faut une doctrine; le sensualisme en a une à l'étranger, en Angleterre, une doctrine métaphysique mêlée accidentellement à une doctrine de réforme politique; on ira chercher le sensualisme en Angleterre, comme au xvie siècle on est allé chercher le protestantisme en Allemagne, mais, cette fois, avec un succès plus vaste et plus profond.

C'est que la société y est toute préparée, et qu'il n'y a plus, comme autrefois contre la réforme protestante, de grandes forces résistantes en réserve; le sensualisme pratique a précédé le sensualisme philosophique. Le spiritualisme est ébranlé de fait par la réaction de licence déchaînée contre la dévotion et la rigidité de Louis XIV. Cartésianisme, jansénisme, jésuitisme, ces trois rivaux, entre lesquels s'est partagé le xviie siècle, sont menacés à la fois. Le sévère dogmatisme métaphysique, l'ascétisme de la dévotion sincère et l'hypocrisie de la dévotion politique, sont également antipathiques à la génération nouvelle, qui gardera de Descartes la méthode, comme instrument de critique et d'analyse, mais en la découronnant des vérités premières et en lui enlevant le principe qui la faisait reine, pour l'attacher comme une servante au sensualisme.

Descendons maintenant de ces hauteurs, afin de parcourir cette société sur laquelle nous venons de planer à vol d'oiseau; jetons un coup d'œil sur les idées et les mœurs et sur les lettres et les arts qui les reflètent et réagissent sur elles.

Après les ivresses insensées de la Régence, le désordre s'est calmé et réglé, pour ainsi dire. La licence orgiaque a passé comme la rigidité hypocrite; la société s'asseoit dans ses mœurs nouvelles, nouvelles par la franchise avec laquelle on avoue ce qui, du temps du Grand Roi, restait demi-voilé dans l'ombre. La volupté raffinée gagne le terrain que perd la débauche grossière. Au lieu du délire des sens règne un sensualisme élégant et poli, subtil et raisonneur. Un esprit fin, vif et léger remplace l'esprit des folles saillies, l'esprit de la Régence. La vie devient de plus en plus extérieure; le besoin de multiplier les relations, les échanges d'idées, d'impressions et de sensations, domine tout, et la sociabilité qui a toujours signalé le caractère français prend une extension sans limites. Jamais la société n'a été si brillante, si pleine d'agrément et d'attrait. La conversation étincelle; moins nourrie, moins sérieuse qu'au siècle passé, elle n'instruit plus guère, mais elle charme, elle éblouit, elle entraîne. L'admiration que témoigne dans ses lettres intimes un étranger, l'homme le plus spirituel de l'Angleterre, Chesterfield, montre à quel point la société française de ce temps l'emporte sur le reste de l'Europe par les manières, le langage, le goût, la distinction en toutes choses. L'éducation française est accomplie sous ces rapports; mais tout y est sacrifié à l'art de plaire et rien à l'art de mériter. Aussi la sagacité, la justesse, sont-elles le plus souvent à la surface et la frivolité au fond. Le goût, si vanté, se raffine et s'altère par la subtilité et par la nécessité d'amuser à tout prix si l'on veut plaire. De là, la déplorable mode du *persiflage*. Amuser étant le but suprême, et la malignité étant plus piquante que la bienveillance, la méchanceté se réduit en art et le *méchant* devient un type. Méchanceté superficielle, d'ailleurs, comme le reste, et qui n'est guère en général que malice et légèreté égoïste. Cet égoïsme, qui avoue sans détour son mépris des liens privés, de la famille et de l'amitié [1], est souvent associé, par un singulier contraste, à

---

1.   La parenté m'excède, et ces liens, ces chaînes,
     De gens dont on partage ou les torts ou les peines,
     Tout cela, préjugés, misères du vieux temps!
     C'est pour le peuple, enfin, que sont faits les parents.
     . . . . . . chacun n'est que pour soi.
     GRESSET, *Le Méchant.*

un étalage de philanthropie envers les hommes en général, qui n'est pas dénué de sincérité. C'est que l'égoïsme et l'humanité procèdent parfois ici d'une même cause, la mobilité, la multiplicité des relations qui met en contact avec tout et avec tous, et qui empêche de naître ou étouffe les fortes affections privées, en même temps qu'elle dispose à une certaine bienveillance collective. Chez un peuple sympathique comme le nôtre, il faut bien que le principe affectif retrouve sa place quelque part.

En résumé, le développement excessif de la sociabilité s'est opéré aux dépens de l'esprit de famille et des rapports solides et nécessaires : la vie a perdu en profondeur ce qu'elle gagne en surface. Le sens moral s'est extrêmement affaibli dans les classes élevées et lettrées [1]. Cette réserve altière de la dignité personnelle, qu'on appelle honneur, remplace chez les hommes la vertu et le devoir, et l'honneur lui-même souffre des éclipses sans nombre; tout ce qui est fort s'altère dans cette énervante atmosphère.

Les diverses classes de la société *polie* se modifient les unes par les autres et se mêlent beaucoup plus qu'elles ne l'avaient encore fait. Les gens de lettres sont les agents les plus actifs de ce mélange. Ils avaient été un moment engagés dans la politique sous la Régence. Le régent, la duchesse du Maine, mais surtout Dubois, les avaient employés à revêtir d'un beau langage de vilaines choses [2]. Le gouvernement, sous Fleuri, ne cherchant que le silence, n'avait pas continué à se servir d'hommes qui cherchent surtout le bruit et la renommée; il ne se fût pas d'ailleurs senti la force de les retenir longtemps à l'état d'instruments passifs. Les gens de lettres, délaissés du gouvernement, s'emparent de la société. Elle poursuivait tous les plaisirs, ceux de l'intelligence comme les autres, tout ce qui donne du mouvement et de la

---

1. « Ceux qui pourraient prétendre à la gloire de donner l'exemple par leur rang ou par leurs lumières, paraissent avoir trop peu de respect pour les principes..... Le bas peuple, n'ayant aucun principe, faute d'éducation..... n'a que l'imitation pour guide. C'est dans l'état mitoyen que la probité est encore le plus en honneur. »

Duclos, *Considérations sur les Mœurs de ce siècle*; 1751, p. 101.

C'est un bourgeois qui vante *l'état mitoyen*; toutefois ce mot, sur le défaut d'éducation populaire, n'est pas jeté au hasard; Duclos a un excellent chapitre sur l'éducation.

2. Fontenelle Destouches, l'abbé Dubos, etc.

variété à la vie. Dès qu'elle a goûté les *beaux esprits*, elle ne peut plus se passer d'eux; elle les adopte, elle les intronise, à condition qu'ils paient de leur personne, de leur parole, plus encore que de leur plume. Sous Louis XIV, les auteurs *venaient* à la cour, qui était le *monde* d'alors; ils n'y *vivaient* pas : ils menaient assez généralement une vie d'étude et de retraite; maintenant le *monde* les enveloppe et les accapare; ils y perdent en science des livres et en réflexion; ils y gagnent en connaissance pratique des hommes et de la vie. Les barrières sont rompues et les oppositions deviennent moins tranchées entre la noblesse d'épée, la robe, la finance et la littérature. Le financier se pique de belles lettres, vise au bon goût et va parfois jusqu'aux grands sentiments [1] : La Popelinière n'est plus *Turcaret*. Le duc et pair trouve piquant de se faire l'ami d'un poëte : « l'esprit rend toutes les conditions égales, » dit Duclos; *égalité* qui n'empêche pas le duc et pair de se faire donner du *monseigneur* par son ami [2], la vanité des titres allant croissant à mesure que l'autorité réelle et la distinction des rangs s'affaiblissent. Il est à regretter que cette espèce d'égalité ne soit souvent que celle des vices brillants, et que les uns ne descendent plus encore que les autres ne montent.

La suprématie morale étant revenue de Versailles à Paris, c'est dans les principaux lieux de réunion de cette capitale, dans les salons, dans les cafés, dans les théâtres, qu'il faut étudier le mouvement des esprits. L'opinion se fait, le ton se donne chez les femmes qui se font centre de sociétés littéraires, chez madame de Lambert, madame de Tencin, madame du Deffant, madame Geoffrin; noms étrangement accouplés, indice caractéristique du relâchement et de la confusion de toutes choses, que d'avoir à citer la

---

1. En 1744, le contrôleur-général Orri ayant projeté l'abolition des droits sur l'exportation de beaucoup de marchandises françaises, les fermiers-généraux, à qui revenaient ces droits, en offrirent d'eux-mêmes la remise un an avant la fin de leur bail, dans l'intérêt du commerce. — V. Bailli, t. II, p. 123. — L'influence salutaire des négociants, à partir de l'époque de Law, avait transformé les grossiers et ignares traitants d'autrefois.

2. V. les lettres de Voltaire au duc de Richelieu. — Autrefois on n'appelait *Monseigneur* que le seigneur dont on était le vassal, ou le roi, ou le seigneur commun : on ne qualifiait les princes du sang eux-mêmes que de *Monsieur*. Les évêques ne s'étaient arrogé que sous Louis XIV ce titre de *Monseigneur*, si contraire à la modestie chrétienne.

respectable madame de Lambert[1] à côté de l'intrigante, de la prostituée Tencin, héritière indigne de cette Ninon, qui, du moins, avait droit de se vanter d'être un *honnête homme;* les plus illustres écrivains se lient sans scrupule avec cette femme qui orne ses vices de toutes les grâces de l'esprit. Quant à la maligne du Deffant, ancienne amie de madame de Prie, et à l'aimable Geoffrin, leurs salons doivent croître singulièrement en importance et devenir, non plus seulement des bureaux d'esprit, mais des foyers d'idées.

Les cafés, nouveauté introduite d'Orient sous Louis XIV, rivalisent presque d'influence avec les salons. De toutes les importations de ce genre qui, depuis le xvie siècle, ont modifié l'alimentation européenne, la liqueur arabe, qui éclaircit et anime l'esprit au lieu de le troubler, s'était trouvée la plus appropriée au goût et au tempérament français : dès la Régence, les cafés disputaient le terrain aux cabarets, si chers à cette époque avinée : il y en avait trois cents dans Paris. Depuis, ils ont pris une entière prépondérance, au moins dans les classes supérieures et moyennes : les excès du vin tendent à n'être plus que le défaut des classes tout à fait incultes. L'usage du café peut compter parmi les causes de la profonde modification qui commence à s'opérer dans la constitution physique des classes aisées et lettrées : le développement excessif du système nerveux, qui s'annonce chez les femmes par la fréquence des *vapeurs*, chez les hommes par l'affaiblissement musculaire, tient surtout, cependant, à des causes morales, à l'excitation fébrile de l'oisiveté agitée où l'on vit, à l'absence de consistance et de but sérieux, de tonique, pour ainsi dire, dans l'éducation et dans les habitudes.

C'est le plus souvent à la sortie du théâtre qu'ont lieu, dans les cafés, entre les beaux esprits, ces joutes à armes bien affilées, mais pas toujours courtoises, que doivent célébrer un jour les mémoires et les recueils d'anecdotes. Le théâtre a pris, dans la

---

[1]. Auteur d'ouvrages moraux aussi recommandables par le fond, que distingués par le style : *Avis d'une mère à son fils;* — *Avis d'une mère à sa fille;* — *Traité de l'amitié,* etc. — Ses *Réflexions sur les femmes,* surtout, sont un chef-d'œuvre de délicatesse et d'élévation morale; nous y reviendrons. Elle eût dû être la mère de Vauvenargues! Elle mourut très-âgée, en 1733.

vie sociale, une importance qu'il ne faut pas juger d'après la valeur des œuvres dramatiques contemporaines. Tout en produisant beaucoup de nouveautés plus ou moins heureuses, on vit sur le passé, sur les créations du siècle de Louis XIV, plus généralement appréciées en France et en Europe qu'au temps même de leur apparition : il n'y a que la postérité qui puisse faire le classement définitif des chefs-d'œuvre. Seulement, la manière de rendre ces chefs-d'œuvre subit une transformation dictée par l'esprit de l'époque. L'idéal poétique s'évanouissant, tandis que le sentiment de la vie réelle devient plus actif et plus intense, la mélopée, moins accentuée que chez les anciens, mais assez marquée encore pour imposer à la tragédie une sorte de convention lyrique, est supprimée par des acteurs célèbres (Baron, dans ses dernières années, et mademoiselle Lecouvreur) : on *parle* désormais les vers au lieu de les *chanter*. Cette substitution du ton naturel au ton lyrique coïncide avec la multiplication des théâtres de société et de collége, qui répandent partout le talent de la déclamation, l'aisance, la grâce et l'assurance des manières[1], pendant que de nombreuses sociétés littéraires propagent le goût de la littérature française, de Paris dans les provinces, des provinces à l'étranger, de toutes parts envahi.

Le temps semble plus propre à la comédie qu'à la tragédie : deux noms d'auteurs comiques doivent surnager de la Régence et des premières années de Fleuri : Destouches et Marivaux. Le premier, froidement raisonnable, abondant le plus souvent sans verve et sans gaieté, aurait laissé peu de traces s'il n'eût, une fois dans sa vie, touché à la haute comédie de caractère : le *Glorieux* (1732) appartient à l'histoire; c'est la suite du *Bourgeois-Gentilhomme* et de *Turcaret;* c'est la fameuse alliance de la noblesse et de la finance traduite sur la scène. Marivaux, écrivain bien plus original, est l'élève de Fontenelle et de cette petite cour de Sceaux, école d'affectation et de bel-esprit alambiqué, reste dégénéré du xvII^e siècle, qui est comme une miniature de Versailles ou plutôt

---

1. « Narrer, réciter, déclamer bien, sont pour les Français des études sérieuses, ils ne s'expriment jamais d'une façon vulgaire. » *Lettres* de lord Chesterfield, CXCVII, CCXI, CCXXXVI. Les jésuites, que Chesterfield admire beaucoup comme grands maîtres en *l'art de plaire,* avaient été les promoteurs des théâtres de collége. Ils allaient jusqu'à faire venir des danseurs de l'Opéra pour les ballets.

une renaissance affadie et gâtée de l'hôtel de Rambouillet ; mais la délicatesse et l'agrément de l'esprit de Marivaux percent à travers le faux goût dont il s'enveloppe : il excelle à peindre les surprises du cœur ou plutôt de l'imagination, si communes dans cette société mobile et fantasque : s'il ignore la grande route du cœur, il en connaît les sentiers, comme l'a dit Voltaire, et le charme que trouvent ses contemporains dans ses piquantes combinaisons ne disparaîtra pas entièrement avec le monde où il a pris ses modèles [1].

Un peu plus tard, une de ces créations vivantes où se confondent l'auteur et l'ouvrage, sauve encore un nom de l'oubli : Piron, spirituel auteur d'une foule de productions médiocres, consacre dans la *Métromanie* (1738) le type du *rimeur*, de l'homme qui écrit pour écrire, comme l'oiseau chante, au moment où ce type va s'effacer devant celui de l'écrivain qui écrit pour enseigner et combattre, et qui use de sa plume comme d'une épée. La dernière comédie de cette génération qui mérite le souvenir de l'histoire, est le *Méchant* (1747); Gresset y peint, avec un talent d'observation très-distingué, un travers social dont nous avons parlé tout à l'heure.

Quoique l'époque semble peu tragique, il s'est formé dans la tragédie une célébrité bien autrement éclatante que celle des auteurs comiques; mais ce n'est pas encore le moment d'aborder la grande figure que nous allons bientôt voir dominer toutes les routes de la renommée.

Quand on observe les mœurs à travers la littérature, il faut compléter l'étude du théâtre par l'étude du roman, qui peut développer ce que la scène n'esquisse qu'à grands traits, s'affranchir des conventions et des convenances imposées au poëme dramatique, et tout oser, en un mot. Le roman prend un caractère de galanterie banale qui n'est plus que du libertinage à froid. Il suffit de citer Crébillon fils, si dissemblable à son père, le sombre tragique. Il y a pourtant de très-frappantes exceptions : l'abbé Prévost, écrivain d'un sentiment profond, naïf et passionné, doit précisément le succès de ses vastes et nombreux ouvrages au

---

1. *Les Jeux de l'Amour et du Hasard* sont de 1730.

contraste qu'il offre avec la physionomie générale de son temps : le vrai et le simple piquent comme une nouveauté cette génération blasée par les raffinements de l'esprit et des sens. Les grands romans de Prévost sont destinés à s'ensevelir un jour dans le fond des bibliothèques, comme tant de créations estimables que n'a pas touchées la flamme du génie ; mais cette flamme s'est reposée un moment sur la tête du malheureux abbé, et il en est sorti un petit chef-d'œuvre : *Manon Lescaut* (1732). Quelque chose de plus étonnant encore, c'est un petit roman qui égale en sensibilité et surpasse par une douloureuse énergie l'auteur de la *Princesse de Clèves* : le *Comte de Comminges* est écrit par une femme, et cette femme est la Tencin, la sœur incestueuse, la mère dénaturée, la complice et la complaisante de tous les vices puissants ; la femme non pas seulement égarée par les passions, mais avilie par les plus honteux calculs ! Mystères étranges de l'âme humaine ! L'idéal peut-il donc refléter sa lumière jusqu'au fond de tels abîmes ! ou faudrait-il admettre la tradition qui prétend ôter cette œuvre à la Tencin pour la donner à M. d'Argental [1] ?

Les beaux-arts n'offrent pas moins de révélations que les lettres sur l'esprit d'un siècle : ils doivent avoir leur part dans la revue que nous poursuivons. Ainsi, l'altération de la sévérité du culte par l'introduction des instruments à corde, des airs profanes et des chanteurs et chanteuses de théâtre dans la musique d'église, est quelque chose de significatif. Le goût du chant était extrêmement répandu dans le premier tiers du XVIIIe siècle : le clavecin et la basse de viole avaient remplacé, comme instruments à la mode, le luth et le théorbe. L'école de Lulli, qui n'était que la vieille musique française modifiée avec goût et mesure par un Italien très-francisé, régnait avec les successeurs de Lulli, Colaud, Mouret, Destouches, Campra ; la science harmonique était nulle en France ; mais la mélodie, si tendre, si naïve et si touchante chez nos vieux maîtres, conservait les qualités expressives et dramatiques qui sont le cachet français. Un artiste savant et fort, Rameau, donne, en 1722, par son *Traité d'harmonie*, le signal d'une révolution qu'il accomplit par ses ouvrages quinze ans plus

---

1. Marivaux a fait aussi des romans d'une touche forte et sérieuse, où l'on ne retrouve ni l'afféterie ni la subtilité galante de son théâtre.

tard : il introduit en France la science italienne et, sans rompre tout à fait avec la tradition nationale[1], il affranchit la musique de l'obligation d'exprimer dans toutes ses modulations des sentiments déterminés et de suivre pas à pas la poésie.

Les arts plastiques ont, avec les mœurs de cette époque, des rapports beaucoup plus apparents que la musique. Ainsi, l'architecture n'élève plus de grands monuments, mais elle fait une révolution dans l'intérieur des habitations, multiplie les pièces en diminuant leurs dimensions, fait disparaître les fenêtres immenses, les vastes cheminées chargées de sculptures, prodigue les glaces et substitue partout l'agrément et la commodité à la grandeur : la volupté a détrôné l'orgueil; les monuments du temps, ce sont ces *petites maisons*, où les grands et les riches abritent leurs plaisirs dans les jardins des faubourgs de Paris[2]. Après un siècle écoulé, on aperçoit encore çà et là, enveloppées dans les îles de hautes maisons qu'habite le peuple des quartiers nouveaux, ou à demi cachés par quelques restes de feuillées, quelques-uns de ces petits temples de la Vénus moderne, avec les festons de pierre et les masques lascifs de satyres et de nymphes qui décorent leurs frontons et leurs frises, derniers vestiges d'une ère d'insouciance épicurienne, oubliés au milieu de ce monde nouveau, si orageux et si sombre[3].

Dans l'architecture, la peinture, la sculpture, les ornements, les décorations, les ameublements, partout dominent la fantaisie, les formes capricieusement contournées, les grâces coquettes et frivoles. La beauté des lignes et des types était depuis lontemps perdue : la grande ordonnance disparaît à son tour de la peinture avec François Lemoine (mort en 1737), le peintre du plafond du

---

1. V. dans les *Mém.* du marquis d'Argenson (p. 410), la défense passionnée de la vieille musique française contre la musique italienne, qui n'est, aux yeux des champions de l'ancienne école, qu'un capricieux bariolage. — V. aussi Lémontei, *Hist. de la Régence*, t. II, p. 366. — Voltaire, *Le Temple du Goût*. Il y a des observations d'une exquise justesse.

2. Le seul monument vraiment considérable de cette période, à Paris, est l'église de Saint-Sulpice, édifice imposant par ses proportions et surtout par son portique, mais dont les diverses parties manquent de goût et de beauté. Le palais Bourbon est le premier édifice où l'on ait établi de nouvelles distributions. Il fut construit vers 1722 par la duchesse de Bourbon, mère de *M. le Duc*.

3. Les premières *petites maisons* furent bâties vers la fin de Louis XIV, par le maréchal d'Huxelles et le duc de Noailles. — Lémontei, t. II, p. 515.

Salon d'Hercule, à Versailles. Lemoine avait su encore disposer une immense composition, mais non plus l'exécuter : mou, incorrect, affecté, sans élévation, il a consommé la décadence de la grande peinture. La sculpture, de son côté, élégante, animée, mais maniérée, avec Coustou, est sortie, avec Lepautre (mort très-vieux en 1744), des conditions qui lui sont propres et a pris un caractère théâtral, compliqué, confus : elle ne sait plus dégager, avec une large simplicité, les lignes essentielles d'un groupe; elle se tourmente à exprimer de minutieux détails que doit négliger le ciseau [1]. Bouchardon, le successeur de Lepautre [2], avec un style moins chargé, n'a pas assez de force ni de pureté pour relever l'art : Pigalle n'y réussira pas mieux. Dans la statuaire de second ordre, il reste, comme dans la peinture, l'habileté de main, la finesse, la vivacité : l'esprit, qualité essentielle du temps, doit se retrouver dans les arts. Tandis que l'école de Lebrun dégénère et s'éteint avec les Coypel, les de Troy, les Lemoine, il apparaît une espèce de renaissance flamande, raffinée et coquette, appropriée aux *boudoirs* du xviiie siècle. La ligne perdue, la couleur au moins revient caresser le regard d'une époque sensuelle. La Régence a eu un peintre charmant, qui a porté, dans une nature et dans un monde de pure convention, espèce de mascarade perpétuelle, une verve si étincelante qu'elle ressemble à la vérité et un coloris merveilleux comme celui des anciens maîtres flamands : Watteau brille peu de temps avec ses *bergères* de l'opéra et de la comédie italienne. D'autres Flamands italianisés, les Vanloo, tiennent assez longtemps le sceptre de la peinture. Carle Vanloo, si brillant, si facile et si relâché, reste le type de cette école ; mais la peinture de fantaisie baisse à son tour comme la grande peinture : l'esprit animait les fantaisies de Watteau et de Vanloo : l'esprit disparaît chez Boucher, le peintre favori de Louis XV, et ne laisse plus subsister que la mollesse affadie et la licence vulgaire, comme la lie d'une liqueur évaporée. Boucher sera digne d'être le Raphaël du *Parc-aux-Cerfs !* Tout sentiment du beau et de l'idéal est tellement perdu, qu'on associe ces deux

---

1. Voir, dans le Jardin des Tuileries, *Pœtus et Arie, Énée et Anchise*.
2. Statues de l'église Saint-Sulpice ; — Fontaine de la rue de Grenelle ; 1739. Bouchardon est mort en 1762.

noms, Raphaël et Boucher, sans croire blasphémer et comme si l'un était le légitime successeur de l'autre[1].

Une branche de la peinture continue à fleurir parmi les ruines de l'idéalité et de l'imagination : le portrait. C'est là que se sont réfugiés l'esprit et la vie. L'art du portrait se personnifie dans ce Delatour dont le crayon lègue à la postérité les images, rayonnantes d'intelligence, des hommes célèbres du XVIIIe siècle.

Les variations du costume sont intéressantes à suivre dans les monuments que nous en laisse l'art du dessin. Sur la fin de Louis XIV, le costume était vieux, lourd, bigot, exagéré, hors de toute proportion : la Régence abat les immenses perruques des hommes et les hautes coiffures qui semblaient mettre le visage des femmes au milieu de leur corps. L'habit des hommes devient plus riche et moins ample : les deux sexes adoptent l'usage de se couvrir la tête d'une poudre blanche qui adoucit les traits et le regard, supprime en quelque sorte la différence des âges et compose, avec les *mouches* des femmes et la disparition de tout le reste de barbe chez les hommes, des physionomies tout artificielles. Les femmes portent les cheveux courts et gracieusement bouclés, mais leur corps n'est pas délivré comme leur tête[2] : les absurdes *paniers,* arrivés d'Angleterre et d'Allemagne, remplacent les lourdes jupes gonflées et plissées à contre-poids de plomb (vers 1718). Le corps de baleine, fléau de plusieurs générations, étrangle plus que jamais leur taille, gêne leur respiration et écrase leur poitrine, usage qui eût semblé aux Grecs une impie extravagance de barbares, étrangers à tout sentiment de l'harmonie et des belles proportions[3]. Les femmes à la mode, au lieu de briser franchement cette contrainte, subissent le *grand habit* dans les heures d'étiquette et s'en débarrassent, dans leur vie habituelle, au profit d'un *négligé* si hardi et si léger qu'il rap-

---

[1]. V. *Mém.* de d'Argenson, p. 420. Et d'Argenson est *personnellement* l'homme le plus éloigné des vices du temps; mais, en fait d'art, on avait *des yeux pour ne point voir !* Voltaire n'est guère plus éclairé à cet égard par son goût littéraire et par la prodigieuse sagacité de son esprit que d'Argenson par la droiture de son cœur.

[2]. Cette délivrance ne fut pas durable : dans la seconde moitié du règne de Louis XV, la tête des femmes ploya de nouveau sous un échafaudage encore plus monstrueux qu'au temps de madame de Maintenon.

[3]. La mode des paniers amena la formation d'une nouvelle compagnie pour la pêche de la baleine. — V. Lémontei, t. II, p. 332.

pelle les voiles transparents, le *vent tissu* des dames romaines de l'empire [1]. Le *négligé* fantasque et voluptueux de la Parabère et de la Pompadour est la véritable antithèse de l'habit roide et sombre de madame de Maintenon. Il n'y a guère moins de différence entre les *ruelles* du xviie siècle et ces *boudoirs* parfumés [2] où les belles dames du xviiie reçoivent, pendant leur toilette, gens de qualités, beaux esprits, abbés mondains [3].

Partout des influences à la fois excitantes et amollissantes agissent sur le corps et sur l'âme, et se combinent avec l'extrême facilité des relations pour transformer l'état moral de la société. Nous avons parlé des principaux lieux où l'on peut saisir la société rassemblée, salons, cafés, théâtres; là, c'est l'esprit qui domine; mais il est un autre lieu de réunion qui exerce peut-être une action plus considérable sur les mœurs. C'est le bal masqué public, innovation de la Régence (1716), qui devient une véritable institution sociale, ou pour mieux dire, antisociale, et qui est pour la France du xviiie siècle ce qu'ont été les mystères voluptueux des cultes d'Asie pour la société romaine [4]. Un tourbillon d'intrigues galantes emporte tout : la séparation des maris et des femmes se consomme dans ses réunions où ils ne peuvent paraître ensemble sans trahir l'*incognito* qui en fait l'attrait; le ridicule ne frappe plus le mari trompé, mais le mari jaloux; le jaloux devient l'ennemi public. Une morale nouvelle se formule : on se

---

1. Le *négligé* eut des conséquences commerciales funestes. Il nécessita la création d'étoffes légères que n'avaient pas prévues nos vieux règlements industriels : on ne sut pas faire plier les règlements aux nécessités nouvelles, et l'Angleterre et la Hollande, plus habiles, nous approvisionnèrent par la contrebande.

2. Les odeurs, que l'antipathie de Louis XIV avait proscrites et dont le xviiie siècle reprit l'usage avec passion, durent contribuer, autant que le café, à surexciter les nerfs. L'habitude croissante du tabac, en irritant la membrane muqueuse, eut aussi son influence sur les tempéraments. Ce goût bizarre, emprunté aux sauvages et raillé par Voltaire, contraste fort avec la propreté recherchée et la délicate sensualité du siècle qui le propagea.

3. Un usage bien plus indécent que les réceptions à la toilette, était l'emploi de valets de chambre mâles pour les femmes. L'affaiblissement du sentiment de la pudeur chez les femmes du monde se remarquait par toutes sortes de modifications dans les habitudes. — La substitution générale des accoucheurs aux sages-femmes, tellement passée dans les mœurs que personne ne s'en choque plus, date de cette époque. V. Lémontei, t. II, ch. xxi.

4. Ce fut le chevalier de Bouillon qui donna l'idée de convertir les théâtres en salles de bals masqués, au moyen d'un plancher mobile. Il eut 6,000 livres de pension pour cette invention.

marie pour avoir un héritier de son nom; puis on devient libre de part et d'autre, et non-seulement on devient libre de chercher ailleurs d'autres engagements, mais on serait ridicule de ne pas le faire. La bonne compagnie n'aurait pas assez de raillerie pour l'amour d'un mari et d'une femme [1]. Le lien de la famille, déjà bien fragile sous le Grand Roi, est ainsi dissous dans les hautes classes et affaibli dans les classes moyennes et inférieures, qu'on envahit par la séduction habile, par la corruption grossière et par l'exemple.

Au moyen âge, aussi, l'esprit chevaleresque avait attaqué l'unité du mariage, mais pour séparer l'amour idéal des réalités inférieures, des vulgarités de la vie présente; effort téméraire, en dehors du développement normal de la vie, mais effort héroïque, après tout, par cela même qu'il était impossible à soutenir autrement qu'à l'état d'exception. Le xviiie siècle, lui, tend à détruire l'amour après le mariage, le sentiment après la règle, la morale chevaleresque après la morale de l'Église. Deux Anglais, un romancier et un homme d'état, donnent la théorie de ces mœurs nouvelles, qui n'atteignent qu'en France ce qu'on peut nommer la perfection de leur élégante corruption, mais que le reste de l'Europe pratique avec une espèce de naïveté dans les pays du midi, avec brutalité dans ceux du nord : ils donnent cette théorie, l'un pour l'anathématiser, l'autre pour la prêcher à son propre fils dans des lettres intimes qu'il n'avait pas destinées à voir le jour! Le modèle suprême, pour Chesterfield, c'est César, qui a su être à la fois le premier homme de plaisir et le premier homme d'affaires de son temps, le mari de toutes les femmes et le maître de tous les hommes. Des liaisons de galanterie nouées et dénouées par les sens, par la vanité, par les agréments les plus superficiels

1. C'est là le *Préjugé à la mode*, attaqué dans un des premiers ouvrages de ce Nivelle de la Chaussée, qui voulut créer le drame bourgeois en substituant dans la comédie l'intérêt des situations et des passions à l'intérêt des caractères et à la gaieté. Le génie manqua à cette tentative. — Malgré la corruption de la Régence, on avait encore vu, à cette époque, des femmes fort légères suivre courageusement l'ancienne coutume de s'enfermer avec leurs maris malades de la petite-vérole, et s'exposer à la mort pour eux comme si elles les eussent aimés de l'amour le plus fidèle. Un autre fait remarquable en sens contraire, c'est l'habitude qui s'introduisait de stipuler, dans les contrats de mariage, que la femme ne serait pas tenue d'aller habiter les terres de son mari. — V. Lémontei, t. II, p. 277.

de l'esprit, par les intérêts et les convenances, voilà ce qui remplace pour lui l'idéal de constance et d'unité dans la passion enseigné par le moyen âge. Il ne va pas jusqu'à nier absolument l'amour; mais on voit bien que c'est là pour lui un Dieu inconnu. Richardson, l'autre Anglais, montre quelque chose de pire dans son fameux roman animé d'une réalité si puissante et si poignante[1]. Chesterfield n'a présenté que la corruption brillante, légère et sans profondeur, qui fait de l'amour une fantaisie réciproque ou un *arrangement*[2] au lieu d'un culte : Richardson fait voir le vice élevé à des proportions tragiques, la séduction systématique poursuivant avec une froide et violente perfidie ce qui subsiste encore de vertu et de sentiment vrai dans le cœur de la femme; le séducteur transformé en une sorte de héros illustré d'une gloire infernale : *Lovelace* est l'*Ante-Christ* de l'amour. Les modèles ne manquent pas à cette étrange figure : *Lovelace* n'est qu'un Richelieu agrandi et plus sérieux dans le mal. Maurice de Saxe exprime une nuance exceptionnelle : il n'a pas cette froideur de serpent; impétueux dans le vice comme dans les combats, c'est l'Ajax homérique, dénué de sens moral et jeté au milieu d'une civilisation raffinée, capable d'actes odieux et d'actes généreux suivant que sa fougue l'entraîne[3]. Mais que *Lovelace*, dans le monde réel, s'appelle Richelieu ou Maurice de Saxe, le résultat est le même, si le caractère et les moyens diffèrent : c'est toujours l'idole d'autrefois devenue un jouet. La grandeur de l'idéal chevaleresque avait été la soumission volontaire de la force à la faiblesse, sous laquelle on sentait d'instinct une force morale jusqu'alors irrévélée : l'idéal chevaleresque ne s'était pas contenté de nier radicalement l'infériorité de la femme, infériorité dont l'idée avait reposé, dans le monde antique, sur une connaissance imparfaite des lois de la vie et de l'histoire; il avait proclamé avec audace la suprématie

---

1. *Clarisse Harlowe*.
2. « Un *arrangement* est aussi nécessaire dans l'établissement d'une femme comme il faut, que sa maison, sa table ou son carrosse. » — Lettre du 5 juin 1750.
3. Une tache honteuse de sa vie est sa persécution envers madame Favart, cette charmante actrice qu'il obséda, qu'il effraya, qu'il emprisonna dans un couvent, parce qu'elle voulait s'affranchir de sa tyrannique passion. La police, sous un gouvernement tombant de pourriture, devenait l'instrument infâme de tous les vices puissants.

du sexe qui représente plus particulièrement le principe du sentiment sur le sexe fort et raisonneur. Maintenant, les femmes ne règnent plus qu'en apparence; car leur royauté morale est minée et tout respect pour elles s'en va, non sans la connivence de la plupart d'entre elles : une persécution vraiment satanique est exercée, non plus par la force brutale, comme jadis, mais par l'esprit raffiné et blasé, contre le sentiment, qui est toute leur force. Le sensualisme de ce temps est pire, à certains égards, que celui des anciens, parce qu'il est moins instinctif et plus pervers; qu'il est une perversion de l'esprit bien plus qu'une surexcitation des sens.

Voici ce qu'écrivait, peu avant le milieu du siècle, un des meilleurs hommes de cette génération, le ministre qui avait essayé de rendre à la France une politique nationale.

« Le cœur est une faculté dont nous nous dépouillons chaque jour faute d'exercice, tandis que l'esprit s'aiguise et s'affile. Nous devenons des êtres tout spirituels...; mais, par l'extinction des facultés qui dérivent du cœur, ce royaume périra, je le prédis. On n'a plus d'amis; on n'aime plus sa maîtresse; comment aimerait-on sa patrie?... Les hommes perdent chaque jour de cette belle partie de nous-mêmes, que l'on nomme la sensibilité. L'amour, le besoin d'aimer, disparaissent de la terre... Les calculs de l'intérêt absorbent aujourd'hui tous les instants : tout est voué au commerce d'intrigues... Le feu intérieur s'éteint, faute d'aliment. La paralysie gagne le cœur... C'est en suivant les gradations de l'amour d'il y a trente ans à celui d'aujourd'hui, que je prophétise son extinction très-prochaine[1]. »

Nous n'avons guère parlé, dans tout ce qui précède, que des couches supérieures de la société : c'était inévitable; c'est là que s'opère cette révolution des mœurs qui réagira sur le reste de la nation, comme c'est là que nous allons voir commencer la révolution des idées. La bourgeoisie cède en grande partie à l'exemple des gens du monde, tout en sentant d'instinct que la déchéance de la noblesse s'opère à son profit. Quant aux masses populaires, le paysan, courbé sur son sillon par la misère, ignore ce qui se passe au-dessus de sa tête : l'ouvrier des villes est encore insou-

1. *Mém.* de d'Argenson, p. 417.

ciant et gai lorsque le pain n'est pas cher; toutefois il commence à ne plus supporter qu'avec irritation les priviléges de la valetaille; il se désabuse de bien des choses, et quelques incidents remarquables ne tarderont pas à montrer que la royauté est déjà loin du *retour de Metz*. En attendant, le peuple paie son contingent à la corruption de l'époque par les trente-deux mille filles publiques de Paris [1]!

Un des vices les plus dangereux pour l'ordre social, parce qu'il saisit l'homme à la fois par deux passions puissantes, la cupidité et la soif d'émotions, le jeu, prend des développements effrayants depuis les orages économiques de Law. En 1722, Dubois, en autorisant les maisons de jeu publiques (académies de jeu), a ouvert toutes les écluses et fait descendre la provocation jusque dans les classes qui n'encouraient jusque-là de péril que le cabaret. Les plus grands seigneurs, les Carignan (du sang royal de Sardaigne), les Nassau, les de Gesvres, les de Tresmes, les d'Armagnac, les Listenai, les du Roure, tiennent brelan public dans leurs hôtels et afferment leurs jeux pour de grosses sommes à des croupiers. Avant que les brelans publics eussent été autorisés, une princesse de dix-huit ans, une fille du régent, mademoiselle de Valois, partie pour aller épouser en Italie le duc de Modène, avait parcouru lentement toute la France, s'arrêtant dans chaque ville pour réunir autour d'elle l'élite de la contrée autour d'un tapis vert encombré de monceaux d'or : elle semblait le démon du jeu, comme sa sœur, la duchesse de Berri, avait semblé le démon de la luxure et de l'ivresse (1720) [2].

En exposant les mœurs des hautes classes, nous touchons à ce qui dépasse la plus haute, aux princes, aux souverains. C'est ici bien autre chose! Les gens de qualité couvrent tout d'un vernis de politesse et sont contenus, jusqu'à un certain point, par la nécessité des égards réciproques, par la bonne éducation, au

---

1. V. Dulaure, *Hist. de Paris*, t. VI, p. 309, 6ᵉ édit. — V. les tristes détails de la *Chronique de* 1742, rédigée par un agent de la police secrète. « Le nombre des mères qui prostituent leurs filles devient de jour en jour plus grand. » — *Revue rétrospective*, t. V, p. 38.

2. *Journal* de Barbier, t. II, p. 291. — Saint-Simon, t. XVII, p. 305. — Lémontei, t. II, p. 309. — *Mémoires* du marquis de Mirabeau, ap. *Revue rétrospective*, t. III. — Par compensation, une certaine probité s'introduisait dans le jeu, où les courtisans, sous Louis XIV, ne se faisaient guère scrupule de l'escroquerie.

moins extérieure, par les limites, bien insuffisantes il est vrai, que les lois et l'autorité publique mettent à leur puissance de mal faire. Les princes, eux, sont nécessairement mal élevés, puisqu'ils n'ont point d'égaux, point de réciprocité à observer envers personne, et ils n'ont rien à craindre des lois, puisque les progrès du pouvoir absolu les ont mis presque partout au-dessus des lois. Leurs vices, étalés brutalement au soleil, montent donc jusqu'au crime ou à la folie. Les cours de l'Europe présentent un monstrueux tableau. Ce sont les Farnèses et les Médicis s'éteignant stérilisés par les plus ignomineuses habitudes : c'est Auguste II de Pologne, cet Hercule de la débauche, avec ses trois cent cinquante-quatre bâtards ; c'est ce don Joao V de Portugal, pétri de contradictions extravagantes, brutal et lettré, superstitieux et effréné, qui se fait un sérail d'un couvent de trois cents religieuses, où il n'entre qu'escorté de son confesseur. Le roi de Sardaigne, garanti de tout scrupule par l'autorisation de l'archevêque de Turin, emprisonne son père, descendu volontairement du trône et soupçonné d'y vouloir remonter ; le roi de Prusse, Frédéric-Guillaume, bête féroce moitié bigote, moitié cynique, bâtonne dans les rues les femmes et les ministres du saint Évangile, fait fouetter publiquement la maîtresse et décapiter l'ami de son fils, en faisant tenir de force ce jeune prince à la fenêtre pendant que la tête de son ami roule sur l'échafaud ; puis il veut jeter sa fille par la fenêtre. L'électeur de Hanovre, avant de devenir le roi d'Angleterre George Ier, a fait jeter vivant dans un four l'amant de sa jeune femme, qu'il avait délaissée pour d'ignobles et ridicules favorites, puis il retient la malheureuse princesse enfermée toute sa vie au fond d'un donjon de la Basse-Saxe. George II, cru fils de l'amant brûlé vif et non de George Ier, et moins atroce, mais non plus honnête que ce dernier, vole le testament de George Ier pour ne pas payer les legs qui s'y trouvent insérés, et son neveu, le grand Frédéric, lui écrit à ce sujet qu'il a mérité les galères, ce qui est sur le point de procurer à l'Europe le spectacle d'un duel entre les deux monarques[1]. Les plus hideuses infamies souillent certaines des petites cours d'Allemagne. Le palais impérial de Vienne, sous Charles VI et sous Marie-Thé-

---

1. V. P. Chasles, *Revue des Deux-Mondes* du 15 avril 1844.

rèse, fait exception par ses mœurs sévères ; mais la maison d'Autriche montre, en compensation, toute la dureté de cette étroite dévotion qui a pour principe la peur de l'enfer et non l'amour de Dieu et des hommes. Quant à la Russie, chaque changement de règne, et ils sont fréquents ! est une tragédie classique avec complots, poignards, poison et proscriptions. Pierre le Grand a passé pour empoisonné par sa femme ; sa femme par son favori, cela est douteux ; mais ce qui ne l'est pas, ce sont les exécutions effroyables qui signalent chaque révolution de palais, jusqu'à ce que la tzarine Élisabeth commue définitivement les massacres en déportation dans l'enfer glacé de la Sibérie.

On doit convenir que cette revue des monarchies européennes relève bien la mémoire de Louis XIV et fait admirer qu'un roi absolu ait pu rester relativement si honnête homme. On doit reconnaître aussi que la maison de Bourbon, avec ses d'Orléans abîmés dans l'orgie, ses Condés bassement cupides ou maniaques de cruauté lubrique, n'était qu'au niveau du reste des maisons souveraines, et que la Régence n'a pas mérité d'être le bouc émissaire de tous les débordements de l'Europe : le roi de Portugal, avec son confesseur et ses trois cents nonnes, valait bien le régent et madame de Berri avec leurs communions sacriléges au sortir de l'orgie[1]. Louis XV a donné jusqu'ici sa part très-suffisante de scandale, mais ce n'est là qu'un prélude, et c'est à lui qu'est réservé le triste honneur de dépasser la moyenne des corruptions princières et d'effacer les vices du régent par des vices plus bas et plus lâches. Il a encore bien des degrés à descendre jusqu'au fond de cet océan de fange où il restera enseveli !

Les princes de l'Église ne sont pas plus édifiants que les princes temporels. A la vérité, la souillure, ici, ne remonte pas jusqu'au rang suprême : on ne voit pas plus reparaître sur la chaire de saint Pierre les horribles scandales du XVe siècle que les fureurs fanatiques du XVIe[*] : les papes du XVIIIe siècle ne font pas grand bruit dans le monde ; ils sont gens de mœurs paisibles et décentes,

---

[1]. Un trait honorable pour les courtisans, c'est qu'à partir de la mort du régent, les chevaliers du Saint-Esprit s'abstinrent d'aller communier à la messe annuelle de leur ordre, ne voulant plus se prêter à un usage qui n'était plus, dans l'état des mœurs, qu'une profanation des rites religieux. V. Lémontei, t. II, p. 302.

et semblent s'efforcer de présenter aussi peu de prise que possible à l'orage qui s'apprête : Benoît XIII a même été un saint homme ; Benoît XIV (1740), malgré des manières et un langage assez étranges, est un homme éclairé, sensé et honnête. Mais, si le sacré collége, par instinct de conservation, remplit convenablement le saint-siége, il donne dans son sein d'amples dédommagements à l'esprit du mal. Pour ne parler que de la France, on n'a jamais rien vu de pareil au groupe de cardinaux formé autour de Dubois et flanqué de bon nombre d'archevêques et d'évêques dignes de leur faire cortége : l'habitude des plus noires et des plus viles intrigues n'est que péché véniel dans ce conclave de Satan où trônent en chapeau rouge la simonie, l'escroquerie, l'inceste et le vice contre nature. L'église de France n'existe plus que dans quelques débris clair-semés d'un vaste naufrage : un beau génie s'épuise à maintenir la tradition morale des générations qui ne sont plus ; c'est ce Massillon qui semble la dernière colonne d'un temple écroulé. Héritier de Bourdaloue, consacré, en quelque sorte, par Bourdaloue lui-même, il a fait entendre, aux vieux jours de Louis XIV, des accents nouveaux et pleins d'émotion, puis il a prononcé sur la tombe qui venait de recevoir le Grand Roi la parole : *Dieu seul est grand, mes frères!* et, dans tous ses enseignements aux puissants de la terre, il a essayé de mêler les maximes religieuses de Bossuet, adoucies par un esprit de tolérance[1], aux maximes politiques de Fénelon, marquées d'un accent plus vif et plus plébéien. Le *droit divin* de Bossuet est loin : Massillon répète, avec une éloquence qui n'est qu'à lui, les principes qui retentissent autour de lui dans tous les écrits polémiques de la Régence, sur les devoirs des rois et sur le caractère de la royauté, considérée comme n'ayant été à son origine qu'une pure délégation du peuple[2]. Il tâche ainsi de préparer une transaction entre l'Église et la royauté, d'une part, et le siècle, de l'autre. Les puissants du jour lui répondent, non pas en lui confiant

---

1. Dans l'*Oraison funèbre de Louis XIV* et dans le *Discours de réception à l'Académie* (1719), il blâme l'abus du théâtre et non le théâtre même. — Il loue la *Révocation de l'Édit de Nantes* dans l'*Oraison funèbre*, mais il semble vouloir se faire pardonner ce panégyrique imposé par son sujet et par sa robe, en y intercalant un anathème sur la Saint-Barthélemi que son sujet ne commandait point.
2. V. *OEuvres* de Massillon, édit. Lefèvre ; 1838, t. III, p. 866.

Louis XV à élever comme un autre duc de Bourgogne, mais en lui imposant la mission de sacrer Dubois successeur de Fénelon. L'homme de bien, faible un seul moment, tombe dans ce piége dressé par un démon ironique; Massillon est à son tour victime de ce gouvernement de la corruption, qu'il avait récemment flétri avec tant d'énergie dans son *Petit-Carême*. Vingt ans de vertus rachètent cette triste journée, et Massillon (mort en 1742) laisse un nom respecté dans la tradition religieuse, plein de gloire dans la tradition littéraire : il a atteint, par le pathétique du sentiment, la hauteur où s'était élevé Bourdaloue par la force logique, et il reste entre les modèles les plus purs de la langue [1]; mais sa gloire personnelle n'a rien sauvé, rien raffermi.

Dans les rangs des jansénistes ou des gallicans prononcés, quelques hommes de mérite et de vertu honorent encore l'Église et se préservent de la faiblesse par un peu d'exagération sectaire : le plus éminent est Rollin, ce candide vieillard, qui est resté parmi nous le type de la noble vocation de l'enseignement [2]. Mais les folies *convulsionnaires* discréditent peu à peu ce parti. Du côté opposé, dans le parti des jésuites, il y a aussi quelques vertus, mais plus étroites et plus bornées; quelques pieux prélats, comme Belzunce, à Marseille, et, plus tard, Christophe de Beaumont, à Paris, servent d'instruments aux habiles. Les jésuites sentent bien qu'il faut autre chose pour se soutenir et, avec la profonde politique que leur a léguée leur fondateur, au moment où ils sentent les classes supérieures leur échapper, ils inventent un moyen d'action sur les masses populaires, un rite, quasi un culte nouveau, propre à frapper les imaginations les plus grossières par une représentation matériellement émouvante. Vers la fin du siècle passé, une pauvre nonne de la Visitation, qui portait une âme exaltée jusqu'au délire dans un corps maladif et disgracié

---

1. Il définit le goût « arbitre et règle des bienséances et des mœurs comme de l'éloquence; » t. III, p. 499. Le goût est chez lui une qualité aussi fondamentale que le pathétique. On n'a pas le courage de lui reprocher quelque surabondance, qui lui est commune, ainsi que la douceur, avec Fénelon.

2. Son excellent *Traité des Études* est de 1726. — Il sentait bien dès lors ce que Duclos devait exprimer si vivement plus tard, dans ses *Considérations sur les Mœurs*, le danger de sacrifier l'éducation à l'instruction, le moral à l'intellectuel. — L'*Histoire Ancienne* de Rollin, qui a joui d'une si vaste publicité, mais qui fait plus aimer l'auteur qu'elle ne fait bien connaître l'esprit de l'antiquité, parut de 1730 à 1738.

de la nature, avait jeté le trouble dans le couvent de Parai-le-Monial, près Autun, par les tortures insensées qu'elle s'infligeait[1], par ses prétendues conversations avec Jésus-Christ, par ses débats avec le diable, qui lui apparaissait sous la figure d'un *More* aux yeux étincelants, la renversait de sa chaise, la harcelait sans cesse. Une circonstance physique, probablement un anévrisme dont les douleurs se mêlaient à ses extases, paraît avoir donné une direction particulière à sa dévotion. Elle s'était imaginé que Jésus-Christ lui montrait son cœur enflammé dans sa poitrine ouverte, et elle parlait sans cesse du *Sacré Cœur de Jésus*. Tous les mystiques en avaient parlé avec de vives images, chose très-conforme à l'esprit du symbolisme chrétien, mais personne n'avait eu l'idée de matérialiser ce symbole, d'étaler un cœur sanglant sur les autels et d'en faire le signe de ralliement d'une affiliation. Deux jésuites eurent cette idée, donnèrent corps aux visions de la visitandine Marie Alacoque, et présentèrent cette pauvre créature comme une inspirée chargée par Jésus-Christ d'enseigner l'adoration de son *cœur* sur la terre. La nouvelle révélation, d'abord mal accueillie par l'église gallicane, n'a que peu d'effet pendant une trentaine d'années après la mort de Marie Alacoque (morte en 1690) : c'est seulement pendant la *Peste de Marseille* que l'évêque Belzunce, entraîné par les jésuites, y donne un grand éclat en consacrant son diocèse au *Sacré-Cœur de Jésus*. Un prélat, qui est loin de mériter le même respect que Belzunce, l'évêque de Soissons Languet, prétend porter un coup décisif en publiant avec fracas la vie de la *bienheureuse* (1729). Ce livre, où un homme d'intrigue, nourri entre les Dubois et les Tencin, a voulu singer la pieuse naïveté des légendaires, tombe sous les sifflets universels; la machine, si bien montée, manque son effet; la cour de Rome garde une prudente réserve; le *Sacré-Cœur* rentre dans l'ombre, et le parlement disperse ses affiliations; mais les jésuites n'abandonnent jamais un plan une fois adopté, et la France reverra le *Sacré-Cœur*, après plus de soixante ans, briller, comme un sinistre météore, dans la guerre civile de la Vendée; plus tard, par une nouvelle transfor-

1. Elle s'incisait le nom de Jésus-Christ sur la poitrine avec un canif; puis elle y versait de la bougie brûlante; le reste à l'avenant.

mation, il reparaîtra et envahira sous un aspect plus pacifique [1].

Quant à présent, Marie Alacoque s'abîme sous le ridicule qui finit aussi par engloutir son rival, le bienheureux Pâris, d'abord mieux reçu du public comme ennemi des jésuites. Le même discrédit enveloppe les deux grandes factions religieuses. La société, quoique vicieuse elle-même, méprise le clergé ou pour ses vices ou pour ses superstitions, comme enseignant ce qu'il ne croit pas ou comme croyant des choses absurdes ; les croyances nécessaires et fondamentales sont confondues dans un doute ironique avec les abus et les erreurs. Toutes les traditions religieuses, morales et politiques sont ébranlées par les actes et, souvent même, par les idées de ceux-là mêmes qui n'existent que par ces traditions, c'est-à-dire des princes temporels et spirituels, si toutefois l'on peut appeler idées de pures négations. Tout respect se perd dans le monde. Les supériorités sociales se détruisent de leurs propres mains. Avant que l'égalité positive, l'égalité des droits, soit entrée dans l'opinion par les enseignements de la philosophie, les esprits sont déjà envahis par une égalité négative, fondée sur le mépris

---

1. V. la *Vie de la Bienheureuse Mère Marie-Marguerite*, par Monseigneur J. J. Languet, évêque de Soissons; 1729; in-4°, Paris. — Lémontei, *Hist. de la Régence*, t. II, p. 442. Il donne des détails très-curieux. — On sait que les insurgés vendéens portaient le *Sacré-Cœur* sur la poitrine. — Deux institutions religieuses d'une origine plus pure coïncident avec le premier éclat du *Sacré-Cœur*; ce sont les *Filles de Sainte-Marthe*, établies au faubourg Saint-Antoine, en 1722, par la veuve du sculpteur Théodon, et les *Frères des Écoles chrétiennes*, fondés, en 1725, par un chanoine de Reims, Jean de la Salle. L'esprit qui avait présidé aux grandes fondations du XVIIe siècle se retrouve dans ces établissements, suscités par la pensée de remédier à l'abandon où végétaient les enfants du peuple. Les *Filles de Sainte-Marthe*, création janséniste, se vouent à instruire les jeunes filles pauvres et à soigner les malades : leur institut a vécu jusqu'à nous, mais sans beaucoup s'étendre; les *Frères des Écoles chrétiennes*, chez lesquels a dominé l'esprit contraire, ont donné à leurs écoles de garçons un développement immense. Il y a eu là des vertus et des services incontestables, balancés par des inconvénients peu sensibles sous l'ancien régime, plus apparents à mesure que les institutions se sont démocratisées. Toute congrégation religieuse consacrée à la vie active tend à être un petit État dans l'État, un État qui ne connaît que ses lois particulières et les lois générales de l'Église, et qui, méconnaissant le *droit divin* de la patrie, ne voit, dans la loi civile et politique, qu'un fait et non pas un droit; pour élever des citoyens, il faut avoir les sentiments et les principes du citoyen; pour élever des sujets, cela n'était point aussi nécessaire. Un autre inconvénient est la relation, à peu près inévitable, qui s'établit entre ce corps modeste et humble, destiné à l'enseignement primaire, et le corps plus savant et plus habile qui vise à s'emparer de l'enseignement secondaire et des enfants des classes aisées, et qui ne peut guère manquer d'imposer à l'autre ses tendances et ses livres.

d'autrui plus que sur le respect de soi-même, sur l'abaissement de ce qui était en haut plutôt que sur l'exhaussement de ce qui était en bas. Ce progrès par voie de négation et d'effondrement, ce progrès par l'*esprit critique,* mènera le monde nouveau à la conquête du néant, si le principe du sentiment ne se réveille à temps pour ramener l'affirmation et la vie.

Nous citions tout à l'heure un remarquable passage de d'Argenson : dès 1704, l'année de la mort de Bossuet et onze ans avant la mort de Louis XIV, quand l'*autorité* semblait encore dominer le monde, le plus grand philosophe de l'Europe avait écrit les paroles suivantes dans sa réfutation de Locke : « Des opinions approchantes (les opinions contraires à l'existence de la Providence et de la responsabilité dans l'autre vie), s'insinuant peu à peu dans l'esprit des hommes du grand monde, qui règlent les autres et dont dépendent les affaires, et se glissant dans les livres à la mode, disposent toutes choses à la *Révolution* générale dont l'Europe est menacée et achèvent de détruire ce qui reste encore dans le monde des sentiments généreux des anciens Grecs et Romains, qui préféraient l'amour de la patrie et du bien public et le soin de la postérité à la fortune et même à la vie. Ces *publics spirits,* comme les Anglais les appellent, diminuent extrêmement... et ils cesseront davantage quand ils cesseront d'être soutenus par la bonne morale et par la vraie religion que la raison naturelle même nous enseigne... on se moque hautement de l'amour de la patrie; on tourne en ridicule ceux qui ont soin du public, et, quand quelque homme bien intentionné parle de ce que deviendra la postérité, on répond : *alors comme alors!* Mais il pourra arriver à ces personnes (les grands) d'éprouver elles-mêmes les maux qu'elles croient réservés à d'autres... Si cette maladie d'esprit épidémique va croissant, la Providence corrigera les hommes par la Révolution même qui en doit naître, car, quoi qu'il puisse arriver, tout tournera toujours pour le mieux en général... quoique cela ne doive et ne puisse arriver sans le châtiment de ceux qui ont contribué même au bien par leurs actions mauvaises [1]. »

---

1. Leibniz, *Nouveaux Essais sur l'Entendement humain*, liv. IV, ch. XVI. V. édition de M. Amédée Jacques, p. 480; Paris, 1844.

§ II. — Voltaire et Montesquieu.

Nous avons pu esquisser le tableau des mœurs sociales sans nommer un seul des grands novateurs contemporains. C'est que les philosophes du xviiie siècle n'ont pas créé cette situation des esprits et des cœurs : elle existait avant qu'aucun d'eux eût paru. Cet état moral marque la transition du siècle de Descartes au siècle de Voltaire et de Rousseau ; c'est la nuit entre deux grandes journées, deux journées, il est vrai, bien différentes, et dont l'une doit être aussi orageuse que l'autre a été sereine. Les philosophes sont nés dans le milieu que nous avons décrit ; nous verrons comment ils le modifieront ; nés dans la critique pure, nous verrons ce qu'ils sauront affirmer.

Avant d'aborder ceux à qui ce siècle a donné par excellence le nom de *philosophes*, les chefs d'école et de parti, quelques observations encore sur le mouvement des lettres sérieuses, sur les hommes de second ordre qui précèdent ou qui entourent les génies de cet âge : ce sera, pour ainsi dire, achever de dessiner le cadre dans lequel viendront se placer ces grandes figures.

Nous avons effleuré la littérature d'imagination en peignant la société : quant à la littérature savante et aux sciences proprement dites, il y a là, dans la première période du siècle, de profondes oscillations, une attente inquiète, des tentatives, des innovations multipliées, tous les caractères d'une époque de transition, comme nous venons de le dire à propos des mœurs. Le cartésianisme régnait à l'académie des Sciences et dans la partie éclairée du jansénisme et du gallicanisme : malgré la décision de la Sorbonne, tombée en désuétude, il avait reconquis les corps religieux enseignants et entamé les jésuites eux-mêmes : les champions du passé, qui avaient été ses ennemis acharnés pendant sa période de force et de croissance, venaient le compromettre en lui demandant asile, maintenant que sa puissance réelle était en raison inverse de son développement : pareil à un fleuve débordé, depuis qu'il couvrait tout, il n'avait plus de fond. Les grands génies avaient disparu, Malebranche, en 1715, Leibniz, en 1719, et personne, en France, ne pouvait réclamer leur héritage. Le cartésianisme chrétien était représenté par le chancelier d'Aguesseau, par le cardinal de Polignac, par le jésuite Buffier ; la tendance spinoziste, par Mairan, de l'académie des Sciences ; Fontenelle, qui fut, jusqu'en 1740, la voix et l'esprit de cette académie, y soutenait avec une constance inébranlable la physique cartésienne, mais sa foi était moins ferme en métaphysique et des tendances sensualistes se manifestaient chez lui. Aucun de ces hommes, d'ailleurs, n'avait l'initiative ni la puissance nécessaire pour soutenir et renouveler l'école.

Nous reviendrons bientôt sur le mouvement des sciences physiques ; il suffit d'indiquer ici que l'opinion témoignait un vif intérêt aux sciences qui donnent action sur la nature et qui augmentent les ressources et les jouissances de l'homme. Il y avait beaucoup moins de faveur pour l'étude du passé. Les travaux d'érudition étaient poursuivis, cependant, avec une louable persévérance : les bénédictins continuaient à rassembler et à mettre en lumière les innombrables matériaux de l'histoire nationale. Le père Montfaucon, après son œuvre énorme de l'*Antiquité expliquée* (15 vol. in-fol. ; 1719-1724), publie ses *Monuments de la Monarchie française* (5 vol. in-fol. ; 1729-1733), vaste ouvrage où il est à regretter que le mauvais goût et la fadeur de dessinateurs incapables de reproduire les types du moyen âge aient trahi les intentions de l'illustre archéologue : la pensée de montrer aux yeux toute la suite de l'histoire par les monuments figurés n'en garde pas moins sa grandeur. A côté de Montfaucon, un autre bénédictin, dom Bouquet, entame, par ordre de d'Aguesseau, une magnifique entreprise, conçue autrefois par Colbert, le *Recueil des historiens des Gaules et de la France*, couronnement de tous les services de la congrégation de Saint-Maur et base principale sur laquelle devra s'asseoir l'édifice de l'histoire nationale[1]. L'*Histoire littéraire de la France*, commencée par dom Rivet (1733), est le complément du grand *Recueil des historiens*. En même temps, l'histoire particulière des villes et des provinces donne lieu à des

---

1. Les huit premiers volumes in-folio furent publiés par D. Bouquet de 1738 à 1754. Ses confrères continuèrent, et l'Académie des inscriptions, héritière des travaux des bénédictins, a repris, depuis la Révolution, le *Recueil des Historiens des Gaules* et l'*Histoire littéraire*, et achevé le *Recueil des Ordonnances*.

travaux très-remarquables, entre lesquels apparaît au premier rang l'*Histoire du Languedoc* de dom Vaissette, véritable chef-d'œuvre du genre (1730-1745). Quelques savants laïques rivalisent avec les disciples de saint Benoît. Le *Recueil des ordonnances des Rois de France de la troisième Race* est la véritable histoire législative de la monarchie. Laurière, qui en a tracé le plan sous Louis XIV, a pu enfin commencer l'exécution sous le régent, et Secousse, auteur d'excellentes dissertations sur l'histoire de France, remplace dignement Laurière à partir de 1728.

Ces laborieuses et lentes entreprises, qui entassaient des montagnes d'érudition et que le régent avait eu le mérite d'encourager, n'étaient pas suffisamment appréciées d'une génération vive et impatiente : l'intérêt du public ne se prenait aux sciences historiques que sur le terrain limitrophe où elles touchent à la politique et à la philosophie. L'esprit novateur commençait d'agiter les lourdes masses amoncelées par les érudits et d'y porter le mouvement et la vie. Le génie critique, que Richard Simon avait introduit dans l'exégèse de la Bible, venait d'être appliqué aux éléments de l'histoire générale par une intelligence plus étendue, plus brillante et plus philosophique. Nicolas Fréret[1] avait voulu, tout jeune encore, dégager l'âme de notre histoire nationale de toute cette accumulation de faits et de dates. C'était en 1714, dans le fort de la persécution contre le jansénisme. Fréret débuta par lire à l'Académie des Inscriptions un mémoire où il déterminait la véritable origine des Franks : il ébranlait, dans cette dissertation, les bases de la récente *Histoire de France* du jésuite Daniel, alors en grande faveur et investi de la charge d'historiographe. Fréret fut enfermé à la Bastille, comme suspect de jansénisme, et y resta quelques mois[2]. Il jugea impossible d'écrire l'histoire nationale sous la monarchie absolue : il abandonna les vastes recherches qu'il avait commencées sur l'état des mœurs et du gouvernement aux diverses époques de nos annales[3], et il se rejeta sur la haute

---

1. Nous parlions tout à l'heure des hommes du second ordre : on doit faire exception pour lui ; il est du premier.

2. L'élégant historien Vertot fut plus heureux : il démolit, avec des façons très-respectueuses, la fable monarchique de la *Sainte-Ampoule* et ne fut point inquiété ; il avait mieux pris son temps.

3. Le président Hénault tenta plus tard, dans des proportions très-étroites et dans

antiquité, s'enfonçant dans le labyrinthe obscur des âges primitifs avec le fil de la Méthode. « Son admirable netteté d'esprit », dit un grand historien, « fit sortir une science nouvelle des ténèbres et du chaos. La chronologie des temps qui n'ont pas d'histoire, l'origine et les migrations des peuples, la filiation des races et celle des langues, furent pour la première fois établies sur des bases rationnelles [1] ». L'histoire a désormais des lois : elle sort de l'empirisme, comme la géographie, sa fidèle auxiliaire, en est sortie avec Delisle, l'ami de Fréret. Fréret fait pour les fastes du genre humain ce que les créateurs de la géologie doivent faire pour l'histoire du globe et des races perdues qui l'ont habité avant l'homme [2].

---

un esprit tout monarchique, quelque chose qui se rapportait à ce plan : l'*Abrégé chronologique de l'Hist. de France* (1744), travail estimable et utile, mais bien éloigné de l'esprit hardi et puissant de Fréret.

1. Augustin Thierry, *Considérations sur l'Hist. de France*, chap. Iᵉʳ, p. 46, 7ᵉ édition.
— En 1738, un réfugié français en Hollande, Louis de Beaufort, fait une application hardie des principes critiques à la plus populaire des histoires : il renverse tout le roman des premiers siècles de Rome, presque au moment même où le bon Rollin se contentait, dans son *Histoire Romaine*, de reproduire Tite-Live.

2. Les titres de quelques-unes des dissertations de Fréret peuvent faire apprécier la portée de ses travaux :
— Réflexions sur l'étude des anciennes histoires et le degré de certitude de leurs preuves.
— Vues générales sur l'origine et sur le mélange des anciennes nations.
— Défense de la chronologie fondée sur les monuments de l'histoire ancienne contre le système chronologique de M. Newton.
— Essai sur la chronologie de l'Écriture sainte.
— De l'antiquité et de la certitude de la chronologie chinoise.
— Recherches sur les traditions religieuses et philosophiques des Indiens, pour servir de préliminaires à l'examen de leur chronologie.
— Chronologie et histoire des Assyriens de Ninive.
— Sur la chronologie égyptienne.
— Les Cimmériens (origines gauloises).
— Sur la nature de la religion des Grecs.
— Sur l'étendue de la philosophie ancienne.
— La nature et les dogmes les plus connus de la religion gauloise.
— Principes généraux de l'Écriture.
— L'origine et l'ancienne histoire des premiers temps de la Grèce.
    id.   —   —   de l'Italie.
— Du mot *Druides*.
— Du mot *Mérovingiens*.

Tous ces mémoires ont été publiés d'abord dans le *Recueil* de l'Académie des Inscriptions. Les faits essentiels à connaître sur la vie et les ouvrages de ce roi de la critique historique se trouvent réunis dans un très-intéressant Rapport fait à l'Académie des Inscriptions par son savant secrétaire perpétuel, M. Walckenaër, sur les

La science de Fréret, si neuve qu'elle soit, c'est encore la science désintéressée, philosophique par la méthode, mais sans autre but que la connaissance du vrai pour le vrai. Aussi, à côté de Fréret, des esprits qui lui sont bien inférieurs obtiennent une renommée plus bruyante que la sienne en introduisant dans l'histoire les passions politiques et polémiques. Nous avons parlé, à diverses reprises, du comte de Boulainvilliers, à l'occasion de son livre sur l'*État de la France* et des projets de réforme qu'il présenta au régent : c'est à un autre titre qu'il est demeuré célèbre, c'est-à-dire par son système historico-politique résumé dans cet axiome : que *le gouvernement féodal est le chef-d'œuvre de l'esprit humain*. Cette théorie, exposée dans l'*Histoire de l'ancien gouvernement de la France* et dans les *Lettres sur le Parlement*, publiées en Hollande, en 1727, après la mort de l'auteur, eut un succès d'étonnement et de scandale. Tout progrès, soit de l'autorité royale, soit des libertés civiles ou municipales des roturiers, était, pour Boulainvilliers, une usurpation au détriment des droits de la noblesse, seule héritière des anciens *François* (Franks), conquérants des Gaules. On ne pouvait remonter le cours des siècles avec une plus étrange audace. On n'en était pas encore à répondre à ce fils des Franks, comme devait le faire Sieyès, au nom de la démocratie gauloise : on lui répondit au nom de la Gaule romaine, semi-municipale, semi-monarchique. Un abbé diplomate, secrétaire perpétuel de l'Académie française et auteur de quelques ouvrages de polémique diplomatique et d'un assez bon livre d'esthétique[1], fit la plus volumineuse et la plus savante de ces réponses, dictées par le vieil esprit bourgeois. Dans son *Histoire critique de l'établissement de la Monarchie française* (1734), ouvrage mêlé de recherches profondes et d'assertions paradoxales, l'abbé Dubos, au lieu de répondre que les prétendus droits des conquérants étaient périmés, essaya de prouver qu'il n'y avait jamais eu de conquête des Gaules par les Franks, que la monarchie franke ou française avait succédé, par voie amiable, aux droits de l'em-

---

manuscrits inédits de Fréret; 1850. — A propos des travaux sur nos origines nationales, il est juste de mentionner le père Pezron, pour son *Traité de l'Antiquité de la nation et de la langue des Celtes ou Gaulois*; 1703.

1. *Essai sur le Beau, Réflexions critiques sur la Poésie et la Peinture*, 1719.

ire romain sur les Gaules, et que la féodalité s'était établie par
pure voie d'usurpation, plusieurs siècles après. Il prouva au moins,
chose très-importante pour notre tradition, que le régime municipal gallo-romain, la société civile antique, avait persisté sous
les rois franks. L'opinion du public et des savants se prononça
pour Dubos; mais la querelle n'était pas finie, et une autorité
illustre, Montesquieu, y devait interposer une médiation qui ne
fut pas tout à fait impartiale.

En dehors des systèmes historiques, les études politiques proprement dites préoccupaient beaucoup d'esprits. Il y eut, de 1724
à 1731, une tentative remarquable pour former une espèce d'académie libre des sciences morales et politiques, sciences qui n'a-
vaient pas leur place dans les académies royales. Un abbé Alari,
homme d'esprit et de savoir, organisa chez lui, dans un *entre-sol*
de la place Vendôme, des conférences périodiques, où une vingtaine de diplomates, de magistrats et de gens de lettres vinrent
débattre toutes sortes de matières politiques : la tradition de Fénelon et surtout de Vauban domina dans cette réunion, qui dut
probablement à un de ses membres, lord Bolingbroke, le nom
anglais de *Club de l'Entre-sol*. C'est la première apparition du nom
de *club* parmi nous. L'infatigable abbé de Saint-Pierre encombrait
l'*Entre-sol* de ses mémoires : nous avons mentionné ailleurs son
utopie de la *Paix universelle* et ses efforts pour la réforme de
l'impôt. Il voulait tout réformer, depuis la procédure jusqu'à
l'orthographe. Homme à panacées, il croyait préserver l'État de
tous maux, au dehors, par la *diète européane* destinée à prévenir
les guerres, et, au dedans, par le *scrutin perfectionné*, combinaison
de listes de candidature aux fonctions publiques, qui seraient présentées au roi par chaque catégorie de fonctionnaires, en cas de
vacances. Grand ennemi des dépenses inutiles, il allait même
jusqu'à envelopper les beaux-arts dans sa réprobation du faste et
du luxe. Il mêlait néanmoins presque toujours des vues saines à
ses utopies; ainsi, sur l'unité de code, sur la tolérance religieuse,
sur le perfectionnement moral de l'éducation (*Projet pour perfectionner l'Éducation, avec un Discours sur la grandeur et la sainteté
des hommes;* 1728; in-12). Dans une lettre de ses dernières années
(1740), il exprime un sentiment d'un patriotisme touchant : « Je

« meurs de peur, dit-il, que la raison humaine ne croisse davan-
« tage et plutôt à Londres qu'à Paris, où la communication des
« vérités démontrées est, quant à présent, moins facile ». Homme
d'Église, il se montre partout religieux avec conviction et simplicité ; mais il se prononce nettement pour le mariage des prêtres[1].

Le timide Fleuri s'effaroucha de l'*Entre-sol* et obligea les nouveaux académiciens de cesser leurs assemblées. Ce mouvement
de politique théorique, ainsi arrêté, se résuma dans un livre qui
n'a pas eu tout le retentissement dont il était digne, parce qu'il
ne fut publié qu'après la mort de l'auteur et à une époque où il
était dépassé par des œuvres plus radicales et plus éclatantes
(en 1765), mais qui, replacé dans le milieu et dans le moment
où il fut écrit (avant 1739), mérite au plus haut degré l'attention
de l'historien. Ce sont les *Considérations sur le Gouvernement de la
France*, par ce marquis d'Argenson, dont le nom revient si souvent sous notre plume : d'Argenson fut véritablement, dans ce
demi-siècle, le premier après les hommes de génie et les devança
souvent.

D'Argenson part d'un fait d'expérience, l'infériorité économique de la France, administrée, sauf quelques exceptions, par
les officiers du pouvoir central, vis-à-vis des pays administrés par
les pouvoirs locaux, et surtout vis-à-vis des républiques. « La
France, dit-il, est peut-être le seul pays chrétien où la police soit
confiée à des officiers royaux qui ne répondent de rien au peuple,
et qui insultent plutôt qu'ils ne défèrent à ses plaintes. C'est de
quoi l'on s'aperçoit lorsqu'on voyage sur nos frontières : il est
inutile de demander où finit le territoire de France ; l'état des
chemins et de tout ce qui est au public en fait assez apercevoir ».
Quel remède opposer à ces abus de l'arbitraire qui enlèvent à la
France le bénéfice des dons de la nature? — Est-ce la limitation
du pouvoir royal par les États-Généraux ou Provinciaux? —
Non : le partage de l'autorité suprême est contre la nature des
choses. Les *philosophes politiques* ont préconisé en vain le mélange
des trois éléments monarchique, aristocratique et démocratique :

---

1. *Annales politiques*; an. 1717. — V. pour l'ensemble de ses autres écrits, *Ouvrages de Politique et de Morale*, par l'abbé de Saint-Pierre ; Rotterdam, 1734-1741 ; dix-huit volumes in-12. — Sur l'*Entre-sol*, *Mém.* de d'Argenson.

il faut toujours qu'un des trois se subordonne les deux autres. La puissance publique doit être *une et décidée*, en république comme en monarchie : dans la république, *tous les suffrages doivent se réunir à un, et de là partir les autres pouvoirs subordonnés*. La France étant monarchie, toute la puissance publique, tous les mouvements du corps de la nation, doivent être au roi et aux officiers du roi ; mais tous les mouvements locaux doivent être aux localités ; et il entend par là l'entretien des chemins, la répartition des impôts, etc., aussi bien que les intérêts municipaux : en un mot, il demande la suppression de l'administration monarchique, la décentralisation administrative absolue, en conservant la centralisation politique[1]. Il espère communiquer ainsi à la monarchie les avantages des républiques. Ce singulier édifice aurait la royauté absolue au sommet et, à la base, une multitude de petites démocraties. Les provinces et les généralités, qui forment des corps trop vastes et parfois dangereux pour l'autorité centrale, disparaîtraient, remplacés par des *départements* d'environ deux cents paroisses. Chaque département serait confié à un intendant et à des subdélégués triennaux, plutôt inspecteurs qu'administrateurs, investis du pouvoir de choisir les magistrats municipaux sur une liste de présentation envoyée par la commune, et aussi du pouvoir de les révoquer. Les magistrats municipaux (cinq au moins par commune) auraient toute administration, finances et police, mais aucune attribution contentieuse, le contentieux étant tout entier à l'ordre judiciaire. Les communes voisines pourraient avoir des réunions pour leurs intérêts communs, avec la permission de l'intendant (*conseils cantonnaux*).

D'Argenson veut la liberté du commerce au dedans et au dehors.

Le système du *scrutin* (listes de présentation par les égaux) serait aussi appliqué au choix des officiers royaux (c'est un emprunt à l'abbé de Saint-Pierre). Le roi abolirait la vénalité des offices, fléau pire que la féodalité qu'elle a remplacée.

---

1. On trouve chez lui le prototype de tous les arguments contre la centralisation. — Tout se fait mal et chèrement par les officiers du roi. — Les ouvrages publics seront mieux entretenus et à moins de frais quand il ne faudra plus un arrêt du conseil pour réparer un mauvais pas ou reboucher un trou, etc.

C'est sur la question de la noblesse que d'Argenson est le plus énergiquement et le plus radicalement novateur. Ce grand seigneur de race féodale, ce ministre d'État, fait à Boulainvilliers une terrible réponse et donne, cinquante ans d'avance, le signal de la *Nuit du 4 Août*. « On dira que les principes du présent traité, favorables à la démocratie, vont à la destruction de la noblesse : *on ne se trompera pas...* Il serait à souhaiter que tous les domaines de la campagne ne fussent possédés que par ceux qui les peuvent cultiver eux-mêmes, et que tous les domaines fussent exempts de tous droits et de toutes servitudes... On devrait autoriser le rachat forcé de tous les droits de suzeraineté, des devoirs rentés et du droit de chasse... Je ne demande que de mettre à part le plus stupide préjugé, pour convenir que deux choses seraient principalement à souhaiter pour le bien de l'État : l'une, que tous les citoyens fussent égaux entre eux[1]; l'autre, que chacun fût fils de ses œuvres. Les nobles ressemblent à ce que les frelons sont aux ruches. »

Une monarchie sans noblesse, sans aristocratie judiciaire et sans *bureaucratie*, une royauté suspendue sans étais à une hauteur énorme au-dessus d'une société démocratique, voilà donc le rêve de d'Argenson : illusion d'un noble cœur qui cherche à concilier ses affections traditionnelles et ses idées nouvelles[2]. L'idéal politique ne s'arrêtera point à cette station inconséquente : après la monarchie absolue de Bossuet, la monarchie aristocratique de Fénelon; après celle-ci, la monarchie démocratique de d'Argenson; après la monarchie démocratique, la démocratie pure se lèvera bientôt avec Rousseau. La doctrine d'un contrat conditionnel entre le roi et le peuple, telle que l'énonce d'Argenson[3], n'est qu'une transition entre la doctrine du droit inamissible du

---

1. Il fait une remarquable distinction entre l'idéal et le réel, en disant qu'on doit *chercher* l'égalité absolue, quoiqu'on n'y doive *jamais parvenir* (p. 256).
2. En théorie, il préfère la république; v. ses *Mémoires*, t. III, p. 313; V. p. 312.
3. Il est curieux de voir cette doctrine du contrat original, dérogatoire au droit divin, se glisser jusque dans un factum diplomatique de la cour de Rome, en 1736. Il est dit dans cette pièce, à la vérité sans caractère officiel, que « le peuple romain, dont le naturel a été de toute ancienneté de ne pouvoir s'accommoder ni d'une entière servitude ni d'une entière liberté, s'est soumis au gouvernement pacifique et électif des souverains pontifes, afin d'avoir des assurances de sa sûreté et de la conservation de la tranquillité publique. » V. Recueil de Rousset, t. X.

roi et la doctrine de la souveraineté du peuple, inaliénable et toujours vivante.

Ce qui caractérise d'Argenson, c'est qu'il est essentiellement français dans les vérités comme dans les erreurs de son système[1] : il n'y a pas chez lui la moindre trace d'importation étrangère ; il ne procède en rien de ce grand courant d'outre-mer qui commence à déborder, et qui nous donnera bientôt, entre d'Argenson et Rousseau, la tentative fameuse de Montesquieu pour systématiser le droit historique[2]. Rien n'est plus français, et trop français ! que l'idée de l'unité et de la simplicité dans le gouvernement.

L'*Entre-sol* paraît avoir été plus circonspect en religion qu'en politique, et Bolingbroke n'y donne point le ton à cet égard ; d'Argenson, pour son compte, ne sortit pas, au moins ostensiblement, du gallicanisme et ne rompit avec la foi de Bossuet que sur l'article de la tolérance, qui était, pour lui comme pour son ami l'abbé de Saint-Pierre, un vrai dogme religieux. On a pourtant de lui un mot saillant : « aimer Dieu, se méfier des prêtres. »

La société de l'*Entre-sol*, en ménageant davantage les questions religieuses que les politiques, n'était pas dans le courant principal du temps, car le grand mouvement offensif de la philosophie du xviii° siècle attaqua le pouvoir spirituel avant le pouvoir temporel.

L'homme extraordinaire qui dirigea ce mouvement et qui fut, pour ainsi dire, ce mouvement même, était déjà entré depuis quelques années dans sa retentissante carrière, lorsque s'opéra la grave et paisible tentative de l'*Entre-sol*.

En 1707, un enfant de treize ans, plein de vivacité, de curiosité et de hardiesse, fut présenté à Ninon de l'Enclos, qui touchait au terme de sa longue vie. A l'incomparable animation de cette physionomie, à ce sourire rempli de grâce et de malice, de menace et d'attrait, à cet œil rayonnant d'éclairs qui perçaient jusqu'au fond des âmes, la vieille Aspasie du xvii° siècle pressentit une grande destinée : elle voulut aider au développement de cette jeune intelligence ; elle fit un legs à l'enfant pour acheter des

---

[1]. La plus saillante de ses erreurs est l'absorption, à tous les degrés, du pouvoir législatif dans l'exécutif.

[2]. Tentative qui est bien loin d'être tout Montesquieu. Nous le verrons tout à l'heure.

livres. L'enfant, qui appartenait à une famille bourgeoise très-aisée, était élevé au collége des jésuites (collége Louis-le-Grand) : il y faisait l'admiration de ses professeurs par ses facultés littéraires et leur effroi par l'indépendance de son caractère et de ses idées ; un d'eux, le père Le Jai, lui prédit qu'il serait en France le *coryphée du déisme*. Ninon et Le Jai l'avaient tous deux bien jugé. Héritier des *esprits forts* du siècle passé, il devait régner sur cette petite tribu devenue un peuple immense et les mener au combat contre ses maîtres : les jésuites, par une de ces sublimes dérisions providentielles dont l'histoire est remplie, avaient élevé les deux plus formidables ennemis de l'autorité traditionnelle, DESCARTES et VOLTAIRE[1]. Voltaire fut ainsi, dès le collége, tout ce qu'il devait être : nul homme, à travers plus de mobilité extérieure, n'a été, au fond, plus fidèle à lui-même.

Au sortir du collége, introduit au Temple, chez le grand-prieur de Vendôme, et dans les autres sociétés où régnait l'esprit de Ninon, où l'on protestait par la religion du plaisir contre la sombre dévotion de Versailles, il se fit le disciple et l'imitateur du vieil abbé de Chaulieu, qui était le poëte et le philosophe de ce petit monde épicurien[2]. Ce n'était pas, pour un jeune homme, la meilleure entrée dans la vie. Ces adversaires du christianisme avaient repris les mœurs, comme les opinions, de la décadence de l'antiquité. L'athéisme ou le scepticisme absolu vivait parmi eux en assez bonne intelligence avec le déisme épicurien, et les vices monstrueux qui infectaient alors la noblesse de cour étaient tolérés par les sectateurs de la *loi de nature*. Voltaire prit là un pli qui ne s'effaça jamais. Personnellement au-dessus de tout soupçon quant aux vices dégradants, il perdit, du moins, le sentiment

1. François-Marie Arouet naquit à Paris, le 20 février 1694, et non, comme on l'a cru longtemps, à Châtenai, près de Sceaux. Il était fils d'un ancien notaire, devenu trésorier de la chambre des comptes de Paris ; sa mère était poitevine. Il prit le nom de Voltaire, à son entrée dans le monde, pour se distinguer de son frère aîné. C'était un usage à peu près général dans la riche bourgeoisie, que de distinguer chacun des fils par un nom de terre : on le faisait quelquefois même pour les filles.

2. C'était un autre abbé esprit fort, Châteauneuf, qui avait présenté Voltaire et chez Ninon et au Temple. Châteauneuf l'avait bercé tout enfant dans l'incrédulité. Voltaire, à trois ans, savait par cœur la *Mosaïde*, pièce de vers attribuée à Jean-Baptiste Rousseau, et où Moïse était traité d'imposteur. V. *Vie de Voltaire*, par l'abbé Duvernet, Genève ; 1788.

naturel d'horreur qu'ils inspirent et n'y vit guère qu'un défaut de goût, justiciable de la moquerie. Son tempérament et son esprit, également délicats, l'éloignèrent de tous les excès; mais il n'admit d'autre règle de mœurs qu'une certaine modération dans le plaisir comme en toutes choses : reculant par delà l'idéal du moyen âge, il confondit la volupté avec l'amour; à l'ascétisme qui plaçait la vertu dans le célibat, dans la négation de la loi de la vie, il répondit par une exagération contraire, en excluant, de fait, l'idée de vertu de ce qui regarde les rapports des sexes; toute vertu se renferma, pour lui, dans ceci : *faire du bien aux hommes*, aider les hommes à être aussi heureux que possible en cette vie. Dès sa première jeunesse, il avait réduit cette morale en système. Il y appliqua une conviction énergique qui ne se démentit jamais : la tolérance qu'il avait pour la dissolution des mœurs, il ne l'eut jamais pour l'injustice, pour l'oppression, surtout pour l'oppression qui prend la religion pour prétexte. Des persécutions misérables et mesquinement cruelles, furent le premier objet qui éveilla sa conscience. L'édit de 1715 contre les protestants, les lettres de cachet contre les jansénistes, en frappant ses yeux, évoquèrent dans sa mémoire toute la série des maux infligés à l'Europe par les luttes religieuses, depuis l'extermination des Albigeois jusqu'à la révocation de l'édit de Nantes : un mépris et une haine passionnés, implacables, bien différents de la froide antipathie de Bayle, entrèrent dans son âme contre le fanatisme et contre l'hypocrisie qui avaient rendu ces querelles si fatales au genre humain; ce mépris et cette haine s'étendirent aux objets mêmes de ces querelles, examinés fort à la légère et rejetés comme absurdes ou incompréhensibles. Il ne s'arrêta pas, comme Bayle, au doute universel : il adopta la religion de Chaulieu, un Dieu maintenu par le sens commun contre la négation universelle de l'athéisme ou du scepticisme absolu; un Dieu créateur, ayant conscience de sa création, mais ne communiquant point avec elle et n'imposant à l'homme d'autre loi que la loi fort indulgente de la nature. Quant à l'immortalité de l'âme, rien que des idées confuses et des doutes [1].

---

1. V. l'*Épitre à M. de la Faluère*; 1719.

C'était un fonds de croyance bien pauvre et bien stérile : Voltaire ne devait pas tarder à essayer d'y ajouter une conception philosophique de l'ordre de la création ; mais ses besoins religieux n'étaient pas assez impérieux pour lui imposer de grands efforts ni pour le conduire bien loin. Génie essentiellement agissant et polémique, ayant peu d'intérieur avec une immense surface, il repoussait le profond comme l'obscur, l'abstrait comme le subtil, et s'écartait avec une répugnance instinctive de toute chose mystérieuse. Cette âme emportée à vivre sans cesse hors d'elle-même et à se répandre dans les choses pour les modifier et les transformer, offrait une opposition radicale avec le père de la philosophie moderne, avec Descartes, et ce fut par cette opposition même, principe de son insuffisance, mais aussi de sa force, que Voltaire devint le roi de son siècle. Héritier de l'aversion qu'avait eue Bayle contre les systèmes et les hypothèses, il la poussait jusqu'à condamner toute recherche des causes, toute affirmation dogmatique, sauf la cause première constatée dans ses effets par une sorte d'empirisme. Il ne sortait guère du visible et du palpable. Par l'absence de facultés métaphysiques et synthétiques et par l'extrême puissance de l'esprit critique dans son organisme intellectuel, la raison pratique, qui était véritablement son cachet distinctif, fit divorce chez lui, et dans toute la philosophie de son temps, avec la raison pure ; le sentiment se sépara, dans son âme, de l'idéal et de l'infini, et n'eut plus que le fini, que la vie présente de l'humanité pour but. Il crut en Dieu par bon sens plus que par sentiment : « Dieu est pour lui, a-t-on dit avec beaucoup de justesse, plutôt une vérité qu'un être : il en comprend la nécessité ; il ne semble pas en sentir la présence[1] ».

Les qualités de son cœur étaient en harmonie avec celles de son esprit : de même que les méditations ardues et abstraites, les passions profondes et concentrées lui étaient inconnues. Sa sensibilité était sans cesse en mouvement pour tous et pour toute chose. Personnel, à la manière des femmes et des poëtes, c'est-à-dire des organisations nerveuses, mais nullement égoïste, la main et le cœur toujours ouverts, irritable et généreux, vindicatif et facile à

---

1. E. Bersot ; *Liberté de penser* du 15 décembre 1847.

apitoyer, la vivacité remplaçait la profondeur dans ses sentiments comme dans ses idées ; mais, par un don très-rare, la vivacité n'excluait pas la durée dans ses affections, pas plus qu'une certaine timidité ombrageuse, résultat d'une délicatesse organique qu'ébranlaient les moindres impressions, n'excluait un ferme courage d'esprit et une volonté inébranlablement dévouée au triomphe de ses convictions. Dès l'origine, il avait entrevu un double but qu'il ne perdit jamais de vue à travers les faiblesses, les défaillances, les orages de sa vie : combattre ce qu'il jugeait être le mal et conquérir la gloire ; l'intérêt de l'humanité et l'intérêt de son ambition ne se séparèrent point dans sa pensée. On ne saurait demander à une telle nature, toute militante, tout extérieure, demi-politique, demi-artiste, le détachement d'un Descartes ou d'un Spinoza. Nous allons suivre à l'œuvre les facultés littéraires qu'il mit au service de ses prétentions et de ses opinions : comme il arrive à tous les écrivains de premier ordre, il modifia les formes de la langue aussi bien que le fond des idées. La clarté de cette pensée, qui semble se jouer sur des surfaces inondées de soleil, le tour vif et léger, l'allure leste et charmante de l'expression, la haine de l'emphatique, du prétentieux, du recherché, le choix dans le naturel, le fin dans le vrai, l'abondance inépuisable, la flexibilité infinie de l'esprit, étaient des qualités à la fois essentiellement françaises, essentiellement adaptées aux objets que poursuivit Voltaire.

Il avait débuté par quelques mauvaises odes, exercice de rhétoricien, et par des vers familiers, galants ou satiriques, pleins de feu et de facilité, qui lui valurent d'expérimenter de bonne heure les abus du pouvoir arbitraire. Relégué une première fois hors de Paris par lettre de cachet, en 1716, il fut, l'année suivante, jeté à la Bastille par l'*indulgente* Régence, au moment où les prisonniers jansénistes venaient d'en sortir. On lui imputait une pièce de vers très-mordante contre la mémoire du feu roi, pièce qui était précisément l'ouvrage d'un janséniste. Il resta sous les verrous jusqu'à ce que le régent, enfin convaincu de son innocence, l'eût fait remettre en liberté avec une sorte d'indemnité pécuniaire (10 avril 1718). Cette année de captivité n'avait pas été perdue pour le jeune Arouet : il l'avait employée à de nombreux travaux et, à peine fut-il libre, qu'il lança sur le théâtre français sa tragédie d'*OEdipe*, écrite presque au sortir du collége et revue dans le silence de la Bastille. Ce fut l'ouverture de sa carrière. Il avait vingt-quatre ans. Le succès fut immense. En voyant reparaître les vers éclatants, les brillantes images, le mouvement et l'harmonie du style, que le théâtre, depuis longtemps déjà, ne connaissait plus, on crut que Corneille et Racine allaient renaître. On se trompait. Ce n'était pas dans la haute poésie que Voltaire devait manifester son véritable génie et tout ce merveilleux ensemble de qualités que nous signalions tout à l'heure. La poésie tragique de Voltaire n'a qu'un faux air de l'élégance racinienne et de la force cornélienne. Sa force souvent déclamatoire manque de corps et de solidité; son élégance manque de pureté et de précision : des à peu près éblouissants, des impropriétés sonores, l'abus de la périphrase, déguisent mal le relâchement de la pensée et du style. L'absence de tout sentiment de l'antique, si bien prouvée par la *Lettre sur Sophocle*, qui sert de commentaire à *OEdipe*, n'était que la moindre objection à faire à Voltaire. Ce n'était pas seulement l'antique, le génie des temps primitifs, mais le fond même de la poésie, que Voltaire ne devait jamais comprendre : cette intelligence répandue tout entière dans les choses extérieures n'était point appelée à connaître les inspirations puisées aux sources éternelles de l'âme, ni les mystères de ce symbolisme divin qui relie le monde visible au monde invisible et qui est l'essence de la poésie. Quant à ce qui n'est pas l'essence, mais la forme de la poésie, quant à l'art des vers, cet art est si difficile dans notre langue, qu'il demande l'homme tout entier, et Voltaire n'y donnait qu'une part de lui-même, la moindre part. Tout sent chez Voltaire, et ceci s'applique à tout son théâtre, la hâte de l'homme que pressent mille autres pensées au moment même où il saisit la lyre du tragique : il ne prend pas l'art au sérieux : ce n'est qu'un jeu brillant de son imagination [1]. Il n'y a là pour lui qu'une seule chose sérieuse, l'occasion de lancer ses idées, de les

---

1. V. l'anecdote si caractéristique rapportée par Condorcet; *Vie de Voltaire*. A une représentation d'*OEdipe*, il s'amusa à porter la queue du grand-prêtre ! La maréchale de Villars demanda qui était ce jeune homme qui voulait faire tomber la pièce.

maximer en grands vers à l'usage de la foule; ces vers-là, il sait les faire beaux et forts : il y verse toute son âme. Il en est dans *Œdipe* que l'histoire n'oubliera jamais :

> Nos prêtres ne sont pas ce qu'un vain peuple pense :
> Notre crédulité fait toute leur science!

C'était le pavillon arboré au premier coup de canon d'un premier combat : c'était le signal d'une guerre de soixante années! La pièce entière révèle déjà la tactique à laquelle Voltaire doit rester fidèle quasi toute sa vie : attaquer les prêtres en ménageant les rois; opposer le pouvoir temporel au pouvoir spirituel. L'attaque ici n'était qu'indirecte, et c'était sur le corps des prêtres de Jupiter qu'il frappait le clergé catholique; mais sa pensée est exposée à découvert dans une *Épître à Uranie*, composée de 1720 à 1721, et qui courut longtemps manuscrite avant de paraître sous le pseudonyme du défunt abbé de Chaulieu. Cette épître rassemble, avec beaucoup de verve et d'éclat, les objections les plus fortes contre la théologie positive, au nom du déisme naturel et rationnel : c'est une véritable profession de foi déiste. Comme idée, cela ne dépasse pas Chaulieu ni les anciens *esprits forts*; mais il y a là une vie, une ardeur d'expansion tout à fait nouvelles.

Un autre début philosophique suivit de près celui de Voltaire. Un nouveau combattant, plus âgé de cinq ans que l'auteur d'*Œdipe*, parut dans l'arène. Celui-ci appartenait à la noblesse de robe; c'était un magistrat de province, compatriote de Montaigne : il se nommait Charles de Secondat, baron de Montesquieu. S'il se rapprochait de Voltaire à quelques égards par les tendances, il différait fort de lui par le caractère. Studieux et profond observateur, écrivain plus nerveux et plus serré qu'abondant, il était aussi calme que Voltaire était bouillant. Il aimait le plaisir : il participait, dans une certaine mesure, aux mœurs de son temps, mais l'amour même n'altérait pas l'égalité de son humeur ni la paix de son âme; point de chagrin pour lui que ne dissipât une heure de lecture. Bienveillant pour tous les hommes, mais sans aller jusqu'à la passion pour rien ni pour personne, il condamnait le mal et l'erreur, tantôt avec la pénétrante ironie d'un moraliste, tantôt avec la gravité sereine d'un juge, au lieu de les combattre avec l'emportement d'un ennemi personnel, comme faisait Voltaire. Toutes ses facultés intellectuelles et morales, comme les grands traits de sa physionomie régulière, fine et forte, présentaient un parfait équilibre. L'esprit était là le caractère essentiel : chez Voltaire, la passion tenait autant de place que l'esprit : on peut même dire qu'elle tenait la première place et qu'elle se faisait de l'esprit un instrument d'une infatigable activité. Voltaire ne comprenait guère qu'on pût savoir pour savoir, penser pour penser. Il n'en était pas de même de Montesquieu. Hardi dans la critique des opinions et des croyances, Montesquieu professait en même temps pour l'antiquité une admiration et, généralement, pour les faits en tant que faits, un respect que n'avait point du tout Voltaire : il était beaucoup moins disposé que celui-ci à proclamer la supériorité du présent sur le passé et de la mollesse contemporaine sur la mâle simplicité des anciens. Plus généralisateur de faits que d'idées, quoiqu'il eût parfois de grandes échappées sur le monde intelligible, plus politique que métaphysicien et, cependant, plus métaphysicien que ses contemporains, il avait le goût de l'histoire pour elle-même, pour en formuler les résultats *à posteriori*, et non pour y chercher les preuves d'un thème tout fait; cachet qui lui fut particulier au xviiie siècle. Dans l'histoire, il s'attachait surtout aux lois, expression du génie des peuples.

Une question théologique, bien choisie et traitée philosophiquement, fut le premier essai de sa plume, vers 1709. A vingt ans, il écrivit des lettres où il établissait que l'idolâtrie des anciens ne méritait pas la damnation éternelle. Ce petit ouvrage est resté inédit. A vingt-cinq ans, il devint conseiller, à vingt-sept, président au parlement de Bordeaux. Son penchant pour l'étude des lois semblait promettre un grand magistrat; mais il n'y avait guère de grandes choses à faire au parlement de Bordeaux et, d'ailleurs, Montesquieu n'aimait le droit que dans les livres : il n'avait ni le goût ni le talent de la pratique; une timidité singulière lui rendait presque impossible de discourir en public; la pensée, chez lui, avait besoin d'être longtemps pressée, remaniée, condensée, pour jaillir dans son énergique sobriété, et il n'eût jamais pu se résoudre à la dilater en un flux de paroles. Il hésita quelque temps sur sa vraie vocation et, cédant à une tendance qui commençait à être celle du siècle, il se tourna vers les sciences naturelles : il conçut le projet d'une *Histoire physique de la terre ancienne et moderne*, projet colossal et prématuré, dont les premiers éléments n'existaient pas même encore (1718-1719). La raison le lui fit promptement abandonner; mais ses études géographiques et physiologiques portèrent leurs fruits ailleurs et marquèrent d'une empreinte caractéristique l'œuvre capitale de sa vie.

Au lieu d'un grand ouvrage de cosmologie, ce fut un roman qui révéla Montesquieu au monde littéraire. Les *Lettres Persanes* furent imprimées en Hollande en 1721. La forme était piquante, frivole, animée par des peintures dont Crébillon fils n'a pas surpassé la liberté. Le fonds était très-sérieux et touchait à toutes les choses sérieuses. Sous le couvert de deux voyageurs persans, qui jugent à leur façon la France et la chrétienté, l'auteur se permet toutes les sortes de hardiesses. C'est le premier livre où se soit ébauchée cette alliance entre la philosophie critique et la morale relâchée [1], qui n'avait pointé jusque-là que dans les vers des modernes épicuriens et que Voltaire devait développer dans de si grandes proportions. Dans les *Lettres Persanes*, cependant, la licence n'est guère qu'à la surface : c'est comme un costume imposé par le goût de la Régence. Il n'y a guère de reprochable, en principe, que l'opinion sur le divorce : Montesquieu y considère le mariage à un point de vue peu élevé et, dans sa vive réaction contre les lois qui imposent l'union indissoluble, il semble prendre, en quelque sorte, pour la règle cette faculté de rompre le lien conjugal, qui ne doit être qu'une exception nécessitée par l'imperfection humaine, qu'un *mal nécessaire*. Dans un autre ordre de questions, il émet aussi, sur la légitimité du suicide, des idées incompatibles avec toute loi religieuse (Let. LXXVI).

Les *deux Persans* passent en revue, avec pleine liberté, la politique, la religion, la société tout entière. « Le roi de France est un grand magicien : il persuade à ses sujets qu'un morceau de papier est de l'argent (papier-monnaie)... qu'il les guérit de tous

---

1. Il est bien entendu que nous ne parlons que de cette partie de la morale qui concerne les rapports des sexes.

les maux en les touchant (écrouelles)... Il y a un autre magicien plus fort que lui, qui n'est pas moins maître de son esprit qu'il l'est lui-même de celui des autres. Ce magicien s'appelle le pape : tantôt il lui fait croire que *trois ne font qu'un*[1], que le pain qu'on mange n'est pas du pain, ou que le vin qu'on boit n'est pas du vin, etc..... Le pape est une vieille idole qu'on encense par habitude (Let. XXIX). »

L'audace n'est pas moindre quant aux personnes que quant aux croyances. Les contradictions du vieux Louis XIV, avec ses jeunes ministres et sa vieille *maîtresse* (madame de Maintenon), sont relevées avec la verve la plus irrévérencieuse. Après de telles témérités, le feu roulant de plaisanteries dont l'auteur crible et la bulle *Unigenitus* et les disputes théologiques et tous les établissements politiques, religieux et littéraires du royaume, doivent compter pour peu de chose, mais il n'en est pas ainsi d'une assertion qui couronne toutes ses hardiesses : « il n'est pas possible que la religion catholique subsiste encore cinq cents ans en Europe. Les protestants deviendront de plus en plus riches et puissants, et les catholiques plus faibles (Let. CXVII). » Un des motifs qu'il en donne est le célibat ecclésiastique. Il condamne les vœux de continence, non pas seulement par les raisons morales et sociales qui sont de tous les temps, mais par une raison de fait qui tient à une opinion erronée, la prétendue dépopulation croissante du globe; cette idée provenait, chez lui, d'une étude insuffisante de l'antiquité.

Il donne enfin sa conclusion religieuse assez nettement. « Le moyen le plus sûr de plaire à Dieu est d'observer les règles de la société et les devoirs de la charité et de l'humanité. Quant aux cérémonies, c'est la matière d'une grande discussion; car il faut

---

1. Lettre XXIV. Voltaire ne manquera pas de reprendre et d'exploiter cette plaisanterie sur la *Trinité*, qui ne prouve qu'une chose; c'est que les problèmes fondamentaux de la théodicée et de l'ontologie étaient redevenus lettre close pour les esprits les plus éminents, dès le lendemain de la mort de Bossuet et de Leibniz, comme si la pauvre intelligence humaine ne pouvait jamais embrasser à la fois qu'un côté des choses et cessait d'entrevoir le monde intelligible dès qu'elle s'attache à l'étude du monde physique ! — Un autre passage des *Lettres Persanes* contre la prescience divine est assez superficiel aussi. Par compensation, il y a des arguments assez forts pour l'éternité de la création. Lett. CXIII.

choisir les cérémonies d'une religion entre celles de deux mille (Let. XLVI). »

En politique, il témoigne beaucoup de sympathie et de respect aux républiques : il vante leur supériorité de bien-être et de richesse, la liberté et l'égalité qui y règnent; il y place le sanctuaire de l'*honneur* comme de la *vertu,* ce qui prouve qu'il n'a pas encore adopté les futures catégories de l'*Esprit des Lois* : il dit que la monarchie dégénère toujours en despotisme ou en république (Let. LXXXIX-CII-CXXII). Il trouve ridicule de rechercher, avec tant de soin, l'origine des sociétés, les hommes naissant tous liés les uns aux autres; « un fils est né auprès de son père, et il s'y tient : voilà l'origine de la société (Let. XCIV). — La vanité, dit-il ailleurs, a établi l'injuste droit d'aînesse (Let. CXIX). » Ici, c'est la conscience qui parle; plus tard, l'esprit de tradition, le respect des faits, parleront plus haut sur ce point que la conscience. Quoiqu'il cite les républiques modernes, la Suisse, la Hollande, son idéal est surtout dans l'antiquité : il est très-favorable à l'autorité paternelle, lui si relâché sur le mariage; il veut qu'on ne touche aux lois établies « que d'une main tremblante. » Il blâme les Français d'avoir abandonné leurs anciennes lois (les lois des Franks) pour adopter des lois *étrangères,* le droit romain et le droit canonique, comme si les lois des Germains eussent été plus nationales en Gaule que les lois des Romains. C'est là un faux point de vue historique qui le rapproche de Boulainvilliers; Montesquieu voit plus juste sur un autre point de fait, quand il montre, dans l'antiquité, tout l'Occident en républiques : il reconnaît fort bien que c'est par un abus de mots qu'on donne le titre de roi aux chefs des Gaulois et des Germains. Il est, à cet égard, bien en avant de la science contemporaine. « La liberté, dit-il, semble faite pour l'Europe, la servitude pour l'Asie (Let. CXXXI-CXXXVI). » La théorie des climats est là en germe.

A la couleur du livre, à certaines tendances, on pourrait soupçonner Montesquieu de matérialisme; on se tromperait : il croit aux idées générales. « La justice, dit-il, est un rapport qui se trouve *réellement* entre deux choses : ce rapport est toujours le même, quelque être qui le considère, que ce soit Dieu, un ange ou un homme. La justice est éternelle et ne dépend point des conventions humaines (Let. XXXIII) ». Ainsi, l'idée de justice est éternelle et absolue. Quelles que puissent être ses contradictions apparentes, à lui qui n'est métaphysicien que par éclairs, il est spiritualiste au fond. C'était bien sur la notion de la justice qu'il convenait au futur auteur de l'*Esprit des Lois* de révéler sa vraie foi philosophique.

Les *Lettres Persanes* parurent au milieu de l'étourdissement causé par la chute du *Système*. C'était un de ces moments où l'on peut tout risquer. La Régence accueillit ce redoutable livre comme un livre amusant, dont le vif coloris, la sémillante allure et les saillies étincelantes étaient sans modèle dans le siècle passé. La forme sauva le fond. Il fut convenu que des armes si légères n'avaient pu faire de blessures; on ne voulut pas en examiner la trempe. Personne n'inquiéta ce spirituel président, qui rachetait les témérités de sa plume par la réserve de son langage et de sa conduite, pendant que Voltaire aggravait les torts de ses vers par son attitude dans le monde et par la pétulance de ses discours. Lorsque, quelques années plus tard, Montesquieu frappa à la porte de l'Académie française, il lui suffit, pour désarmer l'opposition de Fleuri, de rejeter les plus énormes hardiesses du livre sur l'*infidélité des éditeurs de Hollande*, ressource dont Voltaire devait faire, à son tour, grand usage, et de présenter au vieux cardinal un exemplaire *expurgé* (1727). Le pauvre abbé de Saint-Pierre avait été exclus de l'Académie pour bien moins, et Voltaire devait avoir bien autrement de peine à y pénétrer.

Dans l'intervalle, Montesquieu avait écrit une espèce de roman mythologique et galant, un peu dans le goût maniéré de Fontenelle, goût très à la mode encore et qui ne devait tout à fait disparaître que devant le naturel exquis et la franche veine de Voltaire (*Le Temple de Gnide*; 1725). Montesquieu ne devait pas renouveler ces concessions à la frivolité régnante. Il avait vendu sa charge en 1726; il partit l'année suivante afin de parcourir l'Europe, d'observer les mœurs et les institutions ailleurs que dans les livres, et de préparer lentement les matériaux d'une grande œuvre qui remplissait déjà sa pensée. Nous le retrouverons un jour : il est temps de retourner à Voltaire, à ce génie bien plus actif et plus fertile, dont nous n'avons encore signalé que les débuts, mais qui marque désormais chaque saison par des créations nouvelles et qui ne tarira pas de plus d'un demi-siècle.

Après s'être fait place avec éclat dans le domaine de Corneille et de Racine, Voltaire avait conquis ou cru conquérir un territoire vide dans l'empire de la poésie française, l'épopée. Le public le crut comme lui, lorsque *La Henriade* apparut à peine achevée, d'après un manuscrit dérobé à l'auteur et publié sans son aveu à Londres et à Rouen (1723). Auteur et public s'abusaient : le génie de Voltaire et son temps étaient aussi peu épiques l'un que l'autre. L'épopée véritable, c'est le poëme héroïque où se concentrent les chants traditionnels d'un peuple qui n'a pas encore d'histoire : la France avait un de ces poëmes, étouffé durant des siècles sous des imitations et des transformations sans nombre : on l'a retrouvé de nos jours ; c'est la *Chanson de Roland*. L'épopée est encore le poëme religieux qui résume toute une conception des destinées humaines dans ce monde et dans l'autre ; c'est l'œuvre de Dante ou de Milton. Le Tasse, qui recueille la tradition religieuse et guerrière du moyen âge quand le moyen âge vient de mourir, est encore épique à un degré inférieur. Voltaire est en dehors de tout cela. Il prend tout simplement l'histoire d'hier, l'histoire politique, et l'orne, par respect pour les règles, d'un merveilleux de convention, moitié chrétien, moitié allégorique, mais surtout mortellement froid et aussi indifférent à l'auteur qu'au lecteur. La partie historique du poëme, dégagée de ce placage, est judicieusement conçue, largement tracée, et les fortes pensées n'y manquent pas plus que les beaux vers, quoiqu'il y ait toujours, dans la trame générale du style, un peu de relâchement et de prosaïsme. Le vrai mérite de *La Henriade* est dans le sujet : là, pas plus que dans la tragédie, pas plus que dans aucune autre œuvre, l'art n'est, pour Voltaire, le but de l'art. L'apothéose du héros humain et tolérant, auteur de l'Édit de Nantes, la guerre énergique, éclatante au fanatisme, l'incitation aux princes de suivre l'exemple de Henri IV plutôt que de Louis XIV, voilà toute *La Henriade*. Une éloquente protestation contre la *Révocation* ressort implicitement de tout le poëme, en dépit des ménagements que l'auteur s'est imposés envers la religion romaine et envers la mémoire de Louis le Grand. Le hardi portrait de la Rome papale (chant IV) indique assez sa vraie pensée et, lorsqu'il fait dire à l'un de ses personnages :

> Je ne décide point entre Genève et Rome!

on sent bien qu'il les condamne toutes deux [1].

Voltaire avait atteint, sinon le but littéraire, au moins le but philosophique : il avait touché si juste, que c'est *La Henriade* qui a refait la popularité de Henri IV, déjà obscurcie par le temps et par les splendeurs du grand règne. Grâce à lui, cette popularité, justifiée, expliquée, adoptée par les générations nouvelles, a survécu à la monarchie et survivra à toutes les vicissitudes.

Jusque-là, si Voltaire avait eu gravement à se plaindre du pouvoir, la vie, à tout autre égard, lui avait été heureuse et facile : adopté, caressé par le grand monde, où l'attirait le besoin de remuer, de briller et de plaire, il n'avait connu de cette société que les charmes : il en expérimenta bientôt l'inégalité, l'iniquité. Il avait châtié, par des paroles piquantes, l'impertinence d'un chevalier de Rohan-Chabot : celui-ci, un jour que Voltaire dînait chez le duc de Sulli, le fit appeler dans la rue sous un prétexte et lui fit donner des coups de bâton par ses laquais. Voltaire demanda au duc de Sulli de l'aider à obtenir satisfaction : le duc le traitait en ami depuis dix ans ; mais il s'agissait de soutenir un bourgeois contre un grand seigneur ; le duc refusa. Voltaire appela en duel le chevalier de Rohan : le chevalier joignait à l'insolence, vice trop commun dans la noblesse française, un vice fort rare dans cette caste, la lâcheté. Au lieu de se battre, il obtint de *Monsieur le Duc* une lettre de cachet qui renvoya son adversaire à la Bastille [2]. Au bout de peu de temps, Voltaire fut relâché, mais avec ordre de quitter Paris. Il quitta la France et se retira en Angleterre (1726).

---

1. Dans le chant VII, il nie, bien qu'avec quelque réserve, la damnation des païens et des voluptueux.

2. On informa, dit-on, *Monsieur le Duc*, pour le décider, que Voltaire courtisait madame de Prie ; *Vie de Voltaire* (par Duvernet), p. 61 ; 1786. — Les grands seigneurs étaient beaucoup plus assurés de l'impunité sous Louis XV que sous Louis XIV. V. dans le *Journal* de Barbier, t. II, p. 18, 42, la scandaleuse histoire du marquis de Laigle.

Ce fut là une époque décisive dans sa vie; son *hégyre*, en quelque sorte. Ce fut là que tout ce qui était chez lui en germe se développa et prit une forme sur beaucoup de points définitive; ce fut là qu'il forgea et trempa ses armes. L'Angleterre ne détermina pas la direction de son esprit, parfaitement déterminée dès ses premiers pas dans la vie; mais elle lui fournit tous les instruments d'action, excepté l'instrument qui mit en œuvre tous les autres, sa plume si essentiellement française.

Il faudrait avoir cette plume elle-même pour exprimer les vives et tumultueuses impressions que produisit sur le poëte exilé l'aspect de cette société si différente de la nôtre. Il n'était que très-imparfaitement préparé à ce spectacle, par sa liaison avec un illustre banni anglais, qui avait habité la France quelques années et qui venait d'être rappelé dans sa patrie, lord Bolingbroke. Le tory exilé ne parlait de son île natale qu'avec la mauvaise humeur d'un vaincu. Il est vrai que la politique anglaise n'était pas belle en ce moment, sous Walpole, mais la nation n'en déployait pas moins une puissante activité intellectuelle et matérielle, et les institutions subsistaient, quoique le jeu en fût faussé par la corruption. Les traits dominants de la société anglaise, ceux du moins qui effacèrent tous les autres aux yeux de Voltaire, c'étaient l'application de l'esprit humain aux faits, à la nature, aux phénomènes sensibles, la direction vers l'utilité pratique, vers le bien-être et la richesse, le respect de la liberté de penser, de la liberté individuelle, enfin, l'importance politique et sociale des gens de lettres et des savants. Voltaire savait déjà que Locke et Newton avaient occupé de hauts emplois après 1688, que Swift et Prior avaient fait grande figure sous la reine Anne, qu'Addisson venait d'être ministre sous George Ier; mais quelle fut son émotion lorsqu'il vit les restes de Newton portés à Westminster, dans la sépulture des rois, par un immense cortége que conduisait toute l'aristocratie anglaise, le lord chancelier et les ministres en tête! En France, Louis XIV n'avait pas même accordé un tombeau à Descartes!... Quant à la liberté, si profondes que fussent les inégalités sociales en Angleterre, le plus puissant des pairs du royaume n'eût pas même conçu la possibilité d'obtenir contre le plus obscur citoyen ce que le chevalier de Rohan, personnage partout déconsidéré, avait obtenu contre l'écrivain le plus éminent qu'eût la France. La sérieuse et savante polémique qui se prolongeait depuis le temps de Guillaume III, entre les philosophes déistes ou sceptiques, d'une part, et, de l'autre, les défenseurs protestants de la révélation chrétienne, attestait l'abolition de toute censure préventive; les adversaires de la religion révélée n'avaient à craindre, s'ils dépassaient de certaines bornes, que les arrêts du tribunal populaire, du jury, arrêts rarement sévères et très-rarement sollicités par le ministère public [1].

On ne saurait s'étonner ni faire un crime à Voltaire d'une admiration et d'une sympathie bien naturelles chez un homme qui, blessé cruellement par le pouvoir arbitraire, se trouvait tout à coup transporté dans un régime de discussion libre et de légalité. Ces sentiments, par malheur, devaient l'entraîner bien loin et altérer trop souvent en lui l'esprit de nationalité. Il passa près de trois années à s'imprégner de l'Angleterre par tous les pores. Il étudia à la fois, avec la même ardeur, la langue, qu'il posséda bientôt assez à fond pour écrire des ouvrages en anglais, et la double littérature anglaise; l'ancienne, celle de Shakspeare et de Milton[2], sublime, inspirée, mêlée d'un peu de barbarie; la nouvelle, celle d'Addisson, de Pope et de Thompson, sage, correcte, riche en talent, mais non point en génie, imitation du siècle de Louis XIV; c'était Boileau transplanté outre-mer sans Molière ni Racine. Il étudia le mouvement général de la société, le progrès du commerce et des arts industriels, les sciences si puissamment lancées dans la voie de l'observation et de l'expérience, les débats des nombreuses sectes religieuses, qui ne troublaient plus l'État depuis que l'État les tolérait toutes, mais surtout les livres des adversaires communs de toutes les sectes, de ces *libres penseurs* (*free thinker*), qui ne se contentaient pas, ainsi que les *esprits forts* de France, de lancer, comme des troupes légères, quelques traits

---

1. Sur l'Angleterre depuis 1688, V. les belles études de M. Villemain; *Tableau de la littérature française au dix-huitième siècle*, 1re partie, t. Ier, leçons V, VI, VII.

2. Il révéla, le premier, ces deux immortels génies à la France : « Milton, » dit-il dans l'*Essai sur la poésie épique*, qui sert de commentaire à *La Henriade*, « Milton fait autant d'honneur à l'Angleterre que le grand Newton. » Sans rendre aussi pleine justice à Shakspeare, qui le heurtait par trop de points, il sent cependant sa grandeur.

éloquents ou ingénieux, quelques vers bien frappés, mais qui attaquaient, en masse et carrément, avec de gros livres, par l'érudition et le raisonnement; école critique qui n'était pas un monstre solitaire, comme la philosophie de Hobbes, mais qui sortait naturellement, sinon toujours légitimement, du libre examen, dégagé des dernières réserves qu'avaient respectées les plus hardies des sectes protestantes, même les Sociniens et les Unitaires.

La liberté politique eût semblé devoir devenir la principale préoccupation de Voltaire, si maltraité par le despotisme monarchique. Il reçut bien, en effet, un souffle assez vif de ce côté, mais le mouvement général et habituel de son esprit continua de se porter ailleurs. Cet esprit, si influençable par la vanité dans les petites choses, était, au fond, trop spontané, trop entier, trop vrai dans sa nature, pour qu'aucun intérêt, aucun ressentiment privé, changeât ses visées essentielles. Sa conviction était que le mal essentiel était moins, pour les peuples, dans le pouvoir des princes que dans le pouvoir des prêtres; que le *fanatisme* sacerdotal avait enfanté les calamités dont les rois n'avaient été que les instruments. Renverser le *fanatisme* par la philosophie du sens commun et par les sciences expérimentales, qui, suivant lui, renversent les données imaginaires sur lesquelles le *fanatisme* s'appuie, telle était, à ses yeux, la plus grande gloire qui pût être donnée au génie, la plus grande révolution qu'il y eût à opérer en ce monde. Le reste n'était qu'accessoire et viendrait en son temps.

Il était arrivé en Angleterre avec quelque chose de plus qu'une vague croyance en Dieu, entée sur le scepticisme : il avait un système, mais c'était déjà l'Angleterre qui le lui avait fourni. Nous avons parlé, ailleurs [1], de l'*optimisme* de Leibniz; c'était une théorie complète, embrassant toute l'essence des choses, toutes les destinées de tous les êtres dans la série de leurs transformations. Les déistes anglais, Shaftesbury [2], Bolingbroke, s'étaient approprié cette théorie en la mutilant : ils en avaient retranché les

---

1. V. notre t. XIV, p. 280.
2. Petit-fils du célèbre chancelier de ce nom et auteur des *Characteristiks*, publiés en 1711.

principes fondamentaux, la partie relative au développement des êtres dans les existences futures, la monadologie ou conception de l'essence des êtres, comme choses dont l'homme n'a point à s'enquérir, attendu que son esprit n'y peut atteindre la certitude; ils en avaient gardé la partie extérieure, tout ce qui s'applique à l'ordre de la nature visible et de la vie présente. La nature, suivant eux, est l'œuvre d'un Dieu, dont il faut reconnaître l'existence sans prétendre avoir aucune notion de ses attributs, qu'il faut, en un mot, saluer uniquement comme cause première. La nature est tout ce qu'elle peut et doit être; la science consiste uniquement à observer la constitution des choses et à tirer de nos observations des règles applicables aux actions humaines. Le monde est le meilleur possible. — Mais le mal? le mal, mêlé à toutes choses en ce monde? — Il n'y a point de mal : ce que nous nommons ainsi concourt à l'ordre universel.

La négation du mal est admissible, à condition de réunir le monde invisible au visible par une chaîne qui aille de la plus humble monade jusqu'à Dieu et d'embrasser, par de hardies hypothèses, l'ensemble des destinées de l'homme avant et après cette vie; encore reste-t-il des difficultés que nous sommes hors d'état de résoudre. Appliquée seulement à la vie actuelle, à l'ordre des choses directement observables, en écartant toute théodicée, toute métaphysique, toute conception de l'âme, cette doctrine est absolument insoutenable : elle ne peut satisfaire que des heureux de la terre, sophistiquant leur égoïsme, ou des esprits jeunes et légers, plongés dans les illusions du matin de la vie : elle choque le bon sens et l'instinct de l'homme, tout autant que faisait autrefois le stoïcisme, et sans pouvoir, comme lui, s'imposer par la grandeur morale.

Voltaire, cependant, l'homme du sens commun, du sens pratique, avait accepté l'*optimisme naturaliste* des mains de Bolingbroke. Il ne l'avait pas accepté pour toujours : la justesse de son esprit, l'humanité de son cœur, devaient réagir plus tard contre cette froide et dérisoire théorie et le jeter dans d'extrêmes perplexités; mais, quant à présent, il la professait d'enthousiasme : il y voyait, surtout, la justification du créateur contre les athées, une *religion naturelle* à opposer tout à la fois aux dévots et aux sceptiques absolus, et il fermait les yeux sur le reste; enivré de jeunesse et de vie, malgré ses mésaventures et les incommodités d'une santé qui resta toujours chétive, il trouvait si bon de vivre qu'il voulait se persuader que nul n'était assez déshérité pour avoir droit de penser autrement.

Il avait donc, ou il croyait avoir un système, et il en venait chercher les preuves; les preuves positives dans l'étude des lois immuables du monde, telles que les sciences naturelles les révélaient; les preuves négatives dans la philosophie ou critique ou sensualiste, qui attaquait les bases de la théologie et de la métaphysique, car il prétendait faire la guerre à Descartes aussi bien qu'à l'Église. Il voyait que la raison pure n'avait pas abouti à modifier le monde social; il sentait qu'elle n'avait pas expliqué d'une manière satisfaisante le monde physique, et son sens critique apercevait de certaines lacunes, des espèces de brèches, même dans les fondements métaphysiques du cartésianisme. Dans sa réaction, légitime au point de départ, mais poussée jusqu'à un excès aveugle, il contestait donc à la raison pure, non pas seulement ce qu'elle avait usurpé, la construction téméraire du monde à priori, mais ce qui lui appartient légitimement, la base méthodique, l'affirmation de l'esprit par lui-même et de l'être par la pensée. Deux hommes, en Angleterre, lui fournirent ce qu'il demandait, Locke et Newton [1]. Les Principes de la philosophie naturelle le saisirent d'une admiration passionnée : la magnifique explication de l'ordre de la nature, par Newton, était bien faite pour s'emparer de sa vive imagination. Cette grande hypothèse, qui ramène à une seule donnée tous les mouvements célestes et que le temps et l'expérience ne devaient que confirmer, lui fit méconnaître qu'il y avait eu quelque chose de plus grand encore; c'était d'avoir trouvé, comme Descartes, non pas seulement une vaste systématisation de mouvements, mais l'unité même de la nature inorganique, en montrant dans le mouvement le principe de tous les phénomènes, de toutes les modifications de l'étendue (lumière, chaleur, sonorité, et, implicitement, électricité), progrès en deçà duquel recula Newton par sa théorie de la lumière.

1. Voir l'indication de leurs systèmes dans notre t. XIV, p. 262, 263, 281-283.

Voltaire ne distingua pas, dans la physique de Descartes, le principe vrai des applications erronées, résultat d'une étude insuffisante des phénomènes, et, plutôt que de chercher à corriger Descartes par Newton et Huyghens en physique, par Leibniz en métaphysique, il entreprit de le détruire par Newton et par Locke, croyant ainsi substituer la réalité au rêve, l'expérience au dogmatisme arbitraire. C'était par l'esprit d'observation que Locke, aussi bien que Newton, s'était emparé de lui. Il appelle donc à son aide, tout à la fois, les déistes anglais, Shaftesbury, Bolingbroke, Toland, Tindal, Collins, Woolaston, pour abattre la théologie positive: Newton, pour renverser la physique cartésienne au lieu de la rectifier, et Locke, pour renverser la métaphysique au lieu de l'enrichir par des observations psychologiques, qui était ce qu'il y avait à prendre dans Locke. Il était armé, maintenant, contre tout dogmatisme [1].

L'ordre d'exil qui pesait sur Voltaire, et que les Rohans avaient eu le crédit de faire maintenir par le cardinal de Fleuri après la chute de *Monsieur le Duc*, fut enfin levé au commencement de 1729 par l'intervention du ministre de la marine, Maurepas. Le redoutable exilé revint, rapportant dans sa tête l'immense arsenal qui devait subvenir à cinquante ans de combats. Voltaire fut remplacé à Londres par l'auteur des *Lettres Persanes*, qui, après avoir parcouru l'Italie, l'Allemagne, la Hollande, allait étudier en Angleterre le mouvement d'un gouvernement mixte et le jeu des libertés publiques.

L'esprit de Voltaire était plein et déborda comme un torrent dans toutes les directions. Ce fut d'abord la tragédie de *Brutus*, fruit de ses impressions politiques (1730). Il n'y a plus là seulement de l'éclat comme dans *Œdipe*, mais une vraie force tragique, d'énergiques sentiments exprimés avec éloquence, à défaut de poésie. La toile tombe sur un vers sublime et qu'eût avoué le grand Corneille, le Corneille des *Horaces*. Dans *Œdipe*, Voltaire avait attaqué les prêtres : ici, il attaque vaillamment les rois. L'expulsion d'un

---

1. V. le bel article de M. Pierre Leroux sur VOLTAIRE, dans l'*Encyclopédie nouvelle*, et son art. BOLINGBROKE, ib. — Nous ne connaissons rien d'aussi approfondi, sauf quelques réserves à faire sur les périodes diverses de la vie morale de Voltaire, qui nous paraissent moins tranchées qu'à M. Pierre Leroux.

roi parjure, un 1688 antique, est justifiée sur le théâtre de Paris :

> Il nous rend nos serments dès qu'il trahit les siens.

Le poëte dépasse même la doctrine constitutionnelle du contrat et fait nier par ses héros l'inviolabilité des rois et proclamer le droit qu'ont les peuples de changer leurs lois. Ces hardiesses passèrent à la faveur de la toge et des noms romains. Cependant la censure se ravisa, lorsque Voltaire eut mis en scène, dans le même esprit, le second Brutus après l'ancien, et le théâtre et même l'impression furent longtemps interdits à la *Mort de César*, imitation de Shakspeare, très-affaiblie, mais belle et fière encore.

La même année où parut *Brutus*, Voltaire ameuta de nouvelles haines par son élégie sur la *Mort de mademoiselle Lecouvreur*, cette tragédienne célèbre qu'il avait aimée et à qui le clergé avait refusé la sépulture. Voltaire, qui se rappelait avoir vu le tombeau de miss Oldfield, à Westminster, parmi ceux des rois et des grands hommes, éclata avec une généreuse indignation contre le préjugé qui flétrissait en France les interprètes de Corneille et de Racine, et qui avait outragé les restes mêmes du grand Molière [1]. Le clergé témoigna tant d'irritation, que Voltaire crut devoir quitter Paris de peur d'une nouvelle lettre de cachet. Il y rentra avec *Zaïre* (1732) et se mit sous la protection d'un immense succès. Plus négligé de style que *Brutus*, qui garde cependant lui-même bien des inégalités et du prosaïsme, mais rempli d'intérêt par les situations et les caractères, ce drame d'amour toucha fortement les femmes et entraîna par elles les spectateurs qui étaient restés presque insensibles aux mâles accents de *Brutus*. *Zaïre*, comme la *Mort de César*, procédait de Shakspeare : Orosmane n'était qu'un *Othello* réduit à la taille du public parisien de 1732.

Un petit ouvrage mêlé de prose et de vers se détache, sur ces entrefaites, de ce courant qui vient d'Angleterre : c'est le *Temple*

---

[1]. Pour apprécier la gravité de cette question, il faut se rappeler que les sépultures, comme les actes de naissance et de mariage, dépendaient exclusivement du clergé.

du Goût, charmant et sérieux badinage où brille la fleur la plus délicate de l'esprit français, ce qu'on peut appeler la grâce du bon sens (1733). Voltaire égale ici La Fontaine : il y a un naturel aussi exquis dans la finesse élégante de l'un que dans la naïveté de l'autre. Sous le rapport de l'art, c'est dans la poésie familière seule que Voltaire atteint la perfection : il y réalise l'idéal de la conversation française.

Pendant ces créations littéraires, il avait préparé une œuvre capitale, non par l'étendue, mais par la portée, et qui n'était plus seulement le reflet, mais l'exposé direct des idées qu'il avait puisées en Angleterre. Après deux ans d'hésitation, les *Lettres philosophiques sur les Anglais,* annoncées, attendues avec une curiosité inquiète, furent imprimées clandestinement en 1734. Il y avait lieu, en effet, d'hésiter avant de franchir un tel pas. On n'était plus sous la Régence et il n'y avait plus ici, comme sauvegarde, l'apparence frivole des *Lettres Persanes.*

Les *Lettres sur les Anglais* passent en revue rapidement, incomplétement, mais très-vivement, la religion, la politique, la philosophie, la littérature de l'Angleterre. Les quatre premières lettres, sur les *quakers,* montrent une église sans sacrements et sans prêtres, et, dans le sentiment manifeste de l'auteur, plus chrétienne qu'aucune autre.

Dans les lettres sur le *parlement* et le *gouvernement,* Voltaire fait un grand éloge du gouvernement mixte, où l'on a réglé le pouvoir des rois en leur résistant : il établit que, dans un gouvernement mixte, il faut trois pouvoirs et non pas deux. Les Anglais, dit-il, n'ont pas trop payé leur liberté par leurs guerres civiles. Il s'exprime très-librement sur la mort de Charles Ier, « qui fut traité par ses vainqueurs comme il les eût traités s'il eût été heureux. » Il répond indirectement à Boulainvilliers, le panégyriste de la féodalité, en traitant tout bonnement les barons féodaux de *pillards* et de *brigands,* et en montrant la différence entre la féodalité du moyen âge et l'aristocratie anglaise moderne, classe gouvernante qui n'est plus une association de petits souverains, et qui n'a conservé ni haute ou basse justice, ni priviléges en matière d'impôts[1]. Il fait voir qu'il n'y a en Angleterre de noblesse

---

1. La richesse de beaucoup de paysans anglais était un des faits qui l'avaient le

réelle que les pairs du royaume; les cadets des pairs se font négociants, tandis qu'en France le moindre hobereau de Gascogne méprise les gens de négoce. Il apprécie parfaitement les conséquences de cette opposition de mœurs pour la puissance et la richesse des deux pays : il voit aussi l'avantage, pour les bonnes études, de ce gouvernement parlementaire qui force l'élite de la nation d'apprendre à parler et à écrire sur les affaires publiques. C'est la contre-partie de l'admiration de Chesterfield pour la supériorité de l'éducation française au point de vue des salons.

Dans une autre lettre, avec toute la chaleur que peut inspirer l'humanité, il recommande d'introduire en France *l'insertion de la petite vérole* (l'inoculation), qui, apportée de Constantinople en Angleterre, y rend presque inoffensive la terrible maladie qui, depuis des générations, tue ou défigure chaque année en Europe des victimes sans nombre. Les préjugés de toute nature vont se liguer contre ce bienfait et, trente années durant, prêtres et médecins fermeront à l'inoculation l'entrée de la France.

Voltaire n'examine pas toute la philosophie anglaise; gardant une certaine prudence dans son audace, il écarte la controverse directe du déisme contre la religion révélée et n'aborde que trois philosophes, mais bien choisis, Bacon, Locke et Newton. La *Lettre sur Bacon* doit marquer dans l'histoire de la philosophie. De ce moment commence le grand bruit que le xviii° siècle fait autour de ce nom, qui avait jusque-là peu retenti en France[1]. Voltaire exhume dans Bacon le père de cette philosophie expérimentale qu'il veut opposer à la philosophie de la raison pure; il fait ainsi une tradition à son école, puis il passe de Bacon à Locke, du précurseur au Messie. La *Lettre sur Locke* est aussi hardie d'intention que faible de conception[2]. Il juge avec une étrange légèreté

---

plus frappé. — Montesquieu remarque, de son côté, que l'agriculture anglaise avait fort dépassé la française : les Anglais exportaient beaucoup de grains : la France ne faisait plus que se suffire.

1. V. sur Bacon, notre t. XII, p. 18 et suivantes.
2. Il commence par poser que jamais peut-être il ne fut un esprit plus méthodique et un logicien plus exact que Locke, quoiqu'il ne fût pas grand mathématicien ; c'est tout le contraire qu'il fallait dire; c'est parce que Locke ne put jamais se soumettre à la *sécheresse des vérités mathématiques, qui ne présentent d'abord rien de sensible à l'esprit*, qu'il ne fut pas un grand métaphysicien, qu'il ne distingua pas le con-

les anciens et Descartes, travestit la doctrine des *idées innées*, adopte avec transport le principe que toutes les idées viennent par les sens, loue surtout Locke de s'être toujours aidé du flambeau de la physique et aboutit à célébrer, comme le comble de la sagesse, le doute exprimé par Locke : *si un être purement matériel pense ou non*, en laissant voir qu'il incline à l'affirmative, c'est-à-dire que non-seulement la matière, la substance étendue, en général, mais les corps, c'est-à-dire les composés, peuvent penser [1]. La confusion des idées sous la clarté superficielle du langage, l'absence de toute définition sérieuse des termes, attestent qu'il n'y a plus véritablement de métaphysique [2].

Le terrain est meilleur pour ce qui regarde Newton. Voltaire montre avec lucidité la supériorité de l'*attraction* newtonienne sur les *tourbillons*; il expose brillamment la belle découverte de la décomposition du prisme et les avantages du télescope à réflexion, adopté par Newton; mais, en même temps, il préconise le système erroné de l'émission newtonienne contre le système mécanique des ondulations, ébauché par Descartes, développé par Huygens et démontré définitivement de nos jours.

Aux *Lettres sur les Anglais* est jointe une longue lettre dont l'objet direct est étranger à l'Angleterre, mais non pas au système que Voltaire a emprunté des Anglais : c'est une réfutation des *Pensées* de Pascal. Le jansénisme a son tour après le cartésianisme. Voltaire aux prises avec Pascal, c'est la lutte du bon sens contre le génie qui s'égare, mais d'un bon sens privé d'idéal, qui ne voit ni au-dessus ni au dedans de l'homme, et qui ne juge sainement que la vie extérieure et de relations. Malgré tout ce qu'il y a de raison pratique dans les réponses de Voltaire aux emportements jansénistes, Pascal n'est pas réfuté à fond, parce qu'on ne peut réfuter une conception de la destinée que par une autre, et que Voltaire s'interdit précisément toute visée à cet égard. L'opti-

---

cevable de l'*imaginable* et qu'il perdit, dans les phénomènes sensibles, la science de la raison abstraite. *Lettres philosophiques*, p. 120 et suivantes; Amsterdam, 1734.

1. V. notre t. XIV, p. 282.

2. Une objection valable contre le cartésianisme, est celle relative aux bêtes, à ces prétendues machines qui ont « les mêmes sentiments, les mêmes perceptions que nous », etc.; mais Leibniz y avait déjà répondu, non pas en niant l'âme de l'homme, mais en affirmant l'âme des bêtes.

misme naturaliste ne suffit pas contre le sublime misanthrope de Port-Royal. Si l'homme était borné à cette terre d'où Voltaire ne veut pas sortir, Pascal aurait raison quant à la misère et à l'incompréhensible de la nature humaine [1].

Mais Voltaire n'est pas seulement insuffisant, il avance des propositions très-dangereuses : « L'homme n'est point un sujet simple, il est composé d'un nombre innombrable d'organes. — Penser à soi avec abstraction des choses naturelles (des phénomènes), c'est ne penser à rien du tout. » La négation de la personnalité humaine, le nominalisme pur et le matérialisme sont là. L'homme n'a pas un corps, il *est* un corps; il n'est pas un être, il est une collection d'êtres, d'atomes élémentaires, car les *organes* dont parle Voltaire ne peuvent être eux-mêmes que des agrégations d'atomes. Le *moi*, l'unité qui pense, qui aime et qui veut, la seule chose dont, en réalité, nous ayons conscience, n'existe pas ; les pensées et les sentiments que je crois être *miens*, à tort, puisque *je* ne suis pas, sont le résultat de l'action combinée des atomes temporairement associés pour former le phénomène humain. C'est à donner le vertige, et c'est sans doute plus incompréhensible que les mystères les plus étranges d'aucune religion positive ; mais ce n'est pourtant que la conséquence des principes posés par Voltaire. Cette conséquence, il ne la tira pas jusqu'au bout; il en resta toujours à l'impossibilité de prouver l'immortalité de l'âme [2] et à la probabilité que le corps pense, sans analyser ce que c'est que le corps. D'autres, en acceptant le point de départ, devaient pousser plus loin la logique.

Un violent orage éclata contre les *Lettres philosophiques*. Le

---

1. Les réponses de Voltaire sont pourtant quelquefois profondes. Il réfute très-bien la maxime orientale : *le bonheur est dans le repos*. « L'homme, dit-il, est né pour l'action » ; et la prétendue incertitude de la morale humaine : « Où trouverons-nous le point fixe dans la morale ? — Dans cette seule maxime reçue de toutes les nations : *Ne faites pas à autrui ce que vous ne voudriez pas qu'on vous fît.* »

2. Il y a encore ici confusion : si l'on n'admet de principe de certitude que la raison pure, comme faisaient les cartésiens, on ne peut prouver l'*individualité* de l'âme contre le spinozisme; car c'est le sentiment seul qui nous assure de notre individualité; mais on prouve très-bien que l'idée de mort, c'est-à-dire de décomposition des parties, de séparation des agrégats, ne saurait s'appliquer au principe pensant, que ce principe soit une individualité réelle ou un simple mode de la Raison universelle.

clergé les fit supprimer par un arrêt du conseil. La grand'chambre du parlement alla plus loin et les condamna au feu. Des informations furent entamées contre l'auteur, et le garde-des-sceaux Chauvelin l'obligea de quitter encore Paris. Il lui permit bientôt d'y revenir et Voltaire se justifia tant bien que mal en publiant des lettres adressées au jésuite Tournemine, son ancien professeur de Louis-le-Grand, et dans lesquelles il tâchait de prouver qu'il était fort religieux de reconnaître à Dieu le pouvoir d'attribuer le don de penser à la matière (1735). Ce commentaire n'éclaircit pas la question. Voltaire eût pu dire, à la rigueur : Nous ne savons pas s'il y a deux ou plusieurs substances, ou s'il n'y en a qu'une ; nous ne savons pas si les forces physiques sont une substance différente des forces qui pensent et qui aiment, ou sont la même substance à un degré inférieur de développement ; mais s'obstiner à dire que la pensée peut être une propriété de ce que nous appelons la matière, de ce je ne sais quoi qui nous apparaît comme étendu et passif, c'était assembler des mots qui ne présentent aucune idée.

Une telle chute a lieu d'étonner de la part d'un esprit qui, à défaut de profondeur métaphysique, avait tant de justesse et d'ampleur : la vraie cause en est, à ce qu'il semble, dans l'insuffisance de la définition des deux substances donnée par Descartes. Voltaire voyait que la *matière*, la substance étendue, est ou paraît être partout et toujours ; que la *pensée*, au contraire, n'est pas partout, et que, là même où elle est, elle n'est pas toujours. De là sa tendance à nier que la *pensée* eût rien de substantiel, de nécessaire, et à n'y voir qu'un attribut de la substance étendue. Il ne veut pas comprendre que, pour n'être point partout et toujours, la *pensée* n'en est pas plus réductible à l'*étendue*, et qu'au lieu de la rapporter à ce principe passif avec lequel notre esprit ne lui conçoit absolument rien de commun, il faut chercher au-dessus d'elle un autre principe en rapport avec elle et plus général qu'elle, l'*activité*, la *force*, auquel elle soit réductible. C'est pour s'être arrêté à Locke au lieu de suivre Leibniz sur les hautes cimes, que Voltaire tombe dans des aberrations si fatales[1].

---

1. Il n'effleure l'idée de la *force*, que pour se jeter dans une nouvelle confusion. — La pensée, dit-il, est un attribut donné de Dieu à la matière *comme le mouvement*.

La publication de l'*Épitre à Uranie,* où la révélation chrétienne est ouvertement attaquée[1], et qui parut contre le gré de l'auteur, renouvela la tempête. Voltaire désavoua cette pièce. Il adopta dès lors un plan de conduite mélangé *d'audace et de souplesse,* comme dit son biographe Condorcet : reniant les œuvres trop compromettantes qu'on lui dérobait manuscrites ou qu'il publiait sous des pseudonymes, rusant, faisant des concessions, les retirant, louvoyant et avançant toujours. Ce système l'a fait accuser à tort de manquer de courage : sans une pareille tactique, il eût été brisé bien vite, et son rôle fût devenu impossible ; il ne manqua pas de courage[2], mais il manqua souvent de dignité.

Les haines qui le poursuivaient et qu'il était bien décidé à ne pas désarmer par le silence, lui avaient fait juger nécessaire de se tenir désormais habituellement à distance du lieu d'où partaient les lettres de cachet, afin d'avoir le temps, au besoin, d'amortir les coups ou de se mettre à l'abri. Il se retira au château de Cirei, en Lorraine, chez une amie, la marquise du Châtelet, et ne fit plus d'apparition à Paris que lorsque le temps était au calme. Cet heureux et laborieux séjour de Cirei fut le meilleur temps de sa vie. Il y vécut en communauté d'esprit, de cœur, de goûts et de travaux avec une femme qui, dit-il, « lisait Virgile, Pope et l'algèbre comme un roman », ferme et lumineuse intelligence, plus virile que féminine, plus scientifique qu'artiste ou que poétique, mais cœur de femme avec un esprit d'homme. Ce fut une espèce de mariage, que les mœurs de l'époque autorisaient, et la seule affection sérieuse et solide, sinon très-passionnée, que Voltaire ait jamais eue pour une femme.

Cette association féconde sembla doubler l'activité de Voltaire : il poursuivit sa marche dans toutes les voies qu'il s'était déjà ouvertes et s'en ouvrit de nouvelles. Il n'avait qu'indiqué Newton

---

Voici donc la force, dans son effet, le mouvement, qui devient à son tour un attribut de l'étendue ! L'activité qui devient un attribut de la passivité !

1. V. ci-dessus, p. 365.

2. Il le poussait souvent jusqu'à la bravade. On sait son mot au lieutenant de police Hérault. « Monsieur, lui demanda-t-il un jour, que fait-on à ceux qui fabriquent de fausses lettres de cachet? — On les pend. — C'est toujours bien fait, en attendant qu'on traite de même ceux qui en signent de vraies. » *Note à la seconde lettre à M. Falkener,* jointe à la deuxième édition de *Zaïre.*

à la France dans les *Lettres philosophiques* : il voulut le révéler complétement par un exposé méthodique de ses découvertes et de son Système du Monde, et se fit aider par un membre de l'académie des Sciences, qui avait, avant lui, commencé la lutte contre la physique cartésienne. C'était Maupertuis, esprit ingénieux, parfois bizarre, et qui, seul, eût peut-être longtemps soutenu sans grand éclat les théories auxquelles Voltaire allait donner un retentissement immense [1]. Les *Éléments de la Philosophie de Newton* furent publiés en Hollande en 1738. Le chancelier d'Aguesseau avait refusé un privilége à Voltaire pour ce livre. D'Aguesseau défendait la physique cartésienne, à cause de son principe du mouvement directement et perpétuellement donné de Dieu, et repoussait comme irréligieux le newtonianisme, avec son attraction, présentée par les disciples de Newton, moins religieux que leur maître, comme une propriété inhérente à la matière. Ce n'était point à la censure à décider de telles questions et Descartes eût été bien humilié d'une protection semblable.

Voltaire était, en ce moment, enivré de physique et de newtonianisme. Il eut la pensée de faire des sciences sa principale carrière, ce qui ne l'écartait pas de son but philosophique, puisque toute la philosophie aboutissait, pour lui, à la physique. Il écrivit des mémoires pour l'académie des Sciences; madame du Châtelet et lui concoururent, chacun de leur côté, contre le célèbre Euler, sur la question *de la nature et de la propagation du feu*. Un jeune savant, qui fut un des successeurs de Newton dans la découverte des lois du système du monde, Clairaut, arrêta Voltaire dans une route où il eût consumé infructueusement ses forces et lui fit comprendre que, s'il avait pu exposer brillamment les idées de Newton, la nature ne l'avait pas fait pour être à son tour un génie inventeur dans l'ordre scientifique. Voltaire se contenta dorénavant de puiser dans ses connaissances physiques des arguments pour sa philosophie et des couleurs pour sa poésie. Entre bien d'autres pièces ou sérieuses ou familières, empreintes du même cachet, la belle *Épître à madame du Châtelet*, sur Newton,

---

1. Le *Discours sur la figure des astres*, de Maupertuis, avait paru en 1732; deux ans avant les *Lettres Philosophiques*.

attesta quelle source féconde d'idées et d'images nouvelles les sciences pouvaient faire jaillir pour le poëte [1].

Avant les *Éléments de la philosophie de Newton*, Voltaire avait écrit, pour madame du Châtelet, un traité de métaphysique qui resta inédit jusqu'à sa mort et qui prouve encore mieux que les *Lettres philosophiques* qu'il était encore moins propre à devenir un grand métaphysicien qu'un grand physicien. Il eût mieux fait de suivre à cet égard les tendances de madame du Châtelet que de lui imposer les siennes : ce noble esprit entendait et admirait profondément Leibniz. Voltaire, au contraire, s'enfonce de plus en plus dans les inconséquences d'un système bâtard qui associe illogiquement le matérialisme au déisme. Il expose avec sa clarté habituelle les raisons du sens commun, les raisons tirées de l'ordre du monde, en faveur de l'existence de Dieu, et il proclame le libre arbitre, qui est *la santé de l'âme*; mais, en même temps, il dit que toutes les vraisemblances sont contre l'immortalité et la spiritualité de l'âme; que le bien et le mal moral sont des idées relatives [2]. Si l'âme n'est pas un être réel, si elle n'est, comme il incline à le croire, qu'un terme par lequel on désigne un ensemble de rapports, comment peut-elle avoir le libre arbitre? Pour être libre, il faut *être*. Il est vrai qu'on peut aller plus loin et couper la discussion par la base : pour raisonner, pour faire des systèmes, pour nier qu'on *soit*, il faut être [3]. Il est difficile d'imaginer quelque chose de plus contraire au sentiment, à l'instinct, à la raison, que de réunir la croyance à une intelligence suprême avec la négation de l'immortalité des intelligences individuelles et de leur responsabilité morale. Aussi ce faux déisme n'est-il pas destiné à un long règne et sera-t-il bientôt serré entre deux doctrines plus logiques, l'athéisme et le vrai déisme.

1. Chose singulière, et qui montre à quel point il y avait deux hommes en lui, Voltaire, au plus fort de sa passion scientifique, s'effraie déjà de voir le goût des sciences prendre trop de prépondérance sur le goût des lettres, et Paris « bannir les grâces pour la géométrie ». *Corresp. générale*, an. 1735.

2. Il revint sur ce point et admit qu'il y a une justice absolue et éternelle. V. le *Philosophe ignorant*.

3. Dire que le *corps* peut penser, ce sont des mots, ce n'est pas une idée : le *corps* n'est pas un être : c'est un assemblage d'êtres; lequel de ces êtres pense? Est-ce un seul? Alors revient le *moi*, l'âme, la monade. — Est-ce plusieurs? Est-ce tous? — Un sénat d'atomes tenant conseil dans le cerveau? — Que veut-on dire?

Il est juste de juger Voltaire, homme d'action avant tout, par ses intentions plus que par ses formules; ses sentiments valent bien mieux que ses idées; son bon sens et son bon cœur luttent avec sa dialectique. Il nie l'âme immortelle par réaction contre ceux qui tyrannisent le genre humain par la peur de l'enfer : il est entraîné par la logique à matérialiser le *déterminisme* de Leibniz pour l'usage de l'optimisme naturaliste, et à faire de l'homme une espèce de machine dont tous les mouvements sont dirigés par la force qui l'a créé[1]. D'un autre côté, il s'effraie : il proteste contre le fatalisme; il réclame éloquemment pour la liberté morale, pour la vertu, dans les *Discours sur l'homme*, poésies philosophiques où il reproduit, sous des formes plus vives et plus rapides, l'esprit des *Essais sur l'homme*, écrits tout récemment par Pope, sous l'inspiration de Bolingbroke. Le caractère de ces discours, publiés de 1734 à 1737, est généralement sain et sensé, la question de l'optimisme réservée : Voltaire n'y attaque que l'ascétisme, et non point les principes essentiels de la morale ou de la religion.

Entre les poésies légères qui échappent incessamment à sa veine intarissable, plus parfaites dans leur charmante négligence que les grands *Discours* et les grands vers, une pièce d'allure piquante et de morale relâchée, le *Mondain* (1736), suscite de nouvelles clameurs : il se défend avec autant d'adresse que de grâce, et l'on eût pu, en effet, ne pas prendre trop au sérieux cette boutade apologétique du luxe et de la mollesse; Voltaire eût été heureux, pour sa gloire, de n'avoir rien écrit de pire! Mais, à cette même époque, il faut bien se résigner à rappeler la tache vraiment ineffaçable de sa vie! Voltaire composait ce poëme qu'on peut à peine nommer, honteux chef-d'œuvre de cette abolition du respect et de la pudeur, qui est un des caractères du temps. Il appelait cela un délassement de ses travaux sérieux! *La Pucelle*, écrite auprès de la femme qu'il a le plus aimée et estimée! Pauvre nature contradictoire de l'homme!

Arioste et Cervantes avaient joué avec l'idéal abstrait de la chevalerie : Voltaire joue avec quelque chose de bien plus sacré

---

1. V. les traités qui suivent la *Métaphysique*. — *Le Philosophe ignorant*. — *Le Principe d'action*.

encore, avec l'idéal vivant de la nationalité. Sa seule excuse est qu'il ne sait ce qu'il fait; qu'il n'a aucune conscience de son œuvre et de son sujet : il n'y voit qu'un caprice, qu'une débauche d'imagination. La haine de la superstition, du mysticisme, du surnaturel, de tout ce qui dépasse le sens commun, lui avait entièrement fermé l'intelligence de cette sublime histoire : entre les relations contemporaines sur Jeanne Darc, connues à cette époque où les monuments essentiels étaient encore enfouis dans les archives, il ne s'est attaché qu'à une seule, à la plus erronée, celle de Monstrelet, parce qu'elle est la seule qui rentre dans les données du sens vulgaire[1]. Mais comment, ceci même admis, l'humanité ne l'a-t-elle pas arrêté, à défaut de patriotisme, devant la fin tragique de cette vie, toujours héroïque, lors même qu'elle ne serait plus sainte et sacrée? Il devait être puni devant la postérité par un châtiment digne de sa criminelle légèreté, par le châtiment auquel il eût été le plus sensible. Il se trouva que lui, l'ennemi des pharisiens, avait supplicié pour la seconde fois l'immortelle victime des pharisiens, la plus grande entre tous les martyrs de l'inquisition : son instinct n'avait pas su lui faire reconnaître dans Jeanne ce qu'il prétend alors proclamer dans le Christ même :

. . . . l'ennemi divin des scribes et des prêtres.

Mobile et incompréhensible créature! En même temps qu'il traîne secrètement sa muse dans cette orgie, il sait en obtenir les plus nobles accents pour la scène tragique : la main qui outrage la libératrice de la France venge, après trois siècles, l'Amérique de ses barbares et fanatiques destructeurs (*Alzire*, 1736), ou, dans *Mérope* (écrite en 1736, jouée en 1743), reproduit, à défaut de la couleur antique, la simplicité des données grecques et bannit courageusement les banalités galantes d'une action où l'intérêt porte tout entier sur l'amour maternel; drame sévère dont le succès atteste que le public commence à devenir accessible à des émotions plus sérieuses.

1. Non pas seulement dans son poëme, mais dans son histoire, dans l'*Essai sur les Mœurs des Nations*. Monstrelet fait de Jeanne une fille d'auberge de 27 ans, habituée aux chevaux et aux armes.

Entre *Alzire* et *Mérope* avait apparu *Mahomet* (1741), œuvre plus éclatante que solide, et d'une moralité fort contestable. Voltaire y décrie la mémoire d'un grand homme pour atteindre en lui, comme des imposteurs, tous les fondateurs de religions, tous les législateurs qui ont abrité leurs lois sous des idées d'inspiration divine. Dans le prophète de la Mecque, il frappe évidemment le prophète du Sinaï. Cependant, par un vrai chef-d'œuvre de diplomatie, il dédie sa pièce au saint-père en personne, à l'original et savant Benoît XIV (Lambertini), lui fait agréer *Mahomet* comme l'immolation d'une fausse religion à la vraie, et en obtient, à l'aide des frères d'Argenson, une médaille que Benoît XIV avait fait frapper à son effigie et ne distribuait qu'à ses amis. L'auteur des *Lettres Philosophiques* se couvre ainsi contre ses ennemis de l'*étole du vicaire de Dieu*[1], moins sévère ou plus insouciant que la censure de Paris, qu'éclairait, à la vérité, une jalousie personnelle[2].

Voltaire, prétendant saisir le théâtre des deux mains, avait déjà tenté la comédie avec un succès médiocre; il y revient par un ouvrage dont le sujet vaut une mention; c'est *Nanine*, pièce dirigée contre le préjugé nobiliaire (1749). Mais Thalie, comme on disait encore en style classique, lui fut toujours moins favorable que Melpomène : la *force comique* est une qualité toute spéciale et dont l'esprit le plus vif, le plus étincelant, peut être tout à fait dépourvu. Voltaire avait une personnalité trop exclusive et trop agissante pour observer avec une profondeur patiente et se transformer en autrui. Il est moins difficile de composer des drames intéressants par les situations et le mouvement de l'action[3] que de créer des types de caractères.

Cet infatigable génie, qui ne voulait pas qu'aucune branche de l'activité intellectuelle pût lui échapper, venait de s'adresser à une autre muse qui devait lui accorder plus de faveurs et de gloire. Il avait abordé l'histoire. Il lui fallait s'emparer des faits humains comme des faits de la nature extérieure, chercher des arguments dans ce qui change comme dans ce qui ne change pas.

1. *Mém.* de d'Argenson, p. 86.
2. Ce fut Crébillon qui, en qualité de censeur, refusa son visa à la pièce.
3. C'est là, en effet, ce qui distingue la tragédie de Voltaire; plus de mouvement, de complications, d'effets de scène, de vie extérieure, que dans la tragédie du XVIIe siècle.

Il avait commencé par une relation d'événements tout à fait contemporains, l'*Histoire de Charles XII*, composée durant son séjour en Angleterre et vrai chef-d'œuvre de narration. Il conçut et écrivit, pour madame du Châtelet, vers 1740, un ouvrage d'une bien autre importance, une des œuvres capitales du xviiie siècle, l'*Essai sur les Mœurs et l'Esprit des Nations*, de Charlemagne à Louis XIII. C'était la suite et la contre-partie du *Discours sur l'Histoire Universelle* de Bossuet. Depuis Bossuet, la sphère de l'histoire s'était élargie. L'Inde, la Chine, la Perse, avaient commencé d'être abordées, non plus seulement par des conquérants et des marchands, mais par des observateurs et des hommes d'étude et de science. Voltaire dans son avant-propos, ouvre les profondeurs de l'Orient derrière la Judée de Bossuet; un monde plus vaste apparaît derrière le monde mosaïque. Le véritable horizon du genre humain se déroule. Voltaire n'a ni une science assez complète (et personne ne l'avait), ni une philosophie assez haute pour embrasser cet immense horizon; mais il a eu le mérite d'y porter le premier son regard et d'en montrer de loin les grandes lignes. C'est surtout par esprit d'opposition au judaïsme, l'on doit en convenir, qu'il admire le Haut-Orient, sans beaucoup le comprendre. La Chine sensualiste, l'Inde idéaliste et contemplative, la Perse spiritualiste et active, tout lui est bon; mais il y a un grand instinct dans ses aperceptions confuses; à savoir : que les vérités essentielles se trouvent partout dans la tradition du genre humain; qu'il y a une religion naturelle et des dogmes communs à tous les peuples. Malheureusement il lui est impossible de suivre et de féconder cette grande idée, lui qui méconnaît le plus naturel, le plus spontané de ces dogmes, l'immortalité de l'âme [1], celui sans lequel les autres demeurent stériles. Sa *religion naturelle* est une abstraction immobile, et non point la religion universelle, toujours vivante, immuable dans son objet éternel et absolu, mais progressive dans la notion et dans le sentiment que le genre humain a de cet objet, la religion âme de l'humanité.

L'esprit critique de Voltaire ne pouvait comprendre l'esprit

---

1. Massillon a là dessus un mot singulier : c'est que l'idée de l'âme immortelle est plus universelle que l'idée de Dieu. Il est certain qu'on la trouve chez des sauvages qui n'ont pas encore ou ont perdu l'idée de l'*unité* divine.

tout synthétique du monde primitif. Son dédain et son inintelligence de toutes les choses intimes et mystérieuses lui font voir, dans tous les sacerdoces, dans toutes les théologies, de grossières impostures, des altérations mensongères de la religion naturelle. Par une contradiction qu'expliquent ses opinions combinées avec les besoins de sa polémique, il rappelle et réhabilite le passé le plus lointain de l'humanité, et, en même temps, il est injuste envers les âges héroïques et religieux, envers l'enfance et la jeunesse des nations; mais cette injustice même est la forme erronée d'un principe vrai, le progrès, la perfectibilité, l'amour de la civilisation. On devine, du reste, qu'il doit être surtout injuste envers le judaïsme et le christianisme. Son livre est, en tous points, l'antithèse de celui de Bossuet. La barbarie du peuple juif lui fait horreur; il y voit l'origine de toutes les fureurs religieuses qui ont ensanglanté l'Occident; le reste lui échappe entièrement, et le grand caractère de ce peuple, et l'inspiration divine qui en fit sortir le christianisme et le répandit sur le monde. Impossible de comprendre, en lisant Voltaire, comment a pu s'opérer le plus grand événement de l'histoire, à moins de se rejeter, comme il le fait trop souvent, sur le système puéril des grands effets produits par les petites causes, c'est-à-dire par le hasard. Même erreur sur le moyen âge; il n'en voit que le désordre et l'ignorance, et nullement l'élévation idéale qui se manifeste à travers ce chaos. Ce n'est guère sur les faits qu'il se trompe : il avait une vaste lecture et une mémoire intarissable; il est en général bien plus informé, plus exact et même plus impartial envers les personnes qu'on ne se le figure communément; c'est l'*âme des choses*, si l'on peut dire, qu'il méconnaît.

Deux points méritent une mention spéciale : 1° il nie l'unité d'origine du genre humain et soutient que les diverses races ont été faites pour les divers climats [1]. Cette opinion, quelle que soit sa valeur intrinsèque, eût été bien dangereuse, si elle se fût produite avant que le principe de la philanthropie, l'idée de fraternité morale, eût pu suppléer à l'idée de fraternité physique, et encore la fraternité morale ne peut-elle se fonder dogmatiquement que

---

1. Il semble considérer les races inférieures comme la transition de l'animal à l'homme.

sur un principe idéaliste que Voltaire n'admettait pas, sur l'existence d'un type commun dans la pensée de Dieu. 2° Il n'admet nullement que la race humaine ait diminué en nombre, comme le prétendaient Montesquieu et tant d'autres [1]. Il croit que la population n'augmente ni ne diminue sur le globe, et réfute les calculs suivant lesquels la France, d'après un état de subsides de 1328, aurait eu trente-six millions d'habitants sous Philippe de Valois.

En résumé, quelles que soient les méprises et les lacunes de l'*Essai sur les Mœurs*, ce livre doit être considéré comme un progrès immense et un immense service; la grandeur du plan, la liberté de l'exécution, le libre jugement porté sur toutes choses et sur toutes personnes, livrent un monde nouveau à l'esprit humain. Pour la première fois, chez les modernes, l'histoire est autre chose que les annales des rois, des cours, des guerres et des traités. Tout ce qui intéresse l'homme y trouve sa place. Tout ce qui s'est fait depuis, en histoire, tout ce qui s'est éclairci ou développé, tout ce qui a remonté vers ces sphères supérieures où ne s'élève pas Voltaire, procède de lui. Il n'a pas donné la vraie philosophie de l'histoire, que ne pouvait enfanter l'esprit critique et sensualiste, mais il a tracé admirablement le cadre où elle devait se déployer. Il ne faut pas objecter qu'un profond penseur avait déjà, depuis quinze ans (en 1725), essayé une véritable philosophie de l'histoire, en systématisant les phases de la vie des nations, sous le titre de la *Science nouvelle*. Le livre de Vico, enfoui à Naples, était ignoré en France et en Europe, et ne naquit à la publicité réelle que longtemps après. Il n'eut aucune influence parmi nous et, quand une philosophie de l'histoire plus compré-

---

1. Il y a, sur cette question, un curieux mémoire du maréchal de Saxe, imprimé à la suite de ses *Rêveries*. — Il propose, pour remédier à la prétendue dépopulation, qu'on ne se marie plus que pour cinq ans et qu'on ne puisse se remarier à la même femme, si l'on n'a pas eu d'enfants d'elle au bout de cinq ans. — C'est un étrange philosophe que Maurice de Saxe. — Montesquieu, dans l'*Esprit des Lois* (liv. XXIII), persistant dans l'opinion des *Lettres Persanes* à ce sujet, voudrait aussi des lois, moins bizarres sans doute, afin de favoriser la propagation. Il eût été bien étonné si on lui eût annoncé que la population de l'Europe, avant un siècle, aurait doublé presque partout et triplé dans certains pays, malgré des guerres et des révolutions immenses. — Ce qui paraît vrai, c'est que la population, en France, a été très-considérable au XIVᵉ siècle, avant les guerres des Anglais, et qu'elle a été fort longtemps ensuite avant de se relever au même niveau. V. notre t. V, ÉCLAIRCISSEMENTS nº 1.

hensive que celle de Voltaire réagit du dehors sur nous, elle nous vint de l'Allemagne avec Lessing et Herder plutôt que de l'Italie avec Vico.

L'*Essai sur les Mœurs des Nations* resta longtemps inédit et ne parut qu'en 1757 : il fut suivi, en 1765, par un essai de *Philosophie de l'Histoire*, qui lui fut ajouté comme introduction. Voltaire y soutient avec beaucoup de force, la haute antiquité du genre humain, d'après la longue durée de siècles qui a dû être nécessaire aux premiers développements de la civilisation. Quant au développement de la religion, il montre chaque peuplade ayant d'abord son Dieu particulier, puis les nations agrandies multipliant leurs dieux par ceux des voisins, puis les sages s'élevant à l'idée du Dieu unique, que les prêtres, à son dire, corrompent bientôt par l'invention des théologies. Parmi beaucoup d'assertions erronées et malsaines, il y a des échappées heureuses et lumineuses. « L'homme est perfectible. — L'homme a toujours vécu en société[1] : l'état sauvage proprement dit (l'isolement absolu) n'a jamais existé (il est ici d'accord avec Montesquieu). — Nous avons deux sentiments qui sont le fondement de la société, la commisération et la justice. — Dieu nous a donné un principe de raison universelle, comme il a donné les plumes aux oiseaux et la fourrure aux ours (§ v). »

Nous avons suivi jusqu'ici le développement du génie de Voltaire, plus que nous n'avons constaté son action sur la société. Cette action allait toujours croissant. Les ouvrages publiés ou représentés, les ouvrages inédits qui transpirent par les révélations des amis ou par les fragments circulant en manuscrit, ce qu'on connaît, ce qu'on devine, ce qu'on attend, tout concourt à exciter la sympathie des uns, la crainte des autres, la curiosité avide du grand nombre. A chaque voyage de Paris, le puissant novateur peut mesurer l'élargissement progressif de son cercle philosophique. Ce progrès n'est pas toutefois aussi rapide qu'on pourrait le croire : Voltaire avait conquis la renommée dès son début ; mais il ne conquiert que peu à peu la domination. La frivolité des esprits retarde bien plus qu'elle n'amène son règne. La génération

---

1. « La politesse est dans la nature », avait-il dit dans sa belle lettre à Falkener (*Épître dédicatoire de Zaïre*).

de la Régence n'avait guère senti le besoin d'une philosophie, d'une théorie quelconque, et avait vécu dans l'indifférence et le scepticisme pratique absolu. On avait les incrédules sans examen, comme les croyants sans examen [1]. Cette génération finissait et des temps nouveaux allaient poindre.

Voltaire eut une grande joie durant son séjour à Cirei. Le newtonianisme fut confirmé, sur un point capital, par une éclatante expérience, qu'il avait contribué à provoquer. L'Académie des Sciences, agitée par les débats que Maupertuis avait excités dans son sein et que les *Lettres Philosophiques* de Voltaire venaient de rendre populaires, prit un parti héroïque : elle résolut, avec le concours du ministre de la marine, de faire vérifier celle des applications de la théorie newtonienne qui pouvait tomber sous l'observation immédiate, l'hypothèse sur la figure de la terre. Il ne fallait rien moins que mesurer un degré du méridien dans la région polaire et un autre sous l'équateur [2]. Jamais la science humaine n'avait rien entrepris de si colossal : c'était le sublime de la géométrie appliquée à la physique. Les plus jeunes et les plus courageux des savants français se partagèrent cette œuvre glorieuse : Bouguer [3], Godin et La Condamine partirent pour le Pérou, au mois de mai 1735 ; Maupertuis, Clairaut, Camus et Lemonnier partirent pour le pôle nord un an plus tard. Une année suffit à ces derniers, mais au prix de bien des efforts et des fatigues. Ils poussèrent jusqu'à la montagne de Kiltes, au nord de Torno, en Laponie, plus d'un degré au delà du cercle polaire ; ils dressèrent leurs signaux de triangulation sur huit montagnes, dont ils avaient dépouillé les sommets, et opérèrent sous le froid le plus rigoureux. A leur retour, ils faillirent périr, avec le fruit de leurs travaux, dans un naufrage sur le golfe de Bothnie.

Les difficultés et les dangers furent incomparablement plus multipliés pour les voyageurs d'Amérique. La nature et les hommes semblèrent d'accord pour amonceler les obstacles devant

---

1. V. *Lettres Persanes;* Lett. LXXV. — Les gens de la Régence ne se faisaient guère philosophes, mais ils se rejetaient parfois dans une dévotion aussi fougueuse que l'avait été leur libertinage.

2. En 1724, le père Feuillée, qui était un minime, comme autrefois Mersenne, était allé aux Canaries déterminer la position du premier méridien.

3. Auteur d'un nouveau système perfectionné pour la construction des navires.

leurs pas; c'étaient, d'une part, l'esprit ombrageux et tracassier des autorités espagnoles et l'ignorance superstitieuse et avide des populations hispano-péruviennes; de l'autre part, les phénomènes d'une nature gigantesque, au sein de laquelle les montagnes de la Laponie eussent été à peine des collines. L'expédition de ces héros de la science dura dix ans, autant que le siège de Troie. On ne s'en étonnera pas, si l'on pense qu'ils dressèrent des signaux sur la cime ou le penchant de trente-neuf montagnes, dans une étendue de quatre-vingts lieues, commençant un peu en deçà et finissant trois degrés au delà de l'équateur, de Carabourou, au nord de Quito, à Chinan, au sud de Cuença. Il leur fallut renouveler cent fois ces ascensions des hauts sommets qui passent pour des événements mémorables dans nos Alpes. Il leur fallut vivre, des semaines entières, sur des pics qui n'avaient pas vu d'autres êtres que les condors, et dont certains dépassent le Mont-Blanc de plus de deux mille mètres, hauteur à laquelle, sous notre latitude, l'homme ne pourrait demeurer quelques heures sans mourir. Il y eut tel de ces signaux, qui, enlevé par des pâtres à demi sauvages, ou renversé par les avalanches, dut être relevé jusqu'à sept fois ! Deux pyramides, posées aux deux extrémités de la large base qu'ils avaient toisée, annoncèrent enfin la clôture de leurs prodigieuses opérations. Ce monument qui eût dû être en vénération à tout le genre humain, fut renversé par les officiers du roi d'Espagne : ils y virent un empiétement sur les droits de leur maître !

Un des infatigables voyageurs, La Condamine, n'étant pas encore rassasié d'aventures et de périls, voulut payer un nouveau tribut à la science et reconnut le cours entier de la rivière des Amazones, c'est-à-dire qu'il traversa tout le continent sud-américain, dont l'intérieur était presque inconnu, pour revenir s'embarquer au Brésil.

En 1750, un troisième voyage fut fait par l'abbé de La Caille au cap de Bonne-Espérance, afin de mesurer un troisième degré le plus près possible du pôle sud [1]. Cette expérience confirma sura-

---

[1]. La Caille détermina de plus la position exacte du Cap, et celle de huit à neuf cents étoiles australes qu'on ne voit pas dans notre hémisphère. Il observa la paral-

bondamment les deux autres. Le résultat des observations de la science française fut la certitude que la terre est un sphéroïde aplati vers les pôles, ainsi que l'avaient établi les calculs de Newton. Dès 1743, Clairaut, un des observateurs envoyés au nord, avait publié son *Traité de la figure de la terre*, le premier ouvrage dans lequel un géomètre français ait ajouté aux découvertes de Newton; il donna en 1750 sa *Théorie de la lune*, où il confirma, par de très-belles applications, le système de l'attraction, puis sa *Théorie du mouvement des comètes* en 1760. Aucun savant français de cette époque n'a mérité un plus beau nom que cet ami de Voltaire et de madame du Châtelet [1].

La France se fit donc newtonienne; elle accepta tout, les erreurs avec les glorieuses vérités, et la physique cartésienne s'éclipsa pour longtemps.

Tandis que Newton triomphait dans la physique céleste et terrestre, une combinaison de l'esprit de Newton et de l'esprit de Leibniz envahissait la physique animale. Le mécanisme cartésien, modifié par quelques transactions, avait régné jusqu'ici, avec le grand médecin hollandais Boerhaave, dans les théories médicales. Boerhaave avait introduit le principe de l'attraction dans la chimie; mais il attribuait tout, dans l'économie animale, aux principes purement physiques et chimiques, et n'était pas arrivé à reconnaître les caractères qui distinguent le règne de la vie du règne inorganique. Un jeune homme de vingt ans, Théophile de Bordeu, de Montpellier, reprenant et fondant ensemble, sous une forme plus scientifique, le *vitalisme* mystique de Paracelse et de Van-Helmont avec le *vitalisme* plus méthodique de Stahl [2], rattache tous les actes de l'économie vivante à un principe spécial,

---

laxe de la lune au Cap, en même temps que Lalande l'observait à Berlin, et l'on connut, à cinquante lieues près, la distance de la lune à la terre.

1. *Biographie universelle*, art. MAUPERTUIS, CLAIRAUT, BOUGUER, LA CONDAMINE, GODIN, etc. — *Essai sur les progrès des arts et de l'esprit humain sous le règne de Louis XV*; t. II, p. 6 et suivantes; 1776.

2. Stahl, contemporain et compatriote de Leibniz, avait combiné le principe cartésien de l'inertie de la matière avec l'hypothèse d'un principe *spirituel*, d'une force, qui donnerait le mouvement à la matière; cette âme motrice, différente de l'âme qui pense, rentrait dans l'antique théorie des deux âmes, *anima* et *animus*. — Paracelse et Van-Helmont avaient supposé des *archées*, forces diverses qui animaient chacune un de nos appareils organiques.

la *sensibilité* (*De sensu genericè considerato* (1742), puis démontre, dans la *Chilificationis historia* (1743), que la digestion, par exemple, est une action vitale non explicable par les opérations mécaniques et chimiques. C'est de Bordeu que procède véritablement la physiologie moderne, la science de la vie organique. L'école vitaliste de Montpellier garda toujours cette élévation de tendances qu'avait eue Newton et qu'avaient perdue la plupart de ses disciples, tandis que la doctrine mécanique, séparée de la métaphysique cartésienne, s'abîmait momentanément dans le matérialisme pur avec La Mettrie et autres [1].

Voltaire était transporté du succès de ses opinions dans l'ordre scientifique; mais le succès lui eût été plus cher encore dans un autre ordre d'idées, qui touche, non plus aux mystères du monde physique, mais à la vie morale des sociétés. Faire triompher la tolérance religieuse, faire cesser les violences exercées par le pouvoir politique sur les dissidents, c'était là le vœu où s'attachait le meilleur de son âme. Malheureusement les faits allaient ici en sens inverse des opinions. A mesure qu'on avait moins de religion, on persécutait davantage. Les hommes sans foi et sans mœurs dont l'administration était remplie, persécutaient par hypocrisie, par calcul, ou même tout simplement par routine. A partir de la mort de Fleuri, toutes les furies furent déchaînées de nouveau sur les protestants par le secrétaire d'État Saint-Florentin, nom auquel l'histoire ne doit pas laisser le bénéfice de son obscurité [2].

Les idées marchaient, cependant : tandis que le gouvernement redoublait de tyrannie envers les protestants et que les jésuites s'efforçaient de réveiller les passions fanatiques en inventant de nouveaux rites et de nouvelles superstitions, il se formait, dans

---

1. De cette époque datent les grands progrès de la chirurgie française moderne. — Une ordonnance du 23 avril 1743 sépare définitivement les chirurgiens des barbiers, et ordonne que, pour être maître-chirurgien à Paris, il faudra être maître ès-arts d'une université du royaume. — Des amphithéâtres sont fondés, pour les démonstrations anatomiques, à Montpellier et à Paris. — On découvre de nouveaux moyens de faire revenir les asphyxiés par submersion, d'arrêter le sang des blessures, de guérir la fistule, l'anévrisme, la cataracte : on invente le *forceps*. — Dans la dernière guerre, les amputations étaient devenues beaucoup moins nombreuses, preuve des progrès de l'art de guérir.

2. Nous reviendrons sur la persécution qui sévit de 1745 à 1762.

un esprit opposé, une institution singulière, qui subit, non point l'action directe de Voltaire, mais très-évidemment son influence morale, et plus tard celle de Rousseau. En face du *Sacré-Cœur* s'organisait la *Franc-Maçonnerie*. Nous ne rechercherons pas ses véritables origines, ses liens avec les anciens maîtres ès-œuvres, les frères-pontifes, les rose-croix, les *compagnonnages*, ni la filiation mystérieuse des templiers depuis la proscription de leur ordre; il n'y aurait là qu'un intérêt de curiosité, car les *francs-maçons* modernes n'ont puisé dans ces traditions que des insignes et non des idées : l'importance historique de la franc-maçonnerie et ses tendances essentielles appartiennent entièrement au xviiie siècle. Elle nous vint du pays que nous commencions à tant imiter, nous qui étions habitués à fournir des modèles aux autres, du pays de Bolingbroke, de Newton et de Locke; mais la France la transforma, comme elle transforme ce qu'elle imite. La Franc-Maçonnerie, au siècle précédent, avait pris la forme de sociétés secrètes politiques, durant les guerres civiles d'Angleterre; en 1724, elle manifesta publiquement à Londres son existence, sinon son but, qui n'avait, à ce qu'il semble, rien de bien déterminé; en 1725, elle fut introduite en France par des jacobites anglais, à la tête desquels était lord Derwent-Water, qui fut condamné à mort quelques années après par les juges du roi George. Ce furent les adhérents vaincus du catholicisme ultramontain et de la monarchie absolue, qui propagèrent en France une association si propre, par sa nature, à abriter les principes les plus contraires au despotisme politique et religieux. C'est là une de ces contradictions dont l'histoire est remplie. Au reste, Bolingbroke n'avait-il pas été jacobite !

Les *loges maçonniques* ne commencèrent à se développer un peu largement à Paris que vers 1736; en 1738 seulement, elles sortirent des mains des étrangers qui les avaient fondées, se donnèrent pour *grand-maître* un grand seigneur français, le duc d'Antin, puis un prince du sang, le comte de Clermont (1743). Ce haut patronage ne les préserva pas des tracasseries de la police. Le cardinal de Fleuri, ennemi de toute nouveauté, fit fermer les loges des *maçons* comme il avait fait fermer le *club de l'Entre-sol*. Après la mort de Fleuri, le Châtelet continua de rendre sentence sur sentence contre les francs-maçons, qui ne s'en multiplièrent que davantage et qui se répandirent de Paris dans les provinces. Des titres pleins d'emphase, des rites bizarres, imités des mystères antiques comme pour appuyer des prétentions à une antiquité fabuleuse, ne doivent pas faire méconnaître ce qu'il y eut de sérieux dans les effets directs et surtout indirects de l'institution maçonnique. Ce qu'il y avait d'un peu vague dans le but d'une association qui ne se proposait d'abord que de « réunir toutes les nations par l'amour de la vérité et des beaux-arts [1] », fut précisément ce qui fit la force et l'efficacité de la franc-maçonnerie. Associer dans un rite commun des hommes de toute nation et de toute religion, c'était tendre à substituer l'amour de l'humanité au nationalisme exclusif et haineux [2] et la tolérance religieuse au fanatisme et à l'esprit sectaire. Le despotisme politique et religieux, en excluant de tout corps politique, militaire, littéraire ou industriel quiconque ne professait pas la religion de l'État, avait parfaitement compris son rôle : les hommes de liberté comprirent aussi le leur en propageant la franc-maçonnerie.

Il semble que la maçonnerie ait cherché à dépasser le principe négatif de la tolérance : le Temple symbolique, le *grand architecte de l'univers*, les appels à la mémoire de certains des législateurs du Haut-Orient, et surtout de ce Zoroastre chez qui Voltaire paraît aussi sentir d'instinct le premier éveil du génie de l'Occident, toutes ces formules indiquent une tendance à affirmer la religion naturelle. Les successeurs de ces *francs-maçons* d'autrefois, qui ont construit l'église exclusive du moyen âge, semblent aspirer à construire le temple universel; mais ces aspirations dépassent la portée religieuse du XVIIIe siècle : un déisme sans négation ni affirmation de ce qui dépasse la croyance en Dieu, un esprit de tolérance, de charité et de philanthropie, voilà où s'est arrêtée la franc-maçonnerie [3].

---

1. Lettre de Ramsay au cardinal de Fleuri (20 mars 1737); ap. Lémontei, t. II, p. 292.

2. La France du XVIIIe siècle dépassa même le but à cet égard, car elle se fit trop cosmopolite et plus assez nationale.

3. Il y eut des tentatives faites dans la franc-maçonnerie française pour affilier les femmes ; mais l'extrême relâchement des mœurs du temps ne permettait pas qu'on obtînt par là un résultat sérieux ni utile. Ce fut au contraire la cause de désordres

Malgré la monstrueuse anomalie que présentait la tyrannie exercée contre les protestants, Voltaire voyait donc se propager largement ses principes. Des amis de sa philosophie, ou tout au moins des amis de la tolérance, avaient part au gouvernement, et, s'ils étaient impuissants à défendre les malheureux réformés, ils pouvaient protéger, dans une certaine mesure, les adversaires plus radicaux du catholicisme, qui, n'étant enrôlés dans aucune secte constituée, passaient, grâce à leur incrédulité même, à travers les mailles du filet tendu par la persécution. Un peu d'adresse, quelques réticences, et l'on sauvait, sinon ses ouvrages, au moins sa personne. Voltaire eut d'ailleurs au dehors, à partir de 1740, un point d'appui beaucoup plus solide que celui que pouvaient lui offrir ses amis de France. Depuis quelques années déjà, il nourrissait avec délices l'espérance de voir la philosophie s'asseoir sur un des trônes de l'Europe. Le jeune prince royal de Prusse s'était, pour ainsi dire, donné à lui avec un enthousiasme bientôt devenu réciproque et dont une correspondance, qui remplit plusieurs volumes, nous a conservé les monuments. Le disciple littéraire et philosophique de Voltaire s'y montre déjà supérieur peut-être à son maître, non pas certes par le sens général des choses, mais par le sens des hommes et des affaires, par le sens politique : inférieur à tout autre égard, et particulièrement en sens moral, il a pourtant le triste avantage de l'emporter en logique sur le maître dans une question capitale : Voltaire croit en Dieu, répute l'immortalité de l'âme plus que douteuse et soutient le libre arbitre. Frédéric nie nettement l'âme et la liberté; à la vérité, il ne pousse pas encore la logique assez loin, car il conserve l'idée de Dieu, comme si la fatalité aveugle en bas ne supposait pas la fatalité aveugle en haut. C'était pourtant le temps où il écrivait, à la grande joie de Voltaire, la réfutation du *Prince* de Machiavel; mais il ne réfutait la théorie des crimes utiles qu'en prétendant que le crime ne peut être utile, et en partant de l'intérêt bien entendu.

L'*Anti-Machiavel* s'imprimait en secret par les soins de Voltaire,

qui eussent pu ruiner moralement l'institution, s'ils se fussent étendus davantage. — On peut consulter, sur les Francs-Maçons, les *Acta latomorum*; l'*Hist. de la fondation du Grand-Orient*; l'*Hist. de la Franc-Maçonnerie*, par Clavel, etc.

quand le jeune auteur fut appelé au trône. L'ordre arriva aussitôt de suspendre la publication. Le trône avait opéré sur-le-champ son effet. Il y avait de quoi faire réfléchir à son tour Voltaire, si heureux de l'avénement du futur *Marc-Aurèle*. Leurs relations, toutefois, n'en furent pas modifiées. Frédéric, s'il ne montra pas plus de scrupule envers ses voisins et ses alliés qu'un roi qui n'eût point été philosophe, fut fidèle sous d'autres rapports à ses précédents : il fit assez de choses louables dans son administration pour fermer les yeux à Voltaire sur le reste, et surtout il eut, aux yeux de son ami, le mérite d'être aussi ouvertement sceptique après qu'avant son avénement et de donner l'exemple inouï d'un roi vivant en dehors de toute religion positive. Il fit de grands efforts pour attirer *son cher maître*, non point à sa cour, il n'avait pas de cour, mais dans le château où il vivait, dans les intervalles de ses batailles, au sein d'une colonie de savants et de littérateurs français, seconde émigration française en Prusse, fort différente des graves et pieux réfugiés protestants de 1685. Frédéric avait relevé l'académie de Berlin, créée jadis par Leibniz et abolie par le barbare Frédéric-Guillaume, et il avait fait de cette académie une petite France incrédule présidée par Maupertuis.

Voltaire résista, par affection pour *Émilie* (madame du Châtelet), à des offres si séduisantes; mais cette amitié royale le releva fort devant la cour de France. Par un de ces contrastes assez communs dans les gouvernements faibles et tiraillés, au moment même où la persécution recommençait à sévir d'un côté, on vit de l'autre arriver à la faveur et aux honneurs le grand adversaire du fanatisme. Avec la vie du vieux Fleuri, à qui Voltaire était antipathique, comme tout ce qui faisait du bruit et de l'éclat, finit la studieuse et féconde retraite de Cirei. Voltaire reparut à Paris et à Versailles. Le roi, héritier des sentiments de Fleuri, hostile aux hardiesses de l'esprit comme autrefois son bisaïeul et aussi indifférent à la gloire littéraire que Louis XIV y avait été sensible, le roi n'aimait pas et craignait Voltaire; mais madame de Châteauroux et le duc de Richelieu surmontèrent jusqu'à un certain point cette répugnance : les d'Argenson employèrent dans la diplomatie *l'ami du roi de Prusse* et l'aidèrent à achever, dans les fournitures militaires, une grande fortune commencée dans les *affaires extraordinaires* et les emprunts publics : la richesse était, pour le philosophe épicurien, non pas un objet de cupidité ou d'avarice, non pas uniquement un instrument de luxe et de jouissances, mais aussi, et surtout, un puissant moyen d'action, d'influence, d'indépendance personnelle et de bienfaisance.

Sa faveur s'accrut beaucoup par l'avénement de madame de Pompadour : il avait été fort lié avec elle lorsqu'elle n'était que madame d'Étioles, et la nouvelle favorite, qui pressentait, autour du jeune dauphin, la formation d'un parti dévot contraire aux maîtresses royales, tâcha de capter l'opinion en s'appuyant sur le plus brillant des écrivains et des novateurs. Elle fit Voltaire gentilhomme de la chambre, historiographe de France, académicien, ce que madame de Châteauroux n'avait pu faire. Le philosophe acheta ces avantages par de fâcheuses concessions [1]. On pouvait craindre qu'il en fît plus encore : on a même prétendu que la cour eût amorti sa redoutable activité en détournant vers une autre carrière son ambition et sa vanité. C'est ne connaître ni cette cour ni Voltaire : on a vu, par l'exemple de Chauvelin et de d'Argenson, ce qu'y devenaient les hommes supérieurs. Le milieu, il en faut convenir, était malsain pour Voltaire : heureusement pour lui, il retomba bientôt dans une demi-disgrâce ; il avait bien pu courtiser les maîtresses du roi et cultiver l'amitié de grands seigneurs corrompus, tels que Richelieu, qui aimaient en lui ses défauts plus que ses grandes qualités ; mais il ne put prendre sur lui d'être bas et servile envers personne, pas même envers le roi : ses familiarités spirituelles et hardies choquèrent l'orgueil rogue de Louis XV, et la Pompadour même, qui visait à la dignité et aux grandes manières, le trouva trop peu respectueux pour elle. Elle voulut le blesser dans son amour-propre d'auteur tragique en relevant contre lui la renommée du vieux Crébillon et cessa de l'admettre dans les *petits appartements* du roi. Voltaire reprit sa liberté et retourna en Lorraine.

Un triste événement y vint bientôt troubler sa vie. Madame du Châtelet mourut en septembre 1749. Elle n'était plus pour lui

---

1. V. sa Lettre au jésuite La Tour, 1746, dans ses *Mélanges littéraires*. Il y fait profession d'estime et d'affection pour la compagnie de Jésus, afin de désarmer les dévots de l'Académie.

qu'une amie : elle s'était même laissé entraîner à la faiblesse d'un nouvel attachement pour un jeune homme, Saint-Lambert, poëte et philosophe médiocre, qui eut la singulière fortune d'être en amour le rival heureux des deux plus grands génies du siècle. Néanmoins, cette amitié était encore le plus fort lien de la vie de Voltaire et ne fut jamais remplacée. Rien ne le retenait plus en France : il accepta enfin les propositions de Frédéric et partit pour Berlin dans le courant de 1750. Nous l'y retrouverons et nous aurons à suivre de nouveau sa marche infatigable à travers la seconde période de la philosophie du xviiie siècle.

Avant de perdre la femme qu'il avait affectionnée vingt ans, Voltaire avait perdu un ami qui était loin d'avoir tenu une aussi grande place dans sa vie, mais qui a marqué une trace lumineuse dans cette vie et dans tout ce siècle. C'était ce jeune Vauvenargues, qui apparaît un instant au milieu d'une génération égoïste et frivole, comme le précurseur d'un âge meilleur. Nous avons déjà nommé ailleurs ce jeune officier dont la santé délicate fut ruinée par la malheureuse retraite de Prague. Obligé de renoncer aux espérances de gloire qu'il avait fondées sur le service militaire, il s'efforça d'entrer dans la diplomatie. Au moment où, après bien des rebuts, il allait voir s'ouvrir devant lui cette carrière, la cruelle maladie dont Voltaire avait voulu arrêter les ravages en propageant l'INOCULATION, la petite vérole le défigura, le priva presque de la vue et jeta dans son sein les germes d'une phthisie mortelle. Il se résigna, non point avec la raideur d'un stoïque, mais avec une douceur inaltérable, rassembla les fruits de ses méditations solitaires, en publia une partie en 1746 et mourut en 1747, à trente-deux ans, après quatre années de souffrances, durant lesquelles il avait eu pour principale consolation l'amitié de Voltaire. Il refusa, en touchant à l'heure suprême, de faire acte de catholicisme, et ses dernières paroles, touchantes, mais empreintes d'un quiétisme déiste que la philosophie religieuse pourrait juger un peu excessif, furent : « O mon Dieu, je crois ne « t'avoir jamais offensé; je vais, avec la confiance d'un cœur sin- « cère, retomber dans le sein de celui qui m'a donné la vie[1] ».

---

1. *Notice sur Vauvenargues*, par Suard; ap. *Œuvres complètes* de Vauvenargues; 1823; t. Ier, p. 46; in-18.

Ses œuvres, qui tiennent tout entières dans deux volumes in-8°[1], ne consistent qu'en une *Introduction à la Connaissance de l'Esprit humain*, des *Réflexions*, des *Maximes*, des *Caractères*, des *Dialogues*, et quelques fragments moraux ou académiques. Le seul traité un peu étendu, l'*Introduction*, etc., est inachevé : la conception imparfaite, l'ordonnance peu méthodique, les définitions parfois inexactes et les incorrections de style, trahissent la jeunesse de l'écrivain ; mais l'originalité d'un esprit qui ne doit rien qu'à lui-même et l'élévation constante de la pensée compensent bien, chez un moraliste, l'insuffisance d'études métaphysiques et surtout d'études classiques. Inférieur en force à Pascal, en connaissance pratique de la société à La Rochefoucauld, en variété et en éclat à La Bruyère, Vauvenargues est supérieur au premier en sens du vrai, au second en sens moral, au troisième en utilité pratique. Il est, de tous, celui dont la lecture est le plus utile à l'âme. On ne trouve chez lui ni les paradoxes sublimes d'un sectaire de génie, ni la misanthropie d'un courtisan qui s'ennuie de ne plus pouvoir être un factieux, ni les observations froidement brillantes d'un critique qui juge en spectateur désintéressé le drame de la vie humaine. Comme Pascal, c'est avec le sang de son cœur qu'il écrit : c'est lui-même qu'il analyse, dans un recueillement inconnu à ce temps de vie extérieure. S'il porte sur ses semblables le flambeau investigateur, ce flambeau est celui de la charité, d'une charité chrétienne par le sentiment, si ce n'est par le dogme. Il introduit dans la philosophie déiste l'âme de Racine et de Fénelon, ces deux objets de son culte, et la pureté morale, le sérieux, qui manquent à Voltaire. L'indulgence pour les égarements humains est chez lui compassion éclairée et non complicité. Touchant jusque dans ses jeunes élans vers la gloire, qui est pour lui quelque chose d'aussi pur que la vertu, il porte partout une douceur pénétrante et semble déjà revêtu de cette lumière qui environne les âmes vertueuses dans l'Élysée décrit par Fénelon.

1. *OEuvres* de Vauvenargues, édition nouvelle, précédée de l'*Éloge de Vauvenargues*, couronné par l'Académie française, et accompagnée de notes et de commentaires, par D. L. Gilbert; Paris; Furne; 1857. — Édition excellente et définitive, augmentée d'un grand nombre de maximes et de morceaux inédits, et d'une admirable correspondance avec le marquis de Mirabeau (père du grand Mirabeau) et autres.

Deux caractères dominent chez Vauvenargues : le premier lui est commun avec Descartes et avec Voltaire contre Pascal; c'est le principe d'activité et, par conséquent, la légitimation des passions, comme mobile de l'activité; on ne rencontre pas sans un serrement de cœur la glorification de la vie active chez cet homme, qui fut condamné à ne jamais agir : il est vrai qu'il eut du moins le bonheur de mourir jeune. Un autre caractère non moins essentiel chez lui, et qui constitue sa véritable personnalité, c'est ce principe du sentiment, placé au-dessus de la raison réfléchie, qui lui est commun avec Pascal, mais qu'il n'ensevelit pas, comme Pascal, dans l'esprit de secte. Il a lancé une de ces paroles qui ne passent jamais et dans laquelle il est tout entier : « LES GRANDES PENSÉES VIENNENT DU CŒUR. — C'est l'âme qui forme l'esprit, dit-il encore. — C'est le cœur et non l'esprit qui gouverne ». Ailleurs, il établit l'existence de l'amour pur, de l'amour de l'âme, capable de sacrifier l'*intérêt des sens* pour ne pas souiller son idéal. Nous voici bien loin des maximes du monde de 1740!

Il ne se maintient pas toujours à cette hauteur; il a des doutes; il a des excès[1]; il a des chutes, en morale comme en métaphysique, mais toujours il se relève et, de l'ensemble de son œuvre, ressort ceci : que, pour lui, les vérités morales sont aussi certaines que les vérités mathématiques, et que l'intérêt personnel n'est aucunement le mobile unique des actions humaines. C'est bien là l'aurore de cette philosophie du sentiment qui peut seule relever l'esprit de la France, tombé de la philosophie de la raison pure à celle de la sensation.

S'il eût vécu, l'on peut croire, d'après toutes ses tendances, que les aspirations de son cœur eussent pris dans son esprit une forme plus arrêtée et qu'il eût laissé derrière lui le déisme épicurien pour arriver au vrai sentiment religieux et à la foi positive en l'immortalité, objet pour lui d'une espérance passionnée. Longtemps disputé entre la philosophie négative et la religion positive, qu'il ne traite jamais avec la légèreté de ses contemporains, écrivant tantôt un traité du *libre arbitre* contre le libre

---

1. Par exemple, il pousse trop loin l'indépendance du sentiment individuel et le dédain de l'opinion commune et de la raison générale : on croirait déjà entendre l'Américain Emerson.

arbitre et des pages où il ne se propose pour récompense que *l'approbation des hommes*, tantôt une *Méditation sur la Foi* dans l'esprit de Bossuet, il se fût, selon toute apparence, fixé, après ces grandes oscillations, à un point intermédiaire, sur cette cime où allait apparaître l'auteur du *Vicaire Savoyard*. Le jeune penseur, qui ne parlait qu'avec un profond respect de Descartes, tant raillé par Voltaire, eût probablement exercé sur celui-ci une salutaire influence, et peut-être relié Voltaire et Rousseau et prévenu les déchirements de la philosophie¹. Ce bien ne nous était pas destiné !

Ce sera du moins l'honneur de Voltaire d'avoir si bien senti, respecté, aimé cette nature si différente de la sienne. Jamais il n'a parlé de personne comme il parle de Vauvenargues². Quand ce souvenir lui revient au cœur, on sent que cette bouche railleuse a cessé de sourire, on sent les larmes dans sa voix ; on croit déjà entendre, au lieu de l'accent vif et léger de Voltaire, la grande voix qui va bientôt s'élever de Genève !

Entre la mort de Vauvenargues et le départ de Voltaire pour la Prusse, avait paru un des plus grands monuments du xviiiᵉ siècle, l'*Esprit des Lois*.

Montesquieu était revenu d'Angleterre en 1732, à son château de La Brède, qu'il ne quitta plus que par intervalles. Voltaire et lui, tous deux si bien faits pour le monde, avaient senti de bonne heure la nécessité de soustraire au monde la meilleure part d'eux-mêmes, pour se ménager le temps, l'un d'agir, l'autre de penser. En 1734, Montesquieu publia ses *Considérations sur les causes de la Grandeur et de la Décadence des Romains*. C'était un peu sévère, pour le public qui avait tant fêté les *Lettres Persanes*; il fallut du temps pour faire le succès des *Considérations*. C'était

---

1. Voyez le beau passage où il entrevoit l'unité de la philosophie à travers les opinions diverses des philosophes, et ce noble fragment intitulé : *Plan d'un livre de philosophie* (édit. Gilbert, *OEuvres posthumes et œuvres inédites*, p. 69), bien plus fort que l'*Introduction à la Connaissance de l'Esprit humain*. Il s'y propose la réfutation du scepticisme, la démonstration de la concordance des vérités et des coutumes, le choix, la réunion et la synthèse des vérités découvertes dans les derniers siècles, l'explication de la religion et de la morale.

2. « Si vous étiez né quelques années plus tôt, mes ouvrages en vaudraient mieux. » Lettre de Voltaire à Vauvenargues, du 4 avril 1744. — *OEuvres Posthumes*, p. 272.

un chef-d'œuvre de composition et de style; une langue nouvelle, faite pour des pensers nouveaux, une langue nouvelle, non par le néologisme, mais par le rajeunissement et la concision des formes, par la saillie originale des locutions; l'auteur traite les idiotismes français comme des monnaies usées par le frottement et qu'on refond pour leur donner un relief nouveau. Par Voltaire et par lui, la prose française atteint un genre de perfection inconnu dans les langues modernes. Excepté chez Pascal, qui a tous les styles, la phrase du xviie siècle était encore un peu lente d'allure dans la majesté de son ample vêtement; chez Voltaire et chez Montesquieu, la prose du xviiie, vêtue de court comme une guerrière, vole au but aussi rapide que le vers même. Plus gracieuse et plus simple chez Voltaire, plus nerveuse et plus tendue chez Montesquieu, presque également brève et coupée chez tous deux, elle n'est plus la langue du récit, mais la langue du combat.

Quant à la valeur philosophique des *Considérations*, presque tout ce qui s'y trouve est admirable; mais il s'en faut bien que tout s'y trouve. Comme théorie de la politique des Romains, les faits généraux de l'histoire n'avaient jamais été si vigoureusement condensés, ni éclairés d'une telle lumière; mais les origines de ce peuple, l'essence de sa religion, les transformations de son droit, n'y sont pas.

Ce n'avait été qu'une diversion à une plus grande œuvre qui remplit vingt années de la vie de Montesquieu et qui est, pour ainsi dire, Montesquieu tout entier aux yeux de la postérité. L'*Esprit des Lois* parut en 1748, livre sans modèle et digne de son épigraphe [1].

Nous allons essayer d'en dégager les vrais caractères à travers les précautions dont l'écrivain, plus circonspect qu'au temps des *Lettres Persanes*, enveloppe souvent sa pensée. Il suffira pour cela de concentrer les vues qu'il disperse volontairement.

L'*Esprit des Lois* a sa base fortement assise dans les profondeurs de la métaphysique, dans des profondeurs où Voltaire n'a jamais

---

1. *Prolem sine matre creatam.*

pénétré. « Les lois sont les rapports nécessaires qui dérivent de la nature des choses, et, dans ce sens, tous les êtres ont leurs lois ; la divinité a ses lois ; le monde matériel a ses lois... l'homme a ses lois... — Ceux qui ont dit qu'une fatalité aveugle a produit tous les effets que nous voyons dans le monde, ont dit une grande absurdité ; car, quelle plus grande absurdité qu'une fatalité aveugle qui aurait produit des êtres intelligents ! — Il y a donc une raison primitive, et les lois sont les rapports qui se trouvent entre elle et les différents êtres, et les rapports de ces divers êtres entre eux. — Dieu a du rapport avec l'univers comme créateur et comme conservateur ; les lois selon lesquelles il a créé, sont celles selon lesquelles il conserve... — La création, qui paraît être un acte arbitraire, suppose des règles aussi invariables que la fatalité des athées. — Les êtres particuliers intelligents peuvent avoir des lois qu'ils ont faites ; mais ils en ont aussi qu'ils n'ont pas faites. Avant qu'il y eût des êtres intelligents, ils étaient possibles ; ils avaient donc des rapports possibles et, par conséquent, des lois possibles. Avant qu'il y eût des lois faites, il y avait des rapports de justice possibles. Dire qu'il n'y a rien de juste ni d'injuste que ce qu'ordonnent et défendent les lois positives, c'est dire qu'avant qu'on eût tracé de cercle, tous les rayons n'étaient pas égaux. »

Il explique ensuite la nécessité des lois positives, par cette raison que, tandis que le monde physique suit invariablement les lois générales qu'il a reçues de Dieu, les êtres intelligents peuvent transgresser et transgressent les leurs ; par les lois positives qu'ils se donnent, ils se rappellent eux-mêmes à leurs devoirs [1].

Ce premier chapitre reporte la philosophie du droit sur les hauteurs d'où le xviiie siècle était descendu ; mais Montesquieu n'y reste pas : aucun homme de cette génération ne pouvait longtemps respirer l'air de ces hautes cimes. Montesquieu eut peut-être d'ailleurs d'autres raisons pour en redescendre.

Il semblait que Montesquieu dût, à la manière de Descartes,

---

1. Les lois divines, dit-il ailleurs (Liv. XXVI), sont invariables, parce qu'elles statuent sur le *meilleur* : les lois humaines sont variables, parce qu'elles statuent sur le bien qui peut être remplacé par le mieux.

déduire, du grand *à priori* qu'il avait posé, les principes de la souveraineté, du droit, du devoir, des nationalités, rechercher quelles doivent être les lois positives les plus conformes à la justice universelle et à la nature humaine, puis comparer cet idéal aux réalités, et juger celles-ci selon qu'elles se rapprochent plus ou moins de l'idéal.

Il n'en fait rien; après avoir posé le principe métaphysique des lois, plutôt que de rechercher ce que doivent être les choses, il cherche comment les choses se passent ou se sont passées; il mêle assez confusément les principes et les faits, et se rejette peu logiquement de la métaphysique dans l'histoire. Est-ce insuffisance philosophique? Peut-on croire que ce grand esprit n'ait pas eu conscience de ce manque de logique, et n'est-ce pas plutôt prudence? La déduction rigoureuse des principes généraux de justice n'eût-elle pas conduit nécessairement à nier la légitimité de la société politique contemporaine? Nous reviendrons sur le combat que se livrèrent perpétuellement, dans l'esprit de Montesquieu, la logique des idées et le respect des faits.

Montesquieu commence donc par rechercher, sous le nom de *Lois de la nature*, les mobiles qui pousseraient l'homme isolé à devenir l'homme social, sans affirmer que cet état d'isolement ait réellement existé; puis il montre la formation de la société et des lois positives, la naissance du droit des gens, du droit politique, du droit civil, enfin du gouvernement. Il pose, à cet égard, le fait et non le droit, en disant que la *force générale* peut être placée entre les mains d'un seul ou de plusieurs. Il réfute en passant l'assertion de Bossuet, que le gouvernement d'un seul est le plus naturel à cause de sa ressemblance avec le pouvoir paternel. « Le gouvernement le plus conforme à la nature est celui qui se rapporte mieux à la disposition du peuple pour lequel il est établi... La loi en général est la raison humaine; les lois politiques et civiles de chaque nation ne doivent être que les cas particuliers où s'applique cette raison... Les lois doivent se rapporter à la nature et au principe du gouvernement qui est établi, ou qu'on veut établir... au physique du pays, au climat... »

En insistant avec tant de force sur les diversités nécessaires, il ne nie pas l'unité, mais il la laisse trop dans l'ombre; il n'établit pas suffisamment qu'il est des principes généraux auxquels doivent tendre tous les peuples, malgré la différence de génie et de climat.

Il passe de là aux diverses espèces de gouvernements et pose la classification si célèbre et si débattue : 1° République, 2° Monarchie, 3° Despotisme ; les deux premiers, gouvernements modérés ou réglés (c'est-à-dire fondés sur des lois), le troisième, violent et sans lois. Confondre en une seule catégorie, sous le titre de République, le gouvernement de quelques-uns (aristocratie) et le gouvernement de tous (démocratie), le gouvernement du privilége et celui du droit commun, est tout à fait inadmissible, quoiqu'il y ait des degrés intermédiaires qui diminuent la distance. Séparer en deux catégories le gouvernement d'un seul qui gouverne par des lois et d'un seul qui gouverne sans lois, ne paraît guère moins contestable. S'il n'existe aucun pouvoir qui ait mission d'obliger le roi à respecter les lois, le roi se rapproche fort du despote, et, d'une autre part, il n'est guère d'état despotique où il n'existe quelque sorte de lois, un code religieux, par exemple.

Il y a là cependant autre chose que la *convenance* de distinguer la monarchie française du despotisme othoman. Il y a une différence très-réelle et que Montesquieu indique fort bien. Ce qui caractérise la monarchie, telle qu'il la définit, c'est l'existence de corps privilégiés, d'une magistrature et surtout d'une noblesse héréditaires comme le roi, qui constituent dans l'État des distinctions sociales que le roi n'a pas créées et ne peut détruire [1]. « Point de monarque, point de noblesse ; point de noblesse, point de monarque, mais un despote. » Il faut, dans une monarchie, des terres substituées, des priviléges nobiliaires, incommunicables aux non-nobles [2] (la monarchie française s'était altérée en dérogeant à ce principe), une magistrature propriétaire de ses charges

---

1. On peut ajouter un autre caractère capital; c'est l'existence de la propriété et du droit civil dans les monarchies. — Bossuet, dans la *Politique de l'Écriture sainte*, avait déjà indiqué la distinction entre la monarchie et le despotisme, mais sans la définir.
2. Tant qu'ils ne sont point anoblis; car il admet les anoblissements à prix d'argent, pour absorber les riches roturiers dans la noblesse. — Les nobles ne doivent pas faire le commerce. Liv. XX.

(par conséquent la vénalité des offices), enfin un clergé privilégié ce qui serait, au contraire, très-dangereux dans une république. La monarchie est une société hiérarchisée héréditairement; le despotisme est une société d'égaux sous un maître; l'égalité du néant (livre II, chap. v).

Tout cela est très-juste et très-profond. Montesquieu jugeait, lui, que la monarchie ne peut s'associer à la démocratie, au principe électif, sans aristocratie, comme le rêvait d'Argenson ; que l'hérédité ne peut s'appuyer que sur l'hérédité.

Le chapitre sur les conditions de la démocratie n'a pas moins de portée. Le peuple, dit Montesquieu, doit, dans une démocratie, faire par lui-même tout ce qu'il peut bien faire, et le reste par ses ministres (ses magistrats). — C'est une maxime fondamentale qu'il doit les nommer. Il lui faut de plus un conseil ou sénat, dont il nomme lui-même ou fait nommer les membres par un magistrat[1]. — Le peuple est admirable pour choisir ceux à qui il doit confier quelque partie de son autorité, général, préteur (magistrat judiciaire), édile (magistrat municipal), non pour faire les affaires. — C'est au peuple seul à faire les lois; cependant il est souvent nécessaire que le sénat puisse statuer, qu'il puisse mettre à l'essai une loi qui ne deviendra définitive que par la sanction du peuple.

Il faut chercher, dans d'autres parties du livre, le complément de ces maximes. Ceci est la théorie de la démocratie *directe*, où le peuple vote les lois en personne. Cette théorie se lie, chez l'auteur, à l'axiome que la république ne convient guère qu'aux petits états[2], axiome qui est resté vaguement dans beaucoup d'esprits sans être bien compris. Il le corrige un peu plus loin en établissant qu'il peut y avoir de grandes républiques au moyen de la constitution fédérative. Il n'a plus qu'un pas à faire pour reconnaître la possibilité de grandes républiques unitaires, dont

---

1. Le sénat, suivant lui, doit être viager, si sa destination est d'être la règle et le dépôt des mœurs, la tradition constituée; si son but est de préparer les affaires, il doit être élu à temps.

2. Liv. VIII, ch. xvi-xx. — Une monarchie, ajoute-t-il, ne doit être ni petite, ni fort étendue. Un grand empire doit être despotique. Il n'en donne pas la vraie raison; c'est qu'un grand empire se fonde sur la violation des nationalités; c'est une agrégation factice qui ne peut se maintenir que par la violence.

toutes les parties, au lieu d'être simplement alliées par un lien fédéral, soient unies par un système de délégation ou de représentation qui concentre et exprime dans son ensemble la vie nationale. Ici l'antiquité ne fournit plus d'exemples, puisqu'elle n'a connu la société politique que sous les deux formes de la tribu et de la cité, et non pas sous celle des grandes nationalités modernes. Montesquieu y arrive.

« Comme, dans un état libre, tout homme qui est censé avoir une âme libre, doit être gouverné par lui-même, il faudrait que le peuple en corps eût la puissance législative; mais, comme cela est impossible dans les grands états et sujet à beaucoup d'inconvénients dans les petits, il faut que le peuple fasse, par ses représentants, tout ce qu'il ne peut faire par lui-même. — Le grand avantage des représentants, c'est qu'ils sont capables de discuter les affaires. Le peuple n'y est point du tout propre. — Il n'est pas nécessaire que les représentants, qui ont reçu de ceux qui les ont choisis une instruction générale, en reçoivent une particulière sur chaque affaire [1]. — Tous les citoyens, dans les divers districts, doivent avoir droit de donner leur voix pour choisir le représentant, excepté ceux qui sont dans un tel état de bassesse, qu'ils sont réputés n'avoir point de volonté propre. » Il y avait un grand vice dans la plupart des anciennes républiques; c'est que le peuple avait droit d'y prendre des résolutions actives et qui demandent quelque exécution, chose dont il est entièrement incapable. Il ne doit entrer dans le gouvernement que pour choisir ses représentants, ce qui est très à sa portée.—« Le corps représentant ne doit pas être choisi non plus pour prendre quelque résolution active, chose qu'il ne ferait pas bien, mais pour faire des lois, ou pour voir si l'on a bien exécuté celles qu'il a faites, chose qu'il peut très-bien faire, et qu'il n'y a même que lui qui puisse bien faire (liv. XI, chap. VI). »

Voici donc à son tour la théorie de la démocratie représentative.

Il faut compléter les principes qu'a posés Montesquieu sur la nature de la République par un autre principe auquel il attache

---

1. Il admet donc les mandats *impératifs* pour la direction générale, non pour les questions spéciales.

une importance capitale : c'est la séparation des pouvoirs. « Pour qu'on ne puisse abuser du pouvoir, dit-il, il faut que, par la disposition des choses, le pouvoir arrête le pouvoir. — Il y a, dans chaque état, trois sortes de pouvoirs, la puissance législative, l'exécutrice des choses qui dépendent du droit des gens (ou du droit public), l'exécutrice des choses du droit civil (ou privé); en d'autres termes, législative, exécutive proprement dite, et judiciaire [1]. Point de liberté si le pouvoir législatif est réuni à l'exécutif; point de liberté si le pouvoir judiciaire n'est pas séparé des deux autres [2]. La puissance de juger ne doit pas être donnée à un corps permanent, mais exercée par des personnes tirées du corps du peuple. — La liberté individuelle ne doit être suspendue que dans des cas extrêmes et par autorisation du pouvoir législatif. Il juge ces conditions indispensables à tout gouvernement libre [3].

Après avoir examiné la nature des trois espèces de gouvernement, il cherche leur principe, c'est-à-dire le mobile qui les fait agir. Dans la *république*, c'est la *vertu*, c'est-à-dire l'amour de la patrie et de l'égalité. Il blâme ceux qui veulent donner pour appuis à la *république*, au lieu de *vertu*, les manufactures, le commerce, les finances, les richesses, le luxe même. Cependant il adoucit bientôt la rigueur de ces maximes antiques et admet que la démocratie puisse se fonder sur le commerce et qu'il y ait des particuliers riches, pourvu que ces riches ne soient pas oisifs, que la loi des successions divise les fortunes à mesure et qu'on remédie à la trop grande inégalité des biens par les charges impo-

---

1. Les *Trois Pouvoirs* essentiels de Montesquieu ne sont donc nullement le *pouvoir exécutif* et les *deux chambres*, théorie secondaire dont nous parlerons tout à l'heure.

2. Dans la plupart des royaumes de l'Europe, dit-il, les deux premiers pouvoirs sont réunis dans la main du roi; mais il laisse à ses sujets l'exercice du troisième, ce qui fait que ce sont encore là des gouvernements modérés, quoique non libres. Il assimile presque, au contraire, la république de Venise au gouvernement des Turcs, parce que les trois pouvoirs y sont réunis. — Il y a là beaucoup d'envie de ménager le pouvoir sous lequel il vit.

3. Liv. XI. — La *bascule* politique, dont on a tant parlé, consiste, pour lui, dans un certain équilibre entre le pouvoir législatif et l'exécutif. On peut remarquer que, pour atteindre le but qu'il se propose, il n'est pas nécessaire que ces deux pouvoirs soient égaux; il suffit que leurs attributions soient distinctes, et que le législatif, tout en dominant la politique générale du gouvernement, ne s'immisce pas dans l'administration.

sées aux riches et par les soulagements accordés aux pauvres[1].

La *monarchie*, elle, subsiste indépendamment de la vertu politique, « qui est la vertu morale dans le sens qu'elle se dirige au bien général. — Dans une monarchie, il est très-difficile que le peuple soit vertueux. — L'ambition dans l'oisiveté, la bassesse dans l'orgueil, le désir de s'enrichir sans travail, l'aversion pour la vérité, la flatterie, la trahison, la perfidie, le mépris des devoirs du citoyen..., le ridicule perpétuel jeté sur la vertu, forment le caractère du plus grand nombre des courtisans, marqué dans tous les lieux et dans tous les temps. Or, il est très-malaisé que la plupart des principaux d'un état soient malhonnêtes gens, et que les inférieurs soient gens de bien; que ceux-là soient trompeurs, et que ceux-ci consentent à n'être que dupes » (liv. III, chap. v). Le ressort de la *monarchie* est donc autre : l'*honneur*, « c'est-à-dire le préjugé de chaque personne et de chaque condition, l'amour des préférences et des distinctions[2], » y prend la place de la vertu[3].

Quant au *despotisme*, il n'a d'autre principe que la *crainte*.

La nature et le mobile des divers gouvernements définis, Montesquieu établit comment chacun des gouvernements se corrompt. — La démocratie se corrompt, soit par la perte de l'esprit d'égalité, soit par l'extrême égalité, quand chacun veut être égal aux magistrats et que le peuple veut tout faire par lui-même, délibérer, exécuter, juger tout. L'égalité véritable ne consiste point à ce que tout le monde commande, ou à ce que personne ne soit commandé, mais à obéir et à commander à ses égaux.

---

1. Comme Montesquieu l'indique, la république, par le fait même de son existence, tend à susciter et à développer la vertu qu'elle réclame, en obligeant les citoyens à s'occuper sans cesse d'intérêts collectifs et d'idées générales, et en plaçant l'homme dans un milieu social conforme à sa vraie nature. L'éducation y doit d'ailleurs préparer systématiquement les jeunes générations. — Un publiciste de notre temps, dans une remarquable étude sur Montesquieu, a dit, avec raison, que la *vertu* essentielle de la démocratie, son vrai principe, c'était la justice. P. Janet, *Hist. de la Philosophie morale et politique*, t. II, p. 371 ; 1858.

2. Cette définition de l'honneur est plus que contestable. V. dans M. P. Janet, *ibid.*, p. 364-366, et 374-378, d'excellentes réflexions sur ce sujet.

3. Le livre IV : *Que les lois de l'éducation doivent être relatives aux principes du gouvernement*, renferme un très-beau chapitre sur l'éducation dans les monarchies : il fait ressortir ailleurs le contraste qui existe chez nous entre l'éducation de la religion et celle du monde, contraste que les anciens n'ont pas connu et qui a de si singuliers effets. Cette opposition ne saurait subsister dans une république.

La république aristocratique se corrompt lorsqu'elle devient héréditaire, c'est-à-dire apparemment lorsque l'hérédité entre dans le sénat et dans les magistratures [1]. — La monarchie se corrompt, lorsqu'on supprime les priviléges des corps et des villes. — Le despotisme se corrompt par le développement naturel et non par l'excès de son principe, qui est l'excès même.

C'est dans le livre XI, *des Lois qui forment la liberté politique*, que se trouve ce fameux panégyrique du gouvernement anglais, dans lequel on a trop souvent prétendu absorber toute la philosophie politique de Montesquieu. Il commence par y distinguer la *liberté du peuple* d'avec le *pouvoir du peuple*, ou démocratie. Il définit la liberté politique, le droit de faire tout ce que les lois permettent [2], ce qui, en effet, peut exister hors de la démocratie pure. — Puis il pose, comme conditions de la liberté, la séparation des pouvoirs, le jugement par les pairs, la garantie de la liberté individuelle et la théorie représentative que nous avons analysée plus haut.

Ces principes sont applicables à tout état libre; mais Montesquieu ne les a pas présentés sous cet aspect abstrait : il a, au commencement du livre XI, établi que chaque état a un objet particulier; que les *délices du prince* sont l'objet des états despotiques; que sa *gloire et celle de l'État* sont celui des monarchies; qu'il y a une nation (l'anglaise) qui a pour objet *la liberté politique*. Ce sont les principes de la constitution de cette nation qu'il examine. « S'ils sont bons, dit-il, la liberté y paraîtra comme dans un miroir. » La conséquence de ce thème ainsi posé, c'est que, des principes généraux, communs entre l'Angleterre et tout autre état libre, il passe aux principes particuliers à la constitution du peuple anglais; constitution qui n'est enfermée dans aucune des catégories qu'il a définies, mais qui est une combinaison des divers gouvernements qu'il appelle *modérés*, c'est-à-dire

---

1. Nous passons ses observations fines et profondes sur les républiques aristocratiques, comme ayant peu d'intérêt positif aujourd'hui. Remarquons seulement qu'il n'y veut pas de droit d'aînesse : cela est bon pour les monarchies.
2. La liberté, dit-il encore, consiste à pouvoir faire ce que l'on doit vouloir et à n'être point contraint de faire ce que l'on ne doit pas vouloir. Liv. IX, ch. III. Cette seconde définition vaut beaucoup mieux que l'autre, car on peut n'être pas libre en faisant *tout ce que la loi permet*, si la loi est oppressive.

de la république aristocratique, de la démocratique et de la monarchie[1]. C'est ainsi qu'il systématise : 1° la division de la législature en deux corps, l'un électif et représentant le peuple, l'autre nobiliaire et héréditaire, et n'ayant que le *veto* en matière de finances; 2° l'attribution du pouvoir exécutif à un monarque inviolable, ayant le *veto*, avec des ministres responsables, etc., etc. Là, encore, il faut reconnaître sa sagacité : le plan du gouvernement *mixte* une fois admis[2], il est bien difficile que l'hérédité de la monarchie subsiste sans l'hérédité de la chambre nobiliaire[3].

Il donne donc la théorie de la constitution anglaise comme jamais on ne l'avait donnée en Angleterre : les politiques avaient pratiqué, sans l'analyser, cette constitution, œuvre du temps et non de l'idée; les philosophes, Locke surtout, l'avaient dépassée pour tendre à la république pure[4]. Aussi la nation anglaise eut-elle envers Montesquieu une profonde reconnaissance : il l'avait révélée, pour ainsi dire, à elle-même.

Au point de vue français et au point de vue philosophique, il y a là quelques réserves à faire; mais il est juste de se rappeler quels objets de comparaison Montesquieu avait sous les yeux : il vivait sous le gouvernement des lettres de cachet et des traitants, lorsqu'il peignait cette société voisine où régnaient la liberté d'écrire et tant d'autres libertés, lorsqu'il écrivait ces pages admirables où il donne le secret de la force de l'Angleterre, de sa facilité à supporter les impôts les plus durs dans les dangers publics, parce qu'elle sait ce qu'elle paie, comment elle paie et

1. S'il fallait absolument classer cette constitution, l'on pourrait pourtant la faire rentrer dans la catégorie de la république, quoiqu'elle ne s'attache qu'à un seul des principes républicains, mais au premier, la liberté. Elle est, depuis 1688, beaucoup plus république que monarchie, puisque le dernier mot y appartient, de fait, à l'assemblée représentative.
2. Ajoutons : Et ses éléments existant, car on ne saurait créer artificiellement une aristocratie héréditaire là où elle n'existe pas, et il faut bien se garder de croire que de toute noblesse puisse sortir une aristocratie.
3. Il est cependant à observer que Montesquieu, quel que soit le motif de cette omission, ne parle pas de l'hérédité de la royauté. — Ajoutons qu'il sent très-bien l'incompatibilité du gouvernement mixte avec les grandes armées permanentes dans la main du pouvoir exécutif.
4. Dans l'*Esprit des Lois*, Montesquieu paraît croire que la constitution anglaise finira par périr sous le despotisme : dans ses *Pensées posthumes*, il craint, au contraire, qu'elle ne ramène à la république, qui rendrait l'Angleterre trop forte et trop redoutable à ses voisins.

XV.

pourquoi elle paie, de ce crédit enfin, qui relie si étroitement les citoyens à l'État et qui permet à l'Angleterre « d'entreprendre au-dessus de ses forces naturelles et de faire valoir contre ses ennemis d'immenses richesses de fiction, que la confiance et la nature de son gouvernement rendent réelles [1]. » On peut bien l'excuser, n'ayant devant lui nul exemple vivant d'*égalité* ni de *vertu*, d'avoir été où il voyait du moins la *liberté*.

La grande idée *historique* de Montesquieu, qu'une circonspection facile à comprendre ne lui permet pas d'exposer clairement, mais qui transpire à travers tout son livre, c'est que le gouvernement *mixte* a existé dans toute l'Europe au moyen âge, lorsque le tiers-état affranchi eut complété les éléments du gouvernement *gothique* (germanique), royauté, noblesse et clergé; que ce gouvernement ne s'est organisé d'une manière durable qu'en Angleterre; qu'ailleurs, la monarchie en a été la dégénération [2]; que la monarchie, par la suppression graduelle des priviléges, restes du gouvernement mixte, tend ou au despotisme ou à l'*État populaire* (livre II, chap. IV).

Elle devait bientôt, en effet, aller par le despotisme à la république.

Si la sympathie historique et pratique de Montesquieu est acquise au gouvernement mixte, on ne doit pourtant pas oublier, comme on le fait trop souvent, que sa sympathie philosophique appartient à un idéal supérieur : si l'Angleterre a la liberté *politique*, elle n'a pas la *vertu*, elle n'a pas l'*égalité*. C'est faute de vertu, dit-il, qu'elle n'a pu établir chez elle la démocratie au XVIIe siècle (liv. III, chap. III). Le gouvernement mixte est donc inférieur en théorie à la république démocratique.

---

1. Liv. XIX, ch. XXVII. Avec l'avantage politique du crédit, il en voit les inconvénients économiques, le danger des grosses dettes, danger qu'on s'est pourtant exagéré. V. liv. XXII, ch. XVII. — C'est dans ce même chapitre qu'il signale si bien les qualités essentielles du caractère anglais, la forte individualité, l'activité incessante, l'exercice continuel du raisonnement appliqué à la politique. Il est infiniment moins favorable aux Anglais dans ses *Pensées détachées*, où il s'indigne si fort de leur vénalité politique, de leur dureté et de leur égoïsme.

2. De là son antipathie exagérée, rétrograde à certains égards, contre Louis XIV. La brillante monarchie du XVIIe siècle n'est, pour lui, que la corruption de celle du XIVe. De là aussi ce paradoxe sur Richelieu, qu'il appelle, dans ses *Pensées*, un des plus mauvais citoyens qu'ait eus la France.

Nous avons essayé d'analyser avec quelque développement celles des parties de l'œuvre de Montesquieu qui ont le plus remué le monde, et sur lesquelles les partis philosophiques et politiques se débattent depuis un siècle entier. Il nous reste à indiquer rapidement les opinions exprimées sur d'autres points que la constitution politique par ce livre qui touche avec plus ou moins de profondeur à toutes les questions sociales.

Sur la *pénalité*, Montesquieu est favorable à la modération des peines, sans exprimer aucun doute sur la légitimité et la nécessité de la peine de mort. Il blâme les supplices barbares et la torture. Les lois criminelles doivent tirer chaque peine de la nature particulière du crime. La peine du sacrilége, par exemple, doit être seulement la privation des avantages que donne la religion. Il ne considère la pénalité que relativement à la sûreté sociale et non relativement à l'effet du châtiment sur l'âme du coupable. Il flétrit avec énergie l'espionnage politique.

Il impose des devoirs excessifs à la société. « L'État doit à tous les citoyens une subsistance assurée, la nourriture, un vêtement convenable, et un genre de vie qui ne soit point contraire à la santé (liv. XXIII, ch. xxix) ». Il va sans dire que la grandeur des devoirs du citoyen répond, dans sa pensée, aux grands devoirs qu'il impose à l'État.

En matière d'impôts, il se prononce fortement pour l'impôt progressif, quant à la contribution directe et personnelle : le *nécessaire* ne doit point être taxé; l'*utile* doit l'être, mais moins que le *superflu*. Il approuve l'impôt sur les marchandises, pourvu que le vendeur paie et non l'acheteur, ce qui est moins sensible au public, et que l'impôt soit proportionné à la valeur des denrées. — Plus un peuple est libre, plus on peut lui demander de forts impôts. — Le système de la régie est bien préférable à celui des fermes. (Il remarque qu'en Angleterre, l'accise ou impôt des boissons, la douane et les postes sont en régie.)

L'augmentation désordonnée du nombre des troupes ruine tous les grands états de l'Europe[1]. Non-seulement on augmente per-

---

1. Le maréchal de Saxe dit la même chose. V. ses notes, dans l'*Esprit de la Tactique*.

pétuellement les tributs, mais, les revenus ne suffisant plus, on fait la guerre avec son capital.

Il approuve le prêt à intérêt, « chose, dit-il, naturellement permise ou nécessaire. — Il faut que l'argent ait un prix, mais peu considérable. — Il ne faut pas proscrire l'*usure* (l'intérêt), mais la réduire à de justes bornes ».

Il n'approuve pas que le prince ou le magistrat taxe la valeur des marchandises; mais il approuve qu'une nation protége son commerce contre la concurrence étrangère, comme le font les Anglais (liv. XX, ch. xii). Il craint déjà l'accroissement des machines, qui diminuerait le nombre des ouvriers (liv. XXIII, ch. xv).

Sur les successions, il soutient qu'il n'est pas de droit naturel que les enfants succèdent aux pères; que l'ordre des successions dépend du droit politique ou civil. — Sans doute, c'est au droit civil à équilibrer le droit individuel de tester et le droit héréditaire de la famille, à régler et à limiter la transmission de biens qui s'opère des parents aux enfants; mais nier qu'une transmission quelconque des parents aux enfants soit de droit naturel, c'est nier la solidarité naturelle des générations. Chose très-singulière, Montesquieu ne semble pas distinguer la différence radicale qui est entre la succession aux fonctions et la succession aux biens; seulement, il retourne contre la successibilité civile la confusion que les partisans de l'hérédité monarchique cherchent à faire profiter à la successibilité politique (liv. XXVI, ch. vi).

Montesquieu ne fait pas cette même confusion entre le droit politique et le droit civil quant à la propriété : là, il pose très-bien les limites; il reconnaît que le droit public ne peut anéantir le droit individuel; que, par exemple, l'État ne peut exproprier le particulier sans indemnité (*Ib.*, ch. xv).

Sur la question des mariages entre parents, il n'y a pas chez lui toute l'élévation morale désirable, et il y a de graves erreurs historiques; cependant les conclusions sont saines; l'interdiction du mariage, l'*inceste*, finit là où finit le foyer domestique. Le foyer, le groupe de la famille, étant plus large dans la tribu primitive que dans la société moderne, l'interdiction devait embrasser plus de degrés de parenté.

Il attaque à fond l'esclavage avec une indignation qui prend la forme d'une amère raillerie, et provoque l'abolition de l'esclavage des noirs par une convention du droit des gens (liv. XV, ch. v). C'est à lui qu'est due l'initiative de cette grande idée.

Sa fameuse théorie des *climats* mérite qu'on s'y arrête un moment : il en fait presque l'unique principe de la diversité des nations, des lois et des mœurs, et ne tient pas le compte que l'on doit tenir, soit de ces diversités natives des races qui peuvent bien être modifiées, mais non pas créées ni détruites par le climat, soit de la puissance de l'idée, de la croyance, qui modifie les races autant que le climat lui-même. Il n'a point approfondi la question des nationalités, ce qu'on reconnaît encore mieux dans ce qu'il dit des conquêtes, quoiqu'il ait d'ailleurs sur le droit de la guerre des maximes très-saines et très-humaines (liv. X). L'héroïsme conquérant des Arabes, enfants d'une terre brûlante, et la servilité que la froide Russie a poussée jusqu'au fanatisme, semblent attester que le nord n'est pas plus voué nécessairement à la liberté que le midi à la mollesse [1].

Il fait de la théorie des climats une application très-hasardée à ce qui regarde les femmes : il les montre naturellement inférieures aux hommes dans les pays chauds, à peu près leurs égales dans les pays tempérés et devenues leurs supérieures moralement dans les pays froids, en tant qu'étrangères au vice général des hommes du nord, l'ivrognerie. Il en tire une espèce de justification de la polygamie dans les pays chauds [2].

A travers les réserves dont il se couvre et les louanges sincères qu'il donne au christianisme pris dans son acception la plus générale, il applique non moins rigoureusement sa théorie à la religion. — Le christianisme, dit-il, est propre au gouvernement modéré; le mahométisme au despotique : on doit au christianisme un droit politique et un droit des gens que la nature humaine ne

---

1. Il prévoit l'objection quant à la Russie et fait une réponse très-frappante; c'est que la barbarie et le despotisme ne sont pas naturels à ce peuple du nord, à cette race d'Europe, et lui ont été apportés par des Asiatiques, par des Tartares. V. l. XIX.

2. La meilleure réponse à faire c'est que, dans les pays où la polygamie est permise, elle n'est guère que le luxe des riches et qu'elle ne fait le fond de la vie d'aucun peuple.

saurait trop reconnaître. — Le catholicisme convient mieux aux monarchies ; le protestantisme à la république[1] ; les peuples du nord l'ont embrassé à cause de leur esprit d'indépendance et de liberté. — C'est le climat qui a prescrit des bornes à la religion chrétienne et à la mahométane.

Quoiqu'il y ait de la profondeur dans quelques-unes de ces observations, l'on peut dire qu'en général ce qui regarde la religion est le côté faible de l'*Esprit des Lois*. Montesquieu, la question des climats à part, où il présente les diverses religions comme effet et non comme cause, ne les considère que dans leurs résultats, que dans leur utilité pratique, non dans leurs principes : il ne remonte pas jusqu'à ces conceptions religieuses des lois de la vie, sur lesquelles se moulent les sociétés et dont découlent les lois positives. C'est une immense lacune. Lui, le seul homme du XVIIIe siècle qui ait un certain respect des traditions, il n'en a pas cependant un sentiment suffisant pour apprécier ce qu'il y a de plus fondamental dans le passé.

Il prend la question de la liberté religieuse comme celle de la religion même, au seul point de vue de l'intérêt social : il veut qu'on ne reçoive pas dans un état une nouvelle religion, parce que c'est une cause de discorde ; mais que, si elle y est une fois établie, on la tolère ; qu'on évite les lois pénales en matière de religion, parce qu'elles n'atteignent pas leur but. Il sort toutefois de ces froids raisonnements, à propos de l'inquisition, par un mouvement de haute et généreuse indignation.

L'*Esprit des Lois* se termine par un exposé purement historique des révolutions du droit civil et du droit féodal en France. L'auteur y soutient Boulainvilliers contre Dubos, quant à la conquête franke et à l'origine franke de la noblesse[2] : tout homme de robe et homme du midi qu'il soit, il se montre bien plus Frank et Germain que Romain de sentiment et de tradition. L'esprit nobiliaire domine cette dernière partie de son œuvre : sa pensée se com-

---

1. Il est curieux de rapprocher ceci de la prédiction des *Lettres Persanes*. V. ci-dessus, p. 368.

2. V. ci-dessus, p. 354. Son attention sympathique sur tout ce qui regarde les Franks lui a fait voir clair sur la nature de la fameuse Terre Salique, objet de tant de débats avant et après lui. V. liv. XVIII, ch. XXII. Il n'y a guère à ajouter à ce qu'il en dit.

plaît dans la vie multiple du moyen âge ; l'esprit d'unité moderne l'étonne et le repousse ; il s'élève contre la tendance croissante vers l'uniformité des lois : faire une coutume générale de toutes les coutumes particulières, serait, suivant lui, « une chose inconsidérée. » Ce génie si novateur se replie tout à fait ici sur le passé.

Amis et adversaires ont souvent jugé Montesquieu tout entier sur cette portion de son livre et sur les chapitres qui regardent la constitution anglaise. L'analyse que nous avons donnée de l'ensemble de ses opinions permet d'apprécier si ces jugements sont fondés. Il y a deux hommes dans Montesquieu, deux esprits différents qu'il n'est point parvenu à mettre en harmonie ; là est le secret de ses contradictions. L'esprit français et l'esprit anglais, l'esprit philosophique qui juge les faits d'après les données de la raison et de la conscience, et l'esprit traditionnel qui subit et explique les faits au lieu de les juger, qui cherche son idéal dans le passé, se combattent sans cesse en lui. Il flotte entre la réalité de l'Angleterre, libre dans l'inégalité, et l'idéal de la république démocratique[1] : il va jusqu'aux dernières extrémités dans les contraires ; l'homme de la tradition constitue des substitutions dans sa famille ; l'homme de l'idée va jusqu'à nier qu'il y ait aucun droit naturel dans l'héritage. Excepté les partisans du pur despotisme politique et religieux, tous les partis, depuis un siècle, démocrates et aristocrates, républicains et monarchistes constitutionnels, conservateurs de l'école dite historique et socialistes, ont procédé de Montesquieu ; mais les républicains ont trop souvent oublié ce qu'ils lui devaient et l'ont trop facilement cédé à leurs adversaires ; il valait la peine d'être disputé et une grande moitié de son âme leur appartient[2] !

On peut résumer Montesquieu en disant qu'il a été l'homme de la liberté politique, comme Voltaire a été l'homme de la tolérance, de la liberté de penser. On a observé avec raison que l'ordre des matières paraît souvent arbitraire dans l'*Esprit des*

1. Il a un vif pressentiment des États-Unis : *V.* ce qu'il écrit sur Penn ; liv. IV, ch. VI.
2. A propos de l'étude de ce grand livre qui a remué, sinon résolu, toutes les questions relatives au droit, nous devons citer, comme exprimant le point le plus avancé où nous semble être parvenue aujourd'hui la théorie, l'art. *Droit* de l'*Encyclopédie nouvelle*, par M. Théodore Fabas.

Lois, que la méthode laisse fort à désirer, que les connaissances positives de l'auteur ne sont pas au niveau du sujet, qu'il ne sait pas tout ce qu'on pouvait savoir de son temps et qu'il n'a pas toujours la sévérité nécessaire dans le choix de ses documents : parmi les contemporains de Montesquieu, beaucoup se sont arrêtés à l'écorce, aux saillies, au vif mouvement de la pensée, et ont cru qu'il n'y avait que de l'esprit dans ce livre où il y a tant d'esprit; mais l'homme qui étudie sérieusement Montesquieu est comme effrayé de la variété infinie des aperçus, de l'immense force de réflexion et de concentration qu'a exigée une telle entreprise. On comprend qu'épuisé en arrivant au terme, il ait déclaré qu'il *ne travaillerait plus*. Il eut le temps de voir le prodigieux succès de son œuvre, signalé, dans l'espace de dix-huit mois, par vingt-deux éditions françaises et un grand nombre de traductions en langues diverses; mais il y survécut peu : il mourut dans un âge peu avancé, le 10 février 1755. Il repoussa les obsessions des jésuites qui assiégeaient son lit de mort pour lui arracher des rétractations, et ne leur répondit que par ces mots : « J'ai toujours « respecté la religion : la morale de l'Évangile est le plus beau « présent que Dieu ait pu faire aux hommes. » Il reçut le viatique des mains du curé : — « Vous comprenez, dit le prêtre, combien « Dieu est grand ! — Oui, et combien les hommes sont petits ! » puis il ferma paisiblement les yeux.

Il a laissé quelques opuscules, un *Essai sur le Goût* et des *Pensées diverses*. On y rencontre des vues élevées, ingénieuses, quelquefois paradoxales, des jugements plus que contestables, particulièrement en ce qui regarde la poésie et les beaux-arts, et des traits hardis qui révèlent le fond de sa croyance sur des points importants. Les principes y offrent quelques contradictions en matière de psychologie; toutefois il se montre nettement spiritualiste : il trouve, dit-il, dans les idées métaphysiques, à part les idées révélées, sinon l'entière certitude, du moins une très-grande espérance de l'immortalité, et il s'élève, avec une sorte d'orgueil généreux, contre ceux qui acceptent de mourir tout entiers. Voici quelques autres passages caractéristiques. « Dieu est comme ce monarque qui a plusieurs nations dans son empire: elles viennent toutes lui porter un tribut et chacune lui parle sa langue : religions diverses. — Ecclésiastiques : flatteurs des princes, quand ils ne peuvent être leurs tyrans. Ils sont intéressés à maintenir le peuple dans l'ignorance ; sans cela, comme l'Évangile est simple, on leur dirait : Nous savons tout cela comme vous. — Trois choses incroyables parmi les incroyables : le pur mécanisme des bêtes, l'obéissance passive, et l'infaillibilité du pape. »

Les opinions religieuses définitives de Montesquieu paraissent donc se résumer en ceci : Dieu, l'âme immortelle, l'Évangile comme loi morale. Hostilité contre la papauté et l'église romaine, et peut-être contre toute théologie positive, ce qui semble indiqué par ses amères paroles contre les prêtres. Cela importe à constater, car ce qui n'est qu'indiqué chez lui, va être développé par un autre dans de larges proportions et avec une puissance de sentiment immense. La religion de Montesquieu, avec sa supériorité sur celle de Voltaire, et aussi avec ses lacunes, sera la religion de Rousseau, qui, en politique, sera de même l'héritier de Montesquieu et développera sa tendance républicaine[1] en écartant l'autre tendance[2].

Montesquieu a disparu au milieu d'un mouvement extraordinaire des esprits, qu'il a encouragé de ses derniers regards, mais qu'il eût certainement souhaité modifier et tempérer. Les progrès des sciences naturelles, éclatant avec une gloire sans exemple, enivrent les intelligences et suscitent un *naturalisme* enthousiaste, qui diffère essentiellement de la sèche incrédulité de la première moitié du siècle, mais qui, avec une impétuosité aveugle, se joint au vieux scepticisme et à la logique vulgaire pour pousser la philosophie sensualiste à ses dernières conséquences, arrêtées quelque temps par le bon sens pratique de Voltaire. En même temps que la philosophie pénètre les secrets et célèbre les magnificences du monde physique, elle ébranle tous les fondements du monde moral. Les esprits dérivent vers le chaos. La conscience humaine, alors, proteste. La philosophie du sentiment se pose en face de celle de la sensation : Montesquieu eût applaudi au sentiment au nom de

---

1. Il la développera, mais la compromettra en donnant trop à l'unité et pas assez à la liberté.
2. V. les *Pensées*, dans le t. VII des Œuvres complètes, édit. de 1819 ; in-8°.

la raison! L'âme de la France va être disputée dans des combats de géants, non plus entre les novateurs et le passé, en faveur duquel aucune voix puissante ne proteste, mais entre novateurs et novateurs, comme si l'ancien ordre avait déjà disparu et qu'il ne s'agit plus que d'en disputer l'héritage. Une foule d'athlètes nouveaux remplissent l'arène : Buffon resplendit déjà, solitaire comme le roi des animaux au sein de la nature ; Diderot, d'Alembert, Helvétius, poussent en avant la ligue tumultueuse de l'Encyclopédie ; Rousseau se lève, seul contre tous. La sphère des faits commence à trembler au retentissement de l'orage qui bouleverse la sphère des idées, et les observateurs qui examinent de sang-froid le mouvement des choses pressentent l'ère redoutable qui va naître. « Tout ce qui peut être pensé ne l'a pas été encore », écrivait en 1743 le vieux Fontenelle [1] : « l'immense avenir nous garde des événements que nous ne croirions pas aujourd'hui, si quelqu'un pouvait les prédire. — Avant la fin de ce siècle, écrit, dix ans après, Chesterfield, « le métier de roi et de prêtre déchoira de plus de moitié... Tout ce que j'ai jamais rencontré dans l'histoire de symptômes avant-coureurs des grandes révolutions, existe actuellement et s'augmente de jour en jour en France [2] ».

---

1. Dans la préface d'une édition de ses comédies. — Duclos donne aussi des pronostics remarquables.
2. Lettres des 13 avril 1752 et 25 décembre 1753.

LIVRE XCVII

LOUIS XV (SUITE).

FRANCE ET COLONIES. — Industrie et commerce. — Règne de la Pompadour. Le *Parc-aux-Cerfs*. — Machault essaie de réformer les finances : il échoue devant la résistance des privilégiés. Querelles du parlement avec le clergé et avec la cour. Guerre des *billets de confession*. — Diplomatie secrète de Louis XV. — Progrès et conquêtes de Dupleix et de Bussi dans l'Inde. La France domine tout le Dekhan. Grandeur des plans de Dupleix. Il veut donner l'Inde à la France. Il est désavoué et rappelé par déférence pour l'Angleterre. — Hostilités entre les colons français et anglais du continent américain. Situation respective du Canada et de l'Amérique anglaise. Les Anglais attaquent le Canada et enlèvent nos vaisseaux marchands sans déclaration de guerre. Pusillanimité du cabinet de Versailles. Longues et inutiles négociations. Ouverture de la guerre de Sept Ans.

1748 — 1756.

Après la paix d'Aix-la-Chapelle, la France, avec cette vitalité qui lui est propre, se rétablit promptement, au moins dans ce qu'il y avait de plus apparent, comme les grandes villes, l'industrie de luxe, le commerce extérieur, les ports et les *îles*, ainsi qu'on nommait par excellence nos florissantes Antilles. C'est là ce qui a permis à Voltaire de tant vanter les années qui suivirent 1748[1]. Après tant de fautes et de revers imputables au gouvernement presque seul, il restait à la France des chances plus brillantes que jamais de fonder un empire colonial, si l'on savait profiter des leçons du passé et refaire une marine militaire, tant le

---

1. « L'Europe entière ne vit guère luire de plus beaux jours que depuis la paix d'Aix-la-Chapelle jusque vers l'an 1755. Le commerce florissait de Pétersbourg jusqu'à Cadix ; les beaux-arts étaient partout en honneur ; on voyait entre toutes les nations une correspondance mutuelle ; l'Europe ressemblait à une grande famille réunie après ses différends. » (*Siècle de Louis XV*, ch. XXXI.)

génie maritime et colonial avait poussé dans la nation de fortes racines [1].

A l'intérieur, la situation de l'industrie n'était pas si bonne : là, il eût fallu beaucoup innover, mais moins faire que défaire, c'est-à-dire, que relâcher les liens du travail, ces lisières, autrefois salutaires, qui étaient devenues des chaînes. Les manufactures anglaises se développaient sous un régime de liberté industrielle, et la mécanique appliquée à l'industrie commençait d'entrer dans cette carrière de prodiges où elle ne s'est plus arrêtée. Les fabriques françaises, pour la plupart, restaient stationnaires sous l'empire de règlements invariables. L'organisation des maîtrises et jurandes maintenait les marchandises et objets fabriqués à des prix élevés, qui les rendaient inaccessibles aux paysans, réduits à ne se vêtir que des étoffes les plus grossières. Le fabricant opprimait indirectement le paysan et directement l'apprenti, au dommage commun de l'agriculture et de la véritable industrie, qui doit viser au bon marché et à la quantité. Les fabricants à leur tour étaient opprimés, sans s'en rendre bien compte, par ces statuts que la routine leur faisait considérer comme une protection. Tandis que madame de Pompadour et les femmes à la mode introduisaient dans le monde élégant les *indiennes* anglaises et d'autres nouveautés étrangères, on voyait les fabricants d'étoffes de luxe « attendre tristement, auprès de leurs métiers ralentis, qu'un retour à d'anciennes modes et à d'autres mœurs réveillât la demande de leurs produits riches et pesants [2] ». Mêmes résultats dans les fabriques de draps... « Les règlements semblaient vouloir que chacune fût restreinte au service exclusif de certaine classe de consommateurs. Les corporations avaient l'une contre l'autre des droits exclusifs : celui qui, concevant un grand plan de fabrication, aurait embrassé économiquement toutes les opérations, tous les accessoires, qui opèrent et accompagnent les

---

1. En 1750, de riches négociants fondèrent à Paris une chambre d'assurance maritime au capital de 12 millions, pour que le commerce français n'allât plus s'adresser à des compagnies étrangères. C'était le renouvellement d'un établissement du temps de Colbert. Voir *Vie privée de Louis XV*, t. II, p. 349; Londres, 1781

2. Vincens, *Journal des Économistes*, t. II, p. 2. — Cette citation est surtout applicable à une période un peu postérieure. La richesse du costume ne commença à diminuer que quelques années après le milieu du siècle.

transformations successives de la matière, se fût trouvé empiéter sur vingt corps d'état; il n'eût pas monté ses machines et conduit ses produits à leur perfection sans avoir vingt procès à subir[1] ».

Cette torpeur n'était pourtant pas universelle : dans quelques-unes de nos villes, les fabricants avaient su s'attacher à l'esprit plutôt qu'à la lettre du système de Colbert : l'esprit inventif des Lyonnais, par exemple, éludait les obstacles réglementaires et accroissait chaque jour la renommée de leurs tissus. A Nîmes, vers 1750, les fabricants obtinrent, par tolérance tacite, de s'affranchir des règlements; ils inventèrent dès lors d'élégants tissus de soie pure ou mélangée, à l'usage des classes d'aisance médiocre, baissèrent leurs prix et modifièrent leurs fabrications suivant les besoins et les changements du goût[2]. Certaines villes du Nord entrèrent dans la même voie pour leurs légères étoffes de fil (batistes, linons).

Il ne suffisait pas de tolérer, il eût fallu provoquer les perfectionnements, les faciliter en modifiant les statuts industriels : le gouvernement n'en fit rien, et ne sut rien trouver de mieux, pour contre-balancer les progrès de l'Angleterre, que de s'engager dans le régime prohibitif pur, régime toujours impuissant contre le dehors, toujours pernicieux au dedans.

L'agriculture, toujours sacrifiée, tendait pourtant à s'améliorer sur certains points de la France, grâce aux efforts de quelques propriétaires éclairés, de quelques administrateurs bien intentionnés. Le mouvement des idées commençait à se porter sur cet intérêt vital; mais rien de grand ne pouvait se faire en faveur des campagnes tant que le régime fiscal subsisterait.

Il y avait dans le ministère un homme tout disposé à porter la réforme dans le régime fiscal : nous verrons tout à l'heure quel fut le résultat de ses tentatives. En attendant, il y a lieu de mentionner quelques établissements de diverse nature fondés par le gouvernement durant la période qui nous occupe : 1° une nouvelle industrie de luxe, la manufacture de porcelaine de Vincennes, transférée, quelques années après, à Sèvres (1748), bril-

1. Vincens, *ibid.*
2. Vincens, *ibid.* et *Revue de Législation et de Jurisprudence*, t. XVII, p. 72.

lante création qui affranchit la France du tribut qu'elle payait à la Saxe [1] ; 2° une fondation utile pour la direction et l'entretien de la viabilité nationale, le bureau, puis l'école des ponts et chaussées (1751) ; 3° un grand établissement suggéré au ministre de la guerre, au comte d'Argenson, par le vieux Pâris Duvernei, l'école militaire (janvier 1751), destinée à instruire, aux frais de l'état, cinq cents jeunes gentilshommes sans fortune et à les préparer au service. L'ordonnance royale exige quatre générations au moins de noblesse paternelle. Une autre ordonnance récente (novembre 1750) avait insuffisamment compensé par avance cette mesure d'exclusion aristocratique : autrefois le noble et le guerrier ne faisaient qu'un ; le grade militaire conférait la noblesse par le fait ; il n'en était plus ainsi depuis longtemps, et rien n'était plus choquant que de voir un traitant, un usurier, acquérir les priviléges nobiliaires avec l'argent qu'il avait volé au peuple, tandis qu'un brave officier, pauvre et couvert de blessures, était imposé à la taille comme *roturier*. Le comte d'Argenson ne fit cesser qu'en partie ces étranges contrastes : il fit décider que les officiers en activité de service seraient exempts de taille ; que les officiers en retraite, ayant servi vingt ans dans le grade de capitaine, seraient exempts à vie ; que les officiers généraux et leur postérité seraient nobles de droit [2].

Au reste, les modifications qu'on pouvait apporter à l'ordre nobiliaire ne devaient plus avoir une longue importance, comme l'avait fort bien vu l'aîné des d'Argenson [3]. Il y avait des choses plus essentielles à faire, et que, malheureusement, on ne fit pas, pendant que la paix en donnait le loisir : c'était de remettre notre armée au courant des progrès de l'art militaire et de l'initier à la nouvelle tactique prussienne. On en eut bien la velléité ; mais on ne sut comment s'y prendre, tant les officiers généraux étaient ignorants de leur métier. On fit, aux Invalides et dans des camps de paix, des essais sans portée et sans méthode. Le maréchal de Saxe venait de mourir (30 novembre 1750), la tête pleine de projets de réforme, et emportait avec lui tout ce qui nous restait

---

1. *Journal du règne de Louis XV*, t. II, p. 56.
2. *Anciennes lois françaises*, t. XXII, p. 238 et 242.
3. Voir ci-dessus, p. 358.

de science de la grande guerre. On reconnaît, par une lettre de Maurice de Saxe au ministre de la guerre, qu'il prévoyait les conséquences de l'état d'indiscipline et d'ignorance où était tombée l'armée; mais, comme il n'avait point approfondi le système prussien, il n'indique pas, dans cette lettre, de remède au mal nettement signalé. Il eût probablement trouvé ce remède, c'est-à-dire dérobé le secret de Frédéric II, si une fin prématurée, suite de ses excès, ne l'eût enlevé à la France [1].

Les généraux éminents disparurent avec Maurice de Saxe et Lowendahl, qui survécut peu à son compagnon d'armes (il mourut en mars 1755); les hommes d'état s'étaient vu chasser du pouvoir dans la personne de Chauvelin et de l'aîné des d'Argenson; il restait dans le ministère deux hommes de talent, mais sans vues générales,

1. V. *Éloge de Frédéric le Grand*, par M. de Guibert. — Dans sa lettre au comte d'Argenson, Maurice déclare que l'armée française doit éviter les affaires de plaine et de manœuvres, et tâcher de se réduire à des coups de main et à des affaires de postes. Il ne fut que trop bon prophète. — Ses œuvres militaires, *Rêveries*, *Notes*, etc., publiées en 1757, sont très-intéressantes à étudier. — Il eût voulu rendre l'équipement du soldat plus sain et plus commode, faire reprendre à la grosse cavalerie l'armure défensive et la lance, donner aux fantassins le pas cadencé comme chez les Prussiens, faire décider les affaires par la baïonnette et non par le feu, établir une école d'état-major, obtenir qu'on donnât les grades supérieurs non plus à l'ancienneté, mais au mérite; avoir, pour la défense des ports, des machines toujours prêtes, avec lesquelles on formerait à la minute des retranchements sous l'eau à l'entrée des ports pour arrêter les vaisseaux et les brûlots; créer une infanterie légère fort analogue à nos *chasseurs de Vincennes*. — Très-préoccupé de protéger la vie et la santé du soldat, il regrette les armes défensives d'autrefois. Il mêlait à ses vices des sentiments d'humanité : il tâchait de faire disparaître le cruel usage de brûler les faubourgs des villes menacées; il mettait les espions à la chaîne au lieu de les pendre. Il philosophe quelquefois plus sérieusement que dans ce bizarre *Mémoire sur la Population* dont nous avons parlé ailleurs. « Quel spectacle nous présentent aujourd'hui les nations ? — On voit quelques hommes riches, oisifs et voluptueux, qui font leur bonheur aux dépens d'une multitude... qui ne peut subsister qu'en leur préparant sans cesse de nouvelles voluptés. Cet assemblage d'hommes oppresseurs et opprimés forme ce qu'on appelle la société, et cette société rassemble ce qu'elle a de plus vil et de plus méprisable, et en fait ses soldats. Ce n'est pas avec de pareilles mœurs, ni avec de pareils bras, que les Romains ont vaincu l'univers. » Ce n'est pas Montesquieu, ce n'est pas Rousseau qui parle ainsi : c'est Maurice de Saxe dans ses *Rêveries !* Maurice voudrait que tout Français fût soldat cinq ans, sans exception. — On voit, par ses réflexions, que les duels étaient toujours fréquents dans l'armée, et que la peine capitale pour ce cas n'existait que sur le papier. Le duel était censé rencontre fortuite, ou bien les chefs de corps faisaient évader les duellistes. — Une chronique de 1742 raconte que le cardinal de Fleuri conseilla lui-même à son neveu de se battre avec un officier de son régiment qui l'avait provoqué. (*Revue rétrospective*, t. IV, p. 441.)

Machault et d'Argenson le jeune. L'abaissement du gouvernement devenait toujours plus profond sous la main de la Pompadour. L'altération de la santé de cette favorite, à partir de 1752, amena peu à peu, dans ses relations avec le roi, un changement qui semblait devoir emporter sa fortune : il n'en fut rien ; elle avait assuré par les ressources de son esprit l'empire conquis par sa figure : l'art d'amuser le plus ennuyé des hommes[1] et la toute-puissance de l'habitude rendirent sa domination inébranlable. La maîtresse se transforma en amie nécessaire, en conseillère de toutes les heures, en premier ministre de fait. Elle s'était fait donner les honneurs réservés aux duchesses (le tabouret, en 1752) ; elle s'imposa à la pauvre Marie Lesczynska comme dame du palais de la reine (en 1756) ; elle prétendait exiger chez elle, des grands, des princes du sang même, les marques de déférence accordées autrefois à madame de Maintenon, et la plupart avaient la bassesse de s'y soumettre. L'*amie du roi* jouait un rôle double : en public, elle jouait la vertu, elle faisait sonner bien haut l'innocence *actuelle* de ses rapports avec Louis XV ; elle avait même offert à son mari de retourner auprès de lui, tout en le prévenant secrètement de se garder d'accepter l'offre : en particulier, elle n'était pas, comme on l'a dit, la surintendante, mais elle était la confidente des nouveaux plaisirs du roi. Il lui importait surtout d'empêcher que Louis s'attachât à quelque dame de la cour qui eût pu s'emparer d'un ascendant durable ; ce qui convenait à ses intérêts, c'était que le roi promenât ses galanteries banales parmi de jeunes filles ignorantes, des enfants sans intrigue et sans art. La dépravation croissante de Louis n'était que trop bien d'accord avec les vues de la favorite ; la débauche ordinaire ne suffisait plus à ses sens blasés, s'il ne flétrissait l'innocence ; il était tombé si bas, qu'il eût dégoûté le régent.

Louis avait d'abord reçu ses obscures maîtresses, tantôt dans un petit appartement des combles du château, près de la chapelle, tantôt dans une petite maison de l'avenue de Saint-Cloud ; la charmante habitation de madame de Pompadour, appelée l'Ermitage[2], et dont les jardins avaient été pris sur le parc de Versailles,

---

1. De cette époque date la salle de spectacle de Versailles (1748).
2. Aujourd'hui l'*hôtel des Réservoirs*.

lui servait aussi d'asile au besoin. Enfin, en 1755, Louis fit acheter secrètement, par intermédiaire, une maison cachée entre deux impasses, dans un coin obscur du quartier du Parc-aux-Cerfs de Versailles [1]. « Ce fut là l'origine d'un établissement tellement infâme, dit un historien [2], qu'après avoir peint les excès de la Régence, on ne sait encore comment exprimer ce genre de désordres... On y conduisait de jeunes filles vendues par leurs parents, ou *qui leur étaient arrachées*... La corruption entrait dans les plus paisibles ménages, dans les familles les plus obscures. Elle était savamment et longuement combinée par ceux qui servaient les débauches de Louis; des années étaient employées à séduire des filles qui n'étaient point encore nubiles, à combattre dans de jeunes femmes des principes de pudeur et de fidélité... » Un jour, une charmante petite Irlandaise de douze ans, fille d'un pauvre réfugié jacobite, servit de modèle pour une tête de Vierge à un peintre chargé de décorer l'appartement de la reine. Bientôt après, le marquis de Lugeac, neveu de madame de Pompadour, et Lebel, valet de chambre du roi, annoncèrent à la mère de cette enfant que sa fille avait plu à une des dames de la reine, qui n'avait pas d'enfants et qui voulait la prendre auprès d'elle et assurer son avenir. On mena la mère et la fille chez la dame; puis, sous quelque prétexte, on les sépara. Quand la mère revint, elle ne retrouva plus ni la prétendue dame de la reine ni sa fille. Elle ne la retrouva jamais. L'enfant avait été conduite dans un pavillon des Tuileries, qui fut, dit-on, pendant bien des années, le dépôt provisoire des jeunes victimes que ravissait dans Paris le pourvoyeur Lebel. L'enfant fut expédiée des Tuileries dans les combles de Versailles. Une autre fois, le roi, étant venu à Paris en cortége pour un lit de justice, aperçut sur la terrasse des Tuileries une petite fille de douze à treize ans, dont l'extrême beauté le frappa : Lebel sut bien retrouver l'enfant. Cette fois, les choses se passèrent à l'amiable. Le père et la mère (le père était un chevalier de Saint-Louis, appelé de Romans) acceptèrent les propo-

---

1. Aujourd'hui le quartier Saint-Louis, rue Saint-Médéric. V. *Histoire anecdotique des rues de Versailles*, par M. Le Roi, bibliothécaire de la ville de Versailles, publication très-curieuse.
2. Lacretelle, *Histoire de France pendant le dix-huitième siècle*, t. III, p. 172.

sitions du roi pour l'avenir de leur fille! Quand l'enfant eut quinze ans, on la conduisit à Versailles comme pour visiter le château; ses parents la remirent à Lebel sous quelque prétexte, et Lebel amena l'innocente créature aux *petits appartements* où le roi l'attendait!

Ces faits se multiplièrent; le roi eut de toutes ces jeunes filles un grand nombre d'enfants; on les enlevait presque toujours aux mères dès leur naissance, afin d'empêcher qu'elles s'en fissent des moyens de crédit, et d'étouffer le scandale. Il y a de touchantes anecdotes sur les efforts de ces jeunes mères pour se rapprocher de leurs enfants, entre autres sur l'Irlandaise, qui retrouva sa fille à force d'adresse et de persévérance, et en fut de nouveau barbarement séparée. Au Parc-aux-Cerfs, où n'avaient été ni l'Irlandaise ni mademoiselle de Romans, on s'efforçait de cacher aux jeunes *pensionnaires* qui était le maître du logis; une d'elles l'ayant découvert et ayant fait un éclat, on l'envoya dans une maison de folles.

Il faut ajouter un dernier trait pour peindre Louis XV: ses vices avaient un caractère étrange; c'étaient des vices, non pas du xviiie siècle, mais du moyen âge. La superstition s'unissait chez lui, comme chez Henri III, au libertinage le plus abject. Il avait pour piété une crainte d'esclave. Il mêlait les pratiques du culte à ses infamies; il dictait les prières du matin et du soir aux pauvres petites créatures qu'il souillait, et priait avec elles[1]!...

---

1. Voir *Journal* de Barbier, t. III, p. 453. — Soulavie, *Anecdotes de la cour de France pendant la faveur de madame de Pompadour*, c. III-V. — *Mémoires* de madame du Hausset, femme de chambre de madame de Pompadour, ap. *Bibliothèque des Mémoires relatifs à l'histoire de France pendant le dix-huitième siècle*, t. III, p. 78-82. — Madame du Hausset, tout en cherchant à atténuer les faits, en dit assez pour confirmer plutôt que pour démentir Soulavie. — *Mémoires* de madame Campan, t. III, p. 29-45. Nous avons écarté l'anecdote de mademoiselle Tiercelin, racontée par Soulavie, parce que nous la soupçonnons de faire double emploi avec celle de mademoiselle de Romans; Soulavie peut avoir été inexact sur les détails, et le père, qui était de qualité, dit Soulavie, s'appelait peut-être Tiercelin, de Romans. Les faits relatifs à mademoiselle de Romans sont empruntés à madame Campan, dont assurément on ne suspectera pas le témoignage. Plus tard, l'ambition vint à cette jeune fille; elle prit quelque influence sur Louis XV; devenue mère d'un fils, elle obtint qu'il fût baptisé sous le nom de Bourbon, ce qui ne se fit pour aucun autre enfant naturel du roi; elle rêvait de le faire *légitimer*, comme les enfants de Louis XIV, et visait à supplanter madame de Pompadour. Le roi lui arracha brutalement son

Les grands seigneurs imitaient le roi dans ses viles séductions ou dans ses lâches violences, assurés qu'ils étaient de l'impunité, pourvu qu'ils s'adressassent à des familles pauvres et sans appui. Ces horreurs ne pouvaient rester entièrement secrètes. Le cri des mères montait vers le ciel. De sourdes rumeurs grondaient dans les profondeurs du peuple. Quelques années avaient suffi pour opérer un prodigieux changement dans les sentiments de Paris. On en eut la preuve dès 1750, six ans seulement après ce jour de délire où Paris avait décerné à Louis XV le titre de *Bien-Aimé*. Le ministère ayant ordonné à la police de ramasser les enfants abandonnés, les petits vagabonds, afin de les envoyer comme colons au Mississipi, les exempts abusèrent de cet ordre, donné avec une légèreté cruelle, pour enlever des enfants de bourgeois et d'artisans et obliger les parents à les racheter. Une première émeute éclata le 16 mai 1750; tout le quartier Saint-Antoine courut sus aux exempts et aux archers. Tout à coup le bruit se répandit dans la multitude que le roi était devenu *ladre* (lépreux) par suite de ses débauches; qu'il fallait, pour le guérir, des bains de sang humain, et que c'était pour cela qu'on prenait les enfants. Les 22 et 23, le mouvement recommença avec bien plus de violence; plusieurs archers furent mis à mort par le peuple; plusieurs maisons d'officiers de police furent saccagées; un commissaire de police fut obligé de livrer un espion qui s'était réfugié chez lui et que le peuple alla jeter mort devant la porte du lieutenant général de police Berryer. Le lieutenant de police s'enfuit. Madame de Pompadour, qui était venue, par hasard, à Paris, n'eut que le temps de s'enfuir de toute la vitesse de ses chevaux. Le peuple parlait d'aller *brûler Versailles*[1].

Le mouvement, cependant, n'ayant pas d'objet déterminé, s'affaissa de lui-même après qu'on eut emprisonné quelques exempts et archers, afin de satisfaire la foule. Deux mois après, le pouvoir se vengea de la peur qu'il avait eue, en faisant pendre, avec un grand appareil militaire, trois des auteurs de la *sédition*. On réorganisa le guet, qui avait agi fort mollement, et on en fit un corps

---

enfant et la disgracia. L'enfant, qu'on appelait l'abbé de Bourbon, mourut sous le règne suivant. Louis XVI l'eût fait cardinal.

1. *Mémoires et Journal* du marquis d'Argenson, t. III, p. 334-338.

tout à fait militaire; on construisit des casernes autour de Paris pour les gardes françaises et suisses. Le roi évita désormais de traverser Paris quand il allait à Compiègne ou à Fontainebleau, et la route qu'il prit pour se diriger, par Saint-Denis, sur Compiègne, fut appelée le *chemin de la Révolte* [1].

« Le roi est méprisé », dit Chesterfield dans une lettre de la fin de 1753, « et il en est arrivé au point d'ajouter la haine au mépris, ce qui se rencontre rarement chez la même personne. » La scission entre la grande ville et Louis *le Bien-Aimé* était irrévocable.

L'hostilité populaire était encore trop vague pour avoir des conséquences immédiates; mais, en attendant, sitôt que le retour de la paix avait permis à la société française de se replier sur elle-même, des tiraillements et des chocs toujours plus fréquents et plus rudes s'étaient renouvelés entre les grands corps qui occupaient les sommités sociales : les rouages de la machine politique s'engrenaient de plus en plus difficilement et semblaient toujours plus près de se rompre. Tout s'usait et se disloquait. Ces tiraillements partaient du conseil même du roi, où les deux seuls ministres un peu importants étaient en opposition. Le règne de la Pompadour n'était point absolu. Le ministre des finances, Machault, était à elle; mais le ministre de la guerre, d'Argenson, refusait de plier sous la favorite, et le roi le gardait néanmoins, moitié par habitude, moitié par goût pour cet esprit agréable et vif. Madame de Pompadour était mal avec le clergé, parce que le prélat qui avait la feuille des bénéfices (espèce de ministère des affaires ecclésiastiques), l'évêque Boyer, était un dévot étroit, mais sincère; que le nouvel archevêque de Paris, Christophe de Beaumont (nommé en 1746), était aussi austère que Vintimille avait été complaisant, et que, depuis la promotion de l'archevêque, les jésuites, serrés autour de Boyer, de Beaumont, de la reine et du jeune dauphin, montraient envers la puissance du jour une rigidité qui n'était pas dans leurs traditions. Ils sacrifiaient le présent à l'avenir, refusaient la communion au roi et à sa maîtresse, attendaient que l'âge et la peur leur ramenassent le roi et se prépa-

---

1. V. *Journal* de Barbier, t. III, p. 124-156. — *Vie privée de Louis XV*, t. II, p. 350.

raient un héritier du trône selon leur cœur; politique plus honnête, après tout, que celle qu'on leur avait si souvent reprochée. La Pompadour, par rancune, soutenait donc Machault, qui avait de grands desseins contre les priviléges du clergé et qui ménageait les parlements : d'Argenson, lui, favorisait le clergé et poussait le roi contre les parlements par tradition de famille et par rivalité contre Machault.

M. de Machault, qui manquait de vues sur les intérêts généraux de la France, comme on ne le reconnaîtra que trop, avait des vues étendues en finances. L'État ployait sous la dette énormément accrue, et Machault sentait bien qu'il était trop tard pour s'en tirer par l'économie, par une administration négative à la manière de Fleuri. D'ailleurs, ni madame de Pompadour, ni le grand état militaire conservé, en France comme partout, après la paix de 1748, ni enfin la nécessité de recréer une flotte, ne permettaient l'économie. Machault avait soutenu les dernières campagnes en augmentant la taille et divers droits, en établissant de nouvelles taxes, en accroissant de 4 sous pour livre les octrois, la capitation, le dixième, en créant des rentes viagères, etc. Aussitôt la paix faite, il fit décréter une série de mesures avantageuses à l'agriculture et au commerce. On supprima les droits d'entrée et de sortie sur les engrais et les droits d'entrée sur les matières premières. Le droit de 50 sous par tonneau sur les navires étrangers fut doublé. Toutes les juridictions inférieures, prévôtés, châtellenies, vigueries, etc., furent supprimées dans les villes où il y avait bailliage ou sénéchaussée (avril 1749).

Ce n'étaient là que les préliminaires d'un large plan de réforme financière. Machault projetait le remboursement graduel de la dette et la réforme de l'impôt direct comme moyen d'arriver à ce but par un système d'amortissement.

Une ordonnance de mai 1749 convertit le dixième établi en 1741, et qu'on devait supprimer à la paix, en un vingtième de tous les revenus, sans faculté d'abonnement ou de rachat; lequel vingtième formerait le fonds d'une caisse générale d'amortissement destinée à rembourser la dette publique. 1,800,000 livres de rentes au denier 20, émises en même temps, afin de se procurer des ressources immédiates, et remboursables en douze ans, étaient le seul revenu exempté du vingtième. Le dixième de guerre n'avait pas été très-productif : les privilégiés de tout ordre s'en étaient rachetés ; le clergé avait maintenu son droit d'exemption au prix de *dons gratuits.* Machault était résolu à ne plus entendre à ces capitulations et à renouveler l'entreprise où avait échoué autrefois Pâris Duverney, c'est-à-dire à établir, pour la première fois, un impôt direct vraiment universel. Les évaluations faites à la rigueur par les intendants portèrent ce vingtième à 21 millions, presque au niveau de l'ancien dixième [1], et le clergé n'y était pas encore compris, comme l'entendait Machault.

Le nouvel impôt excita partout de vifs murmures : ceux même qui avaient le plus d'intérêt à une réforme fondée sur des bases équitables ne virent là qu'une charge nouvelle par-dessus les autres charges. Le parlement fit des remontrances, puis enregistra, sur l'ordre du roi. Au fond, la politique anticléricale du contrôleur général ne pouvait déplaire aux magistrats; la résistance fut plus opiniâtre dans quelques-uns des pays d'États, qui avaient conservé, de leurs anciennes libertés, la vaine formalité du don gratuit périodique et le droit plus réel de répartir et de percevoir eux-mêmes l'impôt. Le vingtième, impôt de quotité, devait être réparti par les officiers royaux. Les États de Bretagne et de Languedoc refusèrent nettement le vingtième. Le roi cassa les États de Languedoc. Ils ne soutinrent pas leur opposition jusqu'au bout : leur composition tout oligarchique donnait prise aux séductions de la cour. L'ordre du clergé n'était formé que des évêques; l'ordre de la noblesse, que d'une vingtaine de barons possesseurs de certains fiefs privilégiés. On les gagna en détail et ils finirent par subir le vingtième pour recouvrer le droit de se rassembler; la cour, à la vérité, transigea avec eux en les laissant répartir et percevoir le vingtième par les mains de leurs officiers provinciaux (1757). La Bretagne, où chacun des trois ordres était comme une démocratie relative, où le bas clergé était représenté, où tous les nobles avaient le droit de siéger dans la chambre de la noblesse, fut plus obstinée que le Languedoc : on eut beau exiler les principaux membres des États, on n'obtint aucune dé-

---

1. Il serait intéressant de rechercher les bases précises de ces évaluations; évidemment, il s'agissait du revenu net, mais comment l'appréciait-on?

claration de revenus; le vingtième ne put être perçu et le gouvernement, enveloppé de toutes sortes d'embarras, n'osa pousser les choses à l'extrême. En Artois, les intendants eurent ordre de recevoir les déclarations de biens telles quelles. Dès 1751, toutes ces difficultés et ces mécomptes, joints aux prodigalités de la cour, obligèrent Machault à de nouvelles émissions de rentes au capital d'environ 50 millions [1].

Les parlements avaient été assez traitables : la noblesse n'avait résisté que dans les États de deux ou trois provinces; le clergé lutta en corps avec une passion inflexible. C'était lui qui se sentait le plus menacé par la réforme projetée. Il voyait bien que cette réforme n'était qu'un premier pas et que Machault songeait à entamer les biens monastiques. Un édit d'août 1749, dont le préambule trace un énergique tableau des moyens employés par les gens de mainmorte pour accaparer les propriétés privées, avait renouvelé et précisé toutes les anciennes dispositions légales destinées à arrêter le développement exorbitant des mainmortes; défendu de fonder, par testament, aucune nouvelle communauté religieuse; enjoint aux gens de mainmorte d'aliéner, dans l'an et jour, à des acquéreurs non mainmortables, les biens qui écherraient aux seigneuries annexées à leurs bénéfices; déclaré nuls tous les établissements religieux fondés depuis 1636 sans autorisation royale, sauf à leur accorder ultérieurement des lettres patentes, s'il y avait lieu, ou à employer leurs biens à des services de charité ou d'utilité publique; défendu à toutes personnes de prêter leurs noms à des gens de mainmorte pour acquérir, etc., à peine de 3,000 livres d'amende ou plus grandes peines suivant l'exigence des cas. Un autre édit, du 17 août 1750, enjoignit à tous bénéficiers de donner, dans les six mois, déclaration des revenus de leurs bénéfices, afin d'assurer la répartition plus équitable « des subsides dont la fidélité du clergé lui impose l'obligation. » Ce ne fut qu'un cri parmi les évêques, attaqués à la fois dans l'intérêt général de l'ordre ecclésiastique et dans leur intérêt particulier, car la plupart d'entre eux rejetaient sur le clergé inférieur presque tout le poids des dons gratuits qu'ils accordaient au

---

1. Voir *Anciennes lois françaises*, t. XXII, p. 223, 225, 248. — Soulavie, *Mémoires de Richelieu*, t. VIII, p. 192, 202. — *Journal* de Barbier, t. III; mai 1751.

roi. Le fougueux archevêque de Paris adressa de vives remontrances au roi en son nom et au nom d'un grand nombre de ses *frères :* Louis XV et son ministre furent assaillis de lettres, où les prélats, en termes plus ou moins respectueux, faisaient entendre qu'ils obéiraient *à Dieu plutôt qu'au roi.* Le contrôleur général, de son côté, fit répandre, sous le manteau, des livres et des pamphlets très-vifs contre les priviléges ecclésiastiques et contre les mœurs du haut clergé. Le clergé se plaignit et le conseil lui accorda la suppression d'un de ces livres; mais Machault trouva moyen de glisser une malice dans le titre même de l'arrêt. On afficha au coin des rues que le roi avait ordonné de supprimer cet ouvrage comme voulant faire passer le clergé « pour le corps le moins utile à la société. » L'assemblée du clergé répondit à la communication qui lui fut adressée de l'édit du 17 août par un refus très-net : « Nous ne consentirons jamais que ce qui a été jusqu'ici le don de notre amour et de notre respect devienne le tribut de notre obéissance. » L'assemblée fut dissoute par ordre du roi (15 septembre), et un arrêt du conseil ordonna aux intendants une première levée de 7 millions et demi, *non consentie*, sur les biens d'Église, pour l'amortissement des dettes du clergé [1].

C'était bien commencé; mais il eût fallu que le gouvernement persévérât sans se laisser distraire par aucun incident. Le clergé connaissait trop bien le roi pour croire à cette persévérance et trouva moyen de susciter des diversions en renouvelant les querelles religieuses et les conflits de juridiction entre le spirituel et le temporel.

Le contre-coup de cette politique porta sur les malheureux

---

[1]. *Anciennes lois françaises*, t. XXII, p. 226, 236. — *Journal* de Barbier, t. III, p. 144, 170, 172. — Soulavie, *Mémoires de Richelieu*, t. VIII, c. IX. — *Journal du règne de Louis XV*, t. II, p. 65-66. — Parmi les brochures anonymes lancées contre le clergé, il en était une qui n'avait pas besoin de signature; elle portait la griffe du lion : c'est la *Voix du Sage et du Peuple.* Voltaire y soutient, avec sa verve accoutumée, qu'il n'y a pas *deux puissances;* qu'il n'y en a qu'une, celle de l'État ; que le prince doit être maître absolu de toute police ecclésiastique dans tout ce qui a le moindre rapport à l'ordre public. Il y conseille au roi de « rendre aux lois de la nature les imprudents et imprudentes qui ont fait un vœu fatal à la société, dans un âge où il n'est pas permis de disposer de son bien », et vante les services que la philosophie rend aux princes en détruisant la superstition, « qui est toujours l'ennemie des princes ».

protestants. Pendant que l'archevêque de Paris et d'autres prélats préparaient une machine de guerre contre le jansénisme, moyen assuré d'entrer en lutte avec le parlement, les évêques du Midi criaient à la tolérance et reprochaient au gouvernement d'abandonner le grand œuvre de la *Révocation*, moyen non moins certain d'agir sur l'esprit routinier du roi. Dieu sait si le reproche était fondé! Depuis la mort de Fleuri, la persécution avait recommencé, au contraire, avec acharnement, à la suite d'un synode que des pasteurs et des anciens, députés d'un grand nombre de provinces[1], avaient tenu secrètement au *désert*, dans le Bas-Languedoc, le 18 août 1744. Cette assemblée, la première qui se fût réunie depuis la révocation, n'avait témoigné que des sentiments de paix et d'extrême modération. Elle avait décidé un jeûne solennel dans toutes les églises réformées, pour la conservation de la personne du roi, le succès de ses armes et la délivrance de l'Église; enjoint aux pasteurs de prêcher la soumission aux puissances légitimes, de s'abstenir de toute controverse directe et de ne rappeler qu'avec beaucoup de circonspection les souffrances des églises. Le pouvoir n'avait répondu à la douceur des opprimés que par de nouvelles violences : deux ordonnances des 1er et 16 février 1745 avaient prescrit d'envoyer aux galères, sans forme de procès, quiconque aurait assisté aux assemblées des religionnaires; les femmes devaient être enfermées à perpétuité; des amendes arbitraires devaient être infligées à tous les *nouveaux convertis* des lieux où se seraient tenues les assemblées, et qui, sans y assister, ne les auraient pas dénoncées; 3,000 livres d'amende contre tout *nouveau converti* d'un lieu où un ministre aurait été arrêté et qui ne l'aurait pas dénoncé.

Ces mesures monstrueuses ne pouvaient être appliquées d'une manière générale; mais elles livraient la masse entière des réformés à l'arbitraire absolu des intendants, qui épargnaient ou frappaient au gré de leurs intérêts, de leurs passions et de leurs caprices. Les enlèvements d'enfants continuaient toujours. On

---

[1]. Il y avait eu des délégués du Haut et du Bas-Poitou, de l'Aunis, de l'Angoumois, de la Saintonge, du Périgord, du Haut et du Bas-Languedoc, de la Basse-Guyenne, des Cévennes, du Vivarais, du Velai, du Dauphiné et de la Normandie. — Coquerel, *Histoire des Églises du Désert*, t. I, p. 279-301.

cite un riche manufacturier de Nîmes, Sabonadière, qui dépensa plus de 200,000 livres pour acheter des protecteurs qui lui conservassent ses six enfants. Un autre négociant, Favène, s'étant brouillé avec l'intendant de la Haute-Guyenne, celui-ci se vengea en lui arrachant sa fille la mieux aimée. La position des réformés vis-à-vis de ces despotes provinciaux était celle des *raïas* chrétiens devant les pachas turcs aux plus mauvais jours de l'empire othoman. Les femmes arrêtées au désert étaient rasées, battues de verges, puis envoyées pour la vie à la tour de Constance, à Aigues-Mortes, si fameuse dans le martyrologe de la Réforme. Il y avait là des filles enfermées depuis l'âge de six ans et caduques à vingt par l'excès de misère et par les exhalaisons des marais salants. Le bruit de ces atrocités allait au loin remuer l'étranger. Frédéric II demanda la liberté de ces infortunées : il n'obtint rien (1745-1749).

Telle était la situation, lorsque les évêques les plus turbulents du Midi reprochèrent aux ministres, dans des lettres rendues publiques, de *protéger* les religionnaires. De bons citoyens, des amis de l'humanité, s'efforcèrent en vain de prémunir le gouvernement contre ces cruelles instigations[1]. Le ministre qui avait dans son département les affaires des réformés, Phelippeaux de Saint-Florentin, duc de la Vrillière, était dévoué au clergé; le ministre de la guerre, et c'est une grande tache pour le comte d'Argenson, lui prêta son concours. Des troupes avaient été mises en campagne dès novembre 1750 pour empêcher ou surprendre les assemblées du désert. En dépit des ordonnances, les baptêmes et les mariages protestants se célébraient en foule dans les assemblées. Au mois d'avril 1751, une circulaire enjoignit aux protestants de représenter sous quinze jours aux églises catholiques leurs enfants baptisés au désert, pour que le baptême fût confirmé

---

1. Voir le *Patriote français et impartial*, par Court de Gébelin; 1751. — Le livre de l'abbé de Caveirac (*Apologie de la Révocation de l'édit de Nantes*, avec une *Dissertation sur la journée de la Saint-Barthélemi*), fut écrit en réponse au *Patriote français* (1757). Caveirac semble avoir été le père de cette génération de sophistes qui singent le fanatisme à froid et qui cherchent dans la réhabilitation paradoxale des crimes du passé le scandale de leur renommée. — Un petit livre bien plus important que le *Patriote*, le *Conciliateur*, adressé en 1754 aux ministres et aux conseillers d'État par un jeune maître des requêtes, annonçait un grand homme d'État et un grand homme de bien. L'auteur se nommait Turgot.

par les rites orthodoxes. La plupart n'obéirent pas, et, pendant toute l'année 1751, on n'entendit parler que d'assemblées traquées, surprises, fusillées par les soldats, qui, souvent, abordaient ces bandes désarmées avec des décharges de mousqueterie. Un prédicateur de vingt-six ans, Bénezet, fut pris et pendu à Montpellier le 27 mars 1752. Les laboureurs des Cévennes et du Vivarais, l'année précédente, s'étaient enfuis dans les bois en abandonnant leurs moissons. On voulut les poursuivre dans leurs âpres retraites, après avoir *dragonné* les paysans des environs de Nîmes, pour les forcer de présenter leurs enfants aux curés. Les montagnards perdirent patience : les dragons, guidés par des curés et par des jésuites, tombèrent dans une embuscade auprès de Levignan, dans la Gardonenque; deux curés furent blessés à mort et un jésuite, dit-on, fut tué. Cet événement fit une vive impression sur le roi, qui craignit le renouvellement de la guerre des camisards. Louis ordonna de cesser les dragonnades et de ne plus obliger les nouveaux convertis, qui voudraient faire consacrer catholiquement des mariages célébrés au désert, à reconnaître que leurs enfants étaient bâtards. Les assemblées se tinrent presque sans obstacle en 1753. Le clergé ne laissa pas durer cette espèce de trêve : le roi céda de nouveau, du moins quant à ce qui regardait les assemblées, et, dès le commencement de 1754, le maréchal de Richelieu, gouverneur du Languedoc, publia les plus violentes instructions pour la poursuite des conventicules. Ce courtisan sceptique et dépravé seconda sans scrupule les fureurs du fanatisme : les massacres recommencèrent au désert. Le pasteur Lafage, sorti, comme la plupart de ses confrères, du séminaire de Lausanne, fut livré par un délateur, condamné et exécuté en vingt-quatre heures, le 17 août 1754, par un simple arrêt de l'intendant du Bas-Languedoc. L'opinion publique s'émut plus vivement encore d'une anecdote, demeurée célèbre, celle de ce fils qui, échappé d'une assemblée surprise par les soldats et voyant de loin son père tombé entre leurs mains, revint supplier le commandant de l'envoyer au bagne[1] à la place du vieillard (janvier 1756). L'échange fut accepté; le duc de Mirepoix,

---

1. Il n'y avait plus de galères : elles avaient été supprimées en 1748.

lieutenant-général de la province, offrit la liberté au fils, Jean Favre, à condition que le fameux ministre Rabaud, qu'on ne venait pas à bout de saisir, quittât le royaume. Jean Favre refusa de poser cette condition à ses frères et resta six ans dans les bagnes [1].

Les instigateurs de la persécution s'imaginaient encore avoir la société derrière eux, comme au temps où régnaient les passions fanatiques; ils ne s'apercevaient pas que le vide se faisait autour d'eux et que la légèreté et la corruption du temps émoussaient seules l'indignation et le dégoût publics. Dès qu'une génération plus virile apparaîtrait, l'explosion ne pouvait manquer d'éclater.

Aux actes odieux qui ensanglantaient le Languedoc, correspondaient à Paris des tracasseries qui irritaient le peuple et troublaient les voluptés de la cour. Les deux chefs du parti moliniste, Boyer et Christophe de Beaumont, suscitaient ces agitations par un calcul qui n'était pas purement machiavélique. Dévots emportés et peu éclairés, mais sincères, ils croyaient voir dans l'attaque aux immunités ecclésiastiques le premier acte d'une agression générale des jansénistes et des philosophes, qu'ils confondaient dans leur haine, et ils avaient résolu de défendre l'orthodoxie en reprenant l'offensive par une espèce d'inquisition. L'archevêque Beaumont enjoignit à ses curés de refuser les sacrements, à l'article de la mort, à tout malade qui ne représenterait pas un billet de confession et ne ferait point acte d'adhésion à la bulle *Unigenitus*. Ce n'était là qu'un point de départ, et le système des billets de confession pouvait être appliqué dans beaucoup d'autres cas que les derniers sacrements. Aux premiers refus de sacrements, le parlement commença d'informer : des ordres du roi arrêtèrent à plusieurs reprises les informations (1749-1750). La lutte, quelque temps retardée, s'engagea à fond en 1752. Le curé de Saint-Étienne-du-Mont refusa les sacrements au duc d'Orléans, fils du régent, zélé janséniste, qui s'était retiré depuis longtemps à l'abbaye de Sainte-Geneviève; le prince se fit administrer par son aumônier, défendit qu'on poursuivît le curé, et mourut le 4 fé-

---

1. La Normandie avait eu aussi sa persécution. On y enleva un grand nombre d'enfants : une foule de protestants furent emprisonnés et mis à l'amende. Six cents émigrèrent. — *V.* Lémontei, t. II, p. 160. — Coquerel, t. II, c. I-VI.

vrier 1752. Peu de temps après, un ecclésiastique qui avait été attaché à la maison du feu duc tomba malade : nouveau refus du curé de Saint-Étienne. Le parlement décréta le curé de prise de corps (29 mars 1752). Le conseil cassa l'arrêt du parlement. Le parlement riposta par un nouvel arrêt défendant à tous ecclésiastiques de faire aucun refus public des sacrements sous prétexte de défaut de représentation d'un billet de confession ou d'acceptation de la bulle, comme si elle était *règle de foi* (18 avril 1752).

Pour apprécier le caractère de l'intervention du parlement en cette matière, il ne faut pas oublier que le refus de sacrements entraînait le refus de sépulture et, par conséquent, une note d'infamie pour le défunt et pour sa famille. Il n'y avait pas plus de sépulture civile que de mariage civil, que d'acte de naissance civil. La magistrature était donc bien fondée à intervenir au nom de l'ordre public et du droit social. Les ministres des cultes ne peuvent réclamer l'indépendance de leurs actes que là où ces actes, n'ayant qu'une valeur d'opinion, n'emportent point d'effets civils et là où, les cultes étant considérés comme chose purement privée, le clergé n'est en rien soutenu ni autorisé par l'État.

A l'arrêt du parlement répondit un second arrêt du conseil, où le roi se posait en médiateur, renouvelait les déclarations en faveur de la bulle, sans la qualifier cependant de *règle de foi*, établissait que les juges séculiers ne devaient point imposer des lois aux ministres de l'Église sur des matières purement spirituelles, et annonçait la formation d'une commission choisie dans l'épiscopat et dans la magistrature, afin de remédier aux nouveaux troubles qui venaient de s'élever (29 avril).

La commission ne remédia à rien et ne fut écoutée de personne. Les refus de sacrements se multipliant d'un bout de la France à l'autre, les déclamations faisant retentir toutes les chaires, les tribunaux poursuivant les prédicateurs et les curés, les évêques fulminant contre les parlements, les parlements brûlant les lettres des évêques, le conseil du roi cassant les arrêts du parlement de Paris, les arrêts contradictoires du parlement et du conseil criés et affichés à la fois dans Paris, les jésuites jouant leurs adversaires dans leurs comédies de colléges, les jansénistes ripostant à coups de caricatures et de pamphlets, les philosophes persiflant et chansonnant les deux partis, tel était le singulier spectacle qu'offrait la France. Ce n'était plus, comme au temps du cardinal de Noailles, une guerre civile dans le clergé. Le système suivi depuis tant d'années par Fleuri, puis par Boyer, de ne conférer de bénéfices qu'aux molinistes, avait porté ses fruits : le clergé de Paris et la Sorbonne étaient maintenant aussi attachés à la bulle qu'ils y avaient été jadis opposés, et les jansénistes n'étaient plus qu'une minorité presque imperceptible dans le clergé français : la lutte était véritablement entre l'ordre ecclésiastique et l'ordre judiciaire.

L'année 1752 s'était écoulée dans ces agitations. En décembre, l'orage redoubla de violence, à l'occasion d'un nouveau refus de sacrements fait par le curé de Saint-Médard à une religieuse janséniste de Sainte-Agathe. L'archevêque déclara que le curé n'avait agi que par ses ordres. Le parlement ordonna la saisie du temporel de l'archevêque et convoqua les pairs pour juger le prélat. Deux cardinaux et vingt-sept évêques coururent à Versailles porter plainte au roi de cet outrage. Le roi ordonna mainlevée de la saisie et défendit la convocation des pairs : la religieuse qui avait causé le débat fut enlevée en vertu d'une lettre de cachet. Le parlement lutta pied à pied avec autant d'obstination que de hardiesse. Un incident peut en donner l'idée : il fit enregistrer d'autorité, en Sorbonne, un de ses arrêts, malgré une défense expresse du roi à la Sorbonne de délibérer sur cet objet.

Après plusieurs mois de tiraillements, le roi refusa de recevoir les remontrances du parlement, remontrances qui touchaient à bien d'autres choses qu'aux refus de sacrements et qui attaquaient les lettres de cachet et les principaux abus du pouvoir arbitraire (4 mai 1753)[1]. Le parlement suspendit le cours de la justice. Le comte d'Argenson et Boyer poussèrent le roi à un coup d'autorité ; madame de Pompadour, irritée de quelques propos tenus contre elle parmi les parlementaires, seconda ses adversaires habituels. Les présidents et conseillers des enquêtes

---

1. Un chevalier de Malte, M. de Rességuier, était en ce moment enfermé dans la cage de fer du mont Saint-Michel pour quelques vers satiriques. Tout le monde connaît l'histoire de Latude, enseveli tant d'années dans les cachots de la Bastille pour une lettre menaçante à madame de Pompadour.

et requêtes furent exilés et dispersés dans différentes villes du ressort du parlement de Paris, et quatre des plus ardents furent envoyés prisonniers dans des forteresses (9 mai). La grand'-chambre, qu'on avait voulu ménager, protesta et confirma tous les arrêts passés. Elle fut transférée à Pontoise (11 mai). Les magistrats ne plièrent pas. Les parlements de Toulouse, d'Aix, de Rouen, de Rennes, le Châtelet de Paris, étaient engagés dans les mêmes luttes que le parlement de Paris et encourageaient sa résistance. La cour essaya de se passer du parlement en instituant, pour juger à sa place, une chambre des vacations, composée de conseillers d'État et de maîtres des requêtes (18 septembre 1753). La chambre des vacations fut honnie de tout le monde : elle n'osa s'installer au Palais ; ni avocats, ni procureurs ne voulurent se présenter devant elle. Il suffisait que la cour et les jésuites fussent d'un côté pour que le public fût de l'autre.

A la Saint-Martin, époque de la rentrée annuelle, la grand'-chambre fut exilée de Pontoise à Soissons, et la chambre provisoire des vacations reçut le titre de *chambre royale*, comme si elle eût dû être un tribunal définitif. On l'établit au Louvre. On n'y gagna rien. La résistance passive continua. C'était grave. La magistrature n'avait pas eu cette fermeté sous la Régence. Les caractères commençaient à se retremper. D'un autre côté, le clergé moliniste, enivré de son apparente victoire, portait le trouble dans toutes les familles avec ses billets de confession. Madame de Pompadour se reprit à craindre l'ascendant du parti dévot à la cour et à réveiller les ombrages du roi contre la coterie du dauphin. Le roi accueillit l'idée d'une transaction générale. D'une part, Machault fut autorisé à négocier avec le parlement ; d'autre part, le cardinal de La Rochefoucauld se chargea d'amener les évêques à renoncer aux billets de confession, pourvu qu'on renonçât à faire payer le *vingtième* au clergé. Le cardinal reconnaissait par là que les billets de confession n'avaient été, au moins pour le gros du parti, qu'une manœuvre politique ; la manœuvre avait réussi puisque la cour abandonnait les plans financiers du contrôleur général. Machault ne fut pas disgracié, mais il fut transféré à la marine, et le contrôle général passa à M. de Séchelles, ancien intendant d'armée (fin juillet 1754). Le clergé fit un *don gratuit* au roi : les pays d'États, les villes franches, les grands seigneurs, tout ce qui avait crédit ou richesse, se racheta du vingtième par abonnement. Le projet d'égaliser l'impôt direct et le projet d'amortir la dette s'en allèrent de compagnie. On cessa bientôt les remboursements commencés; le vingtième servit à combler, pour le moment, le déficit des dépenses courantes, et il ne resta, des beaux plans de Machault, qu'un impôt de plus[1].

La chambre royale ayant été supprimée le 30 août, le parlement fut réinstallé le 4 septembre, aux applaudissements de Paris et de la France. Le 5, il enregistra une déclaration du roi qui renouvelait l'injonction du silence sur les disputes de religion et chargeait le parlement d'y tenir la main. La naissance d'un second fils du dauphin, le duc de Berri (23 août 1754), avait été l'occasion et le prétexte de cette paix plâtrée, qui, dans le fait, ne fut pas même une trêve. Cet enfant, qui devait passer sa triste vie au milieu des tempêtes et s'engloutir dans le gouffre creusé par son aïeul, fut l'infortuné Louis XVI.

Un mélange confus d'arbitraire et d'anarchie, la personne du roi, le gouvernement et le clergé profondément déconsidérés, tels étaient les traits caractéristiques du tableau que présentait l'intérieur du royaume. Comment espérer que la France se soutînt au dehors dans de telles conditions et qu'un tel gouvernement pût seconder les aspirations du génie national dans les relations extérieures!

Il y eut cependant des efforts tentés dans ce but, non-seulement par les hommes qui poursuivaient au bout du monde de glorieux desseins, mais dans le cabinet même de ce roi si justement décrié. Aux affaires étrangères se succédaient des ministres insignifiants, Puisieux, démissionnaire en 1751; Saint-Contest, mort en 1754; Rouillé, transféré de la marine[2] aux affaires étran-

---

1. Soulavie, t. VIII, c. IX-XI. — Bailli, *Hist. financière de la France*, t. II, p. 135.— On avait fait un nouvel emprunt de 45 millions en octobre 1752. V. *Journal* de Barbier, t. III, p. 412. — Un petit état venait de suivre l'exemple qu'on abandonnait déjà. La Sardaigne avait assujetti les biens du clergé à l'impôt en 1752.

2. Maurepas, ministre de la marine presque depuis l'enfance, avait été destitué en 1749 par l'influence de madame de Pompadour, irritée de ses épigrammes. Rouillé, nul aux affaires étrangères, avait rendu des services à la marine. Les constructions navales s'étaient beaucoup perfectionnées sous le ministère de Maurepas et sous le sien.

gères, à la mort de Saint-Contest; mais un haut personnage, un prince du sang, était parvenu à circonvenir le roi et à s'emparer d'une grande influence sur la direction de la diplomatie en dehors du conseil.

On a vu que, dès le ministère du marquis d'Argenson, Louis XV avait commencé d'entretenir des correspondances diplomatiques à l'insu de ses ministres. En 1745, une députation de Polonais était venue à Paris offrir au prince de Conti la candidature éventuelle au trône de Pologne. Le roi avait permis à Conti d'écouter cette offre et de se mettre en mesure d'en profiter. Ce fils du méprisable Conti de la Régence avait eu une jeunesse plus qu'orageuse : des traits de débauche brutale et cruelle avaient semblé annoncer un autre comte de Charolais; mais l'âge avait opéré en lui un changement inespéré : une ambition éclairée et honorable avait tempéré cette fougue sauvage, et il avait conçu un système de politique extérieure qui rentrait dans les saines traditions nationales et qui eût relevé la prépondérance française sur le continent : conserver l'esprit du traité de Westphalie en Allemagne, unir par un traité perpétuel la Turquie, la Pologne, la Suède et la Prusse, sous la médiation, puis avec l'accession de la France, séparer ainsi, par une chaîne d'états ennemis, l'Autriche et la Russie, ces dangereuses alliées, et poser une barrière, du pôle à l'Archipel, entre l'Europe et la Russie, qu'on rejetterait dans ses déserts, ce n'était certes pas la conception d'un esprit vulgaire. La Pologne était le pivot de ce système, qui n'était en opposition avec celui du marquis d'Argenson que sur un seul point : c'est que Conti voulait s'attribuer en Pologne le rôle que d'Argenson destinait à la maison de Saxe[1]. Le but était le même, le moyen différait. L'incapacité, l'indignité des princes saxons était une bien grave objection à faire à d'Argenson. La grande difficulté, pour l'ensemble du plan de Conti, c'était de s'assurer de la Prusse. Frédéric II avait sur la Pologne des vues secrètes qui ne s'accordaient point avec le dessein de relever cet état, quoique d'ailleurs il fût tout disposé à contrecarrer la Russie et l'Autriche.

Conti ne pouvait espérer d'être appelé au conseil : il savait que

---

1. D'Argenson, dans ses Mémoires, ne nous semble pas juste envers le prince de Conti.

Louis XV, depuis qu'il avait âge d'homme, était rentré dans la tradition de son bisaïeul, quant aux princes du sang, et ne confierait à aucun d'eux une part officielle au pouvoir. Il avait donc tourné la question en vantant au roi « l'utilité que Sa Majesté retirerait d'être instruite par plusieurs voies différentes » et en l'amenant à nouer, à partir de 1748, un ensemble de correspondances inconnues des ministres et de madame de Pompadour, correspondances entretenues partie par des agents secrets, partie par les ambassadeurs, par les subordonnés même du secrétaire d'État des affaires étrangères. Le roi en vint à dépouiller et à discuter cette correspondance dans un travail secret et périodique avec Conti, qui, sans titre et sans caractère, doubla ainsi, en quelque sorte, le ministre des relations extérieures pour les affaires du continent, plaça ses créatures dans les ambassades de Constantinople, de Stockholm, de Varsovie et de Berlin, et eut dans sa main toutes les relations du Nord et de l'Est. Le roi paraissait tout à fait gagné à son système. Louis XV était fort au courant des intérêts diplomatiques et voyait assez juste, tant qu'il ne s'agissait que de calculer des chances lointaines et de traiter la diplomatie comme une partie d'échecs qui distrayait son oisiveté; sa vue ne se troublait que lorsqu'on lui demandait du cœur et de l'action [1].

Il en eût fallu vis-à-vis de l'Angleterre; aussi, de ce côté, la politique du gouvernement fut-elle misérable. Là aussi pourtant il avait d'abord semblé qu'on voulût relever la France. Le ministre de la marine, Rouillé, avait proposé au conseil un plan gigantesque, conçu par son prédécesseur Maurepas, pour la restauration de notre flotte : il avait eu dessein de construire, en dix ans, cent onze vaisseaux de ligne et cinquante-quatre frégates. Malheureusement, l'activité ne fut point en rapport avec de si grands projets, et surtout ni l'intelligence ni l'énergie diplomatiques ne répondirent à cette résolution de restaurer matériellement nos moyens d'action. Maintenir à tout prix la paix, qui avait coûté si

---

1. Flassan, *Histoire de la Diplomatie française*. t. V, p. 292. — Notes et Mémoires du comte de Broglie, ap. Ségur, *Politique de tous les cabinets de l'Europe*, t. I, p. 55, 167. Cet ouvrage renferme des documents très-importants sur la diplomatie secrète de Louis XV.

cher, c'était là toute la politique de Louis XV. L'Angleterre, au contraire, ne voyait dans la paix qu'une halte pour reprendre des forces et se préparer à de nouvelles entreprises; elle avait les moyens réguliers, qui manquaient à la France, d'obliger son gouvernement à servir ses volontés et à poursuivre ses destinées. Pendant que, chez nous, les plans financiers de Machault échouaient devant la résistance des privilégiés, en Angleterre, le ministre Pelham faisait passer un bill qui réduisait l'intérêt de la dette de 4 1/2 pour 100 à 3 1/2, puis à 3 (1750), non point par voie de contrainte, c'est-à-dire de banqueroute partielle, mais en offrant le choix aux créanciers entre le remboursement et la réduction, qu'ils acceptèrent presque tous. Des deux gouvernements, l'un améliorait sa position, l'autre empirait chaque jour la sienne.

La France et l'Angleterre, cependant, étaient en lutte de fait, malgré la paix officielle, aux deux bouts du monde, dans l'Amérique du Nord et dans l'Indoustan. Aucun traité n'eût pu établir de conciliation durable entre les colonies des deux nations, poussées les unes contre les autres non-seulement par la rivalité de leurs métropoles, mais par leurs passions et leurs intérêts propres; on n'avait rien fait pour atténuer cette espèce de fatalité; le cabinet de Versailles, par sa précipitation même à conclure la paix, avait négligé de rendre cette paix viable. Les limites respectives, dans l'Amérique du Nord, n'avaient jamais été bien fixées. Cette question, qui prenait une importance toujours croissante, fut laissée à décider à des commissaires. Il était à peu près impossible que la guerre n'en sortît pas. Quant à l'Inde, ce n'était pas sur une question déterminée, comme celle des frontières, c'était sur tous les points à la fois que les conflits étaient inévitables. Il se passait là des événements de l'intérêt le plus puissant, du caractère le plus romanesque, des événements tels qu'on n'avait rien vu de pareil depuis les *conquistadores* espagnols du XVIe siècle. Les enfants de la France se montraient bien grands à ces extrémités de la terre, tandis que leur gouvernement était si petit! Au Canada, si le génie ne brillait pas comme dans l'Inde, l'héroïsme était au moins égal.

Le développement des projets de Dupleix n'avait point été

interrompu par la paix, qui avait été si douloureuse à ce grand homme[1]. Le gouverneur de l'Inde française ne voulait ni ne pouvait s'arrêter. Ne pouvant plus attaquer les Anglais en face, il résolut de les combattre indirectement, en assurant la prépondérance à nos alliés sur les leurs et en rompant l'équilibre entre eux et nous par l'accroissement de notre influence et de notre territoire. On a exposé plus haut le système par lequel il comptait arriver à la domination de l'Inde : s'immiscer dans les querelles des princes mogols et indous, et se faire place dans leur hiérarchie, étaient les principaux moyens[2]. La politique de l'audace était ici la politique du bon sens : la politique exclusivement commerciale était une illusion; des particuliers faisant le trafic d'*Inde en Inde*, sous la protection de la Compagnie, pouvaient faire leur fortune; la Compagnie ne pouvait faire la sienne. « Dupleix s'était convaincu, après un examen très-attentif, que le commerce, réduit à lui-même, ne pouvait être d'aucun profit, à cause des entraves que les Indiens y apportaient, des droits dont les marchandises se trouvaient frappées et qui absorbaient les bénéfices, des extorsions sans fin des radjahs, nababs, zemindars, et surtout à cause de la nécessité d'entretenir des troupes pour la défense des comptoirs. Il n'y avait donc pas de milieu entre la conquête ou l'abandon[3]. »

Après la paix de 1748, Dupleix conserva donc sur pied tout ce qu'il avait de troupes françaises et indigènes, en promettant à la Compagnie que ces troupes ne seraient pas longtemps à sa charge. Les Anglais ne désarmèrent pas non plus et furent même les premiers à donner l'exemple des envahissements territoriaux. En 1749, ils mirent un corps auxiliaire au service d'un prétendant au petit royaume indien de Tandjaour, annexe méridionale du Carnatic, et attaquèrent le radjah régnant. Le radjah leur céda la place maritime de Devi-Cotah; à ce prix, ils abandonnèrent le

---

1. Le contrôleur général Machault, qui avait la compagnie des Indes dans son département, avait écrit à Dupleix, dès le 12 mai 1748, qu'il faudrait rendre Madras aussitôt la paix conclue, sans attendre même que les Anglais eussent rendu ce qu'ils auraient conquis sur nous. — Saint-Priest, *Études historiques sur le dix-huitième siècle; la Perte de l'Inde sous Louis XV*.

2. Voir ci-dessus, p. 308.

3. Saint-Priest, la *Perte de l'Inde sous Louis XV*.

prétendant qu'ils avaient mis en avant et se chargèrent même de le retenir en prison pour le compte de son compétiteur.

Dupleix eut bientôt une foudroyante revanche. Il méditait des desseins bien autrement vastes; mais il avait dû les tenir en réserve tant qu'avait vécu le vieux soubahdar (vice-roi) du Dekhan, le Nizam-el-Molouk, astucieux et sombre politique qui avait attiré naguère Nadir-Schah sur le nord de l'Indoustan pour s'assurer la domination du midi, et qui, jusqu'à l'âge de plus de cent ans, sut tenir en crainte tous les nababs et les radjahs de la péninsule, ses vassaux. La mort du Nizam ouvrit la carrière. Son fils, Nazir-Jung, se fit proclamer soubahdar et fut reconnu des Anglais. Son petit-fils, neveu de Nazir, Murzapha-Jung, revendiqua l'héritage, en vertu d'un testament du Nizam défunt, et réclama l'appui des Français. Quant au Grand Mogol ou padischah, le souverain nominal, il vendit un double firman d'investiture à l'un et à l'autre compétiteur : ce fut toute la part qu'il prit à la lutte. Ce qui se passait dans le Dekhan se reproduisait dans le Carnatic, cette nababie où se trouvaient les principaux établissements français et anglais. Le nabab régnant, Anvar-Addien-Khan, ou Anaverdi-Khan, était l'ennemi des Français depuis qu'ils avaient refusé de lui livrer Madras, et Dupleix lui avait suscité un concurrent nommé Tchunda-Saëb, issu d'une famille à laquelle Anaverdi-Khan ayait enlevé la nababie. Dupleix relia entre eux les deux prétendants, Murzapha-Jung et Tchunda-Saëb, leur envoya un renfort de Français et de cipayes, et les lança d'abord sur le nabab du Carnatic. Ils assaillirent, avec quarante mille hommes, Anaverdi-Khan, qui n'en avait que vingt mille : sur les quarante mille assaillants, il y avait quatre cents Français et près de deux mille réguliers indigènes. Le succès ne pouvait être douteux. Anaverdi-Khan, centenaire comme le feu Nizam, commandait en personne, monté sur un magnifique éléphant : ce sont là de ces choses qu'on ne voit que dans l'Inde[1] ! Une balle française le renversa mort du haut de son énorme monture. Son armée se dispersa (3 août 1749).

---

1. « Dans ces étranges contrées, tout est merveilleux, même la durée de l'existence; la faiblesse et la force y sont également sans mesure. L'homme s'y consume ou s'y trempe à un soleil excessif comme ses passions. » (Saint-Priest, ibid.)

Les vainqueurs allèrent remercier Dupleix dans Pondichéri même. Ils ne furent pas ingrats : Tchunda-Saëb céda aux Français la ville de Vilnour, près de Pondichéri : Murzapha-Jung leur promit la ville bien plus importante de Masulipatam, sur la côte d'Orissa, au nord du Carnatic : c'était là que se faisaient les plus fines mousselines et les plus belles toiles peintes de l'Inde.

Les Anglais, préoccupés de leur expédition de Tandjaour, n'avaient pas secouru Anaverdi-Khan; leur Compagnie n'avait encore aucunes vues générales au delà du commerce et des positions maritimes. Ils restèrent quelque temps comme étourdis de la révolution du Carnatic et n'expédièrent qu'un secours insignifiant à Mahomet-Ali, fils d'Anaverdi-Khan, qui s'était retiré à Tritchenapali, chef-lieu d'une petite province dépendante du Carnatic, à l'ouest de Tandjaour. Dupleix pressa ses alliés d'enlever cette dernière position à l'ennemi. Malheureusement, les deux princes mogols se détournèrent contre le radjah de Tandjaour : ils l'obligèrent à rentrer sous la suzeraineté du Carnatic, à payer un fort tribut à Tchunda-Saëb et à céder quelque territoire aux Français autour de Karical (décembre 1749); mais, pendant ce temps, les Anglais, revenus de leur stupeur, étaient entrés en correspondance avec le soubahdar du Dekhan, le rival et l'oncle de Murzapha-Jung. Le soubadhar Nazir-Jung avait résolu d'accabler son compétiteur avant que celui-ci fût en mesure de revenir l'attaquer au centre de sa puissance : il précipita toutes les forces du Dekhan sur le Carnatic; un déluge d'hommes, de chevaux et d'éléphants couvrit la côte de Coromandel. Nazir avait, dit-on, trois cent mille soldats, dont plus de cent cinquante mille cavaliers, huit cents canons et treize cents éléphants! Quelques centaines d'Anglais étaient comme perdus dans cette prodigieuse armée (mars 1750).

La situation était critique; Murzapha et Tchunda-Saëb s'étaient repliés sous Pondichéri avec leurs troupes : l'infériorité numérique était énorme; d'une autre part, quoique Dupleix eût avancé une très-forte somme sur ses propres fonds, l'argent et les ressources manquaient; l'indiscipline gagna les soldats et même les officiers français, et le désordre devint tel, que le commandant d'Auteuil, craignant une déroute à la première attaque, fit rentrer les Français dans la ville. Tchunda-Saëb les suivit avec ses troupes. Murzapha-Jung ne put se décider à faire prendre au grand étendard du Dekhan, qui était dans ses mains, le *chemin de la fuite*, ce qui, dans les idées mogoles, l'eût couvert d'une infamie indélébile : il préféra capituler. Nazir-Jung jura sur le Coran de lui laisser la liberté et le gouvernement d'une province. Murzapha se rendit à la tente du soubahdar ; il fut saisi, chargé de chaînes, et ses troupes, assaillies en trahison, furent taillées en pièces.

Dans de telles circonstances, il semblait que ne pas être anéanti, que sauver Pondichéri une seconde fois, fût la plus haute ambition qu'on pût se proposer. Un autre n'eût songé qu'à la vie : Dupleix ne cessa pas un seul jour de songer à l'empire. Les armes étaient impuissantes ; il fit jouer les ressorts de cette vaste diplomatie, de cette correspondance infinie, depuis longtemps entretenue par sa femme, la *Joanna Begum*, avec l'Inde entière. Il essaya de négocier ; Nazir y consentit : dès lors Nazir fut perdu. Dupleix connaissait à fond les divisions qui existaient entre tous ces chefs et ces populations diverses qui formaient l'immense et confuse armée de Nazir. Il n'obtint point de conditions acceptables, mais il gagna du temps, se mit en relations secrètes avec les chefs patanes[1] et mahrattes ; puis, afin de relever la réputation militaire des Français, il fit surprendre, une nuit, par une poignée de soldats, le camp ennemi plongé dans le lourd sommeil de l'opium, et y jeta le trouble et la terreur. Nazir leva son camp (fin avril), et, renonçant au siège de Pondichéri, alla prendre possession d'Arcate, chef-lieu du Carnatic. La discipline était revenue avec la fortune. Dupleix ressaisit l'offensive avec vigueur. Mahomet-Ali, le concurrent de Tchunda-Saëb pour la nababie du Carnatic, tenait la campagne avec une vingtaine de mille hommes. Les Français, commandés par Combeau d'Auteuil, battirent complétement Mahomet-Ali, malgré l'appui d'un détachement anglais, et s'emparèrent, par escalade, de Gingi, place que sa situation entre trois montagnes couronnées de citadelles rendaient la plus forte de l'Inde, et qui commande le haut de la rivière de même nom, à l'embouchure de laquelle est située Pondichéri (août-septembre 1750).

[1]. Afghans d'origine, établis dans le midi de l'Inde.

La nouvelle de la prise de Gingi réveilla Nazir ; il quitta Arcate et revint sur les Français avec plus de cent mille combattants : le reste était retourné dans le Dekhan. La saison des pluies (septembre-décembre) l'arrêta aux environs de Gingi. Ce fut lui à son tour qui demanda à traiter. Dupleix suivit une double négociation, l'une publique, avec Nazir, l'autre secrète, avec les chefs des mécontents, prêt ou à signer la paix si Nazir tenait enfin parole à Murzapha et donnait l'investiture du Carnatic à Tchunda Saëb, ou à l'attaquer s'il refusait. Nazir consentit, mais trop tard. Tandis qu'il envoyait le traité ratifié à Pondichéri, le commandant de Gingi, Le Prévost de La Touche, appelé par les chefs conjurés, s'était porté sur l'ennemi par une marche de nuit. Au point du jour, huit cents Français et trois mille cipayes, avec dix canons, se jetèrent intrépidement sur ce camp de cent mille hommes, qui comptait encore plus de quarante mille cavaliers, sept cents éléphants et trois cent cinquante pièces d'artillerie. Ils chassèrent devant eux tout ce qu'ils rencontrèrent. Aux prises avec des masses toujours renouvelées, ils commençaient toutefois à se lasser de vaincre. Derrière la première ligne qu'ils avaient coupée et dont ils dispersaient les tronçons, ils apercevaient une seconde ligne d'au moins quarante mille hommes. Tout à coup, du milieu de cette grande réserve immobile, un drapeau blanc apparaît au-dessus d'un éléphant : c'était le signal des conjurés. Les Français font halte : bientôt une rumeur immense leur apprend qu'une catastrophe vient de s'accomplir. Nazir-Jung, furieux de l'inaction de la seconde ligne, y avait couru avec ses gardes. Il traite de chien et de lâche le premier nabab qu'il rencontre ; c'était un des chefs patanes. Le nabab répond par un coup de carabine qui jette Nazir à bas de son éléphant. La tête de Nazir est portée à Murzapha Jung, qui passe sans transition des fers à l'empire. Le combat cesse à l'instant. L'armée entière proclame ou subit Murzapha.

Le 15 décembre 1750, Murzapha entra en triomphe dans Pondichéri, porté dans le même palanquin que Dupleix. Le soubahdar et le gouverneur, en signe de fraternité, échangèrent devant le peuple leurs coiffures et leurs armes. Un trône avait été préparé à Murzapha dans la ville française. Il y fit asseoir Dupleix auprès de lui et y reçut les serments de tous les chefs de l'armée : trente nababs et cinquante radjahs relevaient de sa soubabie. Le premier chef qui lui rendit hommage, sous le pompeux costume des nababs, fut Dupleix lui-même. Le soubahdar, au nom du Grand Mogol, proclama Dupleix nabab de toutes les provinces au sud du fleuve Krichna, ce qui comprenait, avec le Carnatic, tout le midi du Dekhan, toute l'extrémité méridionale de l'Inde, un pays presque aussi grand que la France. C'était un véritable partage de la soubabie. Tchunda-Saëb, nabab du Carnatic, et beaucoup d'autres nababs et radjahs, relevaient dorenavant de Dupleix[1]. Les espérances les plus hardies étaient devenues des réalités : l'Inde reconnaissait pour la première fois la supériorité européenne et s'inclinait devant la France.

Les péripéties se succédaient avec une étourdissante rapidité dans ce drame gigantesque. Murzapha repartit pour aller prendre possession du Dekhan, avec son armée et un petit corps auxiliaire composé de trois cents Français et de deux mille cipayes aux ordres de Bussi-Castelnau : c'était l'officier qui avait pris Gingi (janvier 1751). Dupleix avait reconnu dans Bussi l'homme le plus propre à le comprendre et à le seconder, et lui avait confié la glorieuse mission de faire dans l'Inde centrale ce que lui-même faisait dans le midi : une amitié inviolable lia désormais ces deux hommes. Le génie de Bussi fut bientôt mis à l'épreuve. A peine l'armée du soubahdar eut-elle quitté le Carnatic, qu'une révolte éclata parmi ces mêmes Patanes qui avaient élevé le trône de Murzapha sur le cadavre de Nazir, mais dont Murzapha, soutenu par Dupleix, n'avait pas voulu subir toutes les exigences. Les Français mirent les rebelles en fuite; Murzapha les poursuivit. A sa vue, les chefs patanes se retournèrent et poussèrent leurs éléphants contre celui du soubahdar. Murzapha accepta le défi, blessa mortellement un des nababs ennemis et tomba criblé de flèches et de javelines.

Bussi le vengea et le remplaça. Les principaux chefs des Patanes tombèrent sous les coups des Français ou de leurs amis. Bussi,

---

1 On a contesté l'étendue de la concession faite à Dupleix : en tout cas, il n'est pas douteux que la nababie du Carnatic ne lui ait été concédée et que Tchunda-Saëb n'ait été son subordonné.

vainqueur, réunit les ministres et les vassaux du prince mort, et leur fit élire, le jour même, un oncle de Murzapha, Salabut-Jung. Salabut s'installa dans Golconde, la vieille capitale du Dekhan (avril 1751); mais un rival redoutable s'éleva contre lui : un de ses frères acheta un firman du Grand Mogol et attira sur le Dekhan la confédération entière des Mahrattes. Cernés par trois corps d'armée, qui faisaient bien deux cent cinquante mille hommes, Salabut et Bussi étaient en grand péril, quand la mort du prétendant fit cesser très à point la guerre civile du Dekhan : les Mahrattes continuèrent les hostilités pour leur compte; mais leur immense cavalerie ne tint pas contre la mousqueterie et l'artillerie d'une poignée de Français et d'Indiens réguliers. Après plusieurs échecs, ils traitèrent, et Salabut, maître incontesté du Dekhan, témoigna sa reconnaissance à Bussi en conférant à la Compagnie, comme fief militaire, l'investiture de cinq provinces, pour garantie de la solde du corps auxiliaire, qui fut beaucoup augmenté. C'étaient les *circars* ou cercles de Condavir, Mustapha-Nagar, Ellora, Radja-Mundri et Tchicacolé, en deux mots, toute la côte d'Orissa, qui s'étend au nord-est du Coromandel et du fleuve Krichna, depuis Médapilli jusqu'à la fameuse pagode de Jaggernaut, presque jusqu'aux abords du Bengale. Masulipatam devint ainsi la capitale d'un véritable royaume français, séparé du Dekhan par une chaîne de montagnes facile à défendre. Le revenu des nouveaux territoires de la Compagnie était d'une quinzaine de millions. Le Grand Mogol confirma tout. Les Français dominèrent, directement ou indirectement, un grand tiers de l'Inde quant à l'étendue et beaucoup plus du tiers quant à la population et à la richesse. Encore un pas, et le Grand Mogol tombait à son tour sous notre dépendance [1].

L'Asie était à nous, si, avec Dupleix et Bussi dans l'Inde, nous avions eu encore Louis XIV et Colbert à Versailles! si nous avions eu seulement Law! mais, au lieu de Louis XIV et de Colbert, nous avions Louis XV et la Pompadour, et les traitants ineptes qui dirigeaient la Compagnie des Indes. Quant aux hommes spéciaux du ministère, Machault, Rouillé, ils ne comprirent ou ne voulu-

---

1. Il demanda, vers cette époque, à madame Dupleix, la main de sa dernière fille; de celle-là même qui fut promise à Bussi pour prix de ses victoires.

rent comprendre que la volonté du roi de maintenir la paix avec l'Angleterre et de faire à tout prix le silence autour du Parc-aux-Cerfs. Les succès de Dupleix, qui éblouissaient de loin la France, ne causaient aux gouvernants qu'inquiétude et qu'embarras; au lieu de renforts, ils lui envoyaient des exhortations à la paix.

Tandis que le gouvernement français s'effrayait de sa bonne fortune, la Compagnie, puis le gouvernement d'Angleterre, enfin éclairés sur les affaires de l'Inde, songeaient à arrêter les progrès de leurs rivaux et sortaient de leur inertie pour rallumer vigoureusement la guerre au point de départ même de la puissance de Dupleix, dans le Carnatic. Mahomet-Ali, le concurrent du nabab des Français, de Tchunda-Saëb, avait conservé Tritchenapali, où il était resserré par Tchunda-Saëb. Au commencement de 1751, les Anglais lui expédièrent du renfort : les Français en envoyèrent à Tchunda-Saëb; les Anglais furent battus; néanmoins, ils parvinrent à ravitailler plusieurs fois Tritchenapali (février-juillet 1751). Cette place eût fini par succomber, si un jeune homme, récemment passé des bureaux de la Compagnie anglaise au service militaire, n'eût suggéré à ses chefs de sauver le dernier asile de Mahomet-Ali par une diversion contre Arcate, le chef-lieu du Carnatic. Ce jeune homme, c'était Clive, le futur rival et l'heureux imitateur de Dupleix! On lui donna le commandement de l'expédition qu'il avait conseillée. Avec quelques centaines d'hommes, il se saisit d'Arcate sans résistance. Les populations de ces grandes villes indiennes étaient habituées à changer de maîtres comme des troupeaux (septembre 1751). Clive défendit sa facile conquête avec beaucoup d'énergie contre des troupes dépêchées par Tchunda-Saëb et renforcées d'un détachement français. Secouru par un corps de Mahrattes, il fit lever le siége d'Arcate aux Franco-Indiens et les battit deux fois; puis il se joignit au commandant en chef anglais, Lawrence, pour essayer de faire lever aussi le long blocus de Tritchenapali.

Ces premiers échecs avaient ébranlé l'ascendant de Dupleix dans le midi de la péninsule : le Maïssour (Mysore), nouveau royaume formé à l'ouest du Carnatic, et qui devait, plus tard, lutter avec tant d'opiniâtreté contre la puissance anglaise, se déclara pour Mahomet-Ali et pour les Anglais : le radjah de

Tandjaour suivit cet exemple. Lawrence, renforcé de vingt-cinq mille Indiens, put bloquer à son tour le corps franco-indien qui avait assiégé Tritchenapali et qui s'était retiré, près de là, dans les deux pagodes de Tcheringham, île du fleuve Cavéri. Un détachement français, expédié de Pondichéri au secours de Tcheringham, fut cerné par Clive avec des forces supérieures et obligé de se rendre (avril 1752). Le corps resserré dans Tcheringham n'avait plus d'autre parti à prendre que de se faire jour l'épée à la main jusqu'à Pondichéri. Malheureusement, le commandant Law, neveu du fameux contrôleur général, n'était pas un Bussi! Hésitant, irrésolu, il laissa ses troupes se décourager dans l'inaction et les Anglais tirer à loisir de l'artillerie de siége de Devi-Cotah. Le nabab Tchunda-Saëb, jugeant un désastre imminent, tenta de s'échapper; il acheta la protection d'un des chefs ennemis, le commandant des Tandjaouriens : le Tandjaourien reçut l'argent et livra Tchunda-Saëb, qui fut égorgé. Law, menacé d'être emporté d'assaut dans son île, capitula : tout le corps français resta prisonnier de guerre.

L'effet de ces nouvelles en France fut déplorable. *Nous l'avions bien dit!* fut le cri de toutes les médiocrités jalouses, de toutes les lâchetés officielles! Le gouvernement sembla heureux de voir ses prévisions justifiées sur le peu de solidité de toute cette gloire. La réaction gagna la Compagnie : la France douta si elle n'avait pas été dupée par un roman d'empire. La fatale coïncidence du procès de La Bourdonnais, procès dont le public ne vit nullement le fonds et dans lequel le principal coupable était le gouvernement, tourna en partie les esprits contre Dupleix[1]. On peut juger, jusqu'à un certain point, de l'opinion publique par Voltaire, qui n'est pas hostile à Dupleix, mais qui, s'il a bien compris l'importance des relations avec l'Inde au point de vue scientifique et philosophique, n'y comprend absolument rien au point de vue poli-

---

1. La Bourdonnais, nous l'avons dit plus haut, exerça, entre son acquittement et sa mort, une influence très-malheureuse sur la Compagnie et sur le ministère. La correspondance du brave d'Auteuil, qui était à la fois le beau-frère de La Bourdonnais et de madame Dupleix, n'en donne que trop de preuves. Des hommes éclairés, l'ancien gouverneur Dumas et autres, avaient d'abord soutenu Dupleix dans la Compagnie; mais ils avaient disparu, et la Compagnie était tombée dans les plus mauvaises mains.

tique¹. L'opinion, toutefois, fût infailliblement revenue si on lui en eût laissé le temps.

Dupleix n'avait pas été un moment ébranlé par ses revers : il mit en campagne le peu qui lui restait de soldats, renforcés par les équipages des vaisseaux de la Compagnie, afin de sauver à tout prix la forte place de Gingi, sa plus précieuse conquête. Un premier corps anglais, envoyé contre Gingi, fut défait; le commandant en chef, Lawrence, repoussa à son tour les Français, mais ne prit pas Gingi. La diplomatie recommença de servir Dupleix : il regagna les Maïssouriens, à qui Mahomet-Ali avait promis, puis refusé la cession de Tritchenapali. Des Mahrattes à la solde du Maïssour joignirent les Français; Dupleix refit un nabab, nommé Mortiz-Ali, avança jusqu'à 7 millions à lui ou empruntés par lui pour soutenir la guerre, et, six mois après la catastrophe de Law et de Tchunda-Saëb, l'offensive fut reprise et le blocus de Tritchenapali fut renouvelé. Lawrence retourna au secours de la place : il fut battu dans l'île même de Tcheringham, théâtre de ses récents succès; il se releva par deux avantages considérables, et, vers octobre 1753, il approvisionna Tritchenapali pour quelques mois. Six cents Français et un corps de cipayes essayèrent de surprendre la place, qu'on ne pouvait plus en ce moment espérer de réduire par famine : ils enlevèrent la première enceinte, mais ne purent forcer la seconde, et furent en partie enveloppés et pris entre la double muraille.

L'indomptable Dupleix ne se découragea pas; seulement, pour donner quelque satisfaction au ministère et à la Compagnie, il ouvrit des conférences, en janvier 1754, avec Saunders, gouverneur de Madras. Dupleix ne voulait la paix qu'à des conditions avantageuses; l'Anglais n'en voulait point du tout. Dupleix comptait sur Bussi; Saunders comptait, nous ne dirons pas sur son gouvernement, mais sur le gouvernement français, qu'il appréciait bien! Il était au courant des négociations qui avaient lieu entre les deux cabinets et les deux compagnies depuis 1752. Dupleix refusant de reconnaître Mahomet-Ali comme nabab du Carnatic, les pourparlers se rompirent. Pendant ce temps, la

---

1. V. *Siècle de Louis XV*, c. xxix, et *Fragments sur l'Inde*, à la suite de *l'Histoire du Parlement de Paris*.

petite armée française s'était remise sur pied devant Tritchenapali. Au mois de février 1754, un grand convoi, escorté par l'élite des troupes anglaises, fut enlevé, et toute l'escorte détruite. Bussi, retenu jusqu'alors dans le Dekhan par la nécessité de contenir les grands chefs mahrattes et de déjouer les intrigues des Anglais à la cour même du soubahdar, allait être bientôt en mesure d'intervenir dans le Carnatic. Clive, au contraire, le plus brillant officier et le plus habile politique qu'eussent les Anglais dans l'Inde, était parti, malade, pour l'Europe. Tout annonçait un éclatant retour de fortune.

Sur ces entrefaites, des vaisseaux de la Compagnie parurent en rade de Pondichéri, apportant douze cents soldats de France (août 1754). C'était plus qu'il n'en fallait pour achever de vaincre; mais ces vaisseaux et ces soldats étaient conduits par un des directeurs de la Compagnie, chargé des pleins pouvoirs du gouvernement français pour conclure la paix avec les Anglais. Le premier acte de ce commissaire fut de signifier à Dupleix sa révocation et de prendre sa place. Le cabinet anglais avait fait du rappel de Dupleix la condition absolue de la paix : Louis XV et ses ministres avaient courbé la tête!

Dupleix s'y attendait; il savait les haines amassées contre lui. La Compagnie lui avait fait insinuer de demander lui-même son rappel : il avait refusé, à moins qu'on ne le remplaçât par Bussi, le seul homme capable de reprendre et d'achever son œuvre [1]. Il avait travaillé pour la gloire de la France bien plus que pour sa propre gloire et se fût résigné à l'obscurité et à l'oubli, pourvu que sa pensée triomphât sous le nom d'un autre. Il eût aimé La Bourdonnais comme il aimait Bussi, si La Bourdonnais eût voulu comprendre et seconder son système.

Au lieu de Bussi, on lui donna pour successeur provisoire un homme de bureau appelé Godeheu, sans autre talent que l'intrigue, sans autre système que la paix à tout prix et qu'une basse envie contre le grand homme. Ce personnage, après s'être glissé, d'échelon en échelon, jusqu'au rang de directeur de la Compagnie, avait suivi, depuis plusieurs années, tout un plan de trahi-

---

1. « On ne peut voir rien de plus grand que ce Bussi, » écrivait-il en France (Saint-Priest, la *Perte de l'Inde sous Louis XV*).

son contre Dupleix. On peut constater par son propre aveu, dans son journal manuscrit, qu'il avait empêché systématiquement d'envoyer à Dupleix assez de troupes pour lui assurer la victoire [1]. Dupleix, plus grand dans le malheur qu'il n'avait jamais été dans ses triomphes, contint sa douleur et son ressentiment, et tâcha d'éveiller, à force de magnanimité, quelques sentiments d'honneur et de patriotisme dans cette âme vile [2]. Bussi, indigné, désespéré, voulait tout abandonner et partir avec lui : il l'obligea de rester dans le Dekhan ; puis il supplia Godeheu d'étendre au moins les mains pour saisir Tritchenapali, tout prêt à tomber. Godeheu destitua l'habile et brave officier que Dupleix avait proposé à la direction du siége. Les Anglais, alors réussirent à faire passer un convoi, et la place fut sauvée. Godeheu séquestra les revenus destinés à rembourser les avances de Dupleix, qui ne s'élevaient pas à moins de 13 millions; Dupleix s'embarqua pour la France avec sa famille. Deux jours après le départ de Dupleix, Godeheu signa, avec le gouverneur anglais Saunders, un traité dont les bases avaient été arrêtées entre les cabinets de Versailles et de Saint-James (11 octobre 1754). Il fut stipulé que les deux Compagnies s'interdiraient à jamais d'intervenir dans la politique intérieure de l'Inde ; que leurs agents renonceraient à toutes dignités, charges ou honneurs conférés par les princes du pays ; que toutes les places, tous les territoires occupés par les deux Compagnies, seraient rendus au Grand Mogol, excepté les possessions qu'elles avaient avant la guerre du Carnatic, ce qui laissait aux Anglais Dévi-Cotah ; que les possessions des deux Compagnies seraient mises sur un pied de parfaite égalité quant à l'étendue et au revenu ; que le district de Masulipatam serait partagé entre les deux Compagnies ; que les Français renonceraient à tout revenu territorial (et par conséquent à tout commandement politique) dans le reste des *circars* d'Orissa, et que

1. Journal du voyage de M. Godeheu, p. 81 ; Mss. de la Bibl., n° 6,990.
2. Nous avons entre les mains deux lettres écrites en septembre 1754, sous le coup de la révocation de Dupleix, l'une par Bussi, l'autre par un employé supérieur de la compagnie. On ne saurait imaginer rien de plus poignant, quant à la ruine de l'influence française dans l'Inde, écroulée en un seul jour, ni rien de plus sublime, quant à l'attitude et à toute la conduite de Dupleix (Papiers de la famille Dupleix, communiqués par M. P. Margry).

chacune des deux nations y aurait seulement quatre ou cinq comptoirs.

Les Anglais cédaient quelques bourgades; la France cédait un empire.

Il n'y a pas d'exemple, dans l'histoire moderne, d'une nation trahie à ce point par son gouvernement : c'est l'idéal de l'ignominie; il faut, pour trouver quelque chose de semblable, remonter jusqu'à ces lâches rois d'Orient qui se précipitaient à bas de leurs trônes sur un geste des proconsuls romains.

La France comprit trop tard ce qu'elle avait perdu. Elle entrevit que les revers, qu'on s'était hâté de lui apprendre, avaient été sur le point d'être complétement réparés. Lorsque Dupleix et l'héroïque femme qui avait été la confidente et l'indispensable auxiliaire de ses desseins, abordèrent sur la terre de France, il se fit une éclatante réaction en leur faveur. « Ma femme et moi, » écrivait Dupleix, « n'osions paraître dans Lorient, pour l'affluence du peuple qui voulait nous voir et nous bénir. » A tous les relais de poste entre Lorient et Paris, la population s'attroupait avec des marques de sympathie et d'admiration, comme pour protester contre le rappel du héros de l'Inde. La cour reçut le contre-coup de ce mouvement national. Le contrôleur général Séchelles, la favorite, le roi, accueillirent d'abord si bien les deux époux, qu'ils espérèrent pleine justice. L'illusion ne tarda pas à se dissiper. Aucune espérance ne fut réalisée. Aucune promesse ne fut tenue. Le malheur ne cessa plus de s'acharner sur Dupleix et sur sa famille. Madame Dupleix mourut à Paris en décembre 1756; sa fille, qui avait été fiancée à Bussi, la suivit bientôt dans la tombe (avril 1759); Dupleix usa ses dernières années à réclamer en vain sa fortune et celle de ses amis, englouties dans les dépenses de la guerre; ses parents et ses amis s'étaient dévoués avec lui. La Compagnie leur fit pareille banqueroute, avec la complicité du gouvernement. Un *ordre du roi*, c'est-à-dire un impudent déni de justice, arrêta le procès que Dupleix intentait à la Compagnie. Il fut réduit à obtenir des arrêts de surséance contre ses propres créanciers, pour n'être pas traîné en prison, et mourut le 11 novembre 1763, après avoir vu la chute de nos colonies et l'abaissement de cette France qu'il avait rêvée si glorieuse.

La France nouvelle n'a point encore payé sa dette à cette illustre victime de la monarchie : Dupleix attend encore un monument dans cette patrie qu'il avait voulu doter d'un monde; l'histoire, du moins, a fait enfin son devoir en le proclamant un des plus grands hommes et des meilleurs patriotes qu'ait jamais eus la France, un homme de la race des Richelieu [1] et des Colbert. Il naquit trop tard ou trop tôt : il lui eût fallu vivre en 1660 ou en 1792, dans une époque d'organisation glorieuse ou dans une époque de suprême danger et de suprême dévouement [2].

Au moment même où tous les intérêts, tout l'avenir de la France en Asie, étaient sacrifiés à une paix impossible, les hostilités se rengageaient dans l'autre hémisphère, au fond de l'Amérique du Nord.

Plusieurs questions étaient restées pendantes, après le traité d'Aix-la-Chapelle, entre la France et l'Angleterre : une de quelque importance, le partage des îles Caraïbes (Sainte-Lucie, Tabago, la Dominique et Saint-Vincent) [3]; une autre bien plus considérable et tout à fait capitale, les limites du Canada. Il suffit de définir cette question pour montrer qu'elle était insoluble par la diplomatie. Ce n'étaient pas des frontières qu'on se disputait, c'étaient des régions immenses, c'était l'empire de l'Amérique septentrionale. Le débat remontait à la paix d'Utrecht, qui, en cédant l'Acadie aux Anglais, n'avait pas précisé les limites de cette contrée. Les Anglais prétendaient que l'Acadie, ou Nouvelle-Écosse, comprenait, non-seulement la presqu'île acadienne, mais toute la région située entre cette presqu'île, la Nouvelle-Angleterre, la rive méridionale du Saint-Laurent et le golfe du Saint-Laurent, c'est-à-

---

1. De la race de Richelieu par le génie, mais d'âme plus pure.
2. Voir, sur les affaires de l'Inde, *Mémoire pour le sieur Dupleix, contre la Compagnie des Indes*, Paris, 1759, in 4º. — *Réfutation des faits imputés au sieur Godeheu par le sieur Dupleix*, ibid., 1764. — Saint-Priest (qui a compulsé, mais sans assez d'exactitude, beaucoup de documents manuscrits); la *Perte de l'Inde sous Louis XV*. — Barchou de Penhoën, *Histoire de la Fondation de l'empire anglais dans l'Inde*, t. I, liv. IV; et les historiens anglais; Orme (camarade et historien de Clive); — Malcolm, *Vie de Clive*; — colonel Wilkes. — M. Pierre Margry a réuni tous les éléments d'une vie de Dupleix qui donnera le dernier mot sur ce grand homme.
3. Ces îles avaient été, par d'anciennes conventions, laissées aux Caraïbes et déclarées neutres; puis la France et l'Angleterre avaient recommencé à se les disputer. Les Français étaient établis depuis le siècle précédent à Sainte-Lucie.

dire tout le midi du Canada; ils prétendaient de plus pouvoir s'étendre fort au sud de la mer d'Hudson, vers le nord du Canada, et déborder librement, de la Pensylvanie, de la Virginie et de la Caroline, dans la grande vallée de l'Ohio jusqu'au midi des lacs Érié et Ontario. Les Français soutenaient, au contraire, que l'Acadie ne comprenait pas même toute la presqu'île, mais seulement la partie méridionale, et que le cours entier de l'Ohio, qui reliait le Canada à la Louisiane, leur appartenait, aussi bien que le Mississipi, en vertu des découvertes de Cavelier de la Salle. En résumé, les Anglais voulaient couper les communications du Canada et de la Louisiane, et réduire le Canada presque à rien ; les Français voulaient resserrer les colons anglais du continent entre le Canada, les monts Apalaches ou Alleghanys, la Louisiane et la mer. Du côté de l'Acadie, le fait de possession était en faveur des Français, qui, après la paix d'Utrecht, n'avaient évacué que la presqu'île et avaient conservé ou fondé des établissements assez nombreux entre le Saint-Laurent et la baie Française (ou de Fundy), qui sépare l'Acadie du Canada. Il était évident que Louis XIV n'avait entendu céder tout au plus que la presqu'île; mais il était évident aussi que le point de droit était ici la moindre chose [1].

Le débat était moins encore entre les deux gouvernements qu'entre les deux colonies : la colonie, ou, pour mieux dire, les colonies anglaises, puisque, unies de sentiments et d'intérêts, elles étaient séparées administrativement, n'étaient plus de simples annexes recevant l'impulsion de la métropole, mais des corps politiques ayant une existence propre et un instinct très-vif de leurs destinées. L'inégalité de population et de richesse était prodigieuse entre les colonies anglaises et les colonies françaises de l'Amérique septentrionale. Ces dernières, bien qu'elles fussent en progrès, puisque la population du Canada fit plus que tripler depuis la Régence jusqu'en 1759 (vingt-cinq mille âmes en 1721; cinquante mille en 1744; quatre-vingt-deux mille en 1759), atteignaient à peine quatre-vingt mille âmes. Leur exportation, en 1753, ne dépassait pas la valeur de 1,700,000 francs;

---

[1]. Voir Garneau, *Histoire du Canada*, Québec, 1846, t. II, passim. — *Vie privée de Louis XV*, t. I, p. 362.

leur importation, à cause des envois du gouvernement, allait à 5,200,000 fr.[1] ; elles avaient si peu d'industrie, qu'elles achetaient à leurs voisins anglais une partie des bâtiments qui servaient à leur navigation intérieure. Les colonies anglaises avaient au moins douze cent mille habitants; elles exportaient pour 37 millions de valeurs, importaient pour 24 millions et demi.

Les causes de cette extrême inégalité n'ont rien d'équivoque : il n'en faut pas chercher l'explication dans la prétendue maxime que les *Français n'ont pas le génie colonisateur*, ou dans d'autres banalités analogues. Cette inégalité de développement tenait bien moins au génie des deux nations qu'aux systèmes opposés des deux gouvernements. « On ne saurait trop redire à la France, qui cherche aujourd'hui à répandre sa race, sa langue et ses institutions en Afrique, ce qui a ruiné son système colonial dans le Nouveau Monde, où elle aurait dû prédominer. Le défaut d'association dans la mère patrie pour encourager une émigration *agricole*... l'absence de liberté, et la passion des armes répandue parmi les colons, telles sont les principales causes qui ont fait languir le Canada[2]. » La France ne doit pas dédaigner cet avis donné, de l'autre hémisphère, par un fils de ce Canada, resté Français de cœur après un siècle de domination étrangère.

Dans les colonies anglaises, la liberté politique et religieuse se manifeste dès l'origine : tous les éléments divers s'accumulent ou se juxtaposent; les *gentlemen* anglicans et aristocrates de la Virginie et des Carolines, transformés plus tard par l'influence philosophique et républicaine de Locke[3]; les austères et démocrates puritains de la Nouvelle-Angleterre ; les paisibles et tolérants quakers de la Pensylvanie ; toutes les variétés d'opinions, toutes les catégories de la société anglaise, la haute aristocratie exceptée, sont représentées au Nouveau Monde ; tout ce qui se trouve froissé

---

1. Nous citons les chiffres de M. Garneau ; cependant M. Dussieux évalue l'exportation des pelleteries, pour 1754, à 3 millions. V. L. Dussieux; *le Canada sous la domination française*, p. 54; Paris, 1855, in-8°.

2. Garneau, *Histoire du Canada*, t. II, p. 175. — Sur la statistique comparée des colonies françaises et anglaises, ibid., t. III, p. 6.

3. Locke fut chargé, en 1673, par lord Shaftesbury, de rédiger les lois de la Caroline du Sud. Sa législation n'a pas subsisté, mais son esprit a imbu profondément l'Amérique.

dans ses intérêts ou dans ses idées, tout ce qui est pauvre et courageux, passe la mer sans obstacle[1]. Parmi ces agrégations et ces législations si différentes, chacun trouve sa place, les étrangers mêmes, Hollandais, Français, Suédois, Allemands ; c'est l'asile universel. Les degrés de liberté politique sont divers : certaines colonies s'administrent elles-mêmes ; d'autres ont des gouverneurs nommés par le roi ou par les fondateurs-propriétaires, espèces de suzerains féodaux ; partout, cependant, des assemblées populaires participent au pouvoir et à la confection des lois ; partout l'esprit démocratique, éclairé par le progrès de la philosophie et de la tolérance, prend la supériorité ; une nouvelle Angleterre se forme là, comme en sens inverse de l'ancienne, c'est-à-dire que les éléments politiques qui ont été vaincus ou comprimés dans la vieille Angleterre au XVIIe siècle, sont vainqueurs sans combat en Amérique au XVIIIe : cette nouvelle Angleterre double l'énergie native de sa race par l'esprit d'égalité et par le rationalisme substitués au respect héréditaire des faits. Une puissante activité agricole et commerciale signale cette jeune société.

Les colonies françaises apparaissent, au contraire, attachées à d'éternelles lisières par le despotisme politique et religieux. Le Nouveau Monde est enchaîné par les lois et coutumes de l'ancien ; le double arbitraire du gouverneur et de l'intendant est tempéré par l'influence des moines, au lieu de représentation populaire ; partout des entraves au développement de l'activité humaine ; pas même l'unité du pouvoir absolu, car l'autorité militaire ou civile et le crédit monastique sont toujours aux prises : les jésuites subalternisent le reste du clergé, traitent les administrateurs coloniaux de *persécuteurs de la religion*, quand ils ne leur livrent pas tout sans contrôle, et se montrent à la fois admirables dans leurs missions parmi les sauvages[2] et insupportables au centre de la colonie ; contraste qui ne peut étonner ; ils savaient avoir de tout, *même des saints*, comme dit Chesterfield, qui les avait si bien étudiés ; leurs habiles chefs envoyaient les *saints* au poste du danger, les politiques au poste de l'intrigue.

1. Les Stuarts avaient essayé un moment d'y mettre obstacle, et il en avait coûté cher à Charles Ier. On sait que ce fut un ordre de ce roi qui retint Cromwell et Hampden prêts à s'embarquer pour l'Amérique en 1638.
2. Sauf réserves et exceptions, bien entendu.

Pour couronner tant d'abus, gouverneur, intendant, magistrats, religieux, font le commerce et découragent les commerçants par une concurrence léonine; les jésuites font jusqu'à la contrebande [1]. La liberté ordonnée et civilisée, le développement régulier des esprits et des choses, est donc impossible : le Canadien va à la liberté sauvage; les natures aventureuses, dont la colonie abonde, se réfugient dans l'indépendance de la forêt : le colon vit comme le sauvage, et souvent avec lui. C'est là cette *passion des armes* que l'historien du Canada représente comme funeste à la colonie. Le Canadien n'est ni un agriculteur ni un commerçant; c'est un chasseur soldat, qui ne cultive que tout juste pour ses besoins et qui ne connaît d'autre commerce que la traite vagabonde des pelleteries.

La Louisiane, sauf la différence du climat, était dans des conditions analogues au Canada. Après la révocation de l'édit de Nantes, un grand nombre de huguenots s'étaient réfugiés dans les colonies anglaises; l'amour de la France vivait toujours dans leurs cœurs; sur la fin du règne de Louis XIV, ils prièrent le vieux roi de leur permettre de s'établir en Louisiane; Louis refusa. Ils renouvelèrent leur prière au régent; le régent n'eut pas le courage de consentir. Ils restèrent Anglais malgré eux : leurs enfants devaient, un jour, prendre une glorieuse part à l'affranchissement de l'Amérique [2]. Que de fois, depuis l'amiral Coligni, le projet d'ouvrir le système colonial français à la liberté religieuse avait été proposé, et que de fois rejeté par la monarchie! Qu'eût été une France libre dans le Nouveau Monde? nul ne saurait le dire; mais on peut croire que ce fut là un grand malheur pour la France, un malheur pour l'Amérique elle-même, dont un puissant élément français eût pu modifier et compléter le génie. Ce qui est certain, c'est que l'événement a condamné le système colonial de l'absolutisme politique et religieux, et a

---

1. Garneau, *Histoire du Canada*, t. II, p. 533.
2. « Des neuf présidents de l'ancien congrès qui ont dirigé les États-Unis à travers la guerre de la révolution, trois descendaient de réfugiés protestants français, savoir : Henri Laurens, de la Caroline du Sud; le célèbre Jean Jay, de New-York; Élias Boudinot, de New-Jersey. » Garneau, t. II, p. 181. Sur l'importance de l'élément huguenot dans l'Amérique anglaise, à New-York et ailleurs, V. Ch. Weiss, *Hist. des Réfugiés protestants*, t. II.

prouvé que les grandes colonies étaient impossibles avec le régime militaire et le règne des moines.

De deux colonisations rivales, constituées comme nous venons de l'indiquer, l'une devait évidemment finir par dévorer l'autre. Un seul principe avait empêché cette catastrophe d'avoir lieu dix fois pour une depuis un siècle; cette même passion des armes, qui entravait le développement du Canada, avait sauvé son existence. Les tendances héroïques de la nature française s'étaient épanouies avec une merveilleuse énergie dans la vie d'aventures que menaient les colons, et leur supériorité guerrière sur leurs laborieux voisins leur avait permis de résister à des forces qui semblaient devoir les engloutir. Chez eux, il y avait autant de soldats que d'hommes en état de porter les armes. Ils avaient la valeur des flibustiers sans leur cruauté.

Moins guerriers d'habitudes, mais non pas moins vigoureusement trempés, et doués d'une indomptable persévérance, les Anglo-Américains reprenaient toujours leur plan d'envahissement tant de fois déchiré par l'épée canadienne. La restitution de Louisbourg à la France, par le traité d'Aix-la-Chapelle, les avait consternés, et la paix était à peine signée, qu'ils faisaient déjà tous leurs efforts pour amener le gouvernement anglais à recommencer la guerre : « Point de repos pour nos treize colonies », écrivait Benjamin FRANKLIN, « tant que les Français seront maîtres du « Canada [1] ». Ce mot de l'homme le plus illustre que possédassent alors les colonies anglaises, exprimait le sentiment général des Anglo-Américains. Il n'est pas sûr, à la vérité, que, sous cette pensée si hostile à la France, il n'y eût pas déjà une autre pensée peu favorable à l'Angleterre, et que Franklin et bien d'autres colons n'entrevissent pas déjà, au moins comme une des possibilités de l'avenir, l'indépendance de l'Amérique derrière la conquête du Canada. Des esprits pénétrants avaient, chez nous, prédit, dès 1711, que, si le Canada était enlevé à la France, les colonies anglaises, une fois débarrassées de ces belliqueux voisins, ne tarderaient pas à se séparer de leur métropole. En 1733, le marquis d'Argenson avait renouvelé cette prédiction dans ses Mémoires.

---

1. Barbé-Marbois, *Histoire de la Louisiane*, p. 139.

Les projets des Anglo-Américains furent poursuivis avec ensemble et décision. Des efforts habiles furent tentés avec quelque succès pour rompre les liens de cette sympathie, ou, tout au moins, de cette préférence, qui attirait la plupart des sauvages vers les Français et qui valait à ceux-ci de redoutables auxiliaires : les Anglais avaient à offrir aux *peaux-rouges* l'appât d'un commerce plus avantageux, plus étendu et plus libre. En même temps, les postes anglais se portèrent de toutes parts en avant. En 1749, une compagnie, formée dans la métropole et dans les colonies, se fit donner une concession de six cent mille acres dans la vallée de l'Ohio, de la *Belle-Rivière*, comme l'appelaient les Français; d'autres entrepreneurs d'établissements coloniaux se mirent en devoir de s'avancer de l'Acadie vers la rive méridionale du Saint-Laurent, et de la baie d'Hudson vers le nord du Canada. Le gouverneur français, La Galissonière, empêcha les Anglais de sortir de la presqu'île acadienne et attira sur le territoire canadien, au nord de la baie Française, une partie des Acadiens d'origine française qui n'avaient pas quitté leur pays après la cession, en 1713, et qui étaient parvenus jusqu'alors à éviter de prêter serment au roi d'Angleterre et à garder la neutralité en temps de guerre. Il tint ferme également sur l'Ohio : il en fit expulser les trafiquants anglais; il avait fait prendre possession du pays, dès 1748, par des poteaux plantés sur les points principaux de ce vaste et verdoyant désert. Il éleva des forts pour soutenir la prise de possession et invita le gouverneur de Pensylvanie à retenir ses colons au levant des montagnes. La Galissonière fut rappelé sur ces entrefaites; de retour en France, il fit tout pour éclairer le gouvernement sur les dangers du Canada et sur les moyens de défense à employer, et pressa les ministres d'envoyer au plus tôt dix mille laboureurs français peupler les bords des lacs et le haut du Saint-Laurent et du Mississipi, afin d'assurer la colonie contre la disette qui la menaçait dès que la guerre éclatait. Le cabinet de Versailles n'envoya pas un paysan, tandis que le cabinet anglais expédiait près de quatre mille nouveaux colons fonder Halifax en Acadie[1].

---

1. Sur tout ce qui regarde le Canada, voir Garneau, t. II, passim. — Les avis ne manquèrent pas; le vieux maréchal de Noailles donna de très-bons Mémoires au roi

Là, comme dans l'Inde, le cabinet de Versailles n'avait d'autre idée que la paix et négociait au lieu de se disposer à combattre. Il avait pressé, quasi supplié le gouvernement anglais de procéder à la formation de la commission mixte qui devait régler les questions demeurées pendantes. L'Angleterre n'en avait point de hâte et n'y consentit que d'assez mauvaise grâce. On échangea des mémoires, puis des conférences s'ouvrirent à partir de septembre 1750. Elles furent aussi multipliées qu'inutiles. Nous avons exposé tout à l'heure les prétentions respectives. On était à une si énorme distance, qu'il était impossible de s'entendre. On ne marchait pas ici dans le nouveau et dans l'inconnu comme en Indoustan; le cabinet français n'osa sacrifier les intérêts de la France avec la même lâcheté; il s'agissait ici de précédents établis, de droits ou de prétentions constatés par la tradition diplomatique, et même, en partie, de possessions françaises de fait depuis longtemps; le cabinet français eût cédé beaucoup; il n'osa tout céder. L'évidente intention de rupture que laissait percer l'Angleterre rend plus honteuse encore la conduite du gouvernement de Louis XV. Quand ce misérable cabinet sacrifia l'Inde, il ne pouvait plus douter d'avoir bientôt la guerre avec les Anglais en Amérique [1]; mais il était retombé dans l'absurde illusion de la neutralité de l'Inde, comme au temps de La Bourdonnais : le résultat devait être absolument le même.

Les hostilités étaient à peu près suspendues vers l'Acadie, où l'on se tenait en échec dans l'isthme qui sépare la presqu'île des dépendances du Canada; mais la lutte avait commencé sur l'Ohio. On avait, de part et d'autre, envoyé des troupes et bâti des forts, ou plutôt des retraites palissadées, vers le sud des grands lacs et l'Ohio. Les Français arrêtèrent des marchands anglais, se saisirent de plusieurs comptoirs, enlevèrent un fort à leurs rivaux et en construisirent un autre, qu'ils nommèrent fort Duquesne, du nom d'un nouveau gouverneur du Canada, petit-neveu de l'illustre amiral. Le fort Duquesne, situé entre l'Ohio et les monts

sur les moyens d'expédier des colons militaires peu à peu et sans bruit au Canada. V. *Mém.* de Noailles.

1. Dès le 15 mai 1752, il avait *ordonné* au gouverneur du Canada de repousser par la force les empiétements des Anglais, si c'était nécessaire, ordre que les Canadiens avaient prévenu depuis trois ans.

Alleghanys, devait servir de barrière contre les Anglo-Américains qui descendraient de la Pensylvanie et de la Virginie. Le commandant français de l'Ohio, informé de l'approche d'un détachement anglo-américain, chargea un officier nommé Villiers de Jumonville, à la tête d'une trentaine d'hommes, d'aller reconnaître cette troupe et lui porter la sommation d'évacuer le territoire français. Jumonville ne put remplir sa commission : un matin, il fut surpris et brusquement assailli par les Anglais renforcés d'une troupe de sauvages. Suivant les relations françaises, il aurait alors déployé le pavillon de parlementaire et même commencé à lire sa sommation, ce qui n'aurait point arrêté le feu ; l'officier anglo-américain affirma, d'une autre part, n'avoir eu connaissance d'aucune tentative de pourparlers. Cet officier, très-jeune alors et nommé récemment colonel d'un régiment de milices virginiennes, s'appelait George WASHINGTON. L'on ne saurait admettre que l'homme qui portait ce nom se soit rendu coupable d'une criminelle violation du droit des gens et de l'humanité ; mais le désordre de l'attaque et l'indiscipline des milices peuvent tout expliquer. Quoi qu'il en soit, Jumonville fut tué avec neuf de ses compagnons, et les autres furent emmenés prisonniers (18 mai 1754).

Un cri de fureur éclata parmi les troupes françaises de l'Ohio ; le commandant en chef remit le soin de la vengeance au frère même de la victime, M. de Villiers, qui marcha contre Washington avec six cents Canadiens et cent sauvages du parti français. Washington, qui avait environ quatre cents hommes, venait d'établir un fort palissadé sur un affluent de l'Ohio, la Monongahela, au-dessus du fort Duquesne. Il fut rejeté dans ses retranchements, et, après une lutte meurtrière qui dura tout un jour, il fut obligé de capituler dans des termes très-humiliants pour ses soldats (3 juillet). Dans la capitulation signée des deux chefs, le capitaine Villiers déclare que, chargé de venger « *l'assassinat* qui a été fait sur un officier français, porteur d'une sommation, et sur son escorte... il veut bien accorder grâce à tous les Anglais qui sont dans le fort[1] ». Les Anglais abandonnèrent

---

1. L'original de la capitulation est aux Archives de la Marine, avec diverses pièces

leur fort et leur artillerie, donnèrent des otages pour garantir la restitution des prisonniers français, et sortirent du territoire contesté.

Tandis que ces événements se passaient sur l'Ohio, les gouverneurs et les délégués des colonies anglaises étaient réunis à Albany, dans l'État de New-York, afin de concerter les opérations et de concentrer les ressources des diverses colonies, jusqu'alors isolées administrativement les unes des autres. L'alliance fut renouvelée avec les six petites nations iroquoises qui habitaient entre les lacs et la Nouvelle-Angleterre, et un projet d'union fédérale entre les treize colonies fut votée sur la proposition du docteur Franklin, délégué de l'assemblée de Pensylvanie. Un président nommé par la couronne, un grand conseil choisi par les assemblées coloniales, eussent formé le gouvernement de la confédération. La pensée du philosophe pensylvanien était à la fois prématurée et incomplète. L'union américaine ne devait pas se fonder sous les auspices de la monarchie constitutionnelle. Le gouvernement britannique rejeta un plan qui eût rendu les colonies trop fortes vis-à-vis de la métropole, et les assemblées coloniales craignirent, de leur côté, de se mettre sous la dépendance d'une administration centrale. Le cabinet anglais aima mieux faire la guerre avec ses soldats et ses généraux, en demandant seulement aux colonies des auxiliaires et de l'argent.

L'Angleterre pressa ses préparatifs, tout en continuant d'amuser le cabinet de Versailles. De nouveaux mémoires furent échangés dans les premiers mois de 1755. L'Angleterre parut un moment se relâcher quelque peu. Le cabinet français, alors, proposa l'évacuation réciproque de tout le pays situé entre l'Ohio et la chaîne des Alleghanys : c'était un grand pas en arrière; on ne conservait la communication de la Louisiane au Canada que par la rive droite de l'Ohio, et l'on accordait aux frontières anglaises une entière sécurité. Les Anglais ne daignèrent en tenir compte

---

sur la catastrophe de Jumonville. Nous en devons la communication, ainsi que de beaucoup d'autres documents manuscrits sur les affaires du Canada, à l'obligeance de M. Pierre Margry, qui prépare depuis longtemps d'importantes publications sur l'histoire des colonies françaises de l'Amérique du Nord. *V.* aussi une lettre de Washington, du 29 mai 1754; ap. *Vie de Washington*, par M. Guizot, t. III, p. 1, et Garneau, *Histoire du Canada*, t. III, p. 538-540.

et réclamèrent de plus la destruction des établissements français à la droite de l'Ohio jusqu'au Ouabache; celle des forts de Niagara et du lac Champlain; la neutralité des lacs; la cession de toute la côte du continent qui fait face à la presqu'île acadienne, sur une profondeur de vingt lieues; l'évacuation et la neutralité de tout le reste du pays au midi du Saint-Laurent (7 mars 1755). Le gouvernement anglais proposait systématiquement des conditions impossibles : il se croyait sûr d'enlever le Canada en deux campagnes, et voulait la guerre comme le cabinet de Versailles voulait la paix, à peu près à tout prix.

L'Angleterre était déjà en mesure d'agir. Les populations répondaient avec passion à l'appel du gouvernement : les villes et les corporations offraient des gratifications à quiconque s'enrôlerait pour servir sur terre ou sur mer; une loterie, dont le ministère attendait 1 million sterling, en rapporta près de 4 (près de 100 millions). Dès le mois de janvier 1755, une escadre avait appareillé d'Irlande pour conduire en Virginie le général Braddock, chargé d'exécuter un plan d'opérations conçu par le duc de Cumberland pour la conquête du Canada. Le vaincu de Fontenoi et le vainqueur de Culloden était le plus ardent moteur de la guerre. Le cabinet de Versailles se décida enfin à faire partir à son tour, au mois d'avril, pour le Saint-Laurent, une escadre portant un nouveau gouverneur du Canada, M. de Vaudreuil, et un officier général, M. de Dieskau, avec trois mille soldats. La flotte française fut devancée par une seconde escadre anglaise aux ordres de l'amiral Boscawen. Le gouvernement français demanda des explications : les ministres de Georges II, le duc de Newcastle (Pelham), lord Granville, Henri Fox, répondirent que « certainement les Anglais ne commenceraient pas [1] ». Ils *commencèrent*, et ils en avaient l'ordre. Boscawen se posta près de la pointe sud-est de Terre-Neuve, afin d'attaquer l'escadre française au passage. Le gros de l'escadre passa à la faveur d'un épais brouillard; mais deux navires de soixante-quatre canons, dont l'un n'était armé qu'en partie, et qui portaient cinq cents hommes de troupes, tombèrent au milieu des Anglais; traîtreusement sur-

---

1. Flassan, *Hist. de la Diplomatie française*, t. VI, p. 34. — Garneau, *Hist. du Canada*, t. II, p. 550.

pris, ils furent enlevés après une vive résistance (8 juin 1755). A ce signal, les corsaires anglais se déchaînèrent sur toutes les mers : une troisième et une quatrième escadre sortirent des ports britanniques, afin d'intercepter les navires français, avant la fin de l'année, trois cents de nos bâtiments de commerce, valant une trentaine de millions, avaient été emmenés dans les ports d'Angleterre, et six mille de nos matelots languissaient dans une dure captivité, ou se voyaient forcés, par la misère et les mauvais traitements, de servir contre leur patrie. Quoique les Anglais eussent commis plus d'une fois de déloyales surprises sur les mers, le monde civilisé n'avait pas encore vu de violation du droit des gens comparable à cette gigantesque piraterie [1].

Pendant ce temps, le Canada était assailli sur quatre points à la fois par quinze mille ennemis, auxquels il ne pouvait opposer que moins de sept mille combattants (deux mille huit cents soldats et quatre mille miliciens), non compris la garnison de Louisbourg. Le système des agresseurs avait été prévu, et la défense bien combinée : elle reposait, au sud-ouest, sur le fort Duquesne; au nord-est, sur les forts de l'isthme acadien; au centre, sur le fort de Niagara, qui commandait le débouché entre les lacs Érié et Ontario, et sur les gorges abruptes du lac du Saint-Sacrement, position qui couvre le lac Champlain et les routes de Montréal et de Québec, en même temps qu'elle menace la vallée de l'Hudson et la route de New-York. Malheureusement, l'insuffisance des forces n'avait pas permis de garnir suffisamment tous les points. Du côté de l'Acadie, où une population de quinze à dix-huit mille âmes, d'origine française, ne demandait que des armes pour chasser l'étranger, non-seulement on ne put prendre une offensive qui aurait eu des résultats décisifs pour le salut du Canada; mais on ne fut pas en état de se maintenir. Deux mille miliciens anglo-américains, débarqués de Boston dans le fond de la Baie Française, le 1er juin, et renforcés de trois cents soldats, enlevèrent les forts de l'isthme et de la côte continentale, saccagèrent les établissements et obligèrent les Acadiens récemment émigrés de la presqu'île à se réfugier dans l'intérieur du Canada

---

1. Sainte-Croix, *Hist. de la Puissance navale de l'Angleterre*, t. II, p. 247. — *Vie privée de Louis XV*, t. III; voir aux pièces la liste des bâtiments enlevés.

ou dans les îles du golfe. La moitié à peu près de la population acadienne (environ sept mille âmes) était restée dans la presqu'île, sur le territoire anglais; mais leurs sympathies françaises n'étaient pas douteuses; les Anglais prirent envers ces pauvres gens une résolution barbare : ils les déportèrent en masse et les dispersèrent dans leurs colonies. Cette côte fertile demeura ruinée et dépeuplée, jusqu'à ce que les nouveaux colons anglais eussent comblé le vide des anciens habitants.

Les Anglais ne furent pas si heureux dans le reste de leurs opérations. Leur commandant en chef, Braddock, avait marché de la Virginie sur le fort Duquesne, à la tête de deux mille trois cents hommes, outre les auxiliaires sauvages : il savait que les Français n'avaient qu'une poignée de soldats sur l'Ohio; il poussa en avant avec tant de précipitation et de confiance, qu'il laissa en arrière un millier d'hommes avec le gros bagage. Il ignorait que les Français eussent réussi à rallier à leur cause une partie de leurs anciens amis, les *peaux rouges*. Le 9 juillet, les Anglo-Américains furent surpris dans les bois de la Monongahela par deux cent cinquante Franco-Canadiens et six cents sauvages sortis du fort Duquesne. Le corps anglais, entassé dans un défilé et criblé de balles par des ennemis presque insaisissables, fut écrasé; le général Braddock resta sur le champ de bataille avec les deux tiers de ses gens. Son corps de réserve, qui était à quelques lieues en arrière, abandonna bagage et canons, et s'enfuit jusqu'en Pensylvanie, laissant les frontières anglaises livrées aux ravages des Canadiens et des *peaux rouges*. On trouva dans les papiers du général Braddock, l'ordre donné par le cabinet anglais de traiter les habitants du Canada comme ceux de l'Acadie et de les déporter hors de leur patrie!

La lutte n'avait pas été moins sanglante vers le lac du Saint-Sacrement, point central où un succès décisif des Anglais les eût menés au cœur du Canada. Trois mille cinq cents Anglo-Américains étaient partis de l'État de New-York, avec quelques auxiliaires iroquois, pour s'emparer des défilés de ce lac et attaquer le fort Saint-Frédéric, sur le lac Champlain. Ils établirent un camp retranché à la tête du lac du Saint-Sacrement. Les Français prirent l'offensive : ils avaient trois mille hommes sur ce point, y compris les sauvages de leur parti; leur général, Dieskau, commit la même faute que Braddock; il laissa la moitié de sa petite armée à distance. Le commandant anglais Johnson, de son côté, avait fait plusieurs détachements : douze cents Anglais et Iroquois essayèrent de surprendre les Français en marche; ils furent surpris eux-mêmes, battus complétement et chassés jusqu'au camp de Johnson, où Dieskau prétendit entrer après eux l'épée à la main. Il perdit la victoire pour avoir voulu la compléter; une partie de ses gens, harassés de leur premier combat, ne l'avaient pas suivi; il vint se jeter avec sept ou huit cents hommes sur quinze cents soldats tout frais, bien retranchés et bien munis d'artillerie. Il fut blessé et pris, et sa troupe fut repoussée en désordre (8 septembre). Cet échec n'eut pas les mêmes suites que celui du général Braddock : les Français se rallièrent et se maintinrent sur le lac du Saint-Sacrement. Les Anglais durent se contenter de garder leur camp retranché.

Un autre corps ennemi de deux mille hommes, qui avait dû assiéger Niagara, ne tenta pas même l'entreprise et se contenta de renforcer la position qu'occupaient les Anglais à Oswego, au sud du lac Ontario.

Le plan des Anglais contre le Canada avait donc échoué sur trois points des quatre attaqués. Au lieu d'une rapide invasion, il s'agissait, dorénavant, d'une guerre longue et acharnée, et des secours un peu considérables de France en eussent rendu le succès impossible[1].

A la nouvelle des pirateries commises par les Anglais, le gouvernement français avait enfin rappelé son ambassadeur de Londres et ordonné de fortifier Dunkerque du côté de la mer, signe ordinaire de rupture; néanmoins, le cabinet de Saint-James ayant prescrit le séquestre des navires enlevés, ce qui semblait admettre l'éventualité d'une restitution, l'on eut encore la niaiserie de renvoyer une frégate anglaise prise par une frégate française et de laisser les vaisseaux de commerce anglais continuer tranquillement leur trafic dans nos ports. Les Anglais répondirent à ces procédés en nous prenant encore un vaisseau de guerre

---

1. Garneau, t. III, l. IV, c. I. — *Vie de Washington*, par M. Guizot, t. III, p. 14.— Sainte-Croix, *Puissance navale de l'Angleterre*, t. II, p. 240.

nommé *l'Espérance*, qui bien qu'armé en flûte et portant seulement vingt-quatre canons, se défendit héroïquement cinq heures contre un vaisseau de soixante-quatorze, que soutenait toute une escadre (11 novembre).

Le 21 décembre, le ministre des affaires étrangères, Rouillé, signifia au cabinet anglais que « Sa Majesté Très-Chrétienne, avant de se livrer aux effets de son ressentiment, demandait au roi d'Angleterre satisfaction de toutes les saisies faites par la marine anglaise, ainsi que la restitution de tous les vaisseaux, tant de guerre que de commerce, pris sur les Français, déclarant qu'elle regarderait le refus qui en serait fait comme une déclaration de guerre authentique. » Le parlement anglais, un peu ébranlé par le cri d'indignation qui s'était élevé dans toute l'Europe contre l'éclatante violation du droit des gens, n'avait osé prendre la responsabilité de requérir le roi George II de déclarer les prises légitimes. Le cabinet de Saint-James ne trancha pas non plus la question de droit, mais refusa de relâcher les vaisseaux enlevés, préalablement à la réouverture des négociations (13 janvier 1756). Le cabinet de Versailles se résigna enfin à mettre l'embargo sur les bâtiments anglais dans nos ports (23 janvier) et à accepter comme un fait la guerre qu'on lui faisait depuis un an [1].

---

1. Flassan, t. VI, p. 36. — *Journal de Louis XV*, t. II, p. 108-110.

LIVRE XCVIII

LOUIS XV (SUITE).

GUERRE DE SEPT ANS. — Réveil de la marine française. Victoire navale de Mahon et conquête de Minorque. Défaite des Anglais en Amérique. L'abandon de l'Inde peut se réparer. Fatale diversion. La Pompadour, gagnée par Marie-Thérèse, jette la France dans une guerre continentale. Alliance avec l'Autriche. Lutte entre l'Autriche, la France, la Russie, la Saxe d'un côté, et l'Angleterre, la Prusse et la maison de Brunswick de l'autre. — Nouvelles querelles du clergé, du parlement et de la cour. Attentat de Damiens. Chute de Machault et du comte d'Argenson. Nullité et obscurité des ministres en France. Ministère de Pitt en Angleterre. — Les Français en Allemagne. Victoire de Hastenbeck. Les Anglo-Hanovriens capitulent à Kloster-Zeven, puis violent la capitulation. Déroute de Rosbach. Supériorité militaire des Prussiens et désorganisation de l'armée française. Exploits et génie de Frédéric II. Il est sauvé par les intrigues de la cour de Russie. — Défense héroïque et succès des Canadiens sous Montcalm. — Défaite de Creveld. — Perte de Louisbourg et du Sénégal. — Perte de Chandernagor. Succès, fautes et revers de Lally dans l'Inde. Perte du Dekhan. Ruine définitive des plans de Dupleix et de Bussi. — Ravages des Anglais sur les côtes de France. Ils sont battus à Saint-Cast. — Avénement de Choiseul, premier ministre de fait sous la Pompadour. Projet de descente en Angleterre. Désastres maritimes de Lagos et du Croisic. La marine démoralisée comme l'armée de terre. Perte de la Guadeloupe. Défaite et mort de Montcalm. Perte de Québec. Derniers efforts des Canadiens abandonnés de la métropole. Dernière victoire devant Québec. Les Canadiens, cernés par trois corps d'armée, capitulent à Montréal. — Belle défense de Frédéric II contre les Austro-Russes. — Guerre ruineuse et sans éclat dans la Westphalie et la Hesse. — Détresse financière. Essais malheureux de Silhouette. Suspensions de paiements. Violation des dépôts publics. — Perte de Pondichéri et de toute l'Inde française. Procès et supplice de Lally. — Négociation inutile avec l'Angleterre. Pitt ne veut point de paix. Perte de Belle-Isle. Pacte de famille entre les Bourbons de France et d'Espagne. Retraite de Pitt. Dons patriotiques en France pour relever la marine. — Frédéric II près d'être accablé. — Mort de la tzarine Elisabeth. Le tzar Pierre III passe du côté de la Prusse. Il est détrôné par sa femme et assassiné dans sa prison. Avénement de Catherine II. Elle rentre dans la neutralité. — Perte de la Martinique. Invasion du Portugal par les Franco-Espagnols. — Paix de Paris entre la France, l'Espagne et l'Angleterre. Paix de Hubertsbourg entre l'Autriche, la Prusse et la Saxe. La France cède le Canada, Louisbourg, le Sénégal à l'Angleterre, lui rend Minorque et ruine de nouveau Dunkerque. Elle recouvre la Guadeloupe, la Martinique, Gorée, Belle-Isle et Pondichéri. — L'Espagne cède la Floride aux Anglais. La France cède la Louisiane à l'Espagne.

1756 — 1763.

On était donc arrivé à cette lutte à peine retardée de quelques mois par tant de lâchetés et de folies!

L'inégalité des forces navales était énorme. La marine royale française, toute ruinée en 1748, s'était relevée, mais dans des proportions bien insuffisantes vis-à-vis des masses formidables entassées dans les ports d'Angleterre. Les Anglais avaient cent vaisseaux de ligne, de cinquante à cent vingt canons, dont seize à trois ponts, de quatre-vingt-dix à cent vingt canons, et soixante-quatorze frégates, de trente-deux à quarante-six canons : leurs chantiers et leurs arsenaux étaient dans le meilleur état; les nôtres étaient vides de bois de construction, d'agrès, de mâtures, même d'artillerie! Nous n'avions que soixante vaisseaux de ligne et trente et une frégates. Des soixante vaisseaux, trois étaient hors de service; huit en refonte; quatre, inachevés sur les chantiers; des quarante-cinq autres, la plupart avaient besoin de radoub avant de reprendre la mer[1]. Encore n'atteignait-on ce chiffre que parce que Machault, transféré à la marine en 1754, avait fait rapidement construire ou achever quinze vaisseaux en un an. Machault, si criminellement complaisant ou si peu éclairé dans les affaires de l'Inde, se réveilla devant la nécessité et montra beaucoup de décision et de vigueur : un grand nombre de nouveaux vaisseaux furent mis sur les chantiers; on fit des efforts extraordinaires pour s'approvisionner; des primes furent offertes aux corsaires; des armements considérables à Brest et au Havre, des troupes nombreuses réunies dans nos ports de la Manche, firent craindre aux Anglais une descente soit sur leurs côtes, soit à Jersey ou à Guernesey. Une panique générale attesta que l'Angleterre, si guerrière sur l'Océan, l'était toujours fort peu sur son territoire : le peuple anglais ne se rassura, comme au temps de l'invasion de Charles-Édouard, qu'en appelant des mercenaires étrangers, des Hanovriens, des Hessois : George II avait conclu, l'année précédente, un traité de subsides avec le landgrave de Hesse-Cassel, qui avait promis de lui vendre jusqu'à douze mille soldats au besoin; les princes de Hesse, ces descendants de héros, n'étaient plus que des marchands de chair humaine.

---

1. Sainte-Croix, t. II, p. 249, 490. — *Vie privée de Louis XV*, t. III, p. 334.

Ces menaces de descente en Angleterre donnèrent le change à l'ennemi sur les vrais projets du gouvernement français, conseillé, dit-on, par le vieux Noailles. Dès le commencement de l'année, de petites escadres mirent à la voile de Brest pour l'Amérique : l'une alla défendre les Petites Antilles, où une frégate française de trente-quatre canons prit un vaisseau anglais de cinquante-six; l'autre se posta dans les eaux de Saint-Domingue; une troisième porta au Canada un nouveau général, Montcalm, pour remplacer Dieskau, avec un faible renfort de quinze cents soldats; douze vaisseaux de ligne restèrent à Brest. Le 10 avril, douze autres vaisseaux, commandés par La Galissonière, l'ancien gouverneur du Canada, partirent de Toulon, escortant cent cinquante transports chargés d'une douzaine de mille hommes, aux ordres du maréchal de Richelieu. L'expédition descendit, le 17, dans l'île de Minorque.

Le point d'attaque était bien choisi : on ne pouvait porter un coup plus sensible à l'Angleterre, que de lui enlever ce poste d'où elle menaçait Toulon et dominait le bassin occidental de la Méditerranée. Port-Mahon était une position offensive beaucoup plus redoutable que Gibraltar même. Le choix du chef maritime n'était pas moins digne d'éloge : La Galissonière était notre meilleur marin. L'opinion n'accueillit pas de même le nom du général. Le complaisant du roi, le corrupteur modèle, plus dépravé à mesure qu'il vieillissait, n'obtenait plus auprès du public l'indulgence et l'espèce de faveur qu'il avait due trop longtemps à ses vices brillants. Malgré le bruit que Voltaire, enchaîné à cette fâcheuse amitié par une vieille habitude, avait fait de ses exploits à Fontenoi et à Gênes, on avait peu de foi dans ses talents politiques et militaires. L'événement ne confirma pas cependant les appréhensions que son nom avait suscitées.

Les Français, descendus sur la côte occidentale de Minorque, se saisirent d'abord de Ciudadela, le 18 avril, puis se portèrent sur Mahon, capitale de l'île. Les Anglais évacuèrent Mahon et se concentrèrent dans le fort Saint-Philippe, vaste citadelle qui commande l'entrée du bras de mer qui forme le Port-Mahon. Ils ne se décidèrent point à temps à détruire le bourg Saint-Philippe, situé sous le fort, et l'occupation de cette bourgade par les Français facilita les approches, qui eussent été très-longues et très-sanglantes, s'il eût fallu tailler à découvert les tranchées dans le roc vif. Le gouvernement anglais s'était laissé surprendre : une confiance arrogante, en 1755, puis une crainte exagérée, depuis les menaces de descente, l'avaient empêché de faire hiverner une escadre dans la Méditerranée et de renforcer la garnison de Minorque : si la citadelle était forte et bien approvisionnée, la garnison n'était pas nombreuse; il n'y avait que deux mille cinq cents hommes pour défendre cette vaste étendue de fortifications. Lorsqu'une escadre de secours parut enfin, le 19 mai, dans les eaux de Minorque, il y avait déjà plus de huit jours que le canon français battait en brèche les ouvrages avancés.

Du choc des deux escadres allait dépendre le sort du siége. L'anglaise, commandée par l'amiral Byng, était un peu supérieure à la française; elle comptait treize vaisseaux, dont un de haut bord, contre douze. Elle attaqua, le 20 mai, ayant le dessus du vent. L'avant-garde française, qui en vint la première aux mains, fut assez maltraitée : l'ennemi cependant ne chercha point à en profiter; son but était de couper et d'accabler l'arrière-garde, afin de s'avancer jusqu'aux grèves du fort Saint-Philippe. La Galissonière comprit l'intention de son adversaire et serra si bien sa ligne, qu'il fut impossible aux Anglais de s'y faire jour. La canonnade ne fut point à leur avantage : l'artillerie de marine française avait sur la leur la même supériorité de feu que leur infanterie avait sur la nôtre. Leurs manœuvres étaient hachées et trois de leurs vaisseaux faisaient des voies d'eau à couler bas. L'amiral Byng, jugeant qu'un plus long combat pourrait aboutir à la destruction de sa flotte, opéra sa retraite. La Galissonière, contrarié par le vent et fidèle aux instructions qui lui prescrivaient de tout subordonner au succès du siége, ne voulut point s'écarter de Port-Mahon et laissa l'ennemi regagner Gibraltar.

C'était déjà un assez beau succès que d'avoir soutenu victorieusement le choc des Anglais sur leur élément. Les troupes de terre, prises d'une généreuse émulation, redoublèrent d'ardeur dans la poursuite du siége. La garnison du fort Saint-Philippe ne se découragea pourtant pas : elle espérait que la flotte anglaise reviendrait renforcée; elle se rassurait en considérant ses fossés profonds, ses rochers taillés en bastions, ses terrains minés, prêts à engloutir les assaillants. Les travaux du siége étaient fort durs et Richelieu les avait d'abord malhabilement dirigés. Néanmoins, comme il sentait qu'il s'agissait de la réputation, de la fortune, de tout, pour lui, il faisait de grands efforts pour s'attacher et pour soutenir le soldat. Le désordre commençant à se glisser dans le camp et le soldat abusant un peu du vin d'Espagne, Richelieu, au lieu de punir, mit à l'ordre du jour, à l'instigation de quelques chefs de corps, que « celui qui s'enivrerait n'aurait pas l'honneur de monter à la tranchée ». L'idée était heureuse et tout le monde cessa de boire.

Le succès par les procédés réguliers du génie semblait cependant fort éloigné encore : Richelieu risqua un assaut général. C'était bien téméraire : il fallait bien compter sur les soldats français, les premiers du monde pour cette sorte de combat! Six à sept semaines de batterie avaient à peine entamé les blocs de rochers qui servaient d'ouvrages avancés à la place : les fossés n'étaient pas comblés; les murs étaient debout. Dans la nuit du 27 au 28 juin, tandis qu'un gros détachement, monté sur des barques, tâche de forcer l'entrée du port, quatre colonnes se jettent dans le fossé sec : le canon et la fusillade balaient les premiers rangs; les mines font sauter le fond du fossé avec ceux qui le traversent; aux morts, aux blessés, d'autres succèdent en foule pour les venger; les échelles sont trop courtes de plusieurs pieds; officiers et soldats grimpent sur les épaules les uns des autres, plantent des baïonnettes dans les interstices des pierres et arrivent au haut du rempart! Au point du jour, les Anglais voient avec stupeur les assiégeants maîtres de trois des forts : bien que le corps de la place soit intact, le gouverneur se décide à capituler le jour même [1].

Les Français pouvaient à peine croire à leur conquête, en se voyant au milieu de tous ces ouvrages formidables qu'ils n'eussent jamais pu escalader de sang-froid, en plein jour et sans ennemis.

---

1. *Mémoires relatifs à l'expédition de Minorque* à la suite de la *Correspondance du maréchal de Richelieu*, t. II, p. 41 et suiv. — Sainte-Croix, t. II, p. 252, 444. — Smollett, suite à Hume, l. XXV. — *Mém.* de Rochambeau, t. I, p. 76. — *Vie privée de Louis XV*, t. III, p. 75.

Ce fut une véritable ivresse à Paris et dans toute la France : on avait enfin dignement répondu aux insultes de l'Angleterre ! Richelieu dut à la valeur de nos grenadiers une réhabilitation plus éclatante que durable. Le véritable héros de l'expédition, La Galissonière, ne jouit pas de la reconnaissance de ses concitoyens. Atteint d'une maladie incurable, la force de son âme l'avait soutenu jusqu'au bout de l'entreprise : il succomba au retour et mourut sur la route de Paris. Sa perte ne fut pas réparée [1].

La joie de la France dônna la mesure de la fureur des Anglais.

Ils avaient cru qu'il ne s'agissait pour eux que d'aller à la proie, et ils se voyaient arracher une de leurs plus précieuses possessions ! Le déchaînement populaire fut effroyable. Il fallait une victime. Les ministres épouvantés livrèrent l'amiral Byng, coupable peut-être de n'avoir pas fait tout ce qu'il pouvait faire, mais moins coupable, dans sa faiblesse, qu'eux-mêmes dans leur négligence. On entama contre le malheureux amiral un grand procès, dans lequel fut impliqué le gouverneur de Gibraltar.

Pendant le siége du fort Saint-Philippe, les deux couronnes avaient enfin échangé des déclarations de guerre assez superflues et qui n'avaient que la valeur de manifestes adressés à l'Europe. L'Angleterre avait commencé le 17 mai ; la France avait répondu le 16 juin.

On attendait avec anxiété de part et d'autre les nouvelles du Canada, qui pouvaient apporter une compensation aux Anglais. Les colonies anglo-américaines avaient fait de nombreuses levées : la métropole avait expédié un général et de nouvelles troupes. Plus de vingt mille hommes menaçaient le Canada, qui en avait à peine moitié pour sa défense, l'île du Cap-Breton comprise. Les Anglais devaient attaquer à la fois par le lac du Saint-Sacrement, par Niagara, par le fort Duquesne, outre une diversion contre le centre même du Canada. Les Français réussirent à s'assurer la neutralité des Iroquois, maîtres du pays intermédiaire, et, au mois de mars, un parti français enleva un poste de la frontière

---

1. Aussi humain que brave guerrier et qu'habile administrateur, il avait le premier donné un noble exemple qui fut suivi par les Bougainville, les Cook et d'autres illustres marins : ce fut, dans ses navigations, de répandre les végétaux et les animaux utiles de l'Europe et de l'Amérique dans les îles de l'océan Pacifique. Voir L. Guérin, *Hist. maritime de France*, t. II, p. 311.

de New-York, où les Anglais avaient amassé de grands approvisionnements. Cette perte les retarda beaucoup. Au commencement de juillet, leur escadre prit à son tour un vaisseau français de cinquante-six canons qui portait du renfort à la garnison de Louisbourg. Cet avantage ne fut pas soutenu. Le général français, Montcalm, saisit brusquement l'offensive, s'embarqua sur le lac Ontario et alla descendre devant le poste anglais d'Oswego, qui commandait la rive méridionale du lac et qui était le pivot des opérations de l'ennemi. Les trois forts d'Oswego, défendus par dix-huit cents hommes contre trois mille, furent réduits à capituler au bout de quatre jours, presque à la vue de deux mille soldats qui s'avançaient pour les secourir (14 août). La garnison fut prise, avec sept bricks de guerre, deux cents transports, plus de cent vingt pièces d'artillerie et un grand amas de munitions. Les Français détruisirent les forts, à la vive satisfaction des Iroquois, possesseurs originaires du pays.

La campagne agressive des Anglais fut complétement manquée, et ils eurent eux-mêmes à se garantir sinon d'une attaque régulière, au moins des incursions dévastatrices de nos chasseurs canadiens et des *peaux-rouges*, qui pénétraient jusqu'au cœur de la Virginie et de la Pensylvanie. La brillante expédition d'Oswego avait tiré le Canada d'une situation bien critique. Une mauvaise récolte et une petite vérole, qui avait pris un caractère d'extrême malignité, y répandaient une telle détresse, qu'on n'eût su comment faire subsister les garnisons des postes-frontières, si l'on n'eût enlevé les provisions des Anglais. L'affluence des pauvres émigrés de l'Acadie redoublait la pénurie. Le Canada, tout vainqueur qu'il fût, avait donc plus besoin que jamais des secours de la métropole.

En somme, l'issue de la campagne, en Amérique comme dans la Méditerranée, était aussi heureuse qu'inespérée pour la France. La diplomatie française avait obtenu en Europe d'autres succès qui corroboraient les succès militaires. Ainsi, la Hollande avait paru d'abord, suivant une coutume trop enracinée, incliner vers l'Angleterre : les États-Généraux, interrogés par l'ambassadeur français sur leurs intentions, avaient prié Louis XV, « à leur considération, de ne pas étendre la guerre jusque dans le continent d'Angleterre et d'Irlande, » et l'ambassadeur anglais avait en même temps réclamé le secours de six mille hommes dû par les Provinces-Unies, en vertu des traités. Le gouvernement français répondit aux États-Généraux qu'il regarderait comme ennemi quiconque tenterait de l'empêcher d'employer pour sa défense les moyens qui lui conviendraient, et ajouta que les Anglais, étant les agresseurs, n'avaient aucun droit de réclamer le bénéfice des traités défensifs (février-mars 1756). Le stathouder Guillaume IV était mort en 1751, et sa femme, fille de George II, administrait au nom de son fils Guillaume V, sous le titre de *gouvernante* : le vieux parti républicain, qui avait à sa tête le grand-pensionnaire de Hollande, se prononça énergiquement en faveur de la paix. Les principales villes, voyant les Anglais réclamer des troupes auxiliaires et les Français se contenter de la neutralité, prirent parti pour les républicains et pour les Français, et George II jugea prudent d'abandonner sa demande, de peur de susciter une révolution fatale à sa fille et à son petit-fils.

La France récompensa les Hollandais par quelques avantages commerciaux : l'Angleterre les punit par des saisies arbitraires de leurs navires; puis, par suite des réclamations que soulevèrent ces violences, elle déclara que tous les ports de France étaient bloqués, et qu'on saisirait, comme de bonne prise, tous les vaisseaux qu'on rencontrerait expédiés pour ces ports (août 1756). » Le principe du *blocus fictif* était le renversement de tout droit maritime, de tout droit des neutres; c'était formuler le code de la piraterie après l'avoir si bien mis en pratique. Un tel système était de nature à tourner contre l'Angleterre les vœux et peut-être les armes de toute nation qui avait une marine. Dès le mois de juillet, avant même la déclaration du *blocus fictif* et sur le seul bruit des violences commises par les Anglais contre les Hollandais, les deux puissances scandinaves avaient signé une alliance défensive pour faire respecter le droit des neutres et réparer les dommages qu'on porterait à leur navigation [1].

La France répondit à la proclamation du *blocus fictif* par un nouveau progrès dans la Méditerranée. L'éternelle insurrection

---

1. Flassan, t. VI, p. 65. — Wenck, t. III, p. 148. — Le vrai motif des Anglais avait été d'enlever aux Hollandais les énormes bénéfices de la neutralité, et de les empêcher de se faire les commissionnaires des colonies et du commerce français.

corse avait recommencé contre les Génois, cette fois sous la direction de l'héroïque Pascal Paoli. Gênes eût voulu que la France lui donnât des secours d'argent. Le gouvernement français, qui savait que les Anglais ne perdaient pas de vue la Corse et fomentaient l'insurrection, obligea les Génois d'accepter des secours d'une autre nature et n'accorda un subside de 1,200,000 francs par an qu'à condition que les troupes françaises, en nombre indéterminé, fussent reçues dans les citadelles de Calvi, de San-Fiorenzo et d'Ajaccio, pour tout le temps de la présente guerre (4 août 1756). Les Français rentrèrent en Corse le 1er novembre 1756, et la France se trouva ainsi maîtresse, par Toulon, la Corse et Minorque, de tout le bassin occidental de la Méditerranée.

C'était quelque chose de miraculeux que d'avoir pu ressaisir ainsi la supériorité dans une lutte si mal préparée et si mal engagée. La Providence ne se lassait pas de nous tendre la main. Chez cette nation généreuse et oublieuse, ce gouvernement tombé si bas pouvait encore se relever : l'effet moral produit par la conquête de Minorque l'attestait. Il s'agissait donc de travailler à réunir toutes les nations maritimes contre les tyrans des mers, de tout faire principalement pour entraîner l'Espagne et, quoi qu'il en fût, de concentrer toutes les ressources de la France contre l'Angleterre. Le combat de Mahon et la campagne entière avaient montré ce que pouvait redevenir la marine française, à deux conditions : c'était qu'on lui consacrât nos principales ressources financières et qu'on réprimât, par de sévères exemples, le mauvais esprit des officiers nobles, sortis de la compagnie des gardes de la marine : braves et instruits, mais imbus des préjugés les plus insensés et les plus coupables, ils dédaignaient le devoir si important de protéger la marine marchande, et certains d'entre eux poussaient jusqu'à la trahison leur malveillance envers les officiers parvenus par les emplois des ports et qui n'étaient pas obligés de faire preuve de noblesse comme les gardes de la marine. Il fallait une main de fer pour étouffer ces principes de discorde et de désordre; mais Machault n'était peut-être pas incapable de ce rôle. Il était possible encore, en y appliquant exclusivement la France, de ressaisir la fortune qu'on avait laissé échapper dans l'Inde et de disputer l'empire des mers et l'Amérique.

On allait faire tout le contraire! On va voir un exemple de démence, d'imbécile trahison envers soi-même, tel qu'il en existe à peine un semblable dans l'histoire!

Le grand intérêt de la France était de maintenir la paix du continent, pour avoir les deux bras libres sur les mers. Le gouvernement anglais, de son côté, ne paraissait pas chercher autre chose, dans ses alliances continentales, que des troupes auxiliaires et qu'une protection éventuelle pour le Hanovre. C'était dans ce sens qu'il venait de renouveler ses traités avec la Russie et d'en obtenir la promesse d'un secours de cinquante-cinq mille hommes, si le Hanovre était attaqué (30 septembre 1755). Il suffisait donc de ne point porter la guerre en Allemagne : personne n'était en mesure d'attaquer la France sur le continent. Par malheur, une autre puissance croyait avoir intérêt à rallumer le feu en Europe : c'était l'Autriche. L'opiniâtre Marie-Thérèse avait toujours en tête sa vengeance contre le roi de Prusse. Irritée d'avoir été contrainte à la paix par l'Angleterre et la Hollande en 1748, et non moins blessée de la domination, très-conforme aux traités, mais très-inique au fond, que les puissances maritimes exerçaient sur les Pays-Bas Autrichiens [1], elle était fort dégoûtée de ces trafiquants *hérétiques*, dont l'alliance avait été pourtant le principe de son salut. Dès 1748, elle avait prêté l'oreille à un conseiller habile et hardi, qui la poussait à changer tout le système des relations européennes. Le comte de Kaunitz, jeune encore, était ce que s'imaginait être le maréchal de Richelieu, un profond politique sous les dehors frivoles d'un homme à la mode. Dès le congrès d'Aix-la-Chapelle, Kaunitz s'était mis en correspondance avec madame de Pompadour et s'était fait autoriser par l'impératrice à insinuer au plénipotentiaire français qu'il serait facile de réconcilier à fond les maisons de Bourbon et d'Autriche; que l'Autriche céderait volontiers la Flandre et le Brabant, si la France l'aidait à reprendre la Silésie. Louis XV était alors trop las de la guerre : ces avances séduisantes ne furent point accueillies. Marie-

---

1. La Hollande les occupait militairement et, d'accord avec l'Angleterre, leur fermait la mer et leur rendait le commerce et l'industrie presque impossibles.

Thérèse ne se rebuta pas : elle renouvela ses ouvertures par diverses fois aux agents diplomatiques de la France à Vienne; puis, en 1751, elle chargea Kaunitz de l'ambassade de France. L'insinuant ambassadeur eut peu de peine à gagner les bonnes grâces de madame de Pompadour, qui gardait rancune à l'ennemi de Marie-Thérèse, au roi de Prusse, pour quelques railleries sur elle et sur son royal amant : Frédéric mettait un amour-propre d'auteur à ne rien laisser perdre de ses bons mots, et le bel esprit caustique faisait chez lui grand tort au politique. Madame de Pompadour avait d'ailleurs un autre motif pour incliner vers Marie-Thérèse : c'est que le prince de Conti, qui avait suggéré au roi une diplomatie secrète, fermée à la favorite comme aux ministres, était opposé à l'Autriche. L'entreprise de Kaunitz était néanmoins prématurée : madame de Pompadour n'avait pas encore mis la main sur la politique étrangère; aux premiers mots, elle trouva tant d'opposition chez les ministres, chez ses propres créatures, qu'elle n'osa en parler au roi. Kaunitz partit en 1753 pour aller prendre la direction du cabinet autrichien et fut remplacé à Versailles par le comte de Stahremberg, chargé de poursuivre la même pensée et d'attendre l'occasion.

Stahremberg crut l'occasion venue, quand on reçut la nouvelle de l'agression des Anglais contre la marine française. Il offrit formellement au cabinet de Versailles l'alliance autrichienne. Une offre contradictoire fut faite, en même temps, par l'ambassadeur prussien Kniphausen. Frédéric II fit proposer à la France de s'unir contre l'Angleterre et l'Autriche, les Français envahissant la Belgique et les Prussiens la Bohême. Cette grande question fut posée devant le conseil. Le comte d'Argenson appuya les propositions du roi de Prusse et soutint que, dans les dispositions réciproques de Frédéric et de Marie-Thérèse, la guerre continentale étant inévitable, l'alliance prussienne valait mieux que l'autrichienne : le maintien de toutes nos traditions diplomatiques et la supériorité personnelle de Frédéric sur les généraux autrichiens ne permettaient pas d'hésiter. Il aurait eu raison si la guerre eût été inévitable, mais elle ne l'était pas, du moins immédiatement, comme le démontra Machault, qui protesta contre toute alliance offensive sur le continent. Ce débat n'était au fond que la suite de la rivalité entre les ministres de la guerre et de la marine : chacun parlait pour le genre de guerre qui lui donnait la prépondérance; mais Machault défendait l'intérêt public en défendant l'intérêt de son ambition. Le roi flottait : le prince de Conti pesait fortement sur lui dans un sens; madame de Pompadour ne s'engageait encore qu'avec une certaine timidité dans l'autre sens. Machault l'emporta d'abord, mais à moitié, c'est-à-dire qu'on écarta les alliances offensives avec l'Autriche contre la Prusse, ou avec la Prusse contre l'Autriche, mais sans renoncer à porter la guerre dans le Hanovre, dont l'invasion amènerait, disait-on, le roi George à capituler sur les intérêts maritimes : c'était bien mal connaître l'Angleterre que d'avoir une telle espérance! On agréait donc l'alliance de Frédéric, mais pourvu qu'il secondât la France contre l'Angleterre en Hanovre, sans que la France s'unît à lui contre l'Autriche. C'était le traiter en *condottiere* à notre solde. Cela était radicalement absurde. Si l'on ne voulait pas de grande guerre continentale, il ne fallait pas toucher au Hanovre. Ici, comme presque partout, rien ne pouvait être pire que les demi-mesures.

La persévérance autrichienne ne se démentit point. Avant la fin de l'été de 1755, Stahremberg revint à la charge et annonça que sa cour avait refusé à l'Angleterre les troupes auxiliaires que celle-ci réclamait en vertu des traités. Ce fait produisit une vive impression. Vers le même temps, la pieuse, la chaste Marie-Thérèse écrivit de sa main à la maîtresse de Louis XV, l'appelant *ma cousine* et la comblant de flatteries. On peut mesurer, à l'effort que s'imposa la superbe fille des Hapsbourg, la profondeur et la violence de ses ressentiments contre Frédéric. La Pompadour eut la tête complétement tournée et se dévoua sans réserve à *son amie* l'impératrice, qui la dédommageait si glorieusement des mépris du roi de Prusse. Marie-Thérèse avait balancé à qui elle s'adresserait, des deux grandes influences qui se disputaient le roi, au prince de Conti ou à la *marquise;* c'était Kaunitz qui avait fait pencher la balance.

Madame de Pompadour rencontra auprès du roi beaucoup plus de facilité qu'elle ne l'avait espéré à entamer l'affaire, sinon à la conclure. Louis n'avait pas seulement à l'égard de Frédéric la jalousie d'une petite âme vaniteuse contre le génie, mais la haine du bigot contre l'impie. L'idée d'une grande alliance catholique le flatta singulièrement et n'eut pas de peine à effacer de son esprit les plans du prince de Conti, qu'il avait semblé adopter avec conviction. Sortir de ce système d'alliances hérétiques fondé par Richelieu, abattre le parti protestant représenté par l'Angleterre et par la Prusse, lui paraissait une œuvre capable de racheter tous ses péchés passés et futurs. Louis XIV, au moins, n'avait révoqué l'édit de Nantes qu'après sa *conversion*; mais Louis XV s'était fait une autre morale. Il était persuadé qu'un roi qui soutenait la cause de l'Église ne saurait être damné pour ses fautes particulières. Il rêvait une guerre de religion du fond du Parc-aux-Cerfs [1]!

Louis chargea, non point un des ministres, mais un confident intime de la Pompadour, de conférer secrètement avec l'ambassadeur autrichien. C'était l'abbé de Bernis, esprit élégant et facile, qui arrivait aux grands emplois par les petits vers et les succès de boudoir, et qui, après avoir d'abord combattu par bon sens le penchant autrichien de sa protectrice, servait ce penchant par complaisance et par ambition. La politique de l'Europe fut débattue entre Bernis, Stahremberg et madame de Pompadour, dans une petite maison de la *marquise*, qu'on appelait *Babiole* [2], nom bien choisi pour le théâtre de cette intrigue, où la vanité d'une courtisane disposait du sort de la France (22 septembre 1755)!

Contrairement à sa coutume, l'Autriche agit franchement. Stahremberg donna sur-le-champ le dernier mot de sa souveraine. C'était un plan vaste et hardi. On remaniait l'Europe. L'Autriche reprenait le duché de Parme et cédait en échange la Bel-

---

1. Saint-Priest, *Études historiques sur le dix-huitième siècle*; *De la Destruction des Jésuites*; d'après les papiers du duc de Choiseul. — Duclos, *Mém. Secrets*; ap. Collect. Michaud et Poujoulat, 3ᵉ série, t. X, p. 635. Duclos, ami intime du cardinal de Bernis et historiographe de France, est très au courant de toute cette négociation. — Soulavie, *Mémoires de Richelieu*, t. IX, p. 70.

2. Babiole était au-dessous de la belle maison qu'avait madame de Pompadour sur la hauteur de Bellevue. — Le cardinal de Brienne, ministre de Louis XVI, confirme le témoignage de Duclos sur tout ce qui regarde Bernis. V. sa *Notice sur Bernis* à la suite des *Mémoires* de madame du Hausset.

gique à l'infant don Philippe, moins la ville de Mons, qui était cédée à la France : Luxembourg, le *Gibraltar de la Belgique*, était démantelé. La couronne de Pologne (conformément au plan du marquis d'Argenson) était rendue héréditaire dans la maison de Saxe, en maintenant, à tout autre égard, les libertés polonaises. L'Autriche reprenait la Silésie. On rendait la Poméranie à la Suède. L'Autriche renonçait pour toujours à l'alliance anglaise. La France, ayant pour alliée une puissance de premier ordre, n'avait plus besoin d'épuiser ses finances pour soudoyer les petits états, auxiliaires avides et mal assurés, et n'avait plus désormais rien à craindre sur le continent. La France, l'Autriche et l'Espagne, liguées, faisaient la loi à l'Europe.

Bernis, effrayé de la responsabilité qui pesait sur lui, pria lui-même le roi de communiquer ces spécieuses et dangereuses propositions au conseil. Le conseil ne fut pas convoqué tout entier : on exclut le comte d'Argenson, comme partisan de la Prusse, et d'autres ministres d'état (octobre 1755). Tout épuré qu'il fût ainsi, le conseil recula devant cette révolution diplomatique. Machault n'avait pas changé d'opinion, et le roi retombait dans l'indécision devant les objections de ses ministres. On fit une réponse dilatoire; puis Bernis, revenant à son premier sentiment, fit envoyer à l'impératrice, comme contre-projet, un simple traité de garantie entre la France, l'Autriche et la Prusse, pour leurs possessions d'Europe, la guerre actuelle entre la France et l'Angleterre étant exceptée du pacte défensif. La France gardait la liberté d'agir contre le Hanovre. Un ambassadeur fut expédié à Frédéric pour lui faire agréer ce projet.

C'était très-bon, mais aussi loin que possible des vues de Marie-Thérèse. Elle en fut très-mécontente; mais elle était décidée à ne pas rompre. Elle se laissa, dit-on, peu à peu amener à ne pas repousser ce pacte, au moins comme point de départ : elle y voyait une garantie contre une attaque franco-prussienne, et comptait que Frédéric lui fournirait quelque prétexte de briser l'engagement qui le concernait. Duclos assure que l'ordre allait être donné à Stahremberg de signer, quand une importante nouvelle changea tout d'une manière bien fatale.

Le roi d'Angleterre, abandonné de l'Autriche, avait compris la nécessité d'oublier ses ressentiments contre son neveu de Prusse, qui l'avait jadis accusé de *mériter les galères* [1]. George II avait fait proposer à Frédéric, par l'intermédiaire du duc de Brunswick, un pacte défensif pour la paix de l'Allemagne, ou, en d'autres termes, pour la protection du Hanovre. Frédéric se trouva dans une grande perplexité. Il n'avait pu obtenir l'alliance offensive de la France contre l'Autriche, alliance qui lui eût donné de belles chances : s'il acceptait les propositions du cabinet de Versailles, il se rendait son instrument contre le Hanovre, n'y gagnait rien et risquait d'avoir sur les bras l'Autriche et la Russie; en acceptant les offres de l'Angleterre, il avait la chance que les Français s'abstinssent d'attaquer le Hanovre, et, en tout cas, il se croyait garanti du côté de la Russie, qui, liée à l'Angleterre, n'attaquerait pas l'allié de l'Angleterre : la Russie se rapprochant de lui, l'Autriche n'oserait probablement pas lui chercher querelle. Il ne doutait pas que la Russie, entre ses deux alliées, l'Autriche et l'Angleterre, ne préférât l'alliée qui payait. Il se décida : le 16 janvier 1756, l'agent de Prusse à Londres signa avec les ministres de George II, comme électeur de Hanovre, un traité défensif contre « toute puissance étrangère qui ferait entrer des troupes en Allemagne [2] ». Frédéric ne chercha point à faire un mystère de cet engagement à la France et protesta contre toute pensée d'hostilité. Il ne voulait, disait-il, que préserver l'Allemagne de la guerre [3].

Frédéric disait vrai; mais Louis XV fut aussi offensé de sa défection que si l'électeur de Brandebourg eût été le vassal rebelle du roi de France. Cette âme dégradée mêlait deux vices contradictoires, l'orgueil et la lâche insouciance. La cour de Vienne

---

1. V. notre t. XVII, p. 585. — Frédéric, par compensation, dans son Histoire de la guerre de Sept Ans, fait gravement l'éloge des *vertus héroïques* de son oncle.
2. Wenck, *Codex Juris gentium*, t. III, p. 84. Il est expressément stipulé qu'il s'agit de l'Allemagne seule et non des Pays-Bas autrichiens.
3. M. Capefigue, dans son volume sur *Madame de Pompadour*, cite, comme ayant rendu nécessaire l'alliance autrichienne en 1756, un pacte offensif de Frédéric avec l'Angleterre contre la France. Le traité dont il donne un extrait n'est pas, comme il le dit, celui de janvier 1756; c'est une convention du 11 janvier 1757, effet, et non cause, du déplorable traité de la France avec l'Autriche. V. Garden, *Hist. des Traités de paix*, t. IV, p. 30.

saisit le moment. Elle déclara que le projet de traité présenté par la France n'était plus possible et réclama un pacte défensif contre le roi de Prusse. Le roi et madame de Pompadour ne trouvaient plus que cela fût suffisant et, dans leur belliqueuse ardeur, voulaient une alliance offensive! Ce fut Bernis qui les modéra et qui, chargé par le roi de rédiger les articles, obtint que, cette fois, le conseil entier fût consulté. D'Argenson et Machault, dans le conseil disputèrent encore le terrain pied à pied : ils succombèrent; le funeste traité de Versailles fut signé le 1er mai 1756.

Il consistait en deux conventions séparées : 1° l'impératrice-reine s'engageait à la neutralité dans les différends actuels entre la France et l'Angleterre ; 2° l'impératrice-reine et le roi de France se garantissaient leurs possessions d'Europe, et se promettaient un secours mutuel de vingt-quatre mille combattants contre tout agresseur. Le cas de la présente guerre contre l'Angleterre était excepté par l'Autriche : la France ne réclamait aucune exception, pas même pour le cas de guerre entre l'Autriche et la Turquie, exception que l'Angleterre avait bien su se réserver dans ses traités avec l'Autriche. C'était l'anéantissement de toute notre politique et de toute notre influence dans le Levant, si cette omission n'était réparée. Quant au sens immédiat du traité, il consistait en ceci, que l'Autriche ne s'engageait qu'à ne pas secourir l'Angleterre contre la France, et que la France s'engageait à secourir l'Autriche de vingt-quatre mille hommes contre la Prusse, en cas de besoin. Par articles secrets, cependant, l'engagement de secours devenait réciproque, si, à l'occasion de la présente guerre, d'autres puissances que l'Angleterre venaient à attaquer les possessions européennes, soit de la France, soit de l'Autriche. On convenait d'inviter l'empereur, comme grand-duc de Toscane, les rois d'Espagne et de Naples, le duc de Parme, à accéder au traité. On devait s'entendre sur tous les cas non prévus à Aix-la-Chapelle, notamment « sur ce qui regarde le repos de l'Italie. » Ceci engageait la France bien plus avant : dans la pensée de l'Autriche, ce n'était toutefois encore qu'un premier pas. La politique nationale et traditionnelle de la France, qu'avait renversée une première fois systématiquement le cardinal Dubois et qu'avaient tâché de relever les Chauvelin, les d'Argenson, les Conti, allait être abattue une seconde fois à l'aveugle par madame de Pompadour, et avec des conséquences bien autrement désastreuses[1].

Le prince de Conti, à l'insu de qui toute la négociation avait été conduite, comprit que c'en était fait de son système[2], et que le traité de Versailles, soutenable à la rigueur dans les termes actuels, ne serait qu'un point de départ. Il remit entre les mains du roi la direction de la correspondance secrète et cessa toute participation aux affaires. Le fruit de dix ans de travaux était entièrement perdu, au moment où la Turquie et la Suède étaient gagnées à la vraie politique française, et où notre influence avait ressaisi les diètes polonaises. La diplomatie secrète ne disparut point avec l'homme qui l'avait organisée. Ces voies souterraines convenaient trop bien à l'esprit défiant et dissimulé de Louis XV, et, chose singulière, ces ténèbres, qui semblaient ne devoir couvrir que de méprisables intrigues, continuèrent d'abriter des intentions honorables : les deux Broglie, l'oncle et le neveu, succédèrent aux vues de Conti comme à son emploi; mais leurs intentions furent aussi impuissantes que les siennes. Louis XV, bien averti par des agents éclairés et sincères, porte devant l'histoire la responsabilité d'avoir fait ou laissé faire le mal en pleine connaissance de cause.

Le traité de Versailles ne tarda pas à produire ses premiers fruits. L'Autriche, assurée de la France, avait travaillé, avec le même succès, à gagner la Russie. Frédéric s'était trompé dans ses calculs. L'Autriche, trop pauvre pour offrir des subsides et soudoyer la Russie, était assez riche pour acheter les ministres russes, et Marie-Thérèse avait employé une arme plus efficace encore; Frédéric n'avait pas plus épargné la tzarine que Louis XV et sa maîtresse, et la cour de Vienne avait fait parvenir jusqu'à Élisabeth les sarcasmes échappés à Frédéric sur les nombreuses amours de la Majesté moscovite : le monarque prussien eût dû pourtant se taire sur l'article des mœurs. La tzarine était tellement ulcérée, qu'il

---

1. V. le traité, dans Wenck, t. III, p. 141, et Garden, *Hist. des traités de paix*, t. IV, p. 19. — Frédéric II, *Hist. de la guerre de Sept Ans*, t. Ier, c. III. — Coxe, *Hist. de la maison d'Autriche*, c. CX.

2. V. ci-dessus, p. 449; — et Ségur, *Politique de l'Europe*, t. Ier, p. 61.

suffît que l'Angleterre se fût alliée à la Prusse pour qu'elle rompît ses engagements avec l'Angleterre. Elle conclut un traité secret avec l'Autriche et la Saxe pour le partage de la Prusse. C'était encore la langue acérée de Frédéric qui lui avait aliéné la Saxe en blessant le comte de Brühl, favori d'Auguste III. Jamais plus grande guerre n'avait eu des motifs plus misérables. Le traité contre la Prusse n'était qu'éventuel et supposait que Frédéric donnerait lieu à des hostilités ; mais la cour de Vienne comptait bien trouver le moyen de changer cette éventualité en fait.

Le traité de la France et de l'Autriche avait été rendu public : Frédéric surprit le secret de l'autre pacte en corrompant un commis de la chancellerie saxonne. Il était évident pour lui maintenant que la diplomatie autrichienne en viendrait à ses fins et précipiterait sur lui, au printemps prochain, sous un prétexte quelconque, une coalition formidable. Il examina la situation d'un œil ferme. Ses ennemis n'étaient pas prêts ; l'Autriche seule, qui avait fort amélioré ses finances et son état militaire depuis 1748, et qui avait déjà plus de soixante mille soldats réunis en Bohême, pouvait entrer en campagne : la Russie n'était pas en mesure d'agir avant le printemps de 1757 ; la Saxe, gouvernée par le luxe frivole et par l'imprévoyance, avait besoin de six mois au moins pour se mettre sur le pied de guerre. Frédéric, lui, était prêt : la population de ses états était plus que doublée depuis son avènement, grâce à ses conquêtes et aux améliorations que lui devait la Prusse[1] : ses finances étaient en bon état, son armée au complet et perfectionnée, quant à la tactique, par les exercices d'une paix laborieuse[2]. Il jugea qu'avec l'extrême inégalité des forces, il n'avait qu'une seule chance de salut : c'était de frapper le premier, de choisir le théâtre de la guerre et de réduire, autant

---

1. Frédéric avait encouragé l'agriculture et l'industrie, réformé les lois par un code qui devait éclairer et abréger les procédures, et réformé surtout le personnel très-corrompu de la magistrature prussienne. V. *Hist. de la guerre de Sept Ans* t. Ier, c. 1er.
2. Il avait près de cent cinquante mille soldats pour une population de cinq millions d'âmes ; proportion qui représenterait plus d'un million de soldats pour la France actuelle. Le bas prix des denrées et l'extrême économie du gouvernement prussien peuvent seuls expliquer comment ce petit État vivait et prospérait sous un fardeau aussi énorme.

que possible, les ressources de ses ennemis par la vigueur de ses premiers coups. Il n'hésita pas sur le point d'attaque : ce ne pouvait être que la Saxe, ce centre stratégique et géographique de l'Allemagne, qui devait couvrir le Brandebourg et ouvrir la Bohême. Il débuta par demander nettement à Marie-Thérèse l'assurance qu'il ne serait attaqué par elle et par ses alliés ni cette année ni l'année suivante. L'impératrice-reine refusa de donner cette assurance. Sur la réponse négative de Vienne, Frédéric entra en Saxe avec plus de soixante mille Prussiens ; le feld-maréchal Schwerin entra en Bohême par Kœnigsgratz avec trente mille autres (fin août).

L'électeur-roi, Auguste III, se jeta dans le camp retranché de Pyrna, entre Dresde et la frontière de Bohême, avec environ dix-sept mille hommes, qui composaient en ce moment toute son armée. Ce camp était une sorte de grande forteresse naturelle de cinquante kilomètres de tour, environnée par l'Elbe, par des chaînes de rochers et des ravins marécageux. Frédéric, maître de Dresde sans coup férir, fit bloquer le camp de Pyrna par quarante mille hommes, et, avec le reste de ses troupes, marcha en Bohême, au-devant du feld-maréchal Braun, qui s'avançait à la tête du principal corps d'armée autrichien pour dégager les Saxons : un autre corps autrichien faisait face à Schwerin. Frédéric, très-inférieur en nombre, attaqua Braun, le 1er octobre, à Lowositz, le rejeta au delà de l'Eger, chargea un de ses lieutenants de le tenir en échec, puis courut rejoindre l'armée qui bloquait Pyrna. Braun pénétra cependant en Saxe par la rive droite de l'Elbe avec un fort détachement : les Saxons sortirent du camp de Pyrna et tâchèrent de se frayer un passage jusqu'aux Autrichiens ; leurs chefs connaissaient si mal leur propre pays, qu'ils les fourvoyèrent dans des défilés où les Prussiens les prirent comme dans un piége. Une quinzaine de mille hommes mirent bas les armes et, suivant la coutume hasardeuse de Frédéric, furent incorporés dans l'armée prussienne (18 octobre). Le roi Auguste III n'eut d'autre capitulation que la liberté de se retirer en Pologne, où il n'obtint aucun secours de la diète polonaise, qui ne voulait pas s'immiscer dans la guerre d'Allemagne. Les Autrichiens se retirèrent, et Frédéric prit ses quartiers d'hiver sur les confins de la Saxe et de la Bohême [1].

Au moment où Frédéric ouvrait avec gloire la guerre continentale, un changement très-heureux pour lui et très-menaçant pour la France s'opérait en Angleterre.

Jusqu'ici, l'Angleterre n'avait pas trouvé, dans son gouvernement, un instrument suffisant de ses ambitions et de ses haines. L'opinion publique, tant de la métropole que des colonies, secondée par un prince du sang très-influent, le duc de Cumberland, avait déterminé la guerre; mais le ministère n'avait pas su diriger cette guerre. Le même contraste qu'en France, bien qu'à un moindre degré, s'était manifesté entre le gouvernement et la nation. La mollesse, le relâchement, l'égoïsme insouciant, étaient partout dans l'administration, et même parmi les chefs de l'armée et de la flotte. Des deux frères Pelham, chefs du cabinet en 1748, le plus capable, Henry, était mort, et l'autre, le duc de Newcastle, ainsi que le reste des membres du ministère, étaient au-dessous de la nation et de la situation.

Mais l'Angleterre avait les moyens, qui manquaient à la France, d'imposer ses hommes et ses volontés à son gouvernement. L'homme qu'il lui faut, elle l'a, elle le connaît! c'est l'orateur dont la foudroyante éloquence a renversé autrefois Walpole, et qui, depuis, a dominé le parlement et maintes fois touché au pouvoir, sans que l'antipathie personnelle du roi George II lui ait permis de le saisir pleinement. Le roi est enfin contraint de céder au torrent de l'opinion et de subir le tribun dont le patriotisme exclusif a tant de fois heurté avec rudesse les penchants allemands de la maison de Hanovre. William Pitt reçoit, ou plutôt envahit le ministère au mois d'octobre 1756.

Entre Walpole et Pitt, il semble qu'il y ait des siècles et que ces deux hommes appartiennent à deux mondes différents. C'est le civisme des républiques antiques après la corruption parlementaire. Personne, dans les âges modernes, n'a encore rappelé à ce point l'antiquité, et par l'extérieur et par le fond; non pas cependant l'antiquité tout entière, non pas l'antiquité philosophique, mais l'antiquité politique. La vertu, chez William Pitt, n'est pas

---

[1] Frédéric II, *Hist. de la guerre de Sept Ans*, t. Ier, c. IV. — V., sur cette campagne, les critiques de Napoléon, dans ses *Mémoires*, t. VII, p. 161; 2e édition.

plus la vertu philosophique d'Épictète ou d'Aristide que la vertu chrétienne. On ne l'appellerait pas le *Juste*. C'est la vertu des conquérants romains, le dévouement à la patrie, la grandeur de la patrie poursuivie par tous les moyens, sans réserve des droits de l'étranger ni des droits de l'humanité. *Hospes hostis!* Le mot fameux qu'on lui attribue, authentique ou non, résume bien sa pensée : « Si nous voulions être justes envers les Français, nous n'aurions pas pour trente ans d'existence [1]. »

Il avait vu l'élan maritime et colonial de la nation française et avait compris que, si la France joignait à ses indestructibles ressources continentales la prépondérance en Amérique et dans l'Inde, l'Angleterre retomberait au rang des puissances de second ordre. Il haïssait la France comme un Romain haïssait Carthage, et son avénement était le signal d'une guerre à mort.

La lutte entre le gouvernement que dirigeait un tel homme et le gouvernement de Louis XV, c'était, en réalité, la lutte d'une république aristocratique contre une monarchie absolue, et ce dernier gouvernement est bien moins fort et moins persévérant que l'autre, lors même qu'il n'est point en décadence. La lutte avait déjà eu le même caractère sur la fin de Louis XIV, et le Grand Roi y avait succombé. Là où Cyrus avait échoué, que ferait Sardanapale? William Pitt devant Louis XV, c'était un consul de Rome devant un monarque efféminé de l'Orient!

Sous cette main de fer, l'Angleterre changea de face en quelques mois. Pitt avait rougi pour son pays des honteuses terreurs qu'exprimait la nation anglaise dès qu'elle se croyait menacée dans son île par quelques milliers de soldats. Il voulut aguerrir l'Angleterre et contre le péril et contre la peur d'une descente : par l'institution d'une milice, il rendit les armes à ce peuple qui en avait oublié l'usage. Une poignée d'insurgés à demi sauvages avait failli naguère subjuguer l'Angleterre, qui s'en était vengée avec la férocité de l'orgueil offensé : par des mesures réparatrices, William Pitt réconcilia à son gouvernement les restes des montagnards écossais et envoya deux ou trois mille de ces hommes intrépides grossir les forces anglo-américaines contre le

---

1. Rainal. *Hist. philosophique des deux Indes*, t. IV, l. II.

Canada. Des escadres furent expédiées dans toutes les directions. Le parlement vota la solde de cinquante-cinq mille hommes pour le service de mer, de près de cinquante mille pour le service de terre, et accorda 8 millions sterling (200 millions) d'impôts pour l'année 1757. Les administrations et les états-majors furent épurés avec une inflexible rigueur. Un exemple sanglant fut fait, pour mettre les chefs des armées anglaises entre la victoire et la mort. L'amiral Byng, condamné à mort par une cour martiale pour n'avoir pas fait tout ce qui était possible afin de sauver Minorque, mais recommandé par ses juges à la clémence du roi, fut impitoyablement fusillé (14 mars 1757). Voltaire, qui commençait à s'attribuer en toute occasion ce rôle officiel de défenseur de l'humanité qui devait faire l'honneur de sa vieillesse, avait appelé en vain à l'opinion de l'Europe et au témoignage même des capitaines français qui avaient combattu Byng. Ce supplice, calculé de sang-froid, est marqué d'un caractère beaucoup plus cruel que ces exécutions de généraux, justement reprochées depuis à la révolution française, et qu'expliquent les passions et les soupçons mortels de cette terrible époque. Byng, lui, n'avait été, en aucune manière, soupçonné de trahison [1].

Le gouvernement de Louis XV devait plus tard imiter Pitt dans sa cruauté, mais non dans son génie. Quant à présent, tout au contraire, il laissait impunis des officiers bien plus criminels que Byng. Nous avons parlé plus haut du dédain arrogant des marins nobles pour les officiers de port ou *officiers bleus*. Dans un combat livré sur la côte de l'île du Cap-Breton, en juillet 1756, un capitaine de vaisseau et un capitaine de frégate avaient abandonné leur chef d'escadre, qui, attaqué par deux vaisseaux anglais plus forts que le sien, eût succombé sans le secours d'une autre frégate. Cette lâche trahison n'avait eu pour tout motif que la *roture* du chef d'escadre. Le capitaine de frégate se fit justice à lui-même : il ne put résister à ses remords et au mépris des honnêtes gens; il se pendit. L'autre officier fut acquitté par un conseil de guerre que l'esprit de corps rendit infidèle à tous ses devoirs. Il s'était passé sur les côtes de France et aux Antilles des faits moins infâ-

---

1. V. *Lord Chatam*, par M. de Viel-Castel, ap. *Revue des Deux-Mondes*, XIVe année; nouvelle série, t. V, p. 717-808; 1844.

mes, mais très-coupables encore, et qui se résumaient dans une extrême négligence des officiers nobles à protéger les convois marchands qui leur étaient confiés. Le peu de cas qu'ils faisaient d'une mission qu'ils considéraient comme au-dessous d'eux avait coûté cher à la France : il y avait encore eu, en 1756, deux cents vaisseaux et barques de commerce enlevés par les Anglais [1].

Le seul homme d'état qui eût assez de fermeté pour rétablir l'ordre et réprimer ce détestable esprit, n'était déjà plus aux affaires. Machault avait été renversé par une intrigue de cour, et il n'y avait plus chez nous, à vrai dire, d'administration de la marine!

Tandis que les deux premiers politiques de l'époque, William Pitt et Frédéric le Grand, s'unissaient pour une lutte désespérée contre la France, Louis XV, sa cour et son conseil étaient moins occupés de la guerre étrangère que de querelles intérieures, dignes du Bas-Empire.

Le gouvernement, pour mettre fin à la guerre des *billets de confession*, avait en vain renoncé aux réformes financières de Machault. La portion la plus ardente du clergé, l'archevêque de Paris en tête, avait considéré comme une sorte de simonie l'accord conclu entre le ministère et le cardinal de La Rochefoucauld, président de l'assemblée du clergé. Cet accord n'avait pas été un moment respecté, et les refus de sacrements, et, par suite, les arrêts des parlements, avaient recommencé dès l'automne de 1754. La cour, cette fois, prit parti contre les gens d'Église, et plusieurs prélats, et l'archevêque de Paris lui-même, furent exilés dans leurs maisons de campagne. Le parlement de Paris frappa d'un exil moins bénin un curé et quelques prêtres de paroisse, qu'il condamna, comme séditieux, au bannissement perpétuel. Il voulut pousser son avantage et prendre l'offensive contre la bulle *Unigenitus*. Un arrêt du 18 mars 1755 reçut le procureur général appelant comme d'abus de l'exécution de la bulle, « notamment en ce qu'aucuns ecclésiastiques prétendent lui attribuer le caractère de règle de foi ». Le conseil, comme on devait s'y attendre, cassa l'arrêt du parlement, qui continua ses démêlés avec la Sorbonne et avec l'assemblée du clergé, réunie de mai à octobre

---

1. *Vie privée de Louis XV*, t. III, p. 87-93.

1755[1]. La mort du fanatique Boyer, détenteur de la feuille des bénéfices (20 août 1755), apaisa un peu la guerre des billets de confession : cette espèce de ministère des affaires ecclésiastiques passa dans les mains du cardinal de La Rochefoucauld, esprit conciliant, ennemi du bruit, et la violence ne fut plus un titre aux bénéfices; dès lors, il y eut moins de gens violents dans le clergé.

L'archevêque de Paris, cependant, et la fraction passionnée et sincère du parti moliniste, ne capitulaient pas. Une nouvelle diversion, d'ailleurs, vint faire trêve aux billets de confession et venger le clergé du parlement, en mettant la magistrature aux prises avec la cour. A la suite d'un conflit de juridiction entre le parlement de Paris et le grand conseil, ce tribunal singulier qui n'avait que des attributions exceptionnelles et point de territoire ni de ressort, une déclaration du roi ordonna que les arrêts du grand conseil fussent exécutoires, pour les tribunaux inférieurs, dans tout le royaume, comme l'étaient ceux des parlements dans leurs ressorts (10 octobre 1755). Tous les parlements adressèrent au roi de vives remontrances contre cette invasion de leurs prérogatives; le grand conseil et les parlements se combattirent à coups d'arrêts durant plusieurs mois; la plupart des tribunaux inférieurs refusèrent d'enregistrer les déclarations du grand conseil; quelques bailliages les ayant reçus, le parlement de Paris les fit biffer sur leurs registres. Le 18 février 1756, il convoqua les princes du sang et les pairs à venir prendre leurs places dans son sein, « pour aviser à maintenir l'ordre hiérarchique et la police du royaume contre les entreprises indécentes du grand conseil ». Le roi défendit aux princes et aux pairs de se rendre au Palais; ils obéirent, mais ils firent présenter à Louis XV, par le duc d'Orléans, une protestation sous forme de requête. Le duc d'Orléans, petit-fils du régent, homme de plaisir et caractère inconsistant, affectait, à l'imitation du prince de Conti, quelques tendances philosophiques et novatrices[2]. Louis XV jeta la requête au feu.

1. Cette assemblée tint du moins parole au gouvernement, quant à la question pécuniaire, et accorda un don gratuit de 15 millions.

2. Il fit, sur ces entrefaites, *inoculer* la petite vérole à son fils, qui fut depuis *Philippe-Égalité*, et à ses filles, par le célèbre médecin Tronchin, de Genève.

La fermentation n'était pas moindre dans la magistrature provinciale; les parlements de Rouen et de Bordeaux surtout résistaient opiniâtrément au roi; plusieurs de leurs membres étaient en exil, et ils suspendaient la justice. Le parlement de Paris fit de vives tentatives en leur faveur; il se montrait de plus en plus animé; sa lutte contre le grand conseil ne le détournait pas de ses autres ennemis. Un arrêt du 18 mai 1756 cassa le décret de la Sorbonne, qui, en 1729, avait reçu la bulle *Unigenitus* et institué un formulaire que les candidats aux grades étaient forcés de signer. L'arrêt du parlement fut, comme de coutume, cassé par le conseil d'État. Bientôt les questions d'impôts suscitèrent des débats plus vifs encore. Dès 1755, malgré l'accroissement des impôts indirects [1] et l'établissement récent du *vingtième*, il avait fallu subvenir, par toutes sortes d'expédients, aux préparatifs de la guerre. On avait attiré dans les caisses de l'État de très-grandes sommes, à titre de cautionnements, par divers renouvellements de baux en dehors des fermes générales [2] et par le remaniement du système des fermes. On avait porté le nombre des fermiers généraux de quarante à soixante, en supprimant les sous-fermes, pour obliger leur compagnie à une augmentation de cautionnement de 40 millions (ces cautionnements étaient en réalité une forme d'emprunt à 4 p. 100). On avait créé une loterie au capital de 32 millions, portant 3,800,000 francs d'intérêt par an pendant douze ans. On s'était procuré, par tous ces moyens, un fonds extraordinaire de 106 millions, sans compter les 15 millions du clergé. Ce fonds était consommé, et l'on ne pouvait plus recourir aux mêmes procédés; il fallait en revenir à augmenter les impôts. On accrut la taille et la capitation de 4 millions, et l'on se décida à envoyer à l'enregistrement tout un ensemble d'édits bursaux (7 juillet 1756). C'était un second vingtième en sus du premier de Machault, lequel second vingtième cesserait à la paix.

---

1. Le bail des fermes venait d'être porté à 110 millions. Il était plus que doublé depuis la Régence; en 1718, il ne rendait que 48 millions et demi.

2. Les postes, qui rendaient plus de 6 millions par an; la paulette (droit annuel payé par les magistrats), plus de 2 millions; la caisse de Sceaux et Poissi, établie en 1744, renouvelée pour douze ans, en 1755, moyennant 15 millions comptant, etc. V. *Collection de comptes rendus concernant les finances*, de 1758 à 1787 · Lausanne, 1788, in-4°, p. 19-23.

C'était la prorogation, pour dix ans, des 2 sous pour livre de l'ancien dixième de 1746, qui avaient survécu au principal de cet impôt, et qu'on donnait en garantie d'une émission de 1,800,000 fr. de rentes; on prorogeait divers droits et taxes temporaires qui touchaient à leur terme; on établissait un nouveau droit, évalué à 3 millions par an, sur les bois et charbons consommés à Paris, et on l'aliénait pour sept ans; on exigeait des villes un don gratuit pour six ans, payable au moyen d'un nouvel octroi, qui serait acquitté par toutes personnes sans distinction [1].

Le parlement fit remontrances sur remontrances au lieu d'enregistrer. Le roi, réduit à agir d'autorité, manda le parlement à Versailles pour un lit de justice (21 août 1756). L'enregistrement eut lieu en silence : le parlement avait arrêté d'avance qu'il n'opinerait pas, pour ne point sanctionner cet acte de *plein pouvoir* par un semblant de délibération. Dès le surlendemain, il recommença de protester et fut secondé, non-seulement par les parlements de province, qui refusèrent l'enregistrement, mais par les autres cours supérieures de Paris, par la chambre des comptes et la cour des aides, qui n'enregistrèrent que sur l'exprès commandement du roi et sauf protestation. Les remontrances de toutes ces cours sont très-remarquables; le ton vif et libre, l'éloquence dégagée de tout pédantisme, sinon de toute déclamation, attestent des gens qui ont lu l'*Esprit des Lois* et qui en ont fait leur profit au point de vue traditionnel. Ils attaquent sans ménagement le *vernicieux dessein* d'établir le *gouvernement arbitraire*, ne cessent d'en appeler aux lois fondamentales et immuables, aux formes consacrées et nécessaires; ils traitent les arrêts du conseil d'actes qui n'ont rien de respectable que l'auguste nom dont la surprise les a revêtus. « Quel citoyen, s'écrient-ils, pourra désormais se résoudre à entrer dans la magistrature? On n'y veut que des esclaves! » Le parlement de Paris avance ce principe : que tous les parlements de France ne sont qu'un même corps divisé seulement en *classes*, ou, en d'autres termes, qu'il n'y a qu'un seul parle-

---

1. *Comptes rendus concernant les finances de la France*, de 1758 à 1787; *état des finances en* 1758; Lausanne, 1788, in-4°. — Bailli, *Hist. financière de la France*, t. II, p. 136. — Les ecclésiastiques obtinrent néanmoins l'exemption de cet octroi, pour les denrées de leurs bénéfices destinées à leur consommation.

ment, dont les princes et les pairs sont membres, et dont les cours supérieures des provinces ne sont que des extensions et, pour ainsi dire, des colonies [1].

L'apparition du *système des classes* émut vivement la cour; cela sentait la *Fronde*, et cette grande confédération de la magistrature pouvait mener loin. Cependant, en fait, les conséquences immédiates des démonstrations parlementaires ne furent pas ce que la cour eût pu craindre. Si souffrantes et si désaffectionnées que fussent les populations, elles n'essayèrent pas de se soustraire au paiement d'impôts qu'on leur disait nécessaires pour combattre les Anglais. La conquête de Mahon fut pour beaucoup dans leur docilité. Pour n'être point désobéissantes, les provinces n'en étaient pas moins agitées, et les violences d'une partie du clergé entretenaient la fermentation à Paris et dans un certain nombre de diocèses. L'archevêque de Paris avait lancé, de son exil de Conflans, un mandement où il excommuniait les juges qui donneraient des arrêts pour contraindre les ministres de l'Église en matière de sacrements, et, avec les juges, les prêtres qui obéiraient aux juges, les fidèles qui liraient les extraits des registres du parlement, etc. Une vingtaine d'évêques imitèrent le fougueux Beaumont. Le parlement fit brûler les mandements, et le roi exila plusieurs prélats, cette fois, hors de leurs diocèses. Le pape Benoît XIV, à qui l'assemblée du clergé en avait référé, du consentement du roi, essaya, sur ces entrefaites, de rendre la paix à l'Église de France par un bref où il exhortait les évêques à ne refuser les sacrements qu'aux *réfractaires notoires* (16 octobre 1756). Cette intervention conciliante de la part du saint-siége est assez digne de remarque; mais il faut se rappeler qu'elle venait du pape qui correspondait avec Voltaire et Frédéric II. Comme il arrive trop souvent, le pacificateur fut mal accueilli des deux

---

1. V. les remontrances des parlements de Rouen, de Paris et de Toulouse, dans le *Mercure historique et politiq.* de La Haie, t. CXLI, p. 184, 467, 603. Tous parlent avec la même véhémence des misères du peuple, de sa condition « mille fois moins tolérable que celle des esclaves de l'Amérique. » *Ibid.*, p. 607. — Le parlement de Toulouse attaque surtout très-énergiquement les corvées, qui achèvent, dit-il, de faire périr l'agriculture. Le Languedoc proprement dit s'en était racheté, cependant. En même temps, le parlement de Toulouse proteste contre la levée des *vingtièmes* sur les terres nobles, comme destructive du droit féodal; *ibid.*, t. CXLII, p. 47.

côtés : les fanatiques molinistes l'accusèrent de jansénisme, et le parlement, se prenant aux formes plus qu'à l'intention de l'intervention, supprima son bref, bien que ce fût le roi lui-même qui l'eût transmis aux évêques.

Le roi, que tout ce bruit dérangeait dans ses plaisirs, était moitié impatienté, moitié effrayé. Il sentait les vieux ressorts de la monarchie craquer sous ces continuelles secousses. « Ces grandes « robes et le clergé, disait-il un jour à madame de Pompadour, « me désolent par leurs querelles ; mais je déteste bien plus les « grandes robes : mon clergé, au fond, m'est attaché et fidèle ; les « autres voudraient me mettre en tutelle. Le régent a eu bien « tort de leur rendre le droit de faire des remontrances : ils fini- « ront par perdre l'État... c'est une assemblée de républicains ! » La conclusion fut caractéristique, et digne du personnage : « Au « reste, en voilà assez : les choses comme elles sont dureront « autant que moi¹ ! »

Le roi et le père se valaient dans Louis XV !

Il se décida pourtant à un grand coup, par dépit plutôt que par résolution sérieuse. Le 13 décembre 1756, il porta, en lit de justice, deux déclarations au parlement. La première, sur les affaires de l'Église, cherchait à établir un milieu entre les deux partis : on devait respecter la bulle *Unigenitus*, quoiqu'elle ne fût pas *règle de foi*. Le *silence* prescrit par les déclarations antérieures ne pouvait préjudicier au droit qu'ont les évêques d'enseigner les ecclésiastiques et les peuples ; mais les évêques devaient éviter tout ce qui pourrait troubler la tranquillité publique. Toutes les causes civiles, concernant le refus des sacrements, seront portées devant les juges d'Église ; les cours et juges royaux ne pourront ordonner que les sacrements soient administrés, mais seulement poursuivre les ecclésiastiques qui auraient refusé les sacrements à d'autres qu'à des réfractaires publics et notoires. Tout ce qui s'est fait à l'occasion des derniers troubles doit être enseveli dans l'oubli ; tous arrêts, sentences et jugements, etc., sont annulés. La seconde déclaration attribuait exclusivement à la grand'chambre du parlement tout ce qui concerne la police générale dans les matières civiles ou ecclésiastiques, à moins que la grand'chambre

1. *Mém.* de madame du Hausset (témoin auriculaire), p. 72.

elle-même ne décidât l'assemblée des chambres. Le parlement devait présenter, sous quinzaine, ses remontrances sur les édits lui envoyés, et enregistrer le lendemain de la réponse du roi aux remontrances. Les conseillers ne pourront désormais avoir voix délibérative dans l'assemblée des chambres qu'après dix ans de service. Il est expressément interdit aux membres du parlement de suspendre leurs fonctions, sous peine de privation de leurs offices. Enfin, un édit royal supprime deux des chambres des enquêtes et plus de soixante offices de conseillers.

Les membres des enquêtes et requêtes démissionnèrent en masse le jour même, en déclarant que, dégradés et privés de leurs fonctions les plus essentielles, ils étaient réduits à l'impossibilité de servir le roi. La moitié de la grand'chambre suivit cet exemple; une vingtaine de magistrats seulement, sur deux cents, conservèrent leurs charges. La dissolution spontanée du parlement produisit un effet extraordinaire. On entendit, dans les rues, se mêler aux injures contre la Pompadour des cris contre le *tyran des Français*. Les étrangers, qui observaient, depuis quelques années, nos crises intérieures, purent croire à l'imminence de la révolution déjà pressentie. Ces prévisions étaient prématurées : il y avait en France des sectes philosophiques; il n'y avait point encore de partis politiques. Les parlements étaient des foyers d'opposition et non de révolution; la multitude, mécontente et malheureuse, ne se rattachait encore à aucune espérance, à aucune idée d'avenir; de son irritation confuse il sortit, non point un grand mouvement populaire, mais un acte de colère et de folie individuelle[1].

Le 5 janvier 1757, au soir, comme le roi descendait dans la *cour de marbre* pour aller de Versailles à Trianon, un homme se glissa entre les gardes et lui lança un coup dans le côté. Louis porta la main à l'endroit frappé et la retira tachée de sang. Avec assez de présence d'esprit, il reconnut l'assassin à ce qu'il avait seul le chapeau sur la tête, et le fit saisir en défendant de lui faire du mal. On ne trouva sur cet homme d'autre arme qu'un couteau à deux lames, dont la plus petite n'était qu'une espèce de

---

1. V. *Mercure hist. et politiq.*, t. CXLII, p. 62. — Soulavie, t. VIII, p. 317.

canif; c'était avec celle-là qu'il avait frappé, et, grâce à l'épaisse *redingote*[1] dont le roi était enveloppé, la pointe n'avait pénétré que de quatre lignes.

La peur était venue à Louis avec la réflexion : pour cette *piqûre d'épingle*, comme dit Voltaire, il se fit emporter et mettre au lit, manda en toute hâte le premier confesseur venu, se fit donner et redonner l'absolution à cinq ou six reprises, appela le dauphin, le chargea de présider les conseils et se comporta comme l'eût pu faire un homme blessé à mort. A la vérité, le soupçon que l'arme pouvait être empoisonnée lui avait traversé l'esprit.

Pendant ce temps, la cour était bouleversée : la foule se pressait autour du dauphin; le vide se faisait chez madame de Pompadour. Même après qu'on fut rassuré sur la vie du roi, on s'attendit au renouvellement des scènes de Metz, en 1744, et Machault vint, le lendemain, insinuer à la marquise que l'intention du roi était qu'elle quittât la cour. Machault était fort las du joug de sa protectrice et ne croyait pas que la reconnaissance dût l'attacher éternellement au char d'une favorite qui perdait l'État. Accablée d'abord, puis ranimée par les conseils d'une amie, la Pompadour fit traîner son départ, pensant que gagner du temps c'était tout gagner.

Versailles intriguait : Paris et la France étaient dans la stupeur. Une telle action était si éloignée des mœurs du siècle! On croyait rêver en se retrouvant aux jours des Jacques Clément et des Ravaillac. Parlementaires et gens d'Église s'en rejetèrent la responsabilité avec fureur. Il y eut une réaction en faveur du roi : on crut un moment l'aimer encore. Les membres démissionnaires du parlement de Paris offrirent de reprendre leurs fonctions pour venger la personne du roi. Les parlements des provinces, les États de Bretagne, toujours en opposition contre la cour, se hâtèrent d'envoyer des protestations de dévouement à Louis. Le roi, après plusieurs jours passés au lit sans le moindre mouvement de fièvre, s'était enfin décidé à se lever et à s'occuper d'affaires : il n'accepta pas les offres des démissionnaires, renvoya le procès de l'assassin à la grand'chambre, c'est-à-dire à ceux des

---

1. Ce vêtement de dessus avait été récemment rapporté d'Angleterre, comme l'indique son vrai nom (*reading-coat*), pour remplacer le manteau.

membres qui n'avaient pas suivi leurs collègues, et, persévérant dans son ressentiment, exila seize des démissionnaires.

On fit des recherches infinies sur les précédents, sur les relations de l'assassin : on le soumit aux tortures les plus cruelles et les plus répétées ; on alla jusqu'à faire venir d'Avignon une machine questionnaire, inventée par la diabolique imagination des inquisiteurs pontificaux ; le résultat de toute cette procédure fut que cet homme, appelé Damiens, n'avait point de complices et n'était pas même, à vrai dire, un assassin. C'était un laquais sans place, cerveau détraqué, qui s'était exalté par les propos entendus dans la Grand'Salle du Palais ou dans les antichambres de quelques conseillers au parlement et de quelques dévots jansénistes. Il n'avait pas voulu tuer le roi : il avait voulu seulement lui donner un avertissement, afin qu'il cessât de persécuter le parlement et qu'il punît l'archevêque, cause de tout le mal. Il eût fallu l'envoyer à Bicêtre : on le condamna à l'épouvantable supplice qu'avait subi Ravaillac ; il fut tenaillé, arrosé de plomb fondu, puis écartelé par quatre chevaux (28 mars 1757). Des femmes de la haute noblesse et de la finance crurent faire leur cour en imitant les mœurs du temps de Catherine de Médicis et en se disputant à prix d'or les fenêtres de la Grève pour aller se repaître de ces horreurs. Louis, qui du moins n'ajoutait pas la cruauté à ses autres vices, en eut dégoût.

Les juges ajoutèrent à cette barbarie une détestable iniquité : ils condamnèrent au bannissement perpétuel la famille innocente de Damiens, père, femme et fille, avec peine de mort s'ils rentraient en France. A la vérité, le roi leur fit une pension [1].

Une révolution de cabinet suivit le *rétablissement* du roi. L'habitude avait bien vite ramené Louis chez madame de Pompadour : redevenue plus puissante que jamais, elle se vengea d'abord d'un ami infidèle, puis d'un ennemi invétéré. Le roi, humilié de la faiblesse qu'il avait laissé voir à Machault, eut peu de peine à sacrifier ce ministre. La chute d'un des auteurs du rappel de Du-

---

[1] Voltaire, *Siècle de Louis XV*, c. 37. — *Hist. du parlement de Paris*, c. 67. — Soulavie, t. VIII, c. xiv. — *Mém.* de madame du Hausset, p. 99. — Notice sur le cardinal de Bernis, à la suite de madame du Hausset. — *Mercure historiq.*, t. CXLII. p. 96. — *Mém.* de Besenval, t. 1ᵉʳ, p. 303. — Sismondi, t. XXVIII, p. 111.

pleix fut un grand malheur pour la France : cela dit tout sur l'abîme où roulait le gouvernement! La Pompadour, satisfaite de cette victoire, eût consenti à se réconcilier avec le comte d'Argenson : elle lui fît des avances, qu'il accueillit avec une hauteur imprudente ; elle l'envoya rejoindre Machault. Le roi abandonna d'Argenson, soit parce qu'il avait montré trop d'empressement auprès du dauphin le jour de l'assassinat, soit pour une lettre interceptée, et peut-être supposée par la Pompadour, dans laquelle d'Argenson parlait peu respectueusement de Louis (1er février 1757). Les ministères de la guerre et de la marine passèrent à des nullités pitoyables, et l'instabilité devint telle à la marine et aux finances, qu'on peut à peine se rappeler les noms des obscurs personnages que l'intrigue et le caprice appelèrent tour à tour pour quelques mois à une ombre de pouvoir. La marine tomba, en 1758, à un ancien lieutenant de police, Berryer, qui passait pour avoir appris les intérêts de l'État en pourvoyant le Parc-aux-Cerfs, en espionnant et en distribuant des lettres de cachet pour le compte de madame de Pompadour [1]. La Pompadour régnait et gouvernait ; c'était là l'unique adversaire qu'opposât le gouvernement français à Frédéric et à William Pitt. L'homme d'esprit qu'elle venait de faire ministre d'état, en reconnaissance de ce qu'il lui était resté attaché pendant la crise, et qu'elle fit bientôt ministre des affaires étrangères (en juin 1757), l'abbé de Bernis, eût pu lui donner d'utiles avis, mais elle ne voulait qu'un instrument et non un conseiller ; Bernis ne tarda point à l'éprouver.

Le bénéfice du retour populaire était déjà perdu pour le roi. Louis n'avait pas su saisir le premier moment d'émotion pour satisfaire l'opinion et transiger avec le parlement, et il ne sut pas davantage tenir rigueur jusqu'au bout, en sorte qu'il n'eut les avantages ni de la douceur ni de la force. Il fit emprisonner huit membres du parlement de Franche-Comté et deux membres du parlement de Bretagne ; la justice resta suspendue plusieurs mois à Paris, à Rouen, à Rennes, à Besançon, à Pau, etc. Louis voulait rendre leurs offices à la plupart des membres démissionnaires du parlement de Paris, pourvu qu'il les redemandassent, mais tenir pour valables les démissions des seize meneurs exilés. Les

1. On finit par faire de cet homme un garde des sceaux!

parlementaires refusèrent de rentrer sans leurs collègues et sans la révocation des mesures qui les avaient blessés. Les parlements des provinces envoyèrent coup sur coup les plus violentes remontrances pour le rétablissement du parlement de Paris. Louis céda de guerre lasse : il consentit enfin à annuler toutes les démissions, à retirer, sous prétexte de l'interpréter, la déclaration qui avait tant irrité les magistrats, et à rappeler les exilés ; seulement, les deux chambres qui avaient été supprimées ne furent pas rétablies, et leurs membres furent distribués dans les trois autres chambres des enquêtes (1er septembre). Les parlements provinciaux obtinrent aussi la réintégration de leurs membres exilés ou emprisonnés. Par compensation, le roi rappela les prélats exilés en les invitant à écouter les exhortations pacifiques du saint père. La paix intérieure sembla ainsi rétablie pour un moment, mais le roi n'y avait pas mis assez de bonne grâce pour qu'on lui en sût gré. Le principal négociateur de la transaction avait été l'abbé de Bernis : madame de Pompadour avait été bien aise de relever le parlement, par hostilité contre les jésuites et contre le parti du dauphin. Elle voulait pouvoir se vanter de faire la paix en France et la guerre en Allemagne.

Sa politique, conciliante au dedans, était de plus en plus violente au dehors, si l'on peut donner à pareille chose le nom de politique. Les ministres français n'étaient quasi plus que des marionnettes dont Marie-Thérèse et Kaunitz tenaient les fils. Le cabinet de Versailles, poussé par la Pompadour unie à la dauphine, fille du roi-électeur Auguste III, avait rompu avec la Prusse toutes relations diplomatiques dès le mois d'octobre 1756, ce qui indiquait l'intention de s'engager contre elle autrement qu'en simple auxiliaire de l'Autriche.

La guerre d'Allemagne, durant l'hiver de 1756 à 1757, s'était préparée sur la plus vaste échelle. La Russie, déjà liée à l'Autriche et à la Saxe, avait accédé, le 31 octobre 1756, au traité entre la France et l'Autriche, et il avait été convenu que la France paierait le subside promis par l'Autriche à la tzarine [1].

---

1. L'omission relative à la Turquie, dans le traité du 1er mai 1756 avec l'Autriche, fut à demi réparée dans l'acte d'accession de la Russie. Il y fut stipulé que la France ne s'engagerait à rien contre les Turcs. V. Flassan, t. VI, p. 200.

Ce n'était que le commencement des exigences de la cour de Vienne! Les masses de troupes françaises qui, dès l'entrée du printemps, se dirigèrent sur le Rhin, attestèrent que le traité de Versailles et ses vingt-quatre mille auxiliaires étaient déjà bien loin, et que la France allait mettre, non pas une main, mais tout le corps, dans la guerre continentale, dans la guerre autrichienne; quant à la guerre maritime, à la guerre française, elle deviendrait ce qu'elle pourrait!

Le 17 janvier 1757, la diète germanique, sous la double pression de l'Autriche et de la France, avait décidé de faire marcher les contingents des cercles pour aider au rétablissement de la paix troublée par l'agression du roi de Prusse. Le 14 mars, la France et la Suède signifièrent à la diète qu'elles rempliraient les obligations qui leur incombaient comme garantes du traité de Westphalie. Le parti aristocratique du sénat était tout à fait le maître en Suède, depuis qu'une conspiration monarchique avait été récemment étouffée dans le sang de ses auteurs (en 1756), et le sénat avait forcé le roi, beau-frère de Frédéric II [1], à prendre parti pour la France et l'Autriche contre le frère de sa femme, sans même consulter les Quatre États de Suède. Un appât séduisant avait été présenté aux Suédois. Par un traité du 21 mars, la France promit d'aider la Suède à recouvrer ce qu'elle avait perdu en Poméranie depuis 1679. L'Autriche accéda au traité, et, quelques mois après (22 septembre), une convention plus explicite promit toute la Poméranie, sur le pied du traité de Westphalie, plus un subside payé moitié par la France, moitié par l'Autriche, à condition que la Suède mît vingt mille soldats en campagne. L'électeur de Cologne, le Palatin, tous les princes du Rhin, tous ceux de l'Allemagne méridionale, furent entraînés dans la coalition par les subsides français. Beaucoup d'habileté fut déployée par les agents diplomatiques de la France dans la poursuite d'un but insensé. L'Angleterre et la Prusse ne gardèrent d'alliés que la maison de Brunswick, la Hesse-Cassel et quelques petits princes saxons La neutralité avait été défi-

---

1. Le roi de Suède était alors Adolphe-Frédéric de Holstein-Eutin, élu en 1751, par la protection de la Russie, après la mort du roi Frédéric de Hesse-Cassel, dont le frère fut écarté du trône.

nitivement refusée au Hanovre, à moins qu'il n'accordât aux Français le libre passage pour aller en Prusse et une place de sûreté. La Pompadour dépassait ici les vœux de Marie-Thérèse, qui eût consenti à la neutralité du Hanovre; mais tous nos généraux de cour, avides d'une gloire facile, trouvaient maintenant qu'on ne pouvait envoyer trop de forces en Allemagne.

Quand le cabinet autrichien vit la France bien disposée, il saisit la fortune aux cheveux et voulut s'assurer, par un engagement formel, que ce grand feu ne s'éteindrait pas après le premier effort. Un second pacte entre Versailles et Vienne fut donc signé le jour anniversaire du premier (1ᵉʳ mai 1757). On fit souscrire à Louis XV la promesse d'entretenir cent cinq mille combattants pendant tout le cours de la guerre, plus, de solder dix mille Bavarois et Würtembergeois pour le compte de l'impératrice-reine, et de payer à Marie-Thérèse un subside annuel de 12 millions de florins d'Allemagne. Marie-Thérèse ne s'engageait qu'à entretenir quatre-vingt mille soldats. La guerre ne devait cesser qu'après que Frédéric aurait perdu, avec la Silésie, Glatz, Crossen, Magdebourg, Halberstadt, la Poméranie, Clèves, Gueldre, etc. L'impératrice aurait la plus grosse part des dépouilles, et, après elle, la Suède, la Saxe, le Palatin, etc. La France et l'Autriche verront volontiers qu'un prince de Saxe soit élu en Pologne après Auguste III : elles paieront à Auguste III un subside de compte à demi. Quand l'impératrice sera assurée, par un traité définitif, de la Silésie et de toute sa part de conquête, elle cédera à la France Ostende, Nieuport, Furnes, le fort de Knocke, Ypres, Mons, Chimai, Beaumont. Provisoirement, les places maritimes d'Ostende et de Nieuport seront remises à la garde de la France. Le reste des Pays-Bas autrichiens passera à l'infant duc de Parme en échange de son duché, qui sera cédé à l'Autriche. La postérité de l'ex-duc de Parme, devenu souverain des Pays-Bas, venant à s'éteindre, les Pays-Bas retourneront à Marie-Thérèse ou à ses héritiers, moins le Tournaisis, qui sera cédé à la France. Luxembourg sera rasé. La succession des Deux-Siciles, promise par le traité d'Aix-la-Chapelle au duc de Parme si le roi des Deux-Siciles devenait roi d'Espagne, est garantie, dans ce dernier cas, au fils puîné du roi des Deux-Siciles, pourvu qu'il cède les Présides au grand-duché de Toscane, c'est-à-dire à l'Autriche. La France promet ses bons offices pour assurer Modène à l'Autriche. Marie-Thérèse s'emploiera, lors de la paix, pour faire céder Minorque par l'Angleterre à la France et pour faire délivrer Dunkerque de ses entraves. (Ce n'est qu'une promesse de bons offices, et non pas une clause obligatoire comme pour la Silésie.) La France secondera l'élection de l'archiduc Joseph, fils de l'empereur François Ier et de Marie-Thérèse, à la dignité de roi des Romains [1].

Les parts étaient assignées, en admettant que la Russie ne demandât pas la sienne, chose peu vraisemblable; il s'agissait maintenant de les prendre. Au mois d'avril, les armées étaient de tous côtés en mouvement. Quatre-vingt mille Français, aux ordres du maréchal d'Estrées [2], envahissaient les domaines prussiens du Bas-Rhin; quelques autres troupes françaises se rassemblaient en Alsace pour se porter dans l'Allemagne centrale. Les Autrichiens se concentraient en Bohême; les Suédois, de Stralsund et de Rügen, menaçaient la Poméranie prussienne, et une masse formidable de Russes avançaient lentement par la Lithuanie vers la Prusse. La république de Pologne avait bien pu refuser de prendre part à la guerre, mais elle n'était pas en état de fermer son territoire aux parties belligérantes. Frédéric était en Saxe avec le gros de ses forces, faisant face aux Autrichiens; un corps d'armée prussien s'apprêtait à défendre la Prusse royale contre les Russes. Frédéric eût souhaité que l'armée hanovrienne, rassemblée en Westphalie sous le duc de Cumberland [3], défendît le Bas-Rhin contre les Français. Les Hanovriens prétendirent ne pouvoir tenir que sur le Weser, rivière beaucoup moins avantageuse à disputer que le Rhin. Clèves, Gueldre, Wesel, puis la Westphalie presque entière, furent donc évacués à peu près sans coup férir, à mesure qu'avançait le maréchal d'Estrées, général plus circonspect et plus lent qu'il n'eût fallu devant un adversaire inférieur en nombre; Cumberland ne comptait qu'une cinquantaine de mille hommes.

---

1. Garden, *Hist. des Traités de paix*, t. IV, p. 39-44, et 349.
2. C'était un Le Tellier. Il ne tenait aux d'Estrées que par les femmes.
3. Elle se composait des troupes allemandes revenues d'Angleterre et de nouvelles levées.

L'armée française s'étendit sans obstacle depuis la Hesse jusqu'à l'Ost-Frise; la guerre fut poussée mollement de ce côté, et il n'y eut pas, durant près de quatre mois, une seule action remarquable (avril-juillet).

La guerre de Bohême offrit un terrible contraste avec celle de Westphalie; Frédéric avait, comme à son ordinaire, saisi l'offensive : quatre corps prussiens avaient débouché brusquement de Saxe et de Silésie en Bohême, dans la seconde quinzaine d'avril, et s'étaient rejoints devant Prague. Le prince Charles de Lorraine, frère de l'empereur, et le feld-maréchal Braun, qui couvraient Prague avec la principale armée autrichienne, forte de soixante-dix mille hommes, n'eurent pas le temps de recevoir un second corps d'armée que le feld-maréchal Daun amenait à leur secours : Frédéric les assaillit à nombre à peu près égal, et les força dans leurs positions après un immense carnage (6 mai). Ce fut la journée la plus meurtrière qu'on eût vue depuis Malplaquet. Quarante mille Autrichiens se rejetèrent dans Prague; douze mille autres, coupés d'avec le gros de leur armée, rejoignirent le maréchal Daun : le surplus était mort ou pris. Frédéric détacha un corps d'armée pour contenir Daun et, avec le reste, bloqua les vaincus dans Prague. Il ne pouvait forcer une armée entière dans cette grande ville : il essaya de réduire Prague par famine. Au bout de quelques semaines, l'armée bloquée commençait, en effet, de souffrir beaucoup; mais l'autre armée ennemie, celle de Daun, grossissait d'une façon alarmante. Frédéric prit un parti téméraire. Il alla renforcer en personne le corps beaucoup trop faible qui tenait Daun en échec vers Kolin, à une quinzaine de lieues de Prague, et attaqua Daun dans une forte position, avec trente-cinq mille hommes contre soixante mille (18 juin)[1]; il fut battu avec une très-grande perte. Grâce à la lenteur des Autrichiens, ce grave échec ne devint point un désastre, et Frédéric

---

1. Un corps saxon faisait partie de cette armée. Une grande partie des Saxons enrôlés de force par Frédéric, à Pyrna, avaient déserté. — Ce fut dans la journée de Kolin que Frédéric dit à ses soldats hésitants ce mot fameux : « Croyez-vous donc toujours vivre? » — Sur toutes les campagnes de Frédéric, V. son *Hist. de la guerre de Sept Ans*, t. I-II, et les *Mémoires* de Napoléon, t. VII. Napoléon fait la critique de toutes les opérations de Frédéric. C'était le seul commentateur qui pût dominer un tel sujet.

eut le loisir de lever le blocus de Prague et de se retirer vers la Saxe en bon ordre.

Tandis que Frédéric était chassé de la Bohême, ses alliés n'avaient pas une meilleure fortune dans la Basse-Allemagne. Un choc eut lieu enfin, le 26 juillet, entre le maréchal d'Estrées et le duc de Cumberland. Les Hanovriens se couvraient du Weser ; les Français passèrent ce fleuve et tournèrent l'ennemi entre Hameln et Hastenbeck. La droite française, commandée par notre meilleur général, par Chevert, enleva des hauteurs occupées par la gauche ennemie ; d'Estrées avançait avec le centre, quand un homme destiné à un grand renom militaire, le prince Ferdinand, frère du duc de Brunswick, se glissa par les bois, avec quelques bataillons, entre la droite de Chevert, qui n'était pas suffisamment appuyée, et le gros de l'armée française. La confusion était déjà dans l'armée et d'Estrées ordonnait un mouvement en arrière, lorsqu'on reconnut que Ferdinand n'était pas soutenu et que Cumberland était en pleine retraite. Le lendemain, d'Estrées reçut un courrier qui lui apportait son rappel ; la cour, impatientée de ses lenteurs, lui envoyait pour successeur le *héros de Mahon :* l'on ne devait pas gagner au change.

Richelieu devait sa nomination au vieux Pâris Duvernei, munitionnaire général, que son esprit fertile en idées et en ressources rendait le conseiller nécessaire de tous les gouvernants. Duvernei avait l'oreille de la Pompadour comme celle du comte d'Argenson ; vrai ministre de la guerre sans titre, il avait séduit la favorite et le roi par un plan magnifique pour accabler le roi de Prusse en deux campagnes : on devait cerner Frédéric à la fois par l'Elbe et par l'Oder : la grande armée française, passée sous les ordres de Richelieu, après avoir écrasé les Hanovriens, se porterait sur Magdebourg ; un second corps de vingt-cinq mille hommes, commandé par le prince de Soubise, ami intime de la Pompadour, joindrait l'armée des cercles de l'Empire, à peu près d'égal nombre, et enlèverait la Saxe électorale : les Russes et les Suédois se réuniraient au cœur de la Poméranie et du Brandebourg. Aux Autrichiens, d'emporter la Lusace et la Silésie.

Le succès semblait probable : la grande armée française, déjà très-supérieure à l'ennemi sous d'Estrées et encore renforcée sous Richelieu, poussa devant elle Cumberland, qui, au lieu de se replier vers le moyen Elbe et les Prussiens, recula au nord vers le Bas-Elbe, s'écartant chaque jour davantage de ses alliés. Hanovre, Brunswick, Verden, Bremen, furent occupés par les Français. Le corps de Soubise, parti d'Alsace, se réunit en Thuringe aux contingents des cercles commandés par le prince de Saxe-Hildburghausen, menaçant l'électorat de Saxe (fin août). Les Russes arrivaient en ligne avec soixante à quatre-vingt mille hommes; mais, au lieu de pousser, comme on le souhaitait, droit à l'Oder, ils envahirent le royaume de Prusse. Le maréchal prussien Lehwald les assaillit hardiment à Jægerndorf, avec une armée inférieure des deux tiers; il fut repoussé (30 août). Quinze mille Suédois, cependant, étaient débarqués en Poméranie; les Autrichiens étaient en Lusace et à l'entrée de la Silésie. Frédéric laissa le gros de ses troupes au prince de Brunswick-Bevern pour tenir tête aux Autrichiens, et courut en Saxe avec un faible corps, afin d'arrêter les Franco-Impériaux. Il reçut, en arrivant aux bords de la Saale, une funeste nouvelle : le duc de Cumberland, acculé par les Français au Bas-Elbe, près de Stade, venait de capituler avec toute son armée; une convention signée à Kloster-Zeven le 8 septembre, par la médiation d'une puissance neutre, le Danemark, avait stipulé la cessation des hostilités entre les Français et les Hanovriens, le renvoi des auxiliaires hessois, brunswickois, etc., dans leurs pays respectifs, et la retraite des Hanovriens par delà l'Elbe, dans le duché de Lauenbourg, la garnison de Stade exceptée.

Frédéric eut un moment de désespoir; il se sentait près d'être étouffé entre tant d'ennemis. Il voyait Richelieu libre de joindre Soubise et Hildburghausen, déjà très-supérieurs au corps prussien qui leur était opposé; il voyait Daun beaucoup plus fort que Bevern, la Prusse et la Poméranie envahies, les partis autrichiens courant déjà le Brandebourg; un gros détachement pénétra jusqu'à Berlin et mit à contribution cette capitale sans défense. La pensée du suicide vint à Frédéric; il l'exprima dans une *Épître au marquis d'Argens*, qui est peut-être le plus singulier monument de son étrange caractère; c'est un mélange de lamentations, de bravades héroïques, de maximes matérialistes, d'appels à la mémoire des *héros de la liberté*, des Caton, des Brutus, dont il va suivre l'exemple. On ne voit pas trop quel rapport le despote de Prusse pouvait trouver entre lui et les *héros de la liberté*. Cette *Épître* et celle qu'il adressa bientôt après à Voltaire, retiré depuis quelque temps à Genève, sont à peu près les seuls éclairs de poésie qu'ait rencontrés la verve, souvent malheureuse, du roi bel esprit. Il n'était certes pas d'une âme commune de puiser l'inspiration dans une pareille tempête. Frédéric ne se laissa pas longtemps abattre : « Pour moi, » écrivait-il à Voltaire en le félicitant de sa retraite philosophique :

> Pour moi, menacé du naufrage,
> Je dois, en affrontant l'orage,
> Penser, vivre et mourir en roi [1].

Il était résolu, non plus à se donner la mort, mais à vaincre ou mourir sur le champ de bataille.

Quelques éclaircies commencèrent à paraître sur son horizon si sombre. L'armée russe, qui semblait devoir engloutir la Prusse proprement dite, au lieu de profiter de sa victoire de Jægerndorf, s'était mise en retraite dès la mi-septembre et avait déjà pris ses quartiers d'hiver dans la Pologne, qu'elle traitait en pays conquis. L'or anglais, et surtout la sympathie du grand-duc héritier de Russie, Pierre de Holstein-Gottorp, pour le roi de Prusse, avaient gagné le chancelier Bestoujeff, qui dirigeait le ministère, et le feld-maréchal Apraxin, chef de l'armée. La retraite des Russes était une véritable défection, contraire aux intentions de leur tzarine. Le maréchal prussien Lehwahld se trouva libre de marcher au secours de la Poméranie et de refouler les Suédois dans l'île de Rügen. D'une autre part, la convention de Kloster-Zeven n'eut pas les conséquences qu'avait redoutées Frédéric. Cette convention avait été fort mal faite. Richelieu, général médiocre, quoique assez actif, et diplomate incapable, n'avait pas su s'assurer la seule garantie sérieuse des engagements contractés par ses adversaires, la séparation immédiate

---

1. V. OEuvres de Frédéric II, t. VI. — *Commentaire historique* de Voltaire. — Correspondance de Voltaire et du roi de Prusse, année 1757.

et le désarmement des troupes capitulées : il n'avait pas même stipulé la durée de la suspension d'armes, comme si elle eût dû de plein droit subsister jusqu'à la paix, ni l'interdiction aux troupes capitulées de servir contre l'Empire et l'Autriche. Les Hanovriens et leurs auxiliaires ne se hâtèrent pas, les uns de se retirer chez eux, les autres de passer l'Elbe. Le cabinet français tenta en vain de réparer l'ineptie de son général et de faire compléter la convention : ses efforts ne servirent qu'à donner des prétextes à l'ennemi de chicaner l'exécution de ses promesses. Il devint évident que la capitulation serait observée ou violée, suivant la bonne ou la mauvaise fortune des armes prussiennes.

Richelieu eût pu, toutefois, encore mettre le roi de Prusse en grand péril; il avait laissé un petit corps en observation devant l'armée capitulée et s'était porté sur Halberstadt. De là, il pouvait serrer Frédéric entre lui et Soubise, et le forcer tout au moins de repasser l'Elbe. Ce fut le cabinet français qui l'en empêcha : madame de Pompadour voulait assurer à son favori Soubise l'honneur de délivrer la Saxe. Richelieu eut ordre d'envoyer un renfort à Soubise et de rester à Halberstadt avec le gros de ses troupes. Il se dédommagea de la gloire par le butin, rançonna le Hanovre et les cantons voisins, pilla et autorisa le pillage autour de lui avec un cynisme effronté : les soldats l'appelaient le *père la Maraude*. Il y avait longtemps que la constitution des armées françaises avait commencé de s'altérer profondément; mais la corruption de Richelieu et la faiblesse de Soubise portèrent le mal au comble dans cette campagne. L'indiscipline et la démoralisation ne connurent plus de bornes; ces armées, pleines de luxe et de misère, encombrées de courtisanes, de marchands, de valetaille, traînant après elles trois fois plus de bêtes de somme que de chevaux de selle, étalant des bazars ambulants d'objets de mode au milieu de leurs tentes, ressemblaient plus aux cohues de Darius et de Xerxès qu'aux armées de Turenne et de Gustave-Adolphe[1]; les chefs y permettaient toutes les déprédations au

---

1. On vit une fois, à l'armée de Soubise, douze mille chariots de marchands et de vivandiers, sans le train des officiers. L'escadron du duc de Villeroi (gardes du corps) avait seul une suite de douze cents chevaux. » — Archenholtz, *Hist. de la guerre de Sept Ans*, p. 119.

soldat, pour que son indigence ne se soulevât pas contre leurs fastueuses voluptés. L'espoir revint au cœur de Frédéric dès qu'il eut vu de près ses adversaires.

Lorsque Frédéric était arrivé en Saxe, les Français et les Impériaux étaient dispersés dans la Thuringe : il poussa Soubise devant lui jusqu'à Eisenach (20 septembre). Cette pointe eût été fort téméraire devant d'autres ennemis, car Richelieu, qui arrivait à Halberstadt, eût coupé la retraite à Frédéric en remontant la Saale; mais une poignée de soldats commandés par Ferdinand de Brunswick suffit pour tenir en échec Richelieu, qui avait défense d'avancer, et Soubise et Hildburghausen réunis se laissèrent honteusement arrêter et mettre en désordre à Gotha par une petite avant-garde que conduisait Seidlitz, le fameux organisateur de la cavalerie prussienne (13 octobre). Frédéric, sur ces entrefaites, ayant été obligé de faire un mouvement rétrograde vers le Brandebourg, qu'infestaient les partis autrichiens, les Franco-Impériaux avancèrent jusqu'à Leipzig. Frédéric accourut. Ils reculèrent et mirent la Saale entre eux et lui. Frédéric passa la rivière et les joignit près de Rosbach. Il n'avait pas vingt-cinq mille hommes contre plus de cinquante mille : Soubise, néanmoins, penchait à éviter le combat : le prince de Hildburghausen voulut combattre; il avait le commandement en chef, les Français n'étant qu'auxiliaires. On marcha à l'ennemi, sans précautions, sans éclaireurs (3 novembre). La position occupée par Frédéric étant trop forte pour être attaquée de face, on prétendait le tourner par sa gauche. Ce fut lui qui tourna ses adversaires par leur droite, en faisant un changement de front qu'une armée comme la sienne était seule capable d'opérer avec cette prestesse. Des hauteurs et des ravins masquaient son mouvement. Tout à coup, au jour tombant, la cavalerie prussienne fondit sur les têtes de colonnes de la cavalerie franco-impériale, sans leur laisser le temps de se mettre en bataille : des batteries démasquées sur les hauteurs plongèrent dans les fonds où se pressait l'infanterie alliée, que la tête de l'infanterie prussienne fusilla en flanc, et que chargea une réserve de cavalerie. En peu d'instants, tout fut culbuté, et l'armée alliée n'offrit plus qu'une masse informe. La nuit couvrit la déroute. L'armée alliée se débanda comme une horde de Tartares, en infestant toute la Thuringe des plus odieux excès.

Un des officiers-généraux français, le seul qui eût réussi à maintenir quelque ordre dans le petit corps qu'il commandait, le comte de Saint-Germain, a expliqué cette honteuse catastrophe. Le jour de la bataille, il y avait six mille maraudeurs hors du camp! Des deux généraux, Soubise et Hildburghausen, l'Allemand était encore plus incapable et moins obéi que le Français; non-seulement un grand tiers de l'armée était formé des troupes des cercles, très-mauvaises et de plus très-mal affectionnées à la cause austro-française [1]; mais les deux autres tiers, le corps d'armée français, se composaient, en grande partie, de régiments étrangers et protestants, qui se battaient malgré eux contre le roi de Prusse. Quant aux troupes françaises proprement dites, outre les exemples corrupteurs qu'elles recevaient de la noblesse de cour, leur désorganisation tenait à deux causes principales: l'une était l'exagération des cadres, surchargés de généraux ignorants et jaloux les uns des autres, et d'officiers besogneux, sans émulation, sans espoir d'avancement, qui ne songeaient qu'à grappiller sur leurs compagnies [2]; l'autre était les essais mêmes qu'on avait faits pour améliorer la tactique. Ces essais confus, sans système arrêté, variant de régiment à régiment, avaient fait de l'armée une vraie Babel.

Frédéric eût pu sans peine empêcher les vaincus de se rallier et les détruire; mais, pendant ce temps, la Silésie allait se perdre: les Autrichiens avaient rejeté le prince de Bevern de la Lusace sur l'Oder, et ils assiégeaient Schweidnitz. Frédéric se retourna rapidement vers la Silésie: il apprit, chemin faisant, la perte de

---

1. Toute l'Allemagne protestante, en dépit de ses princes, était de cœur avec les Prussiens. Le contingent würtembergeois s'était révolté quand on avait voulu le mener à l'armée autrichienne.

2. *Correspondance* du comte de Saint-Germain, p. 196. Le système de laisser le recrutement et l'entretien des compagnies à la charge des capitaines, était très-funeste à la discipline. On ne conçoit pas que Louvois l'eût laissé subsister. « Notre nation n'a plus l'esprit militaire! » s'écrie douloureusement le comte de Saint-Germain; « le sentiment d'honneur est anéanti... nous ne savons pas faire la guerre... tout est en démence!... » Ibid., p. 170-213. — Rochambeau, dans ses *Mémoires* (t. 1er, p. 121), expose comment on manœuvrait si mal, qu'il fallait toute une journée pour mettre l'armée en bataille.

Schweidnitz, la défaite de Bevern par Daun et la perte de Breslau (11-22-24 novembre). Ce fut le plus glorieux moment de sa vie. Il poussa droit devant lui à marche forcée, rallia les débris de Bevern à sa petite armée et alla fondre avec trente-trois mille hommes sur un ennemi presque double en nombre. Par une attaque en ordre oblique, il tomba sur la gauche de l'ennemi qui l'attendait en front, et l'enfonça. Daun ne put jamais venir à bout de changer son ordre de bataille sous le feu et sous les charges impétueuses des Prussiens; il fut traité comme Soubise (3 décembre). Il ne ramena pas vingt mille hommes en Bohême : quarante mille Autrichiens étaient morts, pris, dispersés, ou se rendirent, quelques jours après, dans Breslau. Cette bataille de Leuthen est un des chefs-d'œuvre de l'art militaire.

Frédéric termina ainsi dans la gloire cette campagne qui avait semblé devoir l'anéantir. La fortune lui revenait partout. Les Hanovriens n'avaient pas attendu le triomphe de Leuthen pour déchirer la convention de Kloster-Zeven : M. Pitt, que le roi George II, obstiné dans ses antipathies, avait renversé du ministère en avril, mais rappelé dès juillet sous le cri menaçant de l'opinion, M. Pitt, devenu en quelque sorte le dictateur de la Grande-Bretagne, avait fait décider, à la fin de novembre, la rupture de ce pacte humiliant et demander à Frédéric pour général des Hanovriens le prince Ferdinand de Brunswick. Le duc de Cumberland, qui avait perdu complétement sur le Weser une renommée usurpée à Culloden, disparut, dépopularisé, de la scène politique. Le prince Ferdinand recommença les hostilités contre le maréchal de Richelieu dès les premiers jours de décembre; mais la rigueur de la saison obligea bientôt les deux armées de prendre leurs quartiers d'hiver dans le Hanovre [1].

M. Pitt, contrarié par le roi George II, mal servi par les instruments de ses grands desseins, n'avait pas eu jusqu'ici, dans les mers d'Europe ni en Amérique, les mêmes succès que son allié

---

1. Sur la campagne des Français, en 1757, V. Frédéric II, *guerre de Sept Ans*, t. Ier, c. v-vi. — *Mém.* de Napoléon, t. VII, *Précis des guerres de Frédéric II*, c. III. — *Mém.* de Duclos, ap. collect. Michaud, 3e série, t. X, p. 657. — *Correspondance de Richelieu.* — *Mém.* de Rochambeau, t. Ier, p. 83-106. — *Mém.* de Besenval, t. Ier, p. 74. — Flassan, t. VI, p. 92.

Frédéric en Allemagne. Au moment des revers de l'armée hanovrienne, il avait voulu opérer une diversion sur les côtes de France. Une forte escadre anglaise, convoyant dix à douze mille hommes de débarquement, avait franchi, du 20 au 23 septembre, le canal qui sépare les îles de Ré et d'Oléron, et s'était emparée de l'île d'Aix, qui commande l'embouchure de la Charente. Le but de l'entreprise était la destruction de Rochefort, un de nos trois arsenaux maritimes. Rochefort n'était nullement en défense et, si les Anglais eussent débarqué et forcé l'entrée de la Charente à la faveur des hautes marées, ils eussent infailliblement réussi. Ils avaient enlevé sur la côte quelques paysans : ces braves gens, sous les menaces et les promesses de l'ennemi, soutinrent, avec une assurance imperturbable, que les fortifications étaient en bon état, les fossés pleins d'eau, la place bien garnie de soldats. Le général anglais perdit plusieurs jours en hésitations; pendant ce temps, les renforts arrivaient et le succès devenait impossible. Le 1er octobre, la flotte anglaise s'éloigna sans autre exploit que d'avoir démoli le fort de l'île d'Aix [1]. Le général Mordaunt fut mis en jugement à son retour; mais, plus heureux que Byng, il fut acquitté.

Du côté du Canada, les Anglais avaient changé le plan d'attaques combinées qui leur avait mal réussi, et résolu de concentrer leurs efforts contre Louisbourg : cette conquête devait leur livrer l'embouchure du Saint-Laurent et les mettre à même d'intercepter les communications entre la France et le Canada. Quinze vaisseaux de ligne et onze mille soldats de débarquement furent rassemblés sur la côte d'Acadie : les Anglais croyaient ne trouver à l'île Royale qu'une faible escadre; mais, conformément au plan de campagne dressé par Machault avant sa chute, deux autres escadres avaient joint la première, et dix-sept vaisseaux remplissaient la rade de Louisbourg. Les Anglais renoncèrent au débarquement, renvoyèrent leurs soldats, et, renforcés de quatre vaisseaux, croisèrent quelque temps pour amener la flotte française à une bataille. Un ouragan effroyable les surprit le 24 septembre, brisa un de leurs vaisseaux et en désempara une douzaine. L'ami-

---

1. *L'Esprit de la Tactique* (par le maréchal de Saxe); notes de l'éditeur. — *Vie privée de Louis XV*, t. III, p. 131, et pièces, p. 381.

ral français n'en sut pas profiter pour poursuivre et achever cette flotte ruinée, et bientôt une cruelle épidémie, qui éclata sur nos vaisseaux à leur retour à Brest, nous fit autant de mal que la tempête en avait fait à l'ennemi.

Le gouvernement avait fait ce qu'il devait pour la défense de Louisbourg : il n'en était pas de même quant à ce qui regardait le continent canadien. Le gouverneur et le général, Vaudreuil et Montcalm, avaient demandé cinq mille hommes de renfort : on leur en expédia quinze cents. Le ministère s'effrayait de voir la dépense du Canada montée d'un million par an à sept ou huit, et s'accroître encore : ces *déserts glacés* coûtaient trop cher à défendre ! Il valait bien mieux, sans doute, donner 50 millions à Marie-Thérèse, aux Russes, aux princes allemands, et en dépenser 100 pour une armée destinée à remettre l'Allemagne sous le joug autrichien, que la France avait eu autrefois tant de peine à briser ! Les défenseurs du Canada ne se découragèrent pas, et la campagne de 1757 ne leur fut pas moins honorable que les précédentes. Quand ils virent que les Anglais portaient leurs principales forces contre Louisbourg, ils saisirent l'offensive vers la frontière de New-York ; Montcalm assaillit et prit le fort William-Henry, que les Anglais avaient élevé à la tête du lac du Saint-Sacrement, et qui inquiétait le lac Champlain et la route du Canada central (août 1757).

Chaque victoire n'était qu'un répit pour cette vaillante colonie assaillie par des ennemis toujours renaissants. Le plus cruel de ces ennemis était la misère. La récolte avait manqué : le Canada tout entier souffrait de la faim ; habitants et soldats étaient réduits à la ration comme dans une ville assiégée [1], et une administration civile, aussi corrompue et aussi désordonnée que la direction militaire était ferme et généreuse, aggravait ces calamités au lieu de les soulager.

Cette année encore avait donc été peu favorable aux Anglais, si ce n'est dans l'Inde, dont nous parlerons tout à l'heure. Notre Compagnie des Indes avait continué ses lâches extravagances ; mais on y avait envoyé une escadre qui pouvait encore réparer le mal.

---

1. Garneau, *Hist. du Canada*, t. III, c. II. — *Vie privée de Louis XV*, p. 186. — Sainte-Croix, t. II, p. 260. — Contin. de Hume, l. XXVII.

Pour la France, les commencements de la guerre avaient un caractère significatif : sur mer et aux colonies, de glorieux succès; sur le continent, une conduite déplorable et un échec ignominieux. On ne savait plus faire la grande guerre continentale; on pouvait soutenir la petite guerre coloniale, petite par le nombre des combattants, grande par les résultats et par le caractère des hommes d'élite qui s'y portaient. La Providence semblait nous arrêter de la main et nous faire signe où il fallait combattre!

On ferma les yeux et les oreilles; on s'acharna sur le continent et on négligea la mer. Ce roi, si pressé de faire la paix en 1748, si désireux ensuite de la maintenir au prix des plus absurdes, des plus honteuses concessions à l'Angleterre, ne rêvait plus que guerre à outrance et se refusa, durant l'hiver, aux ouvertures de paix tentées par le roi de Prusse. C'est que les Anglais ne menaçaient que la France, tandis que Frédéric avait froissé la personnalité de Louis XV. Les intentions du gouvernement furent suffisamment caractérisées par ceci, que l'on plaça au ministère de la guerre l'homme le plus considérable que l'on put trouver, le vieux maréchal de Belle-Isle (29 février 1758), et que la marine resta dans les mains d'hommes de paille qui se succédaient au hasard.

Les Anglais, pendant ce temps, faisaient des efforts prodigieux, à la fois sur mer pour atteindre leur véritable but, et sur terre pour détourner et absorber les forces de la France. Le bon ordre de l'administration suffit à ce double emploi. Le parlement, assemblé en décembre 1757, avait voté soixante mille hommes pour l'armée de mer, cinquante-quatre mille pour l'armée de terre et près de 10 millions et demi sterling pour le budget de 1758 : la dépense réelle, réglée par le comité des voies et moyens, monta plus haut encore, et dépassa 11,700,000 livres sterling (près de 277 millions). Un traité du 11 avril 1758 assura au roi de Prusse un subside de 670,000 livres sterling (près de 17 millions), subside qui fut ensuite renouvelé d'année en année. Le public, rempli d'enthousiasme pour William Pitt, couvrait à l'instant les emprunts ouverts par le ministère. La dette anglaise atteignit cette année le chiffre de 87,367,210 livres sterling. Pitt ne négligea rien pour trouver des agents capables de réaliser ses plans, et y réussit enfin! Le gouvernement français, au contraire, plongé dans tous les désordres administratifs et financiers, fit aussi mal la guerre continentale, dans laquelle il s'absorbait, que la guerre maritime, qu'il sacrifiait. Le maréchal de Belle-Isle eut beau publier quelques bons règlements pour la réforme de l'armée : les uns ne furent pas exécutés, les autres ne pouvaient porter leurs fruits que dans l'avenir[1]. Les généraux continuèrent d'être choisis, non dans les bureaux de la guerre, mais dans le boudoir de la favorite. Lorsque le mauvais succès de la convention de Kloster-Zeven eut fait rappeler Richelieu (février 1758), qui vint jouir à Paris du fruit de ses déprédations[2], on lui donna pour successeur un *petit-collet* de sang royal, le comte de Clermont, frère de feu *monsieur le Duc*, abbé commendataire de Saint-Germain-des-Prés; il avait obtenu de Rome la permission de porter les armes sans renoncer à ses bénéfices; mais il connaissait mieux les boudoirs et les coulisses que les camps.

L'abbé général, à son arrivée en Allemagne, trouva l'armée ruinée par les maladies, la misère, l'indiscipline, et disséminée par Richelieu dans des quartiers qui tenaient quatre-vingts lieues de pays, du Rhin à Brunswick, en face d'un ennemi concentré de façon à se rassembler en quarante-huit heures. Clermont n'eut pas le temps de se reconnaître. Ferdinand de Brunswick, après avoir concerté son plan de campagne avec le roi de Prusse, réunit l'armée hanovrienne dès le milieu de février et se porta rapidement sur le Weser, tandis qu'un corps prussien faisait une diversion vers Brunswick. Les détachements français se replièrent de toutes parts en désordre vers le centre de la Westphalie, évacuant le Hanovre, Bremen et Verden : un corps de cinq mille hommes fut assiégé et pris dans Minden, sur le Weser, sans que le comte de Clermont eût rien tenté de sérieux pour le secourir (14 mars).

---

1. 29 avril 1758. — Règlement qui établit qu'aucun officier n'aura dorénavant de régiment, sans avoir servi au moins sept ans, dont cinq comme capitaine. C'était la suppression des *colonels à la bavette*. — Pour passer capitaine, il faudrait avoir servi au moins deux ans dans les grades inférieurs. — 3 juin. Lois somptuaires pour régler la table des officiers. — V. *Anc. Lois françaises*, t. XXII, p. 275-276. Belle-Isle s'efforça aussi d'interdire la vénalité des compagnies.

2. Le public donna le nom de *Pavillon d'Hanovre* à un élégant bâtiment construit par Richelieu à son retour, au coin du boulevard des Italiens.

Clermont n'essaya de tenir nulle part, quoiqu'il eût encore la supériorité du nombre : la Westphalie fut abandonnée comme le Hanovre, sans combat, et l'on ne s'arrêta qu'après avoir repassé le Rhin à Wesel (3 avril). Onze mille malades et prisonniers français restaient entre les mains de l'ennemi, qui avait été puissamment secondé par le soulèvement général des paysans hanovriens et westphaliens, exaspérés de nos déprédations.

Cette brillante campagne de six semaines ne suffit pas à Ferdinand de Brunswick : après avoir reposé et réorganisé son armée, il franchit le Rhin à Emmerick, sur la frontière de Hollande (2 juin), occupa Clèves et marcha droit à Clermont, qui n'avait pas su se mettre en mesure de disputer le passage du Rhin. Après des mouvements fort confus, Clermont avait massé son armée dans une bonne position, à Creveld, entre le Rhin et la Niers. Brunswick n'avait pas trente mille hommes : les forces de Clermont, grossies de nombreuses recrues, étaient incomparablement supérieures. Brunswick opéra une manœuvre dont la témérité eût été folle, s'il n'eût compté sur la profonde incapacité de son ennemi. Il laissa la moitié de son armée en face des Français, et, avec l'autre moitié, il fit un grand détour par des terrains très-coupés et très-difficiles et vint prendre en flanc l'extrême gauche française. Il y fut arrêté une heure et demie par deux braves officiers, Rochambeau et Saint-Germain : on aurait eu tout le temps de les secourir et de jeter sur les assaillants des forces supérieures : on ne bougea pas; l'abbé général et ses conseillers avaient pris ce mouvement pour une fausse attaque. Rochambeau et Saint-Germain furent accablés, et Brunswick déboucha sur les derrières de l'armée. Clermont ordonna la retraite; plus des trois quarts de l'armée n'avaient pas tiré un coup de fusil (23 juin)! On recula jusqu'à Cologne, pendant que des détachements prussiens allaient prendre Ruremonde et Dusseldorf, et lançaient des partis jusqu'aux portes de Bruxelles.

Tous les grands noms de l'ancienne France étaient souillés ou ridiculisés tour à tour par leurs indignes héritiers. Après les Richelieu et les Rohan (Soubise), c'était le tour des Condé : le peu de prestige qui restait à la maison de Condé, depuis les ignominies de *Monsieur le Duc* et du comte de Charolais, était resté sur le champ de bataille de Creveld. La cour n'osa maintenir le commandement au prince abbé : il s'agissait de le remplacer; il y avait dans l'armée deux bons lieutenants-généraux, Chevert et Saint-Germain; on ne prit ni l'un ni l'autre; on choisit le marquis de Contades à l'ancienneté.

Les opérations qui avaient lieu dans l'intérieur de l'Allemagne empêchèrent le prince Ferdinand de poursuivre ses entreprises sur la rive gauche du Rhin. La Pompadour, qui voulait absolument ménager une revanche à son ami Soubise, avait fait remettre en état le corps d'armée battu à Rosbach, qui avait hiverné sur les terres alliées de la Franconie et du Palatinat. Cette armée, reformée aux bords du Mein, renforcée du contingent würtembergeois que la France payait à l'Autriche, et portée à une trentaine de mille hommes, avait marché en avant au mois de juillet et envahi la Hesse : son avant-garde battit à Sangershausen un corps, inférieur en nombre, que Ferdinand avait laissé à la garde de la Hesse (23 juillet), et Soubise rentra en Hanovre. Ferdinand dut songer à repasser le Rhin, opération fort dangereuse en présence d'un ennemi qui avait la supériorité du nombre. Une crue du fleuve emporta ses ponts de bateaux. Si Contades eût lui-même traversé le Rhin et pris les Hanovriens à revers, la perte de Ferdinand eût été certaine. Contades se contenta de jeter Chevert sur la rive droite avec six ou sept mille hommes, afin d'aller brûler les ponts que l'ennemi rétablissait à Rees, au-dessus d'Emmerick. Le corps de Chevert, insuffisant pour ce mouvement décisif, fut repoussé par les troupes qui gardaient les ponts, et Ferdinand de Brunswick déroba une marche à Contades et repassa le fleuve en évacuant les places qu'il avait prises (10 août).

Contades franchit le Rhin à la suite de l'ennemi. Il eût voulu se joindre à Soubise sur la Lippe; mais Soubise s'était enfoncé dans le Hanovre. Ferdinand de Brunswick, établi sous Münster, y reçut un renfort de douze mille Anglais débarqués à Embden, tandis que Contades se renforçait de cinq ou six mille Saxons. Ferdinand détacha le général Oberg, avec une quinzaine de mille hommes, pour joindre le corps hessois battu à Sangershausen, enlever Cassel et couper Soubise d'avec la Hesse. Soubise se replia à temps sur Cassel, y reçut un renfort expédié par Contades sous les ordres de Chevert et attaqua Oberg, le 7 octobre, à Lutterberg, sur la Werra. Les Français étaient de beaucoup supérieurs. Chevert tourna l'ennemi, le prit en flanc et décida la victoire. Oberg abandonna les confins de la Hesse et du Hanovre pour se replier sur l'armée de Ferdinand. Chevert avait gagné la bataille ; la Pompadour donna le bâton de maréchal à Soubise.

Ferdinand de Brunswick essaya de venger cet échec en empêchant Chevert de retourner à l'armée de Contades : il n'y réussit pas, mais il parvint à rompre les communications entre Contades et Soubise. L'hiver approchait : Soubise, qui n'avait tiré aucun parti du succès de Lutterberg, évacua la Hesse et prit ses quartiers entre la Lahn et le Mein. Contades alla hiverner sur la rive gauche du Bas-Rhin, laissant l'ennemi établi en Westphalie. Le retour offensif outre-Rhin demeura donc sans résultat et l'ennemi conserva les fruits de ses premiers succès, misérable issue de ces deux campagnes qui avaient dévoré tant d'hommes et tant de ressources [1].

La guerre de l'Allemagne occidentale, ou de Hanovre, avait été, cette année, complétement séparée de celle de l'Allemagne orientale, ou de Prusse, en sorte que nous avons pu exposer l'une sans même effleurer l'autre. La guerre de Prusse continuait d'être aussi grandiose sous le rapport militaire, que lugubre au point de vue de l'humanité : les destructions d'hommes, les dévastations de territoires, y dépassaient la guerre de la Succession d'Autriche.

C'étaient les Russes qui s'étaient remis en mouvement les premiers : les ambassades d'Autriche et de France étaient parvenues, en ranimant la haine de la tzarine Élisabeth contre Frédéric, à vaincre, à la cour de Pétersbourg, le parti du grand-duc héritier, favorable à la Prusse et à l'Angleterre. Le chancelier Bestoujeff avait été arrêté et remplacé par Woronzoff, partisan de Vienne et de Versailles : le maréchal Apraxin avait été révoqué ; son successeur, Fermor, rentra en Prusse dès le mois de janvier 1758 et s'empara de toute la province. Le plan de campagne avait été que

---

1. Frédéric II, *Guerre de Sept Ans*, t. Ier, c. VIII. — *Mém.* de Napoléon, t. VII. Précis, etc., c. IV. — *Correspondance* du comte de Saint-Germain. — *Mém.* de Rochambeau, t. Ier, p. 112.

les Russes marcheraient sur la Poméranie et le Brandebourg, pendant que les Autrichiens, maîtres de la Silésie, reprendraient la Saxe. La grande victoire de Frédéric à Leuthen, en décembre 1757, avait renversé cette combinaison. Frédéric résolut de ne pas laisser les Autrichiens se refaire sur sa frontière et de les occuper au loin chez eux, pour pouvoir ensuite se retourner contre les Russes. Malgré le typhus qui lui avait enlevé une multitude de soldats, il avait remis son armée au complet pendant l'hiver. A la mi-mars, il entra en campagne, assiégea et reprit Schweidnitz, ce qui acheva de débarrasser la Silésie (mi-avril), puis il fondit sur la Moravie (mai).

Le but de l'expédition était de prendre Olmütz, afin que les Autrichiens usassent la campagne à le reprendre et que, pendant ce temps, Frédéric eût les mains libres. L'entreprise n'était pas heureusement conçue : les Prussiens, si redoutables sur le champ de bataille, étaient encore faiblement organisés quant au génie et à l'artillerie de siége, armes qui n'avaient atteint leur perfection qu'en France; la résistance d'Olmütz donna le temps au feld-maréchal Daun de reformer une armée supérieure en nombre à celle de Frédéric et de bloquer, en quelque sorte, les assiégeants. Frédéric fut réduit à lever le siége (1er juillet). Il répara ses fautes avec génie. Tandis que Daun l'attendait dans les montagnes qui séparent la Moravie de la Silésie, il opéra sa retraite par la Bohême, enlevant sur son passage les magasins de l'ennemi. Il rentra en Silésie par l'autre bout de la province, laissa le gros de son armée à un de ses lieutenants pour contenir les Autrichiens et, avec un fort détachement, courut joindre le corps d'armée prussien qui disputait péniblement le terrain aux Russes. Les Russes, maîtres du royaume de Prusse, avaient voulu occuper militairement Dantzig et la Prusse polonaise, quoique la Pologne fût parfaitement étrangère à la guerre. La diplomatie française avait détourné le coup, et les Russes s'étaient avancés par Posen dans le Brandebourg. Ils reculèrent à l'approche du roi de Prusse. Frédéric avait environ trente-cinq mille hommes. Le général Fermor, sur près de soixante-dix mille soldats que comptait l'armée russe, n'en avait que quarante mille sous la main. Frédéric attaqua en toute hâte à Zorndorf (25 août). Quelques fausses manœuvres, qui compromirent d'abord la journée, furent réparées par l'admirable cavalerie du général Seidlitz : les Russes furent défaits et rejetés hors du Brandebourg. Les Prussiens vengèrent, par un terrible carnage, les atrocités commises dans leur patrie par les hordes cosaques et moscovites. Frédéric, malgré l'échec d'Olmütz, avait de la sorte atteint son but.

Les Russes chassés, Frédéric se rejeta sur les Autrichiens, qui, réunis aux contingents de l'Empire, étaient sur le point d'accabler la principale armée prussienne en Saxe. Frédéric dégagea ses troupes : le maréchal Daun se porta en Lusace, pour tâcher de couper les Prussiens d'avec la Silésie et de couvrir de loin le siége de Neisse, qu'allait entreprendre un corps de réserve autrichien. Frédéric, dans le cours des opérations, prit à Hohenkirchen un camp dominé par des hauteurs et par des bois : il ne pensait pas que le circonspect Daun osât jamais l'attaquer. Ce mépris de l'ennemi fut rudement châtié. Les Autrichiens cernèrent et enlevèrent le camp du roi de Prusse, qui perdit beaucoup de monde et presque toute son artillerie (15 octobre). Frédéric n'était jamais plus grand qu'après un revers : il fit, vaincu, ce qu'il eût pu faire, vainqueur : à l'aide d'un renfort qui lui vint de Saxe, il manœuvra si bien, que Daun ne put lui fermer la route de la Silésie, et qu'il alla faire lever le siége de Neisse et débarrasser encore une fois la Silésie des Autrichiens (5 novembre). De là, il retourna comme la foudre sur l'Elbe, où Daun menaçait Dresde : les Autrichiens furent rejetés de Saxe en Bohême (fin novembre), et cette longue campagne, où la coalition avait déployé de si grandes forces, se termina sans autre perte pour Frédéric que celle de la province de Prusse, qui n'avait point été défendue et qui était trop éloignée pour qu'il y pût porter ses armes. Ses ennemis étaient aussi impuissants à lui arracher la Saxe que la Silésie.

L'effet moral des deux premières années de la guerre continentale fut, en France, un tel dégoût pour le gouvernement et pour ses alliés, qu'on eût dit qu'il ne s'agissait pas des armes françaises. L'opinion était *prussienne* à Paris, moitié engouement pour Frédéric et pour Ferdinand de Brunswick, moitié instinct que la victoire serait un malheur pour la France dans cette guerre *autrichienne*. L'amour-propre français cherchait à se consoler en se détachant avec mépris de tout ce qui tenait à un pouvoir qu'on n'avait pas l'espérance de changer. Un tel sentiment était une vraie démission nationale. Les chefs militaires eux-mêmes prônaient ces Prussiens qui les battaient, mais trouvaient plus facile de les admirer que de les imiter.

La France découragée s'abandonnait, faute de pouvoir et de savoir disposer de ses propres destinées : l'Angleterre, personnifiée dans le hardi ministre qu'elle avait imposé à son roi, agissait avec toutes ses forces dirigées par toute son intelligence. Son armée de mer, accrue par des constructions incessantes, s'élevait, en 1758, à cent cinquante-six vaisseaux de ligne, contre soixante-dix-sept qu'avait, dit-on, la France; encore était-il douteux qu'elle les eût : M. Pitt sut mettre à profit cette énorme supériorité. Il avait réglé le plan des opérations d'Amérique, pour 1758, d'après les conseils de l'homme qui connaissait le mieux ce monde qu'on se disputait, de l'illustre Franklin, alors agent des principales colonies anglo-américaines à Londres. Cette fois, Pitt envoya des forces suffisantes pour attaquer simultanément Louisbourg et le Canada. Il expédia en Amérique plus de vingt vaisseaux de ligne et douze mille soldats. L'armée anglo-américaine fut ainsi portée à vingt-deux mille soldats et vingt-huit mille miliciens mobilisés, avec une réserve de trente mille miliciens stationnaires. Les colonies anglaises étaient levées en masse. Les Français n'avaient pas en tout huit mille cinq cents soldats réguliers pour défendre les deux colonies. Les habitants en état de porter les armes, de seize à soixante ans, s'élevaient tout au plus de dix-sept à dix-huit mille.

Le ministre de la guerre, le maréchal de Belle-Isle, ne partageait pas, toutefois, la honteuse indifférence de la cour envers ces derniers défenseurs de la gloire française. Avant son ministère, il avait présenté au roi un projet de faire passer au Canada plusieurs milliers de colons militaires; mais la vertu de Belle-Isle n'était pas la fixité ni la persévérance, et d'ailleurs, ce qui eût été possible en 1757, quand la flotte française disputait avec avantage les mers d'Amérique à la flotte anglaise, ne le fut plus en 1758, avec le système qui fut adopté de disperser notre flotte en petites escadres; Belle-Isle ne put faire arriver presque aucun secours aux Canadiens. Une première escadre de six vaisseaux était partie de Toulon dès le mois de novembre 1757; elle fut arrêtée, sur les côtes d'Espagne, par la flotte anglaise de la Méditerranée, forte de quinze vaisseaux, et fut obligée de se réfugier dans le port de Carthagène. On expédia à son aide trois vaisseaux commandés par le chef d'escadre Duquesne, ancien gouverneur du Canada. Duquesne tomba au milieu de la flotte anglaise et fut pris avec deux de ses vaisseaux, après une vigoureuse résistance 28 février 1758). L'escadre de Toulon dut renoncer à se rendre en Amérique. Cinq vaisseaux partis de Brest furent plus heureux et arrivèrent à Louisbourg au printemps; mais trois autres vaisseaux du même port ne purent les joindre, la flotte anglaise d'Amérique ayant commencé le siége de Louisbourg dans l'intervalle. Ils parvinrent cependant à jeter quelques soldats dans l'île du Cap-Breton. Au mois d'avril, une autre escadre anglaise avait attaqué, à l'embouchure de la Charente, cinq vaisseaux de ligne et des transports chargés de troupes et de munitions pour le Canada; une partie de nos bâtiments gagnèrent le large; les autres s'échouèrent à la côte en jetant leur chargement, et l'expédition fut manquée. Un convoi de cinquante bâtiments chargés de farines parvint cependant à gagner Québec et préserva les Canadiens de mourir de faim cette année (19 mai).

L'amiral Boscawen était arrivé en vue de Louisbourg, le 2 juin, avec vingt-quatre vaisseaux de ligne et dix-huit frégates escortant près de seize mille soldats et miliciens. La place et l'île Royale étaient défendues par moins de trois mille soldats, deux mille cinq cents miliciens, mille deux cents sauvages, cinq vaisseaux et cinq frégates. Les fortifications de la ville étaient dans le plus mauvais état, et tout l'espoir des Français était dans les obstacles au débarquement. Les Anglais se portèrent vers le point le plus accessible du rivage, l'*Anse au Cormoran* : presque toute la garnison s'y était embusquée, avec une forte artillerie, derrière un épais abatis d'arbres; elle eût mitraillé à coup sûr les masses ennemies; malheureusement, l'embuscade se démasqua trop tôt, lorsque les Anglais commençaient à peine à descendre. Ils se rembarquèrent, et allèrent opérer la descente parmi des rochers qu'on n'avait pas cru nécessaire de garder (8 juin). La garnison fut rejetée dans la place et contrainte d'abandonner des ouvrages extérieurs dont le feu commandait le port et la ville. Renforcée par un petit corps débarqué, qui parvint à pénétrer à travers les ennemis, elle se défendit toutefois avec héroïsme. La femme du gouverneur, madame de Drucourt, nouvelle madame Dupleix, montrait l'exemple en parcourant les remparts sous les boulets ennemis et en mettant elle-même le feu aux canons. Après six semaines de siége, les bastions croulaient de toutes parts sous la formidable artillerie ennemie; l'escadre française fut incendiée dans le port par les batteries anglaises : il ne restait aucune chance de salut. Le gouverneur capitula le 26 juillet. Cinq mille six cents matelots et soldats restèrent prisonniers; les habitants de la ville, de l'île du Cap-Breton et de l'île de Saint-Jean furent transportés en France. Tout le golfe du Saint-Laurent était aux Anglais.

Le Canada avait été assailli en même temps par des forces telles, que la résistance semblait impossible. Plus de seize mille combattants avaient marché sur le Canada central; ils devaient enlever d'abord la forteresse de Carillon (ou Ticonderoga), qui protégeait le lac Champlain, puis avancer droit à Montréal. Un autre corps de neuf mille hommes était chargé de conquérir le fort Duquesne et la vallée de l'Ohio. Non-seulement les Français étaient inférieurs des deux tiers; mais, par une mauvaise combinaison du gouverneur Vaudreuil, leur principal corps avait été partagé en deux divisions de trois mille hommes chacune : la première, postée à Carillon; la seconde, chargée de faire une diversion au midi du lac Ontario. Quand on fut assuré de la marche des Anglais sur Carillon, le général Montcalm obtint que le second corps fût rappelé de l'Ontario, mais trop tard. Montcalm ne reçut presque aucun renfort, et ce fut avec trois mille six cents combattants qu'il dut soutenir le choc de plus de quinze mille ennemis. Il s'établit dans un camp retranché sur les hauteurs de Carillon, près du fort, entre les lacs Champlain et du Saint-Sacrement. Le général Abercromby vint l'y attaquer le 8 juillet. Après une longue suite d'assauts qui dura toute la journée, les Anglais se retirèrent ou plutôt s'enfuirent vers le lac du Saint-Sacrement. Leur perte avait été si grande, qu'il ne revinrent point à la charge.

Abercromby, renonçant à l'invasion du Canada central, détacha vers l'Ontario trois mille hommes, qui détruisirent le fort de Frontenac, entrepôt militaire et naval des Français, établi près du lieu où le Saint-Laurent sort de cette mer intérieure. Le gouverneur du Canada n'avait pu y laisser qu'une poignée d'hommes (fin août).

Le fort Duquesne succomba aussi. Un premier corps anglais avait été battu : six mille hommes se disposant à renouveler l'attaque, les défenseurs, réduits à cinq cents, brûlèrent le fort [1] et se retirèrent vers les grands lacs (fin novembre). La vallée de l'Ohio fut ainsi perdue, et les communications furent coupées entre le Canada et la Louisiane. L'intrépide valeur de Montcalm et de ses compagnons d'armes avait, pour cette année encore, sauvé le Canada; mais ses boulevards étaient tombés, et les héros qui le défendaient ne pouvaient plus qu'immortaliser sa ruine prochaine [2].

Partout, l'Angleterre déployait cette persévérante activité qui réparait les échecs passés et commençait les triomphes. Les possessions françaises d'Afrique furent attaquées au printemps de 1758. Les Français, dont les comptoirs remontaient le Sénégal jusqu'à trois cents lieues dans l'intérieur des terres, avaient monopolisé le commerce de la gomme et pris tout à fait la prépondérance sur les côtes de Guinée. Une expédition anglaise s'empara de Saint-Louis du Sénégal au mois d'avril; elle fut d'abord repoussée de l'île de Gorée; mais l'attaque fut renouvelée en décembre par des forces supérieures; Gorée capitula et le pavillon français disparut de cette côte.

Des événements d'une bien autre portée se passaient dans l'Inde. Il faut reprendre ces événements, remplis pour nous d'un intérêt poignant et amer, à partir du départ de Dupleix. Cet homme semble plus grand encore absent que présent, lorsque tout manifeste en son absence la profondeur et la justesse de ses desseins. Le honteux traité de Godeheu n'avait pas été complétement exécuté, soit par suite des nouvelles d'Europe et d'Amérique, soit

---

1. Les Anglais le rétablirent et lui donnèrent le nom de *Pittsburg* (la ville de Pitt).
2. Garneau, t. III, c. III. — Sainte-Croix, t. II, p. 263-267. — *Vie privée de Louis XV*, t. III, p. 180. — Contin. de Hume, l. XXIX.

parce que les Anglais l'avaient violé presque aussitôt que conclu, en intervenant dans le Maduré pour le compte de leur nabab de Carnatic. Bussi resta donc dans le Dekhan; c'était le point capital et tout pouvait encore se réparer. L'année 1756 offrit aux Français la plus belle occasion de reprendre les plans de Dupleix. Le soubahdar mogol du Bengale, s'étant brouillé avec les Anglais, assiégea et prit d'assaut Calcutta, et les chassa de tout le Bengale (juin 1756). Une des trois présidences anglaises de l'Indoustan, la mieux située pour le commerce et pour l'action politique, était ainsi anéantie. La Compagnie anglaise des Indes se résolut aux derniers efforts pour recouvrer Calcutta et rétablir son influence dans le Bengale. Clive fut mis à la tête d'une expédition armée à Madras. Clive revenu et Dupleix parti, c'était l'emblème de la fortune des deux nations rivales. L'escadre anglaise entra dans le Gange à la fin de l'année et reprit Calcutta dès le 2 janvier 1757. Le soubahdar accourut avec un corps d'armée et réclama le concours des Français de Chandernagor; mais l'esprit de Godeheu régnait parmi les agents de la Compagnie. Le conseil de Chandernagor, bien qu'il sût la guerre déclarée entre la France et l'Angleterre, caressait encore l'imbécile espoir de la neutralité de l'Inde; au lieu de soutenir les Mogols, il convint avec Clive de s'interdire réciproquement toute hostilité dans le Bengale. Le soubahdar fit la paix avec les Anglais et leur rendit leurs comptoirs et leurs priviléges. Clive, alors, se retourna contre Chandernagor, sans se soucier des conventions de neutralité. L'escadre anglaise vint s'embosser à portée de pistolet des remparts, qu'elle écrasa de son feu. Il fallut capituler (14 mars). Les Français, à leur tour, furent expulsés du Bengale.

Ce n'était là, pour Clive, qu'un point de départ. Aussi peu scrupuleux envers les Mogols qu'envers les Français, il fomenta une révolte contre le soubahdar du Bengale, rompit avec lui, le battit, le renversa et le remplaça par le chef de la révolte (fin juin). Dès lors, le Bengale fut aux Anglais. Ce fut là véritablement la fondation de l'empire anglais dans l'Inde. Clive avait compris et appliquait au profit de l'Angleterre le système de Dupleix. Rien n'était décidé, néanmoins, tant que Bussi restait dans le Dekhan. En ce moment même, appelé trop tard au secours par le soubahdar du

Bengale, il enlevait aux Anglais Visigapatam, Madapolam et leurs autres comptoirs de la côte d'Orissa, et se rendait entièrement maître des provinces maritimes que lui avait données en fiefs le soubahdar du Dekhan, et qui séparent le Bengale de la côte de Coromandel.

Les hostilités avaient recommencé dans le Carnatic, de 1756 à 1757. Les Français reçurent, dans l'été de 1757, quelques renforts qui leur donnèrent la supériorité, grâce à l'éloignement de Clive. Ils prirent plusieurs forts aux environs d'Arcate et de Madras même. Machault, avant de tomber du ministère, avait fait décider l'envoi d'une escadre dans l'Inde. Cette escadre, partie de Brest en mai 1757, arriva sur la côte du Carnatic seulement à la fin d'avril 1758. Elle apportait un nouveau gouverneur. Au lieu de renvoyer Dupleix ou de choisir Bussi, on expédiait le comte de Lally-Tolendal, fils d'un réfugié irlandais, très-brave officier, mais dénué de tout esprit politique, absolument ignorant des choses de l'Inde et trop entêté et trop emporté pour se donner la peine de les apprendre. Son système était celui de La Bourdonnais, empiré par l'ignorance et l'obstination : s'attacher exclusivement à détruire les établissements anglais, avec un mépris brutal pour toute diplomatie et pour toute alliance indigène. On avait accordé à cet homme les ressources que Dupleix n'avait jamais eues à sa disposition de 1747 à 1754. Lally put agir par terre et par mer. Il débuta par mettre le siége devant Saint-David, pendant que l'escadre, aux ordres du comte d'Aché, livrait un combat naval aux Anglais revenus du Gange. Les Anglais avaient sept vaisseaux de cinquante à soixante-six canons; les Français cinq vaisseaux de cinquante à soixante-quatorze et trois frégates de trente-six à quarante-quatre [1]. Les Français perdirent plus de monde; mais les bâtiments anglais souffrirent davantage (29 avril 1758). Les Français atteignirent leur but, puisque leurs adversaires ne purent troubler le siége de Saint-David, qui se rendit le 1er juin. Dévi-Cotah ouvrit aussi ses portes.

C'était un beau début. Dupleix, faute de vaisseaux, avait naguère échoué devant Saint-David. Mais, déjà, la conduite de

---

1. Presque tous ces bâtiments appartenaient à la Compagnie des Indes.

Lally envers les indigènes compromettait ses succès militaires et l'existence même de la colonie. Il avait foulé aux pieds les mœurs de la race la plus dévouée à ses traditions qu'il y ait dans le monde; faute de chevaux et de bœufs, il avait fait atteler pêle-mêle, à ses chariots et à ses canons, le kchatrya et le soudra, le brahmane et le paria. Il bouleversa une pagode célèbre et en brisa les statues pour y chercher des trésors imaginaires; quelques-uns des brahmanes étant revenus errer autour de leur temple profané, il les prit pour des espions anglais et les fit attacher à la bouche des canons! Les Indous, saisis d'horreur, abandonnèrent en masse Pondichéri et s'enfuirent dorénavant du plus loin qu'ils aperçurent les Français.

Leur désertion fit manquer une expédition de Lally contre Tandjaour (juillet-août). Au moment de cet échec, Lally venait de porter à la puissance française, dans l'Inde, un coup irréparable. Il avait rappelé Bussi du Dekhan avec la plus grande partie de ses troupes et l'avait remplacé, dans les Circars d'Orissa, par une de ses créatures. C'était le second acte de la chute de Dupleix et la dernière chance de la France qui disparaissait. La nouvelle de cet acte de démence fut accueillie par les Anglais avec une joie sans bornes.

Quelques succès dans le Carnatic purent encore faire illusion. La capitale de cette grande nababie, Arcate, se rendit à Lally; mais il n'attaqua pas à temps Tchingleputt, ville dont la prise eût fait tomber Madras, et les Anglais eurent le loisir de s'y fortifier. Le manque de ressources retarda jusqu'à la fin de l'année l'attaque de Madras, but capital de Lally. Les caisses de la Compagnie étaient vides et les particuliers n'y suppléaient pas comme au temps de Dupleix. Lally s'était fait tellement détester par ses emportements et son arrogance, que presque personne ne voulait concourir au succès de ses projets, si avantageux qu'ils pussent être à la cause nationale. On ne pouvait, du moins, lui contester la persévérance et l'énergie. Il entreprit enfin, en décembre 1758, avec six mille sept cents Français et cipayes, le siège d'une ville défendue par quatre mille soldats réguliers et protégée au dehors par des camps volants de cavaliers indigènes qui s'appuyaient sur la place forte de Tchingleputt. La *ville noire* de Madras fut occupée sans résistance; mais les Anglais défendirent opiniâtrément la *ville blanche*, ou fort Saint-George, pendant deux mois : les assiégeants, qui avaient dilapidé les ressources de la *ville noire*, s'étaient bien vite retrouvés sans vivres ni argent; les assiégés étaient pourvus de tout. A la mi-février 1759, l'escadre anglaise reparut en rade; l'escadre française, très-mal commandée, après un second combat peu décisif, s'était retirée à l'Ile-de-France et ne revint pas à temps. Il fallut lever le siége. Godeheu et Lally avaient si bien tué cet esprit public élevé si haut par Dupleix, qu'on se réjouit du malheur de Lally, à Pondichéri autant qu'à Madras : il semblait que la colonie, comme le gouverneur, fût prise de vertige!

Tandis que Lally échouait devant Madras, les Anglais du Bengale envahissaient les provinces françaises de la côte d'Orissa. Bussi avait supplié en vain Lally de le laisser retourner à la défense de ses conquêtes. Les troupes franco-indiennes du Dekhan, découragées par le rappel de leur illustre chef, furent battues et rejetées dans Masulipatam; le général imposé par Lally, le marquis de Conflans, se rendit, au moment où le soubahdar du Dekhan marchait à son aide et où des secours lui arrivaient de Pondichéri (4 avril 1759). Ce nom de Conflans devait être deux fois, dans une même année, bien funeste à l'honneur de la France!

Le soubahdar traita avec les Anglais : les Circars furent perdus et le nom français disparut du Dekhan, où il avait régné dix années.

L'issue de la lutte, concentrée désormais dans le Carnatic, ne pouvait plus être longtemps douteuse. La perte entière de l'Inde se préparait, comme celle du Canada. Les défenseurs du Canada pouvaient du moins se rendre cette justice, d'avoir fait les plus grandes choses avec les plus faibles moyens : dans l'Inde, au contraire, les plus admirables chances de victoire avaient été jetées au vent par la folie des hommes!

La France ne ressentit pas ces désastres aussi vivement qu'elle l'aurait dû. Son attention était distraite de ces événements lointains par des périls plus proches. William Pitt l'attaquait avec audace, non-seulement dans ses colonies, mais sur son propre territoire. Une flotte anglaise avait débarqué, le 5 juin 1758, douze à quatorze mille hommes dans la baie de Cancale : ce corps d'armée alla s'emparer de Saint-Servan, ville qui, séparée de Saint-Malo par l'embouchure de la Rance, est comme le faubourg de Saint-Malo, et y brûla un vaisseau de cinquante canons, deux frégates, vingt-quatre corsaires et une soixantaine de bâtiments marchands. Saint-Malo était trop bien armé pour qu'on pût l'emporter d'un coup de main : les Anglais se rembarquèrent, mais pour aller insulter les côtes de Normandie. On avait, sous le cardinal de Fleuri, commencé de grands travaux à Cherbourg, afin de donner à la France ce port militaire dans la Manche qu'avait tant souhaité Colbert; puis ces travaux avaient été suspendus par la négligence du gouvernement. La place était ouverte et les forts inachevés. Les Anglais descendirent, le 7 août, à l'ouest du fort de Querqueville, entrèrent, le 8, dans Cherbourg sans résistance, bouleversèrent le bassin, démolirent les forts et les môles, enclouèrent ou emportèrent l'artillerie, et brûlèrent vingt-sept navires marchands. Une troisième descente fut moins bien combinée. Les Anglais revinrent sur Saint-Malo (4 septembre), hésitèrent de nouveau à l'assiéger et se mirent à longer le rivage à l'ouest de cette ville, sans autre but que de piller : les troupes éparses dans la Bretagne eurent le temps de se concentrer et, renforcées de paysans, de bourgeois, d'écoliers de l'université de Rennes, qui avaient couru aux armes avec l'impétuosité bretonne, elles joignirent l'ennemi, le 11 septembre, comme il se rembarquait dans la baie de Saint-Cast. Le duc d'Aiguillon[1], gouverneur de Bretagne, personnage réservé à une fâcheuse célébrité, montrait une hésitation peu honorable. Un brave officier, d'Aubigni, attaqua sans ordre : tout le monde suivit. En quelques instants, l'arrière-garde des Anglais fut enfoncée, taillée en pièces ou jetée à la mer. Il leur en coûta au moins trois mille hommes.

Ce combat heureux consola un peu l'amour-propre français, mais ne compensa pas nos pertes. Notre commerce maritime était anéanti[2].

---

1. Neveu du maréchal de Richelieu.
2. *Mém.* de Duclos, p. 650. — *Vie privée de Louis XV*, t. III, p. 187. — *Mercure historiq.*, t. CXLIV, p. 832; CXLV, p. 31, 281, 383. — Smollett, l. XXVIII.

L'extravagance de la politique de Versailles était manifeste à tous les yeux. Le ministre des affaires étrangères, l'abbé de Bernis, était effrayé des malheurs où il avait contribué à précipiter la France. Dès la défaite de Rosbach, il avait dit franchement au roi qu'on ne pouvait continuer la double guerre continentale et maritime; que la France n'avait ni généraux ni argent. Il avait fini par arracher à Louis une autorisation de négocier. Dès lors, il fut perdu dans l'esprit de madame de Pompadour : la favorite jouait l'héroïne romaine au fond de son alcôve et mettait sa gloire à rester inflexible dans ses desseins, en dépit des misères publiques. Un esprit ambitieux et entreprenant profita de ces dispositions pour supplanter Bernis. Le comte de Stainville, de la maison de Choiseul, avait gagné la faveur de la Pompadour en faisant manquer une intrigue, tramée par une de ses parentes, afin de remplacer la *marquise* auprès du roi. La *marquise* reconnaissante avait fait Stainville ambassadeur à Rome, puis à Vienne. Il vit la *marquise* et *son amie* l'impératrice également mécontentes de la résolution de négocier : il soutint que rien n'y obligeait; qu'on pouvait trouver des ressources pour continuer la guerre. La Pompadour, toute persuadée, persuada facilement le roi. Bernis reçut presque en même temps sa destitution et le chapeau de cardinal comme consolation (1er novembre), et Stainville fut mandé de Vienne pour entrer aux affaires étrangères : le roi le créa duc et pair, sous le titre de duc de Choiseul [1].

Cette révolution ministérielle devait avoir plus de portée et de durée que les précédentes. Le diplomate qui arrivait au pouvoir par cette mauvaise porte de la Pompadour et de l'Autriche n'était pourtant rien moins qu'un intrigant vulgaire. Les origines lorraines de sa famille, héréditairement dévouée aux ancêtres de l'époux de Marie-Thérèse, excusaient jusqu'à un certain point sa première direction politique; c'était un singulier caractère, mélange de légèreté, de témérité, de pénétration et parfois même de profondeur; esprit plein d'éclat et de séduction, vive et active intelligence, dépourvu de principes et de croyances, il suppléait à la moralité absente, autant que rien y peut suppléer, par la

---

1. *Mém.* de Duclos, p. 631. — *Mém.* de madame du Hausset, p. 82. — Notice sur Bernis, par le cardinal de Brienne, à la suite de madame du Hausset, p. 203.

hauteur du courage et par la haine du bas et du médiocre : il souhaitait sincèrement que la France se relevât, pourvu que ce fût par sa main. C'eût été partout un homme remarquable; devant les pygmées de la cour de Louis XV, c'était une espèce de grand homme. Il est surprenant que Louis XV, si malveillant envers toutes les supériorités, ait accepté un homme qui, dès son entrée dans le conseil, fut un premier ministre de fait sous la reine Pompadour. Le soupçon que Bernis visait à devenir premier ministre avait, autant même que son opposition à la guerre, contribué à décider sa chute.

Choiseul signa, pour sa bienvenue, un nouveau traité secret avec l'Autriche (30 décembre 1758). Bernis avait dernièrement obtenu que le subside promis par la France à Marie-Thérèse fût réduit de plus de moitié. Ce subside fut fixé à 288,000 florins (576,000 fr.) par mois; la France s'engageant à continuer de tenir cent mille hommes sur pied en Allemagne, plus à payer seule et le corps saxon qui servait les alliés et le subside des Suédois. Il fut convenu que Wesel, Gueldre, les pays conquis sur le roi de Prusse dans la Basse-Allemagne, seraient administrés au nom de l'impératrice-reine; c'est-à-dire que les conquêtes françaises du Bas-Rhin appartiendraient à l'Autriche! Le reste confirmait les pactes antérieurs[1].

Ce début semblait annoncer que le protégé de l'empereur François de Lorraine et de Marie-Thérèse se traînerait servilement dans l'ornière où l'on avait enfoncé le gouvernement de la France. Il n'en fut rien. Les engagements qu'on venait de renouveler avec l'Autriche furent remplis; mais Choiseul avait compris l'absurdité des espérances fondées sur l'invasion du Hanovre, dût-elle finalement réussir, et, tout en faisant continuer la guerre dans l'ouest de l'Allemagne, il embrassa le hardi projet de saisir l'Angleterre corps à corps et de l'attaquer chez elle, projet que Machault avait conçu le premier et que prônait le maréchal de Belle-Isle. Le succès d'une descente, opérée avec tout ce que la France pourrait concentrer de forces, lui parut moins improbable que celui d'une guerre poursuivie au loin sur les mers avec des escadres presque partout inférieures de moitié à l'ennemi.

---

1. *Mém.* de Duclos, p. 688. — Wenck, t. III, p. 185.

Dès les premiers mois de 1759, de grands préparatifs eurent lieu dans nos ports de l'Océan et de la Manche. On construisit, à Dunkerque, au Havre, à Brest, à Rochefort, une multitude de bateaux plats destinés au transport des troupes. Deux fortes escadres, armées à Toulon et à Brest, devaient se réunir pour convoyer l'expédition, ou plutôt, les expéditions, car on projetait de descendre à la fois en Écosse et en Angleterre. Le dessein était beau ; mais à quelles mains en devait être confiée l'exécution ! C'était le duc d'Aiguillon, vainqueur malgré lui à Saint-Cast, qui devait conduire les douze ou quinze mille hommes destinés pour l'Écosse ; c'était le vaincu de Rosbach, Soubise, qui devait commander, par la grâce de la Pompadour, les cinquante mille conquérants de l'Angleterre ! On verra tout à l'heure ce que valait le commandant de la flotte de Brest, le comte de Conflans, qu'on avait fait récemment maréchal de France, parce que le titre de vice-amiral n'était point apparemment digne de lui. Choiseul pouvait bien rêver les grandes choses ; mais il ne lui était pas permis de choisir les instruments capables de les réaliser : ce qui n'eût été qu'audacieux dans une autre situation, devenait insensé.

Choiseul, cependant, suivit son idée avec passion et s'efforça de s'assurer la coopération des états maritimes. Il n'y eut pas moyen d'entraîner la timide Hollande, tout irrité qu'elle fût des violences de l'Angleterre contre sa marine marchande. On ne réussit pas davantage auprès de l'Espagne, même par l'offre de Minorque. La politique de Ferdinand VI, absolument opposée à celle de son père et surtout de sa belle-mère, la famcuse Élisabeth Farnèse, était la paix et la neutralité. M. Pitt avait, de son côté, offert inutilement de rendre à l'Espagne Gibraltar si elle aidait l'Angleterre à recouvrer Minorque. Choiseul espéra être plus heureux auprès de la Russie et de la Suède, qui, toutes deux engagées dans l'alliance française sur le continent, concluaient, en ce moment même, un pacte remarquable pour assurer la paix de la Baltique[1]. Choiseul eût voulu faire descendre en Écosse

---

1. 9 mars 1759. — Les deux puissances s'engagent à résister à quiconque voudra troubler le commerce maritime. Elles ne prohibent que la contrebande de guerre et le commerce avec les ports prussiens *actuellement* bloqués. A cela près, le commerce

douze mille Russes et douze mille Suédois. Mais la Russie ne voulait nullement s'engager dans une lutte directe contre l'Angleterre, qui la tenait dans sa dépendance commerciale en lui achetant ses matières premières. La Suède était dans le même cas, relativement au commerce du fer et des bois de construction. Le président du sénat suédois, qui était le vrai chef du gouvernement depuis l'abaissement de la royauté, donna des espérances à Choiseul, mais traîna l'affaire en longueur. Pendant ce temps, le sort des projets de Choiseul fut décidé [1].

Les Anglais n'attendirent pas dans leurs ports l'invasion qui les menaçait. Dans les premiers jours de juillet, une des cinq escadres qu'ils tenaient à la fois sur nos côtes bombarda le Havre, mais sans grand dégât, et ne réussit pas à brûler les bateaux de transport [2]. Une escadre plus nombreuse, au mois de juin, avait insulté sans succès la rade et la côte de Toulon. Maltraitée par les batteries côtières, elle se retira à Gibraltar pour se radouber. L'escadre française de Toulon, commandée par M. de La Clue, ne profita pas de cette occasion pour tenter le passage du détroit. Ce fut seulement dans la nuit du 16 au 17 août qu'elle le traversa. Soit mauvaise manœuvre, soit fatalité, cinq de ses douze vaisseaux se séparèrent des autres et allèrent mouiller sous Cadix. Les sept vaisseaux restants, qui avaient pris plus au large, furent suivis et attaqués le lendemain par l'escadre de Gibraltar, forte de quatorze vaisseaux, sous les ordres de Boscawen. Le capitaine du *Centaure*, M. de Sabran, se sacrifia pour donner le temps à l'amiral d'opérer sa retraite : il se battit plusieurs heures seul contre cinq et ne se rendit qu'au moment où il allait couler bas. Ce dévouement ne sauva pas l'escadre. Le vaisseau amiral avait beaucoup souffert dans le combat : trois autres étaient moins bons voiliers que les anglais. Ils furent rejoints le matin suivant. Ils

---

des sujets prussiens ne sera pas troublé, ni leurs marchandises capturées. C'est-à-dire que l'on s'interdit la *course*. C'était le traité le plus avancé, comme droit des gens, qu'on eût encore fait. — Les deux puissances convenaient d'unir leurs escadres pour interdire l'entrée de la Baltique aux vaisseaux de guerre étrangers. Le Danemark et la France devaient être invités à accéder. Le Danemark accéda, le 17 mars 1760. Recueil de Martens, t. X, p. 36, 42.

1. Flassan, t. VI, p. 146 et suivantes.
2. *Archives du Havre*, t. Ier, p. 262 et suiv., d'après un journal ms. de M. Millot, premier échevin du Havre.

s'échouèrent sur la côte des Algarves. Les Anglais, sans respect pour le droit des gens ni pour la neutralité du Portugal, qu'ils étaient habitués à traiter en vassal, attaquèrent ces navires sous le canon des forts portugais, en brûlèrent deux et emmenèrent les deux autres.

Malgré ce grave échec, le cabinet de Versailles n'abandonna pas entièrement ses desseins; il renonça à la grande armée de Soubise, mais non point à l'expédition du duc d'Aiguillon, qui devait se diriger vers l'Écosse, par le canal Saint-George, sous la protection de la flotte de Brest, pendant qu'une escadrille, partie de Dunkerque, irait, par le nord de l'Écosse, faire une diversion en Irlande. Ce projet eût pu aboutir, si les troupes et les bâtiments de transport eussent été réunis à la flotte dans la rade de Brest; mais l'égoïste vanité du duc d'Aiguillon les avait retenus dans le Morbihan, où il commandait en chef, tandis qu'à Brest il eût été subordonné au maréchal de Conflans. Il fallait donc que la flotte allât chercher ce convoi. Malgré cette perte de temps, Conflans eût réussi peut-être, en profitant de la tempête qui, au commencement de novembre, écarta la flotte ennemie qui croisait devant Brest; mais il ne partit de Brest que le 14. Le 20, il fut atteint par l'amiral Hawke à la hauteur de Belle-Isle. Conflans avait vingt et un vaisseau contre vingt-trois. Il n'avait pas autre chose à faire que de recevoir vaillamment le choc. Il voulut l'éviter, en passant à travers les écueils appelés les Cardinaux et en engageant sa flotte dans la baie, hérissée d'îlots et de brisants, que forme l'embouchure de la Vilaine. L'amiral Hawke, qui avait le vent, suivit intrépidement les Français, au risque de se perdre avec eux dans ces espèces de défilés maritimes. Le commandant de l'arrière-garde française, Saint-André du Verger, renouvela le dévouement du brave Sabran. Il se fit écraser pour arrêter l'ennemi et s'illustra par une mort glorieuse. Son équipage était presque détruit quand le pavillon fut amené. Les vaisseaux français, ballottés par une mer orageuse au milieu des rochers, se heurtaient les uns les autres sans pouvoir manœuvrer. Deux furent coulés : deux allèrent se briser sur les récifs. La nuit suspendit ce désastre. Au point du jour, Conflans échoua et brûla son vaisseau amiral et un autre navire dans l'anse du Croisic. Deux vaisseaux anglais se perdirent sur les bancs de sable en voulant poursuivre Conflans. L'avant-garde française, forte de sept vaisseaux, n'avait presque pas été engagée et eût pu venger Saint-André et réparer la honte de Conflans. Son chef, Beaufremont, ne songea qu'à gagner le large et alla se réfugier à Rochefort. Une autre division de sept vaisseaux, à la faveur de la marée, entra dans la Vilaine, où l'on n'eût pas cru que des frégates pussent pénétrer : elle se sauva ainsi, mais ne put ressortir. Les Anglais reprirent, devant la Vilaine et la Charente, le blocus qu'ils avaient entretenu devant Brest.

Cette déplorable catastrophe consommait l'humiliation de la France ; la flotte, jusqu'alors intacte dans son honneur, tombait au niveau de l'armée de terre ! La corruption, la mollesse et l'égoïsme de la cour avaient envahi la noblesse maritime après la noblesse militaire.

L'escadrille de Dunkerque était partie un mois avant le désastre de la Vilaine, sous les ordres d'un ancien corsaire appelé Thurot, très-redouté du commerce anglais. Cet intrépide marin, après diverses aventures, exécuta sa descente en Irlande, au mois de février 1760, et prit la ville de Carrick-Fergus. C'était un vrai coup de désespoir, et qui ne pouvait que sacrifier de braves gens. Thurot fut tué et son escadrille fut prise [1].

Le cabinet de Versailles, ployant sous ces revers décisifs, renonça à toute entreprise maritime. Les plus tristes nouvelles étaient arrivées coup sur coup d'Amérique.

Il n'y avait eu jusque-là, aux Antilles, qu'une guerre de corsaires, fort à l'avantage des Français, avec quelques rencontres d'escadres, sans succès marqués de part ni d'autre. A la mi-janvier 1759, une escadre anglaise de dix vaisseaux de ligne, escortant une expédition de six mille soldats, attaqua la Martinique, la plus riche des Petites-Antilles françaises et la plus importante par sa position centrale et par ses nombreux et intrépides armateurs. Les Anglais débarquèrent sans grand obstacle : l'île était fort mal en défense ; cependant, une première attaque contre un *morne* (colline) qui domine le Fort-Royal ayant été repoussée par un

---

1. *Mercure historiq.*, t. CXLVII, p. 298, 384. — Sainte-Croix, t. II, p. 278 et pièces. — *Vie privée de Louis XV*, t. III, p. 204. — *Mém.* de Duclos, p. 658.

corps de milice qui n'avait pas même d'artillerie, les Anglais renoncèrent soudainement à leur dessein et se rembarquèrent pour aller assaillir la Guadeloupe (23-24 janvier). Ils y obtinrent plus de succès. Leurs galiotes à bombes réduisirent en cendres la ville de la Basse-Terre; ils descendirent et trouvèrent la citadelle abandonnée; le Gouverneur de la Guadeloupe montra aussi peu d'énergie que de talent, mais les habitants y suppléèrent. Cette brave population profita des nombreux accidents de terrain qu'offre son île et disputa opiniâtrément chaque morne, chaque défilé, chaque torrent. La lutte se prolongea trois mois entiers. Le moindre secours eût contraint les envahisseurs à la retraite. Une escadre de neuf vaisseaux était arrivée de Brest à la Martinique au milieu de mars : elle y resta plus d'un mois immobile et ne parut en vue de la Guadeloupe que le 21 avril. Les habitants, forcés de poste en poste et réduits à une extrême disette, venaient de capituler le jour même !

La Désirade, les Saintes, la Petite-Terre et Marie-Galande suivirent la destinée de la Guadeloupe [1].

Tandis que la Guadeloupe succombait, la campagne se rouvrait au Canada. L'hiver s'était écoulé plein de sombres présages pour cette vaillante colonie. A tous ses maux s'ajoutait la discorde, compagne trop ordinaire du malheur. Le général se plaignait du gouverneur, le gouverneur, du général; celui-ci, trop accoutumé peut-être aux guerres régulières d'Europe et ne tenant pas assez de compte de la nature des éléments coloniaux, d'ailleurs aussi droit, aussi ferme d'esprit que de cœur; celui-là, manquant des lumières et de la fermeté nécessaires contre les énormes abus qui entravaient une défense déjà si difficile. Personnellement probe et dévoué, M. de Vaudreuil était aveuglé par l'intendant Bigot, qui, ligué avec le munitionnaire général et toute une faction de concussionnaires, avait élevé, d'année en année, sur la ruine publique sa scandaleuse fortune et celle de ses complices. Les dilapidations avaient grandi sans mesure, depuis qu'en 1757, on avait mis en entreprise, c'est-à-dire en monopole, l'approvisionnement de l'armée, auparavant en régie. Les lettres de change

---

1. *Mercure historiq.*, t. CXLVII, p. 43. — *Vie privée de Louis XV*, t. III, p. 196. — Cont. de Hume, l. XXXI.

tirées sur la France menaçaient d'aller, pour 1759, à une trentaine de millions. Les dépenses du Canada avaient atteint déjà ce chiffre l'année précédente[1]. Cependant, sans de puissants secours en soldats, en munitions, en vaisseaux, la perte du Canada était imminente pour cette campagne même, ainsi que le général Montcalm l'avait formellement annoncé au ministre de la guerre dans une longue et triste lettre qui est comme son testament et le testament de la colonie[2].

Le ministère répondit à cet appel désespéré par un entier abandon. Choiseul était absorbé par sa descente en Angleterre et s'imaginait sauver le Canada dans Londres ! Une lettre du ministre de la guerre, Belle-Isle, qui se croisa avec celle de Montcalm, est un des plus douloureux monuments de ces jours de honte et de vertige.

« Je suis bien fâché d'avoir à vous mander que vous ne devez
« point espérer de recevoir de troupes de renfort. Outre qu'elles
« augmenteraient la disette des vivres que vous n'avez que trop
« éprouvée jusqu'à présent, il serait fort à craindre qu'elles ne
« fussent interceptées par les Anglais dans le passage ; et, comme
« le roi ne pourrait jamais vous envoyer des secours proportion-
« nés aux forces que les Anglais sont en état de vous opposer,
« les efforts que l'on ferait ici pour vous en procurer n'auraient
« d'autre effet que d'exciter le ministère de Londres à en faire de
« plus considérables pour conserver la supériorité qu'il s'est ac-
« quise dans cette partie du continent (19 février 1759) ».

Dans d'autres dépêches, le ministère prévoyait même le cas où la colonie serait réduite à capituler et paraissait en prendre son parti[3].

L'héroïque population canadienne, abandonnée de la mère-

---

1. Garneau, t. III, p. 80, 282. — Il faut tenir compte, sans doute, pour expliquer un chiffre si élevé, de la cherté des vivres dans un pays où la culture était presque abandonnée, mais, suivant le rapport de Montcalm, les fournisseurs faisaient des bénéfices de cent à cent cinquante pour cent. V. dans Dussieux, le *Canada sous la domination française*, p. 75 et suivantes, les extraits de la correspondance de Montcalm, du commissaire des guerres du Doreil, etc., qui ne purent venir à bout de faire rappeler Bigot, soutenu par un puissant complice jusque dans le cabinet du ministre.
2. Cette lettre, du 12 avril 1759, est aux archives de la Marine.
3. Garneau, t. III, p. 153. — Rapport au ministre sur les lettres du gouverneur Vaudreuil, du 28 décembre 1758. Ms. aux archives de la Marine.

patrie, pour laquelle elle s'immolait, n'eut pas un moment la pensée de poser les armes. Elle se leva en silence, jusqu'au dernier homme. L'ennemi s'avançait de toutes parts. Au mois d'octobre précédent, un traité habilement ménagé par les chefs des Anglo-Américains avait enlevé à la France la plupart de ses alliés indiens; les *peaux rouges*, prévoyant la ruine du Canada, n'avaient pas cru devoir attendre la catastrophe pour accepter la paix avec les futurs conquérants. Le changement d'attitude des sauvages donna de grandes facilités à l'invasion, préparée par quatre routes à la fois. Vingt vaisseaux de ligne et de nombreux bâtiments légers escortant un convoi de dix mille soldats réguliers, sous les ordres du général Wolfe, jeune homme plein de feu et d'énergie, partirent de Louisbourg et entrèrent dans le Saint-Laurent, qu'ils remontèrent vers Québec. Douze mille soldats et miliciens, commandés par le général en chef Amherst, se portèrent sur le lac du Saint-Sacrement, d'où ils devaient descendre par le lac Champlain vers le Saint-Laurent. Un troisième corps anglo-indien, aux ordres du général Prideaux, devait enlever Niagara et, de là, marcher à Montréal pour se joindre aux deux autres sur le Saint-Laurent. Un quatrième corps, plus faible, était chargé d'expulser les Français du lac Ontario. Tout cela faisait au moins trente mille hommes de troupes de terre et dix-huit mille marins et soldats de marine. Le Canada ne comptait guère que cinq mille soldats et quinze mille habitants en état de porter les armes, c'est-à-dire, en armant les vieillards de soixante ans et les enfants de seize, le tiers à peu près des forces de l'invasion!

De faibles détachements furent expédiés sur les points principaux des frontières, et le gros de l'armée fut concentré à Québec, but capital de l'ennemi. Toute la population mâle y vint, abandonnant ses champs au risque de mourir de faim; les femmes et les jeunes enfants voituraient les vivres et les munitions. Par un suprême effort, on avait réuni treize à quatorze mille combattants, dont trois mille soldats réguliers et quelques centaines de sauvages demeurés fidèles. L'armée s'établit sur la rive gauche du Saint-Laurent, entre les cascades de la rivière de Montmorenci, qui se jette dans le Saint-Laurent par un saut de deux cent soixante pieds, et la vallée de la rivière Saint-Charles; elle protégeait de là l'île du fleuve à la pointe orientale de laquelle est situé Québec. La flotte anglaise parut le 25 juin devant Québec. Elle avait évité les bancs et les bas-fonds du fleuve, grâce à la trahison d'un officier de marine prisonnier, qui lui avait servi de pilote. Il s'appelait Denis de Vitré. Ce fut le seul traître qu'eût produit le Canada.

Les Français essayèrent en vain d'incendier la flotte ennemie avec des brûlots et des radeaux enflammés. Les Anglais réussirent mieux à brûler Québec; n'osant assaillir de front ni la ville ni le camp, ils descendirent sur la rive droite du Saint-Laurent et, de là, écrasèrent la ville de leurs bombes et dévastèrent au loin le pays, barbaries inutiles qui ne pouvaient décider le sort de la guerre. Ils tentèrent de remonter le fleuve au-dessus de Québec, afin de tourner la position de Montcalm; la largeur du bras du Saint-Laurent qui est entre la rive droite et l'île de Québec, permit à leur flotte de passer, malgré les batteries de la ville; mais ils jugèrent le débarquement trop difficile sur les derrières du camp français et revinrent au projet non moins périlleux d'une attaque de front. Protégés par une artillerie formidable, ils entreprirent de débarquer sur la gauche du camp et de forcer les gués du Montmorenci, au-dessus et au-dessous de la grande cascade. Ils furent partout repoussés avec perte (31 juillet). Les carabines de nos chasseurs canadiens triomphèrent de leurs canons. Le général Wolfe désespéra du succès et tomba malade de chagrin.

Les autres généraux anglais étaient plus heureux et triomphaient sans gloire par l'énorme supériorité du nombre. Deux mille six cents Français, qui défendaient les lacs du Saint-Sacrement et Champlain contre douze mille ennemis, furent réduits à faire sauter les forts de Carillon et de Saint-Frédéric, et à se replier jusqu'à l'extrémité nord du Champlain, où ils arrêtèrent le général Amherst. Quelques centaines d'autres s'étaient vus contraints de rendre le fort de Niagara, après que les petites garnisons des postes des grands lacs eurent été accablées en voulant les secourir (25 juillet). Tout l'Ontario était à l'ennemi.

Quelques troupes furent détachées de l'armée de Québec pour soutenir la poignée d'hommes qui défendaient le haut du Saint-

Laurent. Beaucoup de Canadiens, croyant Québec sauvé pour cette année, étaient retournés couper leurs blés. L'ennemi, cependant, s'apprêtait à un nouvel effort. Les lieutenants de Wolfe lui avaient conseillé de tenter, pour la seconde fois, un débarquement sur la rive gauche, au-dessus de la ville. La flotte anglaise remonta le fleuve durant plusieurs lieues. Montcalm détacha Bougainville avec trois mille hommes pour observer les mouvements de l'ennemi. Dans la nuit du 12 au 13 septembre, la flotte anglaise se rabattit brusquement sur Québec et débarqua l'armée dans l'anse du Foulon, à un quart de lieue au-dessus de la ville : les Anglais gravirent des falaises qu'on avait crues inaccessibles, et surprirent nos avant-postes. Montcalm accourut du camp avec quatre mille cinq cents hommes seulement ; il avait fallu laisser le camp garni, et Bougainville était loin. Montcalm chargea les Anglais pour ne pas leur laisser le temps de se retrancher. Cette attaque précipitée vint se briser contre une masse de neuf à dix mille soldats réguliers. Les deux généraux, Wolfe et Montcalm, tombèrent presque en même temps blessés à mort[1]. Les Français furent rejetés vers la ville. Le colonel Bougainville, depuis fameux comme navigateur[2], revint trop tard pour changer le sort de la journée ; le conseil de guerre ne crut pas qu'on pût renouveler le combat. Le camp fut évacué et l'armée se replia dans la direction des Trois-Rivières, laissant une garnison dans Québec. Trois jours après, sur les instances du principal lieutenant de Montcalm, du chevalier de Lévis, accouru de Montréal, on se reporta en avant ; on était presque en vue de Québec, lorsqu'on apprit que le commandant venait de capituler contrairement à ses instructions (18 septembre).

Les Franco-Canadiens se retirèrent sur la rivière de Jacques Cartier. Il ne leur restait plus, de l'immense Canada, que la contrée resserrée entre le nord du lac Champlain, l'est de l'Ontario et Trois-Rivières.

1. On voit à Québec un obélisque de granit sur les deux faces duquel sont gravés les noms de Wolfe et de Montcalm, avec l'inscription suivante : *Mortem virtus, communem famam historia, monumentum posteritas dedit.* « Leur courage leur a donné même mort ; l'histoire même renommée ; la postérité même monument. »
2. Les deux grands navigateurs Cook et Bougainville se trouvaient en présence dans cette campagne.

Ils ne songèrent point à traiter. Ils élevèrent la voix une dernière fois vers la mère-patrie. On leur envoya trois ou quatre bâtiments chargés de munitions, qui furent pris par les Anglais, et l'on ne paya point leurs lettres de change! Le gouvernement leur devait plus de 40 millions!

Trois armées allaient se resserrer sur eux pour les écraser. Ils les prévinrent par un coup de main sur Québec. L'hiver leur avait donné quelques mois de répit. Le 20 avril 1760, dès que le Saint-Laurent fut à peu près dégelé, le général de Lévis marcha par terre et par eau avec sept mille hommes. Le 25, sa petite armée se réunit sur la rive gauche : elle franchit, par une habile manœuvre, la rivière du Cap-Rouge et fit replier les avant-postes anglais. Le commandant de Québec, le général Murray, se porta rapidement en avant avec six mille soldats et vingt-deux canons, et attaqua les Français en marche et sans leur artillerie, qui était en arrière avec une réserve. M. de Lévis rangea ses troupes en bataille sous un feu meurtrier, enfonça les Anglais, les mit en pleine déroute et prit leurs canons (28 avril). Si les Français n'eussent été harassés de fatigue, ils fussent probablement rentrés dans Québec pêle-mêle avec leurs ennemis. Il fallut entreprendre un siége, avec des pièces de campagne pour toute ressource contre la puissante artillerie des remparts. Les Canadiens s'imaginaient qu'on allait leur envoyer de l'artillerie de France. Ils avaient toujours les yeux tournés vers le bas du Saint-Laurent. Ce furent des vaisseaux anglais qui leur apparurent (9-15 mai).

Le siége fut levé : tout était perdu. Les Canadiens prolongèrent la lutte plusieurs mois encore. Deux cents hommes enfermés dans le fort de Lévis, sur le haut du Saint-Laurent, arrêtèrent douze jours les onze mille combattants du général Amherst! Les trois corps d'armée ennemis se réunirent enfin, du 6 au 8 septembre, devant Montréal, place à peu près sans défense, où s'étaient concentrés les débris du Canada. Le 8 septembre 1760, fut signée la capitulation qui effaça la Nouvelle-France de la carte du globe. Les Canadiens conservèrent leurs biens, leur religion, et se reconnurent sujets du roi d'Angleterre. Les principaux habitants s'expatrièrent à la suite des trois mille soldats et marins qu'on embarqua pour la France.

Ainsi tomba cette race d'hommes que l'habitude de vivre au sein de la nature sévère du Nord avait rendue forte et simple comme les anciens. Dans l'Inde, on avait pu admirer quelques grands hommes; ici, ce fut tout un peuple qui fut grand. La monarchie n'avait su ni développer le Canada ni le défendre. La chute du Canada, célébrée par l'Angleterre avec tant d'ivresse, prépara des vengeurs aux vaincus dans leurs propres conquérants : l'expansion qu'elle donna à la puissance et à l'orgueil des Anglo-Américains les mûrit pour l'indépendance. La chute de la Nouvelle-France donnait un monde à l'Angleterre, mais ne le lui donnait pas pour longtemps [1].

On a peine à s'arracher au spectacle de ces glorieuses infortunes pour retourner à l'extravagante guerre continentale, qui en avait été la cause.

Chaque année la Westphalie et la Hesse dévoraient des milliers de nos soldats, sans qu'on fût plus avancé à la fin qu'au commencement de la campagne, la supériorité des généraux ennemis compensant la supériorité numérique de nos troupes. A la fin de 1758, la principale armée française était restée sur le Bas-Rhin; l'autre corps, sur le Bas-Mein. Vers le printemps, le prince Ferdinand de Brunswick voulut profiter de cette séparation pour accabler le moindre et le plus avancé des deux corps d'armée. Il vint fondre, avec toutes ses forces, sur les Français, campés à Bergen, en avant de Francfort. Soubise ne commandait plus l'armée de Hesse : on l'avait rappelé pour lui destiner *l'armée d'Angleterre;* son successeur, le lieutenant général duc de Broglie, avait choisi une très-bonne position; Ferdinand de Brunswick fut repoussé avec une perte considérable, quoiqu'il eût de

---

[1]. Garneau, *Hist. du Canada*, t. III, l. X. — Nous ne quittons pas sans émotion cette *Histoire du Canada*, qui nous est arrivée d'un autre hémisphère comme un témoignage vivant des sentiments et des traditions conservés parmi les Français du Nouveau Monde après un siècle de domination étrangère. Puisse le génie de notre race persister parmi nos frères du Canada dans leurs destinées futures, quels que doivent être leurs rapports avec la grande fédération anglo-américaine, et conserver une place en Amérique à l'élément français ! — V. aussi Dessieux, le *Canada sous la domination française*, l. III, XLVI-L. — Un petit-neveu de Montcalm, M. le marquis d'Espeuilles, a réuni sur la vie de son grand-oncle, et sur l'ensemble de la guerre du Canada, des documents dont la publication serait d'un haut intérêt, et parmi lesquels figure un journal écrit par Bougainville. — Contin. de Hume, l. XXXI. — *Mercure historiq.*, t. CXLVI-CXLIX. — *Vie privée de Louis XV*, t. III, p. 199.

beaucoup l'avantage du nombre ; c'était le premier échec qu'il eût essuyé en personne (13 avril 1759).

Ce début promettait : on parut vouloir le soutenir. Le maréchal de Contades prit le commandement des deux armées françaises réunies, envahit la Hesse et se porta sur le Weser, afin de couper l'armée ennemie du Hanovre. Ferdinand de Brunswick accourut se poster en face des Français, près de Minden, et tâcha de se faire attaquer. Contades, en effet, très-supérieur à l'ennemi, descendit en plaine. Ferdinand avait fait retrancher et occuper, par un corps d'infanterie, le village de Todtenhausen, un peu trop en avant de ses lignes. Si le duc de Broglie, commandant de l'aile droite française, eût exécuté les instructions de Contades et attaqué le village à la pointe du jour, il l'eût probablement emporté et Ferdinand eût été fort compromis; mais Broglie hésita, prétendit que toute l'armée ennemie était derrière Todtenhausen et alla demander de nouvelles instructions. Contades, général de cabinet, sans coup d'œil et sans décision, perdit le temps à délibérer. Les ennemis, cependant, avançaient, se formaient et prenaient l'offensive contre l'autre aile et contre le centre des Français. La cavalerie française, lancée confusément, sans ensemble et de manière à masquer notre canon, fut mise en déroute par le feu de l'artillerie et de l'infanterie ennemies. Une partie de notre infanterie fut rompue à son tour. Contades ordonna la retraite (1er août). On prétendit la cause de la défaite pire que la défaite même : Contades accusa Broglie de lui avoir fait perdre volontairement la bataille en n'attaquant pas à temps, et, malheureusement, l'accusation n'était pas absolument absurde : il est certain, du moins, que Broglie visait à supplanter son chef et qu'il y réussit. Dans cette démoralisation presque universelle, l'ambition égoïste des généraux pouvait avoir de terribles effets : déjà le comte de Maillebois avait été fortement soupçonné d'avoir voulu faire perdre au maréchal d'Estrées la bataille de Hastenbeck [1].

---

[1] Ces criminelles jalousies n'étaient pas inconnues non plus dans l'armée ennemie. On accusa lord Sackville, général de la cavalerie anglo-hanovrienne, d'avoir empêché le prince Ferdinand de compléter sa victoire, en n'exécutant pas l'ordre de charger les Français dans leur retraite. Lord Sackville fut rappelé et dégradé par un conseil de guerre.

Contades, découragé, ne tenta aucun effort pour réparer son échec, abandonna presque toute la Westphalie et la Hesse, et ne s'arrêta que derrière la Lahn, vers Giessen, presque au point d'où il était parti. Ferdinand de Brunswick put, tout à son aise, détacher de gros corps qui battirent les Würtembergeois, alliés de la France et de l'Autriche, et qui allèrent au secours du roi de Prusse [1].

Frédéric avait été moins heureux que Ferdinand : son génie et sa force semblaient s'épuiser dans la lutte colossale qu'il soutenait. Établi, au printemps, sur les confins du Brandebourg et de la Silésie, entre les Russes cantonnés en Pologne et les Autrichiens hivernés en Bohême, il n'avait rien tenté pour obliger les Autrichiens à combattre avant que l'armée russe rentrât en campagne. Au mois de juillet, les Russes se concentrèrent à Posen et se portèrent en avant : les Autrichiens entrèrent en Lusace afin de donner la main aux Russes dans le Brandebourg. Le 23 juillet, le corps d'armée prussien qui faisait face aux Russes essuya une défaite entre Zullichau et Crossen. Frédéric laissa le gros de son armée de Silésie à son frère Henri de Prusse et courut avec un renfort joindre l'armée battue; mais il ne put empêcher le général autrichien Laudon de mener au Russe Soltikoff un gros corps détaché de l'armée de Daun. Le roi de Prusse attaqua néanmoins plus de quatre-vingt mille hommes avec quarante ou quarante-cinq mille. Il tourna et força une partie des positions russes, avec un effroyable massacre de leur infanterie, puis il se brisa contre un autre poste défendu par l'Autrichien Laudon : les Russes se rallièrent; les Prussiens se rompirent et se mirent en déroute complète (13 août). De l'aveu de Frédéric lui-même, la Prusse était perdue ce jour-là, si les Russes avaient su mettre à profit leur coûteuse victoire de Kunersdorf. Heureusement pour les Prussiens, Soltikoff déclara qu'il en avait fait assez et que c'était au tour du maréchal Daun de sacrifier ses Autrichiens. Soltikoff savait l'admiration passionnée du grand-duc héritier de Russie pour le roi de Prusse et craignait de se faire, de son futur maître, un irréconciliable ennemi, s'il faisait périr le grand Frédéric.

1. Frédéric II, *Guerre de Sept Ans*, t. II, c. x. — *Mém.* de Napoléon, t. VII, *Précis*, etc., c. v. — *Mém.* de Rochambeau, p. 130.

Les Autrichiens ne perdaient pas tout à fait leur temps : renforcés par les contingents de l'Empire, ils reprenaient la Saxe presque entière, et Dresde, enfin, le 3 septembre ; mais ils ne firent pas une pointe sur Berlin, comme ils l'auraient pu, tandis que Frédéric ralliait devant les Russes les débris de son armée. Soltikoff opéra si mollement en Brandebourg, en Lusace, en Silésie, que Frédéric, avec une poignée de soldats, finit par le faire rentrer en Pologne pour hiverner, sans garder une seule place prussienne.

L'armée de Silésie, cependant, cherchait à reprendre la Saxe aux Autrichiens : Frédéric s'y porta au mois de novembre et jeta un corps de dix-huit mille hommes sur les derrières de Daun, pour l'inquiéter sur ses communications et l'obliger à rentrer en Bohême. Le corps prussien, aventuré beaucoup trop loin de la ligne d'opérations du roi, fut cerné par trente ou quarante mille Autrichiens, et mit tout entier bas les armes, comme naguère les Saxons à Pyrna (20 novembre). Ce désastre assura aux Autrichiens Dresde et la moitié de la Saxe ; mais Frédéric, secouru à temps par un fort détachement de l'armée hanovrienne, se cantonna intrépidement devant l'ennemi au cœur du pays que l'on se disputait.

Il semblait impossible que Frédéric soutînt encore une campagne semblable sans succomber. Si son courage restait inébranlable, son corps s'usait à cette terrible vie, et son royaume s'usait comme sa personne. On a peine à comprendre comment il venait à bout de refaire son armée chaque année et surtout de la faire vivre.

Ainsi, par une raillerie du sort, la guerre autrichienne, dont la monarchie française s'était faite l'auxiliaire, paraissait devoir réussir finalement à coups d'hommes, à force de sang et d'obstination : la guerre française n'aboutissait qu'à une série de désastres toujours croissants.

Les moyens de soutenir cette double guerre, l'une si malheureuse, l'autre si insensée et si honteuse, diminuaient tous les jours. L'état des finances françaises était effrayant. D'après un compte rendu au roi par le contrôleur général Boulogne, en 1758, le peuple payait à l'État, aux fermiers généraux, au clergé, aux seigneurs, environ 417 millions, non compris la dîme ecclésiastique, une partie des droits féodaux et les taxes municipales et provinciales, ce qui pouvait ajouter, disait-on, 80 et quelques millions. Cette évaluation était évidemment bien au-dessous de la vérité : M. de Boulogne ne comptait que pour 26,700,000 fr. les bénéfices des fermiers et de leurs employés, et les frais d'administration! Cela n'était pas sérieux [1]. Quoi qu'il en soit, le revenu ordinaire de l'État, en 1758, était de 236 millions, non compris 102 millions de revenus aliénés à temps ou à perpétuité. En ajoutant certaines sources de revenus dont la nature ne nous est point expliquée, la recette de 1759 était évaluée d'avance à 285 millions; la dépense projetée à 418. C'était donc un déficit prévu de 133 millions. Il alla bien plus loin! La dépense dépassa 503 millions, et le déficit 217. Plus de 100 millions étaient mangés d'avance sur les recettes générales et plus de 150 millions étaient dus aux receveurs et aux fermiers sur les années précédentes. On avait fait, en 1757, pour 136 millions d'affaires extraordinaires, emprunts, loteries, rentes viagères; on en avait fait moins en 1758 [2]. Cette ressource tarissait; les emprunts, si séduisante qu'en fût la forme, si élevé qu'en fût l'intérêt, ne se remplissaient plus. D'une autre part, on ne pouvait augmenter les tailles ni les aides sans pousser le peuple au désespoir.

Le contrôleur général Boulogne était à bout. On le remplaça par un homme à expédients, M. de Silhouette, sur qui l'on fondait de grandes espérances (mars 1759), et qui débuta par créer 72,000 actions de 1,000 fr. sur les fermes, avec attribution aux actionnaires de la moitié des bénéfices que faisait la compagnie des fermiers généraux. C'était une vraie banqueroute que l'État

1. Le casuel ecclésiastique n'est évalué qu'à 3,500,000 fr., ce qui est encore moins vraisemblable. — Les annates, dispenses, etc., rendent, dit-on, 3,600,000 fr. à la cour de Rome. — Le clergé cachait de son mieux le chiffre réel de son revenu. La dîme coûtait, à elle seule, au moins 120 millions au peuple, frais compris! — Pour apprécier relativement le poids du fardeau populaire, il faut tenir compte, non pas seulement de la suppression des priviléges, non pas seulement de l'énorme accroissement de la population et de la richesse, mais de l'immense dépréciation des métaux précieux.

2. En 1758, l'assemblée du clergé donna 16 millions, suite des promesses faites pour payer l'abandon des plans de Machault. Le gouvernement exigea, de toutes les villes, faubourgs et bourgs, un don gratuit annuel pour six ans. V. *Journal de Louis XV*, t. II, p. 148. — *Anciennes Lois françaises*, t. XXII, p. 279.

faisait aux fermiers; mais l'opinion n'était pas disposée à prendre parti pour ces publicains enrichis de la dépouille populaire, et dont le luxe effréné offrait un contraste si choquant avec la détresse des provinces[1]. Les 72,000 actions furent souscrites sans scrupule. Une opération du même genre fut exécutée sur la ferme des postes. Silhouette suspendit, pour le temps de la guerre et deux ans après, les exemptions de tailles attachées aux offices, en exceptant les membres des cours supérieures, des bureaux de finances et les officiers militaires. Une autre déclaration ordonna la révision des pensions et leur réduction à la somme totale de 3 millions, non compris les pensions des princes du sang, celles accordées aux militaires comme supplément de solde ou annexées aux charges de divers officiers des cours supérieures, celles des académies, facultés, etc. (17 avril).

Le public applaudit; les courtisans n'osèrent crier, mais firent mieux, comme on va le voir. La cour censée réformée, Silhouette prétendit réformer le roi lui-même; il pria Louis de donner à ses sujets l'exemple des sacrifices qu'il leur imposait et proposa, pour commencer, la réforme du fonds destiné au jeu du roi. Louis ne refusa pas tout d'abord; « mais le ministre des affaires étrangères (Choiseul), voyant que le désœuvrement du roi, faute du jeu, allait désorganiser la société de Sa Majesté, offrit de prendre sur les fonds des affaires étrangères la somme nécessaire pour le jeu, ce qui fut accepté. Il en fut de même de la plupart des autres plans de réforme[2]. » La déclaration sur les pensions eut le même sort que le reste.

« Les réformes, d'ailleurs, ne pouvaient atteindre que les dépenses patentes; toute la prévoyance et l'économie du ministre le plus habile devaient échouer contre l'énormité toujours croissante des dépenses cachées sous le voile des acquits de comptant, dont la disposition, abandonnée en quelque sorte à une favorite, servait à entretenir ses prodigalités. Les bons du comptant, qui, vingt ans auparavant, variaient de 20 à 30 millions, à l'époque des

---

1. La banqueroute n'était pas de cinquante pour cent, comme il le semble, parce que Silhouette débarrassa les fermes d'une foule de pensions et de parts d'intérêts gratuites dont la faveur et l'intrigue les avaient chargées.

2. Mouthion, *Particularités sur les Ministres des finances*, art. SILHOUETTE. — *Mercure hist.*, t. CXLVI, p. 523.

réformes proposées par M. de Silhouette, dépassèrent 117 millions[1]! » Il n'est pas besoin de dire que la Pompadour et le Parc-aux-Cerfs ne coûtaient point 117 millions par an[2]; mais les acquits au comptant couvraient toutes les dépenses irrégulières, déclassées, rejetées d'un service sur un autre, chaos où personne au monde ne pouvait plus se reconnaître et contre lequel protestait sans cesse inutilement la chambre des comptes. Ce n'était pas, d'ailleurs, seulement pour ses maîtresses que Louis XV puisait dans l'*Epargne*, si mal nommée. Il y puisait pour sa cassette privée, qu'il faisait valoir de son mieux, comme un bourgeois avisé[3] : c'était là ce qui lui restait des maximes d'économie enseignées par Fleuri. Il avait pris la garde des sceaux pour s'approprier les revenants-bons. On n'avait jamais vu roi de France se faire une fortune particulière; aucun symptôme, peut-être, n'annonçait d'une façon aussi frappante la ruine morale de la royauté. On verra bientôt le successeur de Louis le Grand figurer parmi les spéculateurs les plus déhontés de son royaume!

Le contrôleur général fut bien obligé d'en venir à de nouveaux impôts. Il s'efforça de les rendre le moins onéreux possible aux classes souffrantes. Il fit décréter une subvention générale proportionnelle sur tous les revenus fonciers et mobiliers, sans exception aucune; c'était toujours la même pensée, la dîme de Vauban, reprise tour à tour par Desmarets, par Fleuri, par Machault, toujours superposées à la masse des impôts existants, contrairement au principe de Vauban, et toujours repoussée ou dénaturée dans l'application par la résistance des privilégiés. Silhouette avait du moins l'intention de dégrever plus tard, d'une

---

1. Bailli. *Hist. financière de la France*, t. II, p. 142. — *Vie privée de Louis XV*, t. III, p. 125.

2. Ni probablement même jamais 117 millions en tout. D'après le *Relevé des dépenses de madame de Pompadour*, publié par M. Le Roi, bibliothécaire de la ville de Versailles (Paris, Dumoulin, in-8°), madame de Pompadour aurait fait, en tout, 37 millions de dépenses personnelles pendant *son règne*. V. aussi un article de M. L. Lacour sur le *Parc-aux-Cerfs*, dans la *Revue française* du 20 octobre 1858. — Le *Parc-aux-Cerfs* n'avait pas l'importance qu'on lui suppose vulgairement; mais on confond, sous ce nom devenu typique, l'ensemble des débauches secrètes de Louis XV.

3. Quand il perdait au jeu, il remplaçait sa perte aux dépens du trésor. On cite un trait piquant de sa bonne administration privée. « Ne placez pas *sur le roi*, disait-il un jour à son homme d'affaires, on dit que cela n'est pas sûr. »

partie de ce que produirait la subvention, la taille et les autres impôts établis. A la subvention étaient joints des impôts sur les domestiques et gens de livrée, sur les chevaux, les carrosses, sur les industries de luxe, sur les marchandises de luxe ou d'agrément, à leur entrée dans les villes. C'était un moyen d'atteindre le faste des grandes villes et les fortunes en portefeuille, « trop multipliées par les emprunts », dit le ministre dans son rapport au roi. Les célibataires devaient payer une triple capitation. Les parents dont les enfants feraient profession dans un ordre religieux, avant l'âge de majorité, paieraient un droit d'amortissement.

A côté d'innovations équitables et bien conçues, d'autres mesures rappelaient trop les mauvaises routines fiscales : c'étaient des créations de charges, onéreuses au public et contraires aux droits des possesseurs de charges semblables déjà existantes; c'était l'attribution au roi des octrois des villes; c'étaient des droits sur les boutiques; des lettres de maîtrises dans les corporations. Enfin, il y avait des dispositions rigoureuses pour quelques-uns, comme la suppression, moyennant une faible indemnité, de beaucoup de petits offices à Paris, ou rigoureuses pour tous, comme un nouveau droit de 10 pour cent sur les marchandises étrangères, les cafés, etc., et comme l'établissement de quatre nouveaux sous pour livre sur tous les objets de consommation [1].

L'opposition la plus virulente accueillit cet ensemble d'édits bursaux; les classes privilégiées les combattirent, moins pour ce qu'ils avaient de mauvais que pour ce qu'ils renfermaient de juste; le peuple n'y vit que la subvention nouvelle qu'il allait avoir à payer et les quatre sous par livre. Le parlement fit remontrances sur remontrances. Le roi imposa l'enregistrement dans un lit de justice (20 septembre). Le parlement protesta de nouveau, soutenu par les autres cours supérieures de Paris et par les parlements de province. Le roi hésita, accorda des surséances à certains intérêts menacés par les édits; il devint évident que Louis

---

1. *Mém.* de Silhouette au roi, dans les *Comptes-rendus de 1758 à 1787*. — *Mercure hist.*, t. CXLVII, p. 391; CXLVIII, p. 45. — La petite poste fut établie à Paris en juillet 1759.

reculerait sur le reste. A chaque rencontre avec le parlement, la royauté perdait du terrain. Silhouette, voyant ses projets crouler, n'ayant rien à attendre des financiers qu'il avait si maltraités et ne sachant plus comment fournir à la solde des troupes, se jeta dans les expédients les plus désespérés et les plus funestes. Il suspendit, pour le temps de la guerre, le paiement des lettres de change enregistrées par les trésoriers des colonies, et, pour un an, le remboursement des anticipations sur les recettes générales et des billets des fermes; il viola les dépôts publics et ajourna à la paix les remboursements que devaient opérer le trésor royal et la caisse des amortissements; c'est-à-dire que tous les paiements furent suspendus, sauf ceux des rentes, qui intéressaient trop de monde [1]. C'était une dette exigible de 189 millions dont on se débarrassait temporairement par ce moyen expéditif (21 octobre); mais, par là, on porta le dernier coup aux malheureux Canadiens et l'on détruisit tout crédit à l'intérieur. Six banquiers qui, au commencement de l'année, avaient traité avec le roi pour avancer 3 millions et demi par mois à la marine et aux fortifications, et qu'on payait avec des rescriptions sur les recettes générales, furent obligés de demander un arrêt de surséance contre leurs créanciers. Les créanciers firent banqueroute, et, d'étage en étage, toutes les classes commerçantes furent bouleversées. L'envoi de la vaisselle du roi à la monnaie, avec invitation aux particuliers d'en faire autant, fut une bien pauvre ressource dans une telle crise.

Le cri public éclatait contre Silhouette; on l'accablait de sarcasmes [2]: la cour le sacrifia et lui donna pour successeur le lieutenant de police Bertin (21 novembre), qui trouva l'Épargne vide

---

1. *Mercure hist.*, t. CXLVII, p. 538. — « Suspendre le paiement des rentes... occasionnerait une révolution. » Lettre du duc de Choiseul à l'ambassadeur de France à Madrid: ap. Flassan, t. VI, p. 279.

2 On fit des portraits à la Silhouette : c'étaient des ombres; des culottes à la Silhouette : elles n'avaient pas de poches. *Vie privée de Louis XV*, t. III, p. 226. — Tout ce qui avait été fait ou tenté de bon sous le ministère de Silhouette appartenait moins à ce contrôleur général qu'au chef de ses bureaux, le savant et patriote auteur des *Recherches sur les finances de la France*, Véron de Forbonnais. Entraîné dans la disgrâce de son ministre, Forbonnais se retira en province et acheta une charge de conseiller au parlement de Metz; il débuta par renoncer aux priviléges que lui conférait son nouvel office et soumit, par acte public, ses propriétés à la taille.

et les fonds de 1760 consommés d'avance. L'argent qui subvint aux premiers besoins fut prêté par le prince de Conti, puis par le roi lui-même, qui voulut bien avancer 2 millions de sa cassette privée. Bertin émit 3 millions de rentes viagères en forme de tontine, au capital de 30 millions, tira quelque argent des fermiers généraux, satisfaits de la chute de Silhouette, et transigea avec le parlement pour les édits bursaux de son prédécesseur. Les impôts sur le luxe et divers autres droits furent révoqués. Les quatre sous pour livre furent réduits à un seul; à la place de la subvention générale, on établit un troisième vingtième dans la forme des deux autres, c'est-à-dire avec les rachats, les abonnements, etc., qui allégeaient les charges des riches aux dépens des pauvres, et l'on doubla la capitation; on la tripla même pour les officiers de finances et gens d'affaires, le tout pour deux ans seulement, du moins à ce qu'on annonça[1]. Le parlement, dont l'amour-propre avait reçu satisfaction, enregistra sans trop de difficultés (3 mars 1760).

Bertin chercha ensuite à faire renaître quelque peu le crédit en fixant des termes pour le remboursement des billets des fermes et de ceux sur les recettes générales, et en faisant recommencer les paiements, au moins partiels (11-17 mars). Le 18 mai, il émit un emprunt de 50 millions remboursable par séries en dix ans, les titres pouvant s'acquérir deux cinquièmes en argent et trois cinquièmes en effets royaux. Les effets royaux étant fort discrédités, c'était un grand avantage offert aux prêteurs. Avec de tels moyens on réussit, non pas à vivre, mais à ne pas mourir, à végéter au jour le jour.

Louis XV, lancé par les rancunes de sa favorite et les siennes propres dans une lutte désespérée, si contraire à sa nature, avait commencé, depuis quelque temps, à s'effrayer et surtout à se lasser. Bernis n'avait pas été sitôt renversé du ministère pour avoir paru trop pacifique, que le roi s'était montré moins opposé à la paix. Choiseul lui-même, une fois l'objet de son ambition atteint, avait fort tempéré son dévouement à l'Autriche. Il avait

---

1. *Mercure hist.*, t CXLVIII, p. 292. En 1761, ces augmentations d'impôts furent prorogées pour les années 1762 et 1763.

trop d'intelligence pour ne pas comprendre le vrai caractère de la situation[1], et il eut assez d'habileté pour insinuer à la Pompadour, sans se l'aliéner, des vérités qui avaient perdu Bernis. Avant même les grands revers de 1759, on était donc convenu, à Versailles, que la paix était désirable; mais la *marquise* n'entendait point perdre l'affection de *son amie*, l'impératrice-reine. On résolut de ne point mêler les deux questions de la paix avec l'Angleterre et de la paix avec la Prusse, et l'on entreprit de faire décider ces deux questions, l'une par la médiation russe, l'autre par la médiation espagnole. La tzarine avait laissé entrevoir quelque fatigue de la guerre, et l'on espérait la porter sous main à devenir, de puissance belligérante, puissance pacificatrice. Quant à l'Espagne, le roi Ferdinand VI, hypocondre et maniaque comme son père Philippe V, et, comme lui, gouverné par sa femme, était mort le 10 août 1759 et avait eu pour successeur son frère consanguin, Charles III, roi de Naples, qui, du consentement de l'Autriche, transmit son ancien royaume à son troisième fils[2], l'aîné étant idiot et le second devenant prince des Asturies. La cour de France attendait beaucoup plus de Charles que de Ferdinand; on comptait sur une médiation très-active et très-bienveillante, avec menace d'intervention au bout.

On échoua du côté de la Russie. Les victoires des Russes, dans l'été de 1759, avaient changé les dispositions de cette cour, et Choiseul fut fort alarmé de recevoir un mémoire adressé aux cabinets de Versailles et de Vienne, en date du 26 octobre, par lequel la Russie ne demandait rien moins que la cession du royaume de Prusse (ou Prusse ducale), comme indemnité des frais de la guerre. Quelques mois après (21 mars 1760), l'alliance conclue pour vingt-cinq ans entre l'Autriche et la Russie en 1746 fut renouvelée pour vingt ans, ainsi que la clause de solidarité

---

1. V. sa lettre à l'ambassadeur de France en Espagne, du 24 décembre 1759. — « Nous sentons parfaitement... qu'il n'est pas de notre intérêt que le roi de Prusse soit totalement abîmé »; dans Flassan, t. VI, p. 132.

2. Le consentement de l'Autriche était nécessaire, parce que le traité d'Aix-la-Chapelle avait établi que, si le roi de Naples devenait roi d'Espagne, Naples passerait à l'infant duc de Parme, et Parme à l'Autriche. L'Autriche renonçait momentanément à Parme, par suite de ses traités avec la France. — Le nouveau roi de Naples, enfant de huit ans, fut Ferdinand IV, le mari docile de la trop fameuse Caroline d'Autriche.

contre la Turquie. L'Autriche s'engagea de servir les intérêts patrimoniaux de la branche de Slesvig-Holstein-Gottorp [1], à laquelle le trône de Russie était promis après Élisabeth. L'Autriche, pour le cas où elle recouvrerait la Silésie, garantit, par article secret, le royaume de Prusse à la Russie, qui pourrait le céder à la Pologne *moyennant arrangements à la convenance réciproque,* c'est-à-dire moyennant des cessions de territoire du côté de l'Ukraine.

Le gouvernement autrichien s'enfonçait de plus en plus dans le rôle qu'il joua durant près d'un siècle, celui d'introducteur de la Russie dans le cœur de l'Europe.

Choiseul, bien qu'il ignorât l'article secret, jugea très-bien la politique russe et ce qu'on en devait appréhender. Ses instructions à l'ambassadeur de France à Pétersbourg sont d'un grand intérêt [2]. Malheureusement, il eut plus de sagacité pour deviner la Russie que de persévérance pour combattre son système.

1. C'est-à-dire les prétentions de cette branche sur le Slesvig-Holstein. V. le t. V de Garden, et Martens, t. X, p. 45-60.

2. En juin 1759, il en avait donné de fort étranges à l'ambassadeur de France en Pologne. Le marquis d'Argenson avait naguère projeté de tirer la Pologne de l'*anarchie;* le moyen auquel il songeait (la royauté saxonne) était fort contestable; mais l'intention était excellente. Choiseul, lui, entendait maintenir cette même *anarchie* et empêcher tout ce qui pourrait détruire « l'aveuglement du gouvernement de Pologne et lui donner de la consistance », tout en empêchant aussi qu'aucune puissance ne s'accrût aux dépens de la Pologne. (V. Flassan, t. VI, p. 136-140.) Si l'on ne connaissait d'autres monuments de la politique de Choiseul, on le prendrait non-seulement pour le plus malhonnête, mais pour le plus insensé des ministres. Comment espérer de sauver l'intégrité de la Pologne en y perpétuant l'*anarchie?* et quel intérêt la France avait-elle à ce qu'il ne se formât pas un *État consistant,* un gouvernement sérieux, entre l'Autriche et la Russie, capable de leur servir de contrepoids? Il est à remarquer que Chesterfield s'exprime absolument de la même manière sur la Pologne, au point de vue anglais. Même pour l'Angleterre, l'intérêt n'était certes pas évident! Mais, pour la France, la situation géographique de la Pologne ne permettait de supposer entre elle et nous aucune occasion de conflit. — Dans cette même pièce, on voit que Choiseul ferme les yeux systématiquement sur les excès et la tyrannie des armées russes en Pologne; il enjoint à son envoyé de travailler à empêcher toute confédération contre les Russes et de ne pas recevoir les plaintes des Polonais. — Le langage de Choiseul est bien changé dans ses instructions à l'ambassadeur de France en Russie, de mars 1760. On a peine à comprendre que ces deux pièces soient de la même main. Ici, Choiseul signale, avec une sagacité supérieure, les progrès de la puissance russe, presque doublée depuis la mort de Pierre Ier, le danger qu'il y a eu d'introduire les armées russes en Allemagne, ce dont l'impératrice reine, ou ses successeurs, pourront avoir à se repentir un jour, l'esprit envahissant et despotique de la Russie envers ses voisins, et ce qu'ont de redoutable son système de conduite et son organisation tout agressive. » Il y a longtemps que

Le cabinet de Madrid était mieux disposé que celui de Pétersbourg à servir les plans de Choiseul. Charles III proposa sa médiation entre la France et l'Angleterre. M. Pitt la refusa. Il dit nettement à l'ambassadeur espagnol que l'Angleterre avait encore besoin d'étendre ses conquêtes pour étendre son commerce, et que, puisque la fortune la favorisait, elle profiterait de ses avantages pour dépouiller et humilier sa rivale[1]. Vers la fin de 1759, cependant, à la sollicitation de Frédéric, M. Pitt consentit à ce qu'une proposition de congrès fût déposée, au nom de l'Angleterre et de la Prusse, entre les mains des États-Généraux, à La Haie. L'ambassadeur anglais en Hollande fit des ouvertures dans le même sens à l'ambassadeur français. Le cabinet de Versailles persista dans le plan qu'il s'était fait de traiter séparément avec l'Angleterre, soutenant que le congrès, dont ses alliés et lui ne repoussaient pas l'idée, ne devrait avoir à régler que les différends entre l'Autriche et la Prusse. Les ouvertures restèrent sans suite. M. Pitt, d'ailleurs, eût fait des conditions impossibles. Il ne voulait point de paix.

Les cours alliées résolurent de faire un grand effort pour accabler la Prusse et le Hanovre. Frédéric, réduit à moins de cent mille soldats, en grande partie recrues de quelques semaines, eut à faire face à près de deux cent mille Autrichiens, Russes et Impériaux. L'armée française fut portée à cent vingt mille hommes : Ferdinand de Brunswick n'en eut guère que soixante-dix mille, y compris vingt à vingt-cinq mille Anglais.

Les monotones carnages des années précédentes recommencèrent au printemps. Six corps d'armée étaient en présence dans

---

la cour de Pétersbourg a un plan de politique bien formé, dont elle ne s'écarte pas... mais qu'elle ne développe que successivement, et à mesure que les événements et les circonstances lui en fournissent l'occasion. Ses ministres, défiants et soupçonneux, joignent à la dissimulation naturelle à leur nation la suite la plus méthodique dans leurs propos, dans leurs écrits et dans leurs démarches. » (V. Flassan, t. VI, p. 211-215.) La conclusion est l'urgence de s'opposer à tout agrandissement de la Russie. — On voit, par la correspondance secrète de Louis XV, que Louis tâchait d'inspirer à Choiseul des sentiments plus favorables à la Pologne. (Ibid. p. 373.) Ce roi, que l'histoire a flétri pour avoir laissé accomplir le partage de la Pologne, comprenait la nécessité de la protéger et eut toujours pour elle des velléités bienveillantes; mais, de la velléité à l'action, il y a une distance que Louis ne savait jamais franchir quand il s'agissait de bien faire.

1. Flassan, t. VI, p. 280.

l'Allemagne orientale. Frédéric était en Saxe devant le maréchal Daun : le prince Henri de Prusse, dans le nord-est de la Silésie, contenait les Russes; enfin, le petit corps prussien de Fouquet, dans l'ouest de cette province, avait affaire au corps autrichien, quatre fois plus nombreux, du général Laudon : le général Fouquet fut accablé à Landshut et obligé de mettre bas les armes (23 juin 1760). Le dessein des généraux ennemis était de réunir leurs forces sur l'Oder; Frédéric voulut les prévenir par une diversion contre Dresde : Daun lui fit lever le siége. Pendant ce temps, Laudon prenait Glatz et menaçait Breslau. Frédéric courut en Silésie, fut suivi par Daun et enfermé entre ce général et Laudon. Il passa sur le corps de Laudon (15 août) et opéra sa jonction avec son frère Henri, qui avait repoussé les Russes.

Sur ces entrefaites, la Saxe, forcément dégarnie par Frédéric, était enlevée tout entière aux Prussiens par les troupes des cercles : une nouvelle pire encore arriva bientôt à Frédéric; c'était la marche des Russes sur Berlin. Ils n'étaient rentrés en Pologne que pour se jeter sur le Brandebourg, où un corps autrichien les avait joints. Les dépôts de malades, de blessés et de recrues, qui se trouvaient dans le Brandebourg, ne purent les arrêter : la capitale de Frédéric dut, non-seulement se racheter pour la seconde fois du pillage, mais ouvrir ses portes et subir les exactions et les ravages des Austro-Russes (3 octobre). L'ennemi, toutefois, évacua Berlin au bruit de l'arrivée de Frédéric sur l'Elbe; mais les généraux austro-russes formèrent le projet de prendre leurs quartiers d'hiver le long de ce fleuve et de couper ainsi Frédéric de ses domaines héréditaires. Le roi de Prusse eût été perdu si ce plan se fût réalisé. Il ne pouvait l'empêcher qu'en frappant un grand coup. Le 3 novembre, il vint fondre, avec toutes ses forces réunies, sur l'armée de Daun, postée près de Torgau, sur l'Elbe. Les armées étaient presque égales. Frédéric reproduisit la téméraire manœuvre du prince Ferdinand à Creveld et sépara son armée en deux pour prendre en queue les Autrichiens. Il faillit se faire écraser en détail : le succès toutefois le justifia; les Autrichiens perdirent le champ de bataille et la rive gauche de l'Elbe [1]. Les Russes, dès qu'ils surent la défaite de leurs

1. Une des circonstances saillantes de cette bataille, comme, au reste, de toute

alliés, retournèrent hiverner en Pologne, et presque toute la Saxe rentra dans les mains de Frédéric, qui finit ainsi à son avantage une campagne qui semblait devoir consommer sa ruine.

Les armes françaises, par compensation, s'étaient un peu relevées, sans toutefois que les résultats répondissent suffisamment à la grande supériorité des forces. Le duc de Broglie était arrivé à ses fins : il avait obtenu le bâton de maréchal et le commandement en chef des deux armées du Mein et du Bas-Rhin. Les principales forces avaient été massées sur le Mein et l'armée du Rhin n'était plus qu'un corps de réserve, disposition beaucoup meilleure que celle de l'année précédente. Au mois de juin, Broglie réunit les deux armées sur les confins de la Hesse et de la Westphalie : il poussa le prince Ferdinand hors de la Hesse et entama le Hanovre et la Thuringe (juillet-septembre). Ferdinand essaya une diversion hardie. Il lança son neveu, le jeune prince héréditaire de Brunswick [1], à la tête de quinze mille hommes, sur le Bas-Rhin, avec ordre d'attaquer Wesel et de pénétrer ensuite dans les Pays-Bas autrichiens, pour donner la main à une expédition qui se préparait dans les ports d'Angleterre et qui devait descendre à Anvers. Ce coup, s'il réussissait, transportait la guerre sur la frontière de France. Brunswick franchit le Rhin, alla s'assurer d'un passage sur la Meuse à Ruremonde, puis revint assiéger Wesel. Il n'était pas de quelques jours devant cette place, que vingt mille Français arrivèrent au secours, sous les ordres du marquis de Castries, un des lieutenants de Broglie. Brunswick assaillit les Français à Closter-Camp, dans la nuit du 15 au 16 octobre. Il fut vivement repoussé [2]. En rentrant dans son camp de Burich, il trouva ses ponts emportés par une crue du Rhin. Pris entre le Rhin, l'armée victorieuse et la ville assiégée, s'il avait eu affaire à un ennemi entreprenant, il eût été détruit. Castries le laissa tranquillement refaire ses ponts et retourner en Westphalie.

cette guerre, est la prodigieuse quantité de l'artillerie de campagne. La proportion en était plus considérable qu'aujourd'hui, mais elle n'était pas massée et mobile comme à présent; chaque bataillon avait ses pièces.

1. Le fameux Brunswick de la Révolution.

2. Ce fut dans cette action qu'eut lieu le trait si célèbre du chevalier d'Assas. La tradition en a un peu altéré les circonstances. Le feu était engagé : il faisait nuit ; d'Assas, capitaine de chasseurs, était placé tout à l'extrémité de la ligne française. Un officier lui crie qu'il se trompe, qu'il tire sur ses propres camarades. Il sort

Les Anglais ne parurent pas dans les Bouches de l'Escaut, et l'on se mit en quartiers d'hiver.

On n'y resta pas longtemps en repos. Le prince Ferdinand voulut profiter de ce que les cantonnements français étaient trop étendus. Il les attaqua brusquement au mois de février 1761 et obligea le maréchal de Broglie à brûler ses vastes magasins et à se replier sur Francfort; mais, cette fois, il n'y eut point de déroute comme au temps du comte de Clermont : les détachements français, cantonnés dans Gœttingen, dans Mulhausen, dans les places hessoises, s'y défendirent fort bien, et Broglie, après avoir rallié le gros de ses troupes, reprit l'offensive et chassa pour la seconde fois Ferdinand de la Hesse, avec perte d'une quinzaine de mille hommes (mars 1761).

L'honneur national était un peu consolé; mais ces succès stériles ne compensaient pas les pertes cruelles que continuait à subir la France. La ruine du Canada s'était consommée durant cette campagne. Celle de l'Inde française se précipitait. Le gouverneur Lally, après avoir causé la perte de nos magnifiques établissements du Dekhan et attaqué en vain Madras, avait perdu à Vandavachi, contre le colonel Coote, une bataille décisive, par suite de son obstination à ne pas suivre les conseils de Bussi, qui fut fait prisonnier dans cette malheureuse journée (22 janvier 1760). Les Anglais reprirent Arcate et Dévi-Cotah, nous enlevèrent Karical : au commencement de mai 1760, les Français se trouvèrent resserrés dans Pondichéri et dans deux ou trois forteresses. Lally voulut alors, tardivement, revenir au système de Dupleix et de Bussi, et appeler des alliés indigènes contre les Anglais. Il traita avec Haïder-Ali, qui gouvernait le Maïssour comme général du radjah de ce royaume et qui devait plus tard s'illustrer par son opiniâtre lutte contre les Anglais. Haïder envoya une petite armée ravitailler Pondichéri : un corps anglo-

---

du rang, tombe au milieu des Anglais, s'écrie : *Tirez, chasseurs, ce sont les ennemis!* et meurt criblé de coups de baïonnettes. V. *Mém.* de Rochambeau, t. Ier, p. 162. — Rochambeau commandait le régiment d'Auvergne, où servait d'Assas. Les compagnies de chasseurs (*voltigeurs*) étaient d'institution toute récente, et c'était Rochambeau qui en avait donné l'idée et l'exemple, afin « d'offrir de l'émulation à cette classe d'hommes de petite taille, si nombreuse en France et si négligée, mais si ingambe, et quelquefois plus leste que ceux d'une taille plus élevée. » (*Ibid.*) p. 130.)

indien attaqua les Maïssouriens au retour et fut battu par eux (17 juin). Mais les Anglais reçurent bientôt d'Europe de puissants secours. Les Français, au contraire, ne virent rien paraître de toute l'année. L'escadre du comte d'Aché, qui avait reparu un moment sur la côte de Coromandel au mois de septembre 1759 et y avait livré un troisième combat naval sans succès décisif, était repartie presque aussitôt pour l'Ile-de-France et ne revint plus! Le bruit ayant couru que les Anglais projetaient d'attaquer les Iles-de-France et de Bourbon, le ministère avait expédié à d'Aché la défense de quitter ces îles.

Tout manquait à la fois aux défenseurs de Pondichéri. Les Maïssouriens, découragés par quelques échecs, alarmés des diversions que les Anglais suscitaient contre leur pays, et sans confiance ni sympathie pour Lally, s'éloignèrent pour ne plus revenir. Pondichéri, vers la fin d'août, commença d'être bloqué par terre et par mer. Malgré l'énergique résistance de la garnison, la grande haie vive qui entourait la banlieue de Pondichéri d'un rempart de verdure, puis, après la haie, les avant-postes de la place, furent enlevés par l'ennemi. Les Anglais ne furent toutefois en mesure de battre la ville en brèche qu'au mois de décembre. La famine sévissait : les assiégés étaient réduits à l'extrémité, quand un furieux ouragan, le 31 décembre, abîma l'escadre anglaise, coula quatre vaisseaux et une frégate, bouleversa le camp des assiégeants et ruina leurs travaux. Pondichéri se croyait sauvé. Vaine espérance! Sept vaisseaux anglais arrivèrent de Madras et de Ceylan pour remplacer les naufragés : le camp fut rétabli; en huit jours, tout était réparé. Le 14 janvier 1761, les onze cents soldats affamés qui restaient dans Pondichéri n'avaient plus que pour vingt-quatre heures de vivres. Il fallut se rendre à discrétion. Le 17 janvier, le pavillon anglais flotta sur la capitale de l'Inde française.

Les dernières places que possédait la France, Mahé, sur la côte de Malabar, Gingi et Thiagar, dans le Carnatic, se rendirent dans le courant de l'année, et l'étendard français disparut de l'Inde entière[1]. Il ne nous resta d'autre monument de notre lointain

---

1. V. Barchou de Penhoën, *Hist. de la fondation de l'empire anglais dans l'Inde*, t. II, l. VI.

empire que ce legs mystérieux du monde primitif, ces livres sacrés de l'Inde et de la Perse, qu'un jeune héros de la science, Anquetil-Duperron, était allé chercher, à travers mille périls, entre les mains jalouses qui les cachaient à l'Europe : les conquêtes de la philosophie et de l'histoire devaient être plus durables que celles des armes et de la politique [1].

On a vu par quelle série de lâchetés et de folies le gouvernement de Louis XV avait préparé la perte de l'Inde. L'opinion publique, trop longtemps endormie ou abusée, se soulevait avec un tardif courroux. Le pouvoir jeta une victime au ressentiment populaire : il faisait un procès pour le Canada [2]; il en fit un pour l'Inde. Le coup ne pouvait tomber que sur Lally. Le cri de la colonie vaincue éclatait avec furie contre ce gouverneur : il avait contre lui et les fripons qu'il avait violemment réprimés, et les honnêtes gens irrités de ses excès et dévoués à son rival Bussi. Prisonnier en Angleterre, il obtint, comme La Bourdonnais, de revenir en France pour se justifier : il récrimina contre ses accusateurs avec tout l'emportement de son caractère. Choiseul hésitait pourtant à le sacrifier. Le bruit courut que Lally avait acheté, par des diamants d'un grand prix, la protection de la duchesse de Gramont, sœur de Choiseul et très-influente sur son frère. L'altière duchesse, indignée, pressa Choiseul d'imposer silence à la calomnie en faisant arrêter Lally. L'ordre fut donné en conseil; mais Choiseul fit avertir Lally. Celui-ci, au lieu de s'enfuir, alla se constituer prisonnier à la Bastille. Il y resta dix-neuf mois sans être interrogé et sans savoir devant quel tribunal il devait répondre. Sur ces entrefaites, le supérieur des jésuites de l'Inde française, le père Lavaur, qui avait joué un rôle très-actif dans la colonie [3], mourut à Paris. On trouva chez lui deux mémoires,

1. Anquetil-Duperron publia, en 1771, la traduction du *Zend-Avesta*, ou Recueil des livres sacrés de la religion de Zoroastre. — La même année, parut la traduction française du *Chou-King*, le plus important peut-être des livres chinois, par le jésuite Gaubil. Une partie des ouvrages de Confucius avaient été traduits en latin et publiés à Paris dès 1687.
2. Le gouverneur, l'intendant, les principaux agents de l'administration furent poursuivis pour abus et dilapidations. Le gouverneur fut acquitté honorablement; les autres furent condamnés, pour la plupart, à la prison et à des restitutions qui montèrent ensemble à 11 millions. V. Garneau, *Hist. du Canada*, t. III, l. X.
3. Fort habile homme, il avait, on doit le reconnaître, bien servi les intérêts français au temps de Dupleix et de Bussi.

dont le premier était le panégyrique, le second, l'acte d'accusation de Lally. Il s'était proposé de faire usage de l'un ou de l'autre, suivant les circonstances. Les ennemis de Lally firent disparaître l'écrit apologétique et remirent l'autre au procureur général. Ce magistrat prit cette pièce pour base et porta au parlement une accusation de concussion et de trahison contre l'ex-gouverneur. Des lettres patentes du roi renvoyèrent à la grand'chambre et à la Tournelle assemblées « la connaissance des délits commis dans l'Inde. » Après une interminable procédure, le parlement rendit un des arrêts les plus déraisonnables que contiennent ses annales (6 mai 1766). Il condamna le comte de Lally à être décapité, non pour haute trahison ou concussion, car il fut impossible de rien trouver de pareil dans sa conduite, mais pour « avoir trahi les intérêts du roi, de l'État et de la Compagnie » et pour « abus d'autorité, vexations et exactions. » *Avoir trahi les intérêts du roi*, etc., n'avait pas d'autre sens qu'avoir commis des fautes politiques et militaires : les seuls véritables *crimes* de Lally étaient ses violences envers les Indiens, et ce ne fut pas là le motif de sa condamnation. Choiseul demanda sa grâce au roi : Louis XV parodia George II et M. Pitt dans l'affaire de Byng; il fut inflexible, et l'ex-gouverneur de l'Inde porta sa tête sur l'échafaud.

Douze ans après (en 1778), le fils de Lally, énergiquement secondé par Voltaire mourant, obtint la cassation de l'arrêt de son père par le conseil du roi, à cause des nombreuses irrégularités qui avaient précédé le jugement. La révision du procès fut déférée au parlement de Bourgogne et la mémoire de Lally fut réhabilitée [1].

Le vrai coupable sur qui la postérité fait peser la responsabilité de la perte de l'Inde n'est pas le comte de Lally, mais le monarque même qui a fait tomber sa tête.

Avant même de savoir la chute de Pondichéri, le duc de Choiseul s'était engagé dans une nouvelle tentative de négociation avec les Anglais. Le vieux roi d'Angleterre, George II, était mort

---

1. Barchou de Penhoën, t. II, l. VI. — Voltaire, *Fragments sur l'Inde*, à la suite de l'*Hist. du Parlement de Paris*. — Notice de M. de Meilhan, à la suite des *Mémoires* de madame du Hausset, p. 192.

le 25 octobre 1760 et avait eu pour successeur son petit-fils George III, jeune homme de vingt-deux ans. Un nouvel esprit entrait, par cet avénement, dans les conseils de la couronne d'Angleterre. George II avait été, comme son père, un roi allemand, mais whig; George III, étranger par sa naissance et son éducation au Hanovre, qu'il ne visita jamais, fut le premier roi vraiment anglais de la dynastie, mais ce fut un Anglais tory, disposé à s'appuyer sur le vieux parti monarchique, sur ces jacobites qui, désespérant de voir jamais le retour des Stuarts, reportaient leur royalisme sur la dynastie *usurpatrice*. Lord Bute, le confident, le *mentor* du jeune monarque, ressemblait bien plus aux favoris des rois du continent qu'aux chefs des partis parlementaires anglais. Une influence rivale commença dès lors à miner sourdement la domination de Pitt. Le grand ministre whig entendait pousser la guerre jusqu'à ce que la France fût mise hors d'état de jamais relever sa marine. Le conseiller tory de George III encouragea la formation d'un parti de la paix, comme moyen d'abattre la puissance ministérielle, qui, appuyée sur le parlement, annulait l'autorité de la couronne.

Les conséquences de ces dispositions nouvelles ne pouvaient être cependant immédiates, et ce fut encore à William Pitt, dans la plénitude apparente de son pouvoir, que le cabinet de Versailles eut affaire.

La première forme de négociation projetée par Choiseul ayant manqué, il acceptait maintenant l'idée d'un congrès général, mais pourvu que les intérêts de la France et de l'Angleterre fussent traités à part, sauf à ne signer que le tout ensemble. Il eût voulu qu'un armistice coïncidât avec l'ouverture des conférences. L'Autriche s'y refusa; elle espérait un résultat décisif de la campagne de 1761 pour ce qui la concernait et se souciait peu des pertes et de l'épuisement de la France. Elle consentit aux négociations, ce qui ne l'engageait pas à grand'chose, et, le 26 mars, une proposition de congrès fut adressée par la France et ses alliés à l'Angleterre et à la Prusse, en même temps que des propositions particulières furent présentées à l'Angleterre par la France. Choiseul offrait à Pitt la base de l'*uti possidetis* sur le pied où se trouveraient les possessions respectives des deux nations aux Indes Orientales le 1ᵉʳ septembre 1761, en Amérique et en Afrique le 1ᵉʳ juillet, en Europe le 1ᵉʳ mai, sauf à débattre les délais proposés ou les échanges qui pourraient convenir. Pitt consentit à recevoir un ministre français et à envoyer un ministre anglais à Versailles, et il accepta l'*uti possidetis* (8 avril); mais il fit attendre plus de deux mois la réponse positive sur les époques où l'on fixerait l'état des possessions. Il avait ses raisons. En ce moment même, une escadre anglaise débarquait douze mille soldats à Belle-Isle, à quatre lieues des côtes de Bretagne. Repoussés dans une première tentative de descente, le 8 avril, les Anglais furent plus heureux le 22, et la garnison, forte d'environ trois mille cinq cents hommes, fut obligée de se renfermer dans la ville du Palais et dans la citadelle de Belle-Isle. Le duc d'Aiguillon, gouverneur de Bretagne, n'avait fait à Belle-Isle ni les travaux ni les approvisionnements nécessaires, quoique les États de la province lui eussent offert tout ce qui dépendait d'eux. Il n'avait pas su davantage mettre à profit les quatorze jours écoulés entre la première et la seconde descente, et l'île ne reçut presque aucun secours, tandis que les Anglais étaient renforcés par une nouvelle escadre. La marine française ne donna pas signe de vie : les vaisseaux réfugiés dans la Vilaine avaient été désarmés; l'escadre de Rochefort et quelques vaisseaux qui restaient à Brest étaient bloqués par des forces supérieures. Le gouverneur de Belle-Isle, Sainte-Croix, et la plupart de la garnison, firent bravement leur devoir; après avoir fait essuyer d'assez grandes pertes à l'ennemi, ils finirent toutefois par se voir enlever la ville d'assaut et par être obligés de capituler pour la citadelle (7 juin). Les Anglais restèrent maîtres d'un poste qui bloquait le Morbihan, la Vilaine et la Loire. Pour la première fois dans nos guerres modernes, ils reprenaient pied sur nos côtes! La résistance prolongée de Belle-Isle avait du moins préservé Lorient, le port de la Compagnie des Indes, que les Anglais ne furent plus en mesure d'attaquer avec chance de succès [1].

Belle-Isle conquise, Pitt offrit, pour l'*uti possidetis*, les dates des 1ᵉʳ juillet, 1ᵉʳ septembre et 1ᵉʳ novembre. Choiseul se résigna aux dates anglaises, proposa la cession et la garantie du Canada

---

1. *Mercure historiq.*, t. CL, avril, mai, juin; CLI, juillet. — Sainte-Croix, *Hist. de la Puissance navale de l'Angleterre*, t. II, p. 317. — *Mém.* de Duclos, p. 658.

à l'Angleterre, moyennant la garantie du droit de pêche à Terre-Neuve et dans le golfe du Saint-Laurent et la restitution de l'île du Cap-Breton, que la France s'engagerait à ne pas fortifier. Il offrit d'échanger Minorque contre la Guadeloupe et Marie-Galande, demanda le rétablissement du traité de Godeheu dans l'Inde, et la restitution du Sénégal ou de Gorée, et de Belle-Isle, moyennant l'évacuation de la Hesse, du Hanovre et de Gœttingue par les Français. Pitt refusa le Cap-Breton, qui était compris dans l'*uti possidetis* des Anglais, et réclama, dans des termes d'une insolence inouïe, la démolition de Dunkerque, sur le pied du traité d'Utrecht, ce qui était en dehors de l'*uti possidetis*[1]. Il refusa le Sénégal et le traité de Godeheu, et ne répondit pas sur ce qui regardait l'Allemagne. Il n'entendait nullement compenser les intérêts anglais avec les intérêts des alliés allemands. Il n'accordait pas davantage la restitution des trois cents bâtiments marchands piratés avant la déclaration de guerre.

Le cabinet de Versailles ne voulut pas rompre encore : il maintint ses propositions, en y ajoutant un projet de partage des quatre îles neutres des Antilles : il était résigné à céder sur Dunkerque. L'ambassadeur français présenta en même temps au cabinet de Saint-James un mémoire où la France annonçait l'intention de faire garantir la paix par l'Espagne et soutenait diverses réclamations que cette couronne adressait à l'Angleterre, « afin que la réconciliation entre la France et l'Angleterre ne pût être troublée plus tard par les intérêts d'un tiers. » (15 juillet.)

Cette démarche indiquait que Choiseul était enfin parvenu à nouer avec l'Espagne cette liaison qu'il avait si vivement désirée. Une très-importante négociation entre les cabinets de Versailles et de Madrid avait en effet marché parallèlement aux pourparlers entre la France et l'Angleterre. Le nouveau roi, Charles III, avait beaucoup hésité. Le système de neutralité avait évidemment pro-

---

1. « M. Pitt répondit que, depuis que l'Angleterre avait acquis l'empire des mers, il redoutait peu personnellement Dunkerque; mais que la crainte qu'on en avait autrefois conçue était un préjugé encore subsistant dans l'esprit de la multitude qu'il fallait respecter... Le peuple, ajoutait M. Pitt, regarde la démolition de Dunkerque comme un *monument éternel du joug imposé à la France*, et un ministre hasarderait sa tête s'il négligeait de donner cette satisfaction aux Anglais. » — V. Flassan, t. VI, p. 405.

fité à l'Espagne, qui avait encore grand besoin de quelques années de paix pour rétablir ses finances et sa marine et pour commencer à développer ses ressources intérieures; d'une autre part, Charles III haïssait l'Angleterre, dont il avait eu gravement à se plaindre comme roi de Naples, et qui, maintenant, vexait et tyrannisait le commerce maritime des Espagnols, comme celui de tous les neutres : attaché de cœur à la branche aînée de sa maison, il voyait avec douleur les revers de la France et craignait que les Anglais, quand une fois ils auraient dicté la paix à Louis XV, n'abusassent de leur force contre l'Espagne avec bien plus d'arrogance encore. Il se décida tout à coup, au commencement de 1761, et fit faire à la cour de France des ouvertures inespérées pour un traité d'alliance. Choiseul répondit par le projet d'un *pacte de famille* entre les diverses branches de la maison de Bourbon et par le projet d'une convention suivant laquelle la France et l'Espagne uniraient leurs intérêts et leurs griefs vis-à-vis de l'Angleterre et le roi d'Espagne déclarerait la guerre aux Anglais, le 1ᵉʳ mai 1762, si la paix n'était pas conclue d'ici là entre eux et la France. La cour de France accordait une concession qui devait être précieuse à l'orgueil espagnol; c'était la renonciation à la préséance; c'est-à-dire que, dans les cours étrangères à la maison de Bourbon, les ambassadeurs de France et d'Espagne prendraient le pas l'un sur l'autre suivant l'ancienneté de leurs lettres de créance. La France offrait Minorque à l'Espagne, si la guerre se déclarait, et demandait que l'Espagne s'engageât à ne permettre qu'à la France, pendant la guerre, d'importer dans ses possessions des draps et autres merceries, de manière à exclure les marchandises anglaises.

Le cabinet français ne pressa pas, aussi vivement qu'il l'aurait pu, la conclusion avec l'Espagne, tant qu'il espéra une issue pacifique des pourparlers avec l'Angleterre. Louis XV désirait la paix, bien moins en considération du déplorable état de la France, qu'à cause « des troubles intérieurs qui le fatiguaient à l'excès et qui ne pouvaient être réprimés que dans la paix »[1]. Les parlements et le clergé étaient toujours aux prises et la grande affaire des

---

[1]. Dépêche de M. de Choiseul à l'ambassadeur de France en Espagne, du 7 juillet 1761; ap. Flassan, t. VI, p. 302.

jésuites agitait la France aussi violemment que la guerre même : nous y reviendrons plus tard.

La conclusion pacifique devenait de moins en moins probable. M. Pitt avait renvoyé le mémoire où la France appuyait les réclamations espagnoles, en déclarant que le roi d'Angleterre ne permettrait pas que la France se mêlât des discussions entre la Grande-Bretagne et l'Espagne. Il ne faisait nulle concession sur les conditions de paix. Le cabinet français maintint son droit de s'immiscer dans les intérêts de l'Espagne et envoya un ultimatum à Londres le 5 août. On cédait sur le Sénégal; on consentait que les deux Compagnies des Indes fissent un nouveau traité. Il ne restait de difficultés graves que 1° sur la possession d'un port quelconque dans le golfe du Saint-Laurent, réclamé comme indispensable pour assurer aux Français la liberté de la pêche; 2° sur la restitution des navires pris avant la guerre; 3° sur la position vis-à-vis des alliés d'Allemagne.

Pitt répondit à l'ambassadeur français par une lettre qui pouvait être considérée comme une rupture (15 août). On s'y attendait. Le jour même où il écrivait la lettre, le *pacte de famille* était signé à Paris.

Le Roi Très-Chrétien et le Roi Catholique y déclarent qu'à l'avenir toute puissance qui deviendra l'ennemie de l'un sera l'ennemie de l'autre. Ils se garantissent réciproquement tous les états qu'ils possèdent et accordent la même garantie au roi des Deux-Siciles et à l'infant duc de Parme, à condition de réciprocité[1]. Cette garantie devra être soutenue de toute la puissance respective; mais, comme premier secours, celle des deux couronnes à laquelle l'autre le demandera devra tenir, sous trois mois, douze vaisseaux et six frégates à la disposition de la cour requérante; plus vingt-quatre mille hommes de troupes de terre, si c'est la France qui est requise, et douze mille, si c'est l'Espagne. L'Espagne ne s'oblige pas, toutefois, à prendre part aux guerres où la France pourrait s'engager à l'occasion du traité de Westphalie et d'autres alliances avec les puissances d'Allemagne et du Nord, à moins que quelque puissance maritime ne participe à ces guerres,

---

1. Le gouvernement de Naples n'accéda point alors et on ne l'en pressa point pour ne pas le commettre inutilement avec l'Angleterre.

ou que la France ne soit attaquée sur son propre territoire : dans ce dernier cas, l'Espagne fournira, au besoin, jusqu'à vingt-quatre mille soldats. Les secours de terre et de mer seront regardés comme appartenant en propriété à la puissance qui les aura requis, bien que leur entretien reste à la charge de la partie qui les aura livrés. Les opérations de la guerre seront concertées en commun. On ne fera la paix qu'en commun, de sorte que, en guerre comme en paix, chacune des deux couronnes regarde les intérêts de son alliée comme ses intérêts propres. En conséquence, lorsqu'il s'agira de traiter, elles compenseront les avantages d'une des deux puissances avec les pertes de l'autre, les deux monarchies de France et d'Espagne agissant comme si elles ne formaient qu'une seule et même puissance. Aucune puissance étrangère à la maison de Bourbon ne peut être admise à accéder à ce traité. Le droit d'*aubaine* est aboli entre la France, l'Espagne et les Deux-Siciles, pour les sujets respectifs[1]. La pleine réciprocité est établie entre les trois pavillons dans les ports respectifs, sans que les mêmes droits puissent être accordés à d'autres nations. Les parties contractantes se confieront toutes les alliances qu'elles formeraient dans la suite, toutes les négociations qu'elles pourraient entamer.

C'était la plus étroite union qu'il fût possible de contracter. Elle n'avait guère eu d'exemple que dans les pactes de famille de l'ancienne maison d'Autriche. Ce grand traité, si différent, par son caractère et son but national, des pactes extravagants qui l'avaient précédé, réalisait enfin la pensée de Louis XIV, un demi-siècle après la mort du grand roi. Mais, en diplomatie comme ailleurs, il ne suffit pas qu'une conception soit bonne en elle-même ; il faut qu'elle arrive à point.

Au Pacte de Famille était annexée une convention particulière, conforme au projet de Choiseul. L'Espagne devait déclarer la guerre aux Anglais le 1er mai 1762, si la paix n'était conclue auparavant avec la France : la France promettait Minorque à l'Espagne pour le moment où la guerre serait déclarée. On convenait d'inviter le roi de Portugal à accéder à la présente convention,

---

1. Ce droit inhospitalier et contraire au droit naturel fut bientôt aboli par des traités successifs entre la France et les divers états européens.

« n'étant pas juste qu'il continue d'enrichir les ennemis des deux souverains, pendant qu'ils se sacrifient pour l'avantage commun de toutes les nations maritimes. » Toutes les puissances maritimes pourraient accéder à la convention. Il n'est pas fait mention des avantages commerciaux que le projet de Choiseul demandait pour la France [1].

Le pacte et la convention furent tenus secrets.

La réponse officielle du cabinet anglais à l'ultimatum du cabinet français arriva le 1er septembre. Pitt accordait à la France la petite île de Saint-Pierre, comme port sur la côte de Terre-Neuve, à condition que la France n'y pût élever de fortifications ni recevoir de vaisseaux étrangers, qu'elle y reçût un commissaire anglais et s'y soumît à l'inspection du commandant de l'escadre anglaise de Terre-Neuve. Il exigeait que la France restituât en Allemagne, non-seulement les territoires qu'elle occupait pour son compte, mais les places prussiennes qu'elle occupait pour le compte de l'Autriche. Il refusait toujours les vaisseaux pris avant la guerre.

Le cabinet de Versailles voulut donner tous les torts à son adversaire. Il envoya, le 9 septembre, un *ultimatissimum*, où il ne parlait plus ni des vaisseaux pris avant la guerre, ni des griefs de l'Espagne, acceptait l'île de Saint-Pierre, moins l'inspection du chef d'escadre anglais, et pourvu qu'on y ajoutât l'îlot voisin de Miquelon, subissait enfin presque toutes les exigences britanniques, sauf la restitution des places conquises au nom de l'impératrice-reine. Choiseul n'eût pas fait de telles propositions s'il eût cru qu'on les acceptât; mais il connaissait les dispositions de Pitt, qui n'avait fait ce qu'il appelait des concessions à la France que sous les obsessions de lord Bute. M. Pitt ne répliqua que par le rappel de l'ambassadeur anglais (20 septembre) [2].

Cette rupture fut suivie d'un grand événement. M. Pitt ne doutait pas de l'existence du pacte qui unissait la France et l'Espagne, et il projetait d'agir envers l'Espagne comme ses prédécesseurs avaient fait envers la France en 1755. En même temps qu'il rappelait l'ambassadeur anglais de Versailles, il exposa au cabinet

---

1. V. Flassan, t. VI, p. 314 et suiv. — Wenck, t. III, p. 278.
2. Sur l'ensemble des négociations avec l'Angleterre et l'Espagne, V. Flassan, t. VI, p. 377-446; et Garden, t. IV, p. 74-193.

de Saint-James un vaste plan d'agression contre l'Espagne. On devait déclarer la guerre en interceptant les galions d'Amérique; puis deux expéditions iraient, l'une faire la conquête de la Martinique, de la Havane et de Panama; l'autre, s'emparer des Philippines. Lord Bute, introduit par le roi dans le conseil depuis quelques mois, s'opposa formellement et au nouvel acte de piraterie proposé par Pitt et à toute déclaration de guerre à l'Espagne. Les autres ministres, secrètement hostiles au dictateur qui les courbait sous son joug impérieux, se rangèrent presque tous du côté de lord Bute. Pitt déclara que, appelé au pouvoir par la voix du peuple, il se regardait comme comptable envers le peuple de sa conduite, et qu'il ne pouvait accepter la responsabilité d'une administration qu'il ne dirigerait pas. Le roi accepta sa démission (5 octobre)[1].

Il semblait que la retraite de l'implacable ennemi de la France dût amener la reprise des négociations. Le nouveau ministère, en effet, donna indirectement avis au cabinet de Versailles que le roi d'Angleterre était disposé à accueillir l'*ultimatissimum* de la France. Choiseul fit la sourde oreille. Il ne voulait pas de la paix à ce prix et il jugeait bien que le nouveau cabinet anglais n'oserait reculer au delà de l'*ultimatissimum*, de peur de soulever les passions de l'Angleterre. Il comptait, de son côté, sur les passions de la France, autant que sur l'alliance de l'Espagne. La perte de Belle-Isle, l'établissement des Anglais sur nos côtes, avaient remué la nation entière. Choiseul donna très-habilement l'impulsion à l'esprit public. Il engagea secrètement le cardinal de La Roche-Aimon, archevêque de Narbonne, à proposer aux États de Languedoc d'offrir au roi un vaisseau de guerre, comme ils lui avaient offert un régiment de dragons pendant la guerre de la Succession d'Autriche. La proposition fut votée d'enthousiasme (26 novembre). Un cri retentit d'un bout de la France à l'autre : *Il faut relever la marine !* Le corps de ville de Paris, les six corps des marchands de Paris, les payeurs de rentes, les chevaliers de Malte, l'ordre du Saint-Esprit, les secrétaires du roi, les banquiers du roi réunis

---

1. Adolphus, continuateur de Hume et de Smollet, *Règne de George III*, l. II. — Coxe, *Hist. d'Espagne sous les Bourbons*, t. IV, p. 458. — Viel-Castel, *lord Chatam*; ap. *Revue des Deux-Mondes*, t. XXVI, p. 707; 1844.

aux trésoriers des guerres et aux fournisseurs, les receveurs généraux, les États de Bourgogne, le parlement et la ville de Bordeaux, les administrateurs des postes, offrirent onze autres vaisseaux de cinquante-quatre à quatre-vingt-dix canons. Les fermiers généraux offrirent deux vaisseaux de cinquante-quatre : la chambre de commerce de Marseille, un vaisseau de soixante-quatorze; les États de Flandre, un vaisseau de cinquante-quatre; les États d'Artois, une frégate de quarante-quatre; la ville de Strasbourg, les voiles et les cordages pour six vaisseaux. Les dons particuliers s'élevèrent, en sus, à treize millions. Une activité prodigieuse ranima nos ports, sombres et silencieux depuis les désastres de 1759; on ne voyait partout que navires en construction ou en réparation [1].

Choiseul venait de réunir dans ses mains le ministère de la marine à celui de la guerre [2], en cédant à son cousin, Choiseul-Praslin, les affaires étrangères, dont il gardait la direction effective. Il songeait à refaire la marine moralement comme matériellement et à en renouveler l'esprit par la réforme du corps des officiers, où il voulait introduire un élément nouveau pris parmi les capitaines de vaisseaux marchands; il projetait de suppléer à l'insuffisance des équipages par des hommes choisis dans l'armée de terre et par des matelots attirés de l'étranger [3].

Les vues de Choiseul étaient bonnes : l'élan de la France, après tant d'années d'un gouvernement si propre à démoraliser, à éteindre tout esprit public, attestait la puissante vitalité nationale; mais il fallait du temps pour que ces vues et cet élan eussent leurs conséquences, et ce n'est pas pendant la guerre, et la guerre

1. *Mém. de Besenval*, t. Ier, p. 342. — *Mercure historiq.*, t. CLI, décembre 1761; t. CLII, janvier-mars 1762. — Le *Mercure historique* (t. CLII, p. 377) raconte qu'on fit un grand projet de loterie nationale au profit de la marine, et que les femmes, qui en étaient les ardentes promotrices, déclaraient qu'elles rompraient toutes relations de société avec les hommes qui ne souscriraient pas.

2. Ministre de la guerre à la mort du maréchal de Belle-Isle, le 26 janvier 1761; ministre de la marine, le 13 octobre, à la place de Berryer, qu'on fit garde des sceaux.

3. *Mercure hist.*, t. CLI, p. 619 ; CLII, p. 296. Les *officiers bleus* (roturiers) venaient de donner une nouvelle preuve de leur capacité. Les officiers du corps de la marine avaient déclaré impossible de tirer de la Vilaine les vaisseaux qu'on y avait engagés lors de la honteuse *bataille de M. de Conflans*. Des officiers bleus s'en chargèrent et y réussirent. V. *Vie privée de Louis XV*, t. III, p. 215.

malheureuse, qu'il est facile de créer les instruments de la guerre.

Il était moins difficile à l'Angleterre de se maintenir qu'à la France de se relever. L'Angleterre continuait ses prodigieux efforts, qui s'accroissaient d'année en année. Les fonds votés par le parlement, pour 1761, avaient dépassé 15 millions et demi sterling (environ 388 millions); les fonds qu'obtinrent, pour 1762, les successeurs de Pitt, à la demande de Pitt lui-même, s'élevèrent à 18 millions sterling (450 millions!), y compris un emprunt de 12 millions sterling, remboursable en quatre-vingt-dix-neuf ans.

Le nouveau ministère anglais avait dû reconnaître que Pitt avait eu raison, sinon sur les moyens contraires aux droits des gens qu'il proposait, du moins sur les intentions qu'il prêtait à l'Espagne. L'ambassadeur anglais à Madrid ayant eu ordre de demander communication du traité de l'Espagne avec la France, le cabinet espagnol répondit d'abord évasivement, puis reconnut l'existence du traité, et, comme l'ambassadeur insistait pour qu'on lui déclarât nettement si l'Espagne entendait sortir de la neutralité, Charles III lui envoya ses passe-ports (décembre 1761). Les déclarations de guerre furent échangées le mois suivant.

Avant de voir les suites de l'alliance franco-espagnole et les événements militaires de 1762, il faut jeter un coup d'œil en arrière sur la campagne d'Allemagne, en 1761.

La honteuse et déplorable puissance sous laquelle Choiseul était obligé de courber la tête avait décidé d'avance du sort de cette campagne pour les armes françaises. On avait réuni des forces énormes, « suffisantes, si elles eussent été bien conduites, pour conquérir l'Allemagne [1]; » mais ces forces étaient commandées par Soubise. Le maréchal de Broglie avant remis les affaires sur un meilleur pied, madame de Pompadour avait voulu assurer à son favori la gloire d'achever l'œuvre. On avait donc laissé à Broglie soixante mille hommes dans la Hesse; mais on en avait donné cent mille à Soubise, sur le Bas-Rhin, avec le commandement en chef en cas de réunion! Il était facile de prédire ce qu'amènerait l'incapacité d'un des deux généraux et la jalousie de l'autre. Quand Soubise entra en Westphalie, au mois de juin,

---

1. *Mém.* de Napoléon, t. VII, p. 294.

le prince Ferdinand, qui n'avait pas soixante-dix mille hommes, se jeta audacieusement entre les deux armées françaises, puis tourna Soubise et coupa ses communications avec le Rhin; Soubise, fort alarmé, se hâta de se réunir à Broglie, bien qu'on lui eût prédit que cette jonction lui porterait malheur. Les deux maréchaux marchèrent ensemble contre Ferdinand, fortement posté sur la Lippe, à Villinghausen; ils se séparèrent pour envelopper l'ennemi et convinrent de l'attaquer, chacun de son côté, le 16 juillet au matin. Mais Broglie voulait avoir à lui seul les honneurs de l'affaire : il ne se contenta pas de prendre position; il enleva les avant-postes ennemis dès le 15 au soir; Ferdinand voulut les reprendre et y porta successivement toutes ses forces; Soubise entendit la canonnade toute la soirée et la plus grande partie de la nuit sans bouger; enfin, sur une lettre de Broglie, vers trois heures du matin, il se décida à se mettre en mouvement; mais, avant qu'il fût entré sérieusement en ligne, Ferdinand, par une dernière et vigoureuse charge, avait contraint Broglie à la retraite.

La clameur publique fut telle contre Soubise, quoique les torts ne fussent pas tous de son côté, que la cour l'abandonna à demi et l'obligea de céder trente mille hommes à Broglie. Les choses n'en allèrent pas mieux. Les deux maréchaux recommencèrent à opérer, chacun pour son compte, Soubise contre Münster et les places de la Lippe, Broglie sur les confins de la Westphalie et du Hanovre. Le prince Ferdinand se remit entre les deux et, bien secondé par son neveu, le prince héréditaire de Brunswick, il fit manquer tout ce qu'entreprirent des adversaires plus que doubles en nombre. Quand vinrent les quartiers d'hiver, on se retrouva exactement au même point que l'année précédente. C'était une grande victoire pour l'ennemi que de n'avoir rien perdu.

Il importe de remarquer que ces tristes résultats devaient être attribués uniquement aux généraux : les soldats français, sans être devenus des tacticiens comme les Prussiens, n'étaient plus les maraudeurs indisciplinés de 1757, et se comportaient fort bravement dans les affaires de postes et de détachements, pour peu qu'ils eussent à leur tête un officier passable [1].

1. V. *Mém.* de Napoléon, t. VII, p. 306; et *Mém.* de Rochambeau, t. Ier, passim.

Les opérations semblaient beaucoup plus décisives en Prusse. Les succès de Frédéric, en 1760, ne lui avaient valu qu'un répit. Comme en 1760, les Autrichiens et les Russes tentèrent d'opérer leur jonction en Silésie et, cette fois, ils y réussirent. Frédéric se trouva cerné, près de Striegau, par des forces presque triples des siennes. Si bon que fût son poste, il eût été probablement accablé; mais le général russe Boutourlin refusa de risquer l'attaque et, manquant de vivres, sortit bientôt de la Silésie, sans que cette jonction si menaçante eût produit le moindre effet. Cependant, Boutourlin ayant laissé vingt mille Russes au général autrichien Laudon, celui-ci restait encore incomparablement supérieur à Frédéric et, le 30 septembre, il surprit l'importante place de Schweidnitz. Pendant ce temps, un corps d'armée et une escadre russe assiégeaient Colberg, dans la Poméranie orientale. Boutourlin, en rentrant en Pologne avec la principale armée, expédia des renforts aux assiégeants, et Colberg capitula le 19 novembre. Les Autrichiens étaient ainsi établis solidement au cœur de la Silésie, et les Russes sur la côte de Poméranie. C'était pis que la perte de deux batailles. D'un autre côté, le maréchal Daun avait chassé le prince Henri des montagnes de la Saxe. Frédéric devait s'attendre aux dernières extrémités pour l'année suivante; pour comble de malheur, son plus ferme appui venait de se briser. M. Pitt avait quitté le ministère, et lord Bute, forcé de continuer la guerre contre la France et de l'entreprendre contre l'Espagne, voulait alléger les charges de l'Angleterre en sacrifiant la Prusse et en renouant la vieille alliance austro-britannique. Il fit là-dessus à la cour de Vienne des ouvertures tellement contraires aux engagements publics et à l'honneur de l'Angleterre, que Kaunitz ne put les croire sincères et les dédaigna comme un piége[1].

Marie-Thérèse et madame de Pompadour croyaient tenir leur vengeance. La perte de l'Inde et du Canada, la ruine de la France maritime, ne payaient pas trop cher la ruine du prince qui avait offensé la favorite de Louis XV.

Cette ruine, la Pompadour n'eut pas la joie de la voir s'accomplir. Un changement de règne en Russie fit bien plus que compenser pour Frédéric le changement de ministère survenu dans

---

1. Garden, t. IV, p. 194. — Frédéric II, *Guerre de Sept Ans*, t. II, p. 291.

la Grande-Bretagne. La tzarine Élisabeth mourut le 5 janvier 1762 et sa mort appela au trône son neveu, Pierre de Holstein, l'admirateur fanatique du roi de Prusse, le prince dont l'influence avait rendu les généraux russes si hésitants dans leurs opérations contre Frédéric. Le héros prussien ne s'y fiait pas trop : il n'était pas de sympathie qui, pour lui, eût résisté à l'épreuve d'une belle province, et il savait que l'Autriche avait garanti la Prusse à la cour de Pétersbourg. Mais le nouveau tzar, Pierre III, était une âme naïve qui se gouvernait par passion ou par caprice, et non par intérêt. Il repoussa avec mépris la proposition que lui fit faire lord Bute, de contraindre la Prusse à telle cession qu'il voudrait, conclut une trêve avec Frédéric le 16 mars, puis signa la paix dès le 5 mai, en s'engageant à évacuer sous deux mois tout ce que les armées russes avaient enlevé à la Prusse. A la paix succéda une alliance offensive, et, dès la fin de juin, les vingt mille Russes qui étaient restés avec l'armée autrichienne de Silésie en 1761 se joignirent aux Prussiens contre les Autrichiens. La Suède, qui avait fait en Poméranie une petite guerre sans succès et sans ardeur, s'était hâtée de faire sa paix à la suite des Russes.

Cette bizarre révolution présageait les plus grands désastres à l'Autriche. Dans sa conviction d'un succès assuré, elle avait d'avance, l'hiver passé, réduit de vingt mille hommes son armée afin de soulager ses finances, et maintenant une épidémie désolait ses troupes diminuées et découragées, en face d'un ennemi devenu supérieur et plein de confiance.

Une seconde péripétie, bien plus extraordinaire et d'une espèce qui ne se voyait qu'en Russie, sauva l'Autriche à son tour. Si, dans les états despotiques, le caprice d'un seul peut changer, du jour au lendemain, toute la politique d'un empire, ce n'est pas sans une responsabilité de fait souvent plus redoutable que la responsabilité légale des états libres. Pierre III, aussi imprudent que passionné, n'avait pas compris les ménagements que lui imposait son origine étrangère envers une nation orgueilleuse, ignorante et ombrageuse. Il s'était aliéné le clergé, en réunissant ses terres au domaine, suivant le projet de Pierre Ier, et en prétendant l'obliger à prendre le costume des pasteurs luthériens et à enlever des églises les images des saints; le clergé, quoique fort abaissé par le grand réformateur de l'empire, n'était point un ennemi à mépriser, si on lui donnait ainsi prétexte de faire craindre au peuple qu'on voulût rendre la Russie luthérienne. Pierre avait blessé les régiments des gardes, moins encore peut-être par la rigueur inusitée de la discipline à laquelle il les soumettait, que par son dédain manifeste pour tout ce qui n'était pas soldats prussiens ou tactique prussienne. Le projet qu'il annonçait de faire la guerre au Danemark pour venger les injures de sa famille, de la maison de Holstein, ne mécontentait pas moins les Russes, qui ne voyaient là qu'une querelle étrangère et qui eussent bien mieux aimé prendre la Prusse que le Holstein. Leur amour-propre national s'irritait profondément que leur tzar, leur empereur, se fît gloire du titre de lieutenant-général des armées prussiennes, demandé comme une faveur à Frédéric II. Ils s'étonnaient et s'indignaient que Pierre ne parût jamais dans leurs églises et s'abstînt de se faire couronner à Moscou, selon les rites consacrés [1].

Les éléments de révolte fermentaient de toutes parts. Il ne fallait qu'une tête à la conjuration de tout un peuple. Cette tête se trouva sur le trône même, à côté de Pierre III. Ce fut sa propre femme, Catherine d'Anhalt-Zerbst, petite-fille du fameux organisateur de l'infanterie prussienne. Cette femme au sang impétueux et à la tête froide, à la fois violemment sensuelle et douée d'un effrayant empire sur elle-même, avait les penchants des impératrices romaines les plus débordées, comme sa devancière Élisabeth de Russie, mais y alliait le génie profond, persévérant et implacable d'une Élisabeth d'Angleterre. Elle avait irrité son mari par des galanteries connues de toute la diplomatie européenne; elle soupçonnait Pierre III de songer à la répudier et à désavouer son fils au berceau (depuis Paul Ier). Elle se fit l'âme et le but du complot. Elle souleva les régiments des gardes : le mouvement donné entraîna tout; Pierre III, cerné dans le château d'Oranienbaum, abdiqua pour sauver sa vie; mais, quelques jours après, on annonça qu'il était mort d'une colique néphrétique. Il avait été, dit-on, empoisonné, puis étranglé par quatre

---

1. Frédéric II, *Guerre de Sept Ans*, t. III, p. 292. — *Mercure historiq*,. t. CLIII, p. 117. — Coxe, *Hist. de la maison d'Autriche*, c. CXVII.

hommes, dont le premier, Alexis Orloff, était le frère de l'amant de Catherine, et dont le second, Potemkin, devait remplacer cet amant. Le sénat de l'empire proclama Catherine, et la révolution, qui avait renversé le petit-fils de Pierre le Grand [1] à cause de ses goûts étrangers, porta au trône une femme absolument étrangère à la Russie : un peuple de fanatiques acclama une souveraine incrédule, qui se déclara l'élue de la Providence [2].

Nous verrons plus tard ce que devint ce règne redoutable, avec ses deux faces, l'une, de fanatisme national, tournée vers l'intérieur, l'autre, de philosophie incrédule et novatrice, tournée vers l'Europe, vers cette France surtout, dont les écrivains faisaient l'opinion de l'Europe. Catherine fut Frédéric II doublé du grand Ivan.

Le roi de Prusse fut comme frappé de la foudre aux nouvelles de Pétersbourg. Il se vit près de retomber dans l'abîme d'où il sortait à peine. Les premiers actes de Catherine à son égard semblèrent tout à fait hostiles. Catherine avait craint que Frédéric ne tournât contre elle, au nom de Pierre III, le corps russe qui avait joint l'armée prussienne; mais Frédéric n'était pas homme à se compromettre pour un ami, et avait jugé d'ailleurs que tout effort pour sauver Pierre arriverait trop tard. Catherine, de son côté, voulait se consolider avant de rien entreprendre au dehors. Quand elle vit que Frédéric ne tentait rien contre elle, elle évacua la Prusse et se renferma dans la neutralité. Prussiens et Autrichiens restèrent face à face; mais les Russes, avant de quitter les Prussiens, leur avaient rendu un important service : le général Tchernitcheff, à la prière de Frédéric, avait différé de trois jours le départ dont Catherine lui avait envoyé l'ordre, et, tandis que

---

1. Pierre III était fils d'une fille de Pierre le Grand. — Sur sa mort, V. Flassan, t. VI, p. 339.
2. V. dans le *Mercure hist. et politique* de 1762, t. CLIII (juillet), le manifeste de Catherine, mélange inouï d'hypocrisie religieuse et d'une audace politique qu'on ne sait comment définir. On y énonce comme une chose toute simple, pour justifier la déposition du tzar, qu'il n'était pas de sujet qui ne fût prêt d'attenter à la vie de cet ennemi de la nation et de la religion, et Catherine revendique l'honneur du salut de la Russie pour elle-même, et pour « quelques affidés sujets qui s'étaient résolus à délivrer la patrie ou à mourir. » Cette pièce inconcevable semble rédigée de compte à demi par des républicains classiques et par des membres du *Conseil des Seize* de la Ligue. On l'attribua à la princesse Daschkoff, amie de Catherine.

les Russes semblaient encore former la réserve de l'armée prussienne, Frédéric s'était hâté de frapper un coup décisif : il avait enlevé des positions qui reliaient le camp du maréchal Daun à la place de Schweidnitz et préparé l'investissement de cette forte ville (21 juillet 1762). Toutes les tentatives des Autrichiens pour secourir Schweidnitz échouèrent, quoique la place fût très-bien et très-opiniâtrément défendue [1] : la garnison se rendit prisonnière le 9 octobre. La Silésie fut ainsi assurée à Frédéric.

Le prince Henri de Prusse avait fait, pendant ce temps, une campagne avantageuse en Saxe, et le prince Ferdinand de Brunswick avait obtenu de brillants succès contre les Français. La cour de Versailles, ou plutôt la Pompadour, qui avait un moment plié devant l'opinion dans le débat entre Broglie et Soubise, s'en était bientôt vengée : elle avait disgracié Broglie à la fin de 1761 et, n'osant donner l'armée à Soubise tout seul, elle lui avait adjoint son ancien, le maréchal d'Estrées. Les deux maréchaux eurent quatre-vingt mille hommes en Hesse; le prince de Condé [2], une réserve de trente mille sur le Bas-Rhin. Ferdinand saisit l'offensive pour tenter encore une fois de recouvrer la Hesse : il attaqua les Français à Wilhemstadt le 24 juin, en faisant tourner de loin leurs ailes par des corps détachés, manœuvre qui eût été follement téméraire devant une armée bien commandée. Les choses se passèrent comme à Creveld : les officiers généraux qui commandaient les extrémités attaquées se défendirent fort bien; mais les deux maréchaux, au lieu de soutenir leurs lieutenants avec vigueur, perdirent la tête et ordonnèrent la retraite. Quoique rejoints par la réserve de Condé et très-supérieurs à Ferdinand, après quelques semaines de manœuvres sur la Fulde, ils se replièrent sur la Lahn, laissant un corps de troupes dans Cassel. Ferdinand, avec moins de soixante-dix mille hommes contre quatre-vingt-dix mille, sans compter la garnison de Cassel, fit et couvrit le siège de cette ville, et la prit, avec sa garnison, quasi sous les yeux de d'Estrées et de Soubise (1er novembre).

---

1. Deux ingénieurs français dirigeaient l'attaque et la défense. — V. Frédéric II, *Hist. de la Guerre de Sept Ans*, t. II, p. 368.

2. Fils de *Monsieur le Duc*. C'est le Condé de l'émigration, mort très âgé sous la Restauration.

Les événements maritimes étaient plus graves encore et plus tristes. Il fallait du temps pour que l'élan de la France relevât sa marine et pour que la marine, assez nombreuse, mais délabrée, de l'Espagne, fût en mesure d'agir. Les Anglais, eux, étaient en action. Le cabinet de lord Bute avait dû reprendre les plans de M. Pitt. Dès l'automne de 1761, une forte escadre anglaise était partie pour les Antilles, afin de renouveler l'attaque de la Martinique. La conquête de la Guadeloupe n'avait pas suffi pour assurer cette mer aux Anglais, et les corsaires de la Martinique avaient continué de désoler leur commerce. La Martinique était pour eux, dans les mers d'Amérique, ce qu'étaient Saint-Malo et Dunkerque dans les mers d'Europe[1]. Dix-neuf vaisseaux de ligne et douze frégates parurent, le 7 janvier 1762, devant l'anse Sainte-Anne, et y tentèrent un débarquement qui ne réussit pas : un vaisseau s'échoua à la côte. Le 16, la descente s'effectua entre la Pointe-des-Nègres et la Case-des-Pilotes : douze à quinze mille soldats marchèrent à l'attaque des mornes Garnier et Tartenson, hauteurs fortifiées qui défendaient les abords du Fort-Royal : les deux mornes furent emportés d'assaut après une vigoureuse résistance. L'armée anglaise se porta sur Fort-Royal. Le gouverneur capitula, le 4 février, sans attendre le canon, et se retira sur Saint-Pierre, capitale de l'île. Les Anglais l'y suivirent. Le gouverneur et les habitants traitèrent, dès le 12 février, pour l'île entière. La défense de la Martinique avait été fort au-

1. Il y a une observation importante à faire, au sujet de la guerre de corsaires ; c'est qu'il ne suffit pas, comme bien des gens se l'imaginent, d'être *maître de la mer* pour se préserver des corsaires. On peut, et encore incomplètement, empêcher la sortie des escadres ennemies, mais un pays qui possède une grande étendue de côtes ne sera jamais suffisamment bloqué pour qu'on empêche la sortie des corsaires. Jamais, peut-être, supériorité maritime n'a été plus décidée que celle de l'Angleterre sur la France, de 1759 à 1762. Eh bien! de juin 1756 à juin 1760, les corsaires français avaient enlevé aux Anglais plus de deux mille cinq cents navires marchands; en 1761, quoique la France n'eût pas, pour ainsi dire, un vaisseau de ligne à la mer et que les Anglais eussent pris deux cent quarante de nos corsaires, leurs camarades enlevèrent encore huit cent douze bâtiments anglais. L'énorme développement de la marine marchande anglaise explique la quantité de ces prises. En 1760, on prétend que les Anglais avaient eu en mer jusqu'à huit mille voiles ; les Français en prenaient à peu près la dîme, malgré les escortes et les croisières. Les Français n'avaient perdu que neuf cent cinquante bâtiments, corsaires compris, de 1756 à 1760. V. Sainte-Croix, t. II, p. 314; le *Mercure historiq.*, t. CLII, p. 846 ; Contin. de Hume, l. XXXIII.

dessous de celle de la Guadeloupe : à la vérité, les forces anglaises étaient beaucoup plus considérables et l'île n'avait aucune espérance d'un prochain secours. Sainte-Lucie, la Grenade, Tabago, Saint-Vincent, furent occupés sans combat par les Anglais, déjà maîtres de la Dominique depuis un an, et les petites Antilles, soit françaises, soit neutres, se trouvèrent toutes en leur pouvoir.

L'étendue de cette perte peut s'apprécier d'après un chiffre : la Martinique recevait par an de France plus de cent soixante vaisseaux, de cent à six cents tonneaux, qui faisaient plus de 25 p. 100 de bénéfice sur les retours [1].

Avant que l'on sût ce nouveau revers en France, les cabinets de Versailles et de Madrid s'étaient engagés dans une entreprise où Choiseul espérait trouver un dédommagement des pertes de la France et un moyen de contraindre l'Angleterre à restituer ses conquêtes [2]. Le Portugal subissait toujours la vassalité commerciale de l'Angleterre, où s'écoulait presque tout l'or du Brésil, et l'énergique ministre qui gouvernait alors ce royaume, le marquis de Pombal, avait fait de vains efforts pour se soustraire à ce joug. La France et l'Espagne invitèrent le Portugal à se joindre à elles contre les tyrans des mers (mars 1762); elles firent entendre qu'elles ne souffriraient pas davantage une neutralité tout à l'avantage des Anglais, et que les Portugais n'étaient pas même en état de faire respecter. Des vaisseaux français avaient été brûlés par les Anglais jusque sous le canon des forteresses portugaises, sans qu'on pût obtenir aucune réparation. On croyait que le Portugal, affaibli par la catastrophe récente qui l'avait bouleversé (le tremblement de terre de Lisbonne) et par des dissensions intestines, céderait à l'intimidation ou serait facilement conquis. Pombal résista. Si peu affectionné qu'il fût aux Anglais, il jugea le moment mal choisi pour rompre avec l'Angleterre, victorieuse et maîtresse des mers, et, comme les Espagnols, renforcés de quelques bataillons français, franchissaient les frontières, le Portugal lança le premier sa déclaration de guerre (18 mai). Une trentaine

---

1. *Mercure historiq.*, t. CLII, mars-avril 1762. — Sainte-Croix, t. II, p. 328.
2. Le roi d'Espagne avait eu la pensée d'un blocus continental auquel la Russie eût été invitée à concourir; mais Choiseul avait jugé ce projet impraticable. V. des détails intéressants dans Flassan, t. VI, p. 456.

de mille hommes envahirent les provinces de Tras-os-Montes et de Beira; mais l'armée franco-espagnole, mal commandée, opéra mollement; la nationalité portugaise se réveilla devant l'invasion; les populations des montagnes opposèrent à l'étranger une vigoureuse guerre de partisans, et huit mille Anglais, débarqués à Lisbonne, vinrent rétablir l'équilibre. Lorsque le roi d'Espagne changea son général et envoya le comte d'Aranda, qui transporta la guerre sur le Tage, il était trop tard; les Anglo-Portugais arrêtèrent la marche des Franco-Espagnols sur Lisbonne et la campagne fut manquée.

Le seul bénéfice de la guerre contre le Portugal fut la conquête par les Hispano-Américains de la colonie portugaise du Sacramento, sur la rive gauche de la Plata, colonie alors rivale de Buenos-Ayres, comme aujourd'hui Monte-Video. Ils y prirent beaucoup de bâtiments anglais richement chargés, prise compensée par la perte d'un galion du Pérou qui portait, à ce qu'on prétend, 25 millions de valeurs. Les Français, de leur côté, eurent un succès au mois de juin. Une escadrille de deux vaisseaux et deux frégates opéra une descente sur la côte de Terre-Neuve et prit, par capitulation, la petite ville de Saint-Jean, chef-lieu de l'île; mais une expédition anglo-américaine, partie d'Halifax, recouvra Saint-Jean dès le mois de septembre.

Pendant ce temps, les Anglais poursuivaient leurs plans dans la mer des Antilles. Une escadre, envoyée de Portsmouth et portée à dix-neuf vaisseaux par la jonction d'une partie de la flotte qui avait conquis la Martinique, franchit brusquement les dangereux passages du Vieux Canal de Bahama et jeta quatorze mille soldats, le 7 juin, sur la côte de Cuba, près de la Havane. Le gouverneur de Cuba avait dans le port de la Havane quatorze vaisseaux de ligne, et, dans la ville et les forts, deux mille soldats et quelques milliers de miliciens mal organisés: il eût pu se renforcer de neuf autres vaisseaux, tant français qu'espagnols, qui se trouvaient soit au Cap-Français de Saint-Domingue, soit à la Vera-Cruz, ou à Sant-Yago, à l'extrémité de l'île de Cuba opposée à la Havane. Il ne l'avait pas voulu, se croyant inattaquable. Son orgueil coûta cher à l'Espagne. L'escadre espagnole ne rendit aucun service. Les troupes de ligne défendirent avec une constance héroïque le fort Moro, qui commande le port : les Anglais, affaiblis par le fer et par les maladies d'un climat périlleux, eussent été forcés de se rembarquer, sans un renfort de quatre mille Anglo-Américains; le fort Moro fut enfin pris d'assaut le 30 juillet ; la Havane capitula quinze jours après (13 août). Le gouvernement espagnol y perdit plus de 50 millions de valeurs, outre neuf vaisseaux de ligne échappés aux bombes anglaises et que le gouverneur n'eut pas même le bon sens de brûler. La riche capitale de Cuba et la partie occidentale de cette grande île restèrent au pouvoir des Anglais.

Durant le siége de la Havane, une autre expédition anglaise faisait voile de Madras pour les Philippines et allait frapper l'Espagne d'un nouveau coup aux extrémités de l'Orient. De la fin de septembre au commencement d'octobre, un corps anglo-indien assaillit, prit et pilla Manille, et l'obligea de se racheter d'une entière destruction par une rançon considérable. Deux galions, portant d'énormes valeurs, furent encore enlevés.

Jamais l'empire colonial de l'Espagne n'avait reçu de pareilles atteintes : l'Espagne, dont l'intervention, en temps opportun, eût pu modifier le sort de la guerre, était entrée en ligne trop tard pour prévenir ou réparer les malheurs de la France, mais à temps pour les partager. D'autres revers encore étaient à craindre : Panama et Saint-Domingue étaient menacés, et les Anglo-Américains préparaient l'invasion de la Floride et de la Louisiane.

Les négociations, cependant, avaient été reprises avant que l'on connût l'issue des expéditions contre la Havane et Manille. L'espoir fondé par le cabinet de Versailles sur l'alliance de l'Espagne avait fort diminué, dès qu'on avait vu de plus près l'état réel de ce royaume : Choiseul, néanmoins, animé par les revers mêmes, eût voulu continuer la lutte. On cite de lui un mot bien vigoureux pour cette cour énervée : « Si j'étais le maître, nous serions vis-à-vis « de l'Angleterre comme l'Espagne vis-à-vis des Maures; si l'on « prenait ce parti, l'Angleterre serait détruite d'ici à trente ans[1]. » Ce n'était pas à Louis XV qu'on pouvait faire comprendre un tel langage : il faut convenir qu'on était aux abois; les ressources financières étaient absolument épuisées. Choiseul comprit la né-

---

1. Lettre à l'ambassadeur de France en Espagne, du 5 avril 1762; ap. Flassan, t. VI, p. 465.

cessité de renouer, dès que lord Bute eut fait faire à ce sujet quelques insinuations par l'intermédiaire d'une puissance neutre, la Sardaigne. Le cabinet anglais persistait dans ses intentions conciliantes, ne croyant pas pouvoir développer à l'intérieur sa politique monarchique tant que la guerre entretiendrait l'exaltation nationale. Le succès de la Martinique n'avait pas haussé ses prétentions. Le gouvernement français étant résigné à de cruels sacrifices, les pourparlers, qui recommencèrent au milieu de septembre 1762, eussent marché assez vite, sans l'obstination orgueilleuse de l'ambassadeur d'Espagne Grimaldi. Ce plénipotentiaire traîna l'affaire en longueur, attendu, disait-il, que l'agression contre Cuba ne pouvait manquer d'échouer et que la position de l'Espagne en deviendrait bien meilleure. L'expédition de Cuba réussit complétement : l'Angleterre accrut ses exigences vis-à-vis de l'Espagne, et ce fut, comme on le verra, la France qui en porta la peine.

Les préliminaires de paix entre la France, l'Angleterre et l'Espagne furent signés à Fontainebleau, le 3 novembre. La France renonçait à toutes prétentions sur les dépendances de l'Acadie : elle cédait le Canada, l'île du Cap-Breton et toutes les îles du Saint-Laurent; elle cédait la portion de la Louisiane à la gauche du Mississipi, sauf la ville de la Nouvelle-Orléans, toute la vallée de l'Ohio et la rive gauche du Mississipi étant considérées comme dépendances du Canada. Dans les Antilles, elle cédait la Grenade et les Grenadins; elle abandonnait trois des îles neutres aux Anglais, qui lui abandonnaient la quatrième, Sainte-Lucie, en lui rendant la Guadeloupe, la Martinique, Marie-Galande et la Désirade. La France rendait Minorque aux Anglais [1]; elle cédait son grand établissement du Sénégal et recouvrait l'îlot de Gorée. Elle recouvrait les possessions qu'elle avait eues dans l'Inde en 1749, y compris l'emplacement où avait été Pondichéri, ruiné par ses vainqueurs; mais elle renonçait à tenir des troupes dans le Bengale, ce qui laissait Chandernagor entièrement à la merci des Anglais. Il était entendu implicitement que la Compagnie anglaise gardait

---

1. Au moment de l'expédition de 1756, Pâris Duvernei avait proposé de détruire les fortifications et de combler le Port-Mahon, dans la prévision qu'on serait obligé de rendre l'île aux Anglais. V. *Correspondance* de Richelieu, p. 45.

toutes ses conquêtes. La restitution des anciens établissements de l'Inde n'était pas purement gratuite, car un brave marin parti de l'île de France, d'Estaing, s'était emparé, en 1760, des florissants comptoirs anglais de l'île de Sumatra. L'Angleterre, comme conséquence du droit de pêche à Terre-Neuve, qu'elle reconnaissait à la France, cédait les petites îles de Saint-Pierre et de Miquelon, pour servir d'abri aux pêcheurs, moyennant qu'on ne les fortifiât pas : il n'était plus question des conditions de surveillance réclamées naguère par Pitt sur ces îles; mais Dunkerque, par une douloureuse compensation, devait être remis dans le même état qu'avant la guerre, et les ingénieurs anglais avaient droit de venir s'en assurer! — La France et l'Angleterre évacueront, aussitôt que possible, tout ce qu'elles occupent dans l'Empire et s'engagent à ne plus fournir aucun secours à leurs alliés respectifs qui resteraient engagés dans la guerre d'Allemagne. La France évacuera sur-le-champ Ostende et Nieuport. Elle renonce implicitement à redemander les vaisseaux pris avant la déclaration de guerre. L'Angleterre rendra Belle-Isle lors du traité définitif. — Le cabinet anglais, sentant l'extrême difficulté de s'y maintenir, avait déjà fait sauter les fortifications.

Quant à l'Espagne, elle renonce à toutes prétentions sur la pêche de Terre-Neuve. Elle s'engage à laisser les Anglais couper du bois de Campêche dans la baie de Honduras, pourvu qu'ils démolissent les fortifications qu'ils y ont élevées. L'Angleterre rend la Havane et tout ce qu'elle a pu prendre ailleurs. L'Espagne lui cède la Floride et tout ce qu'elle possède à l'est du Mississipi.

Cette cession complétait le vaste empire anglo-américain, qui s'étendait sans interruption depuis le Labrador et la mer d'Hudson jusqu'à l'embouchure du Mississipi. Cet empire ne devait pas être de longue durée.

L'Espagne et le Portugal se rendaient ce qu'ils avaient pu s'enlever l'un à l'autre, clause à l'avantage des alliés de l'Angleterre [1].

Enfin, par une convention secrète signée le même jour que les préliminaires, le roi de France promettait la Louisiane au roi d'Espagne, pour le dédommager de la perte de la Floride et de l'impossibilité où l'on était de rendre Minorque à l'Espagne. Une

---

1. Wenck, t. III, p. 313.

colonie française pleine d'avenir, vierge du fer ennemi, dernier reste de notre empire continental d'Amérique, était cédée comme un troupeau! Lorsque cette malheureuse convention fut rendue publique, le cabinet de Versailles tâcha d'apaiser l'opinion, profondément blessée, en insinuant, dans ses justifications officieuses, que la Louisiane était menacée du même sort que le Canada et que l'on n'abandonnait que ce que l'on n'eût pu garder longtemps.

Les Louisianais ne connurent qu'au bout de dix-huit mois le traité qui les dénationalisait. Leur gouverneur, M. d'Abadie, en mourut de chagrin. La désolation fut générale. Durant les premières années, toutefois, l'administration étant restée entre les mains des Français, les habitants de la Louisiane purent se figurer qu'ils n'avaient pas changé de domination; mais, lorsqu'en 1768, un capitaine-général espagnol vint prendre le gouvernement de la colonie, toute illusion devint impossible. Les colons adressèrent de nouvelles et d'inutiles supplications au roi qui les abandonnait, agitèrent des projets d'émigration en masse sur la rive anglo-américaine, résistèrent à l'établissement du système prohibitif espagnol et obligèrent le gouverneur espagnol à quitter le pays. L'année suivante, un nouveau capitaine-général, l'Irlandais O'Reilly, descendit, avec trois mille soldats, à la Nouvelle-Orléans : les soldats ne purent mettre pied à terre que grâce à l'intervention des magistrats; à peine débarqué, O'Reilly fit enlever et mettre à mort, sans jugement, le procureur général de la colonie et plusieurs des principaux habitants (août 1769). Telle fut la prise de possession de l'Espagne, qui, heureusement pour la Louisiane, ne devait pas conserver très-longtemps cette belle contrée [1].

Le traité qui sanctionnait tant de pertes irréparables n'avait pas besoin de ce douloureux épisode pour faire saigner les cœurs français. Et, cependant, l'homme à qui l'Angleterre devait ses éclatants succès, fit à ce traité une opposition désespérée. Pitt jugeait les conditions de paix fort au-dessous de ce que devait exiger l'Angleterre. Il eût voulu qu'on ne déposât les armes qu'après avoir enlevé à la France la dernière de ses colonies. Malade, épuisé, il se fit porter à la tribune pour y combattre, durant trois

---

1. Barbé-Marbois, *Hist. de la Louisiane*, p. 147. — Flassan, t. VI, p. 478.

heures entières, le projet d'une adresse de félicitation au roi George III, sur les préliminaires de Fontainebleau. « La France, « s'écriait-il, nous est principalement, sinon exclusivement re- « doutable comme puissance maritime et commerciale : ce que « nous gagnons sous ce rapport nous est surtout précieux par le « dommage qui en résulte pour elle... Vous laissez à la France la « possibilité de rétablir sa marine[1]!... »

Bien qu'un parti nombreux épousât les passions et le système implacable de Pitt, l'adresse fut votée par les communes. L'Angleterre, quel que fût l'accroissement de sa richesse, ployait sous les charges immenses de la guerre.

C'était par égard pour l'Autriche que le cabinet de Versailles avait ajourné le traité définitif, qui ne devait être que l'exacte reproduction des préliminaires. On voulait donner à l'impératrice-reine le temps de transiger de son côté avec Frédéric II. L'Autriche, obligée de renoncer à exploiter l'alliance française, allait se retrouver seule devant le héros prussien. Déjà, plusieurs des électeurs et des princes de l'Empire, effrayés de voir les partis prussiens courir jusqu'aux portes de Ratisbonne, avaient traité séparément avec Frédéric II. Marie-Thérèse se résigna. Frédéric voyait son royaume trop ruiné, trop dépeuplé pour ne pas accepter une transaction honorable. La paix fut signée le 15 février 1763, à Hubertsbourg, entre l'Autriche, la Prusse et la Saxe. On reprit pour base le *statu quo ante bellum*. Seulement, Frédéric promit sa voix à l'archiduc Joseph, comme roi des Romains, et consentit que le duché de Modène passât dans la maison d'Autriche par le mariage de l'héritière avec un des archiducs.

Le traité définitif entre la France, l'Angleterre et l'Espagne avait été signé à Paris, le 10 février.

Après cette guerre, qui avait entassé en Allemagne presque autant de ruines que la guerre de Trente Ans et qui avait moissonné un million d'hommes par le fer, par le feu, par le typhus, par la misère[2], la situation respective des deux principales puis-

---

1. Viel-Castel ; *lord Chatam; Revue des Deux Mondes*, t. XXXI, p. 771 ; 1844.
2. Frédéric estime les pertes de la Prusse à cent quatre-vingt mille soldats, outre les milliers de malheureux qui avaient péri par les ravages des Russes. Les pertes des Russes se seraient élevées à cent vingt mille hommes ; celles des Autrichiens, à

sances germaniques était absolument la même qu'avant le premier coup de canon. L'équilibre était au contraire tout à fait rompu entre la France et l'Angleterre. La France avait perdu la fleur de sa marine[1], sa vaste domination dans l'Amérique du Nord, les restes des conquêtes de Dupleix et de Bussi, sa meilleure possession sur la côte occidentale d'Afrique et plusieurs des Petites-Antilles. L'Angleterre avait acquis un énorme accroissement territorial et une prépondérance d'opinion accablante. Pour la première fois depuis le moyen âge, elle avait vaincu la France par ses propres forces et presque sans alliés, la France ayant au contraire de puissants auxiliaires : elle avait vaincu par la seule supériorité de son gouvernement. Honte, misère morale, écrasement, voilà quel était pour notre patrie le résultat de cette lutte commencée avec ardeur et avec gloire. Un avenir prochain devait montrer si l'Angleterre avait autant gagné en réalité qu'en apparence. — Dans l'Inde, oui, et bien davantage encore! — En Amérique, non! l'excès de la puissance y préparait la chute.

En somme, cette paix désastreuse était devenue nécessaire. On ne peut guère reprocher aux hommes d'état qui l'ont signée que l'abandon de la Louisiane. Mais, quant au monarque dont la misérable politique avait conduit à une telle nécessité, quant à la favorite dont la vanité blessée avait bouleversé le monde et ruiné, déshonoré la France, l'histoire ne saurait avoir pour eux assez de flétrissures.

cent quarante mille; celles des Français, à deux cent mille; des Anglo-Hanovriens, à cent soixante mille; des Suédois, à vingt-cinq mille; des troupes des cercles, à vingt-huit mille. *Hist. de la guerre de Sept Ans*, t. II, p. 414.

1. Trente-sept vaisseaux et cinquante-six frégates, suivant Sainte-Croix, t. II, p. 327. Cependant, comme on avait beaucoup construit depuis 1755, la marine française était loin de se trouver anéantie à la paix de Paris comme à la paix d'Aix-la-Chapelle; on avait au moins quarante vaisseaux de ligne en bon état.

FIN DU TOME QUINZIÈME

ÉCLAIRCISSEMENTS

LA PESTE DE MARSEILLE.

L'opinion vulgaire attribue cette terrible calamité à un vaisseau qui aurait apporté la contagion de Seyde en Syrie ; mais rien n'est moins prouvé. Les médecins du Lazaret de Marseille n'avaient reconnu aucun signe pestilentiel dans l'équipage de ce navire et l'on ne sait aucun fait concernant les passagers, qui n'entrèrent en ville qu'après vingt jours de quarantaine et dont on perdit ensuite les traces. Quoi qu'il en soit, c'était le 25 mai 1720 qu'était arrivé ce vaisseau : dans le courant de juillet, des symptômes de maladies suspectes se montrèrent dans un des quartiers malsains et encombrés de la vieille cité. Les magistrats, d'accord avec la plupart des médecins, prirent d'abord les précautions nécessaires, avec activité, mais sans bruit, pour éviter le mal de la peur, la plus redoutable des contagions. Quelques médecins, reconnaissant la peste, eurent l'imprudence de proclamer ce nom effrayant. Toutes les imaginations furent aussitôt bouleversées : à la suite d'un orage (21 juillet), le mal prit tout à coup un caractère violemment épidémique ; la plupart des riches et des fonctionnaires désertèrent la ville et laissèrent les magistrats municipaux sans ressource et sans appui. L'émigration ne se ralentit que devant l'arrêt du parlement d'Aix, qui menaça de mort quiconque sortirait du territoire (banlieue) de Marseille (31 juillet). Quelques hommes se dévouèrent avec un héroïsme admirable à la tâche immense que la lâcheté de leurs auxiliaires naturels rejetait sur eux tout entière : l'histoire ne doit point oublier les noms des échevins Estelle et Moustier, ni surtout de ce chevalier Roze, qui, sans mission ni titre, vint réclamer sa part dans cette funèbre administration, du droit de sa magnanimité, et dirigea, par la supériorité de son esprit, les dignes associés qui étaient ses égaux par le cœur. L'évêque Belzunce, jusqu'alors apprécié seulement des pauvres dont il était le père, n'était guère connu au dehors que comme un dévot intolérant, peu éclairé et gouverné par les jésuites ; il grandit soudain devant le danger au niveau des plus saints héros du christianisme. Abandonné des dignitaires ecclésiastiques et des riches et égoïstes bénédictins de Saint-Victor, il trouva un inébranlable courage dans les autres ordres religieux et dans le clergé des paroisses. Les médecins, accourus de Montpellier, de Paris, de tous les centres scientifiques, ne se montrèrent pas moins intrépides ni moins humains. La religion et la science, comme on l'a toujours vu dans ces grandes épreuves, inspirèrent les mêmes vertus ; mais des dévouements pareils n'eurent point pareille fortune : presque tous les médecins échappèrent; la plupart des religieux périrent.

Il faut remonter aux lugubres descriptions que nous ont laissées les historiens de l'antiquité, pour se faire une idée du tableau qu'offrit, durant plusieurs mois, la malheureuse ville, dévorée par la peste et par les fléaux accessoires qu'elle traîne à sa suite, la disette et l'anarchie. Quand la maladie eut atteint son plus haut période, on vit les pestiférés, chassés de leurs demeures par la misère, par le vertige du mal, ou par la peur féroce de leurs proches, se répandre dans les rues et sur les places pour y mourir, ou s'entasser à l'entrée de l'unique hôpital qui leur fût ouvert, gouffre empesté d'où nul ne sortait vivant. Les bras et les tombereaux manquèrent bientôt pour tant de funérailles. On empila le plus qu'on put de cadavres dans des fosses communes; mais, « la fermentation ayant accru le volume de tant de corps entassés, les fosses revomirent à la lumière leur effroyable dépôt ». (Lémontei, t. Ier, p. 383.) L'échevin Moustier, entraînant quelques soldats, la pioche à la main, rejeta dans le sein de la terre ces restes hideux. Ailleurs, sur l'esplanade de la Tourette, près de deux mille corps pourrissaient au soleil, « volcan pestilentiel, masse horrible, que sa fluidité ne permettait plus de transporter ». Le chevalier Roze fait rompre les voûtes de vieux bastions voisins de l'esplanade et creux jusqu'au niveau de la mer : à la tête de cent galériens, il entoure la place fatale, pousse devant lui les monstrueux débris dont elle est jonchée et les précipite dans les flots.

Les horreurs morales égalaient les horreurs physiques. En face de ces actes qui sont la gloire de la nature humaine, débordaient tous les vices et tous les crimes. Sous le coup de ces fléaux qui brisent tous les liens de la société, toutes les règles ordinaires et les habitudes de la vie, ce qu'on peut appeler la moyenne de l'existence humaine disparaît : il ne reste que les extrêmes, l'ange d'un côté, la brute de l'autre; mais la brute dépravée et n'ayant plus même pour guides les lois de l'instinct. La foule, tantôt s'étourdissait en se plongeant dans tous les délires des sens, tantôt se précipitait dans les temples avec de fougueux élans de superstition plus que de piété ; mais nombre de misérables demeuraient étrangers à ces retours et demandaient incessamment au vol et au meurtre l'or qui les entretenait dans une perpétuelle orgie. Les forçats et les acolytes qu'on leur avait donnés pour enlever les corps assassinaient les malades pour piller impunément. L'avarice dicta des forfaits plus exécrables encore que ne faisait la débauche. Les échevins avaient recueilli dans un hospice trois mille enfants abandonnés : l'économe les laissa mourir de faim !

De septembre à octobre, le mal diminua peu à peu à Marseille; mais il se déchaîna sur le reste de la Provence. Aix avait été attaquée dès le mois d'août. Toute la ville se mit en quarantaine ; chaque famille s'enferma dans sa maison; les malades, au moindre symptôme, étaient transportés dans des infirmeries communes. Ce plan de défense fut impuissant; sept à huit mille habitants périrent. On avait vu à Aix un fait moral bien saisissant ; les courtisanes étaient accourues aux infirmeries disputer aux religieuses le droit d'y servir et d'y mourir. Toulon fut bien plus malheureux encore qu'Aix : la population fut presque anéantie : il mourut seize mille habitants sur vingt-six mille, proportion monstrueuse et sans exemple ! Arles perdit à son tour près de sept mille âmes ; puis Avignon fut atteint, et le fléau, franchissant le Rhône, se jeta sur le Vivarais, les Cévennes et le Gévaudan, où il enleva quelques milliers de personnes; il vint enfin s'éteindre, au printemps de 1721, dans les plaines du Languedoc. Marseille n'en fut tout à fait délivrée qu'à la même époque. L'évêque Belzunce, qui avait lutté contre l'épidémie avec un si énergique dévouement, contribua peut-être à la prolonger par des processions et des cérémonies expiatoires, qui massèrent la population sous l'empire d'impressions trop fortes pour des âmes si ébranlées. De grands feux allumés sur les places par le conseil d'un médecin avaient aussi contribué à redoubler l'intensité du mal au lieu d'épurer l'air, comme on l'avait espéré.

La perte des quatre principales villes de Provence s'était élevée à près de quatre-vingt mille âmes, dont près de cinquante mille pour Marseille et sa banlieue. Cette perte fut bien vite réparée. Les naissances furent tellement multipliées à Marseille dans la période suivante, qu'au bout de cinq ans, la population eut repris son niveau. Une soif insatiable de plaisirs, une *fureur de vivre*, s'était emparée de ce peuple échappé du tombeau. « Une joie folle », dit Lémontei, « enivra cette ville d'héritiers ». En oubliant le mal, on oublia trop aussi ceux qui s'étaient sacrifiés héroïquement pour le combattre : les lâches qui avaient fui ne rentrèrent que pour dénigrer tout ce qui s'était fait en leur absence, et le chevalier Roze, qui s'était ruiné pour sauver la ville, ne fut pas même indemnisé.

Le gouvernement de la Régence ne paraît pas avoir mérité tous les reproches qu'on lui a parfois adressés au sujet de la peste de Marseille : il expédia des secours médicaux, des grains, de l'argent; Law, tout près de sa ruine, envoya cent mille francs de sa bourse. Dubois, il est vrai, au contraire, entrava l'expédition de trois vaisseaux chargés de blé que le pape Clément XI envoyait à Marseille. Dubois, mal en ce moment avec le Saint-Père, ne voulait pas qu'on lui eût cette obligation. Ce contraste peint à la fois Dubois et Law. Les vaisseaux du pape furent pris en mer par un corsaire barbaresque, qui, plus chrétien que l'abbé Dubois, les relâcha quand il sut leur destination.

V. sur la peste de Marseille, l'*Histoire de la Régence* de Lémontei, t. Ier, ch. XI. — C'est un des meilleurs morceaux qu'ait écrits cette plume spirituelle et vivement colorée.

FIN DES ÉCLAIRCISSEMENTS.

TABLE DES MATIÈRES

CONTENUES DANS LE TOME QUINZIÈME.

SEPTIÈME PARTIE.

DÉCADENCE DE LA MONARCHIE.

LIVRE XCII. — RÉGENCE.

Pages.

Système de Law. — Enfance de Louis XV. — Le duc d'Orléans déclaré régent. — Réaction contre le gouvernement de Louis XIV. Essai de gouvernement par conseils. — Détresse financière. Administration du duc de Noailles. Révision de la dette et banqueroute partielle. Essais de réforme. Noailles remplacé par Law. — Exposé du Système de Law. La Banque et la Compagnie des Indes. Bienfaits du crédit, renaissance du commerce et de la marine marchande. Agiotage. *La rue Quincampoix*. Profusions du régent et rapacité des grands. Décadence du Système. Violences employées pour soutenir le papier-monnaie. L'or et l'argent prohibés. Chute de la Banque. Réforme de la Compagnie des Indes. Law quitte la France. Nouvelle banqueroute. Résultats du Système. (1715-1723). 1

LIVRE XCIII. — RÉGENCE (*Suite et fin.*)

Ministère de Dubois. — Dubois fait adopter au régent l'alliance anglaise dans l'intérêt de la maison d'Orléans. Concessions à l'Angleterre et à l'Autriche. Alliance avec l'Angleterre, la Hollande et l'Autriche. L'Espagne attaque l'Autriche en Italie. Intervention anglo-française en faveur de l'Autriche. L'Espagne envahie est forcée à la paix. Modifications du traité d'Utrecht. — La Sicile donnée à l'Autriche. — Alliance avec la Prusse. —

La paix du Nord rétablie par la médiation de la France. Pierre le Grand à Paris. La Russie et la Turquie font des avances à la France. Dubois les écarte pour ne pas compromettre l'alliance anglaise. — Dubois cardinal. Retour au despotisme et à l'ultramontanisme. Dubois reprend la politique de Louis XIV au dedans, en la détruisant au dehors. — Mort de Dubois. — Mort du régent. (1715-1723). 7

LIVRE XCIV. — Ministères du duc de Bourbon et du cardinal de Fleuri.

§ 1. Monsieur le Duc. — Gouvernement de madame de Prie et de Pâris Duvernei. Nouveaux bouleversements monétaires et économiques. L'archevêque Tressan. Nouvelles persécutions contre les protestants. Impôt du cinquantième du revenu. — Nouvelle rupture avec l'Espagne. Mariage du roi avec Marie Lesczynska. — Souffrances et agitations populaires. — L'Espagne et l'Autriche se rapprochent. — *Pragmatique* autrichienne. — Lutte entre *Monsieur le Duc* et Fleuri, précepteur du roi. *Monsieur le duc* est renversé. — § 2. Le cardinal de Fleuri. — Système d'assoupissement. Économie au dedans; paix au dehors; point de réformes; point d'innovations; la marine française sacrifiée à l'Angleterre. — Fleuri et les Walpole. — Raccommodement avec l'Espagne. — Le cardinal de Tencin. Persécution contre les jansénistes. Luttes du parlement contre le ministère. Miracles du diacre Pâris. — § 3. Suite du ministère de Fleuri : Guerre de l'élection de Pologne. — Mort d'Auguste II, roi de Pologne. La France porte au trône de Pologne Stanislas Lesczynski, beau-père de Louis XV. La Russie et l'Autriche portent Auguste III. Fleuri, de peur des Anglais, ne soutient pas sérieusement Stanislas. Siége de Dantzig. Mort héroïque de Plélo. Stanislas, élu par les Polonais, est renversé par les Russes. La France se venge sur l'Autriche. La France, l'Espagne et la Sardaigne attaquent l'Autriche en Italie. Batailles de Parme et de Guastalla. Les Autrichiens sont chassés des Deux-Siciles et de presque toute la Lombardie. Projet de Chauvelin, ministre des affaires étrangères, pour l'indépendance de l'Italie. Fleuri ne le soutient pas jusqu'au bout et renvoie Chauvelin par jalousie. Paix de Vienne. On rend le Milanais à l'Autriche et on lui cède Parme, moyennant qu'elle renonce aux Deux-Siciles en faveur du second fils de Philippe V. La Lorraine donnée à Stanislas, avec réversibilité à la couronne de France, et la Toscane donnée en échange au duc de Lorraine, gendre de l'empereur. On sanctionne la *pragmatique* autrichienne. — Grand mouvement spontané du commerce, de la marine marchande et des colonies françaises dans les Deux Indes. Contraste entre la misère des campagnes et l'éclat des villes et des ports. (1723-1739). 123

LIVRE XCV. — Fin du ministère de Fleuri.
Gouvernement de Louis XV.

§ I. Fin du ministère de Fleuri. — Guerre de la succession d'Autriche. — Guerre de la Russie et de l'Autriche contre la Turquie. Médiation de la France. — Intervention en Corse. — Guerre entre l'Angleterre et l'Espagne. — Avénement de Frédéric le Grand en Prusse. — Mort de l'empereur Charles VI. Avénement de Marie-Thérèse en Autriche, Coalition entre la France, la Bavière, la Prusse, l'Espagne, la Saxe, contre l'héritière d'Autriche. Conquête de la Silésie par les Prussiens. Invasion de la Haute-Autriche et de la Bohême. L'électeur de Bavière élu empereur. Marie-Thérèse soulève en masse les Hongrois et les Slaves du Danube, et recouvre la Haute-Autriche et la Bohême. — Mort de Fleuri. — § II. Louis XV. Guerre d'Autriche, suite et fin. — Le roi ne reprend pas de premier ministre. Anarchie dans le conseil. — L'Angleterre, la Hollande et la Sardaigne secourent l'Autriche. Invasion de la Bavière par les Austro-Hongrois. Bataille de Dettingen. Invasion de la Belgique par les Français. L'Alsace envahie par les Austro-Hongrois. Madame de Châteauroux. Maladie du roi. Les Autrichiens repoussés. — Avénement de madame de Pompadour. — Victoire de Fontenoi. — Le roi de Prusse se retire de l'alliance française. — Conquête du Milanais, de Parme et d'une partie du Piémont par les Franco-Espagnols. D'Argenson, ministre des affaires étrangères, reprend les projets de Chauvelin pour l'indépendance de l'Italie : Vues de d'Argenson sur la Pologne et sur l'ensemble de la politique française. Traité secret avec la Sardaigne. Le traité manque et d'Argenson est congédié par le roi. Les conquêtes d'Italie reperdues : invasion de la Provence par les Austro-Piémontais. Révolte de Gênes contre les Autrichiens : la Provence délivrée. — Victoire de Raucoux. La Belgique conquise. — Guerre en Amérique et dans l'Inde. Perte de Louisbourg. Labourdonnais à l'Ile-de-France. Dupleix dans l'Inde. Grands desseins de Dupleix entravés par l'incapacité des ministres. Prise de Madras sur les Anglais. Malheurs de Labourdonnais. Dupleix défend victorieusement Pondichéri contre les Anglais. — Ruine de la marine royale française. — Invasion du territoire hollandais. Victoire de Lawfeld. Prise de Maëstricht. — Paix d'Aix-la-Chapelle. Restitution réciproque des conquêtes, moins la Silésie, Parme et une portion du Milanais cédés par l'Autriche. (1739-1748). 218

LIVRE XCVI. — Les philosophes.

§ 1er. La Société. — Les Gens de lettres. — Les Beaux-Arts. — La Famille. Etat moral. — Les Grands et l'Église. Massillon. — Prophétie de Leibniz. — § II. Critique. Érudition. Systèmes historiques. Sciences morales et politiques. Fréret. Boulainvilliers. Dubos. *Le club de l'Entre-sol.* L'abbé de Saint-Pierre. D'Argenson. *Considérations sur le gouvernement de la France.* — Philosophie et Lettres. Voltaire. Son théâtre. Montesquieu. *Lettres Persanes. Henriade.* Voltaire en Angleterre. Il rapporte en France le sensualisme et le newtonianisme. Son déisme inconséquent. Sa tolérance. Ses œuvres historiques. — Voyages scientifiques. La Condamine, Maupertuis, etc. La Terre mesurée. — Bordeu. *Vitalisme. — Franc-Maçonnerie.* — Vauvenargues. — Esprit des Lois. (1715-1750). 325

LIVRE XCVII. — Louis xv. (Suite).

France et colonies. — Industrie et commerce. — Règne de la Pompadour. Le *Parc-aux-Cerfs*. — Machault essaie de réformer les finances : il échoue devant la résistance des privilégiés. Querelles du parlement avec le clergé et avec la cour. Guerre des *billets de confession*. — Diplomatie secrète de Louis XV. — Progrès et conquêtes de Dupleix et de Bussi dans l'Inde. La France domine tout le Dekhan. Grandeur des plans de Dupleix. Il veut donner l'Inde à la France. Il est désavoué et rappelé par déférence pour l'Angleterre. — Hostilités entre les colons français et anglais du continent américain. Situation respective du Canada et de l'Amérique anglaise. Les Anglais attaquent le Canada et enlèvent nos vaisseaux marchands sans déclaration de guerre. Pusillanimité du cabinet de Versailles. Longues et inutiles négociations. Ouverture de la guerre de Sept Ans. (1748-1756). . . 427

LIVRE XCVIII. — Louis xv. (Suite.)

Guerre de sept ans. — Réveil de la marine française. Victoire navale de Mahon et conquête de Minorque. Défaite des Anglais en Amérique. L'abandon de l'Inde peut se réparer. Fatale diversion. La Pompadour, gagnée par Marie-Thérèse, jette la France dans une guerre continentale. Alliance avec l'Autriche. Lutte entre l'Autriche, la France, la Russie, la Saxe d'un côté, et l'Angleterre, la Prusse et la maison de Brunswick de l'autre. — Nouvelles querelles du clergé, du parlement et de la cour. Attentat de Damiens. Chute de Machault et du comte d'Argenson. Nullité et obscurité des ministres en France. Ministère de Pitt en Angleterre. — Les Français en Allemagne. Victoire de Hastenbeck. Les Anglo-Hanovriens capitulent à Kloster-Zeven, puis violent la capitulation. Déroute de Rosbach. Supériorité militaire des Prussiens et désorganisation de l'armée française. Exploits et génie de Frédéric II. Il est sauvé par les intrigues de la cour de Russie. — Défense héroïque et succès des Canadiens sous Montcalm. — Défaite de Creveld. — Perte de Louisbourg et du Sénégal. — Perte de Chandernagor. Succès, fautes et revers de Lally dans l'Inde. Perte du Dekhan. Ruine définitive des plans de Dupleix et de Bussi. — Ravages des Anglais sur les côtes de France. Ils sont battus à Saint-Cast. — Avénement de Choiseul, premier ministre de fait sous la Pompadour. Projet de descente en Angleterre. Désastres maritimes de Lagos et du Croisic. La marine démoralisée comme l'armée de terre. Perte de la Guadeloupe. Défaite et mort de Montcalm. Perte de Québec. Derniers efforts des Canadiens abandonnés de la métropole. Dernière victoire devant Québec. Les Canadiens, cernés par trois corps d'armée, capitulent à Montréal. — Belle défense de Frédéric II contre les Austro-Russes. — Guerre ruineuse et sans éclat dans la Westphalie et la Hesse. — Détresse financière. Essais malheureux de Silhouette. Suspensions de paiements. Violation des dépôts publics. — Perte de Pondichéri et de toute l'Inde française. Procès et supplice de Lally. — Négociation inutile avec l'Angleterre. Pitt ne veut point de paix. Perte de Belle-Isle. Pacte de famille entre les Bourbons de France et d'Espagne. Retraite de Pitt. Dons patriotiques en France pour relever la marine. — Frédéric II près d'être accablé. — Mort de la tzarine Élisabeth. Le tzar Pierre III passe du côté de la Prusse. Il est détrôné par sa femme et assassiné dans sa prison. Avénement de CATHERINE II. Elle rentre dans la neutralité. — Perte de la Martinique. Invasion du Portugal par les Franco-Espagnols. — Paix de Paris entre la France, l'Espagne et l'Angleterre. Paix de Hubertsbourg entre l'Autriche, la Prusse et la Saxe. La France cède le Canada, Louisbourg, le Sénégal à l'Angleterre, lui rend Minorque et ruine de nouveau Dunkerque. Elle recouvre la Guadeloupe, la Martinique, Gorée, Belle-Isle et Pondichéri. — L'Espagne cède la Floride aux Anglais. La France cède la Louisiane à l'Espagne. (1756-1763.) 480

FIN DE LA TABLE DES MATIÈRES DU TOME QUINZIÈME.

PARIS. — IMPRIMERIE DE J. CLAYE, RUE SAINT-BENOIT, 7.

www.ingramcontent.com/pod-product-compliance
Lightning Source LLC
Chambersburg PA
CBHW060411230426
43663CB00008B/1455